Elon Musk 不設限 全公開

馬斯克傳

華特・艾薩克森 著　吳凱琳 譯

Elon Musk by Walter Isaacson

馬斯克傳

目錄

CONTENTS

人物表 8

前言 繆斯之火 15

01 **冒險基因** 25

02 **活在自己的心靈世界** 1970年代，獨特沉思模式被誤認有聽障 33

03 **火箭男孩** 1980年代，被迫快速成長的童年 41

04 **追尋者** 1980年代，學習提出更好的問題 49

05 **大膽走出去** 1989年，擺脫成長的烙印 57

06 **世界走進來** 1989年，在北美展開自我探索之旅 63

07 **鍛鍊策略腦** 1990至1991年，在女王大學學會做自己 69

08 **像來自外星球的人** 1992至1994年，在賓州大學主修物理與經濟 75

09 **不做華爾街金童** 1994至1995年，前進矽谷 81

10 **第一次創業** 1995至1999年，創立Zip2加入網路狂潮 89

11 **愛情龍捲風** 1990年代，與第一任妻子潔絲汀結婚 99

12 **發動網路金融革命** 105
1999至2000年，創立X.com成為矽谷最閃耀新星

13 **一場政變扭轉人生** 2000年9月，PayPal 執行長換人做 117

14 **火星任務** 2001年，在太空實現最大膽的創新 127

15 **顛覆航太產業** 2002年，創立SpaceX啟動這時代最大膽計畫 135

16 **父與子** 2002年，經歷喪子之痛 141

17 **熱血工程師的改造魔法** 2002年，愛電玩，更愛造火箭 147

18 **建造火箭的新規則** 2002至2003年，獨有的節約成本演算法 153

19 **小蝦米對上大鯨魚** 2002至2003年，改變成規，挑戰航太龍頭 161

20 **特斯拉共同創辦人** 2003至2004年，打造全世界最有價值車廠 169

21 **第一輛電動跑車Roadster** 177
2004至2006年，關鍵零組件從委外改為自製

22 **熱帶小島上發射火箭** 2005至2006年，在瓜加林島的團隊試煉 195

23 **兩次打擊** 2006至2007年，從無到有打造低成本火箭 203

24 **徵召工程特種部隊** 2006至2008年，解決物流與金流問題 211

25 **全權掌控** 2007至2008年，馬斯克的供應鏈策略 219

26 **最慘的一年** 2008年，婚姻破裂、事業陷困境 227

27 **一見鍾情** 2008年，遇見美麗又風趣的妲露拉 233

28 **第三次打擊** 2008年8月3日，SpaceX離成功更近一步 237

29 **破產邊緣** 2008年，特斯拉與SpaceX皆深陷危機 241

30 **第四次發射** 2008年8月至9月，開啟新太空時代 245

31 **拯救特斯拉** 2008年12月，從破產邊緣起死回生 255

32 **首部電動房車Model S** 2009年，改變汽車業的遊戲規則 261

33 **揭開太空商業序幕** 2009至2010年，徹底顛覆航太業成本結構 271

34 **獵鷹九號升空** 2010年，成為最成功的私人火箭公司 279

35 **男人心底的小男孩** 2010年9月，與妲露拉結婚 285

36 **關鍵優勢** 2010至2013年，設計汽車，也設計工廠 291

37 **馬斯克與貝佐斯** 2013至2014年，兩大科技巨頭的太空競賽 299

38 **獵鷹聽見馴鷹師** 2014至2015年，研發可回收火箭的先驅 307

39 **妲露拉雲霄飛車** 2012至2015年，最浪漫的故事卻沒幸福結局 315

40 **探索人工智慧** 2012至2015年，從OpenAI到xAI 321

41 **推出自動輔助駕駛** 2014至2016年，全自駕未來靠AI助攻 329

42 **能源整合的未來** 2004至2016年，特斯拉轉型成能源創新公司 337

43 **成立鑽孔公司** 2016年，高速運輸的大夢 345

44 **三段關係** 2016至2017年，美國天才、愛情傻子、父子反目 349

45 **墜入黑暗之中** 2017年，因過度自動化，經歷生產地獄 359

46 **一定要有瘋狂的急迫感** 2018年，破框思考，做到不可能 371

47 **失控邊緣** 2018年，泰國潛艇推特事件與特斯拉下市風波 385

48 **風波不斷的一年** 2018年，玩具噴火槍，兄弟吵架，戰友離開 395

49 **格萊姆斯** 2018年，刺激又令人上癮的支線劇情 407
50 **前進上海** 2015至2019年，中國成為特斯拉生產重心 415
51 **賽博皮卡** 2018至2019年，要像銀翼殺手裡會出現的車 419
52 **星鏈計畫** 2015至2018年，資助火星夢的新金礦 427
53 **星艦與星際基地** 2018至2019年，史上最大、最強的火箭 433
54 **特斯拉自駕日** 2019年4月，自駕是不斷後退的海市蜃樓？ 441
55 **從玩具車得到靈感** 2020至2021年，超級工廠落腳德州 445
56 **家庭生活** 2020年，親愛的X，意識形態，兄弟和好 451
57 **熱血的時刻** 2020年，SpaceX載人任務成功 461
58 **馬斯克與貝佐斯，第二回合** 2021年，勝負逐漸分曉 469
59 **沒有人會逼我們上火星** 2021年7月，全員衝刺星艦進度 475
60 **站上屋頂** 2021年夏，特斯拉太陽能事業遇瓶頸 489
61 **狂歡夜** 2021年夏，週六夜現場，名氣的高峰 497
62 **平民上太空** 2021年9月，靈感四號任務成功 505
63 **改造猛禽引擎** 2021年，設計與製造絕不分開 511
64 **安全友善的人工智慧** 2021年8月，特斯拉人形機器人計畫 519
65 **大腦晶片** 2017至2020年，最終極的人機介面 525
66 **決策風格** 2021年1月，特斯拉雷達系統，刪或留？ 533
67 **全球首富** 2021至2022年，該開心的時刻，卻感到不安 539
68 **年度父親** 2021年，祕密雙胞胎與Y寶寶 545
69 **政治立場** 2020至2022年，新冠、拜登、迷你帝國 551

70 **星鏈支援烏克蘭** 2022年，當人道救援差點被用於攻擊行動 565
71 **馬斯克與蓋茲** 2022年，兩位首富的價值觀衝突 575
72 **下一個戰場** 2022年1至4月，民主、言論自由、終極遊樂場 581
73 **決定出價** 2022年4月，推特需要從零開始 593
74 **忽冷忽熱** 2022年4至6月，馬斯克難得舉棋不定 605
75 **混亂的父親節** 2022年6月，家庭問題連環爆 615
76 **領先也絕不安逸** 2022年，主帥在的戰場，表現最好 625
77 **Optimus的一小步** 2021至2022年，機器人重要里程碑 635
78 **充滿不確定** 2022年7至9月，收購出現新變數 643
79 **Optimus向你揮揮手** 2022年9月，第二個人工智慧日 653
80 **重新想像交通運輸** 2022年，特斯拉Robotaxi計畫 661
81 **就像牛仔走進星巴克** 2022年10月26至27日，推特總部相見歡 667
82 **收購奇襲** 2022年10月27日，抓準時機發動攻擊 673
83 **大軍進駐** 2022年10月26至30日，三劍客與親信部隊 679
84 **言論可以多自由？** 2022年10月27至30日，內容審查風暴 689
85 **萬聖節換裝** 2022年10月，重新定位推特 701
86 **付費藍勾勾** 2022年11月2日至10日，推出新訂閱服務 707
87 **全力投入** 2022年11月10日至18日，用人三原則 719
88 **硬派作風** 2022年11月18至30日，重大企業文化轉型 727
89 **奇蹟** 2022年11月，腦機介面新創Neuralink 737
90 **推特文件** 2022年12月，揭露審查制度內幕 743

91 **兔子洞** 2022年12月，掉進令人困惑的世界 755

92 **聖誕節鬧劇** 2022年12月，再度啟動開放迴路 765

93 **車用人工智慧** 2022至2023年，實現新里程碑 779

94 **為人類所用的人工智慧** 2023年，成立xAI 787

95 **SpaceX星艦發射** 2023年4月，旗下每個事業都在改寫歷史 797

致謝 809

受訪名單 811

參考書籍 812

資料來源 813

圖片來源 828

人物表

* 依英文姓氏字母排序

歐米德．阿富夏（Omead Afshar），馬斯克的幕僚，是馬斯克決策核心團隊的一員，負責監督與管理特斯拉德州超級工廠。

帕拉格．阿格拉瓦（Parag Agrawal），前推特執行長。

山姆．奧特曼（Sam Altman），OpenAI 共同創辦人，與馬斯克共同成立非營利人工智慧實驗室，希望透過開放原始碼制衡企業，尋求更安全的 AI。在 2018 年與馬斯克分道揚鑣，馬斯克決定另外發展 AI 事業。

德魯．巴格利諾（Drew Baglino），特斯拉資深副總裁，負責電池設計。

賈德．博查爾（Jared Birchall），馬斯克的私人財務經理，協助馬斯克打點各種財務相關的安排。

魯洛夫．博塔（Roelof Botha），前 PayPal 財務長，紅杉資本合夥人。

克萊兒．布歇（Claire Boucher），藝名為格萊姆斯（Grimes）的加拿大表演藝術家、馬斯克三個小孩的母親。

傑森．卡拉卡尼斯（Jason Calacanis），創業家，馬斯克的朋友。

史蒂夫．戴維斯（Steve Davis），鑽孔公司執行長，是馬斯克信賴的大將之一，總是使命必達。特斯拉內華達電池工廠的生產地獄期間，他是救援團隊的一員，後來也負責監督推特的成本削減專案。

基可・鄧契夫（Kiko Dontchev），SpaceX 發射副總裁，曾在波音公司實習，後來被馬斯克任命為卡納維爾角總工程師，也曾支援星艦任務。

馬汀・艾伯哈德（Martin Eberhard），特斯拉共同創辦人。

賴瑞・艾利森（Larry Ellison），甲骨文共同創辦人，馬斯克的良師益友。是蘋果與特斯拉董事，因此分別和賈伯斯與馬斯克成為好友。他也是推特收購案的重要投資人之一。

阿里・伊曼紐（Ari Emanuel），好萊塢超級經紀人，大型娛樂企業「奮進公司」的執行長，馬斯克的朋友。

納維德・法魯克（Navaid Farooq），馬斯克在女王大學時期的摯友，是少數能與馬斯克討論私人問題的死黨。

安東尼奧・格拉西亞斯（Antonio Gracias），馬斯克的好友、投資人，解決問題高手，協助馬斯克整頓特斯拉的財務與營運，後來也幫忙馬斯克深入挖掘推特的財務問題。

傑米斯・哈薩比斯（Demis Hassabis），DeepMind 共同創辦人，神經科學家、電玩遊戲設計師、人工智慧研究者。

安柏・赫德（Amber Heard），女演員，馬斯克的前女友。

里德・霍夫曼（Reid Hoffman），LinkedIn 和 PayPal 共同創辦人，曾擔任 PayPal 營運長，是馬斯克的老同事。

肯・霍威利（Ken Howery），PayPal 共同創辦人、前美國駐瑞典大使、馬斯克的朋友。

賈里德・艾薩克曼（Jared Isaacman），科技創業家暨飛行員，SpaceX 首次平民飛行任務「靈感四號」的指揮官。

馬克・容克薩（Mark Juncosa），馬斯克在 SpaceX 最重要的大將與知己，經常與馬斯克一起腦力激盪解決工程問題，曾支援特斯拉內華達電池工廠的生產地獄時期。後來接手帶領星鏈計畫，負責改良衛星設計。

史蒂夫・尤爾維森（Steve Jurvetson），創投家、馬斯克的朋友。

漢斯・柯尼斯曼（Hans Koenigsmann），SpaceX 的第四號員工，曾擔任 SpaceX 發射中心總工程師、飛行可靠度副總裁，與最早期的團隊在瓜加林島上歷經三次發射失敗，直到第四次成功。

米蘭・科瓦奇（Milan Kovac），特斯拉自動輔助駕駛軟體工程總監，後來是特斯拉 Optimus 機器人計畫的主要工程師之一。

麥克斯・列夫欽（Max Levchin），PayPal 共同創辦人、軟體天才，提案罷黜馬斯克讓出執行長大位的叛將之一，但對馬斯克掌握情況、洞悉要點的能力深感佩服。

雅各・麥肯齊（Jacob McKenzie），SpaceX 猛禽引擎工程資深總監，同事都叫他傑克（Jake），是馬斯克手下「冷靜型」大將，曾參考特斯拉電動車製程改良猛禽的產線，成功做到能大量生產。

拉爾斯・莫拉維（Lars Moravy），特斯拉汽車工程副總裁，馬斯克很器重的資深主管。

戴夫・莫里斯（Dave Morris），特斯拉設計團隊主管，是特斯拉設計總監范霍茲豪森的老友。

湯姆・穆勒（Tom Mueller），SpaceX 創始員工、技術長，研發灰背隼、紅隼等火箭引擎背後的靈魂人物，也是最能配合馬斯克設定的瘋狂時間表與即興改造要求的頂級工程師。

安德魯・馬斯克（Andrew Musk），馬斯克的堂弟，Neuralink 工程師，與哥哥詹姆斯及羅斯・諾迪恩成為協助馬斯克處理推特收購案的三劍客。

克里斯蒂安娜·馬斯克（Christiana Musk），馬斯克弟弟金博爾的妻子。

伊隆·馬斯克（Elon Musk）

艾洛爾·馬斯克（Errol Musk），馬斯克的父親，也是傷害他最深的親人。馬斯克和父親一樣，有時會進入讓周遭的人驚懼的「惡魔模式」。但有一點大不相同，馬斯克一直以來都很疼愛自己的孩子。

詹姆斯·馬斯克（James Musk），馬斯克的堂弟，特斯拉自動輔助駕駛團隊工程師，與弟弟安德魯及羅斯·諾迪恩成為協助馬斯克處理推特收購案的三劍客。

潔絲汀·馬斯克（Justine Musk），馬斯克的第一任妻子，也是馬斯克五個小孩的母親。

金博爾·馬斯克（Kimbal Musk），馬斯克的弟弟。

梅伊·馬斯克（Maye Musk），馬斯克的母親。

托絲卡·馬斯克（Tosca Musk），馬斯克的妹妹。

彼得·尼科森（Peter Nicholson），前加拿大豐業銀行資深副總裁，也是馬斯克的導師。

羅斯·諾迪恩（Ross Nordeen），特斯拉自動駕駛輔助團隊工程師，與詹姆斯及安德魯·馬斯克成為協助馬斯克處理推特收購案的三劍客。

盧克·諾塞克（Luke Nosek），PayPal 黑手黨成員，與彼得·提爾及肯·霍威利共同創辦「創辦人基金」，投資網路新創。後來說服提爾投資 SpaceX，那筆資金對 SpaceX 來說是及時雨。

任宇翔，馬斯克在賓州大學的好友，前特斯拉中國區負責人。馬斯克曾說任宇翔是唯一在物理方面比自己強的人，學生時代兩人常一起窩在物理實驗室。任宇翔是特斯拉進軍中國、在中國設廠最重要的推手。

比爾．雷利（Bill Riley），SpaceX 資深總監，因容克薩介紹加入 SpaceX，在博卡奇卡的星際基地負責星艦的開發。

妲露拉．萊莉（Talulah Riley），英國女演員，馬斯克第二任妻子，與馬斯克兩度結婚又離婚。

林登．禮夫（Lyndon Rive），馬斯克表兄弟，太陽城公司共同創辦人。

彼得．禮夫（Peter Rive），馬斯克表兄弟，太陽城公司共同創辦人。

羅斯．禮夫（Ross Rive），馬斯克表兄弟。

尤爾．洛斯（Yoel Roth），前推特安全與審核負責人，馬斯克收購推特後，曾負責處理恢復帳號、內容審查、假帳號與推特付費藍勾勾等棘手問題，與馬斯克相處融洽，最後仍決定離職。

大衛．薩克斯（David Sacks），PayPal 共同創辦人，推翻馬斯克的叛將之一，遭背叛的馬斯克，選擇坦然接受挫敗，與薩克斯等人日後成為好友。

艾倫．薩爾茲曼（Alan Salzman），制高點創投合夥人，特斯拉早期投資人，在 2008 年特斯拉瀕臨破產時，積極運作，企圖把馬斯克趕下台。

DJ．徐（DJ Seo），Neuralink 共同創辦人，在加州大學柏克萊分校時開發出他稱為「神經塵」的迷你裝置。

葛溫妮．蕭特威爾（Gwynne Shotwell），SpaceX 第七號員工、現任總裁，馬斯克最信賴的副手，隨和有主見，敢說實話，而不激怒馬斯克，負責公司日常營運與商務發展。

達瓦爾・什羅夫（Dhaval Shroff），特斯拉自動輔助駕駛團隊工程師，與詹姆斯・馬斯克、安德魯・馬斯克、羅斯・諾迪恩三人被稱為推特四劍客。

艾力克斯・斯皮羅（Alex Spiro），馬斯克御用的王牌律師。

JB・史特勞貝爾（JB Straubel），特斯拉共同創辦人、特斯拉前技術長，電池設計奇才，從創辦公司開始一直全力支持馬斯克，離開特斯拉後，馬斯克仍邀請他加入特斯拉董事會。

馬克・塔本寧（Marc Tarpenning），特斯拉共同創辦人。

山姆・提勒（Sam Teller），馬斯克前幕僚長，擔任看門人的角色，負責協調處理馬斯克旗下事業的棘手事務。

彼得・提爾（Peter Thiel），PayPal 共同創辦人，與肯・霍威利及盧克・諾塞克共同創辦「創辦人基金」，後來在關鍵時刻投資 SpaceX。

法蘭茲・范霍茲豪森（Franz von Holzhausen），特斯拉設計總監，是少數在工作與生活上都能與馬斯克和平共處、不會發生戲劇化衝突的好拍檔。主掌 Model S、Cybertruck、Optimus 機器人、自動駕駛計程車 Robotaxi 等特斯拉重要產品的設計。

提姆・瓦特金斯（Tim Watkins），安東尼奧・格拉西亞斯的事業合夥人，是機器人工程師、工廠營運高手。後來負責領導特斯拉的工程特種部隊。

琳達・雅克里諾（Linda Yaccarino），前 NBC 環球廣告業務總監，推特執行長。

席馮・齊莉絲（Shivon Zilis），Neuralink 高階主管，馬斯克兩個小孩的母親。

前言

繆斯之火

既堅強又脆弱的男孩。

殘酷的遊樂場

在南非長大的伊隆．馬斯克（Elon Musk），從小就嘗到了痛苦滋味，也學到如何在傷痛中生存下去。

12 歲那年，他曾經搭巴士到一個野外求生營地，體驗南非特有的野營活動（veldskool）。「那幾天發生的事，就像小說《蒼蠅王》裡的情節，」他回憶說，每個孩子只分到一點點食物和水，帶隊的大人們允許、甚至鼓勵他們彼此競爭，去爭奪這些有限的生存資源。

「在那個地方，霸凌是一種長處。」馬斯克的弟弟金博爾（Kimbal）說道。年長一點的孩子很快就學會欺負年幼者，一拳打在對方的臉上，搶走他們手上的東西。馬斯克那時的個子還很小，憨直遲鈍，因此挨揍過兩次。當這個魔鬼訓練結束時，他整整瘦了四、五公斤。

營隊第一週活動快結束的時候，輔導員把所有的孩子分成兩組，要他們互相攻擊。馬斯克回憶說：「那真的很瘋狂，簡直到了匪夷所思的地步。」每隔幾年，總會有孩子死在那裡。輔導員會一再講述這樣的故事，以供新學員警惕：「別像去年死掉的那個笨蛋那麼蠢，不要當軟弱的笨蛋。」

第二次參加野外求生營隊時，馬斯克年近 16 歲。這時的他，塊頭壯碩，抽高到 180 公分以上，魁偉得像一頭熊，還學了柔道。因此，野外營隊沒那麼可怕了。「那時，我發現如果有人欺負我，我就狠狠地往他們的鼻樑揍下去，他們就不敢再來招惹我。儘管我可能也被打得眼冒金星，但只要我用力回擊，他們就不會再來找我麻煩了。」

1980 年代的南非，是個暴力血腥之地，機關槍掃射和持刀殺人事件層出不窮。有一次，馬斯克和弟弟下了火車，要去參加一場反種族隔離的音樂會。走到一半，不得不蹚過一灘血，死屍就在一旁，頭上還插著一把刀。他們的鞋底沾到血，變得黏黏的，那晚走在人行道上，還會吱吱作響。

馬斯克家還養了幾隻德國牧羊犬，這些狗會攻擊任何從他們家門跑過的人。六歲那年，有一天馬斯克在車道上奔跑，隨即遭到愛犬攻擊，從他背部咬下一大塊肉。他被送到急診室，醫師要幫他縫合，他不肯，央求大人保證不會處罰那隻狗。他問道：「你們不會殺了牠吧？」大人向他保證，絕對不會。在訴說這個故事時，馬斯克停頓了半晌，茫然地凝視前方。過了很久，他說：「但他們果然一槍斃了那隻狗。」

最傷痛的經驗來自學校。有很長一段時間，馬斯克是班上年齡最小、個子也最小的。由於他對社交暗示的理解有困難，既不會察言觀色，也天生缺乏同理心。他不想討好別人，也沒有這種本能。因此，他經常被學校的惡霸追著打。他們會逮住他，朝他的臉狠揍下去。他說：「如果你的鼻子不曾挨拳頭，你就不會知道這種事對你的餘生有何影響。」

一天早晨集會時，有個人撞到他，馬斯克把他推開，雙方發生口角。那個人跟他的狐群狗黨下課時找到他。馬斯克正吃著三明治，他們從後面襲擊他，踹他的頭，把他推下台階。當時就在他旁邊的弟弟金博爾憶起這段往事時說道：「他們坐在他身上，不停地對他狂毆猛揍，踢他的頭。等到他們終於住手時，我已認不出他的臉了。他被打到鼻青臉腫，你幾乎看不到他的眼睛。」他被送到醫院治療，在家休養了一週。馬斯克年幼時，鼻子被打歪很多次，以致幾十年後，他仍需接受鼻隔膜矯正手術。

然而，這些皮肉之傷，跟父親帶給他的心靈創傷相比，卻顯得微不足道。他的父親艾洛爾·馬斯克（Errol Musk）是一名工程師，也是有魅力、愛誇誇其談的人。父親是馬斯克人生中永遠的痛，直到今天，傷痕仍深烙在他的心中。馬斯克被痛毆，父親並未替他討回公道，反而袒護對方，說道：「那孩子的父親不久前自殺身亡，伊隆卻說人家是笨蛋。他老愛罵別人笨，活該被打。我怎麼能責怪那個孩子？」

當馬斯克終於出院，回到家，父親卻一直斥責他。馬斯克回憶說：「他對我大吼大叫，說我是白痴，是個沒用的人。我就這麼站著，被他罵了一個小時。」當時就在一旁的金博爾說，這是馬斯克一生最痛苦的記憶，「我爸完全失去理智，把我哥罵得狗血淋頭。但這並非唯一的一次，而是經常這樣，他就是個完全沒有同情心的人。」

馬斯克兄弟現在都不再跟父親往來了。當年艾洛爾指責兒子才是始作俑者，說是他先挑釁的，但那個小惡棍後來還是被送進少年監獄。馬斯克兄弟說，他們的父親個性反覆無常，常會捏造事實，編造一些天馬行空的故事，有時是故意的，有時則是他妄想的。他們說，他有雙重人格，就像小說家羅伯特·史蒂文森（Robert Louis Stevenson）筆下的「變身怪醫」傑克與海德。前一分鐘，他還是和藹可親的父親，下一分鐘，卻開始大發雷霆、破口大罵，一罵就是一個多小時。每次咆哮到最後，艾洛爾總會批判馬斯克，說他是多麼可悲的人，年幼的他只能站在那裡挨罵，無法轉身離開。「這是精神虐待，」馬斯克停頓了好一會兒，語中略帶哽咽的說，「他就是知道怎樣折磨人。」

我打電話給艾洛爾，第一次通話就聽他訴說了將近三個小時。在接下來的兩年，艾洛爾經常打電話、傳簡訊給我。他總是熱切地描述，甚至傳照片，讓我看看當年他多麼善待孩子們，至少在他的生意做得有聲有色時，他對孩子很好。他曾開著勞斯萊斯，載兩個兒子在野外蓋了間小木屋。尚比亞一座礦場老闆曾給他一些綠寶石原石，那個礦場後來倒閉了。

艾洛爾坦承，希望能夠鍛鍊兒子的身體和情感都變得更加強韌。「野外營隊的體驗根本不算什麼，我給他們的才是真正的磨練，」他說，在南非，暴力只是學習經驗的一部分。「例如會有兩人把你壓住，另一人拿起木頭往你的臉砸下去。孩子第一天到學校就得跟校園裡的惡霸搏鬥，」他自豪地說，在自己極度嚴格的鐵血教育下，兒子們學會怎麼生存、稱霸，又得意洋洋地強調，「伊隆後來也這樣嚴格地訓練自己和別人。」

「苦難塑造了我」

巴拉克．歐巴馬（Barack Obama）在他的回憶錄裡寫道：「有人說，每個人都在努力不辜負父親的期望或是彌補父親的罪過。這句話或許可用來解釋我那些特殊毛病。」儘管馬斯克多次想要和自己的父親切割，斷絕往來，盡可能不去想他，但父親卻依然在他的心裡投下揮之不去的陰影。他的情緒因而在光明和黑暗之間擺盪不定，有時激動，有時愚蠢，一下子冷漠，一下子熱情，偶爾就會進入讓周遭的人驚懼的「惡魔模式」。但是有一點馬斯克和他父親截然不同：他真的很疼愛自己的孩子，而在其他方面，他的行為透露出他很努力抵抗陷入一種險境，正如他的母親所說的，避免「可能變成像他父親那樣的人」。馬斯克想破除有其父必有其子的魔咒，這是神話中最能引發共鳴的主題。星際大戰的英雄要如何才能驅除黑武士達斯・維德（Darth Vader）的徒子徒孫，並與黑暗原力搏鬥？

「如果你在南非，有那樣的童年，你會想把自己的情感封閉起來。要是你的父親一天到晚罵你是個笨蛋、白痴，也許你的唯一反應就是關閉感情世界的任何開口，因為你根本應付不了。」馬斯克的第一任妻子潔絲汀・威爾森（Justine Wilson）說，潔絲汀與馬斯克有六個孩子，長子不幸夭折（目前馬斯克共育有十名子女）。

這種情感閥門的關閉，可能讓馬斯克變得冷酷無情，但也使他成為一個不畏風險的創新者。潔絲汀說：「他知道如何關閉恐懼。如果你關閉恐懼，或許也必須關掉其他東西，像是快樂或是同情心。」

童年的創傷讓馬斯克不知道什麼叫滿足。音樂才女格萊姆斯〔Grimes，本名克萊兒・布歇（Claire Boucher），是歌手、視覺藝術家，馬斯克三個小孩的母親〕說道：「我想他不知道如何放鬆、品嘗成功的滋味、聞聞花朵的香氣。他兒時就被制約了，認為人生就是痛苦的。」馬斯克自己也應和說：「苦難塑造了我，我的痛苦閾值變得非常高。」

例如 2008 年，他來到人生谷底，諸事不順。SpaceX 前三次火箭發射任務都以失敗收場，特斯拉則資金不足，就快要倒閉。他會在半夜驚醒，對當時的女友妲露拉・萊莉（Talulah Riley，後來成為他的第二任太太）講述父親說過的一些可怕事情。她說：「我曾聽過他說過同樣的話，他父親對他的影響很深。」

回憶過往，他就像靈魂出竅，鐵灰色的眸子變得迷茫起來。

妲露拉說：「我想，他不知道自己現在依然受到影響。他以為那只是童年往事。但那個童稚、瘦小的他，並未消失。在這個男人心底，他依然只是個幼小的孩子，站在巨大的父親面前。」

在這嚴峻試煉下，馬斯克身上出現一種氣場，使他有時似乎看起來像個外星人，彷彿他的火星任務是對歸鄉的渴望，而他想要製造人形機器人，是為了尋親。萬一他扯掉衣服，你發現他沒有肚臍，不是在這個地球出生的，你也不會過於震驚。然而他的童年形塑了他的人性特質：一個既堅強又脆弱的男孩，決心踏上如史詩般偉大的征途。

他的狂熱掩蓋了他的傻氣，他的傻氣又覆蓋住了他的狂熱。他對自己的軀體有點尷尬，塊頭大，但從來不是運動健將，走起路來就像一頭打定主意要做什麼的大熊，從他生硬的舞姿看來，似乎是機器人教他跳舞的。他像先知一樣篤定，鼓吹培育人類意識之火、探索宇宙，並拯救我們的星球。起初，我以為這個童心未泯的男人大概讀了太多遍《銀河便車指南》（*The Hitchhiker's Guide to the Galaxy*），以致走火入魔，以為自己在扮演人類救星，號召世人勇闖外太空。但當我對他了解愈深，就愈相信驅動他的原因之一，正是這樣的使命感。當其他企業家在發展世界觀時，馬斯克已在構建他的宇宙觀。

他的遺傳、成長過程，加上大腦先天建置，使他有時冷酷無情、衝動行事。他也因此對風險有極大的耐受力。對風險，他能冷靜計算，也能熱情擁抱。PayPal 共同創辦人彼得．提爾（Peter Thiel）說道：「馬斯克是為了冒險而冒險。他似乎很享受這種感覺，有時甚至上癮了。」

前美國總統安德魯．傑克森（Andrew Jackson）曾經說：

「我是風暴之子，平靜不適合我。」馬斯克也是這樣的人。在颶風來襲時，他精神抖擻。他深受風暴和刺激的吸引，有時渴望看到驚天動地的事件，不管是工作或感情生活都是如此，但他在情路上跌跌撞撞，無法維繫長期、穩定的親密關係。愈是身陷危機、最後期限逼近，工作多到爆炸，就愈生龍活虎。當面臨曲折的挑戰時，壓力常常使他失眠，甚至嘔吐，但他也因此充滿能量。金博爾說：「他是吸引戲劇事件的磁鐵。那是他的強迫症，也是他人生的主題曲。」

我在為史帝夫·賈伯斯（Steve Jobs）寫傳記時，他的創業夥伴史蒂夫·沃茲尼克（Steve Wozniak）曾說，我們不得不問一個問題：他有必要這麼刻薄？如此粗暴、殘酷？一定要這樣苛求細節嗎？《賈伯斯傳》快寫完時，我把這個問題丟回給沃茲尼克。他說，如果由他來執掌蘋果，他會對員工好一點。他會把每個員工當成家人，不會動不動就開除員工。然後，他停頓了一下，又說：「如果我來管理蘋果，我們可能永遠無法製造出麥金塔。」

因此，關於馬斯克，我們要問的是：他能不能降低要求、變得更隨和，同時把我們送上火星，並且開創出電動車時代？

2021 年，SpaceX 成功發射 31 次火箭，送衛星上軌道，特斯拉銷售近百萬輛車，馬斯克也成為地球上最富有的人。但 2022 年初，他卻懊悔地說，自己不該那麼喜歡興風作浪。他告訴我：「我需要改變心態，從危機模式轉移。過去十四年，我一直在應付危機，或者說我這大半輩子一直是如此。」

這不是他的新年新希望，他真的是有感而發。然而，即使他這麼說，他那時其實正悄悄地大肆買進推特股票，企圖成為這個世界終極遊樂場的主人。2022 年 4 月，他在百忙中抽空去甲骨文（Oracle）創辦人賴瑞·艾利森（Larry Ellison）位於夏威夷的私人島度假，艾利森是他的良師益友。陪他去的是他的女友澳洲女星娜塔莎·巴賽特（Natasha Bassett）。推特執行長提名他加入董事會，但那個週末，他認為這麼做還不夠，因為他想要完全的掌控權，這是他的天性。他決定直接公開出價，敵意併購推特。接著，他飛到溫哥華去找格萊姆斯，跟她一起玩新上市的電玩《艾爾登法環》（*Elden Ring*）。兩人沉迷於古老的帝國與戰爭，一直玩到凌晨五點。打完電玩後，他發動計畫，上推特宣布：「我出價了。」

多年來，每當他身在暗處，或是覺得受到威脅，兒時在遊樂場被痛毆的恐懼，總會襲上心頭。現在，他終於有機會擁有這個遊樂場了。

01

冒險基因

外婆溫妮芙芮德與外公約書亞（左上）；祖母柯菈和與祖父渥爾特（左下）；
馬斯克與父親艾洛爾、母親梅伊、妹妹托絲卡和弟弟金博爾（右）。

膽大又謹慎的郝德曼家族

馬斯克的冒險精神，來自他的家庭基因。他的外公約書亞·郝德曼（Joshua Haldeman）在加拿大中部貧瘠平原的一個牧場長大，卻一身是膽、勇於冒險，很有自己的想法。他在愛荷華州的脊骨神經學院取得學位，然後返鄉，在附近的穆斯喬（Moose Jaw）替人馴馬和整脊維生。

在他終於存夠錢，買下一座牧場時，卻碰上 1930 年代的經濟大蕭條，失去了一切。接下來的幾年，他當牛仔、表演騎野馬、用繩套牛等競技表演，也去工地打零工。

儘管命途多舛，約書亞對冒險的熱愛恆久不滅。他曾結婚，後來離異，也曾搭貨運列車，四處流浪，甚至跳上遠洋漁船偷渡到異鄉。

由於曾經失去農場，民粹思想在他心中生根。他積極參加社會信用黨（Social Credit Party）的活動，提倡免費發放社會信用券（等同現金）給每一個公民，以解決經濟問題。這個運動傾向保守的基本教義派，而且帶有反猶思想。社會信用黨在加拿大的首位領導人高喊反猶，聲稱有太多的猶太人握有權勢，導致「文化理想的扭曲」。約書亞一直在黨內發展，最後升上該黨全國委員會主席。

他還投入推動「技術治理」（Technocracy）的運動，主張政府應該由技術專家來管理，而非政治家。由於這個運動的成員反對加拿大參加二戰，政府因而對他們的活動發布禁令。但約書亞不畏當局取締，依然在報紙上刊登廣告，支持這個運動。

約書亞一度想學交際舞，因此認識了溫妮芙芮德·弗萊契

（Winnifred Fletcher）。溫妮芙芮德跟他一樣富有冒險精神。16歲那年，她原本在《穆斯喬時代先驅報》（*Moose Jaw Times Herald*）工作，因為夢想成為舞者和女演員，毅然決然放下一切，跳上往芝加哥的火車，後來在紐約發展。回加拿大後，在穆斯喬開了一間舞蹈教室，也就是約書亞報名學舞的地方。約書亞邀請她共進晚餐，她答道：「我不跟學生約會。」他索性不上舞蹈課，再度約她。幾個月後，他問：「妳什麼時候要嫁給我？」她爽快的回答：「明天。」

他們生了四個孩子，包括在1948年出生的雙胞胎梅伊（Maye）和凱伊（Kaye）。有一天，這一家人去旅行，約書亞在路上發現一架勒斯科姆（Luscombe）單引擎飛機停在田裡，上面掛著待售的牌子。約書亞的現金不夠，於是向農夫提議用他的車來交換。農夫同意了。這是個衝動的決定，因為約書亞根本不會開飛機。他花錢請人用這部飛機載他回家，並教他開飛機。他們因而被稱為「飛行的郝德曼家族」（The Flying Haldemans）。有一本脊骨神經醫學雜誌稱約書亞：「或許是有史以來最傑出的飛行整脊師」。這樣的讚譽雖然準確，但會開飛機的整脊師本來就寥寥無幾。在梅伊和凱伊三個月大時，郝德曼夫婦又買了一部更大的單引擎飛機，命名為貝蘭卡（Bellanca），這兩個小不點兒也就被稱為「飛行雙胞胎」。

約書亞有著一種古怪、保守的民粹主義觀點，他開始相信加拿大人的生活控制權會被政府篡奪，而且這個國家已變得軟弱。於是，在1950年約書亞決定舉家搬遷到仍由白人種族隔離政權統治的南非。他們把貝蘭卡拆解、裝箱，登上開往開普敦的貨船。約書亞決定住在內陸，於是計畫前往約翰尼斯堡；那裡的白人說英語，而不是南非語。然而，當他們飛到普勒托利亞附近時，發現那裡有一大片美得如夢似幻的藍花楹海。約書亞宣布：「這就是我們的落腳之地。」

約書亞和溫妮芙芮德年輕時，曾有個名叫威廉·杭特（William Hunt）的江湖術士來到他們居住的穆斯喬，自稱為「偉大的法里尼」（the Great Farini），講述他在穿越喀拉哈里沙漠時看到了一座古代的失落城市。馬斯克說：「這個騙子拿出一些明顯是偽造的照片給外公看，外公信以為真，決心找到那座城市。」搬遷到非洲後，郝德曼家族每年都會到喀拉哈里沙漠跋涉一個月，尋找那個傳說之城。他們狩獵果腹，睡覺時隨身帶著槍，以便驅趕獅子。

這一家人的座右銘：「小心翼翼，險中求生。」他們曾長途飛行，開飛機到挪威等地，也曾參加近 2 萬公里的汽車拉力賽，從開普敦開到阿爾及爾，和另一支隊伍並列第一，更是駕駛單引擎飛機從非洲飛到澳洲的首例。梅伊憶起過往說：「我父母把飛機後座拆掉，來擺放油箱。」

愛好冒險的約書亞最後死於意外事故。有一次，他在教學生開飛機，機輪被電線鉤到，飛機翻覆、墜毀，因此喪生。當時，他的外孫伊隆只有三歲。馬斯克說：「他知道真正的冒險是有風險的，但風險讓他精神抖擻。」

約書亞的冒險精神，深深烙印在雙胞胎女兒梅伊也就是馬斯克的母親心中。「我知道，只要我準備好，就可冒險一試。」她說。梅伊從小就是個聰穎的學生，科學和數學都很強。她也是個美人胚子，身材高䠷，有著迷人的藍色眼珠，顴骨很高，下巴輪廓分明，像雕刻出來的。15 歲就開始當模特兒，週六上午在百貨公司走秀。

約莫這時候，她在住家附近遇見一個長得十分俊俏的男孩，只是他也是個狡猾、卑鄙之人。

工程師父親艾洛爾

馬斯克的父親艾洛爾喜歡冒險，但也善於投機取巧，總是在尋找下一個機會。他的母親柯菈（Cora）來自英國，14 歲中學畢業後，就在工廠上班，為戰鬥轟炸機製造蒙皮，後來乘坐難民船來到南非。在南非，她遇見渥爾特．馬斯克（Walter Musk）。渥爾特是密碼學家，也是軍事情報人員，曾在埃及用假武器和探照燈來欺騙德國人。但戰後，他成天坐在扶手椅上喝酒，或是利用他的密碼學知識玩填字遊戲。柯菈因此離開他，帶著兩個兒子回英國，買了部別克，最後又回到普勒托利亞。艾洛爾說：「母親是我見過最堅強的人。」

艾洛爾獲得工程學位，從事酒店、購物中心和工廠的建造工作。他也會修理舊車和飛機，以賺取外快。他曾涉足政治，參加市議員選舉，擊敗支持種族隔離的民族黨人，成為普勒托利亞市議會中少數說英語的議員。1972 年 3 月 9 日，《普勒托利亞新聞》（*The Pretoria News*）報導了這次的選舉結果，標題是：「對體制的反動」。

他和郝德曼家族的人一樣喜歡飛行。他買了一部雙引擎的輕型飛機賽斯納金鷹（Cessna Golden Eagle），載電視台工作人員到他在荒野建造的小屋。1986 年的一次旅行中，他打算賣掉這部飛機。當他在尚比亞的飛機跑道上降落時，一個來自巴拿馬的義大利企業家想要買下他的飛機。兩人談好價格，但不是用現金交易，而是以對方在尚比亞的三座小礦場生產的一些綠寶石支付。

尚比亞當時是由後殖民時代的黑人政府統治，官僚體系病入膏肓，因此那個礦場沒有登記。艾洛爾說：「如果你登記了，就會一無所有，因為黑人會奪走你的一切。」他批評梅伊的家人，說他們會種族歧視，但堅持自己不會。他在電話中喋喋不休地說：「我對黑人沒有意見，我只是跟他們不一樣。」

艾洛爾未曾真正持有礦場股權，但他進口綠寶石原石，並在約翰尼斯堡切割來擴展生意。他說：「很多人帶著贓物綠寶石來找我。出國旅行時，我再把綠寶石賣給珠寶商。這麼做並不合法，只能祕密交易。」到了 1980 年代，他賺了約 21 萬美元，但那時俄國人開始在實驗室創造出人造綠寶石，他的綠寶石生意就做不下去了。先前賺的錢，也都賠光。

一對怨偶

艾洛爾和梅伊在青少年時期開始約會。打從一開始，兩人感情就風波不斷。他一再向她求婚，但她不信任他。她發現他劈腿時，簡直心如刀割，哭了整整一個星期，不吃不喝。「因為傷心，我瘦了四、五公斤。」她回憶說。沒想到她因為變得更窈窕，贏得當地選美比賽，獲得 150 美元獎金、十張保齡球館免費入場券，甚至在南非小姐選美比賽中進入決賽。

梅伊在大學畢業後，搬到開普敦，有營養師執照的她，以開辦營養健康講座維生。艾洛爾來找她，帶了一枚訂婚戒指，向她求婚。梅伊想拒絕，但艾洛爾保證他會改，如果她答應嫁給他，一定對她忠貞不二。那時，梅伊剛和另一個愛偷吃的渣男分手，胖了一圈，擔心自己永遠嫁不出去，於是同意下嫁。

新婚之夜，艾洛爾和梅伊坐廉航去歐洲度蜜月。在法國，艾洛爾買了幾本在南非被禁的《花花公子》，躺在飯店房間的床上看。梅伊見狀，大為火光，兩人吵得很兇。當他們回到普勒托利亞時，她已經想要擺脫這段婚姻了。但她很快就出現害喜的症狀，噁心想吐。她是蜜月第二晚，在法國尼斯受孕的。她回憶道：「顯然，我錯了，不該嫁給他。如今已覆水難收。」

02

活在自己的心靈世界

1970 年代，獨特沉思模式被誤認有聽障

馬斯克和母親梅伊（左上）；馬斯克與弟弟金博爾、妹妹托絲卡（左下）；
馬斯克上學去（右）。

孤獨的靈魂

1971年6月28日早上7:30，梅伊生下一個重達8.5磅（大約3,855克），頭好壯壯的男嬰。

起先，梅伊和艾洛爾想給新生兒取名為尼斯（Nice），因為這個新生命是在這個法國小鎮受孕的。要是這孩子叫這個名字，歷史也許會有所不同，或令人莞爾，因為「Nice」除了是地名，也是「善心」的意思，他就成了「好心人馬斯克」。為了讓郝德曼家的人歡喜，艾洛爾同意用郝德曼家族長輩的名字來命名，因此孩子的全名是伊隆．里夫．馬斯克（Elon Reeve Musk）：「伊隆」源於外曾祖父，也就是約翰．伊隆．郝德曼（John Elon Haldeman），「里夫」則是梅伊外曾祖母的娘家姓氏。

艾洛爾喜歡「伊隆」這個名字，因為是《舊約聖經》中的人物。* 他後來誇讚自己有先見之明，取了這樣的好名字。他說，他小時候聽說火箭科學家韋恩赫爾．馮．布勞恩（Wernher von Braun）寫了一本叫《火星計畫》（*Project Mars*）的科幻小說，書中描述一個名叫「伊隆」的人將統治火星。

小伊隆動不動就哇哇大哭，食量很大，但睡得很少。有次，梅伊決定不管他，想要讓他哭到睡著。但由於伊隆的哭聲實在太大，引發鄰居報警，她就不敢再任由他哭鬧。小伊隆情緒多變，梅伊說，這孩子不哭的時候，真的很可愛。

在接下來的兩年，梅伊接連生了兩個孩子：金博爾和托絲卡（Tosca）。梅伊不會寵孩子，讓孩子自由玩耍。他們家沒有保姆，只請了一個管家，即使伊隆做火箭和炸藥等實驗，她也不會特別盯著。馬斯克說，他兒時沒把手指炸斷，真是個奇蹟。

小伊隆在三歲時，就是個會獨立思考、好奇心很強的孩子。梅伊認為這孩子該上幼稚園。但園長不想收他，說他年紀太小，班上的人都比他年長，會有社交問題，沒有人會跟他玩，再等一年再來吧。梅伊說：「不行。除了我，他還需要跟其他人說話。這孩子真的是天才。」最後，園長終於同意讓小伊隆入學。

梅伊果然操之過急，小伊隆沒有朋友。在小學二年級之前，任何人跟他說話，他都一副心不在焉的樣子。馬斯克說：「老師走到我身邊，大聲對我說話，但我都沒反應，就好像沒看見或沒聽到似的。」校長把梅伊和艾洛爾找來，說道：「我們有理由認為，伊隆這孩子有智能障礙。」有個老師解釋說，伊隆幾乎都在恍神放空，上課時根本沒在聽講，「他一直盯著窗外，我跟他說，上課要專心，他卻說『樹葉變成褐色了』。」對此，艾洛爾的回應竟是伊隆說的沒錯啊，樹葉變褐色了。

梅伊和艾洛爾同意讓伊隆接受聽力測驗，校方終於鬆了一口氣，他們認為或許這是癥結所在。「他們認為我的聽力有問題，醫師切除了我的腺樣體。」[†] 馬斯克說。校方暫時滿意了，但小伊隆還是一樣經常恍恍惚惚，思考時會退縮到自己的世界。「從我還是個小孩的時候，當我在認真思考某個問題時，整個感官系統都會關閉。我看不到、聽不到，也感覺不到任何東西。當我在用我的大腦計算時，無法吸收外來訊息。」他說他是在小學二年級時，第一次注意到自己有這種問題。其他孩子會在他面前跳來

---

* 伊隆（Elon）源於希伯來語，意思是「橡樹」，和力量、智慧和耐力等特質有關。這個名字最初出現在《舊約》，是個著名的以色列法官。

† 腺樣體是生長在兒童鼻咽頂部的一塊淋巴組織。腺樣體肥大會導致經常鼻塞、聽力下降。接受腺樣體切除術則可重拾正常聽力。

跳去，揮舞手臂，看是否能引起他注意。但他依然視若無睹。他母親說：「他兩眼發愣時，最好別驚動他。」

馬斯克無法忍受笨蛋，會忍不住鄙視對方，他的社交問題因而更加嚴重，動不動就會說某個人是「笨蛋」。梅伊說：「只要去上學，小伊隆就會變得非常孤獨、悲傷。他的弟弟與妹妹上學第一天就交到朋友，請同學來家裡玩，伊隆則未曾帶朋友回家。他也想交朋友，就是不知道要怎麼做。」

結果，馬斯克很孤獨，非常孤獨。孤獨之苦一直烙印在他的靈魂裡。他想起 2017 年曾接受《滾石》（*Rolling Stone*）採訪，那時正是他感情觸礁的時候，他說：「我小時候就說過，我不想要孤獨，那就是我想說的，『我討厭孤獨』。」

鋼鐵般的意志

五歲那年，小伊隆有天因為在學校打架，被禁足在家，不能去表弟（凱伊阿姨的兒子）的生日派對。但他不想一個人被留下來，打定主意自己走去阿姨家。問題是，阿姨家很遠，在普勒托利亞的另一邊，步行約需兩個小時。更何況，他還太小，看不懂路標。「但我大概知道怎麼走，因為曾坐車去過，我對路線有印象，決定用走的過去，就上路了。」他說。小伊隆在派對快結束時終於到達阿姨家。當梅伊看到他從路上走過來時，簡直嚇壞了。他怕被懲罰，於是爬上一棵楓樹，不肯下來。金博爾記得自己站在樹下，敬畏地看著哥哥，「他的決心就像鐵打的，百折不摧，有時挺嚇人的，現在還是這樣。」

八歲時，他很想要一輛摩托車。是的，他才八歲。父親坐在椅子上，他一直站在旁邊，說自己為什麼要摩托車。他一再懇求父親。父親拿起一份報紙來看，要他閉嘴。小伊隆就這樣靜靜地站在那裡。金博爾說：「我真不敢相信自己的眼睛。他就這樣靜靜地站著，然後過了一會兒，又開始據理力爭。」接連好幾個星期，每晚都會上演這一幕。他的父親終於投降，給小伊隆買了一輛藍金色 50cc 的山葉機車，也給金博爾一輛。

伊隆常會發呆，然後自顧自地漫遊，不管其他人在做什麼。八歲那年，他們一家去利物浦探望親戚。一天早上，父母把他和弟弟留在公園，讓他們在那裡玩，然後就離開了。他天性不喜歡待在原地，就在附近街道遊蕩。「有個孩子發現我在哭，帶我去找他媽媽。她給我牛奶和餅乾，然後打電話到警察局，」他回憶道。父母到警局接他時，他根本不知道自己闖禍了。

「當時，我和弟弟才七、八歲，我的父母真是瘋了，竟然把我們留在公園。不過，他們也不像今天那種過度保護孩子的父母。」他說。多年後，我在一個太陽能屋頂工地看到已為人父的他，帶著與格萊姆斯所生的兩歲大兒子「X 寶寶」。當時是晚上十點，兩盞探照燈照亮了現場的堆高機等機具，也投下巨大的陰影。馬斯克把 X 寶寶放在地上，讓他自己探險。他看起來似乎一點也不擔心。寶寶在玩地上的電線和纜線，馬斯克偶爾會瞄一下，但沒阻止。最後，他看到寶寶想要爬上探照燈，才走過去，把他抱起來。X 寶寶在他懷裡掙扎、尖叫，想要掙脫束縛。

馬斯克曾提起自己有亞斯伯格症，甚至拿此病症開玩笑。亞斯伯格症被歸類為自閉症類群障礙的一種，會影響社交技能、人際關係、感情連結與自我調控。他的母親說：「小時候，他沒被診斷出來。但他後來說，自己有亞斯伯格症，我認為他說的沒錯。」童年創傷使他的亞斯伯格症更加嚴重。他的好友安東尼奧．格拉西亞斯（Antonio Gracias）說道，後來，每當他覺得被欺負或受到威脅，源於童年的創傷後壓力症候群，就會劫持他的大腦邊緣系統，壓抑情緒控制的功能。

因此，馬斯克對社交暗示的理解有困難。他說：「不管別人說什麼，我都以為就是字面上的意思。後來看了很多書，我才知道有人嘴巴說的和心裡想的不一樣。」他比較喜歡精確的東西，像是工程、物理學和寫程式。

馬斯克的心理特質複雜又獨特。有時，他也是一個感情豐富的人，特別是跟自己的孩子在一起的時候，但他也會強烈感受孤獨帶來的焦慮。他沒有情感接收器，和善與溫暖不是他的日常，他也不需要別人喜歡他。他沒有同情心，或者說得白一點，他可能變得很混蛋。

父母離異，養成超齡的獨立

梅伊和艾洛爾與三對夫妻一起參加啤酒節的慶祝活動。大家暢飲啤酒，玩得很開心。這時，另一桌有個傢伙對梅伊吹口哨，稱讚她很性感。艾洛爾被妒火燒到失去理智。梅伊回憶說，他撲向她，就要打她，朋友不得不制止他。她逃回娘家。「後來，他愈來愈瘋，」梅伊說，「他會在孩子面前打我。我記得托絲卡和金博爾會在角落哭泣，五歲大的伊隆則用他的小拳頭猛捶他膝蓋後面，想阻止他。」艾洛爾說，這樣的指控「完全是胡說八道」。他說，他很愛梅伊，多年來一直想挽回她的心，「我這輩子沒對女人動過手，當然不會打老婆。女人就會使出這種武器，淚水加上謊言，一把鼻涕一把眼淚地說男人動粗。男人的武器就是簽名、買單。」

啤酒節事件的第二天早上，艾洛爾去梅伊娘家，向她道歉，要梅伊跟他回家。「你敢再動她一根手指，就給我走著瞧，」梅伊的母親溫妮芙芮德警告他，「你要是碰她一根汗毛，她就會離婚，來跟我住。」梅伊說，此後他沒再打過她，但對她的侮辱、謾罵沒完沒了，說她「無聊、愚蠢、醜陋」。這段婚姻可說破鏡難圓。艾洛爾後來承認，這是他的錯。「我老婆很美，但外頭的妹子更漂亮、更年輕，」他說，「我真的很愛梅伊，但我搞砸了。」伊隆八歲那年，兩人離婚。

梅伊帶著孩子搬到德班（Durban），住在海邊附近的房子，離普勒托利亞－約翰尼斯堡地區約有600公里。她靠當模特兒和營養師養家，收入很少。孩子的書本和制服，她都買二手的。有時，兩個兒子會在週末和假期搭火車去普勒托利亞找父親（托絲卡通常不去）。梅伊說：「艾洛爾送他們回來時，帶去的衣物都留在他家。每次我總得再幫孩子買新衣服。他說，反正我最後還是會回到他身邊，畢竟我很窮，養不起孩子。」

她常常必須到外地當模特兒或是辦營養講座，只得把孩子留在家裡。她說：「我從來不曾因為全職工作而有罪惡感，因為我根本別無選擇。我的孩子必須對自己負責。」自由使他們學會自立自強。他們碰到問題時，她總是說：「你會想出辦法的。」正如金博爾說的：「媽媽不會溫柔地呵護我們，寵愛我們，她一直忙於工作，對我們來說，這反而是件好事。」

伊隆作息會日夜顛倒，常常徹夜未眠，看書看到天亮。清晨六點，他看到媽媽房間的燈亮了，就會趕快上床睡覺。媽媽也就很難叫他起床上學。有幾個晚上，梅伊到外地工作，不能回家，伊隆有時會在早上十點過後才踏進教室。艾洛爾接到學校打來的電話，不久就發動監護權爭奪戰，對伊隆的老師、梅伊的模特兒經紀人和鄰居發出傳票，要他們出庭作證。

就在開庭前，艾洛爾撤銷案件。但每隔幾年，他又會發起另一場訴訟，想要爭奪監護權，然後又撤銷。托絲卡述說這些往事時，不禁潸然淚下。「我記得媽媽坐在沙發上，不停地啜泣。我不知道該怎麼做，只能抱著她。」

梅伊和艾洛爾分手後，各自上演灑狗血愛情劇，這點也遺傳給他們的後代。梅伊離婚後，結交的男友又是一個會打女人的渣男。孩子們都討厭他，偶爾會在他的香菸裡偷塞一點火藥，他一點菸，就會爆炸。這個男的才向她求婚，就讓另一個女人懷孕了。梅伊說：「她是我朋友。我們都是模特兒，曾同台走秀。」

牙齒常被打斷，傷痕累累的童年。

03

火箭男孩

1980 年代，被迫快速成長的童年

馬斯克拿棒子戳烏龜，父親艾洛爾在一旁看（左上）；馬斯克兄弟和他們的表兄弟彼得與羅斯（右上）；艾洛爾和兒子們在廷巴瓦帝野生動物保護區蓋的小屋（下）。

不選擇走輕鬆的路

十歲那年，馬斯克做了一個讓自己後悔莫及的決定：搬去和父親同住。他獨自搭乘危險的臥鋪列車，從德班到約翰尼斯堡。到了火車站，他看到父親的身影那一刻，隨即展露歡顏。艾洛爾說：「他的笑容就像陽光那樣燦爛。」他興奮地說：「爸爸，我們去吃漢堡吧。」那晚，他爬上父親的床，父子倆一起睡。

為什麼他決定跟父親住？我問他。馬斯克嘆了一口氣，沉默了將近一分鐘後說：「我父親很寂寞，非常寂寞。我覺得自己應該待在他身邊。」接著又說：「他工於心計，利用我的感情。」馬斯克很喜歡祖母柯菈（小名娜娜）。她告訴馬斯克，他們家的三個孩子都跟著母親，讓他父親孤家寡人，太不公平了。馬斯克覺得她說得有道理。

從某個方面來看，馬斯克搬去跟父親住，此舉有跡可尋。當時，他才十歲，不善社交，幾乎沒有朋友。雖然母親很愛他，但工作負擔重，無法專心照顧孩子，而且多愁善感。反之，父親志得意滿，很有男子氣概，是個大塊頭，有一雙大手和一種迷人氣質。他的事業起起伏伏，但那時做得風生水起，有部金色的勞斯萊斯敞篷車，更重要的，他有兩套百科全書，還有大量書籍和各種工具。

因此，還是個小男孩的馬斯克決定跟父親住。「結果，我大錯特錯。當時，我還不知道他有多可怕。」他說。四年後，弟弟金博爾也來了。金博爾說：「我不想讓哥哥單獨跟他生活。哥哥是被父親騙去的。接著，他又讓我為此覺得內疚。」

「為什麼他明知父親會折磨每一個人，讓人痛不欲生，還要搬去跟他住？」四十年後，梅伊仍百思不解。「為什麼他不要這個快樂的家？」她停頓了半晌，悠悠地說，「也許他就是這樣的孩子。」

兩個兒子都搬來之後，艾洛爾在兒子的幫忙下，在廷巴瓦帝野生動物保護區（Timbavati Game Reserve）蓋了間小屋。那是在普勒托利亞以東約 480 公里的一大片原始灌木林。興建時，他們夜晚圍著火堆睡覺。那一帶常有獅子出沒，因此他們用白朗寧步槍自保。他們還用河沙做磚塊，在屋頂上鋪上茅草。艾洛爾是工程師，喜歡研究不同材料的特性，因此選用雲母來鋪地板，因為這種石材可以隔熱。尋找水源的大象會把水管拔起，猴子經常闖入涼亭大便。馬斯克和弟弟有很多工作要做。

馬斯克常陪遊客去打獵。雖然只有一把 0.22 口徑的步槍，這把槍的瞄準鏡不錯，他打很準，幾乎彈無虛發。他甚至在當地參加定向飛靶射擊比賽，獎品是一箱威士忌。

馬斯克九歲那年，艾洛爾帶著三個孩子去美國旅行，從紐約開車，先去中西部，然後往南到佛羅里達。馬斯克發現汽車旅館大廳有投幣式的遊戲機台，迷上了這樣的遊戲。他說：「這玩意兒太酷了，南非還沒有這種東西。」

艾洛爾既浮誇又吝嗇，租了部豪華的福特雷鳥，卻帶著孩子入住廉價旅館。馬斯克回憶說：「到了奧蘭多，父親不肯帶我們去迪士尼世界，說那裡太花錢。我們後來只去了水上樂園。」關於這件事，艾洛爾提出自己的版本，堅持說他有帶他們去迪士尼世界，馬斯克特別喜歡那裡的鬼屋，也去了喬治亞六旗樂園（Six Flags Over Georgia），「我在旅途中一再地跟他們說，『有朝一日你們會來這裡生活』。」

兩年後，艾洛爾又帶著三個孩子去香港玩。「我父親來這裡談生意，順便推銷商品。他把我們丟在一間簡陋旅館，只給我們約 50 塊錢，接著兩天都不見人影，」馬斯克說，他們三兄妹就在旅館裡，看武士電影和卡通，有時他會交代托絲卡乖乖待在房間裡，自己和金博爾則去香港街道上探險，進去有免費電玩遊戲可玩的電器商城逛逛。「現在，做父母的要是像我父親那麼做，肯定會有人去通報兒童福利局。但對當時的我們來說，卻是相當奇妙的體驗。」

爭強好勝，不被恐懼動搖

馬斯克兩兄弟搬去普勒托利亞郊區，跟父親一起生活之後，梅伊也搬到約翰尼斯堡附近，才能常常見到兒子。每到週五，她會開車到艾洛爾的住處接兩個兒子，然後一起去探望他們那位性格勇敢堅定的外婆溫妮芙芮德。外婆會做燉雞給他們吃，但孩子很討厭吃這道菜，梅伊只好再帶他們去吃披薩。

晚上，伊隆和金博爾通常會去凱伊阿姨家過夜。阿姨和她的三個兒子，就住在外婆家隔壁。伊隆和弟弟，以及他們的表兄弟彼得（Peter）、林登（Lyndon）和羅斯．禮夫（Russ Rive），是一群喜歡冒險的孩子，也常在一起打打鬧鬧。比起凱伊，梅伊對孩子比較放任，因此孩子們常要她掩護他們。金博爾說：「如果我們想跑出去玩，比方說去約翰尼斯堡聽演唱會，母親就會跟阿姨說，今晚要帶孩子們去參加教會營隊。然後，她會開車載我們過去演唱會現場，放我們下車後，讓我們自己去冒險。」

這樣偷跑出去玩，有時險象環生。彼得說：「有一次火車停下來時，有一群人打了起來，有個傢伙的腦袋被刺了一刀。我們躲在車廂，接著車門就關上，我們只能繼續前進。」有時，幫派的人會跳上火車，追殺敵人。這批凶神惡煞在車廂內橫衝直撞，甚至拿機關槍掃射。有些演唱會是反種族隔離的抗議活動，如 1985 年在約翰尼斯堡舉行的那場就吸引了 10 萬人前來，看黑人和白人歌手一起表演。群眾當中常常會發生爭吵。金博爾說：「我們沒有躲避暴力，我們是暴力下的倖存者。我們學會不害怕，也不做瘋狂的事。」

但馬斯克的膽子卻很大。這群表兄弟去看電影的時候，要是發現有人很吵，馬斯克就會走過去，叫他們安靜，即使他們是彪形大漢，他也不怕。彼得說：「恐懼動搖不了他的任何決定，這是他的一個大原則。在他還是個孩子時，已表現出這一點。」

馬斯克也是表兄弟當中，最爭強好勝的。有一次，他們從普勒托利亞騎自行車到約翰尼斯堡。他踩得很快，一下子就衝到前頭。他的弟弟和三個表兄弟在路邊攔了一部皮卡，搭便車過去。當馬斯克跟他們會合時，氣到揮拳打人。他憤憤不平地說，這是比賽，怎麼可以作弊？

這種爭吵很常見。不管是在當時或後來，他跟最親密的人總是愛恨糾葛。這群表兄弟常常在眾目睽睽之下打架，絲毫不顧旁人的眼光。有一次，伊隆和金博爾在鄉村市集裡大打出手。彼得回憶說：「他們在塵土中扭打成一團，市集裡的人都嚇壞了。我只好安撫大家說：沒事啦，兄弟打架而已。」

他們常為了小事打架，有時打得很兇。金博爾說：「要贏，就得先發制人，先出手打人或是踢對方的蛋蛋。如果你被踢到，就打不下去了。」

寫作業速度慢，對科學很著迷

馬斯克功課不錯，但不是最優秀的。九歲和十歲時，他的英文和數學都拿到 A。老師說：「他很快就能掌握新的數學概念。」但成績單上也常有這樣的評語：「他寫作業的速度非常緩慢，不是在做白日夢，就是在做不該做的事。他什麼都做不完。下一個學年，他必須專心一點，不要在上課的時候做白日夢。他的作文顯示他的想像力很豐富，只是常常寫不完。」在上中學前，他的學業平均成績是 83 分（滿分 100 分）。

由於他在公立中學就讀時慘遭霸凌，他的父親把他轉到一所私立學校就讀， 也就是普勒托利亞男子中學（Pretoria Boys High School）。這所學校採用英國教育模式，校規嚴格、會體罰學生、強制學生參加教會活動，而且必須穿制服。馬斯克在大部分的學習科目都拿到高分，有兩科除外：南非語（最後一學年，只有 61 分）和宗教訓示（老師說他「不夠努力」）。他說：「我不打算在我認為沒有意義的事情上，投入太多的心力。我寧可去看書或是打電玩。」畢業會考時，他的物理成績是 A，令人驚訝的是，數學只拿到 B。

如有閒暇，他喜歡製作小火箭，並用不同的混合物來做實驗，如加在游泳池的氯粉和剎車油，看哪一種爆炸的威力最大。他也學會變魔術和催眠。有一次，他讓托絲卡相信自己是一隻狗，讓她吃下生培根。

如同他們日後到美國之後多次創業，這群表兄弟年少時就有各種創業的點子。有一年復活節，他們做了巧克力蛋，再用錫箔紙包起來，挨家挨戶地兜售。金博爾想出一個高明的點子。他們的復活節彩蛋不但沒比商店賣的便宜，甚至貴了 10 蘭特（南非鍰）。「有人反映，這彩蛋太貴了吧。但我們告訴他們，其實你買這彩蛋，就是支持未來的資本家。」馬斯克說。

閱讀世界是馬斯克的避風港。有時，他可以整個下午和晚上都沉浸在書本之中，一讀就是九個小時。如果和家人去別人家吃飯，他總會溜進主人的書房看書。若是進城，他一個人走著，最後總是走進書店，席地而坐，鑽進書中世界。他很愛看漫畫，超級英雄的熱情讓他很感動。「他們總是穿著內褲或裝甲戰衣，努力拯救世界。這種裝扮實在很怪異。不過他們正在拯救世界。」他說。

馬斯克讀了父親住處的兩套百科全書。在母親和妹妹眼裡，他是「天才少年」。然而，對別的孩子來說，他只是個討人厭的書呆子。有個表弟曾驚嘆道：「看看月亮，這個星球必然是在 100 萬哩之外。」小伊隆說：「不對，平均距離約是 239,000 哩，要看月球在軌道上的哪一點。」

他在父親的工作室裡找到一本書，書裡描述未來可能會出現的偉大發明。「放學後，我會窩在父親工作室旁的一個小房間看書，這本書教我百讀不厭，」他說，其中一項發明，是由離子推進器推動的火箭，也就是利用離子推動火箭，而不是氣體。有一天深夜，我們在 SpaceX 位於德州南部火箭基地的控制室裡，馬斯克為我詳細描述了這本書，包括離子推進器如何在真空中運作。他說：「這一本書讓我第一次心生想去其他星球的念頭。」

這群表兄弟常常在眾目睽睽之下打架，馬斯克是當中最爭強好勝的。

04

追尋者

1980 年代，學習提出更好的問題

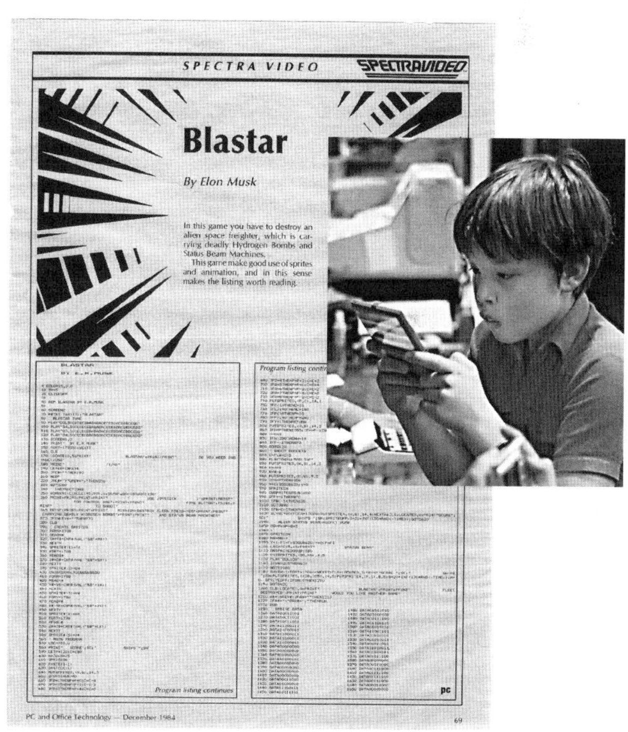

SPECTRA VIDEO

SPECTRAVIDEO

Blastar

By Elon Musk

In this game you have to destroy an alien space freighter, which is carrying deadly Hydrogen Bombs and Status Beam Machines.

This game make good use of sprites and animation, and in this sense makes the listing worth reading.

BLASTAR

BY E.R.MUSK

Program listing continues

Program listing continues

pc

PC and Office Technology — December 1984 69

13 歲時馬斯克的名字第一次登上媒體版面，
他寫的電子遊戲原始碼刊登在南非當地雜誌。

從科幻小說得到啟發

馬斯克年幼時，梅伊曾帶他去當地聖公會教堂上主日學，她也是那裡的老師。沒想到，這孩子提出了一大堆問題。當她講述《聖經》故事給小朋友聽時，馬斯克總會提出質疑。「海水分開？這是什麼意思？」他說，「那是不可能的。」當她說到，耶穌用五餅二魚餵養幾千人時，他又反駁說，這根本是無中生有。受洗後，領聖餐時，他又有疑問了。「我吃下基督的身體，喝他的血。對一個孩子來說，這真是太奇怪了。這到底是什麼？會是吃人的一種隱喻嗎？』」梅伊於是決定週日上午，讓小伊隆留在家裡看書。

馬斯克的父親頗敬畏上帝，因此告訴他，有些東西無法透過我們有限的感官和思維來理解：「飛行員沒有無神論者，他們都信靠上帝。」小伊隆則回說：「那考試也得信靠上帝囉。」馬斯克很早就相信科學可以解釋萬事萬物，因此認為沒必要想像出一個造物主或神祇來干預人類的生活。

但到了十幾歲時，他開始覺得人生缺了點什麼，因而陷入苦惱。關於存在，宗教和科學的解釋都沒能回答真正的大問題，例如：宇宙是怎麼來的？為什麼宇宙會存在？這導致他所謂的青春期存在危機。「我想搞清楚生命和宇宙的意義是什麼，」他說，「我變得非常沮喪，因為生命或許沒有意義。」

他是個愛書成痴的人，因此想透過閱讀來尋找答案。起初，他和很多焦慮的青少年一樣，一頭鑽進了存在主義哲學家的著作，如尼采、海德格和叔本華。但這是個典型錯誤，只會使他的困惑變成絕望。「我不建議青少年讀尼采。」他說。

所幸，他從科幻小說中獲得救贖。對他這樣智力過人、喜歡打電玩的孩子來說，這有如智慧之泉。他看完學校和社區圖書館所有的科幻小說，央求圖書館員多訂一些這類的書。

他最喜愛的一本書是羅伯特．海萊因（Robert Heinlein）寫的《怒月》（*The Moon is a Harsh Mistress*）。這本小說講述月球成為流放罪犯的殖民地，並由一部叫做麥克的超級電腦掌控。麥克有自我意識，也有幽默感，最後在月球發動對地球的戰役中，犧牲了生命。這本書探討了馬斯克人生中最重要的一個問題：人工智慧的發展是否有利於人類、能保護人類，或者機器會發展出自己的意圖，而成為人類的威脅？

這個主題也是以撒．艾西莫夫（Isaac Asimov）的機器人故事核心。艾西莫夫是馬斯克最愛的小說家，他在書中揭櫫機器人法則，以確保機器人不會失控。在 1985 年出版的《機器人與帝國》（*Robots and Empire*）書中的最後一幕，他闡述機器人法則中最基本的一條，也就是所謂的第零定律：「機器人不得傷害人類，或坐視人類受到傷害。」由於黑暗時代逼近，系列小說中的主角研擬了一個計畫，打算把移民者送到銀河系的遙遠地區，使人類的意識和知識得以存續。

三十多年後，馬斯克在一則推文中寫道，這些源於科幻小說的想法正是他投入太空發展的動機，目的是使人類成為能在太空探險的物種，並駕馭人工智慧，使之為人服務。「艾西莫夫的《基地》（*Foundation*）系列和第零定律，就是創建 SpaceX 的基礎。」他說。

在馬斯克沉迷於奇幻小說的歲月，影響最大的一本書，是道格拉斯．亞當斯（Douglas Adams）寫的《銀河便車指南》。

這本經典名著有趣、詼諧，有助於塑造馬斯克的思想，為嚴肅的他增添一點幽默。他說：「《銀河便車指南》帶我走出存在疑問的泥淖，使我豁然開朗。我很快就發覺這本書有趣得教人拍案叫絕，實在妙不可言。」

這部小說講述一個叫亞瑟·鄧特（Arthur Dent）的地球人，在地球即將被外星文明摧毀的前一刻，搭上了銀河便車，成功從外星人興建的星際高速公路逃走。他和救他的宇宙漫遊者一起探索銀河系的各個角落。銀河是由雙頭三臂的總統掌管的，他把「深不可測變成一種藝術形式」，而銀河系居民正在為「生命、宇宙以及一切的終極問題」尋找解答。他們打造了一部超級電腦，經過七百多萬年的運算，終於得到答案：42。這個答案引發眾人困惑，這時電腦說：「這正是答案。老實說，你們不懂這個答案，因為你們打從一開始就不知道問題是什麼。」

馬斯克牢牢記住這一課：「在這本書的啟發下，我發覺我們需要擴展意識的領域，才能提出更好的問題，以了解什麼是宇宙。」

因為迷電玩，自學寫程式

讀了《銀河便車指南》之後，馬斯克接下來又沉迷於模擬桌遊的電玩。因此一直被一種想法吸引：這個世界也許是某種高階生物設計的生存模擬遊戲，而人類只是其中的棋子。正如《銀河便車指南》作者亞當斯所言：「有一種理論認為，如果有人發現宇宙存在的目的為何，為什麼會在這裡，宇宙就會立即消失，被更多奇怪、無法解釋的東西取代。另一種理論則說，這種情況已經發生了。」

1970 年代末期，有一款角色扮演的紙牌遊戲名叫《龍與地下城》（*Dungeons & Dragons*），讓全球玩家瘋迷。馬斯克和弟弟及禮夫家的表兄弟們都沉迷其中。他們圍坐在桌子旁，依照角色表的指示，用擲骰子的方式，展開冒險之旅。其中一個玩家擔任城主，也就是裁判。

馬斯克常扮演城主，令人驚訝的是，他表現得相當溫文儒雅。表弟彼得說：「即使伊隆小時候，舉止和情緒多變。扮演城主時，卻非常有耐心。但根據我的經驗，他根本不是這樣的人。你知道我的意思吧。不過，有時他真的脾氣很好，好得像天使。」他不會給弟弟和表兄弟們壓力，只會為他們分析，解說在每一種情況下有哪些選擇。

他們組隊參加在約翰尼斯堡舉行的「龍與地下城大賽」，是最年輕的選手。城主負責分配任務：必須在遊戲中找出壞人，殺掉他並救出那個女人。馬斯克很快鎖定敵隊的城主，說道：「你就是那個壞人。」他們於是把他殺了。馬斯克的判斷無誤，本來應該玩幾個小時的遊戲，一下子就結束了。主辦單位說他們作弊，起先還拒絕頒獎給他們。但馬斯克據理力爭，取得應得的獎項。他說：「這些人都是白癡。事情那麼明顯，說什麼瞎話。」

11 歲那年，馬斯克第一次看到電腦。他在約翰尼斯堡一家購物中心，目不轉睛地看著電腦。「我讀過電腦雜誌，但還沒看過電腦。」就像他幾年前吵著要摩托車，這回又死纏爛打，要爸爸買電腦給他。艾洛爾是工程師，對電腦卻很反感，說這是用來打電玩的，只會浪費時間，做不了正事。馬斯克於是把打工的錢省下來，買了一部康懋達（Commodore VIC-20）。這是最早的個人電腦，可用來玩《銀河戰將》（*Galaxian*）和《阿爾發爆能槍》(*Alpha Blaster*)等遊戲，保護地球，抵禦外星人的入侵。

這部電腦附贈一本 BASIC 程式語言課程手冊，需要 60 個小時的課程才能學會。「我自己花了三天就學完了，幾乎廢寢忘食。」他回憶道。幾個月後，他撕下約翰尼斯堡大學個人電腦研討會的廣告單，告訴父親說他想參加。父親再次拒絕，因為參加費用昂貴，高達 400 美元，而且不適合兒童。馬斯克說，這場活動對他來說非常重要，於是一直站在父親旁邊直盯著他。接下來幾天，馬斯克不時從口袋掏出廣告單，求父親讓他參加。最後，父親說服大學給兒子一個折扣價，讓他站在後面聽。研討會結束後，艾洛爾來接他，發現小伊隆和三位教授聊得很起勁。其中一位教授說：「你該給這孩子買一部新電腦。」

馬斯克在學校的程式設計技能測驗表現優異，因而獲得一部 IBM PC/XT，開始用 Pascal 和 Turbo C++ 自學寫程式。13 歲，他就用 123 行的 BASIC 程式創造出一種叫《太空大戰》(*Blastar*)的電玩。他也利用簡單的組合語言，呈現圖形。他把程式投稿到《個人電腦與辦公室科技》(*PC and Office Technology*)，雜誌在 1984 年 12 月號刊登，除了有他的名字「伊隆・馬斯克」，還有一段簡短的介紹：「在這個遊戲中，你必須摧毀一艘外星人的太空貨船。這艘船上有致命的氫彈和狀態光束機。」雖然沒有人知道「狀態光束機」是什麼，但這個概念似乎很酷。馬斯克獲得 500 美元稿費，又寫了兩個遊戲投稿到雜誌，一個是像《大金剛》(*Donkey Kong*)的遊戲，另一個則是俄羅斯輪盤和二十一點的模擬遊戲。

直到今天，他仍沉迷於電玩。他的表弟彼得說：「如果你跟伊隆一起玩，那就是沒完沒了，直到餓得不得了，才會中斷去吃東西。」有一次去南非大城德班，馬斯克在購物中心的遊戲機動手腳，使電線短路，他們就可以不用投幣，連續玩好幾個小時。

馬斯克甚至想出一個偉大的點子：他們這幾個表兄弟可以開一家電玩店。「我們知道哪些電玩最熱門，應該可以賺錢，」他說，他計算了租賃機器所需的現金流，但在向市政府申請營業許可證時，才知道 18 歲以上才能申請。儘管金博爾填好了 30 頁的表格，但認為不能去找爸爸。「他太頑固，不會幫我們的。所以，我們去找姨丈，也就是羅斯和彼得的爸爸。結果他氣炸了。這個計畫也就不了了之。」金博爾說。

05

大膽走出去

1989 年，擺脫成長的烙印

即將滿 18 歲那年，馬斯克離家，獨自一人勇闖天涯到加拿大。

父親的精神暴力

在和父親艾洛爾一起生活了七年之後，馬斯克在 17 歲那年，了悟到自己非離開不可。因為跟父親一起生活的日子，愈來愈令他焦躁不安。

有時艾洛爾心情很好，一副興高采烈的樣子，但偶爾則會變得陰沉、愛罵人，滿腦子都是幻想和陰謀。「他翻臉比翻書還快，」托絲卡說，「完全沒有事前徵兆，前一秒還很好，下一秒就變得惡毒，口出惡言。」艾洛爾就像人格分裂似的，「他會突然對你大吼大叫，開始說教，一講就是好幾個小時，還會強迫你站兩、三個小時聽他訓誡，說你是廢物、可憐蟲、用各種傷人的話辱罵你，不讓你離開。」金博爾說。

馬斯克的表兄弟們漸漸不想來找他們了。「你真的不知道會碰到什麼，」彼得說，「有時艾洛爾對我們很好，會說『我買了一部新摩托車，一起去騎車兜風吧』。有時則怒氣沖沖，威脅我們，甚至命令我們拿牙刷去刷馬桶。」彼得告訴我這些事情的時候，停頓了一下，然後語帶遲疑地說，有時馬斯克也會這樣，「他心情好的時候，會讓你覺得，跟他在一起是世界上最酷、最好玩的事。但一旦心情不好，他就會變得非常陰沉。你得要小心翼翼。」

有一天，彼得來家裡，發現艾洛爾只穿內衣褲，坐在廚房的桌子旁，拿著一個塑膠輪盤。他想知道，輪盤是否會受到微波影響。於是，他轉動輪盤，記錄結果，接著再轉動，放進微波爐，再做紀錄。「真是神經病。」彼得說。艾洛爾相信自己可以找出輪盤的必勝祕訣，多次拉兒子一起去普勒托利亞的賭場，還刻意讓伊隆穿得老成一點，看起來像超過 16 歲。他把計算機藏在賭注卡的下方，要伊隆幫他寫下數字。

馬斯克去圖書館，看了幾本關於俄羅斯輪盤賭注的書，甚至用電腦寫了一個模擬輪盤賭注的程式。他試著說服父親，他的「祕訣」不會成功。但艾洛爾相信自己對機率很了解，正如他後來跟我說的，他想出來的招數「幾乎可以完全解決所謂的隨機性」。我請他解釋時，他說：「『隨機事件』或機率是不存在的。所有的事件都會依循費波那契數列（Fibonacci Sequence）發生，就像曼德布洛集合（Mandelbrot set）的圖像。接著，我發現『機率』與費波那契數列的關係。這可以寫成一篇科學論文了。但我一旦發表，關於機率的一切都會被毀掉，所以我不敢貿然行事。」

我不知道艾洛爾究竟在說什麼，馬斯克也一頭霧水：「他明明是個工程專家，為什麼會相信巫術？但他的確變成這樣。」艾洛爾的性格很強勢，偶爾也很有說服力。「他會扭轉周遭現實，」金博爾說，「他會捏造事實，對自己營造出來的虛幻世界深信不疑。」

有時，艾洛爾會斬釘截鐵地說一些與事實不相干的事，例如他堅持，美國人認為總統是神聖不可批評的。他還會編造一些天馬行空的故事，把自己塑造成英雄或是受害者。他振振有辭，理直氣壯的樣子，讓馬斯克兄弟不由得懷疑自己對現實的認知。金博爾說：「你能想像這種成長歷程嗎？這是一種精神折磨，你會受到感染，最後反過來質問自己，現實是什麼？」

我發現自己也陷入艾洛爾編織的混亂之網。有兩年，他不斷打電話、寫電子郵件給我，述說自己和子女、梅伊及繼女的關係，以及他對他們的情感（他甚至和繼女生了兩個孩子，後面會再詳述）。他說了好幾個版本，並聲稱：「對我這個做父親的，伊隆和金博爾有他們自己的說法，但他們說的不是事實。」他強調，兒子說他對他們精神虐待，是為了取悅他們的母親。「我跟梅伊都離婚四十年了，但她一直無法釋懷。」我請他解釋，他卻說，那我就聽馬斯克兄弟說的就好了。「他們愛怎麼說，就怎麼說吧。他們高興就好。我根本不在乎。我不想跟他們對質，爭論誰是誰非。不管怎麼說，他們也有發言權。」

談到父親，馬斯克有時會放聲大笑，笑聲有點刺耳和苦澀，但這笑聲也像他的父親。有時馬斯克使用的字詞、凝視的方式，突然從光明陷入黑暗，再回到光明，這一切都讓他的家人想到，艾洛爾在他內心深處作祟。

「伊隆跟我說了那些恐怖故事，但我發現這些故事的陰影在他自己的行為浮現，」馬斯克的第一任太太潔絲汀說道，「我這才了解，要擺脫成長的烙印有多麼困難，即使那不是我們想要的。」她不時會大膽地對馬斯克說：「你就要變成你父親那樣的人了。」她解釋說：「這是我們的暗號，用來警告他，他正要遁入黑暗。」

但潔絲汀說，馬斯克有一點和他父親截然不同，他真的很愛孩子，「跟艾洛爾在一起，你總會有一種不祥的預感。如果置身於殭屍橫行的末日世界，你會想加入伊隆的團隊，因為他會想辦法讓殭屍排排站，他或許很嚴厲，但你可以信任他，相信他最後必然能找到致勝之道。」

為了實現這個目標，馬斯克必須繼續前進。現在，是他離開南非的時候了。

單程車票

馬斯克開始催促母親和父親，看是否能說服他們搬到美國，也把自己、弟弟和妹妹帶過去。但艾洛爾和梅伊都不想去美國。「所以，我想，好吧，那我一個人去吧。」他說。

由於外公是在明尼蘇達州出生，於是他先用這個理由申請美國公民，然而因為母親生於加拿大，未曾申請美國公民的身分，因此不能成為美國公民。最後，他覺得去加拿大應該是較容易的第一步。於是他去了加拿大領事館，取得護照申請表，不只為自己申請加拿大護照，也為母親、弟弟、妹妹申請了（但沒幫父親申請）。1989 年 5 月下旬，護照審核通過。

他說：「我本來第二天早上就可以走了，但機票若能提早 14 天購買，會比較便宜。所以我等了兩週才成行。」1989 年 6 月 11 日，再過半個月就是他的 18 歲生日，他在普勒多利亞高級餐廳辛西雅（Cynthia's），和父親、弟弟和妹妹共進晚餐。吃完飯後，家人就開車送他去約翰尼斯堡機場。

馬斯克說，那時父親用輕蔑的語氣對他說：「幾個月後，你就會回來。你永遠不會成功。」

對此艾洛爾一樣有自己的說法，而在這個版本，他是英雄。艾洛爾說，伊隆上高三之後變得鬱鬱寡歡。1989 年 5 月 31 日，也就是共和國日那天，他似乎沮喪到了極點。他們一家準備出門去看遊行，但伊隆拒絕下床。艾洛爾走進他的房間，靠在大書桌上，桌上有部伊隆經常使用的電腦。艾洛爾問：「你想去美國留學嗎？」伊隆突然變得很有精神的說：「想啊。」艾洛爾說：「留學這事是我提議的。之前，他不曾說過想去美國。於是我跟他說，『有個美國大使館文化官員是我在扶輪社的朋友，你明天去找他』。」

馬斯克說，這又是父親精心設計的幻想，他總是喜歡以英雄自居。事實證明艾洛爾說謊。在 1989 年共和日那天，馬斯克已拿到加拿大護照，也買好機票了。

06

世界走進來

1989 年，在北美展開自我探索之旅

馬斯克在薩克斯奇萬省，借住表弟家，幫他們蓋了一座穀倉（上）；
馬斯克在多倫多狹小的租屋，開始展開新生活（下）。

18 歲的背包客

據說，馬斯克的父親艾洛爾曾經暴富，賺了滿坑滿谷，因此馬斯克在 1989 年踏上北美時帶了很多錢，口袋可能裝滿綠寶石。有時，艾洛爾就是希望大家認為馬斯克是富二代，但實際上，他持有的尚比亞礦場綠寶石，早在幾年前就變得一文不值。馬斯克離開南非時，父親給他 2,000 美元的旅行支票，母親也給他 2,000 美元，那是她賣股套現的錢，她十幾歲時曾參加選美比賽，獲得一筆獎金，後來就用那筆錢開了股票帳戶。除了旅費，馬斯克此行攜帶的最重要行李，是母親給他的一張親戚名單。這些散居在加拿大各地的親戚，他之前都不曾見過。

到了蒙特婁，他本來打算給母親的舅舅打電話，但發現舅公已不住在那裡。因此，他找了間青年旅舍，跟五個人合住一個房間。「在南非，我們習慣提高警覺，因為你可能會被搶或被殺，」他說，「所以，那時我都睡在背包上。但我漸漸發覺，並不是每個人都是壞人。」他在城裡遊蕩，發現這裡的人家裡都不裝鐵窗，覺得很驚奇。

一星期後，他用 100 美元買了張灰狗巴士通票，可在六個月內前往加拿大任何地方。他有個遠房表弟叫馬克．涂倫（Mark Teulon）。馬克跟他同年，住在薩克斯奇萬省的一個農場，離外祖父母當年住的穆斯喬不遠，他決定去找表弟。

表弟的住處與蒙特婁相隔約有 2,700 公里之遠。灰狗巴士每個小村鎮都停，這一路就開了好幾天。有次到了一個站，馬斯克下車去買午餐。回來的時候，發現車子要開了，急忙跳上去。但不幸的是，他的行李已被司機拿下車，旅行支票和衣物都在裡面。他只剩一個背包，裡面裝的都是書。由於旅行支票掛失和補發很麻煩，等了好幾個星期才辦好。這是他第一次感受到，金融支付系統需要革命。

他到了表弟農場附近的小鎮，用口袋裡剩下的一些零錢打電話。「喂，我是伊隆，你的南非表哥。我在公車站，」他說。表弟和他的父親一起過來，帶馬斯克去時時樂吃牛排。他們讓他住在自家的小麥農場。伊隆在農場工作，清理麥倉，也幫他們蓋了一座穀倉。他們烤了蛋糕，慶祝他的18歲生日，上面用巧克力糖霜寫著：「伊隆生日快樂」。

六星期之後，馬斯克又坐上巴士，前往千里外的溫哥華，去找母親的同父異母兄弟。當他去就業服務處找工作時，發現大多數的零工都是時薪5美元，他因此選擇在鋸木場清洗鍋爐，時薪是18美元。他必須穿上防護衣，小心翼翼地穿過一條狹窄的通道，來到煮木漿的房間，鏟除在牆壁上結塊的石灰和黏黏的東西。他回憶說：「如果通道盡頭的人不趕快清理，裡面的人就會被熱死。裡頭黑黑的管子，交雜著刺耳的電鑽聲，就像是狄更斯式的蒸汽龐克噩夢。」

馬斯克待在溫哥華時，母親梅伊從南非飛來看兒子。她也想離開南非，搬過來住。她寫信給托絲卡，說溫哥華太冷、多雨，而蒙特婁是很有活力的城市，但那裡說法語。她的結論：多倫多才是他們該去的地方。梅伊在當地大學和一家模特兒經紀公司找到兼職工作。托絲卡很快就賣掉他們在南非的房子和家具，跟母親和哥哥在多倫多團聚。當時金博爾已經上高三，因此留在普勒多利亞，把高中念完。

艱辛的移民之路

起先，他們在多倫多租了間一房一廳的公寓，妹妹托絲卡和母親同睡一張床，馬斯克則睡沙發，金博爾留在普勒多利亞讀高三。他們很窮，梅伊記得，有一次不小心把牛奶打翻，因為沒錢再買瓶牛奶，不禁悲從中來，熱淚盈眶。

托絲卡在漢堡店打工，馬斯克在微軟的多倫多分公司當實習生，而梅伊不但在大學和模特兒經紀公司兼職，還是一名營養師。「每個白天，我都得工作，每週也有四個晚上得工作，」她說，「只有週日下午不工作，可以上市場買菜和在家洗衣服。我不知道孩子們都在做什麼，因為我很少在家。」

幾個月後，他們存了點錢，終於租到有租金上限管制的三房公寓。梅伊要馬斯克把毛氈牆貼撕掉，也要他幫忙拆掉那可怕的地毯。他們本來想買較便宜的 200 美元地毯替換，但托絲卡堅持要買 300 美元的厚地毯，因為金博爾和他們的表兄弟彼得要來，他們得要睡在地板上。他們第二次大血拚，則是為了添購馬斯克的電腦。

馬斯克在多倫多沒有朋友，也沒有社交生活，多半宅在家裡看書或是打電腦。反之，妹妹托絲卡則是個俏皮、活潑的少女，總是想往外跑。有時，馬斯克會說：「我跟你一起去。」他也會害怕孤獨，不想一個人待在家裡。托絲卡會拒絕說：「不行。」但要是馬斯克堅持非跟不可，她就會命令哥哥：「你必須始終跟我保持 30 公尺的距離。」馬斯克通常會照做，然後拿著一本書，跟在妹妹和她朋友的後頭，如果他們去酒吧或派對，他就自己窩在角落看書。

和弟弟金博爾在多倫多跳舞；多數時候都宅在家看書或打電腦的馬斯克，也會感到孤獨，想要有社交生活。

07

鍛鍊策略腦

1990 至 1991 年，在女王大學學會做自己

在女王大學結識一生的好友法魯克；
穿新西裝的馬斯克，開始有社交生活，不再感到被排擠。

熱愛策略遊戲，鍛鍊商業技能

馬斯克的大學入學考試成績，不算特別突出，在第二次參加學術能力測驗（SAT）時，滿分 800 分，英文（閱讀與寫作）拿到 670 分，數學則是 730 分。他的志願鎖定滑鐵盧大學（University of Waterloo）和女王大學（Queen's University），這兩所學校離多倫多都很近。他說：「如果要讀工程，滑鐵盧當然是更好的選擇，但從社交的角度來看，這所學校似乎不怎麼理想。滑鐵盧大學陽盛陰衰，女生寥寥無幾。」他認為，不管去滑鐵盧或是女王大學，自己在電腦科學和工程方面的知識，都不亞於任何教授，而他渴望擁有多采多姿的社交生活，「上了大學，我不想老是跟一群宅男混在一起。」因此，1990 年秋天，他在女王大學註冊，開始他的大學生活。

在學校的安排下，他住進宿舍的國際學生樓層。住進去的第一天，就遇到一個名叫納維德．法魯克（Navaid Farooq）的同學。法魯克是他結識的第一個好朋友，兩人就此建立長久深厚的友誼。法魯克在奈及利亞和瑞士長大，父親是巴基斯坦人，母親是加拿大人，兩人都在聯合國組織任職。他和馬斯克一樣，在高中時沒什麼朋友。進了女王大學後，由於兩人志同道合，都著迷於電腦、桌遊、隱晦的歷史和科幻小說，很快成為死黨。法魯克說：「對我和伊隆來說，或許來到這裡之後，我們才開始有社交生活，不再感到被排擠，而且可以做自己。」

馬斯克大一修習的科目，商業學、經濟學、微積分和程式設計都拿到 A，但會計學、西班牙文和勞資關係的成績則是 B。大二，他修了另一門有關勞資關係的課，研究管理階層與受雇員工之間的關係。這次，一樣只拿到 B。後來，他在接受女王大學校友雜誌的採訪時說道，在大學頭兩年，他學到的最重要一課，就是「如何跟聰明人合作，並利用蘇格拉底式的對話來達成共同目標。」然而，他未來的同事將發現，他一直未能精進這樣的技能，他在勞資關係方面的做法，常引發很多爭議。

馬斯克更喜歡在深夜與人暢談人生的意義。他說：「我非常渴望這麼做。因為我以前沒有朋友，無法討論這種哲學問題。」更重要的是，他和法魯克幾乎形影不離，一起沉迷於桌遊和電玩世界。

他和法魯克，以及幾個朋友，一起在宿舍玩《強權外交》（*Diplomacy*）的桌遊，其中一人想和另一個人結盟，以對抗馬斯克。馬斯克用平靜冷酷的語氣說：「這麼做並不合理，根本是在傷害自己。如果你要這麼做，我會給你好看，讓你的盟友與你為敵。」法魯克說，這是馬斯克慣用的手法，用談判和威脅來說服對方，最後成為贏家。

馬斯克青少年時期在南非就很喜歡打各式各樣的電玩，包括以第一人稱視角進行的射擊遊戲和冒險任務，但上了大學之後，變得熱愛策略類電玩，由兩個或更多玩家互相競爭，利用高級策略、資源管理、供應鏈物流和策略思考，進行軍事或經濟活動，以建立帝國。

那些策略類桌遊遊戲，後來也出了電腦版，成了馬斯克生活的核心。十幾歲時，他在南非就曾玩過《上古戰爭藝術》（*The Ancient Art of War*），三十年後玩起《迷你帝國》（*The Battle of Polytopia*），更是玩上了癮。獲勝需要複雜的規劃，也得要有效管理資源以獲得競爭優勢，這些他都很感興趣。他常沉迷於這些遊戲，一玩就是好幾個小時。這是他放鬆、逃避壓力的方式，也能磨練他的商業策略技能和策略思維。

他在女王大學就讀時，第一款經典的策略電腦遊戲《文明帝國》（*Civilization*）正式問世。玩家在地圖上建立一個社會，藉由科技的發展和生產設施的建造，使這個社會從史前時代演進到現今。馬斯克把他的書桌移到床邊，坐在床上，法魯克則坐在椅子上，一起玩這個遊戲。「我們就這麼對打了好幾個小時，直到筋疲力竭。」法魯克說。後來，他們又迷上了《魔獸爭霸：人類與獸人》（*Warcraft: Orcs and Humans*）。在這個遊戲當中，一個關鍵策略是開發源源不絕的資源，例如來自礦坑的金屬。玩了幾個小時後，他們會休息一下，吃點東西。馬斯克說，每當玩到某個時間點，他就知道自己會贏了。他告訴法魯克：「我是天生戰將。」

在女王大學，有一門課就是利用策略遊戲來學習。老師把學生分成幾個小組，模擬企業經營、互相競爭。玩家可自行決定產品價格、廣告費用，以及把多少利潤投入到研發等。馬斯克對控制模擬的邏輯進行逆向分析與研究，找出致勝之道，因此每次都是他贏。

人生字典裡沒有「順從」兩個字

馬斯克的弟弟金博爾高中畢業後，也搬到加拿大，跟哥哥一樣，到女王大學就讀。這對兄弟每天都會做一件事：翻開報紙，從當天新聞挑選出最有意思的人物。馬斯克生性害羞，不想去跟陌生人搭訕，因此由善於交際的金博爾出擊，打電話給對方。他說：「如果順利搭上線，他們通常會請我們吃飯。」

有一天，他們挑上了豐業銀行（Scotiabank）策略規劃部主任彼得．尼科森（Peter Nicholson）。尼科森是擁有物理學碩士和數學博士學位的工程師。金博爾跟他通電話時，他同意跟他們吃飯。梅伊帶他們去伊頓百貨公司（Eaton's）採買行頭，只要購買一件 99 美元的西裝，會附送襯衫和領帶。馬斯克兄弟和這位銀行主管共進午餐時，很有得聊，聊哲學、物理和宇宙的本質。尼科森邀他們來豐業銀行實習，馬斯克可直接跟他一起工作，加入他的三人策略規劃小組。

當時 49 歲的尼科森和馬斯克經常聚在一起，解數學謎題和奇怪的方程式，並樂此不疲。尼科森說：「我對物理的哲學層面很感興趣，也想知道這個層面與現實的關係。能跟我談這些事情的人不多。」他們也討論到馬斯克最熾熱的夢想：太空旅行。

有一晚，馬斯克和尼科森的女兒一起參加派對。馬斯克問她的第一個問題是：「你對電動車有什麼看法？」他後來承認，要吸引女生，這不是很好的開場白。

馬斯克在尼科森底下所做的一項研究，是關於拉丁美洲的債務。銀行貸款給巴西、墨西哥等國幾十億美元，但這些國家無力償還。1989 年，美國財政部長尼古拉斯．布雷迪（Nicholas Brady）於是提出以美國公債做為擔保，將流動性欠佳的貸款轉換為具流通性的債券。這就是所謂的布雷迪債券（Brady Bonds）。由於美國政府為布雷迪債券做擔保，馬斯克認為這些債券的市場價格約為面值的一半，也就是每 1 美元的債券約值 50 美分，但當時有些債券的交易價格卻低到 20 美分。

馬斯克估算，豐業銀行可便宜買進、套利，輕鬆賺取數十億美元。於是，他打電話到紐約，找高盛的交易員，詢問可否買進布雷迪債券。那個傢伙說：「可以啊，你要買多少？」馬斯克刻意用低沉、嚴肅的嗓音說道：「500 萬美元，可以嗎？」交易員回報說沒問題，馬斯克立刻掛上電話。「我當時在想：『哇，這下要發了，這是穩賺不賠的生意。』我跑去跟尼科森說這件事，我以為他們會給我一筆資金進行交易。」但銀行否決了這個案子。執行長說，我們已持有太多拉丁美洲債權。馬斯克對自己說：「哇，他們是不是瘋了？銀行真的這麼想？」

尼科森說，當時豐業銀行正在想辦法因應拉丁美洲債權的問題，而且似乎更有成效，「但馬斯克覺得銀行表面上看起來很聰明，其實愚不可及。不過，塞翁失馬焉知非福。這件事讓他得以洞視金融業的弱點，有膽量發動網路金融革命，創立 PayPal。」

在豐業銀行的工作經歷，馬斯克還學到另一課：他不喜歡為別人工作，也不擅長做這種事。他的人生字典裡沒有「順從」這兩個字，而且自認可能懂得比任何人都多。

08

像來自外星球的人

1992 至 1994 年，在賓州大學主修物理與經濟

和任宇翔在賓大結識；馬斯克兄弟與表弟彼得在波士頓。

專注三大領域：火箭、電動車、永續能源

馬斯克覺得女王大學很無聊。雖然校園很美，但是學術挑戰性卻不夠。因此，當他發現有同學轉學到賓州大學時，他也決定試試看。

但錢是個問題。父親無法贊助他，而母親已兼了三份工作，才勉強維持生計。幸好，賓州大學提供了 14,000 美元的獎學金給他，還讓他申請學生貸款。1992 年，升大三那年，他順利轉學到賓州大學就讀。

馬斯克決定主修物理學。就跟父親一樣，他也深受工程的吸引。他認為，身為一個工程師，最重要的就是鑽研物理學最基本的原理，並運用這些物理原理來解決問題。他還決定攻讀物理和經濟雙學位。他說：「我擔心不學商，就會被迫在學商的人底下工作。我的目標是透過物理學的眼光來設計產品，永遠不必為有商業學位的老闆工作。」

儘管他不懂政治，也不善於交際，還是出來競選學生會會長。他的政見之一是：「如果學生會會長這個頭銜出現在我的履歷上，我會倒立，並且在公共場所吃下 50 份履歷表。」以此嘲笑那些想靠這個學生會長的經歷，為自己的履歷多添一筆的人。幸好他沒當選，他的個性本來就和學生會這種組織格格不入。結果，他跟一群宅男混在一起，喜歡講科學笑話，玩《龍與地下城》，狂打電玩，撰寫程式到廢寢忘食。

在這群人當中，跟他最要好的是任宇翔。任宇翔是中國人，來賓大之前就曾在國際物理奧林匹亞競賽獲獎。馬斯克說：「他是唯一在物理方面比我強的人。」他們常窩在物理實驗室，研究

各種材料在極端溫度下的變化。在某組實驗的最後，馬斯克把鉛筆末端的橡皮頭拔下來，丟進一個裝了過冷液體的瓶子裡，然後把瓶子摔在地上，想觀察有沒有什麼變化。他對各種材料和合金在不同溫度下的特性很感興趣，更希望能親眼瞧見。

任宇翔回憶說，馬斯克特別專注的三個領域，塑造了他的職業生涯。無論是校準引力或是分析材料特性，他都會跟任宇翔討論如何把物理學定律運用於火箭的製造上。「他一直說要打造可以去火星的火箭。當然，當時我不以為意，因為我認為他是在做大夢。」任宇翔說。

馬斯克也對電動車相當癡迷。他和任宇翔在餐車買了午餐，就坐在校園的草地上，討論起馬斯克正在看的關於電池發展的學術論文。加州剛通過一項法規，規定到 2003 年，10% 的車輛必須是電動車。「我想實現這個目標。」馬斯克說。

馬斯克也相信，1994 年剛起步的太陽能是實現永續能源的最佳途徑。他在大四寫了一篇研究報告，題目就是〈論太陽能的重要性〉（The Importance of Being Solar）。他的動機不只是意識到氣候變遷帶來的危險，還來自化石燃料開始減少的事實。「再過不久，人類社會將別無選擇，只能把重心放在可再生能源。」他寫道。他在報告的最後一頁附上一幅「未來發電站」的插圖。這張圖描繪一個裝設鏡子的衛星把陽光集中到太陽能電池板上，然後透過微波束把電力傳送到地球。教授給這份報告 98 分，說這篇「非常有趣、寫得很好，只是不知最後那張圖是怎麼來的。」

靠電玩、閱讀、派對放鬆

馬斯克一生用三種方式來逃避劇烈的情緒起伏。

第一種是他和女王大學的朋友法魯克一起做的事：沉迷於建造帝國的策略遊戲，如《文明帝國》和《迷你帝國》。

賓大的任宇翔則反映了他的另一面：嗜讀百科全書，想要了解《銀河便車指南》書中所說的「生命、宇宙和萬物」。

在賓州大學時，他找到了第三種放鬆模式：開派對。從小，孤獨就像繭包圍著他，派對讓他破繭而出。跟他一起開派對的是亞迪奧·瑞希（Adeo Ressi）。瑞希是義大利裔美國人，喜歡上夜店。他的頭很大，笑聲響亮，也很有個性。他算是個奇人，創辦了一份叫做《綠色時報》（*Green Times*）的報紙。他說，他的主修是「革命」，把幾份《綠色時報》當作是畢業論文。

瑞希跟馬斯克一樣是轉學生，學校安排他們住新生宿舍，宿舍晚上十點後禁止派對和訪客。由於他們都討厭遵守規定，就在費城西邊一個破舊社區租了間房子。

瑞希想出開派對賺錢的點子。他們把窗戶遮起來，讓室內變得漆黑，然後用紫外線燈和螢光漆畫的海報做裝飾。有一次馬斯克發現瑞希把他的書桌釘在牆上，塗上螢光漆，說這是派對裝置藝術。馬斯克把書桌拆下來，說這是書桌。他們從垃圾場挖出一個馬頭金屬雕塑，在裡面放了一盞紅燈，讓紅光從眼眶射出。有一層樓有樂團，DJ 在另一層樓，桌子上有啤酒可供暢飲和許許多多用小杯子裝的雞尾酒果凍。有人在門口收錢，每個人的入場費是 5 美元。有幾個晚上，他們的派對會吸引 500 人前來，一晚收的錢就可支付一個月的房租了。

當梅伊來到兒子住的地方時，簡直嚇壞了。梅伊說：「我裝了八個大垃圾袋，才幫他們清掃乾淨，我以為他們會很感激。但他們根本就沒注意到。」那晚，他們要梅伊待在馬斯克的臥室，因為那裡就在前門旁，請她幫忙保管錢和寄放的外套。她手裡拿著一把剪刀，以防有人想要偷錢，她還把馬斯克的床墊搬到一面外牆旁，「音樂震耳欲聾，房子跟著搖晃，我怕天花板會塌下來，我想站在牆邊會比較安全。」

馬斯克喜歡派對的熱鬧歡快，但不曾玩瘋。他說：「我清醒得很。瑞希會醉得一塌糊塗。我敲他的房門，跟他說『老兄，你得起來做事了』。最後，總是我在現場盯著。」

瑞希後來說，馬斯克通常看起來像個局外人，「他喜歡派對，但不會完全融入。他唯一沉迷的是電玩。」儘管他們常常開派對，他知道馬斯克基本上會與人疏遠、保持距離，就像一個來自外星球的觀察者，一邊冷眼旁觀，一邊學習社交動作。「我希望伊隆知道如何過得更快樂點。」他說。

09

不做華爾街金童

1994 至 1995 年，前進矽谷

1994 年 7 月升大四那年暑假，馬斯克第一次領悟到，自己想發揮更大影響力。

找到一生最想做的事

1990 年代，讀長春藤名校、胸懷大志的學生不是往東，前進金光閃閃的華爾街銀行和法律事務所，就是往西行，嚮往科技烏托邦，朝向充滿創業熱情的矽谷。馬斯克在賓大就讀時，已獲得幾個在華爾街當實習生的機會，儘管薪水很優渥，但他對金融業不感興趣。他認為銀行家和律師對社會沒有多大的貢獻。再者，他討厭跟他一起在商學院上課的同學。反之，矽谷像一塊磁鐵，吸引著他。那是非理性繁榮的十年，任何人只要在自己的幻想加上「.com」，就可以等金主揮舞著支票，開著保時捷轟隆隆地從沙丘路（Sand Hill Road）奔馳而來。

1994 年夏天，升大四那個暑假，馬斯克獲得兩個實習機會，讓他可以揮灑對於電動車、太空和電玩的熱情。

白天，他在尖峰研究所（Pinnacle Research Institute）工作。所裡有 20 個人，與國防部簽約，研究該所創辦人研發的雙電層「超級電容器」。電容器是一種可以短暫儲存電荷並迅速放電的裝置，尖峰研究所認為他們可以研發出強大的電容器，為電動車和太空武器提供能量。夏末，馬斯克在賓大的一門課研究報告中寫道：「我們必須注意，超級電容器不是一種改良品，而是全新的技術。」

晚上，他在帕羅奧圖一家叫火箭科學（Rocket Science）的小型電子遊戲公司工作。一天晚上，他來到這家公司，想看看是否有暑期工作機會。當時公司裡的人正好有個一直無法解決的問題：他們不知道如何讓電腦進行多工處理，在讀取存儲於 CD-ROM 的圖片時，同時移動螢幕上的虛擬化身。馬斯克於是在網路留言板上詢問其他電腦高手，看如何使用 DOS，繞過 BIOS（基本輸入／輸出系統）和搖桿讀取器。「那家公司沒有任何一個高階工程師可以解決這個問題，我花了兩個星期就解決了。」他說。

他的能力讓他們驚豔，希望他能全職工作。但他得先完成學業，才能在美國取得工作簽證。此外，馬斯克深刻體悟到一點：他熱愛電玩，也有創造遊戲的技能，但這並不是他這一生最想做的事。「我想發揮更大的影響力。」他說。

在 1980 年代有個不幸的趨勢，就是汽車和電腦都變得更封閉。沃茲尼克在 1970 年代末設計的蘋果二號，是可以打開來的，玩家可以任意改裝內部零件，但麥金塔不可以。賈伯斯在 1984 年推出這款電腦時，決定採用封閉式架構，因此幾乎無法拆解。

同樣地，1970 年代或更早的孩子們，可以把引擎蓋打開來，摸索裡面的每一種零件，修理化油器、更換火星塞、改裝引擎等。他們會用手指觸感來評估氣門的狀態，對汽車潤滑油品牌更是如數家珍。就連收音機和電視機，也是他們探索、動手改造的目標。如果你願意，你可以自己更換真空管和電晶體，也可以研究電路板是怎麼運作的。

然而，在密封趨勢下，意味著在 1990 年代成長的技術人員大都偏向專精於軟體，而非硬體。他們會寫程式，讓電路板歌唱，但他們不知道烙鐵的氣味多令人神往。馬斯克不一樣。他喜歡軟體，也熱愛硬體。他會寫程式，對零件更感興趣，如電池、電容器、氣門、燃燒室、燃油泵、風扇皮帶等。

馬斯克尤其喜歡改造車子。那時，他有一部 1970 年代生產的 BMW 300i。每個週六，他都在費城垃圾場找可用的零件，以提升引擎效能。這部車有四檔變速器，但 BMW 後來開始生產五檔變速器，於是他決定為愛車的變速器升級。他向附近修車廠借了一部千斤頂，利用幾個墊片，磨削過後，竟然把五檔變速器塞進去了。「這部車真的能開。」他回憶說。

1994 年暑期實習結束時，馬斯克和弟弟金博爾就開著那部車從帕羅奧圖一路回到費城。金博爾回憶說：「我們都覺得，上學很無聊，於是慢慢開。最後我們花了三週時間橫越美國。」車子多次拋錨，有一次，他們在科羅拉多泉市找到一家修車廠，車才剛修好，不久又壞了。於是，他們把車推到一個卡車休息站，馬斯克把這部車整個重新翻修，然後重新上路。他的身手就跟專業汽車技師一樣厲害。

馬斯克還開著這部車載著他在賓大的女友珍妮佛．葛溫（Jennifer Gwynne）去旅行。1994 年的聖誕假期，他們從費城開到多倫多看他的母親。當時，金博爾還在女王大學就讀。馬斯克在那裡送給珍妮佛一條細金項鍊，上面鑲嵌了一顆圓的綠寶石。二十五年後，珍妮佛上網拍賣了這條項鍊。她說：「他媽媽房間裡有個盒子，裡面有好幾條這樣的項鍊。他從裡面拿出一條送給我。伊隆說，項鍊上的綠寶石來自他爸爸在南非的綠寶石礦場。」其實，那個早已破產的礦場不在南非，也不是他父親的，顯然當時馬斯克想給女友家境富裕的印象。

1995 年春天，馬斯克畢業，決定再來一趟橫跨東西部的公路旅行，從費城去矽谷。這次他的賓大好友任宇翔跟他同行，並教他怎麼開手排車。

他們特地在剛啟用不久的丹佛機場短暫停留，因為馬斯克想看機場的行李處理系統。「他很想知道他們如何設計自動化機器來處理行李，不需要人工介入。」任宇翔說。結果他們發現這個自動化系統亂七八糟。

多年後，馬斯克在打造特斯拉的機器人全自動化工廠時，得到新的教訓。他說：「這是過度自動化的問題，他們低估了這個系統的複雜性。」

思索出影響未來的三件大事

馬斯克計畫在1995年夏天結束時到史丹佛大學讀研究所，攻讀材料科學。他依然對電容器著迷，想研究這東西如何為電動車提供電力。「我想，可以利用先進晶片製造設備，製造以固體材料為基礎的超級電容器，這個電容器具有高能量的儲存能力，可讓電動車行駛很長的距離，」他說。但當愈來愈接近入學時間時，他開始擔心，「很可能我花了幾年的時間在史丹佛大學攻讀博士，最後結論卻是電容器根本行不通。大多數的博士學位在實際應用上都沒什麼價值，能真正產生影響力的實在是鳳毛麟角。」

這時，他已勾勒出自己的人生願景。他像唸咒語似地重複他的願景：「我努力思索能真正影響人類的事物。我想出了三項：網路、永續能源和太空旅行。」1995年夏天，他已經很清楚，這三大要項中的第一項，也就是網路發展，不會等到他研究所畢業才開始。那時，網路已經開始進入商業領域，那年8月，瀏覽器新創公司網景（Netscape）上市，一天之內公司市值就飆升到29億美元。

馬斯克在大四那年，就曾經想要成立一家網路公司。當時，紐約紐英倫電話公司（NYNEX）的一位主管來演講，提到他們公司計畫推出網路版的黃頁（Yellow Pages），他們的網頁將具有互動的特色，讓用戶根據自己所需，自訂訊息內容，他們稱此服務為「大黃頁」（Big Yellow）。馬斯克心想，NYNEX 根本不知道如何做到真正的互動（結果證明，他的猜測無誤）。於是，他跟弟弟金博爾說：「我們何不自己來做？」他開始寫程式，結合企業名錄和地圖數據，也給這個事業起了個名字：虛擬城市導航者（Virtual City Navigator）。

在史丹佛大學註冊截止期限前，馬斯克去多倫多找豐業銀行的尼科森，想聽聽他的建議：該繼續發展他的虛擬城市導航者，還是去讀博士班？他們沿著安大略湖散步。尼科森本身就是畢業於史丹佛大學的博士，他明白告訴馬斯克，網路革命千載難逢，打鐵趁熱：「日後如果你依然想讀研究所，還有很多時間。」當馬斯克回到帕羅奧圖時，告訴任宇翔，他已下定決心：「我現在必須把一切擺在一旁，抓住這波網路狂潮。」

投入網路事業，可說是一場賭注。保險起見，他也在史丹佛大學註冊，然後立即申請保留入學資格。他對材料科學所的教授比爾．尼克斯（Bill Nix）說：「我已經寫了一些程式來整合第一批網路地圖和黃頁名錄。我可能不會成功，萬一失敗，我想回來讀研究所。」

尼克斯說，晚點入學不是問題，但他預測，馬斯克永遠不會回來了。

1995 年夏天，思索出能真正影響人類的事物：網路、永續能源和太空旅行。

10

第一次創業

1995 至 1999 年，創立 Zip2 加入網路狂潮

與梅伊和金博爾慶祝 Zip2 被收購；
和潔絲汀一起到街上看新買的麥拉倫跑車送達。

地圖搜索引擎的前身

有些最好的創新，來自於結合先前的兩種創新。1995 年網路開始飛快成長時，馬斯克兄弟有個構想。這個想法很簡單：把可在網路上搜尋的企業名錄和地圖軟體結合，指引使用者前往他們要去的地方。然而，不是每個人都能看出這種趨勢。有一次，金博爾去《多倫多星報》（*Toronto Star*）開會；多倫多的黃頁就是這家報社印行的。該報社長拿起一本厚厚的黃頁扔向他，並質疑的說：「你當真以為你們能取代這一本？」

馬斯克兄弟在帕羅奧圖，租了一間很小的辦公室，裡面只有兩張桌子和睡墊。前半年，他們都睡在辦公室，去 YMCA 洗澡。金博爾弄了個小電爐，偶爾會煮點東西來吃（多年後他當了廚師，也開了餐廳）。但他們多半在快餐店「盒子裡的傑克」（Jack in the Box）吃飯。有時，一天會去三次，因為這家店的餐點很便宜、24 小時營業，而且過一條街就到了。馬斯克最愛吃他們的照燒系列蓋飯。金博爾說：「這家店菜單上的每一個品項，我現在仍然可以背出來，那張菜單已烙印在我的腦中。」

幾個月後，兩兄弟租了一間空屋，但沒再添購家具。「那間租屋只有兩張床墊，以及一大堆可可泡芙燕麥片的盒子。」托絲卡說。即使已搬進公寓，馬斯克依然常在辦公室過夜，當寫程式到疲憊不堪時，就窩在桌子底下睡覺。早期員工吉姆．安柏拉斯（Jim Ambras）說：「他沒枕頭，也沒睡袋，不知道怎麼睡的。偶爾早上有客戶來開會，我會把他叫醒，請他回家洗個澡。」

女王大學時期的好友法魯克，也從多倫多過來和兩兄弟一起打拚，但他很快就發現自己常和馬斯克起爭執。他的太太妮雅美

（Nyame）說：「如果你希望你們永遠是好朋友，就不要繼續一起工作。」因此，他只做了一個半月就辭職了。「我知道，我不能既要當他的工作夥伴，又要做他的朋友。如果只能從中擇一，當他的朋友似乎比較快樂。」

馬斯克的父親這時還沒跟兩兄弟疏遠。有一次他從南非來看他們，給兩兄弟 28,000 美元，還有一部 500 美元買來的二手破車。母親梅伊更常常從多倫多過來，帶食物和衣服給他們。她給兩兄弟 1 萬美元，而且由於他們申請的信用卡還沒核准，她讓他們用她的附卡。

他們在拜訪電子地圖資料庫業者納特公司（Navteq）之後，首次有了突破。納特同意，在馬斯克兄弟獲利之前，願意免費授權，讓他們使用納特的地圖資料庫。馬斯克寫了程式，把該地區的電子地圖和企業名錄整合起來。金博爾說：「你可用游標放大，也可移動地圖，這東西在今天很稀鬆平常，但當時簡直像魔術一樣令人吃驚。我想，我和伊隆是全世界最先在網路上看到這種應用的人。」

他們把公司命名為 Zip2，意思是咻地飛快移動到你想去的地方。馬斯克為自己創造的這種「互動式網路目錄服務」申請到專利。該專利敘述：「本發明為整合商業名錄和地圖資料庫的網路存取服務。」

第一次要去和潛在投資人見面時，因為父親送的車壞了，他們只得搭公車去沙丘路。但後來馬斯克兄弟開發的網路企業名錄服務消息傳開了，創投業者紛紛前來找他們。他們買了一個很大的電腦機櫃，把一部電腦放在裡面，讓它看起來像是巨大的伺服器。他們將這部機器命名為「會發出叮的一聲的機器」（The

Machine That Goes Ping），源於英國喜劇團體蒙提派森（Monty Python）的滑稽橋段。金博爾說：「每次投資人來的時候，我們就把這個高聳的櫃子推出來。他們看到這櫃子，還以為我們做的東西有多先進。我們每次都忍俊不住。」

為了準備跟創投業者開會，梅伊從多倫多飛過來幫忙，經常深夜還在金科影印店（Kinko）把簡報資料印出來。她說：「彩色影印貴得要命，印一頁就要 1 美元。除了伊隆，每個人都累癱了。他總是徹夜不休地寫程式。」1996 年初，他們終於拿到第一份來自潛在投資人的投資意向書，梅伊帶兩個兒子去一家高級餐廳慶祝。她在付帳的時候說：「這是我最後一次幫你們刷卡了。」

的確如此。不久後，莫爾戴維多創投公司（Mohr Davidow Ventures）打算拿出 300 萬美元投資他們的公司，這個提議金額讓他們瞠目結舌。最後一次向莫爾戴維多做簡報，是在一個週一上午。但前兩天的週末，金博爾決定飛去多倫多，幫梅伊修理電腦，然後趕回來。「我們很愛媽媽。」他解釋說。週日他要搭機回舊金山時，在多倫多機場被海關人員攔下來。他們檢查他的行李，看到簡報資料、名片和其他 Zip2 的相關文件。由於他沒有美國工作簽證，被禁止登機。一個朋友去機場接他，開車越過邊境。邊境的海關人員就沒那麼嚴格了，金博爾編了一個理由，說他們要到美國看大衛・賴特曼（David Letterman）的深夜秀，才順利入境。他趕上從水牛城飛往舊金山的晚班飛機，及時到達會議室。

莫爾戴維多創投公司很欣賞他們的簡報，敲定了這個投資計畫。該公司還找了一個移民律師幫他們取得工作簽證，並各給他們 3 萬美元去買車。馬斯克買了一部 1967 年的捷豹 E-Type。在南非時，他曾在一本書上看到這部車的照片，上面寫著史上最棒的敞篷車，那時他就發誓，如果有錢，一定要買一部。他說：「這是你能想像的最美的車了，但這部車每週至少拋錨一次。」

創投金主很快就做他們經常做的一件事：由於創辦人還是毛頭小子，因而請大人來監督、掌管公司。其實，這種事也曾發生在蘋果的賈伯斯，以及 Google 的賴利．佩吉（Larry Page）和謝爾蓋．布林（Sergey Brin）身上。Zip2 金主找來李奇．索爾金（Rich Sorkin）擔任執行長，索爾金曾在音頻設備製造公司擔任商業發展團隊主管，馬斯克則轉任技術長。起先，馬斯克認為這個新職位挺適合自己的：可以專注在產品的打造，但他很快學到一課。他說：「我從來就沒想過要當執行長。但我了解到，除非你是執行長，否則不可能真正成為技術長或產品長。」

隨著變化而來的是新策略。Zip2 不再直接向企業及客戶銷售軟體，而是鎖定大報社，報社再利用這樣的軟體建立自己的地區分類目錄。這是有道理的，因為報社已有自己的銷售團隊，正想敲開每一家公司的大門，拉廣告及推銷分類廣告。偉達報業集團（Knight-Ridder）、《紐約時報》、普立茲家族（Pulitzer）的《聖路易郵報》（*St. Louis Post Dispatch*）和赫斯特國際集團（Hearst）旗下的報紙，都成為 Zip2 的客戶。偉達和《紐約時報》的高級主管都加入了 Zip2 董事會。《編輯與出版人》（*Editor & Publisher*）刊登了一篇封面故事，題為：〈新聞界的新超級英雄：Zip2〉。文章指出，Zip2 已創造了「一套新的軟體，讓每一家報社能快速建立大規模的城市指南目錄。」

從很多方面來看，Zip2 都締造了空前的成功。到 1997 年，已有 140 家報社跟 Zip2 簽約，授權費從 1,000 美元到 10,000 美元不等。兩年前曾拿黃頁扔向金博爾的《多倫多星報》社長，這時打電話來道歉，詢問 Zip2 是否還願意跟他們合作。金博爾答道，沒問題。

硬派的工作狂

打從開始工作，馬斯克就是個嚴格的主管，對工作與生活平衡的概念不以為然。在 Zip2 及後來的每一家公司，他都是不折不扣的工作狂。白天瘋狂地工作，幾乎每個晚上也都在工作，沒有休假。他希望，別人也這麼做。他唯一會放縱自己的事，就是打電玩，允許自己在休息時間狂打電玩。Zip2 團隊參加電神之槌競賽，拿到了全美第二名。他說，他們本來可以奪下第一名，但有個隊員把顯示卡操太兇，乃至電腦負荷不了，當機了。

其他工程師下班回家後，馬斯克有時會把他們正在寫的程式拿過來看，然後重寫。由於他天生沒有同理心，不知道公然修改別人的東西會破壞彼此感情，也不在乎自己這麼做會有何影響。正如他說的：「看到爛程式，就手癢。」他不曾當過運動團隊的隊長，也不是一票朋友簇擁的老大，缺乏與人成為同袍的本能。他就像賈伯斯，毫不在乎自己是否冒犯了跟他共事的人或讓人害怕，只是一心一意驅使別人達成不可能的任務。多年後，他在 SpaceX 主管會議上說：「你要做的，不是讓別人喜歡你。事實上，那只會適得其反。」

他對金博爾尤其嚴厲。金博爾說：「我很愛我哥，但跟他一起工作真的像在地獄。」他們常常因為意見不合，在辦公室地板上扭打成一團，有時是為了重大策略爭吵，看到對方稍有怠慢也會爆氣，光是為了 Zip2 這個公司的名稱就吵得不可開交（這是金博爾和一家行銷公司一起想出來的，但馬斯克很討厭）。「我們在南非長大，打架對我們來說是家常便飯，」馬斯克說，「這是文化的一部分。」他們沒有私人辦公室，只有小隔間，想不看到彼此都不可能。他們吵得最兇的一次，又在地上扭打起來，馬斯克似乎就要出拳打在金博爾臉上，金博爾狠狠咬他的手，啃下一塊肉。馬斯克只得去急診縫合、打破傷風。「我們壓力都很大的時候，就不會注意到身邊的人，」金博爾說。他後來承認哥哥沒錯，Zip2 這個公司名的確不好，「那個名字很爛。」

真正執著於產品的人有一種強迫症，想要直接賣給顧客，不希望有人在中間攪局。馬斯克就是這樣的人。Zip2 的新策略讓他失望，等於是降格，成了報業集團的無名供應商。馬斯克說，他想買下「city.com」的網域名稱，再次瞄準一般消費者，與雅虎（Yahoo）和美國線上（AOL）競爭。

投資人也對他們的策略有了新的想法。1998 年秋天，城市指南和網路目錄像雨後春筍般冒出來，但還沒有一家公司能賺錢。因此，Zip2 執行長索爾金決定和其中一家合併，也就是城市搜尋（CitySearch），希望透過結盟在市場上獲致成功。但馬斯克和城市搜尋的執行長見面時，那個人讓他不安。於是，他和金博爾拉攏了幾個工程師，發動叛變，破壞這個合併計畫。他還要求讓自己再次擔任執行長。但董事會不但拒絕，還拔掉他的董事長頭銜，以削弱他的力量。

馬斯克告訴《公司》（*Inc.*）雜誌：「創投家或專業經理人做不了大事的。他們沒有創造力，也沒有遠見。」莫爾戴維多公司的一個合夥人德瑞克·普魯迪恩（Derek Proudian）被任命為臨時執行長，任務是把 Zip2 賣掉。普魯迪恩告訴馬斯克：「這是你的第一家公司，我們去找買家，賺了錢，你就可以創立第二家、第三家和第四家公司。」

名氣雖誘人，但更想創立新事業

1999 年 1 月，馬斯克和金博爾創立 Zip2 還不到四年，有天普魯迪恩把他們叫到辦公室，告訴他們康柏電腦正想強化他們的搜尋引擎 AltaVista，提議以 3.07 億美元現金收購 Zip2。馬斯克兄弟將他們擁有的 12% 股權六四分帳，因此 27 歲的馬斯克拿到 2,200 萬美元，金博爾則分到 1,500 萬美元。在公寓收到支票時，馬斯克的眼睛都發直了。「我的銀行帳戶餘額從 5,000 美元，變成 22,005,000 美元。」他說。

兩兄弟給父親 30 萬美元，給母親 100 萬美元。馬斯克買了棟約 170 坪的豪華公寓，更大手筆地犒賞自己：買了一部要價 100 萬美元的銀色麥拉倫 F1 跑車，這是當時全世界車速最快的量產車。他同意 CNN 來家裡採訪，拍攝交車的過程。「三年前，我還在 YMCA 洗澡，睡在辦公室地板，現在我居然有一部價值百萬美元的名車。」他說。他掩不住內心的雀躍，親自到街上迎接愛車，看他的麥拉倫跑車從卡車上緩緩地卸下來。

在這番衝動揮霍之後，他發覺這種炫富恐怕惹人眼紅。他承認：「有人或許會認為這是紈褲子弟的行徑。我的價值觀可能已經改變，但我還沒意識到這點。」

所以，他們變了嗎？他的暴富使他的欲望和衝動幾乎不受約束，這不一定是件好事。但是他執著認真、為使命全力拚搏的精神依然不變。

作家邁克・葛洛斯（Michael Gross）當時在矽谷為傳媒女強人蒂娜・布朗（Tina Brown）的《閒談》（*Talk*）雜誌撰寫一篇有關科技新貴的文章。多年後葛洛斯回憶道：「我原本想找一個浮誇的人物來揶揄，但我在 2000 年遇見的馬斯克對人生充滿熱情。他太討人喜歡了，我無法調侃他。那時的他和現在一樣漫不經心的發言，不受他人的期望影響，不在乎他人認為自己應該做什麼。但他的思想開放、有魅力，而且很有趣。」

對於一個從小就沒有朋友的孩子來說，名氣是誘人的。他告訴 CNN：「我想上《滾石》的封面。」然而，他最終還是沒有成為只想累積財富的人。他說：「我大可買下巴哈馬的一個島嶼，把那裡變成我的私人領地，但我對創立新公司更有興趣。我還沒把錢花光，我準備把幾乎所有的錢再投入到新的賽局。」

11

愛情龍捲風

1990 年代，與第一任妻子潔絲汀結婚

馬斯克和潔絲汀、梅伊（上）；
馬斯克一家，右二是艾洛爾，右三是梅伊（下）。

愛得火熱，也吵得兇

馬斯克小心翼翼地坐進用百萬美元剛買來的麥拉倫跑車時，對著在現場拍攝的 CNN 記者說：「真正的回報，是開創一家公司的成就感。」這時，他的女友，一個漂亮、苗條的年輕女子，從後座伸出雙臂摟著他。「是啊，但這部車也是，」她柔聲地說，「說實話，就是這部車吧。」馬斯克似乎有點靦腆，低頭看手機上的訊息。

這個年輕女子名叫潔絲汀．威爾森。與馬斯克在女王大學相遇時，她的名字比較通俗，叫珍妮佛。* 她和馬斯克一樣，兒時是個小書蟲，但她愛看的是暗黑奇幻小說，而非科幻小說。她在多倫多東北一個河畔小鎮長大，夢想有朝一日能成為作家。她有一頭飄逸長髮，不時露出神祕微笑，散發迷人光采，一副楚楚可人的樣子，就像她日後想寫的羅曼史小說中的女主角。

她在大一那年認識馬斯克，那時馬斯克是大二學生。他在派對上看到她，約她下週二吃冰淇淋。她答應了，但他來到她住的宿舍房間門口時，發現她不在。他問她的朋友，她最喜歡什麼口味的冰淇淋。朋友答道，香草巧克力脆片。於是他買了支這種口味的冰淇淋甜筒，在校園走來走去，尋覓芳蹤。最後發現她在學生中心讀西班牙文。「我想這是妳最愛吃的冰淇淋，」他說，然後把已開始融化的冰淇淋拿給她。

「他這個人就是這樣不死心。」她說。

潔絲汀當時剛好和男友分手。那個男人是作家，看起來似乎很酷，還留著一小撮鬍子。馬斯克說：「我認為那一小撮鬍子是渣男記號。所以，我說服她跟我約會。」他告訴她：「妳的靈魂裡有一把火，我在妳身上看到我自己。」

她被他的雄心壯志打動。「他跟其他野心勃勃的人不同，從來不談錢的事，」她說，「他認為自己要不是會變得非常有錢，就是會破產，沒有其他可能。他感興趣的是他想解決的問題。」他的不屈不撓讓她著迷，不管是要跟她約會，或是打造電動車，「即使他說的是瘋話，你也會信，因為他自己深信不疑。」

馬斯克轉學到賓州大學之前，雖然和潔斯汀久久才約會一次，但兩人一直保持聯絡，有時他還會送她玫瑰花。有一年，她到日本教英文，捨棄了珍妮佛這個名字，只用中間名潔斯汀，她說：「因為這個名字是菜市場名，一大堆跳啦啦隊的都叫珍妮佛。」回到加拿大後，她跟妹妹說：「如果伊隆再給我打電話，我想，我會去見他。我不想錯過這段感情。」有一天，他終於打電話來了。他在紐約，代表 Zip2 跟《紐約時報》商討合作的事。他要她來紐約跟他會合。那個週末，他們玩得很開心，馬斯克要她跟他一起飛回加州。她答應了。

那時，他還沒賣掉 Zip2，因此跟兩個室友一起住在帕羅奧圖的公寓。家裡還有一條臘腸狗。這隻狗會在家裡大小便，名叫鮑伊（和搖滾樂手大衛．鮑伊同名）。她多半窩在房間寫作，不喜歡跟人來往。馬斯克說：「因為潔絲汀脾氣不好，愛擺臭臉，朋友都不敢來我家。」金博爾也受不了她，說道：「如果一個人沒有安全感，可能會變得非常刻薄。」馬斯克問他母親，她覺得潔絲汀如何？她直率地說：「這個女的一無是處。」

但馬斯克就是喜歡狂風暴雨般的戀情，潔絲汀顯然讓他神魂

---

* 她的全名是珍妮佛．潔絲汀．威爾森（Jennifer Justine Wilson）。

顛倒。潔絲汀記得，有一晚吃飯的時候，他問她將來想要生幾個孩子。她說：「一個或兩個吧。但如果請得起保姆的話，我想要生四個。」

他說：「這就是妳我之間的區別。我想，我們一定會有保姆的。」他已經肯定他們會有孩子，並假裝在抱嬰兒，輕輕搖晃，口中念著：「噢，寶寶。」

不久，他賣掉了 Zip2，買了部麥拉倫跑車。突然間，請保姆的錢不是問題了。她不安地開玩笑說，他該不會愛上漂亮的模特兒，而跟她分手吧。但他沒有移情別戀，反而在公寓外的人行道上屈膝下脆，掏出一枚戒指，向她求婚，就像羅曼史小說中的情節。

兩人愛得火熱，也吵得厲害。她說：「他很愛我，也會直接告訴我，我哪裡錯了。我也會反擊。但我發現，不管我對他說什麼，他都無動於衷。」有一天，他們跟一個朋友在麥當勞，兩人開始大小聲吵了起來，「我朋友簡直嚇壞了，但我跟伊隆已經習慣在公共場所吵架。他很好鬥，如果你要跟這個人在一起，不可能不吵架。」

有一次，他們去巴黎旅行，到克呂尼博物館（Musée de Cluny）看「仕女與獨角獸」（The Lady and The Unicorn）織帷。潔絲汀描述這件作品打動她的地方。她說獨角獸代表耶穌基督，馬斯克則說這種說法很「愚蠢」。於是，他們就基督教的象徵主義展開激烈辯論。她說：「他一口咬定我不知道自己在說什麼，而且很生氣，還說我愚蠢、瘋狂。這種話就像是他父親過去對他說的。」

情感上的致命缺陷

金博爾說：「他說要跟她結婚，我隨即設法阻止。我說『不行，千萬不要，她不適合你』。」馬斯克第一次在派對上見到潔斯汀時，法魯克也在場。法魯克也曾努力勸阻。但馬斯克很愛潔絲汀，並沉迷於這狂風暴雨般戀情。婚禮訂於 2000 年 1 月在加勒比海的聖馬丁島舉行。

馬斯克在婚禮的前一天，跟他的律師一起飛來。律師已幫他擬好了婚前協議書。他和潔絲汀開著車在島上繞來繞去，希望找到公證人，在週五晚上為他們的婚前協議做見證，結果找不到。她答應回加州之後簽名（她在兩週後簽了），不料這番討論又引爆火花。「我想，他很不安，因為沒能在結婚前簽好婚前協議書。」她說。兩人果然吵了起來，潔絲汀索性下車，走路去找朋友。那晚，他們在別墅和好，接著又繼續吵架。法魯克說：「別墅是露天的，大老遠就聽到他們的爭吵聲。我們都不知道該怎麼辦才好。」馬斯克一度走出來，告訴母親，他不結婚了。梅伊鬆了一口氣的說：「你終於解脫了。」但他很快又改變主意，回到潔絲汀身邊。

緊張的氣氛延續到隔天。在最後關頭，金博爾和法魯克仍在努力說服馬斯克，希望儘快送他到機場，讓他落跑。但他們愈堅持，他就愈頑固。「不行，我要跟她結婚。」他宣布。

表面上看來，這場池畔婚禮似乎熱鬧歡樂。潔絲汀身穿無袖白色禮服，頭戴白花頭飾，明豔動人，馬斯克則穿著剪裁合身的燕尾服，看起來英俊瀟灑。梅伊和艾洛爾都出席了，甚至一起擺姿勢拍照。

晚宴後，每個人都排排站，一起跳康加舞，接著，馬斯克牽潔絲汀跳第一支舞。他把兩手放在她的腰上，她的雙臂則環繞他的脖子。兩人微笑、親吻，然後翩翩起舞。他低聲提醒她：「我才是這段關係的主導者。」

馬斯克喜歡狂風暴雨般的戀情，
2000 年 1 月，儘管家人都不喜歡潔斯汀，他們還是結婚了。

12

發動網路金融革命

1999 至 2000 年，創立 X.com 成為矽谷最閃耀新星

馬斯克與 PayPal 共同創辦人提爾。

不只做電子支付，更想做超級銀行

1999年初，表弟彼得來找馬斯克的時候，發現他正在認真閱讀有關銀行系統的書。他解釋說：「我正在想接下來要做什麼。」由於他曾在豐業銀行工作，相信顛覆傳統金融業的時機已經成熟。因此，1999年3月，他和一位來自銀行界的朋友哈里斯・富里克（Harris Fricker），一起創立了X.com。

正如他對CNN說的，他有兩個選擇：過著富豪的奢華生活，或是把籌碼擺在桌上，用這筆錢來創立一家新公司。他最後決定投入1,200萬美元，創辦X.com，完稅後留下400萬美元給自己花用。

他為X.com構建了一個偉大的前景：這將是一個能夠滿足所有金融需求的網路金融機構，包括一般銀行業務、電子交易、支票帳戶、信用卡、投資和貸款等。每一筆交易都會即時處理，不必等待支付清算。在馬斯克看來，錢只是數據庫中的一筆紀錄，他想設計出一種方式，讓所有的交易都即時、安全地記錄下來。「如果你能解決所有的問題，讓消費者願意把錢放在這個系統裡，這樣所有的錢都會流到這個系統，這將成為一個價值數兆美元的公司。」他說。

有些朋友擔心這家網銀的名字，聽起來像色情網站，讓人不敢把錢存在這裡。但馬斯克就是鍾愛這個名字。他認為X.com這個公司名稱簡單、好記，也很容易輸入，不像Zip2，教人乍看之下摸不著頭緒。他因而擁有當時最酷的電郵信箱：e@x.com。自此，「X」成為他命名的首選字母，從公司名稱到孩子的名字皆是。

馬斯克的管理風格，跟在 Zip2 的時候一樣，日後也沒有什麼改變。他喜歡在深夜瘋狂寫程式，白天對同事粗魯且對人愛理不理的，致使他的共同創辦人富里克和幾個同事忍無可忍，發動叛變，要求他下台，別再當執行長了。馬斯克一度深深反省，給富里克寫了一封信。他寫道：「我天生就有強迫症。對我來說，最重要的是贏，而且不是小贏，而是大贏。天曉得這或許根植於某種可怕的精神分析黑洞或神經短路。」

由於馬斯克擁有多數股權，因此占了上風，富里克和大多數的員工憤而走人。儘管公司動盪不安，馬斯克依然獲得紅杉資本（Sequoia Capital）合夥人邁克．莫瑞茲（Michael Moritz）的青睞，使得這個有影響力的創投金主願意在 X.com 砸大錢。莫瑞茲也幫忙牽線，促成 X.com 和巴克萊銀行（Barclays）及科羅拉多州一家社區銀行合作，使 X.com 得以提供共同基金投資服務，申請到營業執照，並由美國聯邦存款保險公司（FDIC）提供擔保。馬斯克在 28 歲這一年，已成為新創事業名人。網路雜誌《沙龍》（*Salon*）在一篇題為〈伊隆．馬斯克即將在矽谷再幹一件大事〉（Elon Musk Is poised to Become Silicon Valley's Next Big Thing）的文章稱他為「今日矽谷最閃耀的新星」。

馬斯克的管理策略之一，是設定一個瘋狂的截止期限，並要員工去達成。後來，他也一直維持這樣的風格。1999 年秋天，他宣布 X.com 將在感恩節的那個週末上線。公司裡的一個工程師說，這是很殘酷的決定。在這之前的幾個星期，馬斯克每天都在辦公室盯進度，包括感恩節，都是神經繃緊，晚上他幾乎都在桌子底下睡覺。有個工程師忙到感恩節那天的凌晨兩點才回家，但早上十一點就接到馬斯克的電話，要他馬上回來，因為另一個工程師徹夜未眠，工作到剛剛，已經累癱了。

他的管理風格帶來衝突和怨恨，但也催生成功。X.com 上線的那個週末，所有員工都到附近的自動提款機前，看馬斯克插入 X.com 的簽帳金融卡。提款機嘩啦啦地吐鈔出來。整個團隊歡呼，慶祝這歷史性的一刻。

莫瑞茲認為馬斯克還是需要大人的監督，說服他在下一個月交出兵符，讓直覺軟體公司（Intuit）前執行長比爾．哈立斯（Bill Harris）當掌門人。馬斯克再次被迫下台，就像當年在 Zip2 遭遇的困境。但他仍是產品長、董事長，對新事業瘋狂執著。有一次，他跟投資人開完會後，走到樓下餐廳，那裡擺放了好幾台電玩街機。財務長魯洛夫．博塔（Roelof Botha）說：「有幾個人跟伊隆一起玩《快打旋風》。他打到滿頭大汗，你可看出他真是拚了命在打。」

馬斯克展開病毒行銷，用戶若成功推薦朋友註冊 X.com，就可獲得獎金。他的願景是使 X.com 成為具有社群網路功能的網銀。他就像賈伯斯，在設計使用者介面時偏好簡約。「我們的使用者介面不斷改良，盡可能減少開立帳戶所需的點擊數。」他說。一開始客戶要填寫的資料很多，包括社會安全碼和住家地址，「為什麼要輸入這個？」馬斯克不斷地問，並命令「刪除！」此外，他還有一個重要的小突破：顧客不需輸入姓名，只需填上電子郵件地址。

沒想到最後驅動 X.com 成長的動力，是一個起先看來沒什麼了不起的功能：用電子郵件轉帳給別人。因為這項功能，X.com 大受歡迎，特別是在拍賣網站 eBay 上，因為 eBay 用戶希望找到一個簡便做法支付款項給陌生人。

沒這三個科技宅男，就沒有現在的 PayPal

馬斯克在監看新註冊客戶名單時，有個人的名字引起他的注意：彼得·提爾。提爾是康菲尼堤公司（Confinity）的創辦人，過去曾和 X.com 在同一棟大樓，現在仍在同一條街上。提爾與他的創業夥伴麥克斯·列夫欽（Max Levchin），和馬斯克一樣是工作狂，但他們比較有紀律。康菲尼堤和 X.com 一樣，也提供 P2P 的支付服務，也就是 PayPal。

時序進入 2000 年，網路泡沫化的早期徵兆已開始顯現，X.com 和 PayPal 都在搶客戶。提爾說：「這是一場瘋狂的競爭，為了要客戶註冊和推薦朋友加入，我們不惜大灑幣。」正如馬斯克後來說的：「這是一場銀彈戰爭，看誰資金比較雄厚，能撐到最後。」

馬斯克就像打電玩一樣，抱著奮戰到底的決心。提爾則冷靜計算，設法減少風險。不久，他們都明白在網路效應下，哪一家公司先做大，就會發展得更快，這意味只有一家公司得以存活下來。因此，把這場競賽變成《真人快打》（*Mortal Kombat*）那樣的格鬥遊戲，拚個你死我活是不智的，不如合併為一家，締造雙贏。

於是，馬斯克和新上任的執行長哈立斯，跟提爾及列夫欽約在帕羅奧圖一家希臘餐廳艾維亞（Evvia）的隱密包廂會談。雙方交換一些資料，例如已有多少註冊用戶等。馬斯克和平常一樣愛誇大。提爾問他，關於合併條款，他有什麼想法？「合併後，我們將擁有 90%的股份，你們則是 10%。」馬斯克答道。列夫欽不知道馬斯克到底在想什麼。他是在開玩笑嗎？兩家的用戶基礎大致相同。列夫欽說：「他一臉嚴肅，看起來很認真，但這表情似乎隱藏一點嘲諷。」馬斯克後來則說：「這是場競技賽。」

午餐結束，PayPal 團隊離開餐廳之後，列夫欽對提爾說：「看起來不成，我們還是做自己的吧。」但提爾比較會看人。「這只是開始，對伊隆這樣的人，你得有耐心一點。」他說。

X.com 和 PayPal 的婚事，在 2000 年 1 月結束時，仍無法談妥，馬斯克和潔絲汀的蜜月旅行也只能延期。X.com 最主要的金主莫瑞茲安排雙方陣營在他位於沙丘路的辦公室會談。馬斯克開著他的麥拉倫載提爾過去。

「所以，這部車厲害的地方在哪裡？」提爾問。

「你看。」馬斯克答道，然後車開到快車道，油門踩到底。

不料，後輪軸斷了，失控打轉，撞上人行道的邊緣，車子像飛碟一樣在空中飛了起來。車子嚴重毀損，零件四散。不喜歡拘束的提爾沒繫安全帶，但幸好毫髮無傷，接著搭便車到紅杉資本的辦公室。馬斯克也沒受傷，留在車禍現場，半小時後車子被拖走了，他再過去開會，沒跟哈立斯提到車禍的事。後來，馬斯克笑著說：「至少，提爾知道我是不怕冒險的人。」提爾則說：「沒錯，但我覺得他這個人有點瘋狂。」

馬斯克依然抵制合併。儘管兩家註冊用戶人數都差不多是 20 萬，這些用戶都是為了在 eBay 上進行電子支付。但馬斯克認為 X.com 是一家更有價值的公司，因為他們還提供更廣泛的銀行業務。他和哈立斯因此意見分歧，哈立斯一度揚言，如果馬斯克破壞合併談判，就要離職。馬斯克說：「如果他離職，那會是一場災難。因為我們正在設法募集更多的資金，而此時網路市場已經變冷。」

後來，馬斯克和提爾及列夫欽的關係終於有了突破。一天，他們再度相約共進午餐，這次是在帕羅奧圖一家叫做麵包師（Il Fornaio）的高級義大利餐廳。他們等了很久，菜一直沒上。於是哈立斯闖進廚房，看有什麼吃的可以先拿過來。馬斯克、提爾和列夫欽，三人面面相覷，彼此心裡明白。「哈立斯是一個極端外向的生意人，像是胸口有『S』字樣，沒什麼不敢做的，而我們三人則是標準的科技宅男。我們永遠不可能像哈立斯做那樣的事，因此覺得我們三人是同一國的。」列夫欽說。

最後，他們同意合併。X.com 獲得新公司的 55% 股份，但馬斯克差點毀了這個計畫，因為他告訴列夫欽，他們占了便宜。列夫欽怒不可抑，揚言要退出。哈立斯趕緊開車去他家，一邊安撫他，一邊幫他摺衣服。合併條款再次修改，基本上雙方持有權益比例相同，然而合併後的公司名稱是 X.com，Confinity 從此消失。2000 年 3 月，交易完成，最大股東馬斯克成為董事長，幾週後，馬斯克和列夫欽聯手把哈立斯趕走，重登執行長的寶座。他們不需要大人的監督。

追逐小目標 vs. 顛覆舊產業

X.com 與 Confinity 合併後，兩家公司的電子支付系統結合起來，以 PayPal 這個品牌名稱繼續向市場進攻。PayPal 是公司主要產品，成長速度很快。但小眾產品不是馬斯克想做的，他想要重塑金融業。因此，他再度專注於最初的目標，也就是創立一個能顛覆整個銀行業的社交網路。馬斯克告訴他的部隊：「我們必須決定是要追逐宏大的目標，還是只想對準一個小目標。」但有些人認為這樣的構想有問題。X.com 早期員工，後來與人共創領英（LinkedIn）的里德・霍夫曼（Reid Hoffman）說道：「我們在 eBay 很成功，列夫欽和提爾都認為，我們該把全部的火力放在這裡，成為 eBay 主要的支付服務處理公司。」

馬斯克堅持，這家公司叫做 X.com，PayPal 只是旗下的一個品牌，甚至想把這個電子支付系統的品牌名改為 X-PayPal。很多人不以為然，尤其是列夫欽。PayPal 已經打響名號，是個受人信賴的品牌，就像是一個幫你收款的好朋友。焦點團體研究小組認為，X.com 這個名稱反而會使人聯想到色情網站，會害你上當或難以啟齒。但馬斯克卻很堅持，直到今天仍是如此。他說：「如果你只想搞小眾支付系統，PayPal 的確是比較好的選擇。但是如果你要拿下全世界金融系統，X 則是更好的名字。」

馬斯克和莫瑞茲去了一趟紐約，看是否能延攬剛卸下市長的魯迪・朱利安尼（Rudy Giuliani）加入公司。朱利安尼不但在政壇左右逢源，也當過律師和檢察官，X.com 要想在金融界闖出一片天，必然需要一個像朱利安尼這樣的人物，來幫他們處理政策上的繁文縟節。但他們一走進朱利安尼的辦公室，就知道他們想得太天真。莫瑞茲說：「我們就像走進黑幫電影的現場。朱利安尼被一群小嘍囉般的親信圍繞著。儘管他對矽谷一無所知，但他和他的心腹都急著想把自己的口袋塞滿。」朱利安尼要求 10% 的公司股份，那就沒什麼好談的了。「這傢伙不是我們這個星球的人。」馬斯克告訴莫瑞茲。

接著，X.com 在馬斯克的重組之下，工程部門不再被隔開，而是必須與產品經理合作。之後，他創立的每一家公司也都貫徹這樣的理念，從特斯拉到 SpaceX，乃至推特，都是如此。產品設計若是和工程分開，就會出現機能障礙。設計師不是把東西設計出來就好了，如果工程人員覺得窒礙難行，設計師應該要立刻想辦法解決。他還有一個推論：由工程師來領導團隊，而非產品經理。這對火箭的研發是對的，但是用在推特上就大有問題。

比腕力決勝負

提爾漸漸淡出，不再積極參與公司事務之後，他的創業搭檔列夫欽就成了制衡馬斯克的力量。擔任技術長的列夫欽為人低調，心思敏銳，是生於烏克蘭的軟體天才。他和馬斯克很快就為了一個技術上的問題槓上了。這就像工程師的宗教戰爭：主要作業系統該採用微軟的 Windows，還是 Unix。馬斯克欽佩蓋茲，偏好 Windows NT，認為微軟是比較可靠的合作夥伴。列夫欽及其團隊則認為萬萬不可，覺得 Windows NT 不安全、有漏洞，而且不酷，他們比較喜歡各種類似 Unix 的作業系統，包括 Solaris 和採開源模式的 Linux。

有一晚，已過了午夜，列夫欽一個人在會議室埋頭苦幹。這時，馬斯克走進來，想要跟他繼續抬槓。馬斯克說：「你最後必然會跟我的看法一致，我已經知道結局會如何。」

列夫欽用平淡的語氣答道：「不，你錯了。微軟的系統就是行不通。」

「這樣吧，我們來比腕力決勝負。」馬斯克說。

列夫欽心想，要解決作業系統的爭議，沒有比這個方式更愚蠢的了。再者，馬斯克的體型幾乎是他的兩倍。由於工作到凌晨，他已經累壞了，腦袋像一團漿糊，竟然糊里糊塗的同意跟他比腕力。即使他使盡吃奶的氣力，一下子就輸了。他告訴馬斯克：「我可要說清楚，我不會把你的體重列入任何技術決策的考量因素之一。」

馬斯克笑道：「我明白。」但他贏了。他花了一年的時間，要自己的團隊重寫列夫欽為 Confinity 用 Unix 寫的程式。「我們像跳踢踏舞，浪費了一年的時間在這些技術的東西上打轉，沒有創建新功能，」列夫欽說，也因為程式的重新改寫是大工程，公司無法專心處理日益猖獗的詐騙攻擊，「我們能保持領先，唯一的原因是其他公司都有資金不足的問題。」

列夫欽不知道馬斯克究竟是什麼樣的人。他說要比腕力是認真的嗎？他是純粹瘋狂，或是他的瘋狂夾雜著傻里傻氣的幽默感和精心算計？「他做的每一件事都帶有諷刺意味。他的諷刺程度可以開到爆表，也就是 11 級，絕不會低於 4 級，」列夫欽說，馬斯克有種能力，能引誘別人到他的諷刺圈子，只有這個圈子的人才能領會那種帶刺的笑點，「他打開諷刺噴火槍，火力全開，只跟獲准加入伊隆俱樂部的人分享。」

列夫欽是個真誠、認真的人，這種噴火槍對他起不了什麼作用。而且，他有一種非常靈敏的雷達，可偵測馬斯克的誇張。在合併的過程中，馬斯克堅持 X.com 的用戶幾乎是實際數目的兩倍之多，列夫欽則跟工程師確認，得到真實的數字。「伊隆不只是喜歡誇大，甚至會捏造事實，」列夫欽說。這也是馬斯克的父親會做的事。

然而，列夫欽也發現了一些相反的事證：馬斯克有時確實比一般人更能掌握重點，讓他大感驚奇。有一次，列夫欽和他的工程師正在跟一個涉及甲骨文資料庫的難題纏鬥。馬斯克從他的辦公室探出頭來，雖然他的專長是 Windows，並不是甲骨文，但聽他們一說，他馬上洞悉要點，給了一個精確的答案，解決了這個技術問題。他根本沒確認，就走出去了。結果列夫欽和他的團隊翻看甲骨文手冊，查閱馬斯克方才提到的要點。列夫欽回憶道：「大家此起彼落地說『他說的沒錯』。伊隆會說一些瘋狂的事，但偶爾會讓你驚奇。你真的想不到，即使是你的專業，他竟然比你更了解。我想，他能激勵別人，一個重要原因正是這種天才。我們以為他在胡扯或是說傻話，沒想到他說的才是對的。」

13

一場政變扭轉人生

2000 年 9 月，PayPal 執行長換人做

PayPal 黑手黨：諾塞克、霍威利、薩克斯、提爾、羅普、霍夫曼、列夫欽、博塔（上，由左至右）；列夫欽（左下）；創投家莫瑞茲（右下）。

創業夥伴聯手背叛

2000 年夏末，PayPal 創業夥伴列夫欽，發現馬斯克愈來愈難相處了。他寫了很長的備忘錄給馬斯克，說明詐騙如何威脅到公司的生存，可能會使公司破產〔其中一篇標題非常怪異，題為〈詐騙是愛〉（Fraud Is Love）〕。但馬斯克總是態度冷淡，三言兩語駁斥他。即使列夫欽開發出第一個用於商業的人機驗證碼（CAPTCHA）*，可區分真人與機器，以防有人利用電腦程式等自動化機制進行詐騙，馬斯克依然看起來興趣缺缺。列夫欽說：「他的反應讓我很沮喪。」他打電話給女友，忍不住抱怨說：「我想，我受夠了。」

有一天，列夫欽和幾個同事去帕羅奧圖的一家飯店開會。一群人坐在大廳時，他告訴同事，自己打算離職。但他們鼓吹他反擊，因為其他人也有類似的挫折感。他的好友提爾和盧克．諾塞克（Luke Nosek）祕密委託一家公司進行調查，顯示 PayPal 的品牌價值遠大於 X.com。馬斯克知道後很生氣，下令 PayPal 從公司網站大多數的頁面消失。9 月初，列夫欽、提爾和諾塞克三人，加上霍夫曼和大衛．薩克斯（David Sacks）一致同意，該是推翻馬斯克的時候了。

應該是命中注定吧，在同事密謀發動政變的那個月，馬斯克決定和潔絲汀去度蜜月。八個月前，馬斯克和潔絲汀結婚了，但一直沒時間去度蜜月。小倆口先飛到澳洲觀賞奧運賽事，也打算去倫敦和新加坡，與潛在投資人見面。

他一走，列夫欽馬上打電話給提爾，問他是否願意回來當執行長，至少暫時擔任這個角色。提爾答應之後，叛變小組同意聯手對抗董事會，同時爭取其他員工連署支持執行長換人做。

於是，提爾、列夫欽及其同黨全副武裝，浩浩蕩蕩開著車，駛向沙丘路來到紅杉資本的辦公室，向創投家莫瑞茲陳述情況。莫瑞茲翻閱陳情書，問了一些有關軟體和詐騙的具體問題。他同意有必要改變，條件是提爾只能擔任臨時執行長，公司必須趕快找人，招募經驗豐富的管理人才來統領大局。發動政變的這群人同意這個條件，然後去當地一家名叫安東尼歐瘋人院（Antonio's Nut House）的廉價酒吧，慶祝革命成功。

馬斯克從澳洲打電話回來時，隱約覺得不大對勁。他跟平常一樣下令，但底下的人卻開始推拖，不像之前都會乖乖照做。在旅程的第四天，他終於找出原因。他收到一封員工寄給董事會的電郵副本，那人讚揚馬斯克的領導，譴責發動政變的人。馬斯克這才知道自己被偷襲了。他在電郵中寫道：「這件事讓我難過到無法言語的地步。我付出全心全力，把 Zip2 賺到的錢幾乎全投入這家公司。現在，公司的人卻指控我，說我是壞人，我甚至連回應的機會都沒有。」

馬斯克打電話給莫瑞茲，試圖力挽狂瀾。用詞遣字向來謹慎的莫瑞茲說道：「他形容這次的政變『罪大惡極』。我記得很清楚，因為很少人會用這麼嚴重的字眼來指控同事。他還說，這是『令人髮指』的罪行。」莫瑞茲不肯收回成命，馬斯克立刻買機票準備回國，因為時間很趕，只能買到經濟艙的座位。他回到 X.com 辦公室之後，召集幾個死忠的追隨者一起想辦法抗爭。有

* 全稱 Completely Automated Public Turing test to tell Computers and Humans Apart，即全自動區分電腦和人類的公開圖靈測試。

一天，他們在公司談到深夜，談完之後，他竟隨即坐在遊戲機前，一個人狂打《快打旋風》。

提爾警告高階主管，別接馬斯克的電話，因為他可能太有說服力或是會讓人緊張不安。但營運長霍夫曼覺得自己該跟馬斯克好好談談。個性開朗的霍夫曼，壯碩的像一頭熊，知道馬斯克會使出什麼招數。他說：「他有一種扭轉現實的力量，會把人吸入到他的願景之中。」儘管如此，他決定和馬斯克一起吃個飯。

結果，這頓飯吃了三個小時。馬斯克鼓動三寸不爛之舌，努力說服、勸誘他。他說：「我把所有的錢都投在這家公司，由我來經營這家公司應該是天經地義吧。」他還解釋，為什麼他反對全力發展電子支付的策略，「這只是創設純網銀的暖場」。他讀了前哈佛商學院教授克雷頓．克里斯汀生（Clayton Christensen）的著作《創新的兩難》（*The Innovator's Dilemma*），想要說服霍夫曼，讓他相信古板的金融業是可以顛覆的。但霍夫曼並不認同他的看法。

「我告訴他，我認為他那超級銀行的願景是有毒的，我們必須專心經營我們在 eBay 的支付服務。」霍夫曼說。於是，馬斯克改變策略，說服霍夫曼擔任執行長。霍夫曼因為急著離開這場飯局，就說他同意考慮一下，但他隨即發覺自己對擔任執行長這件事毫無興趣，依然決定力挺提爾。

好勝鬥狠，也坦然接受挫敗

董事會投票表決，要求馬斯克讓出執行長的寶座。這個火爆浪子的反應卻出奇地平靜、優雅，完全不像他以前為了勝利拚死拚活的模樣。他在給同事的電郵中寫道：「我想通了，現在該是引進一位經驗豐富的主管來執掌公司的時候了，可以讓 X.com 邁向下一個階段。如果找到合適的人，我計劃請三、四個月的假，好好思索一些想法，再創立一家新公司。」

儘管好勝鬥狠，但令人意想不到的是，馬斯克很能接受挫敗的事實。

當時擔任 PalPay 工程部主管的傑若米・史達波曼（Jeremy Stoppelman）問馬斯克，他是不是該和其他人集體提交辭呈，以表抗議。史達波曼一直對馬斯克忠心耿耿，也很有創業精神，後來創立了評價網站 Yelp。馬斯克說：「你們別走。這家公司是我的孩子，我就像《舊約》所羅門王故事裡的那個母親，寧願放棄孩子，好讓他存活下來。儘管提爾和列夫欽這樣對我，我還是會努力修復我和他們的關係。」

現在只剩下一件事可能使得氣氛變得緊張。馬斯克在電郵裡表明，他想做公司的公關。他已經有了當名人的癮頭，希望成為公司的門面。有一次，他們在紅杉資本合夥人莫瑞茲的辦公室開會，雙方有點劍拔弩張。馬斯克告訴提爾：「我是公司的最佳代言人。」但提爾潑他冷水，馬斯克就發飆了。他吼道：「我不希望我的榮譽受到質疑。對我而言，我的榮譽比這家公司更有價值。」提爾不解，這和他的榮譽有什麼關係。提爾回憶說：「他非常激動。這是一種超級英雄式的語言，營造出荷馬史詩的氛圍，但在矽谷沒有人這樣講話。」馬斯克依然是最大股東，也是董事會成員，但提爾就是不讓他當公司發言人。

這是馬斯克三年來第二次被逐出領導核心，他是一個有遠見的人，但總是和別人處不來。

非典型的創業家

在 PayPal，馬斯克給人印象最深的，除了毫不留情和粗暴的個人風格，就是他願意冒險，甚至渴望冒險。紅杉資本合夥人博塔認為：「創業家其實不喜歡冒險，而是希望減少風險。他們並不是在風險中成長茁壯的，也不曾想要擴大風險。相反的，他們會找出可以控制的變因，使風險降到最低。」但馬斯克顯然不是這樣的創業家，「他喜歡放大風險，破釜沉舟，讓自己無路可退，只能勇往直前。」在博塔看來，馬斯克開麥拉倫發生車禍就像一個隱喻：把油門踩到底，看這部車能衝多快。

這就是為什麼馬斯克和提爾是性格南轅北轍的兩個人。提爾總是專注於如何減少風險，他和霍夫曼一度想把在 PayPal 的經驗寫成一本書，而關於馬斯克的那一章，他們打算用這樣的章名：不了解「風險」這兩個字的人。如果要驅使人達成不可能的任務，沉迷於風險也許有用。霍夫曼說：「他可以讓一票人聽他的話在沙漠中前進。他的意志堅定，因此會把所有的籌碼全放在桌上。」

這不只是一個比喻。多年後，列夫欽在一個單身朋友的公寓跟馬斯克和幾個朋友聚會。有一些人在玩賭注很大的德州撲克。雖然他很少打牌，還是坐上牌桌。列夫欽說：「那幾個人都很厲害、精明，擅長記牌和推算自己的勝算。伊隆每次都把自己的籌碼全押上，輸掉之後，接著又投入更多的籌碼，然後加倍下注。他一輸再輸，在輸了很多次之後，他再度把所有的籌碼押上，終於贏了。然後，他說『好了，我不玩了』。」從這種打牌的風格，可看出他人生的一個主題：持續冒險，永不放棄。

事實證明，這是個好策略。提爾說：「你看他後來創立的兩家公司，SpaceX 和特斯拉。經驗老道的矽谷人會告訴你，這是令人難以置信的瘋狂賭注。即使沒有人看好，這兩家瘋狂的公司還是成功了，讓人不得不對自己說，『我想，伊隆和其他人不一樣，他對風險有獨特的認知』。」

PayPal 在 2002 年初上市，同年 7 月，被 eBay 以 15 億美元收購。馬斯克從這筆交易獲得 2.5 億美元。後來，他打電話給他的死對頭列夫欽，說要跟他在公司停車場碰面。由於列夫欽身材瘦小，偶爾擔心有一天會被馬斯克痛毆一頓。於是，他半開玩笑地說：「你要找我在學校後面打架嗎？」但馬斯克是真的有話要跟他說。兩人碰面時，他一臉憂傷地坐在路邊，問列夫欽：「你為什麼要背叛我？」

列夫欽答道：「我真的相信這麼做是對的，你完全錯了。這家公司就快完蛋了，我覺得別無選擇。」馬斯克黯然的點點頭。幾個月後，他們在帕羅奧圖共進晚餐。馬斯克對他說：「人生苦短，過去的事就算了，我們繼續前進吧。」他也跟提爾、薩克斯等帶頭發動政變的人這麼說。

2022 年夏天，馬斯克對我提此往事時，說道：「我一開始很憤怒，恨不得把那些人宰了。但我最後了悟，塞翁失馬，焉知非福，被推翻也是件好事，不然我現在還在 PayPal 做牛做馬。」他停頓片刻，然後發出一陣笑聲，「當然，如果我還留在那裡，PayPal 如今就會是一家市值數兆美元的公司了。」

PayPal 的陳年往事早已落幕。這年夏天，馬斯克正在收購推特。我們一起走到一座高棚組裝工廠前，這是他的星艦火箭準備進行測試的地方。這時，他又提及當初對於 X.com 的偉大願景。他說：「這就是推特的未來。如果你把社交網路和支付平台結合起來，就可以創造出理想的 X.com。」

鬼門關前走一遭

馬斯克在 PayPal 遭到罷黜，卸下執行長的職務之後，終於真的能去休假了。他第一次放下工作，準備好好享受一週假期。但這也是他最後一次度假。他發現，自己沒有休假的命。

他和妻子潔絲汀、弟弟金博爾一起去里約找表弟羅斯。羅斯跟一個巴西女子結婚後，就移居到那裡。接著，他們回到南非，參加一個親戚的婚禮。17 歲那年，馬斯克離開這個國家，這時才重新踏上故鄉的土地。

潔絲汀跟馬斯克的父親艾洛爾和祖母（小名娜娜）都處不來。她在里約時用指甲花在腿上畫了隻壁虎，但顏色尚未褪去。娜娜跟艾洛爾說，他這個媳婦是「耶洗別」（《聖經》中的邪惡王后，淫蕩輕薄、專橫跋扈）。潔絲汀說：「我第一次聽到一個女人說另一個女人是耶洗別。據說壁虎紋身能增進人緣，看來沒用。」於是，他們趕緊逃離普勒托利亞，去野生動物保護區展開豪華遊獵之旅。

2001 年 1 月，回到帕羅奧圖之後，馬斯克就開始出現暈眩、耳鳴的症狀，而且反覆打冷顫。他到史丹佛醫院急診時開始嘔吐。脊髓穿刺顯示他的白血球過高，醫師診斷他得了病毒性腦膜炎。這通常不是很嚴重的疾病，因此他在醫院打了點滴之後就回家了。

但接下來幾天，他的病情卻逐漸加重，甚至虛弱到幾乎無法站立。於是，他叫了輛計程車去就醫。醫生發現他的脈搏非常微弱，立刻叫了救護車，送他到紅木市紅杉醫院。有個傳染病專家剛好經過馬斯克的病床，發現他得的是瘧疾，不是腦膜炎，而且是惡性瘧疾（最致命的一種），幸好及時發現。這種疾病在症狀最嚴重的時候，就像馬斯克的情況，病人如果得不到正確診斷與治療，可能再過 24 小時就沒救了。馬斯克被送進加護病房，接受高劑量的去氧羥四環素（Doxycycline）治療。醫生在他胸口插上中央靜脈導管，以輸注藥物和輸液。

X.com 人力資源部主管去醫院看他，並幫他申請醫療保險。該主管在給提爾、列夫欽的電郵上寫道：「再晚幾個小時，他就沒命了。為伊隆治療的醫生，以前只碰過兩個惡性瘧疾的病例，那兩個病人都死了。」提爾跟那個主管談了之後，才知道馬斯克之前就為 X.com 的企業主管購買了壽險，身故理賠金額高達 1 億美元。馬斯克果然不是一般人，才會買如此高額的保單。提爾戲謔地說：「如果他死了，公司的財務問題馬上就解決了。但他能逃過一劫，我們都很高興。再說，公司已漸漸步入正軌，所以我們根本不需要那筆保險金了。」

馬斯克在加護病房待了 10 天，休養超過五個月才完全恢復。他從這次的瀕死經驗得到兩個教訓：「休假會要命。還有，南非是個魔咒之地，一直想要毀了我。」

14

火星任務

2001 年，在太空實現最大膽的創新

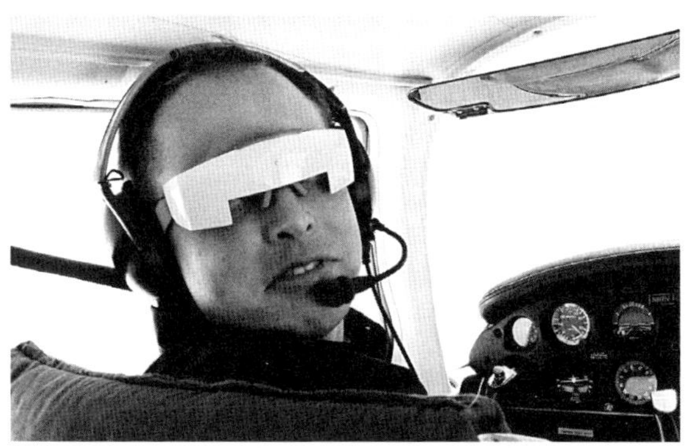

學開飛機（上）；賓大時期結識的朋友瑞希（下）。

找到新使命，讓人類文明擴展到其他星球

離開 PayPal 之後，馬斯克買了一部單引擎渦輪螺旋槳飛機，決定像父親和外公一樣學開飛機。為了取得飛行員執照，他需要 50 個小時的課程。他因此接受為期兩週的密集訓練，並達成要求。「我喜歡全神貫注，認真把事情做好，」他說，他輕鬆通過目視飛行的考試，但第一次儀器飛行測驗沒過，「戴著頭盔，就看不到外面，有一半的儀表被遮住了。接著，他們關閉一個引擎，我必須設法讓飛機降落。雖然降落了，但教官說『不夠好，不及格』。」第二次嘗試，就過關了。

這使他有勇氣邁出瘋狂的一步：購買一架 L39 信天翁（Aero L-39 Albatros），這是捷克斯洛伐克製造，供蘇聯集團國使用的軍機。「蘇聯集團國家就是用這種飛機訓練戰鬥機飛行員，這種噴射教練機能表演令人嘆為觀止的飛行絕技。但對我來說，開這種飛機有點危險，」馬斯克說，有一次，他和教練開著這部飛機在內華達州低空飛行，「就像電影《捍衛戰士》（*Top Gun*）裡的飛行員，我們離地只有幾百呎，沿著山脈的外圍飛行，在山的側面垂直爬升，然後倒著飛。」

飛行讓他得以展現勇於冒險的基因，也使他更了解空氣動力學。「這不是簡單的白努利定律。」他一邊說，一邊解釋機翼如何讓飛機飛起來。他駕駛 L39 信天翁及其他飛機，飛行時數約達 500 個小時後，他就有點厭倦了。他嚮往飛得更高、更遠。

不久前，馬斯克才得了瘧疾，差點送命。2001 年勞動節一個週末，大病初癒的他去紐約州漢普頓，找當年在賓大跟他一起開派對賺錢的搭檔瑞希。在長島高速公路開車回曼哈頓時，馬斯

克聊到接下來要做的事。他告訴瑞希：「我一直想在太空做點什麼。但我認為，光靠一己之力恐怕什麼也做不出來。」當然，對私人而言，建造火箭的成本太高了。

但真是這樣嗎？基本物理條件為何？馬斯克開始認真盤算，建造火箭只需用到金屬和燃料，這些材料並不會非常昂貴。瑞希說：「在開車經過皇后區中城隧道時，他得出結論：火箭是可能造出來的。」

那晚，馬斯克回到飯店，上美國國家航空暨太空總署（NASA）網站查詢火星探索計畫。「我們在 1969 年就登上月球了，火星計畫應該也快了吧。下一個目標一定是火星。」但他就是找不到登陸火星的時間表。他深入網站的每個角落，最後發現 NASA 根本就沒有火星探索計畫。他驚愕地盯著螢幕。

接著，他用 Google 搜尋更多資訊，無意間發現有個名為火星學會（Mars Society）的組織，宣布將在矽谷舉行晚宴的消息。他對潔絲汀說，這個學會好像很酷，於是買了兩張要價 500 美元的入場券。但他寄了一張 5,000 美元的支票給火星學會，因而引發會長羅伯·朱布林（Robert Zubrin）的注意。朱布林安排馬斯克夫婦跟他坐一起，同桌的還有執導太空驚悚片《異形》、《魔鬼終結者》及《鐵達尼號》的大導演詹姆斯·卡麥隆（James Cameron）。潔絲汀說：「我是卡麥隆的鐵粉，因此興奮得不得了。他跟伊隆聊起火星就沒完沒了。他們說，人類要是不在其他星球殖民，總有一天將會滅絕。」

現在，馬斯克有了一個新使命，一個比推出網銀或數位黃頁更崇高的目標。他去帕羅奧圖公共圖書館閱讀火箭工程的書，開始給專家打電話，跟他們借舊的引擎手冊。

有一次，他和幾位 PayPal 的老同事在拉斯維加斯聚會。他坐在泳池旁亭子裡，專心閱讀一本破破爛爛的俄羅斯火箭引擎手冊。馬克・伍爾維（Mark Woolway，後來共同創辦企業社群網路服務 Yammer ）走過來，問他下一步打算做什麼。他答道：「我想移民火星。我的人生目標就是使人類文明擴展到其他星球。」伍爾維的反應不讓人驚訝：「老兄，你瘋了吧。」

另一個老同事霍夫曼也有類似的反應。聽完馬斯克描述他要發射火箭到火星的計畫後，霍夫曼大惑不解。「這是可以賺錢的生意嗎？」他問。後來，霍夫曼才知道，馬斯克不是想要賺錢，「我後來才明白，馬斯克是從懷抱使命開始，然後想辦法落實，能產生足夠的收入或利潤，能支應成本，實現盈利能力。這就是為什麼這個人力不可擋。」

不只是解決問題，也該追求偉大夢想

我們暫且在這裡打住，想想一個年僅 30 歲、曾兩度被自己創建的科技新創公司罷黜的創業家，決定打造火箭上火星，是多麼瘋狂的事。是什麼力量驅使他這麼做？厭惡假期？像個孩子般熱愛火箭、科幻小說和《銀河便車指南》？當時，他的朋友完全不明白他的這股傻勁。在之後幾年的訪談中，他不斷用三個理由來說明。

他發現科技進步的腳步不一定是不停歇的，科技可能停頓，甚至可能倒退，因此又驚又懼。美國人早已登上月球，但 2011 年最後一艘太空梭退役，太空探險計畫就此停擺。他問：「我們希望告訴孩子，登月就是我們太空計畫的巔峰，然後我們就放棄了？」古埃及人學會蓋金字塔，後來卻失去這樣的知識。羅馬也是，他們建造水道，締造引水工程等奇蹟，然而步入黑暗時代之後，水道就失修、棄用了。美國是否也會步上後塵？幾年後，他在 TED 演講說道：「世人誤以為科技會自動進步。事實上，只有當很多人致力於科技的改善，科技才會進步。」

另一個動機：萬一這個脆弱的星球發生大災難，移民到其他星球，有助於人類文明與意識的存續。也許有一天，地球會被小行星、氣候變遷或核戰摧毀。他對費米悖論（Fermi's Paradox）非常著迷。這個悖論源於美國物理學家恩里科·費米（Enrico Fermi）。費米在討論宇宙中的外星生命時，丟出這麼一個問題。他很好奇，如果銀河系真的存在大量外星文明，「那麼，那些外星人在哪裡？」從數學來看，外星文明的存在似乎是合乎邏輯的，然而由於缺乏證據，讓人不禁憂心地球上的人類物種也許是宇宙中唯一具有意識的例子。

馬斯克說：「這微弱的意識燭火在這裡閃爍、搖曳，這可能是唯一的意識實例，因此必須好好保護。如果我們能去其他星球，人類意識的可能壽命就可大大延伸。但如果我們一直被困在這個星球，那就可能被小行星撞擊而滅絕，或是毀掉自己的文明。」

第三個動機更振奮人心。這源於他的傳承，他來自一個具有冒險精神的家族，在他還是個青少年時，就決定移居到一個富有開拓者精神的國家。他說：「美國其實最具人類探險精神的精髓，這是冒險者的國度。」他認為，美國應該將這樣的精神發揚光大，要做到這一點，最好的方式就是啟動移民火星的任務。「在火星建立基地必然極度困難，也許有人會在途中喪生，就像最初來到北美殖民地的人。然而，如果能夠成功，地球上的人都會歡欣鼓舞。在這個世界，我們必須做這樣的事。」他覺得，人生不能只是解決問題，也該追求偉大的夢想，「這是我們早晨能夠從床上一躍而起的原因。」

馬斯克相信，前往其他星球將是人類史上的重要進展。「真正重要的里程碑只有幾個：單細胞生命、多細胞生命、植物與動物的分化、生命從海洋延伸到陸地、哺乳動物、意識，」他說，「從這樣的進程來看，下一步顯然就是讓生命在地球以外的星球生存、繁衍。」馬斯克為自己的使命賦予劃時代的意義，這點令人興奮，也讓人有點不安。正如列夫欽冷嘲熱諷地說：「馬斯克最偉大的能力，就是把自己的願景當作是上天的旨意。」

前進航太產業的搖籃：洛杉磯

馬斯克認為，如果他想創立一家火箭公司，最好搬到洛杉磯。洛杉磯是航太產業的搖籃，孕育出很多飛機公司，例如洛克希德（Lockheed）和波音（Boeing）。「航太工程人才大都聚集在南加州，如果我的火箭公司不設在那裡，成功機率就微乎其微了。」他沒向潔絲汀解釋這點，因此潔絲汀以為，他是被這個星光熠熠的城市給吸引過去的。因為婚姻的關係，他取得美國公民身分，2002 年初，他在洛杉磯郡博覽會館，與 3,500 名移民一起宣誓，成為美國公民。

馬斯克開始在洛杉磯機場附近一家酒店舉行會議，邀集火箭工程師與會。他說：「我最初不是想要創立一家火箭公司，而是希望透過慈善活動激勵大眾，為 NASA 帶來更多資金。」

他的第一個計畫，是建造一枚小型火箭，把老鼠送上火星，「但我開始擔心，我們會看到一支悲喜劇式的影片：一群老鼠在小小的太空船裡慢慢死去，」他說，要是這樣恐怕不妙，「所以，我們換了另一個方案，打算把一個小小的植物溫室送上火星。」這個溫室到了這個紅色星球，會為植物拍照，然後把植物生長的影像傳回地球。照理說，大眾會很興奮，希望看到更多的火星任務。因此，這個計畫叫做「火星綠洲」，馬斯克估計這個計畫不用 3,000 萬美元就可搞定。

他有錢，只是不知道要去哪裡買價格公道、可把溫室送上火星的火箭。他發現，或許可在一個地方用便宜的價格入手，至少他是這麼想的。他透過火星學會聽說一個叫做吉姆·坎特瑞爾（Jim Cantrell）的火箭工程師，曾參加美俄導彈退役計畫。一個月前，他才心生製造火箭的想法，和瑞希在長島高速公路聊這件事，現在他給坎特瑞爾打電話。

當手機鈴響時，坎特瑞爾正在猶他州開著他的敞篷車，車頂收折起來。他後來告訴《君子》（*Esquire*）雜誌的記者：「風聲很大，我約莫聽出一個名叫伊恩·馬斯克的人，說他是靠網路發跡的億萬富翁，想跟我談談。」坎特瑞爾回到家後回他電話，馬斯克解釋他的願景，「我希望改變人類歷史，讓人類得以在其他星球上生存。」然後他問，「這個週末能見個面嗎？」由於坎特瑞爾曾跟俄國當局打交道，過著低調的生活，行事隱秘。他希望在一個沒有槍枝、安全無虞的地方跟馬斯克見面，最後建議在鹽湖城機場達美航空貴賓室碰頭。馬斯克找瑞希一起去，他們想出了一個計畫：前往俄國，看能否在當地買到發射塔架或火箭。

15

顛覆航太產業

2002 年，創立 SpaceX 啟動這時代最大膽計畫

和瑞希在一家火箭工廠；在莫斯科和俄國人共進晚餐。

運用第一原理，思考複雜問題

馬斯克和友人瑞希、火箭工程師坎特瑞爾，與俄國賣方約在莫斯科一家傳統餐廳後包廂吃午餐。擺在桌上的是一盤盤小份量的菜式，穿插大杯伏特加。他們那天早上就來到這裡，想要為他們的火星任務購買一枚二手的俄羅斯火箭。

前一晚他們在巴黎停留，在一場派對玩到很晚，馬斯克看起來無精打采。再者，他不是很會喝酒，因此這頓飯格外難熬。「我計算了食物和伏特加的重量，兩者大致相等。我們為友誼乾杯，一杯又一杯，」他回憶說，俄國人送他們的禮物就是伏特加，他們特別製作了火星圖案的酒籤，把每一個美國客人的頭像印在上面。馬斯克本來用手肘撐著頭，不久就不勝酒力，昏過去，頭猛然砰地撞到桌子，「我想，俄國人覺得我很沒用。」

那天晚上，他身體感覺好一點之後，和同伴在莫斯科，跟另一組人馬見面。據說，他們是賣退役導彈的。這次遭遇一樣很詭異。他們領頭的人少了一顆門牙，只要大聲說話，口水就會噴向馬斯克。馬斯克談到人類到其他星球發展時，這個俄國人臉色變得很難看。他吼叫道：「這火箭不是要給資本家去火星，執行狗屁任務的，你們的總工程師是誰？」馬斯克坦承，就是他本人。坎特瑞爾回憶說，這時俄國人向他吐口水。

「他剛剛對我們吐口水嗎？」馬斯克問道。

坎特瑞爾說：「沒錯。我認為，這表示他們不把我們放在眼裡。」儘管這次交手像鬧劇，馬斯克和坎特瑞爾還是決定在 2002 年初再去一趟俄國。瑞希這次沒去，但潔絲汀一起跟去了。此行還有個新成員麥可・葛里芬（Michael Griffin），是個航太工程師，幾年後被任命為 NASA 署長。

這次，馬斯克的目標是買兩枚舊的第聶伯運載火箭（Dnepr rocket）。沒想到，價格愈談愈高。最後，他以為俄國人願意賣他兩枚 1,800 萬美元，結果他們說，不對喔，是一枚 1,800 萬美元。馬斯克說：「我當時想，天啊，這太瘋狂了。」接下來，俄國人又出價，變成一枚 2,100 萬美元。坎特瑞爾回憶說：「他們在取笑他，他們說，小子，你錢不夠嗎？」

幸好這次搞砸了，馬斯克因而想得更遠。現在，他的目標不是利用二手火箭把溫室植物送上火星，而是構思更大膽的冒險。這是我們這個時代最大膽的計畫：私人製造火箭，把衛星和人類發射到軌道，最後登上火星及其他地方。「我當時很氣，但我在生氣時會重新思考，用不同的角度看問題。」他說。

俄國人這樣漫天開價，把馬斯克惹火了。因此，他運用「第一原理」（first principles）* 的思考方式，剖析基本情況，然後重新開始構思。他想出所謂的「白痴指數」，也就是計算一個成品的成本，比基本材料的成本高出多少。如果一個產品的白痴指數很高，可透過更有效率的製造技術大幅降低產品成本。

火箭的白痴指數極高。於是，馬斯克開始計算碳纖維、金屬、燃料及其他材料的成本。照目前的製造方法，成品成本是材料成本的 50 倍以上。

如果人類要去火星，火箭製造技術必然要徹底改善。要是依靠二手火箭，尤其是俄國的老舊火箭，不可能推動技術發展。

---

* 指回歸事物最基本的條件，將其拆分成不同要素進行分析，然後找到實現目標的最佳路徑。

因此，在回程的飛機上，他拿出筆電，製作一張試算表，巨細靡遺地列出製造一枚中型火箭所需的所有材料和成本。坎特瑞爾和葛里芬坐在他後面，點了飲料，葛里芬笑著問坎特瑞爾：「那個阿呆到底在做什麼？」

馬斯克轉過身來，給了他們一個答案。他給他們看自己剛做出來的試算表，說道：「嘿，我想，我們可以自己建造火箭。」坎特瑞爾看著那些數字，自言自語地說：「我真不敢相信，難怪他把我的書都借去看。」接著，又跟空姐要了一杯飲料。

狂野想法化為現實，每 1 元效益發揮到最大

馬斯克決定創立自己的火箭公司。身邊友人善盡朋友之責，極力勸阻，希望他別做傻事。

瑞希說：「哇，老兄，『我被俄國人耍了』，不等於『我要創立一家火箭公司』。」他還剪輯幾十枚火箭升空爆炸的影片，把一票朋友找來，一起勸馬斯克打退堂鼓。「他們播放火箭爆炸的影片給我看，跟我說，我要是執迷不悟，我的錢會全部燒光。」馬斯克說。

他們愈是強調風險，馬斯克的決心就愈堅定。他喜歡風險。

他告訴瑞希：「如果你要說服我，說失敗的機率很大，這我早就知道了。最可能的結果，就是我的錢都沒了。但要是不去嘗試，太空探索可能就此停頓。我們總得試試吧，否則永遠會被困在這個地球。」

如果說他受命於天，而且是人類進步不可或缺的人，這樣的評估未免太自滿了。然而這種說法正如他那一大堆被認為可笑的斷言，當中包含真理的核心。馬斯克說：「我懷抱希望，相信人

類文明能擴展到太空，我們能在宇宙遨遊。除非創立一家新公司來製造革命性的火箭，否則毫無機會可言。」

馬斯克的太空探險一開始沒有營利的打算，只是想激發世人對火星的興趣，但現在他有了種種動機，也許可在他的生涯樹立里程碑。遠大的理念驅使他大膽冒險。然而，他也希望這是務實的，而且能獲利，這個太空事業才能長長久久。這意味著要用火箭發射商業和政府衛星。

基於成本考量，他決定從小型火箭開始做起。「我們做的是傻事，但不能大規模地做。」他告訴坎特瑞爾。由於微處理器的進展，小型衛星產業方興未艾，馬斯克計劃為小型衛星開發低成本火箭，不像洛克希德和波音那樣拚酬載量。他把焦點放在一個關鍵指標：把每 1 磅酬載送到軌道的成本。由於他一心一意想要把每 1 美元的效益發揮到最大，因此想方設法，不斷增加引擎推力，使火箭更輕、更耐用，而且可回收重複使用。

馬斯克想招攬當初陪他去莫斯科的兩個工程師。其中一個是葛里芬，但他不想搬到洛杉磯。當時，他在中央情報局投資的情報研究機構 IQT 公司工作，總部在華盛頓特區，有望在科學政策方面一展長才。果然，小布希總統在 2005 年任命他為 NASA 署長。坎特瑞爾考慮加入，但要求更多工作保障，馬斯克礙難同意。因此，最後就由馬斯克自己擔任總工程師。

2002 年 5 月，馬斯克成立了太空探索科技公司（Space Exploration Technologies）。起先他用公司名稱的縮寫字頭來稱這家公司，亦即 SET。幾個月後，他還是想凸顯他最喜歡的字母，因此改用一個更好記的名字：SpaceX。他在公司成立初期時宣布，SpaceX 的目標是在 2003 年 9 月發射第一枚火箭，在 2010

年之前向火星發射無人太空船。他就此延續自己在 PayPal 建立的傳統：訂立不切實際的時間表，然後把那些狂野想法從完全瘋狂化為現實，只是在很久之後才能實現。

16

父與子

2002年，經歷喪子之痛

馬斯克兄弟與父親。

十週大長子猝死

2002 年 5 月，馬斯克創立 SpaceX 時，潔絲汀生下他們的第一個孩子。他們為兒子取名為內華達（Nevada），因為潔絲汀是跟馬斯克去內華達沙漠參加一年一度舉辦的火人祭時受孕的。這孩子在十週大時，馬斯克一家三口到洛杉磯南邊的拉古納海灘（Laguna Beach）參加一個表弟的婚禮。婚宴上，飯店經理進來告知馬斯克夫婦，他們的寶寶出事了。

他們急忙回到房間，發現緊急救護人員正在幫內華達插管輸氧。保姆說，寶寶一直在嬰兒床上睡覺，仰躺著睡，但不知怎麼，突然停止呼吸。死因可能是嬰兒猝死症。這是一種謎樣的病症，目前醫學仍無法解釋，也是已開發國家嬰兒主要死因。「救護人員為他急救時，他因腦部缺氧太久，已經腦死。」潔絲汀後來說道。

金博爾陪著馬斯克夫婦去醫院。儘管寶寶已被宣布腦死，依然靠維生系統撐了三天。當決定拔管、關閉呼吸器時，馬斯克把手放在寶寶的胸前，指尖感覺到孩子的心臟最後一次跳動。潔絲汀抱著孩子，知道死神把他帶走了。馬斯克不由自主地抽泣起來。「他哀嚎得像一匹狼。」他的母親說。

馬斯克怕觸景傷情，不想回家，金博爾幫他們訂了比佛利威爾夏飯店（Beverly Wilshire Hotel）。飯店經理安排了一間總統套房給他們。他們先前帶了內華達的衣服和玩具到飯店，馬斯克要金博爾把這些東西都丟掉。整整三週之後，馬斯克才踏進家門，看看內華達生前住的那間嬰兒房。

馬斯克靜靜地面對悲傷。他一回家，在女王大學時期的好友法魯克飛來洛杉磯陪他。「我和潔絲汀想讓他啟開心扉，談談內華達的事，但他不想談。」法魯克說。他們一起看電影、打電玩。有一次，在長長的靜默之後，法魯克問他：「你還好嗎？你是怎麼度過的？」馬斯克隨即閉口，不想多說一個字。法魯克說：「我認識他很久了，看他的表情就知道了。我看得出來，他下定決心不談這件事。」

反之，潔絲汀非常願意表露自己的情感。她說：「伊隆不喜歡看我把悲傷表露於外。他告訴我，我被情感操縱，喜怒哀樂都掛在臉上。」她把他的情緒壓抑，歸因於童年時期形成的防禦機制，「他會在黑暗之處關閉情感，我想這是他生存的一種方式。」

內華達出生時，馬斯克邀請父親從南非飛過來看孫子。現在艾洛爾終於有機會跟兒子和解。金博爾說：「伊隆是長子，也許他想向父親證明什麼。」

艾洛爾這次帶了新任老婆和五個孩子來訪，其中兩個是他們所生，年紀都還很小，其他三個則是這個老婆跟前夫所生的。馬斯克支付了這一家七口的機票。他們從約翰尼斯堡起飛，在北卡羅萊納州的羅里（Raleigh）轉機時，達美航空的人員呼叫艾洛爾，並告訴他：「我們必須告知您一個壞消息。您的兒子希望我們告訴您，您的孫子內華達已不幸死亡。」馬斯克希望航空公司轉達這個消息，因為他自己說不出口。

艾洛爾打電話過去時，金博爾解釋情況，並說：「爸爸，你不該來的。」他勸艾洛爾調頭飛回南非，艾洛爾卻拒絕了，「我們已經到美國，因此非去洛杉磯不可。」

艾洛爾還記得比佛利威爾夏飯店的頂樓套房，寬敞得讓他瞠目結舌，這也許是他這輩子見過最奢華的地方。馬斯克似乎還恍恍惚惚，這時的他特別需要關愛。儘管粗暴的父親看到自己如此脆弱，讓他覺得很不舒服，他卻不希望父親離開。最後，他請父親和他的新家人留在洛杉磯。他說：「我不希望你回去，我會在這裡買一棟房子給你。」

愛家人，卻被親情傷害

金博爾驚懼萬分。他告訴哥哥：「萬萬不可，你忘了他是多黑暗的一個人。別這麼做，不要這樣對你自己。」但金博爾愈努力勸說，馬斯克卻愈悲傷。事隔多年之後，金博爾仍在試圖找出促使哥哥這麼做的原因。他說：「或許是眼睜睜看著自己的兒子死去，讓他希望父親留在他身邊吧。」

馬斯克為父親和他的孩子們在馬里布買了一棟房子，還有他能找到的最大型 Land Rover 豪華休旅車。他還安排孩子進入好學校就讀，每天由司機接送。然而，事情很快地就變得不對勁。那時 56 歲的艾洛爾，對他的一個繼女，年僅 15 歲的賈娜（Jana），顯得過於殷勤。馬斯克不由得開始擔心。

馬斯克對父親大發雷霆，因為他認為父親的行為不當。他很同情艾洛爾的繼子女，因此被親情牽動、拉扯。他知道他們必須忍受什麼。因此，他說願意買一艘遊艇給艾洛爾，停泊處離馬里布約 45 分鐘車程。如果他同意一個人住在那裡，可以在週末回家看家人。這不只是一個怪異的想法，也是個糟糕的主意。後來情況演變得更加奇怪。艾洛爾的老婆比他小 19 歲，對馬斯克言聽計從。艾洛爾說：「她現在認為養活一家老小的是伊隆，不是我。這就是問題所在。」

有一天，艾洛爾在船上，收到來自馬斯克的訊息。「這樣還是行不通，」他說，並要求艾洛爾回南非。艾洛爾真的走了。幾個月後，他的老婆也帶著五個孩子回去了。馬斯克後來說：「我用威脅、獎勵和爭論，想要改變父親，而他——」他沉默了好一會兒說道：「不管怎麼做都不行，事情只是變得愈來愈糟糕。」顯然人際網絡要比數位網路複雜多了。

17

熱血工程師的改造魔法

2002 年，愛電玩，更愛造火箭

SpaceX 創始員工穆勒。

火箭引擎背後靈魂人物

湯姆·穆勒（Tom Mueller）是在愛達荷州鄉間長大的，從小就喜歡玩火箭模型，「我做了幾十個火箭。當然，這些火箭一下子就沒了，不是墜毀，就是爆炸。」

他的家鄉聖瑪麗斯（Saint Maries）距加拿大邊境約 160 公里，是個伐木村，人口僅 2,500 人。他的父親是個伐木工人。「小時候，我就在他的伐木卡車上當小助手，使用電焊機等工具。我喜歡動手做，因此知道怎麼做行得通，怎麼做則不成。」穆勒說。他的身材瘦高，體格很好，肌肉結實，下巴中間有個淺淺的凹陷，頭髮烏黑，外型粗獷，生來就是一副伐木工人的模樣。但他和馬斯克一樣，有顆好學之心，常窩在當地的圖書館，沉迷於科幻小說。他在做中學科展研究時，把蟋蟀放進火箭裡，在後院發射，想看看加速度對蟋蟀的影響。結果，他學到另一課：降落傘失靈，火箭墜落地面，蟋蟀都死翹翹。

一開始，他利用郵購買到火箭套裝材料包，但後來從頭開始自製火箭。14 歲時，他把父親的焊槍改成引擎。他說：「我把水注入，看看這麼做對性能的影響。這麼做有點瘋狂，因為加了水，推力就變大了。」

這個科展作品贏得地區科展的第二名，使他有資格參加在洛杉磯舉行的國際決賽。這是他第一次搭飛機。他說：「其實，我的勝算不大，參展作品包括機器人等酷炫的東西，那些都是其他孩子的爸爸做的。但至少，這是我自己做出來的成品。」

他後來上了愛達荷大學，為了支付學費，暑假和週末都去伐木賺錢。畢業後，他搬到洛杉磯，想在航太領域找工作。儘管成績並不突出，他的熱情卻很有感染力，因而在開發很多飛行器的航太公司湯普森－拉莫－伍德里奇公司（TRW），找到一份工作。當年能讓太空人成功登上月球的火箭引擎，就是 TRW 公司製造的。

週末，他常和反應研究學會（Reaction Research Society）的成員，去莫哈韋沙漠（Mojave Desert）測試大型自製火箭。這個學會創立於 1943 年，是火箭愛好者組成的社團。他和另一位火箭愛好者約翰·賈維（John Garvey）搭檔，製造出全世界推力最強的業餘火箭引擎，重達 80 磅。

2002 年 1 月，一個週日，他們在租來的倉庫打造自製火箭時，賈維提到一個名叫伊隆·馬斯克的網路新貴想跟他見面。當馬斯克和潔絲汀來訪時，穆勒正扛著那部 80 磅的火箭引擎，要用螺栓固定在火箭骨架上。才剛見面，馬斯克就連珠砲似地問了一大堆問題。這火箭的推力有多大？穆勒答道，1.3 萬磅。你做過更大的嗎？穆勒回說，他在 TRW 曾打造一部叫 TR-106 的火箭引擎，推力有 65 萬磅。推進燃料是什麼？馬斯克不停追問。穆勒只好先把肩上的火箭引擎放下，專心回答馬斯克的問題。

馬斯克問，他是否能夠自製一個像 TRW 的 TR-106 那麼大的火箭引擎。穆勒說，TR-106 的噴注嘴和點火器就是他設計的，他對火箭引擎的泵系統也瞭若指掌。只要有一個團隊，就可解決其他問題。馬斯克問，打造這樣的火箭引擎需要花多少錢？穆勒說，TRW 花 1,200 萬美元。馬斯克又問，如果我要做，要花多少錢？「老天，這可是個難題，」穆勒答道。穆勒很驚訝，他們才剛見面，已經談到這樣的細節。

這時，穿著長皮衣的潔絲汀給馬斯克使了個眼色，暗示他們得走了。於是，馬斯克最後問穆勒，下週日可以見面嗎？穆勒面有難色。「那天有超級盃的賽事，我才買了部大電視，跟幾個朋友約好，在家裡看比賽。」但他覺得自己沒有說「不」的餘地，於是同意馬斯克過來。

兩人再次見面時，「我們斷斷續續地看了一場比賽，因為過程中都在討論建造運載火箭的問題。」穆勒說。來他家看球賽的那幾個朋友，也都是工程師，他們一起草擬的建造計畫，後來成為 SpaceX 的第一枚火箭。他們認為，第一節火箭可使用液態氧和煤油的引擎來推進。穆勒說：「我知道怎麼做會比較容易。」馬斯克則建議第二節用過氧化氫，但穆勒認為這麼做將會面臨很多挑戰和困難，用四氧化二氮會比較好。馬斯克說，不行，太貴了。最後，他們同意第二節火箭也用液態氧和煤油。他們已把今天的足球賽忘得一乾二淨，火箭有趣多了。

馬斯克請穆勒到他的公司擔任推進部門主管，負責設計火箭引擎。之前，穆勒常常詬病 TRW 的風險規避文化。他問妻子是否該加入馬斯克的公司？她告訴他：「如果你不去，你會後悔的。」於是，穆勒成為 SpaceX 第一個雇用的員工。

穆勒要求馬斯克一件事：把他應領的兩年薪酬存入託管帳戶。他只是個受雇工程師，擔心公司倒閉，會領不到錢。馬斯克同意了，但他因而認為穆勒是員工，而不是 SpaceX 的共同創辦人。當年在 PayPal，他就曾被質疑是否真的是創辦人，日後在特斯拉又碰上同樣的問題。他認為，如果你不願投資一家公司，就沒有資格成為創辦人。他說：「你不能要求把兩年的薪酬存入託管帳戶，又要以共同創辦人自居。要當共同創辦人，不但要有靈感、付出血汗，還要願意承擔風險。」

將風險的耐受力，注入公司文化

馬斯克招募到穆勒及其他工程師後，接下來就需要設置公司總部和工廠。馬斯克說：「我們一直在飯店會議室開會，大多數的航太公司都在附近，於是我開車在這一帶繞來繞去，最後在洛杉磯機場附近找到一個舊倉庫。」SpaceX 總部及相鄰的特斯拉設計工作室，都位於洛杉磯郡霍桑（Hawthorne）這個鄰近機場的小鎮（我將簡化稱此地點為洛杉磯）。

對工廠的規劃，馬斯克依循自己的理念，把設計、工程和製造團隊集中在一起。他向穆勒解釋說：「裝配線上的人應該能夠立即找到負責的設計師或工程師，對那人嗆聲，『你為什麼要設計成這樣？』如果你把手放在爐子上，當爐子變得熱燙，你會馬上抽手。但如果是別人的手，那就另當別論了，做出反應的時間會比較久。」

隨著團隊的成長，馬斯克也把風險耐受力及扭轉現實的意志力，注入團隊中。穆勒回憶道：「如果你很消極，認為某件事是不可能的，那下次開會，你就被除名了。他只要使命必達的人。」這是個好辦法，可以驅動別人，使他們完成不可能的任務。不過，如此一來，你周遭的人會害怕跟你說壞消息，也不敢質疑你的決定。

馬斯克和幾個年輕工程師常工作到深夜，然後坐在桌機前玩多人射擊遊戲，像是《雷神之鎚 III：競技場》，一邊用手機互相通話。他們沉迷於這樣的殺戮遊戲，常玩到凌晨三點。馬斯克的暱稱是 Random9，當然他是最有侵略性的玩家。一位員工說：「我們像一群瘋子，對彼此尖叫、嘶吼。伊隆就在那裡，跟我們一起玩。」通常他是贏家。另一個人說：「他實在是電玩高手，他的反應快得驚人。他掌握所有的訣竅，也知道如何偷襲別人。」

馬斯克把他們正在建造的火箭命名為獵鷹一號（Falcon 1），向《星際大戰》中的宇宙飛船千年鷹號致敬。他讓穆勒為這枚火箭的引擎命名。他想要很酷的名字，不要只是字母和數字。有一個承包商的員工是馴鷹者，她為穆勒列出幾種獵鷹的名稱。穆勒挑選「灰背隼」（Merlin）做為第一節火箭引擎的名字，第二節火箭的引擎則叫「紅隼」（Kestrel）。

18

建造火箭的新規則

2002 至 2003 年，獨有的節約成本演算法

位於德州麥葛瑞格的火箭試驗場。

質疑每一項成本

馬斯克用一對鷹眼盯著成本，想方設法要讓成本降低。除了這是他自己的錢，更是因為成本效益是他能否實現終極目標，也就是人類移民火星計畫的關鍵。他對航太供應商提出的每一項零件報價，都加以挑戰。比起汽車類似零件，航空器的零件通常高出 10 倍。

由於對成本非常在意，加上天生的控制本能，因此他希望零件盡可能自製，而不是對外向供應商採購。然而，當時火箭業和汽車業所需的零組件，大多向供應商採購。穆勒記得，有一次 SpaceX 需要一種閥門，供應商的報價是 25 萬美元。馬斯克說，這簡直貴到沒天良。於是他對穆勒說，他們該自己做。幾個月後，他們真的做出來了，而且成本遠低於廠商報價。

又有一次，他們需要可以讓入軌段火箭引擎噴嘴轉動的致動器。供應商回報，零件價格是 12 萬美元。馬斯克說，這東西並不複雜，難度跟車庫開關差不多吧，於是要公司的一個工程師用 5,000 美元的成本製造出來。結果，穆勒底下一個名叫傑若米．霍爾曼（Jeremy Hollman）的年輕工程師，發現可把洗車系統混合液體的閥門拿來改造，變成控制火箭燃料輸送的閥門。

還有一次，他們訂購鋁製圓頂，想要焊接在燃料槽頂部。供應商送來一些，然後說下一批要漲價。馬斯克在 SpaceX 最親近的同事馬克．容克薩（Mark Juncosa）說：「這就像你請人來家裡油漆，這個油漆師傅漆了一半之後，說剩下的一半，價格要調漲 3 倍。伊隆對這種事是不會屈服的。」馬斯克說，這就像「被俄羅斯人敲竹槓」，因為他先前在莫斯科差點被俄國人當凱子。

他告訴容克薩：「我們自己做吧」。於是，他們的裝配工廠新增了一個製造圓頂的部門。幾年之後，SpaceX 所需的火箭零件有 70% 都是自己生產的。

SpaceX 開始生產灰背隼火箭引擎時，馬斯克問穆勒，這引擎有多重。穆勒答道，大約 1,000 磅。馬斯克說，特斯拉的 Model S 引擎重約 4,000 磅，製造成本差不多是 3 萬美元。「如果特斯拉引擎的重量是灰背隼引擎的 4 倍，為什麼你的灰背隼要花這麼多錢？」

其中一個原因是，火箭零件的規格，必須符合軍方和 NASA 的要求，總計有好幾百項。大型航太公司的工程師，都嚴格遵守這些規定。馬斯克卻反其道而行：要工程師質疑所有的規格。

馬斯克後來在開發產品時經常一再提到他所謂的「演算法」（the algorithm），這個演算法包含五要點檢核，第一點就是質疑每一項要求。

只要工程師說，某一種做法是官方「要求」的，馬斯克就會這麼考問：「是誰要求的？」回答「軍方」或「司法機構」要求的還不夠，馬斯克要知道到底是誰制定這項要求。提姆・布札（Tim Buzza）原本在波音工作，由於受不了那裡的官僚體系，因此加入 SpaceX，後來成為 SpaceX 發射和測試部門副總裁。他說：「當我們提到引擎或燃料槽須送驗的事，他會問，為什麼要送驗？如果我們說，這是軍方規定的，馬斯克會回問，是誰制定的？這麼做有道理嗎？」

馬斯克一再告訴工程師，應該把所有的要求視為「建議」。唯一不可改變、必須遵守的是物理定律的要求。

瘋狂時間表

穆勒打造灰背隼引擎時，曾提出一個緊湊的時間表。馬斯克仍嫌不夠快。他問：「為什麼要搞這麼久？莫非你們是蠢蛋？把作業時間砍半。」

穆勒反駁說：「我們已經把時間砍半了，你不能再砍一半。」馬斯克冷冷地看著他，要他在會後留下來。兩人獨處時，馬斯克問他是否還想負責引擎部門。穆勒答道，是的。馬斯克接著砲轟他：「那我要求你做什麼的時候，給我照做。」

穆勒只好從命，把時間再減半。馬斯克說：「你猜怎麼了？結果，我們完成計畫的時間，跟最初設定的時間表差不多。」但有時，用瘋狂時間表，逼迫員工去執行完全不可能的任務，真的辦不到。穆勒說：「但我得到教訓，不敢再跟他說『不』。你可以對他說，你會試試看，要是做不到，日後再解釋原因。」

馬斯克堅持訂定不切實際的截止期限，即使沒必要這麼趕，例如他下令在幾週之內完成火箭引擎測試台，但引擎根本還沒打造出來。他一再強調：「瘋狂的急迫感，是我們的運作原則。」急迫感本身是有益的，可讓工程師專注於首要原則。但正如穆勒指出的，這種十萬火急也有壞處。他說：「如果你訂立了緊迫的時間表，但員工認為自己可以完成，就會更加努力。但當你訂立的時間表根本就不可能完成時，工程師可不是笨蛋。他們的士氣就會受到打擊。這是伊隆最大的弱點。」

賈伯斯也有這樣的毛病。他的同事說，這是他的「現實扭曲力場」。他訂立不切實際的期限，若有人反彈，他會眼睛一眨不眨地盯著你，然後說：「別怕，你做得到的。」雖然這種作風讓人氣餒，但蘋果員工最終還是完成了其他公司做不到的事。穆勒坦承：「伊隆訂立的時間表和成本目標，即使我們大多數都無法達成，但我們仍超越了所有的同行。我們開發了有史以來成本最低、最厲害的火箭，而且引以為傲，即使老闆有時會對我們皺眉頭。」

馬斯克採用反覆運算以求出最佳答案的迭代法來設計。很快做出火箭和引擎的原型，接著測試，失敗炸毀後，隨即修改，然後再度嘗試，直到成功為止。快速行動，當事情出錯，重新來過。穆勒說：「重點不在於如何避免問題，而是你能夠多快找出問題、解決問題。」

例如，軍方訂立一套標準，規定每一型的火箭引擎必須在很多不同的條件下進行試射。「這麼做不但費時，而且很花錢，」SpaceX 發射和測試部門副總裁布札解釋道，「伊隆告訴我們，把引擎做出來，放在測試台上，如果能用，就裝在火箭上發射。」由於 SpaceX 是一家私人公司，而且馬斯克無視規則，願意冒險，才能這麼做。布札和穆勒猛操引擎，直到損壞才肯罷休，然後說：「好，我們現在知道極限了。」

要秉持迭代設計的意念去做，意味 SpaceX 需要一個可自由進行測試的地方。起先，他們考慮莫哈韋太空發射中心（Mojave Air and Space Port），並在 2002 年底提出申請，然而郡委員會遲遲未決。穆勒告訴馬斯克：「放棄莫哈韋吧，要在加州測試，實在很難。」

那年 12 月，馬斯克到普度大學演講，該校有一個著名的火箭測試計畫。穆勒和布札也跟他一起去。他們在那裡遇見一個曾在畢爾航太公司（Beal Aerospace）工作的工程師。私人火箭公司有不少破產的，畢爾就是其中之一。這個工程師告訴他們，畢爾在德州麥葛瑞格（McGregor）有個試驗場，位於韋科（Waco）東邊約 42 公里處，還給他們一個畢爾前員工喬·艾倫（Joe Allen）的手機號碼，那個人現在還住在麥葛瑞格。

馬斯克決定當天就飛過去。在路上，他們給艾倫打電話。那時，艾倫正在德州技術學院（Texas State Technical College）。在畢爾倒閉後，艾倫就失業了，之後就在這所學校學習程式設計。艾倫不知道馬斯克是何許人也，也沒聽過 SpaceX，但他同意約在舊試驗場的一個支撐火箭三腳架底下見面。馬斯克的私人飛機降落時，他們一眼就看到沙漠中的那個高約 33 公尺的三腳架。艾倫站在腳架底下，旁邊停放著一部破舊的雪佛蘭皮卡。

當他們走向艾倫時，穆勒對布札說：「我們需要的東西，這裡幾乎都有。」這裡有測試台、供水系統，雜草中還有一間設計牢固的房子，那是監測火箭發射的觀測室。布札讚嘆說，這裡太棒了。馬斯克把他拉到一邊。他說：「別再說這裡有多好了，你愈讚美，租金就愈貴。」馬斯克當場就決定雇用艾倫，也用一年 45,000 美元的價格，租用這個試驗場和那些廢棄的設備。

接著，就像真情麻吉電影，一群火箭工程師組成的硬漢團隊，來到德州沙漠一塊有混凝土和響尾蛇的貧瘠之地，在穆勒和布札的帶領下點燃引擎、引爆，然後看著他們打造出來的東西，發生「不在排程內的快速解體」。

灰背隼第一次測試是在穆勒生日那個晚上，也就是在 2003 年 3 月 11 日。他們把煤油和液態氧注入推力室，但只燃燒了半秒，如此已達到目的，因為他們只是要確認引擎能運作。為了慶祝這一刻，他們開了瓶要價 1,000 美元的人頭馬干邑白蘭地，這是馬斯克在一場太空會議演講獲得的禮物。馬斯克的助手瑪麗．貝絲．布朗（Mary Beth Brown）把這瓶酒交給穆勒，讓他在特別的日子拿出來慶祝。他們把酒倒在紙杯，一飲而盡。

跳脫思考框架，勇於嘗試新做法

穆勒和他的團隊在麥葛瑞格一天會花上12個小時測試引擎，然後在澳美客牛排館（Outback Steakhouse）吃晚飯，深夜和馬斯克進行電話會議時，還得應付他提出的一堆技術問題。如果工程師不能給他答案，他常常會爆發怒火，就像燃燒的火箭引擎。由於他對風險的耐受度很高，常會促使工程師想出權宜之計。穆勒帶了銑床和車床過來，讓他們可以當場修改。

一晚，雷電擊中了一個測試台，燃料槽的增壓系統因而受到影響。一個燃料槽的膜鼓脹、裂開。如果碰到這種情況，一般航太公司都會花幾個月的時間更換燃料槽。馬斯克說：「這是可以修復的，帶錘子過去，敲平，再焊接起來就好了。」布札認為這麼做很瘋狂，但他知道要服從老闆的命令。於是他們走到測試台，用力把鼓脹的膜敲平。馬斯克坐上他的私人飛機，飛了三個小時，過來這裡親自監督。布札說：「他到的時候，我們正在測試裝了氣體的燃料槽，發現真的修好了。伊隆相信，沒有什麼情況是無可挽救的。我們從中學到不少。其實，真的很有趣。」這麼做為SpaceX省下好幾個月的時間，使最初的火箭得以進入測試階段。

當然，這種做法並不是每次都有用。2003年底，引擎推力室的熱擴散材料出現裂縫，馬斯克一樣想用修補的方式來解決。穆勒回憶道：「最初的推力室，先是一個裂了，然後是兩個，接下來有三個都裂開了。那真是一場災難。」

馬斯克聽到這個壞消息時，要穆勒想辦法修理。他說：「我們不能把這些推力室丟掉。」

「這是不可能修理的。」穆勒答道。

這種話只會激怒馬斯克。他指示穆勒，把那三個推力室搬到他的飛機上，飛回洛杉磯的 SpaceX 工廠。他認為塗上一層人造樹脂，可滲入裂縫，問題就解決了。穆勒告訴他，這未免太異想天開，兩人吵了起來。最後，穆勒妥協了。他告訴團隊：「他是老闆，我們得聽他的。」

推力室運抵工廠時，馬斯克穿著做工精細的皮靴。他本來要去參加一場聖誕派對。結果，整個晚上都在工廠幫忙塗人造樹脂，樹脂還滴到靴子。

但這場賭注失敗了。一旦施加壓力，人造樹脂就開始脫落。推力室不得不重新設計，發射計畫因而延遲了四個月。但馬斯克願意留在工廠，通宵達旦地工作，追求創新的想法，激勵工程師們跳脫思考框架，勇於嘗試非傳統的修復方法。

一個馬斯克模式就此建立：嘗試新想法，不怕把事情搞砸。試驗場附近的居民已習慣爆炸聲響了。然而，乳牛還是會受到驚嚇。就像把篷車圍成一圈的拓荒者，一聽到爆炸聲，乳牛會圍繞著小牛奔跑，以保護牠們。麥葛瑞格的工程師還因此架設了一台攝影機，來觀察這些乳牛。

19

小蝦米對上大鯨魚

2002 至 2003 年，改變成規，挑戰航太龍頭

馬斯克最信賴的副手，SpaceX 總裁蕭特威爾。

SpaceX 成功背後的鐵娘子

馬斯克很難與人共事，私底下是如此，工作上也是。先前在 Zip2 和 PayPal 時，他很能激勵別人，卻也讓人畏懼，有時還會霸凌同事。維繫良好的同事關係，不在他的技能範圍內，順從更不是他的本性。他不喜歡分享權力。

但葛溫妮・蕭特威爾（Gwynne Shotwell）卻是極少數的例外。她在 2002 年到 SpaceX 任職，最後升上總裁。二十多年來，她在洛杉磯 SpaceX 總部的辦公小隔間，就在馬斯克旁邊，兩人相鄰而坐的時間比任何人都要長。

她言辭犀利、直言無諱，而且膽識過人。她很健談、經常大膽表達意見，但不會越界、失禮。她認為這是自己的強項。她曾是高中籃球校隊，也當過啦啦隊長，因此帶有一種自信的正能量。她隨和有主見，敢跟馬斯克說實話，而不會激怒他，在他做得太過分的時候，敢於反制，但不會過度干涉。她幾乎把他當成同輩，卻又保持恭敬，不曾忘記他是創辦人，也是老闆。

她原姓羅利（Rowley），在芝加哥北部一個村莊長大。高二那年，曾跟母親參加一場女工程師學會舉辦的座談會。會中，有位機械工程師既是一家營造廠的負責人，她的穿著打扮也讓蕭特威爾驚豔。她說：「那位女工程師是我的偶像，我想成為那樣的人。」於是她決定申請附近的西北大學，攻讀機械工程。她後來告訴西北大學的學生：「我申請這所學校，是因為它在其他領域也展現豐富多樣的資源與機會。以前我很怕被貼標籤，像是愛鑽研知識的怪咖。現在，我要說，我是怪咖，我驕傲。」

1986 年，在前往 IBM 芝加哥辦事處面試的路上，她因挑戰者號太空梭升空的轉播，駐足在商店櫥窗的電視牆前。這次升空，高中老師克莉絲塔·麥考里夫（Christa McAuliffe）也在機組人員之列。不幸的是，太空梭在眾人殷殷期盼的目光下發射，一分鐘後，卻爆炸了。這個鼓舞人心的歷史時刻，在一瞬間變成悲劇，讓人錯愕、心碎。蕭特威爾大受打擊，根本無心應試，最後未被錄取，「那次面試，我真的搞砸了。」她後來在底特律找到工作，先是在克萊斯勒（Chrysler）上班，後來搬到加州，成為火箭製造公司小宇宙（Microcosm）的太空系統銷售部門主管。小宇宙是一家新創公司，為 SpaceX 鄰近的航太企業，提供諮詢服務。

在小宇宙工作時，蕭特威爾的工作夥伴是一位面容粗獷，富有冒險精神，名叫漢斯·柯尼斯曼（Hans Koenigsmann）的德國工程師。柯尼斯曼有個週末在莫哈韋沙漠，與火箭發射同好聚會時，認識了馬斯克。馬斯克後來前去他家，邀他加入 SpaceX。2002 年 5 月，柯尼斯曼成為 SpaceX 的第四名員工。

蕭特威爾邀柯尼斯曼到附近一家他們都很喜歡的餐館漢斯主廚（Chef Hannes）吃午餐，在這家門面豔黃的奧地利餐廳，為他慶祝轉換新公司。用餐過後，她載柯尼斯曼，來到相隔僅幾個路口的 SpaceX，他下車時，對她說：「一起進來吧，妳可以見見伊隆。」

對馬斯克極力降低火箭成本、改由公司自製零組件的想法，蕭特威爾留下深刻印象。她說：「他真的了解細節。」但她認為，SpaceX 的團隊不知道如何銷售自己的服務，於是直截了當的告訴他：「你現在任用來與潛在客戶溝通的那個傢伙，是不會成功的。」

隔天，她就接到馬斯克助理打來的電話，告訴她馬斯克有意聘請她擔任商業發展部門副總裁。那年，蕭特威爾年近 40 歲，有兩個孩子，正在辦理離婚。她認為，SpaceX 是一家高風險的新創公司，創辦人又是個善變的富豪，因此興趣缺缺。但她花了三週考慮後，得到一個結論：SpaceX 可能為僵化的火箭產業注入創新精神。她告訴馬斯克：「我願意接受這份工作。」她因此成為該公司第七名員工。

蕭特威爾的丈夫跟馬斯克一樣，也有亞斯伯格症候群。這讓她在跟馬斯克共事時，有一種特殊的洞察力。她說：「像伊隆這樣的亞斯伯格症患者，無法理解社交暗示，也不會想到自己說的話對別人有何影響。伊隆很了解每個人都有不同的個性，但對他而言，這是一種研究，無法透過感受去理解。」

亞斯伯格症會使一個人看起來似乎缺乏同情心。「伊隆不是個混蛋，但有時他會說出非常惡劣的話。他並不知道自己說的話，會對別人造成什麼樣的影響。他只想要完成任務，」她說，她不想改變他，但會拯救那些被他傷害的人，「我工作的一部分，是照顧受傷的人。」

她是工程師出身的，這點大有幫助。她說：「我不像他那麼厲害，但我也不是笨蛋。我了解他在說什麼。我用心聆聽，尊重他，了解他的意圖，努力達成他想要的，即使他所說的最初聽起來很瘋狂。」她告訴我，她堅信：「他通常是對的。」這種說法也許讓人覺得她很諂媚，其實不然。她會跟他說真話，遇到怯懦的人會動氣。她列舉幾個這樣的人，說道：「這些人工作起來真的很拚命，但一旦看到伊隆，就成了膽小鬼，根本不敢反駁。」

難忍官僚作風，狀告 NASA 贏了

2003 年，蕭特威爾加入 SpaceX 幾個月後，和馬斯克一起前往華盛頓。他們的目標是爭取國防部的合約，發射一種新的小型戰略衛星（TacSat），這將使地面部隊指揮官得以快速取得影像等數據。

他們去五角大廈附近一家中國餐館吃飯，馬斯克不慎咬斷牙齒。他很尷尬，一直用手捂著嘴巴。憶起此事，蕭特威爾忍不住笑了出來。她說：「他捂著嘴巴的樣子，真是太好笑了。」幸好他們在深夜找到一個牙醫，幫他裝了顆臨時假牙，隔天早上才能去五角大廈開會。他們順利簽下合約，這是 SpaceX 拿下的第一份合約，金額為 350 萬美元。

為了打響 SpaceX 的知名度，讓一般大眾認識這家公司，2003 年 12 月，馬斯克把獵鷹一號的原型機運到華盛頓，在國家航空和太空博物館（National Air and Space Museum）館外展出。SpaceX 打造了一輛特別的拖車，把七層樓高的火箭平放，綁在寶藍色的吊架上，從洛杉磯運載過來。馬斯克下令全力趕工，設下瘋狂的完工期限，要求火箭的原型機如期上路。

在 SpaceX，很多工程師都對這個任務嗤之以鼻，認為這是「不務正業」，畢竟這只是模型，不是真正的火箭。但這個火箭模型在警方的護送下於獨立大道遊行時，NASA 署長西恩·歐基夫（Sean O'Keefe）看了非常感動。於是指派他的副手連恩·薩斯菲德（Liam Sarsfield）去加州，評估這家勇氣十足的新創公司。薩斯菲德向署長報告：「SpaceX 產品優良，擁有很大的潛力。NASA 在這家公司投資，必然能獲得回報。」

薩斯菲德欣賞馬斯克的求知若渴，想進一步了解一些高度技術性問題，例如國際太空站的對接系統、引擎過熱的原因等。他們經常通信，用電子郵件討論各種問題。但2004年2月，NASA在沒有招標下，就把一紙高達2.27億美元的訂單給了基斯勒航太公司（Kistler Aerospace）；基斯勒是一家私人火箭公司，也是SpaceX的對手。這紙合約是有關太空運輸系統，用火箭將貨物和補給物送到國際太空站。

馬斯克認為，SpaceX也能勝任這個任務（結果證明他是對的），因此和薩斯菲德產生嫌隙。

薩斯菲德就錯在對馬斯克太過開誠布公。他在信中寫道，基斯勒航太公司之所以能在未公開競標下，取得這份合約，是因為該公司的「財務岌岌可危」，而NASA不希望這家公司倒閉。薩斯菲德向馬斯克保證，SpaceX以後還是可以透過競標，取得其他合約。馬斯克聽了，怒不可抑，他認為，NASA應該鼓勵創新，而非濟弱扶傾。

2004年5月，馬斯克在NASA總部跟官員見面，不聽蕭特威爾的勸告，執意針對基斯勒在無招標下取得合約一事，狀告NASA。馬斯克說：「每個人都告訴我，這可能意味我們再也無法跟NASA合作了。但NASA這麼做是錯的，怎麼可以這樣迂腐，所以我要提告。」他不惜把他在NASA一直力挺SpaceX的盟友薩斯菲德拖下水，揭露薩斯菲德在信件中所言，也就是這紙合約其實是基斯勒的救生圈。

SpaceX最後獲得勝訴，法院要NASA就太空站補給計畫重新開放投標，SpaceX因而拿下一大部分的標案。馬斯克告訴《華盛頓郵報》的記者克里斯蒂安．戴文波特（Christian

Davenport）：「SpaceX 狀告 NASA，就像小蝦米對上大鯨魚。訴訟結果讓大家跌破眼鏡。每一個人都無法置信。」

提固定價格合約，取代保證獲利的成本加成

這場勝利不只是對 SpaceX 意義重大，對美國太空計畫也至關緊要。NASA 和國防部向來會跟承包商，簽訂所謂的成本加成合約（cost-plus contract），例如建造新的火箭、引擎或衛星，為了握有控制權，會發布詳細的規格，要求承包商遵照，最後往往把合約授予像波音或洛克希德馬丁這樣的大公司，而這些公司則可以獲得成本與保證利潤。這在二戰期間是標準做法，因為政府得以完全控制武器的開發，避免有人認為承包商從戰爭牟利。

馬斯克這次去華盛頓，在參議院委員會作證時，努力推動另一種做法。他論道，成本加成制度會阻礙創新。如果一項計畫超出預算，承包商反而能獲得更多的報酬。如此一來，成本加成制度中的承包商會變得不想承擔風險，也沒有動機發揮創意，更不會削減成本，甚至為了從中獲取更大利益，致使工程延宕。他說：「波音和洛克希德馬丁只想利用成本加成大撈油水，如果繼續沿用這套制度，那就永遠上不了火星了。如果工程拖得愈久，領得愈多，誰會想要提早完成？只要工程不斷展延，就可以一直吸吮政府的奶水。」

SpaceX 倡導的替代方案，是讓私人公司為了對政府任務或計畫競標，例如將政府機構的酬載送上軌道等。一家公司必須賭上自己的資本，只有達成里程碑，才能獲得報酬。這種基於結果的固定價格合約，將使私人公司得以在很多方面擁有控制權，決定火箭如何設計、建造。一旦成功建造出具成本效益的火箭，就

能賺取厚利，要是失敗，就會蒙受巨額損失。馬斯克說：「這是獎勵成果，而非鼓勵浪費。」

20

特斯拉共同創辦人

2003 至 2004 年，打造全世界最有價值車廠

特斯拉技術長史特勞貝爾；為特斯拉公司命名的艾伯哈德和塔本寧。

技術狂人史特勞貝爾

人稱JB的傑佛瑞·布萊恩·史特勞貝爾（Jeffrey Brian Straubel）出生於威斯康辛州，是個吃玉米長大、整潔規矩的孩子，笑起來腮幫子鼓鼓的，就像花栗鼠。他愛車成痴，13歲時就曾經翻新一部高爾夫球車的馬達，對電動車情有獨鍾。他也喜歡化學。高中時，在家做氧化氫的實驗時，不但把家裡的地下室炸了，他那天使般的臉孔也被劃破，留下一道永久的疤痕。

史特勞貝爾在史丹佛大學攻讀能源系統時，開始在一家電動車廠實習。這家公司的創辦人哈洛德·羅森（Harold Rosen）出生於紐奧良，精力旺盛、愛惡作劇，曾為休斯公司（Hughes Aircraft）設計地球同步衛星Syncom，與弟弟班（Ben Rosen）試圖製造用飛輪發電的油電混合車。

但史特勞貝爾設計的電動車更為簡單。他把一部老舊的保時捷改裝成全電動車，以傳統的汽車鉛酸蓄電池驅動，加速度快得驚人，但充飽一次電，大約只能跑50公里。

羅森的電動車廠倒閉後，史特勞貝爾搬到洛杉磯。2003年夏末的一個晚上，他做東道主，接待史丹佛太陽能車隊的選手。六個大學生剛駕駛一輛由太陽能電池板驅動的電動車，從芝加哥開到洛杉磯，完成一場賽事，早已疲憊不堪，汗臭四溢。

結果一群人一直聊到快天亮，話題轉向鋰離子電池，也就是筆電使用的電池。鋰電池可儲存大量能量，而且能大量串聯起來。史特勞貝爾問道：「如果我們把1,000顆或10,000顆電池串聯起來呢？」他們計算出，一輛裝了半公噸電池的輕型車，可能正好能夠橫越美國。黎明破曉時，他們拿了一些鋰電池到後院，用錘子猛敲到爆炸，表示對未來的慶祝。史特勞貝爾信誓旦旦地說：「我們非做不可。」

不幸的是，沒有任何投資人對電動車表示興趣，直到他遇到伊隆．馬斯克。

2003 年 10 月，史特勞貝爾前往史丹佛大學參加一場研討會。剛在一年前創辦 SpaceX 的馬斯克，應邀在會中演講，鼓吹「在自由企業精神的帶領下」，進行具有創業精神的太空活動。這樣的理念激勵了史特勞貝爾，會後他自告奮勇，表示可安排馬斯克跟他的老闆羅森見面。「羅森是太空產業的傳奇人物，因此我邀請他們參觀 SpaceX 工廠。」馬斯克說。

然而，事情進行得並不順利。高齡 77 歲的羅森，自信且直截了當的指出 SpaceX 一些設計上的缺失。參觀完之後，他們在附近的海鮮餐廳麥柯米克與史密克（McCormick and Schmick's）共進午餐。羅森提到他的最新想法，也就是利用無人機來提供網路服務。馬斯克也立刻毫不客氣的給予批評，表示羅森的想法未免太愚蠢了。「伊隆很快就建立自己的觀點。」史特勞貝爾說。馬斯克很懷念那次的鬥智，「我聊得很過癮，羅森和史特勞貝爾都是很有意思的人，即使羅森的點子很蠢。」

史特勞貝爾急著保持談話的熱度，於是把話題轉移到用鋰離子電池製造電動車的點子。他說：「我一直厚著臉皮四處找金主。」當史特勞貝爾解釋電池已大有進展時，馬斯克表示很驚訝。馬斯克告訴他：「我正打算到史丹佛大學研究高密度能量儲存方式。我不斷思索什麼能對這個世界帶來最大的影響，其中能量儲存和電動車在我心目中排行很前面。」他分析史特勞貝爾的計算之後，眼神為之一亮。「算我一個，」他說，並承諾投資

10,000 美元。

史特勞貝爾建議馬斯克，去找湯姆・蓋吉（Tom Gage）和艾倫・柯科尼（Alan Cocconi）。這兩人共同創立一家名叫 ACP（AC Propulsion）的小公司，也是以打造電動車為目標。他們已經製造出玻璃纖維車身的原型車，命名為 tzero。* 史特勞貝爾打電話要他們趕快安排讓馬斯克試乘，Google 共同創辦人布林也建議他們和馬斯克談一談。

2004 年 1 月，蓋吉寫了一封電子郵件給馬斯克。他寫道：「布林和史特勞貝爾都說，你也許會有興趣試駕我們的 tzero 跑車。上週一，這部車和道奇毒蛇（Viper）在 1 英里賽道上比賽，五次衝刺賽中贏了四次。輸的那一次，是因為我載了一位體重約 140 公斤的攝影師。如果我把車開過去，你有空看看嗎？」

馬斯克回覆道：「當然，我真的很想看看這部車。但別以為這部車能擊敗我的麥拉倫。」

蓋吉回信說：「麥拉倫，天啊，能見識這部名車，真是三生有幸。我可以在 2 月 4 日那天把車開過去。」

結果，馬斯克被 tzero 迷住了。儘管那還是一部粗糙的原型車，沒有門，也沒有車頂。他告訴蓋吉：「你得把它變成真正的產品，這部車真的可以改變世界。」但蓋吉希望從比較便宜、方方正正、速度較慢的車做起。馬斯克認為，這麼做毫無意義。

第一代電動車的製造成本都很高，每部車至少要 7 萬美元。「沒有人會掏出那麼多錢，買一部看起來像垃圾的東西，」馬斯克說，讓一家汽車公司起步的方法，是先打造高價汽車，再轉向大眾市場車款。他笑道：「蓋吉和柯科尼比較像瘋狂發明家，常識不是他們的強項。」

之後幾個星期，馬斯克一直催他們趕快打造一部酷炫跑車。他懇求道：「每個人都認為電動車很遜，但你們能證明事實並非如此。」但蓋吉依然抗拒。馬斯克問道：「好吧，如果你們不想把這部車商品化，我來做行嗎？」

蓋吉同意了，並提出了一個對電動車命運具有深遠影響的建議。他告訴馬斯克，矽谷有兩個汽車狂，跟他志同道合，建議他跟那兩人合作。於是，馬斯克跟他們見了面。這兩位汽車狂也曾鼓勵 ACP 往高檔跑車發展，同樣遭到拒絕，於是決定創立自己的公司，並註冊為特斯拉（Tesla Motors）。

顛覆世人對電動車的看法

2001 年，身材頎長、臉龐削瘦，總是精力充沛的矽谷企業家馬汀．艾伯哈德（Martin Eberhard），在被離婚官司搞得心力交瘁後，做了個決定：「就像每一個歷經中年危機的人，我得買一部跑車給自己。」他曾創立一家公司，研發出全世界第一部電子閱讀器「火箭電子書」（Rocket eBook），也就是 Kindle 的前身。他把這家公司賣掉，賺到一桶金，因此買得起好車。但他不想買燃油車。他說：「在我看來，氣候變遷是真實的，而且我覺得我們不斷在中東打仗，就是因為需要石油。」

他做事講究條理，於是做了一張試算表，從原始燃料來源開始，計算不同類型車的能源效率。他比較了汽油、柴油、天然氣、氫和不同來源的電力，「打從燃料從地底下挖出來開始，一直到為汽車提供動力，這個過程的每一步，我都精算過。」

---

* tzero: t 指時間（time），zero 是「0」，t0 通常代表「起始時刻」。

他發現，即使是在燃煤發電的地方，電動車仍然對環境最友善。因此，他決定購買電動車。但加州剛取消了汽車公司必須提供一部分零排放車輛的規定，通用汽車也放棄生產 EV1。他說：「我真的很震驚。」

當他知道蓋吉和 ACP 製造出 tzero 原型車，並看過這部車之後，他告訴蓋吉，如果他們能把鉛酸電池，換成鋰離子電池，他願意投資 15 萬美元。結果，在 2003 年 9 月，蓋吉打造出一部可在 3.6 秒內，從零加速到時速約 100 公里的 tzero 原型車，且續航力將近 480 公里。

艾伯哈德試著說服蓋吉和 ACP 的其他人，開始生產這部車，至少為他製造一部。但他們沒這麼做。艾伯哈德說：「他們都是聰明人，但我很快發現，他們其實無法真的把車子製造出來。因此，我決定自己創立一家汽車公司。」他和 ACP 達成協議，獲得電動馬達和傳動系統的授權。

他找朋友馬克・塔本寧（Marc Tarpenning）一起合作。塔本寧是軟體工程師，也是火箭電子書的合夥人。他們擬定計畫，先推出高端的敞篷雙座跑車，再打造大眾市場車款。艾伯哈德說：「我想打造一部時尚跑車，顛覆世人對電動車的看法，然後用這部車建立一個品牌。」

但這個品牌應該叫什麼呢？有天，他在迪士尼樂園與人共度晚餐約會，一邊魂不守舍、相當不浪漫地想著新公司的命名。由於這部車將採用所謂的感應馬達，讓他想到，也許可以用電動馬達發明人尼古拉・特斯拉（Nikola Tesla）來為公司命名。隔天，他跟塔本寧一起喝咖啡時，問他意見如何。塔本寧立刻打開筆電上網，登記了這個公司名稱。2003 年 7 月，他們成立了公司。

關鍵人物到齊

艾伯哈德面臨一個問題。他有想法，公司名稱也決定了，但他沒有資金。2004 年 3 月，他接到蓋吉打來的電話。他和蓋吉先前曾達成協議，不會搶對方的金主。當馬斯克表態不投資 ACP 時，蓋吉為艾伯哈德牽了線。他說：「我和伊隆的合作破局，你該打電話跟他連絡。」

艾伯哈德與塔本寧跟馬斯克有一面之雅。2001 年，他們曾去火星學會舉辦的會議聽他演講。艾伯哈德回憶道：「會後，我攔住他，像粉絲一樣向他問好。」

他在寫給馬斯克的電子郵件裡，提到當年去聽他演講的事，並希望跟他見個面。他寫道：「我們想跟你談談我們的公司特斯拉，特別是如果你有投資的興趣。我想，你駕駛過 ACP 的 tzero。你已經知道高性能電動車是可開發的。我們能在電動車市場闖出一片天，希望你相信我們。」

當天晚上，馬斯克就給他肯定的答覆：「當然。」

那個星期，艾伯哈德從帕羅奧圖南下洛杉磯，他的同事伊恩．萊特（Ian Wright）陪他前往 SpaceX。馬斯克在自己的辦公隔間裡跟他們談，本來預計談半小時，但馬斯克一直問他們問題，偶爾大喊著要助理取消下一個會議。他們就這樣暢談了兩個小時，分享彼此對強化版電動車的看法，也討論傳動系統、馬達、商業計畫等細節。會議最後，馬斯克說，他會投資。艾伯哈德和萊特走到 SpaceX 大樓外面時，高興得擊掌祝賀。塔本寧在後續會議中也加入討論，他們同意馬斯克在第一輪籌資中，出資 640 萬美元，並擔任董事長。

讓塔本寧印象深刻的是，馬斯克把焦點放在這項任務的重要性，而不是商業潛力：「他顯然已得出結論，為了打造永續的未來，我們必須使汽車電氣化。」馬斯克有幾個要求。首先，他希望書面文件趕快簽署完成，因為潔絲汀懷了雙胞胎，預定在一週後剖腹產。他也要艾伯哈德連繫史特勞貝爾。既然他已在史特勞貝爾和艾伯哈德身上投資，就認為他們應該合作。

史特勞貝爾沒聽過艾伯哈德，更不知道剛起步的特斯拉。他騎著腳踏車過來，離開時仍滿腹狐疑。但馬斯克打電話給他，要他趕緊加入。馬斯克告訴他：「拜託，你一定得這麼做。你們會是天作之合。」

於是，關鍵人物都到齊了，他們將打造出全世界最有價值、最具變革精神的車廠，由艾伯哈德擔任執行長、塔本寧是總裁、史特勞貝爾是技術長、萊特是營運長，而馬斯克是董事長和主要出資者。多年後，在沒完沒了的爭執和纏訟之後，他們最後同意，五人並列特斯拉的共同創辦人。

21

第一輛電動跑車 Roadster

2004 至 2006 年，關鍵零組件從委外改為自製

特斯拉技術長史特勞貝爾，
載著加州州長阿諾．史瓦辛格，一起試駕 Roadster 跑車。

東拼西湊 vs. 垂直整合

馬斯克為特斯拉做出的重大決策之一，就是特斯拉必須自行生產關鍵零組件，而不是向獨立供應商採購數百種零件，再自行組裝。這絕對是促使特斯拉成功，並為汽車業帶來重大影響的關鍵因素。特斯拉必須進行垂直整合，才能完全掌控品質、成本、供應鏈，以及自己的命運。生產一部好車確實很重要，但更重要的是，建立製造流程與工廠，足以大量生產從電池到車身等所有零組件。

不過，這家公司一開始並不是採取這種運作方式，實際上，情況正好相反。

艾伯哈德和塔本寧在推出火箭電子書時，就曾將製造流程委外。同樣的，當特斯拉開始生產第一輛電動跑車 Roadster 時，他們也決定向外部供應商採購零件，然後再自己組裝。這個決策日後為特斯拉帶來不少困擾，但那時艾伯哈德決定，電池向亞洲公司採購、車身向英國公司採購、傳動系統向 ACP 購買、變速系統則向底特律或德國公司購買。

這種做法完全符合汽車業當時的普遍走向。在亨利．福特（Henry Ford）和其他產業先驅崛起的初期，車廠確實自行生產絕大多數的零件。但自 1970 年代起，車廠開始將零件製造單位分拆獨立，變得愈來愈倚賴供應商。自 1970 至 2010 年間，由車廠自行生產的汽車智慧財產比率，由 90%降至約 50%。車廠只能倚賴散布各地的供應商。

就在艾伯哈德和塔本寧決定將車身與底盤製造委外之後，兩人一起參觀了「洛杉磯國際車展」（Los Angeles Auto Show）。

雖然未收到邀請，但他們跑到英國高檔跑車品牌蓮花（Lotus）的攤位，把現場的一位高階主管逼到角落盤問。艾伯哈德說：「他是個英國佬，態度彬彬有禮，不知道要怎麼趕我們出去。但當我們談完之後，他開始產生興趣，邀請我們去英國。」後來雙方達成協議，蓮花將會供應自家生產的輕量跑車 Elise 的車身，並依照特斯拉的需求進行微幅調整，特斯拉再自行配備 ACP 生產的電動馬達與傳動系統。

2005 年 1 月，18 位特斯拉工程師與技師一起手動組裝「開發模型車」，也就是實際量產之前用來展示與測試的汽車。馬斯克說：「為了製造模型車，我們必須大幅修改 Elise 車身，才能把我們的電池和 ACP 生產的傳動系統，塞進蓮花的 Elise 車身裡。但至少我們製造出看起來很像是真實汽車的產品，真的有車門、車頂，和 tzero 很不一樣。」

史特勞貝爾第一個進行試駕。當他腳踩油門時，整台車就像是受到驚嚇的馬匹一樣，瞬間向前衝，連工程師都覺得很不可思議。接下來輪到艾伯哈德，當他握住方向盤時，眼眶開始泛淚。最後輪到馬斯克，他開著跑車急速奔馳，跑車速度飛快，但加速時卻寂靜無聲。馬斯克覺得難以置信，最後他同意對特斯拉再投資 900 萬美元。

新創公司通常會面臨一個難題，尤其是擁有好幾位創辦人與投資人的公司：到底誰說了算？有時候是強勢領導人決定，就如同賈伯斯冷凍沃茲尼克一樣，蓋茲也對保羅．艾倫（Paul Allen）做過同樣的事。另外有些時候，狀況可能比較混亂，尤其是不同參與者都認為自己是公司創辦人。

艾伯哈德和馬斯克就都認為，自己是特斯拉的主要創辦人。

艾伯哈德認為，當初是他想到這個創業概念，成功爭取他的朋友塔本寧加入，註冊這家公司，決定公司名稱，四處奔走尋找投資者。艾伯哈德說：「伊隆稱自己是總架構師之類的，但他不是。他只是董事和投資人。」然而，馬斯克心裡卻認為，是他促成艾伯哈德與史特勞貝爾合作，而且提供了創辦公司所需的資金。馬斯克說：「初次見到艾伯哈德、萊特、塔本寧時，他們沒有任何智慧財產、沒有員工，什麼都沒有。他們只有一家空殼公司。」

一開始，這種想法的差異並不是什麼大問題。馬斯克說：「我那時要管理 SpaceX，沒有意願同時管理特斯拉。」他很高興自己只是董事長，由艾伯哈德擔任執行長，至少一開始是如此。但馬斯克是公司的最大股東，擁有最終決定權，而順從並非他的本性。尤其是與工程有關的決定，馬斯克愈來愈常插手干預。因此，特斯拉的領導團隊變得相當不穩定。

合作的第一年，馬斯克和艾伯哈德還能和睦相處。艾伯哈德坐鎮特斯拉矽谷總部，負責處理公司日常營運。馬斯克多數時候都待在洛杉磯，每個月大概只會到辦公室一次，參加董事會或重要的設計審查會議。他會仔細追問電池組、馬達和材料等細節，提出的問題多半偏向技術面。他不是愛發電子郵件的人，但在他們初期合作的某天晚上，兩人一起解決了某個問題後，馬斯克寄了一封電郵給艾伯哈德，他寫道：「這世上懂得產品製造的優秀人才非常少，我想你是其中一個。」

白天上班時間，他們幾乎每天都會溝通討論，到了晚上則用電子郵件聯繫，偶爾一起參加社交活動。艾伯哈德說：「我從不是他的酒友。但有時我們會去對方家裡或一起外出吃飯。」

馬斯克和艾伯哈德的性格實在太像了，這一部麻吉電影終究無法繼續演下去。他們都是喜愛吹毛求疵、容易情緒激動、重視細節的工程師，對於那些他們認為是蠢貨的人，根本不屑一顧，而且絲毫不留情面。後來艾伯哈德與另一位創辦人萊特鬧翻了，問題開始浮現。這兩人的爭執愈演愈烈，各自都想說服馬斯克開除另一個人。艾伯哈德默認，最後由馬斯克說了算。馬斯克說：「他們都跑來告訴我，為什麼另一個人是惡魔，必須被趕出去。他們要我做出決定。」

馬斯克打電話給史特勞貝爾，想聽聽他的建議。「好吧，我們要選誰？」史特勞貝爾回答說，兩種選擇都不太好，但如果一定要選，他建議：「這兩個惡魔當中，或許艾伯哈德稍微好一點。」最後馬斯克開除萊特，但當下的情況卻加深馬斯克對艾伯哈德的疑慮。自此之後，馬斯克更常介入特斯拉的管理。

主張獨特設計，讓車看起來很帥

自從馬斯克把更多注意力放在特斯拉之後，就忍不住想要插手設計與工程決策。他會每隔幾個星期從洛杉磯搭機北上，主持設計審查會議，檢查模型，然後提出改善意見。但他是馬斯克，從不認為自己提出的想法只是建議而已。如果員工事後沒有確實執行，他就會動怒。這會產生問題，因為特斯拉原先擬定的商業計畫，是不做太大更動，只將蓮花的車身與其他供應商生產的零件組裝在一起。塔本寧說：「我們打算只做最低限度的調整，至少在馬斯克介入更深之前是如此。」

艾伯哈德總是想方設法否決馬斯克提出的多數建議，即使這些建議確實能夠提升整台車的性能。他知道一旦照做，就會增加成本、導致進度落後。但馬斯克認為，要讓特斯拉一舉成功，唯一的方法是推出讓顧客眼睛為之一亮的跑車。他對艾伯哈德說：「我們只有一次機會推出我們的第一台車，必須盡可能做到最好。」在某次審查會議上，馬斯克臉色陰沉、眼神冰冷，宣稱新車看起來很廉價，簡直醜斃了。「我們不可能生產一台看起來蹩腳的車，然後希望用 10 萬美元的價格來銷售。」他後來說。

雖然馬斯克的專長是電腦軟體，不是工業設計，但他開始投入更多時間改進 Roadster 的設計美學。「我從沒有設計過汽車，所以我努力研究每一台好車，想要知道它們的特別之處。所有細節都讓我很頭大。」後來他很驕傲地說，自己因為參與 Roadster 設計，獲得帕薩迪納（Pasadena）的藝術中心設計學院（ArtCenter College of Design）表揚。

馬斯克堅持修正了其中一項主要設計，就是將 Roadster 的車門加大。他說：「為了坐進車裡，必須把自己變成個子嬌小的登山客，或是技巧熟練的雜技演員，這太扯了，也太荒謬了。」身高約 190 公分的馬斯克發現，他必須不停擺動他的大屁股才能坐進座位，還得把身體縮成胎兒姿勢，再想辦法把雙腳塞進去。「如果你要約會，女士要怎麼坐進車裡？」他問。所以，他要求將車門框底部降低 7 公分以上。但因為底盤必須重新設計，特斯拉不能再使用蓮花之前取得的碰撞測試證明，生產成本將會因此多出 200 萬美元。就和馬斯克提出的許多修改建議一樣，雖然都是正確決定，但所費不貲。

馬斯克也要求座位加寬。艾伯哈德說：「我原本的想法是使用蓮花原來的座椅結構，否則得重做所有的測試。但伊隆覺得，原本的座椅對他太太的屁股來說太窄了。我的屁股沒什麼肉，我有點捨不得換掉原本的窄座椅。」

另外馬斯克覺得，原本蓮花跑車使用的大燈沒有加裝燈罩或是防護，實在太醜了。他說：「整台車看起來像是兩眼暴凸。大燈就像是車子的眼睛，一定要有一雙漂亮的眼睛。」有人告訴他，這個更動會使生產成本再增加50萬美元。但他堅持必須改。他告訴團隊：「如果你想要買一台跑車，是因為它看起來很帥才會想買。所以這不是小事。」馬斯克決定不採用蓮花原本的玻璃纖維複合材料，他認為Roadster的車身應該使用更強韌的碳纖維，雖然會增加烤漆成本，但可以減輕車重，而且感覺更堅固。這些年來，馬斯克已能夠把他在SpaceX學到的技巧應用在特斯拉（也將特斯拉的技術用在SpaceX）。艾伯哈德反對使用碳纖維並因此增加生產成本，馬斯克寄了一封電子郵件給他。他寫道：「老兄，如果你有買我們在SpaceX使用的低溫烤漆裝置，每年至少可以處理價值500輛汽車的車身鈑件！如果有人告訴你這很難，那完全是胡說。就算只用家裡的烤箱，也可以做出高品質的複合材料。」

再微小的細節，馬斯克都會不厭其煩地插手。原本Roadster的車門把手設計很普通，也就是用手按壓開門的方式。但馬斯克堅持改成電動車門把手，只需要簡單觸碰就能操作。艾伯哈德說：「對消費者來說，如果他們決定買特斯拉Roadster，不論是普通門閂或電動車門，他們都會買。銷量不會因此增加。」每當馬斯克要求更改設計，艾伯哈德幾乎都用類似的理由反駁。但到最後，還是馬斯克贏了，而且電動車門把手反而變成一大特色，讓特斯拉電動車更有吸引力。但就如同艾伯哈德提出的警告，這次變動又額外增加不少成本。

當設計流程好不容易接近尾聲，馬斯克又提出儀表板的設計太礙眼，這時候艾伯哈德徹底絕望了。馬斯克寫道：「這是很嚴重的問題，我真的很擔心你沒有認真看待這個問題。」艾伯哈德想盡辦法要讓馬斯克打消念頭，懇求晚一點再處理儀表板問題。「我實在找不到方法，沒有任何方法，能夠在投入生產之前解決這個問題，同時又不會大幅增加成本、延遲進度，」他寫道，「我一整晚都無法入睡，一直擔心我們的車不能在 2007 年順利生產……為了我個人的心理健康著想，也為了團隊的心理健康著想，我不會花太多時間煩惱儀表板問題。」

這些年有很多人都曾用類似的說法懇求馬斯克，但只有少數人成功。不過這一次，馬斯克態度軟化了。他同意等到第一批新車開始量產後，再來調整儀表板的設計。但這次的軟化，無助於改善馬斯克和艾伯哈德之間的關係。

因為有太多地方需要修改，使用通過碰撞測試的蓮花 Elise 車身所帶來的成本優勢早已不存在，供應鏈也變得更複雜。特斯拉再也無法倚賴蓮花原本的供應商，必須重新為數百種零件，從碳纖維鈑件到大燈，尋找新的供應商。馬斯克說：「我把蓮花的人逼瘋了，他們一直問我，為什麼我對這輛車的每個細微曲線都這麼堅持。我告訴他們，因為我們必須讓這輛車看起來真的很帥。」

不斷燒錢，向創投籌募資金

馬斯克提出的修改要求，或許真的讓跑車變得更帥，但也因此燒光了公司的資金。此外，他還不斷要求艾伯哈德雇用更多人，以加快公司運作速度。到了 2006 年 5 月，公司總計有 70 名員工，必須再向投資人募資。

當時塔本寧擔任公司財務長，但他的專長是電腦軟體，不是金融財務。在某次董事會議上，他告訴馬斯克公司快沒錢了，這實在是一件吃力不討好的任務。塔本寧回想時說道：「這比我們原先規劃的時程提早了一些，大部分原因是馬斯克一直要求加人。他聽了整個人大暴走。」

馬斯克開始砲火四射，擔任公司董事的金博爾，從背包裡拿出前五次會議的預算簡報仔細查看後，語氣平和地對馬斯克說：「如果你把原本不在預算內、但你要求增加的六名新員工造成的成本刪除，他們其實能達成原本的預算目標。」馬斯克停頓了一下，看著試算表，同意弟弟的說法：「好吧，我想我們應該要想辦法籌到更多的資金。」塔本寧說，他當下很想給金博爾一個大大的擁抱。

當時在矽谷，有一票年輕創業家與科技哥，因為新創事業成為億萬富翁，他們彼此關係相當緊密、經常一起瘋狂玩樂，馬斯克也是其中一位科技新貴。他向其中幾位好友爭取投資，包括格拉西亞斯、Google 創辦人布林與佩吉、eBay 第一任總裁傑夫·斯克爾（Jeff Skoll）、尼克·普利茲克（Nick Pritzker）與史蒂夫·尤爾維森（Steve Jurvetson）。但是，董事會成員鼓勵馬斯克拓展人脈，向創投公司募資，例如位在帕羅奧圖沙丘路上的那些頂尖創投公司。那些公司不僅能引進資金，還能為特斯拉的發展背書。

馬斯克首先聯絡紅杉資本，這家矽谷創投公司在遊戲機開發商雅達利（Atari）、蘋果與 Google 等科技公司成立初期就投資支持，因此成為矽谷的頭號創投公司。當時公司最高領導人是出生於威爾斯的莫瑞茲，曾當過記者，寫作筆調諷刺幽默、善於旁徵博引。他曾協助指導馬斯克和提爾度過 PayPal 的動盪期。馬斯克開著蓮花跑車的模擬原型車，載著莫瑞茲四處兜風。莫瑞茲說：「馬斯克負責開車，車裡的空間非常狹小，沒有安裝懸吊系統，一眨眼時間，車速就從零加速到時速約 100 公里，感覺全身骨頭都要散了。還有什麼事情比這更恐怖的？」

試駕過後，莫瑞茲餘悸猶存，在情緒終於回復平靜後，打電話給馬斯克，表明他沒有意願投資特斯拉。他說：「上次的乘車經驗真的讓我很佩服，但我們沒辦法和豐田打對台。這是不可能的任務。」多年之後，莫瑞茲才說出真正原因：「伊隆做事很堅決，可是我並不欣賞。」

後來馬斯克聯繫了制高點創投（VantagePoint Capital），並達成協議。這家公司負責人是艾倫．薩爾茲曼（Alan Salzman）和吉姆．馬夫爾（Jim Marver）。在 2006 年 5 月結束的新一輪 4,000 萬美元融資案中，制高點創投成為領投方。薩爾茲曼說：「雖然馬斯克和艾伯哈德共同管理公司的做法，讓我有些擔憂。但我看好這家公司的潛能。」

然而，在公布新一輪融資消息的新聞稿上，完全看不出來是由兩人共同管理公司。新聞稿對外發布之前，並未給馬斯克先看過。新聞稿上沒有將馬斯克列為公司的創辦人之一，只有寫到：「特斯拉成立於 2003 年 6 月，由馬汀．艾伯哈德與馬克．塔本寧共同創辦。」新聞稿禮貌性地引用了艾伯哈德的話，感謝馬斯克成為特斯拉的投資人，「我們感到很驕傲，馬斯克全力參與了公司的每一輪融資，並擔任董事長的職務，持續展現他對特斯拉的信心。」

用行動捍衛應有的認可

馬斯克向來非常熱衷公關宣傳，這工作對他有種莫名吸引力，當年他被迫交出 PayPal 執行長大位時，就要求繼續擔任 PayPal 發言人。他永遠不可能像李・艾科卡（Lee Iacocca）和理查・布蘭森（Richard Branson）* 一樣，透過廣播推銷自家公司產品，也不喜歡像飛蛾一樣四處接受電視採訪。他會偶爾出現在研討會現場，坐下來接受雜誌人物專訪，但他更喜歡在推特上大放厥詞，或是在播客節目上吸引聽眾注意，這讓他感覺更自在。他很懂得如何製造迷因梗圖，天生擁有敏銳嗅覺，知道如何在社群媒體上引發爭論、口水戰，藉此獲得免費宣傳機會。儘管如此，他也可能因為受到漠視而耿耿於懷多年。

馬斯克一直很介意自己是否得到應有的認可。如果有任何人錯誤暗示，他之所以成功是因為繼承大筆財富；或是如果有人宣稱，他雖然協助創辦了公司，但不應該被稱呼為創辦人，這些說法絕對會讓他火冒三丈。之前在 PayPal 就曾發生過，如今在特斯拉又再度上演同樣戲碼，這兩次馬斯克都把對方告上了法庭。

2006 年，艾伯哈德開始累積一些知名度，他很享受其中，時常接受電視採訪、參加各大研討會，每次出場都被介紹是特斯拉創辦人。那一年，他在加拿大黑莓公司（Blackberry）推出的個人數位助理（智慧型手機前身）的廣告中現身，廣告稱他「製造了第一台電動跑車」。

---

* 艾科卡是義大利裔美籍企業家，汽車業傳奇人物，曾擔任福特汽車與克萊斯勒汽車公司總經理。布蘭森是英國企業家，維珍集團董事長。

那年 5 月，在特斯拉公布新一輪融資的新聞稿中，只提到了艾伯哈德和塔本寧是公司創辦人。馬斯克因此決定採取有力行動，確保自己的角色不再被淡化。他沒有事先知會公司的公關長潔西卡．史威莎（Jessica Switzer，是艾伯哈德找進來的人），就自行安排媒體採訪。接受採訪時，馬斯克提出了自己對於公司策略的看法。史威莎認為此舉會出問題。某天，史威莎和艾伯哈德一起搭車，她問說：「為什麼是馬斯克接受這些採訪？你才是公司執行長。」

艾伯哈德回說：「他想這麼做，我不想和他爭辯。」

懂得製造話題，滿足顧客欲望

到了 2006 年 7 月，問題變得更嚴重，當時特斯拉正準備推出 Roadster 原型車。團隊手工組裝了一台黑色與一台紅色的原型車，兩輛車都可以在 4 秒內，時速從零加速到將近 100 公里。馬斯克嫌棄的狹窄座椅和醜陋的儀表板設計，還沒有修改，但除此之外，已經很接近特斯拉預計將電動車送入生產線的模樣。

推出新產品時，很重要的關鍵是創造話題，將產品轉化為滿足人們欲望的物品，賈伯斯就成功做到這點，他主持的產品發表會總是高潮迭起。對於電動車來說，這點更是重要，一定要徹底擺脫高爾夫球車的形象。公關長史威莎原本規劃在聖塔莫尼卡的機場舉辦派對，邀請多位名人參加，讓所有來賓都有機會試乘原型車。

艾伯哈德和史威莎一起搭機南下洛杉磯，向馬斯克說明他們的規劃。她回想當時情況說道：「事情非常不順利，他斤斤計較所有細節，包括在餐飲方面的預計花費。當我開始反擊，他立即彈開，接著起身走出會議室。」艾伯哈德說：「他說她提出的想法全都是垃圾，要求我開除她。」

後來馬斯克親自規劃產品發表會，審核賓客名單、決定菜單，甚至親自核准餐巾紙的成本與設計。幾位名人出席了發表會，包括加州州長阿諾·史瓦辛格（Arnold Schwarzenegger），由史特勞貝爾陪同他一起試駕。

當天艾伯哈德和馬斯克都有上台發言。艾伯哈德說道：「你可以擁有一台車速夠快的汽車，你也可以擁有一台電動車，但可以擁有一台同時包含這兩大優點的車，才是讓電動車大受歡迎的原因。」他的演說充滿自信，內容精采。至於馬斯克的演說，則是讓人覺得尷尬，他會有些遲疑地重複某些用字，說話時還有些結巴。不過，他的樸實無華卻讓現場記者相當著迷。他宣稱：「直到今天，所有的電動車看起來都很糟。」他說，只要購買 Roadster，就能幫助特斯拉取得資金，有能力大量生產電動車，「特斯拉高階主管沒有領高薪，也沒有分發股利。所有自由現金流全部投入技術開發，我們希望降低成本，生產人人負擔得起的電動車。」

這次發表會獲得媒體大篇幅報導。《華盛頓郵報》吹捧說：「這不是你爸那個年代的電動車。這部要價 10 萬美元的汽車，擁有跑車外型，更接近法拉利，而不是 Pirus*，充滿性感魅力，絕不無聊乏味。」

但是，問題來了。所有的功勞幾乎全部歸到艾伯哈德身上。《連線》（*Wired*）雜誌刊登了一篇報導，滔滔不絕地描述艾伯

* 豐田於 1997 年推出的混合動力車款。

哈德，並搭配大量插圖。「他即將生產一台線條流暢、電池供電的車。他閱讀了約翰·德洛林（John DeLorean）與普雷斯頓·塔克（Preston Tucker）的自傳，* 提醒自己創辦車廠是很瘋狂的想法，但他還是做了。」在這篇報導中，只將馬斯克描述為艾伯哈德成功爭取到的幾位投資人之一。

馬斯克寄了一封措辭嚴厲的電子郵件給特斯拉副總裁，史威莎被開除之後，就由這位倒楣的副總裁接手公關事務。「到目前為止，關於我的角色描述，只提到我是『早期投資人』之一，我完全不能接受，」他寫道，「如果是這樣的話，應該稱呼馬汀是『早期員工』。我改變了這台車的許多設計，包括大燈、外型、車門門檻、行李箱，而且我早在特斯拉成立之前十年，就已經對電動交通工具非常感興趣。艾伯哈德確實應該走到幕前，成為鎂光燈焦點，但到目前為止，關於我的角色描述，簡直就是在汙辱人。」他還寫說：「只要是合情合理，我願意和每一家主要媒體聊一聊。」

隔天，《紐約時報》也刊登一篇報導，大力稱讚特斯拉的成就，標題為〈從零加速到 100 公里，只需要 4 秒〉，但全篇沒有提到馬斯克。更糟的是，報導中稱呼艾伯哈德為特斯拉的董事長，搭配的唯一照片是艾伯哈德與塔本寧的合照。馬斯克在寄給艾伯哈德，以及他們雇用的公關公司 PCGC 的電子郵件中寫道：「《紐約時報》的文章竟然這樣羞辱我，讓我非常尷尬。整篇報導不僅完全沒有提到我，還說艾伯哈德是公司董事長。如果類似的事情再度發生，請考慮立即終止與 PCGC 的合作關係。」

特斯拉的祕密總體計畫

為了彰顯自己扮演的核心角色，馬斯克在特斯拉官網刊登了一篇短文，簡單說明公司的策略，甚至將標題定為〈特斯拉的祕密總體計畫（僅限你知、我知）〉：

> 特斯拉成立的首要目的（以及我投資這家公司的原因），是促進人類從開採與燃燒碳氫化合物的經濟模式，轉型為太陽能發電經濟……若要達成這個目標，重要的關鍵是推出電動車，不能有任何妥協，所以特斯拉 Roadster 的設計目標：與保時捷或法拉利等使用石油的跑車正面對決，然後一舉擊敗這些跑車……有些人可能會質疑，這樣做是否真的能為這世界帶來任何好處。我們真的需要另一台高性能跑車嗎？這真的能改變全球的碳排放嗎？答案是否定的，不會有太大改變。但是這個提問其實搞錯了重點，除非你能理解前面提到的祕密總體計畫。任何新科技在優化之前的初期單位成本都會非常高，電動車也是一樣。特斯拉的策略是先進入顧客願意支付溢價的高階市場，然後盡快往下拓展市場，推出可生產更多單位、價格更實惠的後續車款。

---

* 德洛林曾在通用汽車工作， 後來自行創辦一家汽車公司，該公司產的 DMC-12 跑車因為《回到未來》系列電影一砲而紅；塔克在 1940 年代創辦塔克汽車，該公司推出的 Tucker 48 不論外觀設計、空間與舒適性、動力科技、甚至是安全配備，在當時都是極具革命性的前衛設計。

為了進一步拉抬自己的名氣，馬斯克特地為演員小勞勃·道尼（Robert Downey Jr.）和導演強·法夫洛（Jon Favreau）導覽 SpaceX 工廠，當時兩人正在拍攝超級英雄電影《鋼鐵人》（*Iron Man*）。馬斯克後來成了標題人物安東尼·史塔克（Tony Stark）的原型，在電影中史塔克是一位知名企業家與工程師，只要穿上自己設計的鋼鐵動力服，就會變成鋼鐵人。道尼後來說：「我不是很容易大驚小怪的人，但這個地方、這個傢伙實在是太不可思議了。」他要求電影中史塔克的工作室場景裡，要擺放一台特斯拉 Roadster。馬斯克後來還在《鋼鐵人 2》（*Iron Man 2*）中短暫露臉。

2006 年特斯拉推出 Roadster 原型車之後，等於實現了馬斯克先前設定的第一個目標：破除一般人的誤解，以為電動車只不過是廂型版的高爾夫球車。當時擔任加州州長的史瓦辛格付了 10 萬美元預付款，演員喬治·克隆尼（George Clooney）也預訂了一台。馬斯克在洛杉磯的鄰居、《狂野的女孩》（*Girls Gone Wild*）電視節目製作人喬·法蘭斯（Joe Francis），則是直接用一台裝甲運鈔車送來 10 萬美元現金。熱愛汽車的賈伯斯，向服飾品牌 J. Crew 執行長兼蘋果董事米奇·德雷克斯勒（Mickey Drexler），展示 Roadster 的照片，說道：「能夠創造如此頂尖的工程設計，真的很棒。」

通用汽車在幾年前停止生產萎靡不振的電動車 EV1 時，電影人克里斯·潘恩（Chris Paine）曾拍攝了紀錄片《誰消滅了電動車？》（*Who Killed Electric Car?*），內容充滿諷刺。但現在，馬斯克、艾伯哈德和他們領導的大膽團隊，正準備要顛覆未來。

有天傍晚，艾伯哈德開著 Roadster 在矽谷附近四處兜風，有個小伙子開著一台大幅改裝過的奧迪，在紅綠燈前停在艾伯哈德旁，刻意讓引擎高速運轉，想要和艾伯哈德挑戰賽車。但當綠燈一亮，艾伯哈德立即揚塵而去，將那小伙子遠遠拋在腦後。下兩個紅綠燈，同樣戲碼重複上演。最後那個小伙子搖下車窗，問艾伯哈德開的是什麼車。艾伯哈德說：「這是電動車，你不可能贏的。」

22

熱帶小島上發射火箭

2005 至 2006 年，在瓜加林島的團隊試煉

發射中心總工程師柯尼斯曼在太平洋中間的歐姆雷克島，
興建 SpaceX 火箭發射基地。

分秒必爭

馬斯克原本打算在看起來最便利的地點發射 SpaceX 火箭。范登堡空軍基地（Vandenberg Air Force Base）位於加州海邊，靠近聖塔芭芭拉，占地約 4 萬公頃。因 SpaceX 的總部與工廠在洛杉磯，與這個空軍基地相距不到 260 公里，可以很方便地將火箭和其他設備往北運送過去。

問題是這個基地歸空軍所有，對軍方來說，所有的規則和規定，都是神聖不可侵犯的。而這完全不符合馬斯克的作風，他建立的企業文化強調，必須質疑所有的規則，而且要假設所有的規定都是愚蠢的，除非有人能證明有其必要性。當時擔任 SpaceX 發射中心總工程師的柯尼斯曼說：「空軍基地和我們實在太不對盤。伊隆和我看了一些規定後都笑翻了，笑到喘不過氣來。」他想了一下，接著又說：「他們可能也在嘲笑我們。」

更糟的還在後頭，范登堡空軍基地早已被預訂，要用來發射造價 10 億美元的超級機密間諜衛星。2005 年春季，SpaceX 的獵鷹一號火箭已做好準備。此時空軍卻下令，必須等到衛星安全發射升空之後，SpaceX 才可以使用發射台，而且空軍無法透露衛星的發射時間。

沒有人可以為延遲發射衍生的成本買單。SpaceX 沒有簽訂成本加成合約，只有當火箭發射成功或是達到特定里程碑之後，客戶才會付款。反觀洛克希德公司，即使發射任務延遲，仍能拿到一筆收入。

2005 年 5 月，馬斯克與空軍高層召開視訊會議，會議一結束，他明白，短時間內不可能在這個基地取得發射許可。於是他打電話給後來成為 SpaceX 發射和測試部門副總裁的布札，告訴他開始打包，把火箭運送到另一個發射基地。

幸運的是，有個發射基地正好有空檔。只是這個基地不像范登堡空軍基地有地利之便。

負責商業發展的蕭特威爾，在 2003 年曾為 SpaceX 拿下一筆 600 萬美元的合約，為馬來西亞政府發射一枚通訊衛星。問題是衛星太重，必須要在接近赤道的地點發射，因為赤道附近的地球自轉速度較快，可以提供發射所需的額外推力。

蕭特威爾請發射中心總工程師柯尼斯曼，到她在 SpaceX 的辦公隔間，攤開世界地圖，用手指沿著地圖上的赤道線往西移動，但什麼都沒有，直到抵達太平洋中間，才出現一塊陸地：馬紹爾群島，與洛杉磯相距約 7,700 公里，接近國際換日線，然後就沒有其他選擇了。馬紹爾群島曾是美國領土，做為原子武器與導彈測試場地，雖然現在已經成為獨立共和國，但至今仍與美國關係密切，島上仍有美軍基地。其中一座就位在由一連串珊瑚礁小島組成的瓜加林環礁（Kwajalein Atoll）。

瓜加林島是環礁裡最大的一座島，簡稱瓜加（Kwaj）。島上有一座美國陸軍基地，飯店設施簡陋，很像宿舍，還有一條勉強可用的機場跑道。每週三天，會有來自檀香山的航班。如果要從洛杉磯抵達瓜加林島，約需 20 小時。

蕭特威爾開始研究瓜加林島，發現那裡的基地設施是由陸軍太空暨飛彈防禦司令部負責管理，司令部總部位於阿拉巴馬州亨茨維爾（Huntsville），負責人是提姆・曼戈（Tim Mango）少校。馬斯克聽到這個姓名時，忍不住笑了出來：「這很像是小說《第 22 條軍規》（*Catch-22*）的劇情。五角大廈決定挑選一位姓氏叫曼戈的少校，管理熱帶島嶼的軍事基地。」*

有一天，馬斯克打電話給曼戈少校，向他說明自己是創辦 PayPal 的富豪，多年前成立了火箭發射公司。曼戈聽了幾分鐘後，直接掛掉電話。「我想他就是個瘋子，」曼戈告訴新聞網站《科技藝術》（*Ars Technica*）記者艾瑞克．伯格（Eric Berger）。掛上電話後，曼戈用 Google 搜尋馬斯克，結果看到一張照片：馬斯克就站在他的愛車、價值百萬的麥拉倫跑車旁。曼戈讀到一些資料，知道馬斯克創辦了 SpaceX，這時候他才明白確有其人。曼戈瀏覽了 SpaceX 官網，找到公司的電話號碼，直接打過去。接電話的正是先前打給他的那個人，說話帶有一點南非口音。「嘿，你剛才掛我電話嗎？」馬斯克問。

曼戈同意前往洛杉磯拜訪馬斯克。兩人在馬斯克的辦公隔間聊了一會，馬斯克邀請曼戈到一家高檔餐廳用餐。曼戈打電話和政府道德官員確認，對方說必須由曼戈買單，所以後來他們改去平價餐廳 Applebee's。一個月後，馬斯克和團隊成員飛到亨茨維爾，回訪曼戈和他的團隊。這次他們選了價格稍貴、位在馬路旁的地方酒吧餐廳，這家餐廳的招牌菜是保留完整魚頭的酥炸鯰魚。馬斯克吃了一條，還吃了幾顆油炸玉米球。他希望能與他們談成交易。

曼戈少校也抱持同樣想法。他的基地在瓜加林島，許多類似的軍事基地都很需要簽訂商業合約，因為將近一半的預算就靠這些合約支應。「曼戈少校非常隆重地歡迎我們，相比之下，范登堡空軍基地對我們就顯得非常冷淡，」馬斯克說。從亨茨維爾搭機返回洛杉磯途中，馬斯克對團隊成員說：「我們去一趟瓜加林島吧。」幾星期後，他們搭乘馬斯克的私人噴射機飛到遙遠的小島，然後搭乘休伊（Huey）軍用直升機，開著機門，進行勘察，最後他們決定將發射基地移到瓜加林島。

波音工程師沒有的高昂鬥志

多年後，馬斯克承認，將發射基地移去瓜加林島是個錯誤，他應該等待范登堡空軍基地有空檔的時候。但這需要耐心，偏偏馬斯克缺乏這項美德。他提到瓜加林島時說道：「當時我沒有想到，光是解決物流和海風問題，就快搞死人了。有時你就是會拿石頭砸自己的腳。如果你必須選擇一條降低成功率的路徑，那就是在某個很難到達的熱帶小島上發射火箭。」

他說完後忍不住笑了出來。如今這道傷痕早已癒合，他明白瓜加林島是一段難忘的冒險之旅。就如同他的發射中心總工程師柯尼斯曼說的：「在瓜加林島那四年，我們有機會鍛鍊自己、建立凝聚力、學習如何團隊合作。」

幾位頗能吃苦耐勞的 SpaceX 工程師，入住瓜加林島上的軍營，發射基地則位在環礁另一座面積更小的島上，名為歐姆雷克（Omelek），距離瓜加林島約 32 公里。這座無人小島寬約 213 公尺，只能搭乘雙體船抵達，航程約需要 45 分鐘，即使一大清早穿著 T 恤，還是會被曬傷。SpaceX 團隊在島上將加寬的拖車改裝成辦公空間，然後開始灌注混凝土，興建發射台。

幾個月後，幾位工作人員決定，直接在歐姆雷克島過夜。

---

* mango 也指熱帶水果「芒果」；《第 22 條軍規》是美國作家約瑟夫．海勒（Joseph Heller）創作的黑色幽默小說，描述了美軍在二戰的荒謬情境，在小說中，根據第 22 條軍規，精神不正常的士兵能夠獲准免於執行飛行任務，但必須由本人提出申請。

這樣會方便許多，不需要每天早晚穿越潟湖往返。他們的露營拖車內有床墊，還有一台小型冰箱和烤肉架。其中一位工程師來自土耳其，名叫布朗特．阿爾坦（Blent Altan），個性活潑開朗，臉上留著山羊鬍，偶爾會用牛絞肉與優格，在烤肉架上手腳俐落地烹調出美味的燉牛肉。島上的氣氛介於《夢幻島》（*Gilligan's Island*）與《我要活下去》（*Survivor*）之間，* 只不過他們的島上有一座發射台。每當有新人在島上過夜，大家就會送他一件 T 恤，上面寫著：「流更多汗、喝更多酒、發射更多火箭。」

因為馬斯克堅持，團隊想出各種權宜之計，設法節省開銷。他們原本打算在機棚與發射台間鋪設一條長約 140 公尺的道路，後來放棄，迅速改建了一台配備有輪子的托架，用來載運火箭，然後在地面鋪上幾片木夾板，方便托架的輪子滾動，每當托架向前移動幾尺，所有人就會把木夾板再往前移動幾尺，繼續運送火箭前進。

瓜加林島上的工作人員，鬥志究竟有多高昂，和波音工程師有多麼不一樣？ 2006 年初，他們計劃進行靜態點火測試；短暫點燃引擎，火箭仍停留在發射台上，不會發射升空。但當他們開始進行測試時，卻發現電力不夠，無法輸送到第二節火箭。原因出在工程師阿爾坦，也就是那位擅長製作燉牛肉的工程師設計的電源盒出了問題，裡面的電容器無法負荷發射團隊決定使用的高電壓。阿爾坦嚇壞了，因為陸軍給他們的發射窗口，在四天後就要結束。他得趕緊想辦法補救。

阿爾坦找到了一家電子產品供應商，可以提供電容器，地點位在明尼蘇達州；一位德州實習生被派去那裡採購。在歐姆雷克島的阿爾坦，先將火箭上的電源盒拆卸下來，然後立即跳上船，前往瓜加林島，當晚就睡在機場外的水泥板上，隔天大清早，搭機飛往檀香山，接著轉機到洛杉磯，他的太太來接機，開車載他到 SpaceX 總部。阿爾坦與剛買到電容器的實習生會合後，立即將新的電容器裝進發生問題的電源盒裡，進行測試。

趁這兩小時的測試時間，阿爾坦衝回家換衣服，緊接著，和馬斯克搭乘他的私人噴射機趕往瓜加林島，他們讓實習生一起上飛機，做為獎勵。原本阿爾坦打算在飛機上補眠，因為他已經有將近 40 小時沒有闔眼，但馬斯克一直不停問他關於線路的細節問題。

所有人抵達瓜加林島後，一台直升機在簡陋跑道上迅速接走他們，直接飛往歐姆雷克島。阿爾坦將修好的電源盒重新安裝到火箭上。最後，他們真的做到了。3 秒鐘的靜態點火測試相當成功。幾星期後，獵鷹一號將要進行第一次發射。

---

* 《夢幻島》是 1960 年代上映的美國電視劇，描述一群人因船難被困在無人島，在等待救援過程中發生的種種衝突與人性考驗。《我要活下去》是真人實境秀，參與者在特定環境下靠有限工具維生，最終勝出者能贏得高額獎金。

23

兩次打擊

2006 至 2007 年，從無到有打造低成本火箭

SpaceX 工程師阿爾坦手腳俐落地烹調出美味的燉牛肉。
柯尼斯曼、工程師湯普森與安・錢納莉（Anne Chinnery）在瓜加林島。

第一次發射

2006 年 3 月 24 日，馬斯克兄弟在早上六點醒來，金博爾問哥哥：「要去騎單車嗎？」這一天是火箭發射日，為了這一天，他們一起搭機到瓜加林島，馬斯克希望四年前為實現夢想打造的獵鷹一號，能夠創造歷史。

「不了，我要去控制中心。」馬斯克回說。

「還要等一段時間才發射，我們先去騎車，這樣能幫助你釋放壓力。」金博爾試圖阻止他。

馬斯克態度軟化。他們用力踩著踏板，騎到懸崖邊看日出。馬斯克望向遠方，靜靜地站在那裡，待了很長一段時間，才起身前往控制中心。他穿著短褲和黑色 T 恤，在政府配發的木桌之間來回踱步。當馬斯克承受壓力時，通常會躲進未來世界。每當工程師忙著準備即將到來的重大任務，馬斯克常會出奇不意地問工程師問題。那些問題通常是多年後才會發生的事件細節，例如：火星登陸、沒有方向盤的自動駕駛計程車 Robotaxi、可與電腦連線的大腦晶片等等。在特斯拉也一樣，當大家忙著應付 Roadster 生產危機時，馬斯克會不停詢問團隊成員：他構想中的新車款使用的零組件目前狀況如何。

此刻，在瓜加林島，獵鷹一號第一次發射任務的倒數計時作業，已進入最後一小時，馬斯克開始詢問工程師，關於獵鷹五號所需的電子元件等問題，這枚未來火箭將會使用五具灰背隼引擎。馬斯克詢問克里斯．湯普森（Chris Thompson），是否有採購燃料槽所需的新型鋁合金。湯普森是最早加入 SpaceX 的工程師之一，當時正坐在控制台前，專心監督倒數計時，根本分身乏術。他直接回答說：「沒有。」沒想到卻因此惹怒了馬斯克。

湯普森後來對記者伯格說：「我們正在倒數計時，他卻一頭熱，想和我詳細討論材料問題。我感覺很錯愕，真的很驚訝，他甚至沒有意識到我們正準備發射火箭。我是發射指揮官，必須下達指令，讓大家執行。」

只有等到發射的那一刻，馬斯克才會把注意力拉回到當下。當獵鷹一號離開發射台，控制中心的工程師們全都握拳歡呼，但馬斯克卻是盯著攝影機回傳的畫面，那台攝影機就安裝在第二節火箭上，鏡頭朝下。火箭升空 20 秒之後，從螢幕上可以看到歐姆雷克島的天然海灘與青綠色海面。金博爾驚呼說：「火箭發射了！它真的發射了！」

過了約 5 秒鐘，推進部門主管穆勒查看回傳數據，發現了一個問題，「噢，該死，」他說，「我們失去推力了。」此時，發射中心總工程師柯尼斯曼也看到引擎外部開始有火焰閃爍，「噢，該死，」他說，「著火了，有漏油。」

曾有片刻時間，馬斯克仍希望火箭可以爬升到更高的高空，當空氣中氧氣變得稀薄，火焰就會自動熄滅。但相反的，火箭開始向下墜落。從攝影機回傳的畫面，可以看到火箭愈來愈接近歐姆雷克島。接著，畫面一片漆黑，燃燒的碎片掉落海中。馬斯克說：「我的胃部開始絞痛。」一小時後，他和幾位高階主管，包括穆勒、柯尼斯曼、布札和湯普森，擠進一台陸軍直升機，前往現場調查事故原因。

當天晚上，所有人聚集在瓜加林島上一間露天酒吧，安靜地喝著啤酒。有幾位工程師忍不住哭了出來。馬斯克不發一語地坐在一旁沉思，面無表情，眼神望向遠方。然後，他開口對大家說話，語氣非常溫柔：「當我們開始投入的時候，我們都知道，我們的第一次任務可能會失敗。但是我們會再建造另一枚火箭，重新再試一次。」

隔天，當地志工加入馬斯克和 SpaceX 團隊的行列，一起走去歐姆雷克海邊，登上小船，搜尋火箭殘骸。柯尼斯曼說：「我們把所有殘骸放到機棚裡，重新組裝，盡可能釐清到底是哪裡出了差錯。」當天晚上，金博爾為了提振大家士氣，特地在戶外野炊，餐點包括燉肉、罐頭白豆與番茄，以及有麵包、番茄、大蒜、鯷魚等食材做成的沙拉。金博爾本身就很熱愛美食，賣掉 Zip2 後，他成了一名專業廚師。

馬斯克和幾位高階工程師搭乘他的私人噴射機飛回洛杉磯，他們在飛機上不斷研究影片畫面。穆勒指出灰背隼引擎出現火焰的時間點，可以明顯看出來是燃料外洩導致發射失敗。馬斯克一直努力壓抑自己的情緒，接著他突然對著穆勒破口大罵：「你知道有多少人告訴我應該要開除你嗎？」

「那你為什麼不乾脆開除我算了？」穆勒大聲吼回去。

「但我沒有開除你，不是嗎？你還好好的在這裡。」馬斯克回嗆。為了緩和緊張氣氛，馬斯克開始模仿搞笑動作片《美國戰隊：世界警察》（*Team America: World Police*）的表演。馬斯克時常這樣，利用冷笑話趕走黑暗。

當天稍晚，他發表了聲明；「SpaceX 投入火箭發射已經有很長一段時間，不論遇到什麼困難，我們一定會發射成功。」

關於責任問題，馬斯克訂下了一條規則：每個零件、每個流程、每個規格都要有人負責。當事情出了差錯，他就可以很快知道是誰的問題。就這次發射失敗來看，燃料外洩的源頭很明顯是保護燃料管的小型 B 螺帽。馬斯克將矛頭指向工程師霍爾曼，他是穆勒早期招募進來的工程師之一。發射前一晚，霍爾曼為了檢查閥門，拆下 B 螺帽，然後再重新裝回去。幾天後，在一場公開研討會上，馬斯克形容這個錯誤，是「我們公司某位非常資深的技術人員造成的」。熟悉內情的人都知道他指的是霍爾曼。

霍爾曼繼續在瓜加林島上待了兩週，研究火箭殘骸。當他從檀香山搭機飛回洛杉磯途中，看到關於發射失敗的新聞報導，他萬萬沒有想到馬斯克竟然怪罪於他。飛機落地後，他從機場直奔 SpaceX 總部，衝進馬斯克辦公隔間。兩人爆發激烈口角，蕭特威爾和穆勒跑進來，試圖緩和兩人的情緒。霍爾曼希望公司撤回馬斯克的聲明，穆勒要求馬斯克允許他這麼做。馬斯克回絕：「我是執行長，是我負責面對媒體，你別插手這件事。」

霍爾曼告訴穆勒，除非他再也不用直接面對馬斯克，否則他不會繼續留在公司。一年後，他離開 SpaceX。馬斯克說他不記得這件事，但他又補充說，霍爾曼不是一位優秀的工程師。穆勒卻不以為然，他說：「我們失去了一位好人。」

事實證明，錯不在霍爾曼。後來團隊找到了燃料管線，有一部分的 B 螺帽沒有鬆脫，可是螺帽腐蝕嚴重，斷裂成一半。瓜加林島的海風才是真正的罪魁禍首。

第二次發射

第一次發射失敗之後，SpaceX 變得更加謹慎。團隊開始小心翼翼地測試與記錄火箭內數百個元件的所有細節。就這麼一次，馬斯克沒有逼迫每個人加速行動，而是謹慎行事。

但是，他也並沒有設法消除所有可能的風險，因為這會導致

SpaceX 的火箭成本攀升、進度落後。他不想和那些與政府簽訂大幅灌水的成本加成合約的委外廠商一樣。他要求員工製作一張圖表，詳細列出每個元件、原料成本、SpaceX 支付給元件供應商的成本，以及負責削減成本的工程師名字。開會時，有時候他會證明，自己比那些做簡報的工程師還要清楚這些數字，這也讓簡報變成一件苦差事。審查會議或許很殘酷，但確實能有效降低成本。

採取這些措施的目的，是預先計算可能的風險。例如之前是馬斯克同意使用價格便宜、重量較輕的鋁金屬製作 B 螺帽，但是在獵鷹一號第一次升空時受到嚴重腐蝕，導致發射失敗。

另一個例子是晃動擋板。當火箭發射升空時，燃料槽裡的燃料會晃動。為了避免燃料晃動，必須在燃料槽內側裝上堅固的金屬環。工程師確實在第一節火箭的燃料槽裡安裝了金屬環，但如果上層入軌段火箭的重量增加會產生問題，因為火箭進入軌道時全程都需要推力。

柯尼斯曼的團隊開始進行各種電腦模擬，測試燃料晃動的風險。只有在少數幾個模型中，晃動似乎會造成問題。他們列出了前 15 大風險，排名第一的是火箭飛行時火箭外殼使用的薄層材料有可能會彎曲，第二節燃料晃動的風險則排名第 11。馬斯克和柯尼斯曼及他底下的工程師們一起研究這份清單，最後馬斯克決定，可以接受某些風險，其中包括燃料晃動。至於大多數風險的發生率是多少，無法只靠電腦模擬計算，必須透過實測，才能真正知道晃動造成的風險是多少。

2007 年 3 月，他們進行測試。就和一年前一樣，一開始發射時相當順利。當倒數計時到零的時候，灰背隼引擎被點燃，獵鷹一號緩緩朝向太空飛行。這一次，馬斯克待在 SpaceX 洛杉磯總部的控制中心，觀看發射過程。穆勒大聲喊著，緊緊抱住馬斯克說：「太好了！真的太好了！我們做到了。」當第二節火箭依照原先計畫分離時，馬斯克緊閉雙唇，然後露出了微笑。

馬斯克說：「恭喜。我會一直盯著螢幕。」

接下來整整 5 分鐘，工作團隊開了好幾瓶香檳慶祝，所有人都歡欣鼓舞。然後，穆勒發現影片中有個地方不對勁。第二節火箭開始搖晃，回傳的資料證實了他的恐懼。「我當下就知道是燃料晃動問題。」他說。

影片畫面看起來很像是整個地球在烘乾機裡不停翻滾，事實上是第二節火箭在旋轉。「抓住它，抓住它。」一位工程師大聲喊叫。但當時已經無力挽回。到了第 11 分鐘，回傳的畫面一片漆黑。第二節火箭與酬載，從約 290 公里的高空墜落。火箭已經抵達外太空，但無法進入軌道。當初決定，接受清單上排名第 11 的風險，也就是不加裝晃動擋板，結果得到了報應。

馬斯克告訴柯尼斯曼：「從現在開始，我們的風險清單上要列出 11 項，不能只有 10 項。」

24

徵召工程特種部隊

2006 至 2008 年，解決物流與金流問題

協助馬斯克，成功整頓特斯拉財務與營運的關鍵人物：格拉西亞斯與瓦特金斯。

解決問題專家格拉西亞斯

馬斯克常說，設計一輛車很容易，真正困難的是生產。2006年7月，特斯拉公布 Roadster 原型車之後，最困難的部分才正要開始。

原本 Roadster 的目標成本大約是5萬美元。但後來馬斯克要求更改設計，再加上尋找適合的變速系統等重大問題，到了2006年11月，成本已攀升到8.3萬美元。

因此，馬斯克不得不做一件事，很少有董事長會這麼做：他直接飛到英國，拜訪車身供應商蓮花公司，但沒有事先告知當時擔任特斯拉執行長的艾伯哈德。「伊隆詢問蓮花對於生產時程有什麼看法，當時的情況真的很尷尬。」蓮花的一位高階主管在給艾伯哈德的信件上寫道。

馬斯克在英國被刮了一頓。蓮花團隊正著手處理特斯拉提出的設計規格修改意見，他們表示要到2007年底才能開始生產 Roadster 車身，比原先預計的時程至少落後八個月。他們拿了一份清單給馬斯克，上面有超過800個問題需要解決。例如，其中有個問題來自與特斯拉合作的委外廠商。這家英國公司負責供應客製化碳纖維鈑件、防護板與車門。有個週五，馬斯克一時衝動，決定拜訪這家供應商。「我費了好一番工夫才進入這家公司的大樓，發現蓮花公司的人說得對，車身模具完全無法使用。可以說是徹底失敗。」他說。

到了2007年7月底，公司的財務狀況更加惡化。第一批電動車生產所需的材料成本，每輛約是11萬美元，公司預估再過幾星期，就會燒光資金。於是馬斯克決定徵召一支特種部隊。

格拉西亞斯在12歲時，想要蘋果電腦的某樣東西做為耶誕禮物，但不是電腦本身，因為他已經有一台蘋果早期開發的Apple II。他想要的，是蘋果電腦公司的股票。當時他母親在密西根州的大急流市（Grand Rapids）開了一家小型內衣店，只會說西班牙語，但還是設法幫他買了10股，花了300美元。這些股票他一直沒有賣掉，現在價值高達49萬美元。

就讀喬治城大學（Georgetown University）時，格拉西亞斯開創了人生的第一個事業。他購買大量保險套，寄給俄羅斯的一位朋友銷售。但銷售成績不是很好，所以他的宿舍房間堆滿了保險套。後來他把保險套放進火柴盒裡，改賣火柴盒上的廣告，然後將火柴盒發送到各地酒吧和兄弟會。

畢業後，他在紐約的高盛（Goldman Sachs）工作，但後來辭職，進入芝加哥大學法學院深造。多數法學院學生都覺得課業繁重，尤其是像芝加哥法學院這樣的學校，但格拉西亞斯卻覺得課程很無聊。於是他利用課餘時間成立創投基金，專門收購小型公司。其中一家公司看起來特別有前景：是一家電鍍公司，位於加州，但經營上卻一團糟。格拉西亞斯大老遠跑去加州，想辦法解決工廠的問題。他在法學院的友人薩克斯，則在課堂上幫他抄寫筆記（請記住格拉西亞斯和薩克斯這兩個名字，之後在推特的傳奇故事中，這兩人會再度出現）。

格拉西亞斯和工廠裡的多數工作人員一樣，會說西班牙語，所以能夠從他們口中得知哪裡出了問題。他說：「我理解到一件事，如果投資一家公司，就應該投入所有時間待在工廠現場。」他詢問工作人員要如何加速生產，其中一位工作人員解釋說，鎳浴時使用較小的桶子，可以加快電鍍速度。這類來自工作人員的建議都很有效，於是工廠開始轉虧為盈。格拉西亞斯開始收購更多經營陷入困境的公司。

這些商業投資讓他學到很重要的一課：「產品本身不會帶來成功，真正的關鍵是有效率地生產產品，也就是建造能夠生產機器的機器。換句話說，你要如何設計工廠？」這也正是馬斯克後來自己制定的指導原則。

薩克斯自法學院畢業後，和馬斯克一起成了 PayPal 的共同創辦人，格拉西亞斯則是投資者。2002 年 5 月，格拉西亞斯和馬斯克以及其他富豪新貴一同前往拉斯維加斯，慶祝薩克斯 30 歲生日。六位參加派對的朋友擠在豪華禮車裡，其中一位來自史丹佛大學的朋友還在後座吐了。司機載著他們回到飯店，多數人都下了車。「伊隆和我看著彼此，然後說我們不能把嘔吐物留給可憐的司機處理，」格拉西亞斯憶此往事時說道，他們和司機一起開車到 7-11 便利商店，買了餐巾紙和清潔噴霧，把車子清理乾淨。他有感而發的說：「伊隆有亞斯伯格症候群，有時看起來好像沒有情感，但是他其實會關心其他人。」

格拉西亞斯和他的創投公司英勇創投（Valor Management）參與了特斯拉創業初期的四輪融資，2007 年 5 月格拉西亞斯加入特斯拉董事會。當時馬斯克正努力搞清楚 Roadster 的生產問題究竟有多嚴重，他要求格拉西亞斯幫忙找出問題。格拉西亞斯打電話向一位合夥人求救，這位合夥人雖然個性古怪，但是對工廠運作非常熟悉。

工廠營運高手瓦特金斯

格拉西亞斯成功讓電鍍公司轉虧為盈之後，又陸續買下了幾家類似的小公司，其中一家在瑞士擁有一座小型工廠。他親自飛去瑞士視察，來接機的是一位綁著馬尾、名叫提姆．瓦特金斯（Tim Watkins）的英籍機器人工程師。他穿著黑色 T 恤、牛仔褲，繫著黑色腰包。每當他接下新任務，就會跑去當地連鎖店購買 10 件 T 恤和牛仔褲，這樣在執行任務期間，他就可以像蛻皮後的蜥蜴一樣，每天煥然一新。

大家愉快地共進晚餐之後，瓦特金斯臨時提議去工廠參觀。格拉西亞斯知道這座工廠並沒有夜間輪班的許可證，所以當瓦特金斯和廠長開車載著他，來到工業園區後方巷子時，特別提高警覺。格拉西亞斯坦承：「有那麼一瞬間我心裡想的是，他們可能會搶劫我。」

瓦特金斯很懂得如何製造戲劇效果，他突然打開後門，所有燈光都已經熄滅，四周一片漆黑，但是沖壓機高速運轉的聲音卻一清二楚。接著瓦特金斯打開燈光，格拉西亞斯恍然明白，這些機器是自動運作，工廠裡沒有任何工人在輪班。

瑞士政府規定，工廠裡的工人每天當班時間不可以超過 16 小時。所以，瓦特金斯規劃了兩班制，工人每次輪班 8 小時，至於中間相隔的 4 小時，就交由機器自行運作。他甚至還設計了一套公式，可以預估生產流程在哪些時段會需要人力介入。「儘管工人每天只能工作 16 小時，但我們的工廠還是能夠 24 小時全天運作。」他說。

後來格拉西亞斯邀請瓦特金斯擔任公司合夥人，兩人成為彼此的靈魂伴侶，甚至成為室友。關於如何空降加入一家製造公司、協助提升營運效率，兩人的看法相當一致。這也正是 2007 年他們為馬斯克和在特斯拉執行的任務。

物流噩夢燒掉大量現金、生產成本暴增

格拉西亞斯和瓦特金斯的第一個任務：解決碳纖維鈑件、防護板與車門供應商的問題。馬斯克拜訪完那家英國公司之後，和對方高層發生激烈爭執。幾個月後，對方打電話告訴馬斯克，他們決定放棄，因為無法滿足馬斯克的要求，要取消雙方的合約。

馬斯克一得到消息，立刻打電話給人在芝加哥的瓦特金斯。「我正要去搭私人飛機，我會到芝加哥接你，我們一起想辦法解決，」他說。兩人飛到英國，將部分機器包裝好送上飛機，直接飛往法國，因為另一家法國公司索蒂哈複合材料（Sotira Composites）已經同意接手。馬斯克擔心法國人沒辦法像他那樣全力投入工作，還對他們精神喊話。他懇求說：「拜託你們現在不要罷工或是休假，否則特斯拉就完了。」他和瓦特金斯在羅亞爾河谷（Loire Valley）的莊園吃完晚餐後，就讓瓦特金斯留下，負責指導法國人如何處理碳纖維材料，讓生產線更有效率運作。

自從車身鈑件發生問題之後，馬斯克開始擔心供應鏈的其他零件也會出狀況，所以要求瓦特金斯重新整頓整個系統。結果發現，簡直是一場惡夢。

整個流程從日本開始，鋰離子電池在日本製造。70 顆鋰離子電池黏合成一個電池磚，然後運送到泰國叢林裡的某間臨時工廠，這間工廠原本是生產烤肉架，現在負責組裝電池組，並安裝網狀管路做為電池組的冷卻系統。電池組無法透過空運方式運送，只能走海運抵達英國，再透過貨車運送到蓮花工廠，然後安裝在 Roadster 底盤上。車身鈑件則來自法國的新供應商。接下來，已經安裝好電池組的車身會橫跨大西洋、穿越巴拿馬運河，

最終抵達帕羅奧圖的特斯拉組裝廠。工廠裡有一組團隊專門負責最後階段的裝配作業，包括 ACP 馬達與傳動系統。當電池終於安裝在顧客訂購的車上時，它們已經環遊世界一周。

這不僅僅是物流噩夢，更會產生現金流問題。旅程一開始，每顆電池的成本為 1.5 美元。完整的電池組含有 9,000 顆鋰電池，加上人力成本後的總成本是 1.5 萬美元。特斯拉必須事先支付這筆費用，但等到這些電池環繞世界一周、被安裝到汽車上，然後賣給消費者，已經是九個月以後的事情。其他零組件的供應流程也同樣冗長，會消耗掉大筆現金。委外或許能節省成本，但是會傷害現金流。

此外，電動車的設計變得太過複雜，也讓問題更加惡化，部分原因是馬斯克的介入。「這實在太蠢了，情況徹底失控，」馬斯克後來承認說，底盤重量比原先多出 40%，而且必須重新設計才能與電池組相容，這讓原先蓮花取得的碰撞測試完全失效。「現在回想起來，如果一切從零開始全新設計，絕對比修改蓮花 Elise 來得明智許多，」他說，至於傳動系統，ACP 的技術幾乎完全不適合大量生產的汽車，「從每個方面來說，我們都搞砸了。」

瓦特金斯前往特斯拉的加州總部，和艾伯哈德一起想辦法收拾爛攤子，卻震驚地發現，公司竟然沒有 Roadster 生產物料的帳單。換句話說，公司沒有完整記錄汽車的所有零組件，也沒記錄公司為每個零組件支付了多少錢。艾伯哈德解釋說，他之前曾打算改用德國軟體公司思愛普（SAP）的系統，管理這些資訊，但是公司沒有財務長負責統整系統轉換作業。瓦特金斯對他說：「你不可能生產某個產品，卻沒有物料帳單。一台汽車有數萬個零組件，你的資金會一點一滴被消耗光。」

瓦特金斯整合計算出實際成本之後，發現實際情況遠比原先最悲觀的預估還要糟。第一批 Roadster 生產出來，加上營運費用，每一台的成本至少是 14 萬美元，即使之後產量提升，成本依舊逼近 12 萬美元。就算每輛車以 10 萬美元銷售，公司仍會嚴重虧損。

瓦特金斯和格拉西亞斯向馬斯克報告這個可怕的發現。供應鏈問題燒掉大量現金、汽車生產成本暴增，很有可能在新車開賣之前，公司的所有資金就會消耗殆盡，包括顧客預訂 Roadster 所支付的預付款。「這真的是太糟了。」瓦特金斯說。

格拉西亞斯後來將馬斯克拉到一旁，對他說：「這絕對行不通，艾伯哈德對數字完全沒概念。」

25

全權掌控

2007 至 2008 年，馬斯克的供應鏈策略

特斯拉第一任執行長艾伯哈德與他的 Roadster。

艾伯哈德被迫下台

當艾伯哈德得知馬斯克祕密前往英國後，邀請馬斯克在帕羅奧圖吃晚飯。他說：「現在就開始找人接替我吧。」儘管馬斯克後來對他完全不留情面，但當天晚上，馬斯克卻是全力支持他：「你是這家公司的創辦人，你所做的一切都非常重要，沒有任何人能取代。」隔天，董事會開會時，艾伯哈德宣布打算辭職的消息，所有董事表示同意。

尋找繼任人選的進展非常緩慢，主要原因是馬斯克對所有人選都不滿意。馬斯克說：「特斯拉的問題太多了，根本找不到真正有能力的執行長。失火的房子很難找到買家。」到了 2007 年 7 月，還沒有找到任何一位人選。就在這個時候，被徵召來拯救特斯拉營運的格拉西亞斯和瓦特金斯，向馬斯克報告他們的發現，馬斯克的心情開始有了轉變。

2007 年 8 月初，馬斯克召開董事會。他詢問艾伯哈德：「根據你們最準確的預估，這輛車的成本會是多少？」當馬斯克開始提出類似的質問時，通常不會有好結果。艾伯哈德無法說出精確的數字，所以馬斯克確信艾伯哈德「說謊」。馬斯克經常使用這個字眼，而且多半是隨意亂用。「他對我說謊，他說成本不會有問題。」馬斯克說。

當我引述馬斯克的指控時，艾伯哈德回答說：「這是誹謗。我不會對任何人說謊。我為什麼要那樣做？最後我們一定能計算出真正的成本。」艾伯哈德因為氣憤，不自覺提高說話音量，但是隱約聽得出來他內心隱藏的痛苦與悲傷情緒。他無法理解，都已經過了十五年，為什麼馬斯克還是對他充滿敵意，用這種方式毀謗他，「這是全球首富在打擊一個永遠比不上他的人。」他原先的合夥人塔本寧承認，他們嚴重錯估定價，但是對於馬斯克指控艾伯哈德說謊的說法，他提出了辯解：「這絕對不是故意的，我們只是根據手上得到的資訊計算定價。我們沒有說謊。」

董事會會議結束後過了幾天，艾伯哈德前往洛杉磯參加一場研討會，途中接到馬斯克打來的電話。馬斯克告訴他，即刻起解除他的執行長職務。「感覺就像腦袋突然被磚頭砸到一樣，可是我根本沒看到有磚頭飛過來，」艾伯哈德說，他早該看到有磚頭飛過來，雖然之前他曾建議尋找新的執行長人選，但是他沒有想到，在還沒有找到替代人選之前，他們就粗暴地拔除他的職務，「他們自行召開會議，根本沒有通知我，然後全體投票，把我趕下台。」

他試圖聯繫幾位董事，但是沒有人願意接他的電話。馬斯克說：「董事會一致同意艾伯哈德必須離開，包括他任命的董事代表。」不久之後，塔本寧也離開了。

後來，艾伯哈德架設了一個小型網站，名為《特斯拉創辦人部落格》（*The Tesla Founders Blog*），藉此發洩對馬斯克的不滿。他指控公司：「想盡辦法剷除、摧毀任何一位內心或許仍在跳動的人。」董事會成員要求他修改文字，讓語氣緩和一些，但是他根本不甩他們，直到後來特斯拉律師威脅取消他的股票選擇權，他才修改。某些人會觸發馬斯克腦中的惡魔性格，讓他變得黑暗，變得冷酷、易怒。排名第一的，是他爸爸。奇怪的是，艾伯哈德並不是什麼家喻戶曉的大人物，結果竟然排名第二。馬斯克說：「和艾伯哈德牽扯在一起，是我生涯中最大的錯誤。」

2008 年夏季，馬斯克開始砲火猛烈地攻擊艾伯哈德，當時特斯拉的生產接二連三發生問題。隨後艾伯哈德控告馬斯克誹謗，他說「馬斯克已開始著手重寫歷史」，兩人的官司正式開打。對於馬斯克指控他說謊這件事，艾伯哈德至今依舊耿耿於懷。「搞什麼鬼？」他說，「塔本寧和我一起創辦的公司，讓他變成了全球首富。這樣還不夠嗎？」

最後，雙方好不容易在 2009 年達成和解，他們同意不再貶低對方，未來兩人同樣被稱為特斯拉共同創辦人，其他創辦人還包括史特勞貝爾、塔本寧與萊特。此外，艾伯哈德得到了一台 Roadster，之前公司就已承諾要送他。他們兩人分別發表一份聲明，說盡對方好話，但是他們壓根就不相信那些說詞。

雖然兩人簽了封口條款，但是每隔幾個月，馬斯克就會控制不住自己，三番兩次口出惡言。2019 年馬斯克發了一則推文：「艾伯哈德不在了，特斯拉依舊活著。但是他一直邀功，傻瓜才會把功勞歸於他。」隔年，馬斯克又對外宣稱：「他真的是我合作過最糟糕的人。」到了 2021 年底，馬斯克再度開嗆：「艾伯哈德描述的特斯拉創業故事明顯是錯的，我真希望我從來就不認識他。」

成為特斯拉執行長

馬斯克並不懂得如何與一位執行長分享權力。但經歷這次事件之後，馬斯克並未學到教訓，仍然抗拒由自己擔任特斯拉執行長。十六年後，他任命自己擔任五家主要公司的執行長，但在 2007 年時，他覺得應該要和其他所有執行長一樣，將所有心力放在同一家公司，當時他選擇了 SpaceX。他指定特斯拉的投資人麥可·馬爾克斯（Michael Marks）擔任特斯拉代理執行長。

馬爾克斯之前曾是偉創力（Flextronics）執行長，偉創力是一家電子專業製造服務公司，在馬爾克斯領導下，獲利創新高，一躍成為業界龍頭。當時馬爾克斯採取了垂直整合策略，在偉創力的生產流程中採行多步驟的端對端（end-to-end）控制方法。馬斯克很認同這項策略。

一開始馬斯克和馬爾克斯相處非常融洽。馬斯克雖然是全球首富，但他有個奇怪的習慣，就是喜歡到朋友家借宿，每次馬斯克到矽谷，都會借住在馬爾克斯家裡。馬爾克斯說：「我們會邊喝酒邊閒聊。」但後來，馬爾克斯犯了一個大錯：他以為自己可以主導公司的營運方向，而不只是實現馬斯克的願望。

兩人第一次發生衝突，是馬爾克斯認為馬斯克設定的零件採購與支付時程完全不切實際。即使短時間內，這些零件不會被用來生產電動車，馬斯克卻仍堅持採購。馬爾克斯上任後沒多久在某次會議上問道：「為什麼我們要採購這些材料？」一位主管回答：「因為伊隆一直堅持說，電動車要在 1 月出廠。」為了購買這些零件導致特斯拉現金吃緊，於是馬爾克斯取消多數訂單。

馬爾克斯也無法接受馬斯克嚴苛的待人方式。馬爾克斯天生喜歡與人為善，面對同事永遠都是彬彬有禮、態度恭敬，從管理員到高階主管，他的態度都是一樣的。「伊隆不太好相處，他對人的態度很差，」馬爾克斯說，他對馬斯克甚至沒讀過潔絲汀創作的大部分小說也覺得難以置信。這不只是對人好不好的問題，他的態度會讓他無法發現問題到底出在哪，因為員工很害怕讓馬斯克知道壞消息。「我告訴他，員工不會告訴他實情，因為他們很怕他，」馬爾克斯說，「他就是個惡霸，態度粗暴。」

此外，馬爾克斯還要努力搞清楚馬斯克的大腦迴路，包括他難以改變的性格，以及他口中所說的亞斯伯格症候群，是否足以解釋他的某些行為表現，或能否為這些行為表現找到合理藉口。就某些方面來說，如果你管理的公司更看重企業使命，而不是個人感受，或許馬斯克的性格會是優點？馬爾克斯說：「他位在光譜的這一端，我想他是真的無法與其他人有情感連結。」

馬斯克反駁說，如果走向另一個極端，就會削弱領導人的能力。他告訴馬爾克斯，如果領導人想要成為所有人的朋友，就會過度在乎站在眼前這個人的情緒，無法考量企業整體的成功，這樣反而會導致更多人受傷害。「馬爾克斯不會開除任何人，」馬斯克說，「我告訴他，如果事情沒做好，也沒關係，這樣是無法讓所有人都做好自己工作的。」

兩人對於經營策略的看法也開始出現分歧。馬爾克斯認為，特斯拉應該和經驗豐富的車廠合作，解決 Roadster 的供應鏈問題。這與馬斯克的基本直覺完全牴觸。他一直很嚮往興建超級工廠，想要將所有原物料送進這些超級工廠，然後產出電動車。

關於馬爾克斯提議將特斯拉生產線委外的問題，兩人一直爭執不下。馬斯克愈來愈火大，他天生就沒有能力過濾自己的言詞，說話時不懂得節制。他時常在會議上這麼說：「這是我聽過最愚蠢的事。」賈伯斯也常說這句話。蓋茲和傑夫・貝佐斯（Jeff Bezos）也是一樣。這種有話直說的管理風格會讓員工緊張，甚至是反感。這樣只會壓抑，而不是鼓勵員工說實話。但是，如果你想要建立一支賈伯斯口中所說的頂尖團隊，不希望懶惰鬼或是腦袋不清的人加入，那麼有話直說的領導方式確實很有效。

馬爾克斯太有成就，也太驕傲，根本無法忍受馬斯克的行為。「我的年紀比他還大，還掌管過一家市值達 250 億美元的公司。他卻把我當成小孩一樣看待，但我不是小孩。」過沒多久，馬爾克斯離開了特斯拉。

馬爾克斯承認，全面掌控生產流程確實有一定的好處，這一點馬斯克的想法是對的。不過馬爾克斯一直在思考另一個更複雜難解的關鍵問題，這問題與馬斯克個人有關：他表現出的負面行為，能否與促使他成功的那股破釜沉舟的魄力分開來看？「我把他和賈伯斯歸在同一類，有些人就是混蛋，但是他們又很有成就，我只能說，看起來兩者是並存的。」我問他，馬斯克的行為是否可以被原諒？「或許吧，如果這個世界為了達成這種成就必須付出某些代價，也就是得由某個真正的混蛋去達成這種成就，那麼這個代價或許是值得的，」他停頓了一會，接著又說，「但是我不想那樣做。」

馬爾克斯離開之後，馬斯克雇用了另一位他覺得作風更強勢的執行長：澤艾夫．德羅里（Ze'ev Drori）。他曾是通過戰鬥測試的以色列傘兵部隊軍官，後來在半導體業成為相當成功的創業家。馬斯克說：「他是唯一一位真正願意擔任特斯拉執行長的人，他什麼都不怕，因為有太多事情要操心。」但是，德羅里對汽車製造一竅不通。幾個月後，史特勞貝爾領導的資深高階主管推派一位代表，向馬斯克表示，他們無法繼續為德羅里工作。其中一位董事伊拉．艾倫普里斯（Ira Ehrenpreis）甚至幫忙說服馬斯克自己接任執行長職務。最後，馬斯克告訴德羅里：「我必須雙手握住方向盤，不能讓我們兩人一起開這台車。」德羅里很有風度地辭職下台。2008 年 10 月，馬斯克正式成為特斯拉執行長（一年內第四任執行長）。

26

最慘的一年

2008 年，婚姻破裂、事業陷困境

馬斯克的第一任妻子潔絲汀。

長時間高強度工作，難與人建立親密關係

自從馬斯克和潔絲汀的兒子內華達不幸夭折之後，兩人決定盡快再度懷孕。他們去了一家人工生殖診所，後來潔絲汀生下雙胞胎兄弟，分別取名為格里芬（Griffin）與賽維爾（Xavier）。兩年後，他們又透過人工受孕生下三胞胎：凱（Kai）、薩克遜（Saxon）與達米安（Damian）。

潔絲汀回想兩人剛結婚時，和另外三位室友、一隻小臘腸狗一起住在矽谷的一間小公寓裡，這隻狗沒受過訓練，會隨意大小便。後來他們搬進位在洛杉磯貝沙灣（Bel Air）山丘區、占地約170坪的獨棟別墅，除了五個精靈古怪的小孩之外，還有五個保母和管家，以及那隻一直沒接受訓練的臘腸狗。

夫妻兩人脾氣都很暴躁，但仍有些時候，相處非常平和。他們會一起散步到帕羅奧圖附近的凱普樂書店（Kepler's Books），互相摟著對方的腰，帶著剛買的書走去咖啡店，邊喝咖啡邊看書。潔絲汀說：「每次說到這段，我就會激動得說不出話來。那些時候我真的覺得很滿足，我是真心這麼覺得。」

馬斯克不太擅長社交，卻很喜歡參加名流雲集的派對，然後一直混到天亮。潔絲汀說：「我們會去參加需穿著半正式晚禮服的募款活動，在高檔好萊塢夜店，坐在最好的位置，一旁就坐著芭莉絲・希爾頓（Paris Hilton）、李奧納多・狄卡皮歐（Leonardo DiCaprio）。Google 創辦人佩吉的婚禮，在維珍集團董事長布蘭森位於加勒比海的私人小島上舉辦，我們也受邀參加，和演員約翰・庫薩克（John Cusack）一起待在別墅裡度過悠閒時光，看著愛爾蘭搖滾樂團 U2 主唱波諾（Bono）和一群愛慕

他的女人拍照合影。」

但是這段婚姻一路走來，總是爭吵不斷。馬斯克沉迷於風暴與壓力，潔絲汀被迫捲入動盪不安之中。在爭吵最激烈的時候，她會說自己有多恨他，他則回嗆：「如果你是我的員工，我一定會開除你。」有時候，他會罵她「蠢貨」、「白痴」，就和他父親一樣，聽了讓人心寒。潔絲汀說：「和艾洛爾相處過後，我終於知道，他是從誰的身上學會那些話。」

即使是過去常和哥哥打架的金博爾，對於他們夫妻爭吵不休也很難忍受：「伊隆吵架時砲火非常猛烈，我真的看不下去。潔絲汀也是火力全開。看著他們兩人吵架，你會覺得，天啊，也太惡毒了。後來有好幾年，因為潔絲汀，我刻意疏遠他。我就是沒辦法和他們待在一起。」

不穩定的生活方式形成了惡性循環。「基本上就是太多糟糕的事情發生，全部擠在一起，」潔絲汀說，她感覺自己變成「花瓶妻」或是被迫扮演這樣的角色，而她根本做不好。他逼她把頭髮染成更接近金髮的顏色，直接命令她，「染成白金色」。但是她拒絕了，並開始逃避他。「在他不是很有錢的時候，我們就認識了，但自從有了財富和名氣，我們之間的互動關係也變了。」她說。

馬斯克的情緒會瞬間從開心變得陰沉，下一秒又變得興奮，就和他工作時對待同事的態度一樣陰晴不定。一開始，他會大聲羞辱，然後瞬間變臉，笑得合不攏嘴，說一些難懂的玩笑話。「他的意志堅強，很有力量，就和熊一樣，」潔絲汀告訴《君子》雜誌記者湯姆．儒諾（Tom Junod），「他會開玩笑、甚至搞笑，和你打打鬧鬧，但最終你面對的依舊是一頭熊。」

當馬斯克專心解決工作問題時，就會進入某種狀態，不會有任何回應，他讀小學時也曾發生類似狀況。後來我告訴潔絲汀，2008 年 Space X 和特斯拉發生哪些危機，他受到哪些打擊，她開始哭了起來：「他從不告訴我這些事。我想他從沒想過，說出來或許會很有幫助。他一直和整個世界爭鬥，他應該讓我知道。」

她在他身上完全看不到同理心。她說：「在許多方面，他真的很優秀。但缺乏同理心這件事，每次都讓我覺得不可思議。」某天開車時，她努力向他解釋什麼是真正的同理心。他不斷把它理解成是某種理性思考，他解釋說，他如何利用他的亞斯伯格症教導自己，讓自己的心理變得更敏銳。她說：「不是，這和思考、分析或是理解其他人無關。這與你的感受有關，關鍵是你如何感受其他人。」他承認，在一段關係中，感受是重要的，但他認為，如果是經營一家績效良好的公司，他的大腦迴路絕對是一大優勢。潔絲汀承認：「意志力堅強、情感疏離，這些特質讓他很難成為一位好丈夫。但這或許是他事業成功的原因。」

每當潔絲汀要求馬斯克接受心理治療，他就會勃然大怒。長子內華達猝死後，她開始接受心理治療，對這個領域非常感興趣。她認為，馬斯克小時候的不幸遭遇，以及他的大腦迴路導致他封閉自己的情感，很難與人建立親密關係。她說：「如果你出身自失能的家庭，或是擁有和他一樣的大腦迴路。你就會透過高強度的工作模式，取代親密關係的建立。」

不擅社交，但渴望有人陪伴

這個說法並不完全正確。特別是和小孩相處時，馬斯克會有強烈感受，他在情感上其實很需要其他人。他渴望有人陪伴，甚至是包括前女友們。但是他確實會透過高強度的工作模式，彌補日常親密關係的匱乏。

對婚姻的不滿更加深了潔絲汀的憂鬱與憤怒情緒。「她原本只是情緒起伏不定，到後來變成是每天發脾氣。」馬斯克說。他把這一切怪罪於認知增強劑「阿德拉」（Adderall），這是精神科醫師開給她的處方藥。他會搜出家中所有的阿德拉，然後全部丟掉。潔絲汀承認自己意志消沉，需要服藥。她說：「我被診斷注意力不足，阿德拉對我幫助很大。但這不是我生氣的原因，我之所以生氣，是因為伊隆對我大吼大叫。」

2008年春季，正當Space X火箭發射失敗、特斯拉經營陷入混亂的時候，潔絲汀出了車禍。有天，她坐在床上，膝蓋抵住胸口，不停流淚。她告訴馬斯克，他們的關係必須改變。「我不希望在我富豪老公的人生中，只能當一個邊緣角色，」她說，「我想要愛與被愛，也就是在他變有錢之前的相處方式。」

馬斯克同意接受諮商，但是經過一個月三次諮商之後，這段婚姻正式劃下了句點。潔絲汀的說法，是馬斯克對她下達最後通牒：接受他們婚姻原本的樣子，否則他就訴請離婚。而馬斯克的說法則是，她不停吵著要離婚，最後他說：「我願意繼續維持這段婚姻，但是你必須保證，不要一直對我這麼刻薄。」但潔絲汀明確表示，很難接受目前的情況，最後他訴請離婚。

回想起那段日子，潔斯汀說：「我對這段關係已經麻木了。但很奇妙的是，我反而覺得鬆了一口氣。」

27

一見鍾情

2008 年，遇見美麗又風趣的妲露拉

馬斯克與第二任妻子妲露拉在倫敦海德公園。

相互陪伴，度過低谷

2008 年 7 月，與潔絲汀離婚後，馬斯克依照原定計畫在倫敦的英國皇家航空學會（Royal Aeronautical Society）發表演講。這時候，實在不是談論火箭話題的好時機。SpaceX 兩次火箭發射都失敗，第三次發射預計在三週內執行。特斯拉勉強拼湊而成的生產鏈持續燒錢，全球經濟崩盤的初期徵兆已浮現，取得新融資變得更困難。再加上與潔絲汀的離婚爭議，威脅到馬斯克對特斯拉股票的控制權。儘管這樣，馬斯克還是去了。

演講時馬斯克提到，類似 SpaceX 的商業太空投資，比政府推動的太空計畫還要創新，如果人類想要殖民其他星球，就不能沒有商業太空投資。演講結束後，馬斯克去拜訪英國豪華房車與大型休旅車製造商奧斯頓馬丁（Aston Martin）的執行長，但這個人完全無視業界興起的電動車運動，也認為沒有必要擔心氣候變遷問題。

隔天，馬斯克醒來時覺得一陣胃痛，這很常見。他可以假裝自己非常熱愛壓力，但是他的胃無法。與他同行的成功創業家友人比爾．李（Bill Lee）陪他到診所就醫。聽到醫生確定他不是盲腸炎或是罹患更糟的疾病後，李堅持他們需要好好放鬆一下，於是打電話給朋友尼克．豪斯（Nick House），這位朋友開了一家超夯的夜店「威士忌之霧」（Whisky Mist）。李說：「我想方設法要讓伊隆擺脫低落的情緒。」但馬斯克一直想要離開，李好不容易才說服他走進地下室的貴賓室。過了一會兒，一位穿著亮眼晚禮服的女演員走了進來。

妲露拉當時 22 歲，在赫特福德郡（Hertfordshire）一個如詩如畫的美麗英式村莊長大。在與馬斯克見面之前，曾參演過一些小角色，表現相當搶眼，最知名作品就是在改編自珍·奧斯汀（Jane Austen）小說《傲慢與偏見》（*Pride and Prejudice*）的電影中，飾演班奈特（Bennet）姐妹裡排行中間、唱歌五音不全的瑪麗（Mary）。妲露拉身材高䠷、長相亮麗，留著一頭飄逸長髮，頭腦聰明、個性鮮明，完全就是馬斯克喜歡的類型。

豪斯和另一位友人詹姆斯·法布里坎特（James Fabricant），向馬斯克介紹妲露拉，隨後她就直接坐在馬斯克旁邊。她說：「他看起來很害羞，有些不好意思。他正在聊火箭的事，我不知道那是他的火箭。」後來他問我：「我可以把我的手放在你膝蓋上嗎？」她有些吃驚，但還是點頭同意了。最後，他對她說：「我對這些很不在行。但請問我可以跟你要電話號碼嗎？我想再見你。」

當時妲露拉才剛搬離父母家，隔天早上她打電話給父母，告訴他們，她剛認識一個男人。就在他們講電話時，她父親開始用 Google 搜尋。他發出警告：「這男人結婚了，還有五個小孩。你被花花公子騙了。」她氣壞了，打電話給她的朋友法布里坎特，對方努力安撫她的情緒，並向她保證，馬斯克已經離婚了。

妲露拉說：「後來我們一起吃早餐。結束後他說『真的很想和你一起吃午餐』；當天午餐結束後，他又說『嗯，感覺真的太棒了。現在我想和你一起吃晚餐』。」接下來三天，他們幾乎天天一起吃三餐，一起到漢姆利玩具店（Hamleys），為他的五個兒子挑選禮物。「他們就像一對愛情鳥，整天牽著手。」李說。出差行程結束時，他邀請她一起飛回洛杉磯。但她不能，因為她要去西西里，為英國時尚雜誌《尚流》（*Tatler*）拍照，雜誌即將報導她參與演出的電影《烏龍女校》（*St Trinian's*）。拍攝結束後，她直接從西西里飛到洛杉磯。

但妲露拉沒有搬去和馬斯克同住，她覺得那樣不太合適，她在半島酒店預訂了一週的房間。一週結束時，他向她求婚。「很抱歉，我現在沒有戒指。」他說。她建議，兩人握手就代表她答應了，他們也真的這麼做了。妲露拉說：「我記得，我和他在頂樓游泳池一起游泳，整個人感覺飄飄然的，我說我們大概只認識了兩週，然後就訂婚了，真的很奇妙。」但她覺得兩人的婚姻一定會幸福，並開玩笑地問：「可能發生在我們身上最糟糕的事情是什麼？」馬斯克突然一臉嚴肅地回答：「我們其中一人會死。」當下她覺得這句話很浪漫。

幾星期後，妲露拉的父母從倫敦飛到洛杉磯，和馬斯克見面。馬斯克詢問她父親，他能否娶她。「我很了解我女兒，我也信任她的判斷，所以你們結婚吧。」他回說。梅伊飛到洛杉磯，而且就這麼一次，對她兒子的另一半表示認可：「她的確很討人喜歡，個性風趣，而且很成功。她父母也是好人，真的是很優秀的一對英國夫妻。」但是，馬斯克決定聽從弟弟的建議，過幾年再結婚，妲露拉也答應了。

28

第三次打擊

2008 年 8 月 3 日，SpaceX 離成功更近一步

發射中心總工程師柯尼斯曼與獵鷹一號。

盡快解決問題，就是最好的檢討

在遙遠的瓜加林環礁，火箭發射任務失敗兩次之後，獵鷹一號火箭的第三次發射，有可能讓 SpaceX 一舉成名或是關門大吉。至少所有人是這麼想的，包括馬斯克自己。他告訴團隊，他手上的資金只夠執行三次發射任務。「我相信，如果我們無法在三次之內成功，我們都該死。」他說。

第二次發射時，SpaceX 並沒有在火箭頂端放入真正的衛星，因為一旦火箭墜毀，就會失去珍貴的人造衛星。但在第三次發射時，馬斯克賭上了一切，只許成功，不許失敗。這一次火箭將會搭載一枚造價昂貴、重達 180 磅的空軍衛星、兩枚 NASA 的小型衛星，以及在電影《星際爭霸戰》（*Star Trek*）中飾演史考提（Scotty）的演員詹姆斯．杜漢（James Doohan）的骨灰。

一開始，火箭順利發射，馬斯克就坐在控制中心裡觀看。當火箭升空之後，洛杉磯的控制中心響起一片歡呼聲。過了 2 分 20 秒，上層入軌段火箭依照原先計畫與助推器分離，酬載看似就要進入軌道。一位工程師迫不及待大喊：「第三次發射成功。」

然而，和前兩次一樣，坐在馬斯克旁邊的穆勒倒抽了一口氣。原本助推器正要開始降落、返回地球，但在一秒鐘後，助推器撞上第二節火箭。影片畫面一片漆黑。馬斯克和他的團隊當下就知道，兩節火箭與親愛的史考提骨灰全部墜毀。

這次墜毀的原因：他們重新設計了灰背隼引擎的冷卻系統，導致引擎即使熄滅，還是會產生一些推力。穆勒的團隊曾在地面進行測試，在海平面的環境條件下的確不會出問題，但在太空的真空環境下，殘留的燃料燃燒，即使只會產生非常微弱的噴射力道，還是會導致助推器向前推進約 30 公分。

SpaceX 連續三次發射失敗，特斯拉也仍持續燒錢，馬斯克已經沒有多餘的資金。但他不準備放棄。相反的，他決定奮力一搏。第三次發射任務失敗後幾小時，馬斯克對外宣布：「SpaceX 未來將持續營運。毫無疑問的，SpaceX 一定能成功發射火箭進入軌道。我決不會放棄，我的意思是決不。」

隔天，馬斯克在 SpaceX 會議室裡，與柯尼斯曼、布札，以及在瓜加林島上的發射團隊召開視訊會議。他們仔細檢查所有數據，絞盡腦汁找出可行方法，延長分離時間，避免相撞事件再次發生。馬斯克情緒非常低落。他說：「那是我人生中最倒楣的一段時間，我的婚姻、SpaceX 和特斯拉同時出了問題。我甚至沒有房子，但潔絲汀有。」團隊原本擔心，他又會像以前那樣，找出罪魁禍首來興師問罪。所有人都等著他爆發。

但是，這次他並沒有這麼做。他告訴團隊，洛杉磯工廠有保留第四次發射所需的零組件。他說，盡快建造火箭，然後運送到瓜加林島。他為團隊設定的最後期限向來都非常不切實際，他要求六週內發射火箭。柯尼斯曼說：「他告訴我們，放手去做。我真的沒有想到他會這麼說。」

整個總部辦公室瞬間彌漫著樂觀氣氛。人力資源總監多莉．辛格（Dolly Singh）說：「我想從此以後，我們多數人都會帶著防曬乳，跟著他一起走進地獄大門。原本整棟大樓充斥絕望與挫敗的氣氛，不過短短幾分鐘，所有人便下定決心背水一戰。」

《連線》記者卡爾．霍夫曼（Carl Hoffman）曾和馬斯克一起目睹第二次發射失敗，後來他聯繫馬斯克，問他是如何繼續保持樂觀。馬斯克回答說：「什麼樂觀、悲觀，去他的。我們會成功的。上帝就是我的見證人，我一定會不顧一切讓火箭發射成功。」

29

破產邊緣

2008 年，特斯拉與 SpaceX 皆深陷危機

馬斯克在 SpaceX 火箭發射控制室。

在危機中維持專注

2008 年 2 月 1 日，特斯拉總部全體員工收到一封電子郵件。上面寫著：「P1 到了！」P1 是第一台 Roadster 在生產線上的代號。馬斯克為此發表了簡短談話，然後讓 Roadster 在帕羅奧圖市區繞行一圈做為慶祝。

第一批新車產量不多，全都是人工組裝完成，所以只是很小的勝利。許多破產已久、早被世人遺忘的車廠，也曾有這樣的經歷。真正的挑戰，在於建立能創造獲利的大量生產流程。在上個世紀，只有一家美國汽車公司（福特）有能力做到，沒有落入破產命運。

但在當時，沒人知道特斯拉會成為第二家成功的車廠。次級房貸危機已全面爆發，將會使得全球經濟陷入自大蕭條以來最嚴重的衰退。特斯拉的供應鏈效率低落，公司資金即將燒光；SpaceX 還沒有成功發射任何一枚火箭進入軌道。馬斯克說：「雖然現在我有了一台 Roadster，但是我人生中最痛苦的時期才正要開始。」

馬斯克經常遊走在法律邊緣，他決定動用顧客對還未生產的 Roadster 所支付的預付款，勉強讓特斯拉撐過 2008 年上半年。有些特斯拉高層與董事認為，公司只能代管預付款，不能動用這些錢應付營運開銷。但是馬斯克堅持：「我們必須這麼做，否則我們就會死。」

到了 2008 年秋季，情況持續惡化，馬斯克四處向朋友和家人籌錢，支付特斯拉員工的薪水。在經濟衰退期間，金博爾幾乎賠光了所有積蓄，和哥哥一樣，就快要破產。他一直死抱著價值

37.5 萬美元的蘋果股票不放，因為他要用這筆錢償還積欠銀行的貸款。但馬斯克說：「我需要你把這筆錢投入特斯拉。」一向全力支持哥哥的金博爾，依照要求，把股票賣了。科羅拉多資本（Colorado Capital）的銀行家怒氣沖沖地打電話給金博爾，警告他這麼做會毀了他的信用。金博爾回答說：「很抱歉，但是我必須這麼做。」幾週後，這位銀行家又打來電話，金博爾原已準備好要和對方大吵一架，沒想到那位銀行家直接打斷他的話說，科羅拉多資本破產了。「這就是悲慘的 2008 年。」金博爾說。

馬斯克的好友李投資了 200 萬美元；Google 創辦人布林投資 50 萬美元，甚至是特斯拉的一般員工也簽了支票支持。馬斯克也必須到處籌錢，應付他的個人開銷，包括每個月須支付 17 萬美元給他和潔絲汀的離婚律師（加州法律要求較富有的一方必須負擔律師費用）。「上帝保佑，感謝斯克爾借錢給伊隆，幫他度過難關，」妲露拉說，格拉西亞斯也借了 100 萬美元給馬斯克。甚至妲露拉的父母也想要伸出援手，她回想時說道：「我覺得很不安，打電話給我爸媽，他們說會二度抵押現在的房子，想辦法幫忙。」但是馬斯克拒絕了他們的提議。他對她說：「你父母不應該因為我投入一切，失去他們的房子。」

每天晚上，妲露拉都覺得很害怕，馬斯克會不停喃喃自語，有時候甚至是胡亂揮舞雙手、大聲尖叫，「我一直在想，他可能會心臟病發。他會夜驚，睡到一半突然大叫或是用力抓住我。真的很可怕，我真的被嚇到了，他整個人陷入絕望。」有時候他會衝進浴室，然後開始嘔吐，「那是他的本能反應，他會大喊大叫，噁心反胃。我就站在馬桶旁，撐住他的頭。」

可以失敗，但不可以放棄

馬斯克對壓力的耐受度非常高，但是2008年的情況幾乎到達他的極限。他說：「我每天工作，日夜不停工作，依照當時的情況，我必須一再做出讓人意想不到的成果才行。」他的體重暴增，沒多久又暴瘦，而且比之前更瘦。他開始駝背，走路時腳趾僵硬。但他整個人充滿幹勁，超級專注。或許是因為他可能就要被套上絞刑繩索，所以必須集中注意力。

馬斯克身邊的人都認為，他必須做出決定。隨著動盪的2008年即將邁入尾聲，他必須在SpaceX和特斯拉之間做出選擇。如果他將日益變少的資源全部投入到其中一家，必定能拯救這家公司。但如果他試圖將資源分配給兩家，那麼沒有一家公司能生存。某天，馬斯克的知己、總是精神奕奕的容克薩走進馬斯克在SpaceX的辦公隔間。他問說：「老兄，你為什麼就是不肯放棄兩家公司的其中一家？如果你真心熱愛SapceX，那就放掉特斯拉吧。」

「不可能，」馬斯克說，「那樣就更坐實了『電動車行不通』、我們永遠無法擁有永續能源的說法。」但他也不可能放棄SpaceX，「那樣的話，我們永遠無法成為多星球物種。」

愈多人逼他做選擇，他就愈抗拒。他說：「對我來說，在情感上，就好比你有兩個小孩，但現在食物快吃光了。如果每個小孩都吃一點，很可能兩個小孩都會死；如果你把所有食物拿給其中一個小孩，就能提高這個小孩的存活機率。但是，我不能決定哪個小孩會死，所以我決定，一定要盡全力救活這兩個小孩。」

30

第四次發射

2008年8月至9月，開啟新太空時代

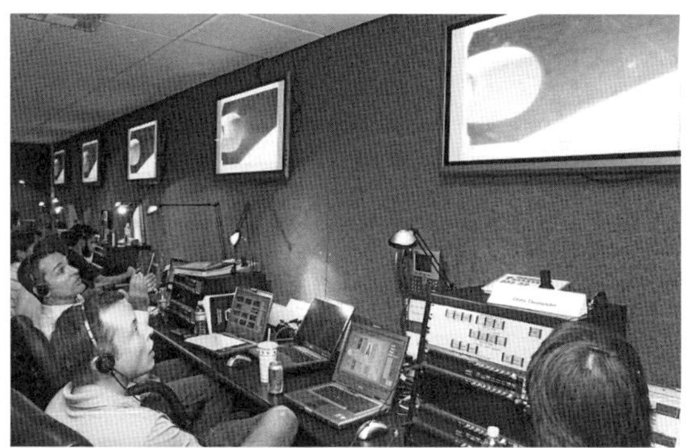

馬斯克與工程師在控制室；柯尼斯曼在瓜加林島開香檳慶祝發射成功。

創辦人基金伸出援手

馬斯克原本的資金只夠執行三次獵鷹一號發射任務，但現在火箭還沒有進入軌道，錢就已經花光了。馬斯克個人接近破產邊緣，特斯拉也陷入了財務危機，沒有人知道他要如何為第四次發射任務籌措資金。然而，就在此時，有一群人伸出援手，那就是曾和馬斯克共事的 PayPal 共同創辦人。八年前，這群人曾發動叛變將馬斯克趕下台，逼他辭去執行長職務。

對於自己被趕下台這件事，馬斯克難得表現得很平靜，而且繼續和那些主導叛變的人保持良好關係，包括提爾和列夫欽。這群人自稱是 PayPal 黑手黨，成員之間的關係相當密切。他們曾經提供資金給前同事薩克斯（也就是就讀法學院期間幫忙格拉西亞斯抄寫筆記的那位朋友），製作電影《銘謝吸菸》（*Thank You for Smoking*）。後來提爾和 PayPal 創業夥伴肯・霍威利（Ken Howery）與諾塞克成立「創辦人基金」（Founders Fund），主要投資網路新創公司。

馬斯克說，提爾「明顯對乾淨能源有疑慮」，所以創辦人基金一直沒有投資特斯拉。諾塞克後來和馬斯克變得很親近，建議可以投資 SpaceX。提爾同意與馬斯克召開視訊會議，討論投資問題。提爾說：「開會時，我問馬斯克，我們能否和公司的火箭總工程師談一談。伊隆回答，『你現在正和他說話』。」會後，提爾並未消除疑慮，但諾塞克不斷想辦法說服提爾。「我認為，伊隆一直努力在做的事非常了不起，我們應該要加入。」他說。

最後，提爾態度軟化，同意創辦人基金投資 2,000 萬美元。「部分原因是我覺得，希望透過這次投資，修補 PayPal 風波造成的裂痕。」他說。2008 年 8 月 3 日，投資消息正式對外曝光，也就是在 SpaceX 第三次發射失敗後不久。這筆資金就如同是救生索，馬斯克終於可以對外宣布，他即將進行第四次發射。

馬斯克說：「這就是業力，很有趣。當我被 PayPal 叛變的領導人追殺，就像是凱撒被元老院成員刺殺一樣，我可以說你們這些傢伙爛透了。但是我沒有。如果我真的說了，創辦人基金就不會在 2008 年出錢投資，SpaceX 就會倒閉。我不是要討論占星學或是類似的東西。但是業力真的存在。」

2008 年 8 月，SpaceX 第三次發射失敗後，馬斯克設定了新的期限，要求團隊必須在六週內將新建造的火箭送到瓜加林島。這看起來就像是馬斯克的現實扭曲（reality-distortion）策略。* 第一次和第二次發射失敗之間，相隔了 12 個月，第二次和第三次之間則是相隔 17 個月。不過，這次團隊不需為了解決第三次發射失敗的問題，改變火箭的基本設計，所以馬斯克認為，六週的最後期限是可行的，而且能夠鼓舞團隊的士氣。更何況公司燒錢速度太快，他根本別無選擇。

SpaceX 將第四次發射需要的零組件存放在洛杉磯工廠，但如果利用海運送到瓜加林島，則需要四週的時間。SpaceX 發射總監布札告訴馬斯克，若要達成他設定的最後期限，唯一方法就是採取包機模式，利用空軍 C-17 運輸機運送。馬斯克回答：「那好吧，就這麼辦。」也就是在這個時候，布札才真正明白，馬斯克願意賭上一切。

---

* 這個名詞源自於《星際爭霸戰》，指的是外星人通過精神力量建造了新世界。後來蘋果的軟體工程師用這個名詞形容當時的執行長賈伯斯總是有辦法扭曲現實，說服別人接受他的說法，達到他希望的目標。

實現一個偉大奇蹟

20 位 SpaceX 員工與火箭一同搭上 C-17 運輸機，員工就坐在機艙內的活動摺椅上，繫上安全帶。整體氣氛相當歡樂。這群平時瘋狂投入工作的員工心想，他們即將實現一個偉大奇蹟。

當他們飛越太平洋時，一位名叫特里普・哈里斯（Trip Harriss）的年輕工程師，拿出一把吉他彈奏。他的父母親都是音樂教授，來自田納西州，他們原本希望培養他成為古典音樂家。但某年的聖誕節，哈里斯看完《星際爭霸戰》之後，立志成為一位火箭科學家。他說：「最後我終於找到方法，知道要如何讓我的大腦從做音樂轉變為做工程。」只是這個轉變和他當初想像得不太一樣。他在普度大學讀了一年之後，開始努力尋找暑期實習工作，卻不斷搞砸面試機會。某一天，他的教授接到一位在 SpaceX 工作的朋友來電，說 SpaceX 需要實習生，當時哈里斯已經辭去在王牌五金（Ace Hardware）地方分店的工作。他等不及收到文件再出發，隔天一大早就拋下女友，跳上自己的車，從印第安納州一路開到洛杉磯。

正當運輸機開始降落、準備在夏威夷加油時，機艙內突然傳出喀啦聲，接著又發生一次。哈里斯說：「我們彼此互看一眼，覺得很不對勁。接著我們聽到砰的一聲，然後看到火箭其中一側的油箱，像可樂罐被擠壓一樣凹陷進去。」原因是飛機快速降落，導致機艙內壓力升高，油箱閥門無法迅速讓空氣進入、平衡內部壓力。

工程師急忙爬上火箭，拿出口袋小刀，切開收縮包裝材料，試圖打開閥門。工程師阿爾坦衝去駕駛艙，要求飛行員停止下降。哈里斯說：「你看到一位身材高大的土耳其傢伙對著空軍飛行員大吼，要求重新飛高一點，那些飛行員大概是你這輩子見過最白的美國人。」讓人驚訝的是，飛行員並沒有把火箭或是阿爾坦丟進海裡。相反的，他們同意重新爬升，但他們警告，他們的燃料只夠繼續飛行 30 分鐘。也就是說，10 分鐘內他們必須再次下降。其中一位工程師爬進第一節和第二節火箭之間的漆黑區域，找到大型加壓管線，設法把它扭開，讓空氣流進火箭內部，當運輸機再次下降時，就能平衡內部壓力。後來金屬發出砰的聲響，恢復到正常形狀。但傷害已經造成。火箭外部已經凹陷，其中一個晃動擋板已經移位。

他們打電話給人在洛杉磯的馬斯克，告訴他剛剛發生的一切，他們建議將火箭送回洛杉磯。「我們所有人站在那裡，等他開口，」哈里斯說，「他沉默了一會，然後說『不，你們直接去瓜加林島，在那裡把火箭修好』。」哈里斯回想起當時的情況說，當他們抵達瓜加林島，第一個反應是「天啊，我們完了」，但是過了一天，所有人又變得亢奮，「我們開始告訴自己，『我們一定會成功的』。」

發射總監布札與火箭結構設計主管湯普森，在 SpaceX 總部火速打包他們需要的設備，包括避免燃料槽內部晃動的擋板，然後將所有設備送上馬斯克的私人噴射機，從洛杉磯飛到瓜加林島。抵達後，他們看到一群工程師大半夜瘋狂地工作，趕忙修復受損的火箭，就像是急診室裡的醫生，努力想辦法救治病人。

歷經 SpaceX 前三次失敗之後，馬斯克更重視品質控管與風險降低程序。布札說：「所以現在我們會稍微放慢速度，完成更多紀錄與檢查。」他告訴馬斯克，如果要遵循這些新規定，需要五週才能完成修復。如果他們可以不理會那些規定，只需要五天就可完成。馬斯克做出了預期中的決定，他說：「沒問題，盡快修好。」

馬斯克推翻了原先關於品質管控的命令，這讓布札學到兩件事：當情況出現變化，馬斯克自己也會跟著改變，而且他比任何人都願意冒險。「這是我們必須學習的，伊隆會提出某個說法，然後隨著情況變化，他會明白，啊，不對，我們其實可以用另一種方式做事。」布札說。

團隊在瓜加林島上頂著烈陽全力趕工，一隻長約 1 公尺的超大椰子蟹就在一旁盯著他們。他們把它取名為伊隆，在椰子蟹的凝視下，他們順利在規定的五天期限內完成修復。布札說：「在航太產業，任何一家組織龐大的公司絕對無法想像，原來可以這樣工作。有時候他設定的荒謬期限，其實是有道理的。」

「第四次發射成功」

除非第四次發射成功，否則就是 SpaceX 的死期，私人創業家也可以領導太空探險的瘋狂想法或許會因此壽終正寢，而這也可能是特斯拉的末日。馬斯克說：「我們將無法為特斯拉籌措新資金。大家會說，『你看那傢伙的火箭公司倒了，他就是個失敗者』。」

第四次發射的時間，預定在 2008 年 9 月 28 日，馬斯克打算在 SpaceX 洛杉磯總部的指揮車上觀看。為了緩解緊張，金博爾提議，當天早上帶他們的小孩去迪士尼玩。週日的迪士尼擠滿了人潮，他們沒有安排貴賓通行，不過大排長龍，反而是一件好事，能穩定馬斯克的心情。他們一起玩了「飛越太空山」雲霄飛車，真的很應景，這顯然是個隱喻，儘管有點牽強。

馬斯克穿著米色高爾夫球衫、褪色牛仔褲前往迪士尼，然後衣服也沒換就直接趕去指揮車，發射時間就在當天下午四點。他從其中一台監視器螢幕看到獵鷹一號直立在瓜加林島的發射台上。控制中心裡寂靜無聲，只有一名女性緩慢謹慎地倒數計時。

當火箭離開發射塔，控制中心響起歡呼聲，但馬斯克依舊不發一語地看著數據不斷傳送到他的電腦裡，牆上的監視器播放著火箭攝影機回傳的畫面。60 秒後，影片顯示引擎冒出的煙霧開始變暗。這不是什麼問題：這代表火箭已經到達氧氣較為稀薄的高空。瓜加林環礁上的小島漸行漸遠，彷彿藍綠色海面上的一串珍珠。

兩分鐘後，到了火箭分離時間。助推器引擎停止運轉，5 秒後第二節火箭才會開始分離，避免出現導致第三次發射任務失敗的撞擊意外。當第二節火箭緩緩分離，馬斯克終於可以放心高聲歡呼。

第二節火箭的紅隼引擎表現良好，引擎噴嘴因為溫度升高發出暗紅色亮光，但是馬斯克知道，金屬材料會因為高溫發出亮光，不會有任何損傷。升空 9 分鐘之後，紅隼依照原先計畫停止運轉，酬載進入軌道。此時歡呼聲震耳欲聾，馬斯克情緒激動地振臂歡呼。站在他身邊的金博爾，忍不住哭了出來。

獵鷹一號創造了歷史，成為第一枚由私人企業建造、成功從地面升空進入軌道的火箭。波音的火箭團隊大約有 5 萬人，然而馬斯克與僅有 500 名員工的小團隊，從零開始設計系統，所有興建工程都由他們一手包辦，幾乎沒有委外。所有資金也都是私人出資，其中大部分是馬斯克自己掏錢。SpaceX 雖然與 NASA 和其他客戶簽約，執行發射任務，但是只有等到發射成功，他們才能收到錢。他們沒有領取任何補助，或是簽訂成本加成合約。

「這真是太棒了，」馬斯克走進工廠時大叫。所有員工在餐廳旁大聲歡呼：「第四次發射成功！」他在他們面前跳起愛爾蘭捷格舞（jig）。當員工再次大聲喝采，馬斯克又開始說話結巴，而且比平常還要嚴重。「我覺得心很累，所以不知道要說什麼，」他喃喃自語說道。但是，緊接著他開始分享自己的未來願景，「這只是第一步，接下來還有很多事情要做。明年我們要將獵鷹九號送進軌道，搭載天龍號（Dragon）太空船飛行，取代太空梭。我們還有很多事情要做，甚至是前往火星。」

雖然他面無表情，但在發射時，他的胃就開始絞痛，幾乎要嘔吐。火箭發射成功，他卻很難感受到喜悅。他說：「我的皮質醇（壓力荷爾蒙）指數、腎上腺素實在太高，所以很難感覺快樂。我只是覺得鬆了一口氣，就像是死裡逃生，但完全沒有喜悅的感覺。我實在太緊張了，快樂不起來。」

「我愛 NASA」

第四次發射成功之後，由私人企業執行太空探險的可能性得到了證明。「就好比羅傑・班尼斯特（Roger Bannister）是第一位在 4 分鐘內跑完 1 英里的跑者，談到前往外太空，一般人總會想到許多限制，但 SpaceX 顛覆了人們的想法。」記者艾胥黎・范思（Ashlee Vance）寫道。

這次發射成功促使 NASA 改變方向。自從太空梭計畫停擺之後，美國就沒有能力運送太空人或貨物到國際太空站。後來 NASA 宣布開放讓廠商競標，負責執行載運貨物前往國際太空站的任務。獵鷹一號在第四次發射成功之後，馬斯克與蕭特威爾在2008年底一起飛到休士頓，與NASA的人會面，爭取合約。

走出馬斯克的私人噴射機之後，馬斯克將蕭特威爾拉到一旁，在飛機跑道上聊了一會。他對她說：「NASA的人擔心我必須分心管理特斯拉和SpaceX，我需要一位夥伴。」要馬斯克自己提出這個想法，真的很不容易。他很擅長指揮、下命令，卻不懂得如何與人合作。接著，他提供她一個職位：「你想成為SpaceX總裁嗎？」他會繼續擔任執行長，他們兩人將共同分擔管理責任。他說：「我主要負責工程與產品開發，希望由你來負責顧客管理、人力資源、政府事務，以及大量的財務決策。」她立刻接受他的提議。「我喜歡和人打交道，而他喜歡和硬體與設計打交道。」她解釋說。

12月22日，馬斯克的手機鈴響，似乎是在宣告2008年的一連串霉運終告落幕。NASA的太空飛行主管比爾．格斯登梅爾（Bill Gerstenmaier）打電話告訴馬斯克：SpaceX將會拿到價值16億美元的合約，負責執行12趟往返國際太空站的任務。馬斯克回覆說：「我愛NASA。你們超強！」接著，他把自己的電腦密碼改成「ilovenasa」。

31

拯救特斯拉

2008 年 12 月，從破產邊緣起死回生

熱愛各種奇怪風險，在一次生日派對上勇敢面對矇眼飛刀手。

絕地反攻，逆轉結局

拿到 NASA 合約，馬斯克也只高興了幾分鐘。事實上，他的壓力絲毫沒有減少。這一年聖誕節，SpaceX 的危機可望暫時解決，但特斯拉依舊得面臨 2008 年底可能破產的風險，估計在聖誕夜當天公司就會燒光現金。不論是公司或馬斯克個人，都沒有足夠的銀行存款支付員工薪水。

馬斯克努力向現有投資人爭取支持，希望他們認購新股，但只能募得 2,000 萬美元。這筆錢只夠特斯拉勉強再撐幾個月。就在馬斯克以為籌資計畫已經大致底定時，卻發現其中一位投資人竟然退縮了，那就是薩爾茲曼領導的制高點創投。如果要發行新股，就必須獲得所有的現有投資人同意才行。

過去幾個月，關於公司的經營策略方向，薩爾茲曼與馬斯克一直出現分歧。兩人一度在特斯拉總部大吵，連員工都聽得見。薩爾茲曼希望特斯拉成為其他車廠（例如克萊斯勒）的電池組供應商。薩爾茲曼說：「這樣就能提供特斯拉成長需要的資金。」馬斯克卻覺得這想法太可笑了：「薩爾茲曼一直堅持，我們應該以某家傳統大車廠為目標。我跟他說，那艘船實際上就快要沉了。」

薩爾茲曼對於特斯拉在電動車量產之前，就先動用 Roadster 顧客預付款這件事，感到很不安。他說：「顧客認為他們是支付預付款，不是提供無擔保貸款給公司融資使用，這是違反道德的。」但後來馬斯克尋求外部律師提供法律意見，確認這種做法是合法的。另一方面，薩爾茲曼對於馬斯克的行為極度反感，「他對人太嚴厲，完全不顧及他人感受，他大可不必這樣。這是他 DNA 的一部分，但我無法接受。」

薩爾茲曼在一次非正式的董事會視訊會議上，積極運作，試圖把馬斯克趕下台。與會的人不知道金博爾也在線上監聽。金博爾說：「看到這些惡毒的蠢貨對伊隆所做的一切，我就覺得火大。我開始大吼，『不可能，門都沒有，你們不能這樣做。你們只是一群蠢貨』。」格拉西亞斯也參與了這場視訊會議，他說：「不，我們要支持馬斯克。」金博爾打電話給哥哥，他有權阻止董事會投票。但當下馬斯克有些恍神，注意力無法集中，他甚至沒有發脾氣。

薩爾茲曼和他的合夥人堅持馬斯克親自到他的辦公室，詳細說明特斯拉未來的資金需求。薩爾茲曼說：「他想要進行開心手術，我們必須確保他輸血的血型是對的。如果一個人過度控制公司，而且承受龐大壓力，情況就會變得非常危險。」

馬斯克忍不住發飆。他對薩爾茲曼說：「如果現在不行動，就會付不出薪水。」但薩爾茲曼堅持下星期再碰面，還把會面時間訂在早上七點，這又再度惹怒了馬斯克。「我是夜貓子，」馬斯克說，「那時候我覺得薩爾茲曼之所以這樣對我，只因為他就是個混蛋。」馬斯克認為，薩爾茲曼只是正好逮到機會，能夠雙眼直視他、對他說「不」，這就是實際發生的情況。

馬斯克可以表現得寬宏大量，就如同他當初選擇與 PayPal 夥伴們和解一樣。但有些人就是會激怒他，幾乎讓他抓狂。艾伯哈德就是其中一個，現在薩爾茲曼是另一個。馬斯克認為，薩爾茲曼是故意要讓特斯拉破產。馬斯克說：「他真的很討人厭。當我說他是混蛋時，我只是在描述事實，沒有輕蔑的意思。」

薩爾茲曼心平氣和地否認馬斯克的指控，對於他的侮辱似乎顯得無所謂。「我們沒有任何計畫要接管公司，或是強迫公司宣布破產，」他說，「這太荒謬了。我們的角色只是支持一家公司，確保這家公司理智地運用資金。」儘管馬斯克對他發動人身攻擊，但薩爾茲曼還是很欣賞馬斯克的某些貢獻，「他是這家公司的唯一推手，這做法確實有效，都要歸功於他。我要向他致意。」

由於薩爾茲曼堅持反對股權募資，馬斯克不得不緊急修改融資計畫，不發行更多新股，改採借貸方式。最後決定生死的視訊會議，就訂在聖誕夜當天，也就是 SpaceX 拿到 NASA 合約的兩天後。馬斯克和妲露拉一起待在金博爾位在科羅拉多州波德市的住家。妲露拉回想說：「我坐在地上包裝孩子們的禮物，伊隆在床上講電話，情緒激動地想要把事情搞定。對我來說，聖誕節是很重要的日子，所以我要做的第一件事，就是不讓小孩受到當下處境的影響。我一直告訴他們，『今天是聖誕節，一定會有奇蹟發生』。」

果真有奇蹟發生。最後，制高點創投決定和其他參加視訊會議的投資人，一起支持馬斯克的融資計畫。馬斯克崩潰大哭。他說：「如果是另一種結果，特斯拉就會倒閉。這麼多年來打造電動車的夢想恐怕也會跟著破滅。」當時美國主要車廠全都放棄了生產電動車。

政府貸款與戴姆勒投資

過去幾年，外界時常批評特斯拉在 2009 年得到政府「紓困」或是「補助」。事實上，特斯拉並沒有從美國財政部的「問題資產紓困計畫」（Troubled Asset Relief Program, TARP，也就是一般人所說的紓困計畫），拿到補助款。美國政府根據這項計畫，提供 184 億美元貸款給通用汽車與克萊斯勒，協助這兩家公司進行破產重整。但特斯拉並沒有申請問題資產紓困計畫或是任何刺激方案補助。

特斯拉的確在 2009 年 6 月取得 4.65 億美元的補助，不過這是來自能源部一項計畫的附息貸款。這項計畫名為「先進科技車輛製造貸款計畫」（Advanced Technology Vehicles Manufacturing Loan Program），主要目的是提供貸款給生產電動車或是節能汽車的企業。除了特斯拉，福特、日產與菲斯克汽車（Fisker Automotive）*也都獲得了貸款。

能源部雖然同意提供貸款給特斯拉，但不會立即撥款。這和通用汽車與克萊斯勒取得的紓困補助不同，能源部的貸款取決於實際開銷。馬斯克解釋說：「我們要先花錢，然後拿著收據向政府請款。」直到 2010 年初，特斯拉才收到第一筆貸款。三年後，特斯拉還清貸款與 1,200 萬美元的利息，日產則在 2017 年才還清，菲斯克後來破產，至於福特，到了 2023 年都還沒有還清貸款。

此外，特斯拉還獲得一筆更大資金，背後金主是戴姆勒（Daimler）。2008 年 10 月，正當特斯拉陷入危機、SpaceX 火箭發射失敗之際，馬斯克飛到斯圖加特（Stuttgart），造訪這家德國車廠的總部。戴姆勒高層告訴馬斯克，他們對於生產電動車非常感興趣。他們有一組團隊計劃在 2009 年 1 月前往美國，屆時希望能邀請特斯拉提案，展示電動車版的戴姆勒 Smart 車款。

---

* 創辦人是知名汽車設計師亨利克．菲斯克（Henrik Fisker），請見下一章。

馬斯克回到美國後，告訴史特勞貝爾，要在戴姆勒高層抵達美國之前，趕工打造電動版 Smart 原型車。他們指派一名員工前往墨西哥，因為那裡才買得到只用汽油的 Smart。這名員工買到車後，一路開回加州。特斯拉員工將 Roadster 的電動馬達與電池組安裝到 Smart 上。

2009 年 1 月，戴姆勒高層抵達特斯拉，這些高階主管滿臉不悅，覺得公司竟然安排他們參訪一家現金短缺、名不見經傳的小公司。馬斯克說：「我記得一開始他們非常煩躁，只想趕快離開。他們原本以為會看到漏洞百出的簡報。」但馬斯克問他們，想不想開那台車。其中一位戴姆勒主管問說：「什麼意思？」馬斯克解釋，他們已打造了一台原型車。

他們一起走去停車場，讓戴姆勒高層試駕。這輛車大約在 4 秒內，時速便達到約 100 公里。所有人都驚呆了。馬斯克說：「Smart 能飛速奔馳。你們可以開著那台車，表演後輪平衡特技。」最後，戴姆勒與特斯拉簽約，由特斯拉供應 Smart 電動車的電池組與動力系統，這其實與當初薩爾茲曼的提議沒有多大差別。馬斯克要求戴姆勒考慮投資特斯拉。2009 年 5 月，戴姆勒同意投資 5,000 萬美元取得特斯拉股權，當時特斯拉申請的能源部貸款還未通過核准。「如果那時候戴姆勒沒有投資特斯拉，我們就完了。」馬斯克說。

32

首部電動房車 Model S

2009 年，改變汽車業的遊戲規則

負責電池設計的巴格利諾（左）；馬斯克和特斯拉設計總監范霍茲豪森（右）。

挑戰菲斯克的設計理念

由於特斯拉在 2008 年聖誕節的融資計畫順利啟動，再加上戴姆勒同意投資，以及政府貸款獲得核准，馬斯克終於可以推動他的新計畫。如果計畫成功，特斯拉將成為一家真正的汽車公司，帶領產業進入電動車時代。馬斯克計劃打造一款符合主流市場的四門房車，成本大約是 6 萬美元，而且是大量生產。這個車款正是後來大家熟知的 Model S。

馬斯克曾花費大量時間投入特斯拉第一款電動車 Roadster 的設計，但當他試圖與團隊一起設計四門房車時，卻發現挑戰更大。馬斯克說：「跑車的線條與比例就像超級模特兒，要設計得好看相對來說較容易。但四門房車的車身比例，比較難設計得好看。」

特斯拉原本與亨利克．菲斯克（Henrik Fisker）簽約，這位丹麥出生的設計師住在南加州，曾成功打造出風格感性的 BMW Z8 與奧斯頓馬丁 DB9。但馬斯克不怎麼喜歡他的新設計。他指著菲斯克繪製的設計草圖說，「整台車看起來就像是放在輪子上的一顆該死的雞蛋，車頂應該要低一點」。

菲斯克試著對馬斯克解釋問題出在哪。為了安裝電池組，必須提高汽車底板高度，所以車頂也會隨之提高，才能保留足夠的車內高度。菲斯克走到白板前，畫出馬斯克喜歡的奧斯頓馬丁設計草圖，車子造型又低又寬，但 Model S 沒辦法擁有如此優美的比例，問題出在電池組的位置。菲斯克解釋說：「想像一下，你和喬治．亞曼尼（Giorgio Armani）正在觀看服裝秀，一位身高 180 公分、體重 45 公斤的模特兒穿著禮服走過來，你和太太一起來看秀，她身高150公分、體重70公斤，然後你對亞曼尼說，『幫我太太製作一套那樣的禮服』，這兩套禮服看起來不會一樣的。」

馬斯克要求更動數十個地方，包括大燈的形狀與引擎蓋的線條。菲斯克自詡為藝術家，他告訴馬斯克為什麼不想更動某些設計。馬斯克在某個時刻這樣回答：「我不在乎你是怎麼想的，我現在命令你修改設計。」菲斯克回想起馬斯克混亂的高強度工作模式，語氣有些疲累，帶著自我解嘲的意味說：「我真的不是馬斯克那種類型的人，我個性比較懶散。」九個月後，馬斯克終止菲斯克的合約。

特斯拉設計總監范霍茲豪森

法蘭茲・范霍茲豪森（Franz von Holzhausen）在康乃狄克州出生，後來搬去南加州生活，但就像他歐風十足的名字一樣，具有歐洲人的內斂冷靜。他穿不含動物成分的科技皮革外套和緊身牛仔褲，總是面帶微笑，同時展現出自信與謙虛有禮的態度。他畢業於設計學院，曾在加州的福斯汽車（Volkswagen）、通用汽車與馬自達（Mazda）等車廠工作，已是業內資深的設計高手。但他發現自己陷入「一再重複同樣流程的無限迴圈」，一直做著無聊的專案。

范霍茲豪森很喜歡開卡丁車，一位同好向馬斯克提到了他的名字。當時正是壞消息不斷的2008年夏季，特斯拉準備在聖塔莫尼卡大道，開設第一間展示中心，而范霍茲豪森的朋友正好是工作人員。馬斯克取消與菲斯克的合約後，一直在找人協助成立特斯拉的設計工作室。於是馬斯克打電話給范霍茲豪森，他同意當天下午前來會面。馬斯克先帶他參觀 SpaceX，讓他大開眼界。范霍茲豪森覺得很不可思議的說：「他都要把火箭送上太空了，汽車相對來說容易多了。」

當天傍晚，在聖塔莫尼卡展示中心的開幕派對裡，兩人繼續之前的對話。他們走進一間會議室，遠離其他派對賓客，馬斯克向他展示菲斯克為 Model S 繪製的設計草圖。范霍茲豪森說：「這真的不行，我可以幫你做出很棒的設計。」馬斯克笑了：「好，就這麼辦。」他當場就雇用范霍茲豪森。後來他們成了最佳拍檔。

就如同賈伯斯與強尼・艾夫（Jony Ive）*，不論在工作或生活上，范霍茲豪森都是馬斯克能和平相處、不會發生戲劇化衝突的少數朋友之一。

馬斯克希望設計工作室設置在 SpaceX 洛杉磯總部，就在他的辦公隔間旁邊，而不是特斯拉的矽谷辦公室內，但是他沒有錢打造全新的辦公空間。所以他將火箭工廠後方、靠近火箭頭錐組裝區的某個角落空出來給范霍茲豪森使用，並搭起了帳篷，讓他的團隊保有一些隱私。

范霍茲豪森上任後隔天，與蕭特威爾站在 SpaceX 工廠的員工餐廳旁，盯著監視器畫面，當時是 2008 年 8 月，SpaceX 正在瓜加林島上執行第三次發射任務。當火箭分離後，助推器輕微傾斜，撞上第二節火箭，發射失敗了。范霍茲豪森頓時明白，自己是捨棄馬自達安逸的工作，替一個沉迷於風險與戲劇化的瘋狂天才工作。當時 SpaceX 和特斯拉兩家公司同時瀕臨破產邊緣，他說：「世界末日就要來臨。有時我會想，天啊，我們可能撐不到向世人展示，我們一直夢想著要打造的好車。」

范霍茲豪森需要工作夥伴，所以聯繫認識多年的朋友戴夫・莫里斯（Dave Morris）。莫里斯也在汽車業工作，是一位黏土模型師與工程師，說話帶有悅耳的道地英國腔，因為他小時候曾在北倫敦生活一段時間。范霍茲豪森對莫里斯說：「你不知道這個團隊有多麼獨立刻苦，就像是車庫搖滾樂團。我們可能會破產。」但當范霍茲豪森帶著莫里斯穿越火箭工廠、前往設計工作區時，莫里斯被迷住了。莫里斯心想：「如果他這麼熱愛火箭，而且想要生產電動車，我會想接下這份工作。」

後來馬斯克買下 SpaceX 工廠旁邊一座老舊的飛機棚，做為范霍茲豪森與設計工作室的辦公室。他幾乎每天都來這裡聊天，每週五花一、兩個小時召開設計審查會議，密集討論所有設計環節。新版的 Model S 逐漸成形。

一開始，范霍茲豪森會把設計草圖和規格表拿給馬斯克看，但過了幾個月之後，他發現馬斯克看到 3D 模型時最能暢快提出回饋意見。所以他和莫里斯找了幾個雕塑家合作，完成一台符合真實尺寸的模型車，並且持續不斷改進。每週五下午，當馬斯克要來開會時，他們就把模型車推到辦公室外，移到陽光普照的停車場上，等待馬斯克給予回饋意見。

設計與工程結合

為了避免 Model S 的外型看起來像球一樣圓滾，馬斯克必須盡可能讓電池組變薄。因為他希望把電池組放在汽車底板下方，

---

* 曾擔任蘋果公司的設計長，主管產品設計與介面設計，是許多蘋果產品的主要設計者與概念發想者，包括 MacBook Pro、iMac、MacBook Air、iPod、iPod touch、iPhone 和 iPad 等。

這和 Roadster 的設計不一樣，Roadster 的箱型電池組是放在兩個座位後方。降低電池的位置高度，能讓汽車更容易操控，而且幾乎不可能翻覆。「我們花了很多時間，想辦法讓電池組縮減幾毫米，確保汽車內部有足夠的高度，又不會看起來像球一樣。」馬斯克說。

負責電池設計的是剛從史丹佛大學畢業的德魯．巴格利諾（Drew Baglino）。相較於一般的工程師，巴格利諾顯得風度翩翩、笑容可掬。他在幾年後成為特斯拉的高階主管，不過第一次和馬斯克開會後，他差點就提辭呈。馬斯克問他：「要達到我們的續航目標，需要幾顆電池？」巴格利諾和動力系統團隊的其他成員，早已經花了好幾個星期研究這個問題，他說：「我們跑了幾十個模型，觀察空氣動力能調到多順暢，以及如何提高傳動系統的效率，和每顆電池可以達到多大的能量密度。」接著，他提出了他們的答案：「電池組需要大約 8,400 顆電池。」

「不行，用 7,200 顆去做。」馬斯克回說。

巴格利諾認為，這根本不可能做到，但在脫口而出之前忍住了。他早已聽說過馬斯克受到挑戰就會暴怒的傳言。但他發現，在那場會議之後，自己仍然一次又一次承受馬斯克的怒火。巴格利諾回憶說：「他真的很嚴厲，喜歡挑戰報告的人，但那不一定是最好的方法。他甚至開始攻擊我。」

巴格利諾告訴他的主管，也就是特斯拉的共同創辦人史特勞貝爾，自己大受打擊：「我再也不想和馬斯克開會了。」沒想到，早已經歷無數次類似場景的史特勞貝爾竟然對他說，那其實是「很棒」的會議。史特勞貝爾說：「那正是我們需要的回饋意見。你只要學會如何因應他的要求，釐清他的目標是什麼，並且不斷提供他資訊。這樣他就能得出最好的結果。」

就以電池的例子來說，最後結果連巴格利諾自己都覺得不可思議，「他設定了 7,200 顆的目標，最後我們確實只用了 7,200 顆電池，這真的很瘋狂。他是用直覺做計算，但他算對了。」

馬斯克成功縮減電池數量之後，開始專心思考如何降低電池組的位置高度。如果放在汽車底板下方，必須有適當保護，以免石頭或碎片刺破電池。團隊裡其他較謹慎的成員，希望在電池下方加裝一塊厚板，馬斯克只好一次又一次和他們攤牌說「不」。會議有時會變成叫罵大賽。「當伊隆進行人身攻擊，工程師就會開始抓狂。他們覺得被迫做不安全的事情，」史特勞貝爾說，如果他們堅持己見，就好比是在一頭公牛前方揮舞紅色斗篷，「馬斯克好勝心超強，如果有人挑戰他，代表這場會議大概完蛋了。」

馬斯克後來雇用來自英國、待人處事彬彬有禮的彼得．羅林森（Peter Rawlinson）擔任 Model S 總工程師。羅林森曾經參與蓮花與 Land Rover 的車身設計，兩人一起找到了解決辦法，不再單純把電池組放在汽車底板下方，而是透過工程設計，將電池組變成汽車結構的一部分。

這個例子展現了馬斯克的方針：負責繪製汽車外型的設計師，應該與決定如何建造汽車的工程師攜手合作。范霍茲豪森說：「在我服務過的其他地方，員工大多抱著做好份內工作的心態，設計師有了想法之後，就交給在另一棟大樓或另一個國家工作的工程師。」馬斯克把工程師和設計師放在同一個房間裡。「他期望我們培養出有能力像工程師一樣思考的設計師，以及有能力像設計師一樣思考的工程師。」

這是遵循賈伯斯與艾夫在蘋果建立的原則：設計不只與美學有關，真正的工業設計必須讓產品的外觀與工程結合。賈伯斯曾解釋說：「在多數人的字彙裡，設計只是虛飾外表。如果你以為這就是設計的意義，那就大錯特錯了。設計是人工創造物的核心靈魂，藉由一層又一層的外表來展現自身。」

讓駕駛與汽車建立情感連結

特斯拉還沿用了蘋果設計工作室的另一個原則。艾夫在 1998 年設計了糖果色系、使用介面友善的 iMac，還特地為新電腦設計了內凹式把手。這把手其實不太有用，因為 iMac 是桌上型電腦，使用者不會隨身攜帶。但這個設計釋放出友善的訊息。艾夫解釋：「如果電腦上有把手，會讓一段關係變成可能。代表這台電腦是可親近的，允許你去觸碰它。」

范霍茲豪森沿用了類似的設計概念，他讓車門把手與車身表面齊平，當駕駛拿著鑰匙接近時，車門把手會自動彈出、發出亮光，就像是和人們開心握手一樣。這個設計並沒有增加任何重要功能，一般的按壓式車門把手也很好用。但是馬斯克看到之後立即愛上范霍茲豪森的設計，因為它傳遞友善的訊息，讓人覺得開心。「把手會感應到你正在接近，發出亮光，然後向外彈出迎接你，這真的很神奇。」他說。

但是工程與生產團隊反對這個設計。車門內部沒有足夠空間容納這個機械裝置，而且這個裝置必須能在不同氣候條件下操作數千次。一位工程師用馬斯克最愛說的字眼回敬他：「愚蠢。」但馬斯克依舊堅持己見。他下令：「別再跟我爭論這個問題。」最後，這項設計成了特斯拉電動車的經典特色，讓駕駛與汽車之間建立了情感連結。

馬斯克向來不甩任何規範，也不喜歡依照其他人設定的規則做事。當 Model S 的設計接近完成時，某天他坐進車裡，拉下副駕駛座的遮陽板。「這是什麼鬼東西？」他問道，一手指著政府規定必須加上的安全氣囊警告貼紙，上面說明如果有小孩坐在副駕駛座，要如何停用安全氣囊。莫里斯解釋說，這是政府要求的。馬斯克說：「把貼紙撕掉，人們不是笨蛋，這些貼紙太蠢了。」

為了規避政府要求，特斯拉設計了一套新系統，一旦偵測到有小孩坐在副駕駛座，就會阻止安全氣囊展開。但這項設計無法讓政府滿意，馬斯克也不願讓步。接下來幾年，特斯拉不斷與國家公路交通安全管理局（National Highway Traffic Safety Administration）來回溝通，因為每隔一段時間，管理局就以特斯拉沒有加上警告貼紙為由，發出召回通知。

馬斯克希望在 Model S 安裝大型觸控螢幕，讓駕駛觸手可及。他和范霍茲豪森花了好幾個小時反覆討論螢幕尺寸、形狀和位置。後來這個觸控螢幕徹底顛覆了汽車業的遊戲規則，從此駕駛可以更方便地調整車燈、溫度、座椅位置、懸吊系統。除了不能用來打開置物箱（基於某些原因，政府規定必須安裝實體按鈕），汽車內幾乎所有功能都可透過觸控螢幕控制。觸控螢幕也讓車內增加了許多娛樂，包括電玩遊戲、副駕駛座的放屁聲、不同的喇叭音效，以及隱藏在介面裡的復活節彩蛋玩笑。*

* 特斯拉軟體提供的有趣功能，車主可以自行設定特殊音效，包括山羊叫聲、鼓掌歡呼聲、貴族腔說話聲、放屁聲等等。

最重要的是，特斯拉將汽車視為軟體，而不只是硬體，這讓它可持續升級，透過雲端增加新功能。馬斯克說：「這真的很不可思議，未來幾年我們可以增加無數功能，包括更快的加速度。你的車會比當初購買時擁有更好的性能。」

33

揭開太空商業序幕

2009 至 2010 年，徹底顛覆航太業成本結構

2010 年，陪同歐巴馬總統參觀卡納維爾角的火箭發射基地。

一次次創造出新事物

SpaceX 成功贏得 NASA 的合約，協助運送物資到國際太空站。但現在 SpaceX 面臨了一大難題：需要建造比獵鷹一號動力更強大的火箭。

原本馬斯克計劃下一枚火箭配備五具引擎，不是只有一具，所以被稱為獵鷹五號，而且引擎本身也要更強大。但穆勒擔心，建造新引擎會花費太長時間，於是說服馬斯克接受修改的版本：打造一枚配備九具灰背隼引擎的火箭。獵鷹九號火箭於焉誕生。未來長達十多年的時間，獵鷹九號成為 SpaceX 的發射主力。新火箭總長約 48 公尺，是獵鷹一號的 2 倍多，動力是 10 倍、重量是 12 倍。

除了新火箭之外，他們還需要建造位於火箭頂端新的太空船。太空船艙內可搭載貨物（或太空人），隨著火箭發射進入軌道，與國際太空站對接，然後返回地球。每個週六早上，馬斯克與一群工程師召開腦力激盪會議，從零開始設計新太空船，他把它取名為「天龍號」（Dragon），靈感來自歌曲〈魔龍傳說〉（Puff the Magic Dragon）*。

最後，他們需要可以定期用來發射新火箭的場地，但絕不是瓜加林島，因為要將獵鷹九號重型火箭運送到太平洋另一端，實在太困難了。相反的，SpaceX 與位在卡納維爾角（Cape Canaveral）的甘迺迪太空中心（Kennedy Space Center）達成協議，未來 SpaceX 可以使用太空中心部分設施。甘迺迪太空中心靠近佛羅里達州大西洋沿岸，占地達 5.8 萬公頃，有將近 700 棟建築物、發射台與發射複合體。SpaceX 租用了 40 號發射台，自

1960 年代開始，美國空軍曾使用這座發射台發射泰坦（Titan）火箭。

為了重建發射複合體，馬斯克雇用一位名叫布萊恩．莫斯德爾（Brian Mosdell）的工程師，他曾在洛克希德與波音合資成立的「聯合發射聯盟」（United Launch Alliance）任職。馬斯克面試新人時，常會給人難堪。他會一心多用，眼神茫然，有時候整整一分鐘或是更長的時間一句話也不說（應徵者事先會收到警告，只要好好坐在位置上，不要試著打破沉默）。但如果馬斯克認真投入面試，真正想要雇用某個人，就會和對方深入討論技術細節。使用氦、不使用氮，是基於什麼科學理由？完成水泵軸封與迷宮式排淨作業，最有效方法是什麼？馬斯克說：「我天生擁有很好的神經網絡，只要問幾個問題，就能評估一個人的表現能力。」最後，莫斯德爾順利得到工作機會。

在馬斯克的經常督促之下，莫斯德爾採取了 SpaceX 慣用的東拼西湊方式，重新建造發射複合體。他和他的主管布札四處尋找可以重複利用的便宜零組件。某天布札在卡納維爾角的某條路上開車，看到一座老舊的液態氧氣儲槽。他說：「我問上將，我們能不能買下那座儲槽。後來我們順利得到了價值 150 萬美元、原本已廢棄的壓力容器。現在，這座儲槽還擺放在 40 號發射台。」

馬斯克也會不斷質疑政府單位設定的規範，希望能盡可能節省成本。當他詢問團隊，為什麼建造吊掛獵鷹九號的兩台起重機

* 1962 年由美國三重唱團體「彼得、保羅和瑪麗」（Peter, Paul and Mary）演唱的歌曲，歌詞描述一位小男孩和一隻魔龍在海上冒險的故事。

成本高達 200 萬美元，團隊成員將空軍要求的安全規範拿給馬斯克看。其中有許多規定都已過時，後來莫斯德爾說服空軍修改規定。最後，兩台起重機的成本只要 30 萬美元。

數十年來，成本加成合約導致航太產業極度缺乏競爭力。火箭內部某個閥門的價格，可能是汽車內部某個類似閥門的 30 倍。所以馬斯克不斷施壓團隊，向非航太企業採購零件。NASA 在國際太空站使用的門閂，每個要價 1,500 美元。SpaceX 工程師卻有辦法將廁所隔間使用的門閂，改造成可鎖上的機械裝置，每個成本只要 30 美元。有位工程師走到馬斯克的辦公隔間告訴他，獵鷹九號酬載區的空氣冷卻系統價格超過 300 萬美元，馬斯克立刻朝著坐在隔壁座位的蕭特威爾大聲問說，一般家用的空調系統是多少錢。她回答：大約 6,000 美元。於是 SpaceX 團隊買了幾台市售空調機，重新改造內部的泵浦，好讓泵浦能夠在火箭上順利運轉。

當莫斯德爾在洛克希德與波音工作時，就曾經在卡納維爾角為三角洲四號（Delta IV）火箭，重新興建發射複合體。他為獵鷹九號興建的發射複合體和之前的相當類似，但成本只有原來的 10%。SpaceX 不僅讓太空任務商業化，更徹底顛覆了航太產業的成本結構。

歐巴馬參觀 SpaceX

2008 年 9 月初，歐巴馬詢問競選顧問洛瑞．加弗（Lori Garver）關於太空議題：「有人告訴我，我們應該延續太空梭計畫。真的是這樣嗎？」

她回答說：「不，可以交給私人企業。」提出這樣的建議，是有風險的。當時 SapceX 已經歷三次發射失敗，還沒有發射任何衛星進入軌道，不久之後，要準備執行第四次發射任務，而且有可能是最後一次。

加弗曾在 NASA 工作多年，她正試圖說服這位民主黨提名的總統候選人，美國的火箭建造政策必須改變。NASA 正計劃讓太空梭退役，改以「星座」（Constellation）火箭計畫取而代之。不過，運作方式仍延續傳統：NASA 已和洛克希德與波音合資成立的聯合發射聯盟，簽訂成本加成合約，由這家公司負責製造大部分的零組件。計畫的預估成本已經成長兩倍多，但距離完成卻還有一大段距離。加弗建議歐巴馬放棄原本的計畫，讓私人企業例如 SpaceX，負責開發可載運太空人進入外太空的火箭。

這也是為什麼加弗和馬斯克一樣，非常關注當年 9 月獵鷹一號在瓜加林島執行第四次發射任務的結果。發射成功之後，加弗接到歐巴馬高級幕僚的恭賀電話，後來歐巴馬任命她擔任 NASA 副署長。

但對加弗來說，很不幸的是，歐巴馬選擇了查理．波頓（Charlie Bolden）擔任她的主管。波頓曾是海軍陸戰隊飛行員與 NASA 太空人，他和加弗不同，並不是很熱衷與商業機構合作。波頓說：「我不像身邊其他人只是空談理論，他們認為我們要做的就是拿到 NASA 的預算，拿到載人太空飛行需要的所有資源，然後交給伊隆．馬斯克和 SpaceX。」

此外，在國會，加弗也有硬仗要打，有些議員雖是共和黨，但因為波音公司在他們的州有設立工廠，所以他們反對由私人企業接手本該由政府單位執行的業務。加弗說：「資深的業內人士與政府官員自然是樂於嘲笑 SpaceX 和馬斯克。馬斯克比他們年輕，比他們有錢，崇尚矽谷的破壞精神，對傳統產業缺乏敬意，這些特點沒有任何加分作用。」

2009 年底，加弗終於贏了。歐巴馬的科學顧問與預算局局長表示，NASA 的星座計畫「預算超支，進度落後，偏離原先規劃，無法執行。」歐巴馬決定終止 NASA 的星座計畫。但是，支持 NASA 的傳統保守派，包括備受尊敬的太空人尼爾·阿姆斯壯（Neil Armstrong）紛紛跳出來譴責這項決策。阿拉巴馬州參議員理查·謝爾比（Richard Shelby）表示：「總統提出的 NASA 預算計畫正葬送美國載人太空飛行的未來。」七年前，曾與馬斯克一起前往俄羅斯考察的前 NASA 署長葛里芬也指責說：「基本上，美國已經決定不再成為載人太空飛行的核心參與者。」

但是，他們都錯了。接下來十年，美國主要依靠 SpaceX 運送太空人、衛星與貨物進入太空的數量，比其他任何一個國家都還要多。

歐巴馬決定在 2010 年 4 月參觀卡納維爾角，藉此對外宣示，仰賴 SpaceX 等私人企業，並不代表美國放棄太空探險。他在演講中說道：「有些人說，用這種方式與私人企業合作根本行不通或是不明智。我不同意這個說法。購買太空運輸服務，而不是購買運輸載具，不僅可以持續確保太空任務能夠符合嚴格的安全標準，同時能加速創新速度，因為各家企業，包括新創公司與成熟的領導企業會相互競爭設計、開發與建造新工具，運送人類與物資上太空。」

總統的團隊已經決定，演講結束後，便直接前往其中一座發射台，站在火箭前方拍照。有媒體報導，原本總統想要前往聯合發射聯盟使用的發射台，但是這座發射台當時正準備發射機密商業衛星，所以原先的計畫遭到否決。但加弗澄清說那不是事實：「所有白宮幕僚都一致同意，我們想要去 SpaceX 的發射台。」

對於歐巴馬與馬斯克來說，都因此得到了一次寶貴的電視曝光機會。歐巴馬出生那年，約翰・甘迺迪（John Kennedy）保證，美國一定會送人到月球。如今這位年輕的總統與熱愛冒險的創業家，一邊繞行閃閃發亮的獵鷹九號，一邊隨興地聊天。馬斯克很喜歡歐巴馬。「我想他是溫和派，但他也願意強行推動改革，」他說。令馬斯克印象深刻的是，當時歐巴馬一直在努力打量他，「他大概很想知道我這個人到底是否值得信賴，或者只是一個不值得一提的瘋子。」

34

獵鷹九號升空

2010 年，成為最成功的私人火箭公司

馬斯克最親近的同事容克薩（中）帶著大家為獵鷹九號升空舉杯慶祝。

進入軌道

兩個月後，馬斯克終於有機會證明自己不是「不值得一提的瘋子」，或者至少證明了他其實很值得信賴。2010 年 6 月，獵鷹九號首度嘗試無人飛行進入軌道。

獵鷹一號成功發射之前，歷經三次失敗，獵鷹九號的規模比獵鷹一號更大、更複雜。馬斯克認為，第一次嘗試不可能成功。但現在他面臨諸多壓力，因為總統已經公開宣示美國的政策走向，未來將會倚賴商業機構執行發射任務。《華爾街日報》寫道：「只要發生一次慘痛的失敗，原本就已阻礙重重的遊說工作將會進一步受到打擊，未來白宮將更難說服國會同意花費數十億美元，協助 SpaceX 執行商業太空任務，取代退役的 NASA 太空梭，其他兩家競爭對手甚至也可能被拖累。」

只是天公不作美，正好碰上暴風雨來襲，火箭被淋溼，發射成功的機會更加渺茫。布札回想當時的情景說：「我們的天線全溼了，遙測信號變得不穩定。」他們將火箭從發射台卸下，馬斯克和布札一起走出去，檢查受損情況。之前在瓜加林島上為大家烹調燉牛肉的阿爾坦爬上階梯，檢查天線，確定天線已溼透了，無法正常運作。SpaceX 慣常的補救辦法，就是隨機應變。他們找到一台吹風機，對著天線吹，試著把水氣烘乾。馬斯克問阿爾坦：「你覺得明天能恢復正常、順利升空嗎？」阿爾坦回答：「應該可以。」馬斯克不發一語地看著他，認真評估他這個人和他的回答，過了一會兒，他說：「好吧，就這麼辦。」

到了隔天早上，團隊檢查無線射頻時，發現並未處於最佳狀態。「還不是完全正確的訊號模式，」布札說。於是他告訴馬斯克，可能要再延遲一段時間。馬斯克看著數據，一如既往地比其他人願意承擔更大風險。他說：「這樣已經夠好了，我們發射吧。」布札贊成。「和馬斯克工作很重要的一點：如果你告訴他有什麼風險，然後把工程數據拿給他看，他就會迅速評估，將責任從你的身上轉移到他自己身上。」布札說。

這次發射非常成功。馬斯克表示，「這證明總統的提議是正確的。」當天，他和欣喜若狂的團隊在可可比奇（Cocoa Beach）碼頭通宵開派對。這次發射成功也證明了 SpaceX 的能力。成立不到八年的 SpaceX，兩年前才剛面臨破產危機，現在已經成為全世界最成功的私人火箭公司。

安全返回

2010 年稍晚，SpaceX 進行了另一項重大測試，證明他們不僅有能力將無人太空船送入軌道，還能夠讓它安全返回地球。那時還沒有任何一家私人企業能夠做到。事實上，只有三個國家的政府：美國、俄國與中國有能力做到。

馬斯克再次證明，他願意且幾乎是不顧後果地冒險，這也正是他執行的太空計畫與 NASA 的差異所在。原本 SpaceX 預定 12 月發射，但發射前一天，團隊最後一次檢查發射台時，發現第二節火箭的引擎裙部出現兩道細微裂痕。當時擔任 NASA 副署長的加弗說：「NASA 所有人都認為應該延遲幾週，一般的做法是更換整個引擎。」

「如果我們切除裙部會怎樣？」馬斯克詢問他的團隊，「就是字面上的意思，將有裂痕的部分切除？」換句話說，為什麼不把底部有兩處裂痕的地方整個切除？其中一位工程師警告，裙部變短會使得引擎的推力稍微減少。但是馬斯克計算之後，認為仍有足夠推力完成任務。他在不到一小時內就做出了決定。於是團隊用一把大型剪刀切除有裂痕的裙部，隔天依照原定計畫，讓火箭發射升空，執行關鍵任務。「NASA 什麼事也不能做，只能接受 SpaceX 的決定，然後滿臉懷疑地看著火箭發射。」加弗回想時說道。

一如馬斯克原先的預測，火箭順利將天龍號太空船送入軌道，然後開始執行原先設定好的任務，點燃制動火箭（braking rocket），開始返回地球，最後張開降落傘，緩緩降落在加州海岸外的海面。

這次任務成功，是非常了不起的成就，但馬斯克沒有被成功沖昏頭。他清楚知道，五十年前的水星計畫（Mercury program）也曾達成類似成就，當時他或歐巴馬都還沒出生。所以，現在的美國只不過是趕上老一輩人的腳步而已。

SpaceX 不斷證明他們遠比 NASA 還要靈活。其中一個例子是 2013 年 3 月他們要執行運送太空船、與國際太空站對接的任務，當時天龍號引擎的某個閥門卡住。SpaceX 團隊絞盡腦汁，思考該如何終止任務，讓太空船在墜毀前安全返回地球。後來他們想到一個辦法，但是有風險。或許他們可以大幅增加閥門前方的壓力，緊接著瞬間釋放壓力，閥門或許會蹦開。「也就是太空船版本的哈姆立克急救法（Heimlich maneuver）。」馬斯克後來告訴《華盛頓郵報》記者克里斯第安・戴文波特（Christian Davenport）。

NASA 的兩位高層官員就站在控制中心後方，看著年輕的 SpaceX 工程師執行他們的計畫。其中一位工程師編寫了指示太空船加壓的長串程式碼，然後傳送程式碼，就像是為特斯拉電動車更新軟體一樣。

接著，他們聽到砰的一聲，真的奏效了，閥門蹦開了。天龍號成功與國際太空站對接，然後安全返回地球。

這讓 SpaceX 有機會接下另一次更重大的挑戰，不僅規模更大，風險也更高。在加弗不斷催促之下，歐巴馬政府終於決定，太空梭退役之後，將交由私人企業負責運送貨物和人類進入軌道，其中最知名的企業就是 SpaceX。馬斯克早已準備好。他很早就告訴 SpaceX 工程師，天龍號太空船一定要增加一個裝置，不過運送貨物時用不到它，那就是窗戶。

35

男人心底的小男孩

2010 年 9 月，與妲露拉結婚

與妲露拉在肯塔基德比。

「我可以選擇難走的路」

2008年，馬斯克與妲露拉第一次見面後，只過了幾星期就向她求婚。但兩人都同意，等兩年後再正式結婚。

馬斯克的情緒起伏很大，可以冷酷無情，但有時又很需要被關愛，當他陷入熱戀時，他則會表現得熱情洋溢。2009年7月，妲露拉回到英國參與電影《烏龍女校2》（*St. Trinian's 2*）的演出，這是一部描述女子寄宿學校的喜劇電影續集。兩年前，妲露拉參與了第一集演出。第一天的拍攝地點，是位在倫敦北部、靠近她兒時住家附近的一座莊園宅邸，拍攝結束後，妲露拉收到馬斯克送的500朵玫瑰花。

「當他生氣時，他是真的生氣；當他開心時，是真的很開心。他的熱情就像小孩一樣單純，」妲露拉談起馬斯克的性格時說，「他可以非常冷酷，但他對事物的感受是很純粹的，大多數人沒辦法像他那樣深刻。」

妲露拉感受最強烈的，是她口中所說的「男人心底的小男孩」。當馬斯克開心時，就會用極度亢奮的方式，展現天真的自我，「我們去看電影的時候，他會被電影的搞笑劇情吸引，盯著螢幕看得入迷，嘴巴微張，笑個不停，到最後，他會用手抱著肚子笑到彎腰，甚至真的笑到在地上打滾。」

但她也發現，這個男人內在的小男孩有時會以非常黑暗的方式顯現。兩人交往初期，他常熬夜到很晚，然後告訴妲露拉關於父親的事。她說：「我記得有天晚上，他開始大哭，對他來說，實在太痛苦了。」

每次談到類似話題，馬斯克就會陷入恍神狀態，重複父親常說的話。妲露拉回想時說道：「每當他告訴我這些事情的時候，他幾乎是處於無意識狀態，感覺並不是和我一起待在房間裡。」當她知道艾洛爾過去如何斥責馬斯克的時候，簡直不敢相信自己的耳朵，不僅是因為那些話聽起來非常殘忍，而是當馬斯克生氣時，也會說出某些相同的話。

妲露拉出身在充滿田園風光的英國鄉間，性格溫和、待人有禮，她明白嫁給馬斯克會很不容易。他的情感強烈、充滿魅力，卻容易陷入憂思，性格糾結複雜。他對她說：「和我在一起會非常辛苦，這條路會很難走。」

但是，她仍決定和他一起走下去。有一天，她告訴他：「沒問題，我可以選擇難走的路。」

2010 年 9 月，兩人結婚。婚禮地點選在多諾赫大教堂（Dornoch Cathedral），這座教堂位於蘇格蘭高地，於 13 世紀修建完成。妲露拉說：「我是天主教徒，伊隆不是，但他很體貼地同意在天主教教堂完婚。」當天，她穿上王薇薇（Vera Wang）設計的華麗公主婚紗，並讓馬斯克戴上高頂禮帽、拿著拐杖，這樣他就能打扮成佛雷・亞斯坦（Fred Astaire）* 的模樣跳舞，因為她的關係，馬斯克也愛上了亞斯坦的電影。他的五個兒子穿上量身訂製的正式禮服，原本他們應該要一起擔任小戒童與花童，但後來患有自閉症的薩克遜中途退出，其他兒子們當場打了起來，最後只有格里芬走完紅毯。不過，妲露拉回想時說道，這次意外插曲反倒讓婚禮充滿了樂趣。

婚禮儀式結束後，他們在附近的史基博城堡（Skibo Castle）

* 美國電影演員、舞者、編舞家與歌手。

舉行派對，這座城堡也是在13世紀修建完成。妲露拉詢問馬斯克想要什麼，他回答說：「應該要有氣墊船和鰻魚。」這句話的典故源自英國喜劇表演團體蒙提派森演出的某齣幽默短劇，演員約翰・克里斯（John Cleese）在劇中扮演一位匈牙利人，手上拿著錯誤百出的常用片語手冊，想辦法用英文和店主溝通：「我的氣墊船上都是鰻魚。」*（實際聽起來比我寫得還要好笑。）

妲露拉說：「這很難，因為必須事先取得核准，才能在英國和蘇格蘭兩地之間運送鰻魚。不過，最後我們真的把一艘水陸兩用的氣墊船和鰻魚，搬到派對現場。」現場還有一台裝甲運兵車，馬斯克和他朋友開著這台裝甲運兵車，壓扁了三台報廢汽車。在女王大學就與馬斯克結識的法魯克說：「我們所有人都變成了年輕小伙子。」

東方快車

妲露拉很喜歡舉辦有創意的派對活動，馬斯克雖然不擅社交（也或許是因為他不擅長交際），卻非常熱衷參加這些派對。這些派對能讓他放鬆心情，特別是在精神緊繃的時候。對他來說，多數時候他都是處在高壓狀態下。她說：「所以我想舉辦狂歡派對，讓他開心。」

最鋪張奢華的一次，是2011年6月，馬斯克的40歲生日派對。當時他們結婚還不滿一年。他與妲露拉，以及三十多位朋友，包下東方快車（Orient Express）的車廂，從巴黎搭火車到威尼斯。

他們在海岸酒店（Hotel Costes）會合，這是一家五星級豪華飯店，位在巴黎的芳登廣場（Place Vendôme）附近。馬斯克和弟弟金博爾帶著幾個朋友，前往一家高檔餐廳用餐。正要返回飯店時，他們臨時起意租了幾台腳踏車，在市區晃蕩，一直騎到半夜兩點，然後賄賂酒店員工，開放酒吧讓他們喝酒。一小時後，他們又騎著腳踏車四處閒晃，然後在一間名為「璀璨」（Le Magnifique）的地下室餐酒館，待到凌晨五點。

他們一直睡到隔天下午三點才醒來，正好趕上火車。他們穿著晚禮服，在火車上享用正式晚餐，搭配魚子醬與香檳酒。接下來是欣賞他們邀請的前衛劇團「朗訊檔案實驗」（Lucent Dossier Experience）的現場演出，這個團體的表演充滿濃厚的蒸氣龐克科幻（steampuncky）[†]風格，擅長結合前衛音樂、空中特技與火焰秀，有點類似太陽劇團（Cirque du Soleil）。金博爾說：「表演者就吊在天花板上，而且是在非常傳統的東方快車車廂裡，真的是很詭異的場景。」

有時候，妲露拉會私下對著馬斯克唱一首歌，也就是電影《龍蛇小霸王》（*Bugsy Malone*）裡的插曲〈我叫妲露拉〉（My Name is Tallulah）。因為他曾說，他的生日願望之一就是希望她能在派對上為大家表演。她說：「我真的不會唱歌，這對我來說太痛苦了。所以我完全是為了他。」

馬斯克這一生，只擁有過少數幾次穩定平和的關係，他的人生也很少有過真正穩定平和的時期。當然這兩者之間是有關聯的。而在少數幾次穩定平和的關係裡，其中一段，就是他與妲露

---

* 劇中的匈牙利人走進一間菸草店，想要買一盒火柴，卻看著片語手冊，說出一句完全文不對題的錯誤句子：「我的氣墊船上都是鰻魚。」

† 1980 年代至 1990 年代初流行的科幻題材，故事背景多半是蒸汽科技達到巔峰、人類生活只需要依賴簡單機械裝置的虛構科技世界。

拉在一起的時光。從 2008 年兩人相遇，到 2016 年第二次離婚，兩人在一起的這幾年，是馬斯克這一生中，婚姻關係持續時間最久、相對穩定的時期。如果他喜歡穩定，而不是沉迷於風暴與戲劇化，她會是真正適合他的完美伴侶。

36

關鍵優勢

2010 至 2013 年，設計汽車，也設計工廠

2010 年 6 月，與妲露拉、格里芬、賽維爾慶祝敲響納斯達克開盤鐘（上）；
與科技網紅布朗利（Marques Brownlee）在特斯拉佛利蒙工廠（下）。

18 個月內，從瀕臨破產變成炙手可熱

1980 年代，全球化神話興起，在致力於削減成本的執行長與行動派投資人的驅動下，美國企業陸續關閉國內工廠，將生產流程委外。到了 2000 年代初期，也就是特斯拉成立之初，這股趨勢更是加速進行。在 2000 至 2010 年間，美國減少了三分之一的製造業工作，企業將工廠移往海外，節省勞動成本。但也因此無法透過日常的第一手觀察，了解該如何改善產品。

馬斯克選擇逆向操作。大部分原因，是他希望能嚴格控制生產流程。他相信，設計汽車製造工廠，也就是「建造能夠生產機器的機器」，和設計汽車一樣重要。特斯拉透過「設計—製造」的無限回饋迴圈，讓公司可以每天持續創新，這正是這家公司的競爭優勢所在。

甲骨文創辦人艾利森只加入兩家企業的董事會，分別是蘋果與特斯拉，他與賈伯斯、馬斯克也因此成為好朋友。他說，他們兩人都是強迫症的正面案例，「強迫症是促使他們成功的原因之一，因為他們執著於解決問題，而且會一直堅持到問題真正獲得解決為止。」

不過，兩人也有不同之處。馬斯克和賈伯斯不一樣，他的執著不僅限於產品設計，還包括背後的科學、工程與生產流程。艾利森說：「賈伯斯只會嚴格把關概念和軟體，然後將生產流程委外。但馬斯克連生產、物料和龐大的工廠都要管。」賈伯斯喜歡每天到蘋果的設計工作室四處走走，但是他從未參觀過中國的工廠。相反的，馬斯克待在生產線的時間，比在設計工作室還要長，他說：「相較於設計汽車，設計工廠承受的大腦壓力要大得

多。」

2010 年 5 月，馬斯克終於實現自己的想法。當時豐田正準備出售位在加州佛利蒙（Fremont），與通用汽車共同擁有的生產工廠。佛利蒙靠近矽谷周邊，與特斯拉的帕羅奧圖總部只有半小時車程。馬斯克邀請豐田總裁豐田章男到他的洛杉磯家中作客，他開著一台 Roadster，載著豐田章男四處兜風。最後馬斯克以 4,200 萬美元，成功買下這座早已關閉的工廠，它的價值曾一度高達 10 億美元。此外，豐田同意投資特斯拉 5,000 萬美元。

馬斯克重新設計工廠，工程師的辦公隔間就設置在生產線旁。只要任何一個設計元素導致生產線速度變慢，工程師就能立即看到閃燈，聽取生產線工作人員的投訴。馬斯克經常要求工程師跟著他四處巡視工廠。他自己的開放式辦公桌就擺在中央，四周沒有任何圍牆，辦公桌下有一個枕頭，需要時他就可以直接睡在那裡。

特斯拉買下這座工廠一個月之後，馬斯克終於可以讓公司公開上市。這是自 1956 年福特上市之後，第一家美國車廠完成首次公開發行（IPO）。他和妲露拉，以及兩個兒子，一起前往位於時代廣場的納斯達克證券交易所，敲響開盤鐘聲。當天收盤時，儘管大盤下跌，但特斯拉的股票上漲超過 40%，公司成功募集 2.66 億美元的資金。當天晚上，馬斯克飛回到西岸的佛利蒙工廠，簡短地與大家舉杯慶祝。「去他的汽油。」他說。

2008 年底，特斯拉瀕臨破產邊緣，18 個月後，卻一舉成為全美國最炙手可熱的新上市公司。

設計總監身兼生產品質重任

2012 年 6 月，第一台 Model S 正式離開佛利蒙生產線，有多達數百人在現場慶祝，包括加州州長傑瑞・布朗（Jerry Brown），還有許多工廠員工揮舞著美國國旗，有些人甚至流下眼淚。這座工廠曾一度破產，所有員工被解雇，如今員工多達 2,000 人，成為引領電動車未來的先鋒。

但是幾天之後，馬斯克自己訂購的 Model S 離開生產線、運抵他家時，他卻完全高興不起來。更精確地說，他覺得爛透了。他要求特斯拉設計總監范霍茲豪森立刻到他家，兩人花了兩個小時仔細檢查整台車。馬斯克問：「我的老天，我們能做到的最好程度，就是這樣嗎？鈑件縫隙的抛光亂七八糟，烤漆品質奇差無比。為什麼我們的生產品質不能和賓士或 BMW 一樣好？」

每當馬斯克發火時，就會快速做出懲處。他在短時間內陸續開除三名負責生產品質的主管。8 月某一天，范霍茲豪森在馬斯克的私人飛機上，問馬斯克，他可以提供哪些協助。他應該要再謹慎一些，不要隨意提出類似提議。當下馬斯克要求他搬到佛利蒙住一年，擔任新的生產品質主管。

范霍茲豪森和他的左右手、與他一起在佛利蒙工作的莫里斯，有時候會在生產線上四處走動，直到凌晨兩點才離開。這對設計師來說，是非常有趣的體驗。范霍茲豪森說：「我終於知道我在繪圖板上設計的所有東西，會在生產線的另一端產生什麼影響。」一星期會有兩、三個晚上，馬斯克也加入他們。他的重點是找到問題根源：究竟是哪些設計因素導致生產線出問題？

馬斯克最喜歡的一個詞和概念就是「硬派」（hardcore）。

當初他成立 Zip2，就是使用這個詞來形容他希望建立的企業文化。三十年後，當他想要徹底翻轉推特的企業文化時，又再度提到這個詞。Model S 生產線開始加速生產時，馬斯克寫了一封信給員工，清楚說明他的信念，標題為「超硬派」（Ultra hardcore），信件內容符合他一貫風格。他寫道：「請做好準備，你們將會承受比你們過去大多數經歷更為強烈的工作強度。玻璃心的人是無法顛覆產業的。」

2012 年底，特斯拉終於得到認證。Model S 獲選為《汽車趨勢雜誌》（*Motor Trend Magazine*）的年度汽車。文章標題寫著：「特斯拉 Model S，讓所有人驚豔的贏家：明確證據顯示，美國依然有能力製造偉大的產品。」

這篇評論實在讓人喜出望外，連馬斯克都覺得很意外。文章最後提到：「感覺就像是開著一台跑車，加速時間短、行動敏捷、可立即起動，但開起來又像勞斯萊斯一樣平穩、不費力，能夠裝載的貨物，和雪佛蘭 Equinox 一樣多，且比豐田 Prius 更具效率。啊，它會招搖地停在精品飯店的代客泊車員旁，就像是在巴黎走秀的超模一樣。Model S 代表了驚奇的轉捩點。」這是雜誌第一次把年度汽車大獎頒給一台電動車。

興建電池超級工廠，因應未來龐大需求

2013 年，馬斯克提出了非常大膽的構想：在美國興建一座超級電池工廠，這座工廠的產能將比全球其他電池工廠的產能總和還要高。特斯拉共同創辦人之一、電池設計奇才史特勞貝爾說：「這個想法太瘋狂了，聽起來就像是科幻小說裡的情節般瘋狂。」

對馬斯克來說，這是他應用「第一原理」之後得出的結論。Model S 需要使用全球 10%的電池，而特斯拉正在設計的新車款 Model X 休旅車，以及可大量生產、後來取名為 Model 3 的四門房車，則需要 10 倍的電池數量。史特勞貝爾說：「原本這是很嚴重的問題，但也因此讓我們有機會腦力激盪，提出一些看似荒謬的瘋狂想法。天啊，我們真的有機會去做很不一樣的事情。」

但有一個問題，「我們完全不知道要如何興建電池工廠。」史特勞貝爾回想時說道。

馬斯克和史特勞貝爾因此決定，和他們的電池供應商松下（Panasonic）合作。由兩家公司共同興建工廠，松下將會在這座工廠生產電池，再由特斯拉組裝成電動車使用的電池組。工廠占地約 28 萬坪，興建成本為 50 億美元，松下可出資 20 億美元。但松下高層有些猶豫，因為從沒有過類似的合作經驗。他們認為馬斯克（可以想見）不是很好應付的合作夥伴。

為了說服松下點頭，馬斯克與史特勞貝爾決定要有所行動，以取信對方。他們在內華達州靠近雷諾（Reno）的地方，架設燈光，運來好幾台推土機，展現出即將開始準備動工的態勢。接著，史特勞貝爾邀請松下高層一起到瞭望台，觀看施工情況。訊息很明顯：特斯拉正在全力趕工興建工廠。松下想要一起加入，或是被拋在人後？

這招果然奏效。馬斯克和史特勞貝爾接受松下新上任的年輕總裁津賀一宏的邀請，前往日本。「這次見面就是要攤牌，一定要讓他確實承諾，一起興建瘋狂的超級工廠，」史特勞貝爾說。

他們在一家提供多樣正式料理、使用傳統矮桌的日式餐廳用餐。史特勞貝爾滿臉憂心，因為他不知道馬斯克會做出什麼舉動。他說：「和伊隆開會，有時候就像是在煉獄，讓人苦不堪言，而且他的行為完全無法預測。但是我也看過，如果有必要，他會瞬間轉換思緒，突然變成一位精明能幹、充滿魅力、高 EQ 的生意人。」

與松下高層共進晚餐時，迷人的馬斯克出現了。他侃侃而談自己的願景，說明要如何帶領全球邁向電動車時代，以及為何兩家公司應該攜手合作。「我有點被他嚇到，也有些感動。哇，在其他時候，馬斯克通常不會表現出這些行為。他說話經常跳來跳去，你根本不知道接下來他要說什麼或是做什麼。然後突然間，他完全控制住自己的思緒。」史特勞貝爾說。

晚餐時，津賀一宏同意出資 40%，合作興建超級工廠。當被問到為何松下願意合作時，津賀一宏回答說：「我們太保守了。公司從成立到現在已經九十五年了。我們必須改變，必須借用伊隆的部分思維。」

37

馬斯克與貝佐斯

2013 至 2014 年，兩大科技巨頭的太空競賽

2004 年，與貝佐斯一起用餐。

傳奇的 39A 發射台

亞馬遜創辦人、億萬富翁貝佐斯永遠充滿活力，時常放聲大笑，展現出如孩子氣般的純真熱情。他很有天分，在追求自己喜愛的事物時總是興致勃勃，而且很有方法。他和馬斯克一樣，從小就沉迷於科幻小說，一口氣看完地方圖書館架上艾西莫夫和海萊因的小說。

1969 年 7 月，5 歲的貝佐斯看著電視報導阿波羅 11 號太空任務，最後太空人阿姆斯壯終於成功在月球上漫步。貝佐斯說，這是他人生的「開創性時刻」。後來他自行出資，將阿波羅 11 號的一個引擎從大西洋打撈上岸，擺放在他位於華盛頓特區豪宅客廳旁壁龕裡。

貝佐斯非常熱愛太空，他是《星際爭霸戰》的忠實鐵粉，對每集故事內容如數家珍。在高中畢業典禮上，貝佐斯代表畢業生致詞時，談的是如何殖民星球、興建太空飯店，以及尋求其他製造地點，拯救我們的星球。他最後說道：「太空是最後的前線，我們在那裡見。」

2000 年，貝佐斯將亞馬遜打造成全球最大的線上零售商之後，悄悄成立一家公司，取名為「藍色起源」（Blue Origin），指的是人類的起源地：水藍色的星球。他和馬斯克一樣，致力於打造可重複使用的火箭。他問：「2000 年的情況和 1960 年有什麼不同？差別就在電腦感測器、攝影機和軟體。在 2000 年，我們可以透過科技解決垂直降落的問題，但在 1960 年，這些科技還不存在。」

貝佐斯和馬斯克一樣，將太空探險視為一項使命，目的不是為了賺錢。如果要賺錢，有更簡單的方法。他認為，再過不久人類文明就會將我們這個小星球的所有資源耗盡。屆時我們必須做出選擇：接受成長停滯的現實，或是拓展地球以外的其他地方。他說：「我認為，自由伴隨而來的不該是成長停滯，我們可以運用一種方法解決眼前難題：離開地球，前往太陽系其他星球。」

2004 年，貝佐斯接受馬斯克邀請，參觀 SpaceX，兩人終於有機會見面。後來，貝佐斯收到馬斯克寄來的電子郵件，馬斯克有些唐突地抱怨貝佐斯沒有邀請他到西雅圖，參觀藍色起源工廠做為回禮。貝佐斯覺得有些驚訝，於是立刻著手安排。後來，馬斯克和潔絲汀一起飛到西雅圖參觀藍色起源工廠，和貝佐斯與他的太太麥肯琪（MacKenzie）共進晚餐。馬斯克提出了許多建議，態度就像往常一樣強硬。馬斯克警告貝佐斯：他的某個想法是不對的，他會走錯路。他說：「老兄，我們之前就嘗試過，事實證明行不通。所以我要告訴你，不要和我們以前一樣犯蠢。」

貝佐斯後來說，他覺得馬斯克太過自信。那時候，馬斯克根本還沒有成功發射任何一枚火箭。隔年，馬斯克要求貝佐斯，讓亞馬遜為潔絲汀新出版的小說撰寫書評，這是一本關於惡魔與人類混種的都市恐怖驚悚小說。貝佐斯解釋說，他不會告訴亞馬遜員工要為哪些書寫書評，但他個人可以寫一篇讀者評論。雖然馬斯克回信內容有些無禮，但貝佐斯還是親自寫了一篇相當正面的書評。

自 2011 年開始，SpaceX 陸續拿下多項 NASA 的合約，負責開發運送太空人到國際太空站的火箭。自從太空梭退役之後，這項任務就變得至關重要。為了完成這項任務，SpaceX 必須在卡納維爾角 40 號發射台之外，尋找新的發射地點。馬斯克將目光鎖定最知名的發射基地：39A 發射台。

39A 發射台曾是美國實現太空夢想的重要基地。所有人屏住呼吸，跟著倒數計時：「10、9、8……」這些畫面深深烙印在電視世代的記憶中。1969 年，年幼的貝佐斯，在電視機前看著阿姆斯壯搭乘火箭，從 39A 發射升空，執行登月任務；1972 年美國執行最後一次載人登月任務，也是使用這個發射台。1981 年第一次太空梭任務，以及 2011 年最後一次太空梭任務，也在這座發射台。

但到了 2013 年，隨著太空梭計畫終止，持續半世紀的美國太空探險計畫，在爆炸聲與啜泣聲中落幕。39A 發射台鏽蝕嚴重，導焰槽長滿藤蔓，NASA 急著對外出租。眼前比較有可能承租的客戶就是馬斯克，他的獵鷹九號火箭已經在附近的 40 號發射台發射升空、執行載貨任務，發射之前歐巴馬還參觀了這座發射台，預祝發射成功。但就在 NASA 開放競標時，貝佐斯基於情感與現實考量，決定參與競標。

最後 NASA 決定由 SpaceX 得標，貝佐斯提起訴訟。馬斯克忍不住動怒，他說藍色起源競標租約的舉動實在太可笑，「他們連一根牙籤都沒辦法送進軌道」。他嘲笑貝佐斯的火箭只能彈飛到太空邊緣，接著就墜毀了；他們的火箭缺乏擺脫地球地心引力、進入軌道需要的強大推力。馬斯克說：「如果未來五年內，他們有能力打造符合 NASA 的載人評估標準，可以與國際太空站對接的載具，需要使用 39A 發射台，我們可以針對他們的需求進行協調。但老實說，更有可能的情況是，我們會看到獨角獸在火焰導管裡跳舞。」

兩大科幻迷的戰爭正式開打。一位 SpaceX 員工特地去買了幾十支獨角獸充氣玩偶，放進發射台的火焰導管裡，然後拍照。

最後，貝佐斯租用卡納維爾角 36 號發射台的發射複合體，這裡曾是火星與金星任務的發射基地，距離 39A 發射台很近。兩個孩子氣的億萬富翁準備長期競爭。當美國政府決定將這些不論是象徵意義或實際層面而言，都具有神聖地位的發射台轉交給民間企業，也就意味甘迺迪的太空探險火炬，正式從政府手中移交給民間企業。使命感強烈的新一代創業家與開路先鋒，從曾經輝煌一時、如今卻極度僵化的 NASA 手中，接下重任。

打造可重複使用的火箭

馬斯克和貝佐斯都有相同的願景：如果要讓太空旅行變得可行，就必須建造可重複使用的火箭。貝佐斯的重心是開發感測器與軟體，引導火箭軟著陸。但這只是挑戰的一部分。更大難題是要將所有的感測器與軟體安裝在火箭上，但又不能增加太多重量，這樣火箭才能產生足夠推力進入軌道。

至於馬斯克，則是執著於解決硬體問題。他常會若有所思地半開玩笑說，我們這些地球人生活在一個類似電玩遊戲的模擬情境裡，這是由一群腦袋聰明，又有幽默感的霸主們創造的模擬情境。他們讓火星和月球的引力變得微弱，這樣發射火箭進入軌道就會容易許多。但是，地球上的地心引力似乎經過刻意校準，使得火箭進入軌道變得幾乎不可能。

馬斯克不停絞盡腦汁，想盡辦法減少火箭重量，就像是一位登山客，不斷丟棄背包裡的物品、減輕重量。這樣可以達到乘數效應：捨棄某個零件、使用較輕的材質、簡化焊接作業，就能減少重量，如此一來火箭需要的燃料也會隨之減少，就能更進一步降低火箭的整體重量。

當馬斯克前往 SpaceX 生產線巡視時，他會在每個工作站停留一段時間，不發一語地觀看，然後要求團隊刪除或是調整某個部分。幾乎每次和員工會面，不論是與資深員工或生產線上的焊接技師，馬斯克都會非常急躁地反覆強調相同的訊息：「可完全重複使用的火箭，是單一星球文明與多星球文明的差異所在。」

2014 年，在探險家俱樂部（The Explorer's Club）* 於紐約市舉辦的晚宴現場，馬斯克再度傳達相同的訊息。這個俱樂部擁有百年歷史，這一年馬斯克獲頒主席獎。他和貝佐斯一起上台領獎，貝佐斯與他的團隊因為成功打撈阿波羅 11 號太空船的引擎殘骸而獲獎。晚宴的菜色設計主要是為了吸引那些極度熱愛探險的會員，其中包括：蠍子、鴨舌、布滿蛆的草莓、糖醋牛鞭、山羊眼馬丁尼酒，還有整隻短吻鱷，由服務人員在餐桌上幫忙切成小塊。

當馬斯克被介紹出場時，現場播放了一段火箭成功發射的影片。「你們真的很好心，沒有播放我們前三次發射的影片，」他說，「之後我們會找時間播放幕後花絮。」接著，他開始宣揚自己的理念，說明建造可完全重複使用火箭的必要性。「這樣我們才能在火星上建立生命，」他說，「接下來，我們要發射第一枚配備著陸架的火箭。」有了可重複使用的火箭之後，未來人類上火星的成本可降低到每人 50 萬美元。馬斯克最後說道，多數人都不會上火星，「但我猜想在這個房間裡有人會上火星。」

貝佐斯為馬斯克鼓掌，但是當時他正悄悄發動一場突襲。他和藍色起源申請了一項美國專利，名為「太空發射載具的海面降落技術」，晚宴結束後過了幾星期，這項專利正式通過核准。申請表共有 10 頁，內容描述了「在海面平台降落與回收助推器以及／或是火箭其他部分的方法」。馬斯克聽到消息後非常火大。他說，降落在海上接駁船上的想法，「已經過長達半世紀的討論，充斥在虛構的電影裡、在許多提案裡，其中有很多是現有技術。真的是太扯了。想盡辦法為某個已經被討論了半世紀的想法申請專利，也未免太可笑了。」

隔年，SpaceX 提起訴訟，最後貝佐斯同意取消專利。但這次爭議更加凸顯兩位火箭創業家的敵對關係。

---

* 總部位於美國紐約的跨學科科學機構，致力於促進科學探索與實地考察，是全球探險家與科學家重要的聚會。

38

獵鷹聽見馴鷹師

2014 至 2015 年，研發可回收火箭的先驅

察看成功著路的助推器。

打造蚱蜢火箭，實現可回收火箭的第一步

馬斯克一心想打造可重複使用的火箭，這促使 SpaceX 開發出實驗用的獵鷹九號原型火箭，代號「蚱蜢」（Grasshopper）。這枚火箭配備著陸架、可操控的網格翼，在 SpaceX 位於德州麥葛瑞格的測試基地，順利地緩緩升空，然後降落，高度約達 750 公尺。這次進展讓馬斯克感到興奮不已，於是他邀請 SpaceX 董事會成員，在 2014 年 8 月到現場一起見證正在發生的未來。

這天正好是馬斯克的幕僚長山姆・提勒（Sam Teller）加入 SpaceX 的第二天。提勒畢業於哈佛大學，活力充沛、喜歡追求冒險事業，臉上修剪整齊的鬍鬚，更加凸顯他燦爛的笑容與機靈的眼神。他能敏銳感受其他人的情緒，以和為貴，這些正是他的老闆欠缺的特質。他曾經擔任《哈佛諷刺》（*The Harvard Lampoon*）雜誌的商業發展經理，很懂得如何應對馬斯克的幽默，以及瘋狂的高強度工作模式（他為馬斯克工作後不久，甚至曾帶馬斯克到《哈佛諷刺》城堡參加派對）。*

在麥葛瑞格測試基地的會議上，SpaceX 董事會成員討論著公司正在研發的太空衣設計，但當時距離執行載人任務其實還有好幾年的時間。提勒後來驚嘆道：「他們圍坐成一圈，認真討論火星建城計畫，以及人類在火星上的穿著問題。每個人看起來就像是在討論尋常話題一樣。」

董事會成員此行主要目的，是觀看獵鷹九號的著陸測試。當時正值 8 月，德州沙漠豔陽高照，四處可見大型蟋蟀，所有人都擠在狹小的帳篷內。原本火箭應該要升空到大約 750 公尺的高度，然後啟動重返引擎，在發射台上盤旋一段時間之後垂直降

落。結果卻事與願違。火箭升空後不久，三具引擎當中的一具引擎發生故障，火箭爆炸墜毀。

馬斯克沉默了片刻，接著轉換成探險男孩模式。他告訴發射基地經理把車備好，他們要開車去看看正在悶燒的碎片殘骸。那位經理說：「你們不能過去，太危險了。」

馬斯克說：「我們一定要去，如果火箭爆炸，或許我們還可以穿過燃燒的碎片。你們有多少機會那樣做呢？」

每個人都緊張不安地笑了出來，然後跟著馬斯克出發。現場彷彿是雷利·史考特（Ridley Scott）[†]電影中的場景。地面被炸得坑坑洞洞，灌木和草叢燃起濃煙大火，金屬碎片燒到焦黑。馬斯克的投資家友人尤爾維森詢問，可否拿幾片碎片當作紀念。「當然可以，」馬斯克說，他自己也蒐集了幾塊碎片。格拉西亞斯為了提振士氣，安慰大家說，生命中最寶貴的教訓都是來自於失敗經驗。「如果有選擇的話，」馬斯克回應說，「我寧可從成功經驗中學習。」

自此之後，不僅僅是 SpaceX，整個航太產業陸續傳出壞消息。軌道科技公司（Orbital Sciences）建造的火箭原本要運送貨物到國際太空站，卻不幸爆炸。接著俄國的載貨任務也失敗了，國際太空站的太空人就快要消耗掉所有食物和供給品。因此，SpaceX 預計在 2015 年 6 月 28 日發射的獵鷹九號上，運載了大量物資。這天也是馬斯克 44 歲生日。

但火箭升空後兩分鐘，第二節火箭內部用來支撐氦氣槽的支

---

* 《哈佛諷刺》所在大樓全名為「哈佛諷刺大樓」，暱稱為「諷刺城堡」。

† 英國導演，執導的電影作品包括《銀翼殺手》、《神鬼戰士》、《絕地救援》等。

柱扭曲變形，火箭爆炸墜毀。就在 SpaceX 成功發射火箭進入軌道七年後，獵鷹九號第一次發射失敗。

同時間，貝佐斯的太空事業有了些許進展。2015 年 11 月，貝佐斯發射了一枚火箭，這枚火箭升空到大約 100 公里高，也就是公認為外太空起始點的高度。接著在全球定位系統（GPS）及可操控的尾翼引導之下，火箭開始重返地球。助推器引擎再次點燃，減緩降落速度，著陸架展開，火箭在地表上方盤旋、調整座標，最後緩緩著陸。整個過程歷時 11 分鐘。

隔天，貝佐斯在電話記者會上宣布火箭發射成功：「可完全重複使用的火箭徹底改變了遊戲規則。」接著，他發布了自己有史以來的第一則推文：「最稀有的怪獸：可重複使用的火箭。控制降落並不容易，但把這件事做對，看起來很容易。」

馬斯克簡直氣炸了。他覺得這次只能算是次軌道飛行，並不符合他所說的終極目標：將酬載發射到軌道。所以他發了一則推文回嗆：「@JeffBezos 並不是那麼『最稀有』。SpaceX 的蚱蜢火箭早在三年前就完成了六次的次軌道飛行，而且還在持續飛行中。」

事實上，蚱蜢火箭只升空到大約 750 公尺的高度，還不到「藍色起源」火箭飛行高度的 1%。但馬斯克的澄清是對的。可以往返太空邊緣的飛行航程對於太空遊客來說或許充滿樂趣，但是擁有獵鷹九號這種強大動力的火箭，必須執行發射衛星、與國際太空站對接等任務。成功讓這種火箭安全著陸，而且能重複使用，完全是不同等級的成就。

「獵鷹號成功著陸」

2015 年 12 月 21 日，也就是貝佐斯的火箭完成次軌道飛行四週之後，馬斯克的機會來了。

馬斯克在不斷思考如何克服地心引力的過程中，重新設計了獵鷹九號。團隊將液態氧燃料冷卻至攝氏負 212 度左右，藉此提高液態氧的密度，如此一來，新設計的獵鷹九號火箭就可搭載更多的液態氧。馬斯克一如往常，努力尋找任何一種可能提升火箭動力的方法，同時避免大幅增加火箭尺寸與質量。「伊隆不斷逼迫我們想辦法讓燃料溫度再低一些，效率再拉高一點，」容克薩說，「這是聰明的辦法，但讓我們痛苦不堪。」有好幾次容克薩直接拒絕馬斯克的要求，他說閥門會有問題，有外洩的風險，但是馬斯克不為所動。「沒有任何第一原理證明這樣行不通，」他說，「這真的是天殺的難，我知道，但是你得咬牙撐過去。」

「倒數計時那一刻，我差點嚇到尿褲子，」容克薩說，因為他突然在回傳的影片中，看到第一節和第二節火箭之間的縫隙竟有水滴滲出，令人憂心。他不知道那是不是液態氮，如果是就沒問題，但如果是來自超級冷卻燃料槽裡的液態氧，可就不妙了，「我嚇得半死。如果是我的公司，我會停止發射。」

「你得決定是否取消。」當倒數計時進入最後一分鐘時，容克薩對馬斯克說。

馬斯克停頓了幾秒鐘。如果兩節火箭之間有液態氧滲出，會有多大風險？的確有風險，但只是小風險。他說：「算了，我們發射吧。」

多年後，容克薩重新觀看當時馬斯克做決定的影片片段。

「我以為他迅速做了複雜的計算，然後決定該怎麼做，但事實上他只是聳聳肩，然後下達命令。他直覺知道其中的物理原理。」

馬斯克是對的，這次升空非常完美。

接下來，他們要等待10分鐘，看看助推器是否能返回地球，安全降落在SpaceX興建的著陸平台上，這座平台與39A發射台相距不到兩公里。第二節火箭分離後，助推器開始點燃推進引擎，然後翻轉、底部朝下，往卡納維爾角的方向緩緩而來。透過全球定位系統與感測器的引導，以及網格翼協助操控，助推器慢慢朝向著陸平台降落。（先暫停一下，想想這是多麼不可思議的成就。）

馬斯克這時衝出控制中心，穿越高速公路，盯著夜空看著火箭重新出現。「降落吧，慢慢降落吧。」他站在高速公路旁，雙手叉腰喃喃自語說著。突然間，空中傳出隆隆聲響。「噢，該死。」他說，接著轉身穿過高速公路，沮喪地走回控制中心。

但此時控制中心卻響起熱烈的歡呼聲，監視器螢幕顯示火箭豎立在著陸平台上。發射廣播員播報：「獵鷹號成功著陸。」正好呼應當年阿姆斯壯登陸月球時所說的話。馬斯克剛剛聽到的聲響，其實是火箭重返地球、進入高層大氣時產生的音爆。

一位飛行工程師從控制中心跑出來，告訴馬斯克大好消息。「它直立在著陸平台上了！」她大叫說。馬斯克立刻轉身，快步跑回著陸平台，一路上不斷自言自語：「我的老天，我的老天。」

當天晚上，所有人一起到海邊一間名叫「魚嘴」（Fishlips）的酒吧慶功。馬斯克舉起一杯啤酒。「我們剛剛成功發射了全球最大的火箭，而且讓它安全著陸！」他對著百名左右的員工和其他驚奇的圍觀者大聲說。所有人不斷喊著「美國，美國……」。馬斯克不停跳上跳下，握拳振臂歡呼。

「恭喜 @SpaceX 完成了獵鷹九號助推器的次軌道著陸任務，」貝佐斯在推特上寫道，「歡迎加入我們的行列！」他根本是笑裡藏刀：刻意強調這次順利著陸的 SpaceX 助推器只抵達「次軌道」，和藍色起源之前著陸的助推器屬於同一個等級。就技術上來說，貝佐斯是對的。SpaceX 的助推器本身從沒有進入軌道，而是把酬載送上去。但是馬斯克依舊氣得跳腳。他相信，SpaceX 火箭成功將酬載送入軌道，自然與藍色起源火箭屬於不同等級。

39

妲露拉雲霄飛車

2012 至 2015 年，最浪漫的故事卻沒幸福結局

與相撲選手摔角（左上）；與妲露拉合影（右上）；
與好友法魯克合影（下）。

兩度結婚又離婚

妲露拉和馬斯克在2010年結婚之後，搬到加州，幾乎放棄了自己的表演事業。她是家中的獨生女，曾夢想自己有很多孩子，在她手繪的圖畫裡，一定會有一對金髮雙胞胎兄弟。「認識伊隆的時候，他有五個小孩，年紀最大的，正是一對可愛的金髮雙胞胎，感覺他們就像是從我腦海中蹦出來的一樣。」但她在面對這段關係時特別小心謹慎，最後她決定不生小孩。

她繼續為馬斯克精心籌劃各種派對，就如同她在蘇格蘭高地舉辦的婚禮，以及在東方快車上為馬斯克舉辦的40歲生日派對一樣。為了慶祝馬斯克41歲生日，她在英國鄉間包下一棟豪華別墅舉辦派對，主題為「飛向里約」（Flying Down to Rio），靈感來自1933年的同名電影，由亞斯坦與琴吉·羅傑斯（Ginger Rogers）首次搭檔演出，電影結尾時一群人在機翼上跳著序舞。她還邀請表演團體「百年靈機翼行走」（Breitling Wingwalkers），教導賓客如何在雙翼飛機上行走。

但馬斯克錯過了多數的派對活動，大部分時間，他都待在自己的房間裡，打電話處理SpaceX和特斯拉的種種問題。他喜歡投入工作。有時候，他認為工作以外的生活只會讓他分心，讓他感覺不自在。他承認：「我花費在工作上的時間實在是多到誇張，所以很難維持任何關係。單獨管理SpaceX或特斯拉就已經很難了。現在我同時管理這兩家公司，根本是不可能的任務。所以，只能不停地工作。」

母親梅伊很同情妲露拉。梅伊說：「她會請我去吃晚餐，但伊隆不會跟著一起，因為他都工作到很晚。她真的很愛他，但是她厭倦了被那樣對待，這完全可以理解。」

多數時候，馬斯克都把心思放在工作上，這時候，妲露拉常不知道要如何和他相處。他似乎總是在為某個問題煩惱，這和她在英國家鄉的小鎮生活很不一樣。那裡的人時常去酒吧、上教堂，待人和善。她說：「我覺得不應該過這樣的生活。我討厭洛杉磯，真的很想念英國。」

所以，她在 2012 年訴請離婚。在等待雙方律師達成協議的期間，她自己一個人搬到聖塔莫尼卡的一間公寓。四個月後，兩人在法院碰面，簽下離婚協議，但這時候，故事卻出現了如電影情節般的戲劇性轉折。她說：「我看著伊隆，他就站在法官前面，他問說，『我們到底在幹嘛？』接下來，我們就開始親吻彼此。我想法官一定覺得我們瘋了。」馬斯克懇求她回他家，看看他的兒子們。「他們一直想知道你去哪裡了。」於是她跟著他一起回家了。

兩人已簽下離婚協議，最後她卻搬回去他家住。為了慶祝復合，他們開著新出廠的 Model S，和五個小孩一起體驗公路旅行。當他帶著她，和《君子》雜誌記者儒諾一起吃午餐時，她告訴儒諾，她的主要工作就是避免馬斯克陷入國王瘋狂的狀態。「你沒聽過這個說法？」她問。接著說：「意思是人們當上國王之後，就會失去理智。」

2013 年 6 月，為了慶祝馬斯克 42 歲生日，妲露拉在紐約市北方的柏油村（Tarrytown）租下一間仿建城堡，邀請了 40 位朋友參加。這次派對主題是日式蒸氣龐克，馬斯克和其他男性裝扮成日本武士，表演由威廉・吉伯特（William S. Gilbert）與亞瑟・沙利文（Arthur Sullivan）共同創作的歌劇《日本天皇》

（*The Mikado*）[*]，不過劇本有稍微改寫，由馬斯克扮演日本天皇，另外有一位飛刀手示範如何射飛刀。馬斯克向來不會躲避風險，甚至包括沒有必要的風險，他在腹股溝底下放了一顆粉紅色氣球，然後讓飛刀手戴上眼罩，對著氣球射飛刀。

派對的最高潮，是相撲表演。最後，體重將近 160 公斤的相撲冠軍選手邀請馬斯克參賽。「我使盡全力，想要用柔道摔把他摔倒在地，因為我想他不會對我太用力，」馬斯克說，「我決定要試試看我能不能摔倒他，我做到了，可是頸椎尾端的椎間盤也因此脫落了。」

後來馬斯克的背部和頸部，反覆疼痛發作，還因此動了三次手術，矯正第五和第六節頸椎之間的椎間盤。當他去特斯拉或是 SpaceX 工廠開會時，有時候必須平躺在地板上，把冰袋放在頸椎尾端冰敷。

柏油村派對結束後過了幾星期，2013 年 7 月，馬斯克和妲露拉決定再婚。這次他們非常低調，只在家裡的飯廳舉辦婚禮。

然而，不是每個童話故事都有幸福的結局。馬斯克依舊沉迷於工作，兩人的關係再度陷入困境。「同樣的事情又發生了，我開始想回家。」她說。她重新投入電影事業，撰寫、執導與主演喜劇電影《蘇格蘭貽貝》（*Scottish Mussel*），劇情描述一位倒楣的犯罪份子決定從河中偷獵珍珠貽貝。電影拍攝時，馬斯克帶孩子去英國探班。她告訴他，她想留在英國，兩人再度離婚。

雖然後來她曾猶豫過，兩人也三番兩次和好，但 2015 年 9 月，她在 30 歲生日那天，做出了最後決定，在洛杉磯拍攝的 HBO 電視影集《西方極樂世界》（*Westworld*）結束後，就永久搬回英國。但她承諾他：「你是我的羅徹斯特先生。」她指的是夏綠蒂・勃朗特（Charlotte Brontë）的小說《簡愛》（*Jane Eyre*）裡，總是情緒憂傷、陷入沉思的羅徹斯特先生。「如果哪一天桑菲爾德莊園（Thornfield Hall）燒毀了，你失明了，我會回到你身邊照顧你。」

* 由吉伯特撰寫劇本，沙利文（Arthur Sullivan）創作音樂，這是兩人在 1885 年發表的喜歌劇，以江戶時期的日本為背景，但內容主要是嘲諷英國官僚制度。

40

探索人工智慧

2012 至 2015 年，從 OpenAI 到 xAI

馬斯克與後來推出 ChatGPT 的奧特曼，兩人於 2015 年共同成立 OpenAI。

人類文明的最大威脅

同意投資 SpaceX 的 PayPal 共同創辦人提爾，每年都會召開研討會，邀請創辦人基金投資的企業領導人與會。在 2012 年的會議上，馬斯克認識了傑米斯．哈薩比斯（Demis Hassabis），他是一位神經科學家、電玩遊戲設計師、人工智慧研究者，對人謙和有禮，但內心藏著一顆好勝的心。在四歲時，哈薩比斯就展現西洋棋天分，曾拿下五座國際智力運動奧運會（Mind Sports Olympiad）冠軍，包括西洋棋、撲克牌、《珠璣妙算》（*Mastermind*）與雙陸棋（backgammon）。

在他現代化的倫敦辦公室裡，保存了艾倫．圖靈（Alan Turing）* 在 1950 年發表的開創性論文原稿，標題為「計算機與智慧」（Computing Machinery and Intelligence）。圖靈在文章中建議舉辦一場「模擬遊戲」（imitation game），讓人類與類似 ChatGPT（聊天生成式預訓練轉換器）的機器比賽。他寫道，如果人類與機器的回應沒有什麼差別，就可以合理推論機器有能力「思考」。

哈薩比斯受到圖靈論點的啟發，與人共同創辦了 DeepMind 公司，希望能設計出具備通用人工智慧的電腦神經網路。換句話說，他希望開發出能夠學會像人類一樣思考的機器。

「伊隆和我當場就覺得我們兩人很合得來，後來我去他的火箭工廠拜訪他。」哈薩比斯說。他們坐在員工餐廳裡觀看引擎生產線的運作，馬斯克解釋說，他之所以想要建造可以飛到火星的火箭，原因是一旦發生世界大戰、小行星撞地球或是人類文明崩壞，這或許是保留人類意識的一種方法。

哈薩比斯則提到另一個可能的威脅：人工智慧。機器可能擁有超高智商，超越一般人，或許甚至會決定消滅人類。馬斯克沉默了將近一分鐘，開始計算此事件發生的可能性有多高。他說，每當他陷入類似恍神狀態時，就會開始在腦海中模擬，未來幾年可能會出現哪些危險因素。最後他確定，關於人工智慧可能帶來的危險，哈薩比斯的想法是對的。因此，他決定對 DeepMind 投資 500 萬美元，如此一來，就能密切關注這家公司的發展。

與哈薩比斯會面後過了幾星期，馬斯克向 Google 共同創辦人佩吉描述 DeepMind 正在做的事情。馬斯克和佩吉認識已超過十年，他經常借住在佩吉位於帕羅奧圖的住家。兩人在深夜聊天時，馬斯克常過度認真地討論人工智慧可能引發的危險。但佩吉覺得沒什麼好擔心的。

2013 年，在納帕谷（Napa Valley）舉辦的馬斯克生日派對上，為了人工智慧的問題，馬斯克和佩吉當著昔日 PayPal 同事諾塞克、霍夫曼與其他賓客的面，爭得面紅耳赤。馬斯克爭辯說，除非我們建立保護機制，否則人工智慧將會取代人類，到時候人類將會變得無足輕重，甚至是滅絕。

佩吉卻不這麼認為。他問說，如果真有那麼一天，機器的智慧、甚至是意識超越了人類，這件事為什麼那麼重要？這只不過是演化的下一個階段。

馬斯克反駁說，人類意識是宇宙中珍貴的閃光，我們不能讓它熄滅。佩吉認為，這種說法太感情用事，毫無意義。如果可

---

* 英國電腦科學家、數學家、密碼分析學家，被譽為電腦科學與人工智慧之父。

以在機器裡複製人類意識，難道不是一件很有價值的事情？或許某天我們可以把人類意識上傳到機器裡。他指責馬斯克是「物種歧視」，帶有偏見，只採取有利於自己物種的立場。馬斯克回答說：「沒錯，我就是偏袒人類。我就是喜歡人類。」

所以，當馬斯克在2013年底聽到佩吉和Google計劃收購DeepMind時，他覺得很沮喪。馬斯克和好友諾塞克努力籌資，想要阻止Google收購。在洛杉磯的一場派對上，兩人走去樓上包廂，透過Skype和哈薩比斯談了一小時。馬斯克對哈薩比斯說：「人工智慧的未來不應該被佩吉控制。」

但是，他們的努力最終還是失敗了。2014年1月，Google宣布收購DeepMind。一開始，佩吉同意成立「安全委員會」，並邀請馬斯克加入。第一次開會地點就選在SpaceX，但這也是唯一一次的會議。除了佩吉、哈薩比斯和Google董事長艾瑞克．施密特（Eric Schmidt）之外，霍夫曼與其他人也參加了這場會議。當時擔任馬斯克幕僚長的提勒說：「伊隆總結當天的會議，覺得根本是在瞎扯。Google那群傢伙根本不想專心討論人工智慧的安全問題，也不想採取任何措施，限制人工智慧的權力。」

馬斯克持續公開警告人工智慧可能帶來的危險。2014年，他在麻省理工學院舉辦的論壇上說道：「我們最大的生存危機，可能是人工智慧。」當年，亞馬遜推出聊天機器人數位助理Alexa，後來Google也推出了類似產品。馬斯克警告，當這些系統變得比人類還要聰明的時候，可能會產生某些後果。這些系統很可能會超越人類，把人類當成寵物一樣看待。「我不喜歡自己變成家貓的想法，」他說。他相信，預防問題發生的最好辦法，就是確保人工智慧與人類密切合作，「當人工智慧不受人類意志掌控，就會發生危險。」

馬斯克開始邀請一些人一起吃飯討論，包括提爾、霍夫曼在內的 PayPal 黑手黨成員，希望找到方法制衡 Google，推廣人工智慧安全。他甚至聯繫歐巴馬總統，歐巴馬同意在 2015 年 5 月和他單獨會面。馬斯克向歐巴馬解釋人工智慧可能引發哪些風險，建議人工智慧應該要受到管制。馬斯克說：「歐巴馬聽懂了。但是我也理解，這個問題並沒有重要到他必須做些什麼事情。」

讓機器與人類密切合作

後來馬斯克聯絡山姆．奧特曼（Sam Altman），他是一位創業家，主要開發隨附軟體，熱愛跑車，而且是一位生存主義者（survivalist）*，在溫文儒雅的外表下，也和馬斯克一樣喜歡高強度的工作模式。兩人在幾年前就認識了，馬斯克邀他參觀 SpaceX 工廠，他們聊了三小時。奧特曼說：「有些工程師看到馬斯克走過來，就會自動閃開或是轉過頭去，真的很有趣。他們很怕他。但他讓我留下深刻印象，他清楚知道火箭每個部位的所有細節。」

奧特曼和馬斯克在帕羅奧圖簡單用餐，兩人當場就決定共同成立一個非營利的人工智慧實驗室，他們將實驗室取名為 OpenAI。他們會開放實驗室的軟體原始碼，希望能有效制衡 Google 在這個領域逐漸取得主導地位。提爾和霍夫曼也加入馬斯克行列，並提供資金。馬斯克說：「我們希望開發出 Linux 版

* 積極為自然與人為災難做準備，學習在災難中的生存技能，接受急救醫療及自衛訓練，儲備需要的生活物資、建造地下避難所等安全住所，以備不時之需。

的人工智慧技術，不被任何人或是企業控制。目標是讓我們更能夠透過對整體人類有益的安全方法，開發人工智慧。」

晚餐時，他們兩人一直在辯論一個問題，以下哪種情況比較安全：由大型企業把持少數的人工智慧系統，或是出現許多各自獨立的系統？他們的結論是，同時有許多系統相互競爭、彼此制衡，會比較安全。就如同人類會合力阻止人群中行為惡劣的危險份子，所以許多獨立運作的人工智慧機器，也應該要合作阻止惡劣的機器。對馬斯克來說，這正是他希望 OpenAI 真正開放的原因，其他人可以根據 OpenAI 的軟體原始碼，開發自己的系統。「我認為，如果要避免人工智慧被誤用，最好的方法，就是盡可能讓愈多人擁有人工智慧。」他對《連線》雜誌記者史蒂芬・李維（Steven Levy）說。

馬斯克和奧特曼花了很長時間討論，希望達成的目標之一，是「人工智慧一致性」（AI Alignment）。2023 年，OpenAI 推出了聊天機器人 ChatGPT 之後，這個目標就成了熱門話題。「人工智慧一致性」的目的，是希望人工智慧系統與人類的目標與價值觀一致，就如同科幻小說家艾西莫夫為了避免小說中的機器人傷害人類，所設定的四條定律。* 不妨想想，《2001 太空漫遊》（*2001: A Space Odyssey*）電影中的超級電腦哈兒（Hal）發狂，與創造它的人類展開殊死搏鬥，會帶來什麼樣的災難。我們應該要在人工智慧系統裡安裝哪些防護機制與終止開關，讓人工智慧系統與我們人類的利益保持一致？在我們所有人當中，應該由誰決定人類的利益是什麼？

馬斯克認為，確保人工智慧一致性的方法之一，就是讓機器與人類密切合作。機器應該是個人意志的延伸，而不是不受控制，自行設定目標與意圖。這也是馬斯克創辦 Neuralink 的原因之一，他成立這家公司的主要目標，是開發能讓人類大腦與電腦直接連線的晶片。

另一座資料金礦：推特

馬斯克也明白，人工智慧領域如果要成功，就必須從真實世界蒐集大量數據，讓機器學習。當時他已經明白，其中一座資料金礦就是特斯拉，特斯拉每天蒐集了數百萬幅影片畫面，顯示駕駛如何應付各種行車情況。「或許特斯拉比全世界其他任何一家車廠擁有更多真實世界的數據資料，」他說。不過，他到後來才知道，另一家公司也蒐集了大量資料，那就是推特。以 2023 年為例，推特每天要處理來自人類的 5 億則推文。

馬斯克和奧特曼吃飯時，在座的還有一位來自 Google 的研究工程師，名叫伊爾亞．蘇茲克維（Ilya Sutskever），後來他們開出 190 萬美元薪資與簽約獎金的優渥待遇，成功說服蘇茲克維加入新實驗室，擔任首席科學家。佩吉氣炸了。認識多年、多次在他家借住的好友不僅成立了實驗室和他競爭，還挖走了 Google 的頂尖科學家。2015 年底 OpenAI 成立之後，佩吉和馬斯克就幾乎不再交談。馬斯克說：「佩吉感覺被背叛，對我私下挖角蘇茲克維這件事，他覺得非常火大，從此拒絕和我說話。我是覺得，『佩吉，如果不是因為你那麼不在乎人工智慧安全問題，

---

* 艾西莫夫提出了機器人三定律：一、機器人不得傷害人類，或坐視人類受到傷害；二、機器人必須服從人類命令，除非命令與第一法則發生衝突；三、在不違背第一或第二法則之下，機器人可以保護自己。1985 年，他在《機器人與帝國》小說中又增加了一條第零定律。

就不會出現另一股制衡力量』。」

馬斯克非常關注人工智慧議題，所以陸續推動了許多相關的專案，包括：專門開發大腦植入晶片的 Neuralink；人形機器人 Optimus；可以蒐集數百萬影片，訓練人工神經連結，模擬人類大腦的超級電腦 Dojo。他也因此更堅持，要讓所有特斯拉電動車具備自動駕駛功能。一開始，這些計畫都各自獨立，但是後來馬斯克決定將所有計畫整合，包括他後來成立的聊天機器人公司 xAI，最終目標就是開發通用人工智慧。

馬斯克決定在自己的公司發展人工智慧技術，導致他與 OpenAI 在 2018 年正式決裂。他認為 OpenAI 已經落後 Google，一直想要說服奧特曼，讓對方相信 OpenAI 應該要併入特斯拉。但是 OpenAI 團隊拒絕這項提議，後來奧特曼成為實驗室總裁，決定成立營利事業單位，啟動股權籌資。

隨後馬斯克立即成立新的人工智慧團隊，與 OpenAI 互別苗頭。雖然當時他正為了內華達與佛利蒙工廠的生產地獄忙得焦頭爛額，但他還是從實驗室挖走了擅長深度學習與電腦視覺（computer vision）的安德烈・卡帕斯（Andrej Karpathy），帶領特斯拉的人工智慧專案。奧特曼說：「我們明白，特斯拉將會成為一家人工智慧公司，必定會和 OpenAI 搶奪同一批人才。我們團隊某些人對此感到憤怒，但我完全可以理解眼前發生的一切。」2023 年，奧特曼終於成功扳回一城。為馬斯克工作多年、身心俱疲的卡帕斯，再度回鍋老東家。

41

推出自動輔助駕駛

2014 至 2016 年，全自駕未來靠 AI 助攻

范霍茲豪森與早期的 Robotaxi。

該仰賴雷達，還是影像資料

馬斯克曾經與佩吉討論，由特斯拉與 Google 合作開發自動駕駛系統，實現汽車自行駕駛的可能。但因為兩人對於人工智慧的看法分歧，促使馬斯克決定加速推動計畫，自行開發特斯拉的自動駕駛系統。

Google 的自動駕駛系統最後取名為 Waymo，使用雷射雷達裝置，稱為光學雷達（LiDAR，簡稱光達），全名為光探測與測距（Light Detection And Ranging）。但是馬斯克拒絕使用光學雷達，以及其他類似雷達的儀器，堅持自動駕駛系統應該只需要使用攝影機的影像資料。這又是依據第一原理得出的結論：人類開車時只使用視覺資料，所以機器應該也可以。另外，這也牽涉到成本。馬斯克和往常一樣不只重視產品設計，也很關注要如何大量生產。他在 2013 年說過：「Google 的做法會有一個問題，感測系統成本太高。採用光學系統是比較好的做法，基本上只需要攝影機，以及利用視覺資料就能知道發生什麼事的軟體。」

接下來十年，馬斯克不斷與他的工程師角力，其中許多人都希望在特斯拉的自駕車上安裝某種形式的雷達系統。其中一位名叫達瓦爾・什羅夫（Dhaval Shroff），這位年輕工程師來自孟買、性格活潑，自卡內基美隆大學（Carnegie Mellon University）畢業後，在 2014 年加入特斯拉的自動輔助駕駛團隊。他還記得剛加入團隊時，曾有一次與馬斯克開會，「當時特斯拉汽車有安裝雷達硬體，我們告訴馬斯克，出於安全考量這是最好的做法。他同意保留雷達，但是大家都知道，他認為我們最後應該只需要攝影機提供的視覺資料。」什羅夫說。

2015 年，馬斯克每星期都會花好幾個小時與自動輔助駕駛團隊一起工作。他會從位在洛杉磯貝沙灣的住家，開車到機場附近的 SpaceX 總部，和團隊討論如何解決自動輔助駕駛系統遭遇的問題。特斯拉資深副總裁巴格利諾說，每次會議一開始，馬斯克都會問：「為什麼這台車不能自己從我家開到辦公室？」

這導致特斯拉團隊有時會像啟斯東警察（Keystone Kops）* 一樣胡亂瞎忙。405 號州際公路有個彎道一直讓馬斯克非常頭痛，因為道路標線嚴重褪色，造成自動輔助駕駛系統突然緊急轉彎，衝出車道外，幾乎撞上對向來車。馬斯克每次都怒氣沖沖地走進辦公室，不斷要求團隊：「想辦法搞定這件事。」團隊花了好幾個月的時間，努力改進自動輔助駕駛軟體，卻始終無效。

絕望的幕僚長提勒和其他團隊成員，最後想出一個更簡單的解決方法：請政府交通部門重漆道路標線。但他們沒有得到任何回應，於是想出更大膽的做法。他們決定自己租一台道路標線機，凌晨三點出發，封閉高速公路一小時，重漆標線。當他們終於找到道路標線機時，總算有人聯繫上交通部門的一位員工。這個人正好是馬斯克的粉絲，他願意幫忙重漆標線，只要讓他和幾位部門同事參觀 SpaceX。提勒帶著他們參觀 SpaceX，大家擺好姿勢拍了一張照片，高速公路標線也依約重新漆好了。從此之後，馬斯克的自動輔助駕駛系統每次都能順利通過彎道。

許多特斯拉工程師都希望保留雷達裝置，做為攝影機視覺資料的輔助，包括資深副總裁巴格利諾在內。「馬斯克的目標和

* 這是電影的虛構角色。加拿大製片馬克．森內特（Mack Sennett）在 1912 至 1917 年間，為他成立的啟斯東電影公司製作的一系列喜劇默片中，都會出現無能、搞笑的警察角色。

可行性之間存在巨大落差，他不夠理解我們面臨的挑戰，」巴格利諾說。巴格利諾的團隊曾分析過，當遇到停車標誌之類的情況時，自動駕駛需要多大的距離感，汽車對左右兩側的觀測要達到多遠的距離，才能判斷什麼時候穿越是安全的，「我們一直想和伊隆對話，確認感測器需要做到哪些事情。但真的很難，馬斯克一直回到自己的想法，老是說人類只有兩隻眼睛，照樣能開車。但是人類的眼睛和頸部連結，而頸部可以自由轉動，所以眼睛能對準各個地方。」

馬斯克的態度後來暫時軟化。他同意新出廠的 Model S 除了配備八台攝影機，還會安裝 12 個超音波感測器，外加一個前置雷達，讓車子在雨天或起霧時也能看清前方道路。2016 年特斯拉在官網中公告：「整套系統提供的視野超出了駕駛的視力範圍，可以同時查看每個方向，而且波長遠遠超越人類感官。」

雖然馬斯克做出了讓步，但是大家心知肚明，他會繼續要求團隊開發出只依靠攝影資料運作的自動駕駛系統。

意外事故引發恐懼與不信任

馬斯克持續追求他對自駕車的想法，而且執拗地不斷誇大特斯拉的自動輔助駕駛性能。這樣做非常危險，會讓某些人以為駕駛特斯拉電動車時不需要太專心。2016 年，就在馬斯克做出偉大承諾之際，攝影機供應商行動之眼（Mobileye）決定不再與特斯拉合作。「特斯拉想要挑戰安全極限。」行動之眼的董事長說。

與自動輔助駕駛系統相關的致命意外難免會發生，就像沒有自駕系統的汽車也會發生事故一樣。馬斯克堅稱，不應該依照能否預防意外來判斷系統的好壞，而應該觀察系統能否有效降低事故。這種說法很合乎邏輯，但忽略了情感因素，比起駕駛失誤造成百人死亡，若因自動輔助駕駛系統出問題而喪命，就算是一人，也絕對會引發更大的恐懼。

2016 年 5 月，美國發生了第一宗與特斯拉自動輔助駕駛系統有關的死亡事故。事故發生地點在佛羅里達州，一名特斯拉駕駛撞上前方左轉的聯結車，不幸身亡。特斯拉在聲明中表示：「自動輔助駕駛系統和駕駛都沒有注意到陽光下聯結車的白色車身，所以沒有啟動煞車系統。」後來調查人員找到證據，發現衝撞當時，特斯拉駕駛正利用儀表板上彈出的電腦螢幕觀看電影《哈利波特》。國家運輸安全委員會認為：「因為駕駛疏忽，沒有完全控制特斯拉電動車，所以導致事故發生。」先前特斯拉過度推銷車子的自動輔助駕駛功能，可能讓那位駕駛誤以為不需要專心開車。當年稍早還有另一起特斯拉死亡事故發生在中國，當時車子可能正處於自動輔助駕駛模式。

佛羅里達撞車事故的消息曝光時，馬斯克正在南非，這是他十六年來第一次回去。得知消息後，他立即飛回美國，但是沒有發表任何聲明。他能夠像工程師一樣思考，卻無法對其他人的情緒感同身受。他無法理解，每年因為交通事故身亡的人數超過 130 萬，為什麼特斯拉自動輔助駕駛系統導致一、兩個人死亡，就引發如此強烈的抗議？沒有人去計算自動輔助駕駛系統預防了多少次事故發生、拯救了多少人。也沒有人評估，使用自動輔助駕駛系統是否比不使用這項功能還要安全。

2016 年 10 月，馬斯克召開視訊記者會，有記者一開始就提出關於兩起死亡事故的問題，馬斯克忍不住發飆，如果記者撰寫報導勸阻讀者使用自動駕駛系統，或是勸告監管機關不應該核准自動駕駛系統，「你們就是在殺人。」馬斯克停頓了一下，接著大吼，「下一個問題。」

尚未實現的承諾

馬斯克內心有個遠大願景：特斯拉將打造出有能力完全自動駕駛、無需任何人為介入的汽車，雖然這個願景有時就像是持續消失在地平線上的海市蜃樓。但馬斯克相信，他的願景將會顛覆人類的日常生活，讓特斯拉成為全球最有價值的企業。特斯拉把這個願景稱為「全自動輔助駕駛」（Full Self-Driving），馬斯克保證，全自動輔助駕駛不僅能在高速公路上運作順暢，在充滿行人、腳踏車騎士及複雜路口的市區街道，一樣能運作順暢。

只要是馬斯克基於使命、狂熱追求的計畫，就好比火星旅行，他預估的時間表都會非常荒謬。他在 2016 年 10 月舉行的視訊記者會上宣稱，隔年年底前，特斯拉就可以從洛杉磯一路開到紐約，過程中駕駛「完全不需要碰觸」方向盤。他說：「如果你想要讓車子回到你身邊，只要在手機按下『召喚』。即使你在這個國家的另一端，你的車終究會找到你。」

有些人可能不會把這些話放在心上，覺得這只不過是可笑的幻想，但馬斯克開始要求開發特斯拉 Model S 和 Model Y 的工程師，設計沒有方向盤、沒有加速與煞車踏板的車款。特斯拉設計總監范霍茲豪森假裝聽從。自 2016 年底開始，每當馬斯克來到設計工作室，團隊都會將 Robotaxi 的照片和實體模型給他看。「他以為 Model Y 投入生產時，會是一部真正的 Robotaxi，可以完全自動駕駛。」范霍茲豪森說。

幾乎每年馬斯克都會預測說，大約再過一、兩年，特斯拉就會推出全自動輔助駕駛車。2017年5月在TED演講現場，主持人克里斯・安德森（Chris Anderson）問道：「什麼時候人們向你們買到的車，可以真的不用手握方向盤、直接在車上睡覺，等到醒來時已經到達目的地？」馬斯克回答：「大概兩年。」到了2018年底，馬斯克在程式碼大會（Code Conference）上接受記者凱拉・舒維瑟（Kara Swisher）*訪問時表示：「特斯拉有望在明年達成目標。」等到2019年初，他又再一次強調。「我想我們今年就會推出功能齊全的全自動輔助駕駛車，」他與方舟投資（ARK Invest）一起參加播客節目時宣稱，「我說的這句話是肯定句，不是問句。」

范霍茲豪森在2022年底時說：「如果當時他鬆口，承認全自動輔助駕駛的開發需要花很長一段時間，就不會有人支持，我們也不會設計需要具備自動駕駛功能的電動車了。」同年，馬斯克在法說會上向分析師承認，整個過程比他在2016年預期的還要困難。「最後總歸一句話，要解決全自動輔助駕駛問題，其實必須先解決真實世界的人工智慧問題。」他說。

---

* 美國記者，Recode共同創辦人之一，著有《美國線上AOL.COM》。

42

能源整合的未來

2004 至 2016 年，特斯拉轉型成能源創新公司

馬斯克的表兄弟林登與彼得。

買下太陽城

「我想成立新事業，幫助人類解決氣候變遷問題。」2004年夏末，表弟林登和馬斯克一起開著露營車，去參加一年一度在內華達州沙漠地區舉辦的藝術與科技狂歡派對火人祭時說道。

「那就進入太陽能產業。」馬斯克回答。

林登記得，馬斯克當時的回答聽起來就像是「我的行軍令」。後來林登和哥哥彼得合作成立新公司，取名為太陽城（SolarCity）。「伊隆提供了大部分初期資金，並給了我們清楚的指引：盡快擴大規模，建立影響力。」彼得說。

禮夫家的三位表兄弟：林登、彼得和羅斯，是梅伊雙胞胎姊妹的兒子，從小和馬斯克兄弟一起長大，經常一起騎腳踏車、打架，密謀賺錢的方法。他們也和馬斯克一樣，希望儘早離開南非，前往美國追求自己的創業夢。彼得說，整個家族都奉行相同的座右銘：「把風險當作燃料。」

年紀最小的林登特別固執。他的興趣是水下曲棍球，這項運動相當考驗一個人的韌性，之前他曾以南非國家代表隊的身分來過美國。林登暫住在馬斯克家，很喜歡矽谷的氛圍，於是開始主導與其他兄弟成立一家電腦支援公司。他們利用滑板在聖塔克魯茲（Santa Cruz）市區內四處穿梭，推銷他們的電腦服務。後來他們自己開發軟體，將部分任務自動化，因此後來有機會被戴爾電腦（Dell Computer）收購。

就在馬斯克建議投入太陽能板產業之後，林登和彼得就開始努力思考，為什麼這麼少人購買太陽能板。答案很簡單。「我們發現，消費者體驗實在太糟了，前置成本昂貴也是一大阻礙。」

彼得說。所以他們擬定了一份計畫，希望能簡化流程。顧客可以打免費電話到公司，接下來業務團隊就會使用衛星影像評估屋頂面積、可以獲得多少太陽光。然後提供合約，具體說明成本、節能與融資等細節。如果顧客同意，公司就會指派穿著綠色制服的團隊協助安裝太陽能板，然後申請政府補助。他們的目標是建立全國性消費品牌。

馬斯克投資了 1,000 萬美元，協助他們成立公司。2006 年 7 月 4 日，正當特斯拉推出 Roadster 新車之際，他們正式創辦太陽城公司，由馬斯克擔任董事長。

有段時間，太陽城的業績表現很不錯。到了 2015 年，非電力公司安裝的太陽能板中，有 25% 來自太陽城。但是，他們一直無法找到正確的商業模式。一開始他們將太陽能板租給顧客，不收取前置費用，卻也因此導致公司債台高築，股價從 2014 年每股 85 美元，跌到 2016 年中的 20 美元。

馬斯克愈來愈看不慣太陽城的營運模式，特別是他們利用佣金鼓勵業務團隊採取強勢推銷手法。「他們的銷售模式，就像是挨家挨戶推銷一盒盒刀片或是類似的廉價產品，」馬斯克說，他的直覺想法正好相反。他不會本末倒置在業務或是行銷上花太多力氣，他相信只要產品夠好，自然能創造業績。

馬斯克開始逼迫他的表兄弟。「你們到底是一家行銷公司，還是產品公司？」他不停追問他們。他們無法理解為何馬斯克那麼執著在產品上。彼得說：「我們的市占率很高，伊隆卻一直質疑我們產品的美學設計，指著像是線夾的太陽能板外型，然後大發脾氣，批評說難看死了。」馬斯克實在看不下去了，某天他威脅要辭去董事長職務。金博爾成功說服他打消念頭。後來馬斯克改變了想法，2016 年 2 月，他打電話給他的表兄弟，告訴他們，希望由特斯拉收購太陽城。

自從特斯拉在內華達州興建電池工廠之後，就開始將一般家用、約是冰箱大小的電池，稱為 Powerwall。這些電池可以與類似太陽城安裝的太陽能板連結。多數企業領導人常犯一個錯誤，那就是企業定位過度狹隘，新的事業連結讓馬斯克避免犯下這樣的錯誤。2015 年 4 月，當特斯拉推出 Powerwall 電池時，馬斯克說道：「特斯拉不只是一家車廠，它是一家能源創新公司。」

消費者只需要將屋頂的太陽能板，與家中的電池和停放在車庫的特斯拉電動車連結，就不需要依賴大型電力公司和石油公司。如果特斯拉能同時供應太陽能板、電池與電動車，就能比其他任何一家企業，或許是比全球任何一個實體組織，做得更多，也更有能力對抗氣候變遷。但馬斯克提出的整合能源概念，有一個問題：禮夫兄弟成立的太陽能事業不屬於特斯拉。如果特斯拉收購太陽城，可帶來兩大好處：一是馬斯克可以成功整合家庭能源業務；二是拯救表兄弟創辦的事業。

一開始特斯拉的董事會表示反對，這很不尋常。一般來說，他們都會順從馬斯克的意願。但這個提議，看起來像是為他的表兄弟和他在太陽能的投資解套，而當時特斯拉自身正面臨生產的危機。

不過，四個月後，董事會還是同意了馬斯克的提議；此時太陽城的財務情況已嚴重惡化。特斯拉提出高 25%的溢價，收購太陽城股票，馬斯克成了最大股東。有幾次董事會投票，馬斯克都選擇迴避。不過，他在太陽城與表兄弟私下討論過好幾次。

2016 年 6 月，馬斯克宣布收購消息。他說：「用膝蓋想也知道，這項行動完全合法，而且道德正確。」這次收購符合他在2006年為特斯拉寫下的總體計畫：「特斯拉的整體目標，是促進人類從開採與燃燒碳氫化合物的經濟模式，轉型為太陽能發電經濟。」

這也非常符合馬斯克的本性，即從頭到尾掌控所有事業。「伊隆讓我們明白，必須整合太陽能板與電池，」彼得說，「我們很想要提供整合性產品，但如果工程師分散在兩家公司，就很難做到。」

這次收購案獲得特斯拉與太陽城85%的「無利益關係」股東的同意（馬斯克雖然持有股份，但不能投票）。但是，部分特斯拉股東卻提起訴訟，指控「伊隆要求凡事順從的特斯拉董事會，以明顯不合理的價格收購破產的太陽城，目的是為了替他（和其他家族成員）的創業投資紓困。」

2022年，德拉瓦州衡平法院做出有利馬斯克的裁決。法院認定：「這項收購案象徵一家公司邁出了一大步，過去多年它讓市場和股東清楚知道，它打算從一家電動車公司，擴張成為替代能源公司。」

賣的不是太陽能板，而是太陽能屋頂

2016年8月，就在太陽城股東投票同意與特斯拉合併之前，馬斯克與投資人召開了一場電話會議，暗示說太陽城將要推出顛覆產業的新產品，「如果我們可以提供你們比一般屋頂還要美觀、耐用的屋頂，會怎樣？這將會創造全新的局面。」

依照馬斯克的說詞，他和表兄弟們開發的產品是「太陽能屋頂」，而不是安裝在一般屋頂的太陽能板。太陽能屋頂是由內建有太陽能電池的瓦片組成。太陽能瓦片可以替換現有的屋頂，或是直接覆蓋在現有屋頂之上。不論採取哪一種方式，外觀看起來就和正常屋頂一樣，你不會看到一片片太陽能板架設在屋頂上。

太陽能屋頂專案導致馬斯克與他的表兄弟陷入劇烈衝突。2016 年 8 月，差不多是馬斯克宣告即將推出新產品的時候，彼得邀請馬斯克視察太陽城在客戶屋頂上安裝的太陽能板，這是一種立平式金屬屋頂，太陽能電池內嵌在金屬板裡而不是瓦片裡。

當天馬斯克自己開車，彼得和 15 位工作人員在房屋前等他。彼得說：「但就和往常一樣，馬斯克遲到了，然後坐在車上看著手機，我們每個人都很緊張地等他下車。」但他一下車就大發雷霆。馬斯克說：「這根本是狗屎，太爛了。你們覺得呢？」彼得解釋說，這是他們在短時間內能做到的最好成果，為了讓太陽能板能夠安裝在屋頂上，必須捨棄美觀。馬斯克命令他們專心開發太陽能瓦片，而不是金屬屋頂。

禮夫兄弟和太陽城團隊沒日沒夜地工作，努力製作太陽能瓦片模型，馬斯克已經預定在 10 月舉行發表會，地點就選在好萊塢環球影城。他們會將幾種不同類型的太陽能屋頂，包括：法式石板（French Slate）、托斯卡納（Tuscan）筒瓦，以及馬斯克最厭惡的金屬屋頂，安裝在之前用來拍攝《慾望師奶》（*Desperate Housewives*）電視影集的實景房屋屋頂。在活動舉行前兩天，馬斯克到現場勘查，一看到金屬屋頂就整個人大爆炸。「你們難道不知道『我痛恨這產品』的哪個部分嗎？」他問說。其中一位工程師立刻反駁說，他覺得看起來沒什麼問題，而且這是最容易安裝的做法。馬斯克立刻把彼得拉到一旁，對他說：「我認為這傢伙不應該留在團隊裡。」彼得隨即開除了那位工程師，並在活動開幕前將所有金屬屋頂拆除。

活動當天有 200 人來到環球影城參加發表會。馬斯克一臉嚴肅地提到二氧化碳排放量增加和氣候變遷帶來的威脅。「救救我們，伊隆。」某個人大聲喊叫。就在那時，馬斯克指著他身後的房屋說：「你四周的房子全都是太陽能房子，你有注意到嗎？」

每間車庫都有升級版的特斯拉 Powerwall 電池與一台特斯拉，而太陽能瓦片能夠產生電力，這些電力將會儲存在 Powerwall 電池與特斯拉電池裡。「這就是能源整合的未來，我們可以解開整個能源方程式。」他說。

這是相當崇高的願景，但有人必須付出代價。不到一年，彼得和林登陸續離開了公司。

43

成立鑽孔公司

2016 年，高速運輸的大夢

打造超迴路列車，解決交通壅塞

2016 年底，馬斯克去香港出差。他的行程排滿了會議，和往常一樣，他需要一些休息時間，讓自己充電、查看手機或發呆。就在馬斯克盯著窗外發呆時，特斯拉業務行銷總裁強・麥克尼爾（Jon McNeill）走過來，馬斯克久久才回過神。「你有發現嗎，這座城市是用三維空間建造的，卻只用二維方式興建道路？」馬斯克終於開口說話，麥克尼爾疑惑地看著他。「你其實可以用三維空間的方式興建道路，在城市地底下興建隧道。」馬斯克認真的解釋說。

他隨即打電話給他非常信任的 SpaceX 工程師史蒂夫・戴維斯（Steve Davis）。當時加州時間是凌晨兩點，電話那頭的戴維斯同意研究看看，如何用既快速又便宜的方法興建隧道。

「好的，」馬斯克說，「三小時後，我再打給你。」

當馬斯克回電時，戴維斯已經有了一些初步的想法。他提議使用標準的隧道鑽掘機挖掘直徑約 12 公尺的圓洞，不需要用混凝土強化。

「這些機器要多少錢？」馬斯克問。戴維斯說 500 萬美元。「買兩台。我回去時，要看到兩台機器。」馬斯克說。

幾天後，馬斯克回到洛杉磯，卻因為塞車被堵在路上。他開始在推特上發文。他寫道：「這裡的交通讓人抓狂。我要建造一台隧道鑽掘機，並開始挖掘。」他隨意想了一些新公司名字，像是 Tunnels R Us 或是 American Tubes & Tunnels。後來，他想到了一個名字，完全符合他的蒙提派森式幽默感。一小時後，他發了一則推文：「這家公司應該取名為『鑽孔公司』（The Boring Company）*。鑽孔，正是我們要做的事。」

多年前，馬斯克就已想到更大膽的計畫：興建類似氣送管，以及高速磁浮車廂，以接近超音波的時速，搭載乘客往返不同城市，馬斯克稱之為超迴路列車（Hyperloop）。不過，這次他展現出不同於以往的克制。他認為，與其自己設計，不如舉辦一場學生設計競賽。他在 SpaceX 總部旁建造了一座約 1.6 公里長的真空管道，讓學生展示他們的構想。第一場超迴路列車學生競賽，就安排在 2017 年 1 月的某個週日舉行，遠至荷蘭和德國的學生都計劃前來，展示他們製作的實驗性車廂。

當天洛杉磯市長艾瑞克・賈西迪（Eric Garcetti）和其他官員也會出席，所以馬斯克決定，這是對外宣布隧道挖掘事業的好時機。在週五晨間會議上，他詢問他的團隊，如果要在超迴路列車的實驗管道旁的空地挖掘一條隧道，需要花多久時間。有人告訴馬斯克，大約兩週。他下令：「就從今天開始，我希望週日之前可以挖出一個大洞。」他的助理艾莉莎・巴特菲爾德（Elissa

Butterfield）趕緊要求特斯拉員工把車子從那片空地移開，不到三小時，戴維斯採購的兩台鑽掘機已經開始動工挖掘。到了週日，已可看到直徑約 15 公尺寬、可通往地底隧道起點的洞口。

馬斯克投資 1 億美元，成立鑽孔公司。接下來兩年，他常從 SpaceX 辦公室走去對面的鑽孔公司，視察工作進度，一再追問兩件事：「我們要怎麼做才能加快速度？阻礙是什麼？」來自芝加哥的年輕工程師喬・庫恩（Joe Kuhn）主要負責設計交通工具穿越隧道的方法，他說，馬斯克「花了很多時間向我們解釋，為什麼省略步驟和簡化很重要。」例如原本他們要在隧道起點挖掘一座豎井，將鑽掘機送至地底下，馬斯克提出質疑說「我家後院的地鼠不會這樣做」，最後他們重新設計鑽掘機，只需讓鑽掘機的機頭朝下，就可以開挖。

2018 年 12 月底，約 1.6 公里長的原型隧道即將完工，某天晚上馬斯克帶著兩個兒子和女友、以藝名格萊姆斯走紅的布歇，一起到現場勘查。所有人擠進一台配備客製化輪胎的特斯拉電動車，接著一台大型電梯將他們送到約 12 公尺深的地底隧道裡。「出發吧，速度愈快愈好。」馬斯克對負責駕駛的庫恩說。格萊姆斯稍微抗議了一下，要求他們不要開太快。這時候馬斯克又回復到工程師模式，解釋說為什麼「縱向碰撞（longitudinal impact）的可能性非常低」。所以，庫恩用力踩下油門。「真是瘋了，這將會改變一切。」馬斯克說，整個人嗨翻了。

但是，它並沒有改變一切。事實上，它只是被馬斯克過度炒作的創業想法之一。2021 年，鑽孔公司在拉斯維加斯完成了約

* boring 有兩個含義，一是「無聊的」，另一個是「鑽孔」。

2.7 公里長的地下隧道，乘客可搭乘特斯拉電動車往返機場與會議中心，公司也開始和其他城市商談隧道計畫。但是到了 2023 年，沒有任何一項計畫啟動。

44

三段關係

2016 至 2017 年，美國天才、愛情傻子、父子反目

馬斯克與赫德（上）；與川普（右下）；父親艾洛爾（左下）。

川普的真面目

馬斯克向來不熱衷政治。和許多科技新貴一樣，他在社會議題上，立場偏向自由主義，性格則帶著自由至上主義色彩，反對政府管制與政治正確。他曾前後捐贈政治獻金給歐巴馬和希拉蕊．柯林頓（Hillary Clinton）的競選團隊。2016 年，美國總統大選時，他直言不諱地批評唐納．川普（Donald Trump）。馬斯克對 CNBC 說：「他似乎並不具備能帶給美國正面影響的人格特質。」

但川普勝選後，馬斯克的看法變得審慎樂觀。他認為川普或許會背離共和黨，以獨立的政治人物身分而不是憤怒的右翼份子治理國家。「我認為，他在競選期間說出那些瘋狂的評論，只不過是一種表演，他會站在更理智的位置上。」馬斯克說。所以，在川普支持者好友提爾催促下，馬斯克同意在 2016 年 12 月前往紐約，加入其他科技公司領導人的行列，與新任總統會面。

會面當天早上，馬斯克先參觀《紐約時報》和《華爾街日報》編輯台。因為當時交通實在太壅塞，他只好和幕僚長提勒一起搭乘萊辛頓大道線的地鐵到川普大廈。除了提爾之外，另有 20 多位科技業執行長，參加了這次會面，包括 Google 的佩吉、微軟的薩蒂亞．納德拉（Satya Nadella）、亞馬遜的貝佐斯，以及蘋果的提姆．庫克（Tim Cook）。

會後馬斯克留下來與川普單獨會面。川普說，有位朋友送了他一台特斯拉，但是他從來沒開過。這讓馬斯克有些不解，但他什麼話也沒說。接著川普說，他「真的很希望 NASA 能夠重新啟動太空計畫」。這更讓馬斯克感到疑惑。他力勸川普設定遠大的目標，其中最重要的目標就是送人類上火星，然後讓私人企業相互競爭，實現這些目標。當川普聽到送人類上火星的想法時，似乎覺得很不可思議，反覆對馬斯克說，他希望「NASA可以重新啟動」。馬斯克覺得這次會面有點奇怪，但覺得川普的態度相當友善。「他看起來就像是個瘋子，但也可以表現得很正常。」馬斯克說。

後來，川普告訴CNBC的喬·凱南（Joe Kernen），對馬斯克印象很深刻，「他熱愛火箭，也非常了解火箭。」接著，川普像往常一樣開始胡言亂語，「我從沒看過沒有機翼的引擎降落，什麼都沒有，引擎就著陸了，我說『以前我從沒有看過』。我很擔心他，因為他是很了不起的美國天才，我們必須保護我們的天才，你知道嗎，我們必須保護湯瑪斯·愛迪生（Thomas Edison），必須保護這些最早發明電燈泡、輪子和所有這些東西的天才。」

人脈廣闊、負責處理政府事務的企業顧問茱莉安娜·格洛佛（Juleanna Glover）趁著這些科技業執行長來到川普大廈的機會，協助安排了另外幾場會面，包括與新當選的副總統麥克·彭斯（Mike Pence），以及國家安全顧問麥可·佛林（Michael Flynn）與凱瑟琳·特羅亞·麥克法蘭（K. T. McFarland）見面。當中唯一讓馬斯克留下深刻印象的是紐特·金瑞契（Newt Gingrich）；金瑞契也是一位太空迷，同樣希望由私人企業來競標太空任務。

川普上任總統的第一天，馬斯克就出發前往白宮，與其他科技領袖一起參加圓桌會議。兩週後，他又在相同地點，參加了類似會議。馬斯克的結論是，川普當選後和當選前其實沒什麼兩樣，那些滑稽可笑的行為不只是裝腔做勢而已，「川普有可能是全世界最會唬爛的人。就和我爸一樣。有時候胡說八道會阻礙你的大腦思考。如果你把川普想成是一位詐騙犯在表演，那麼他的所有行為都能說得通。」當川普宣布美國退出國際對抗氣候變遷的協議《巴黎協定》之後，馬斯克就決定退出總統顧問委員會。

毒型女友安柏．赫德

馬斯克生來就很難擁有平靜的家庭生活。他的戀愛關係最終大都讓他的心理陷入混亂焦躁的狀態。其中最慘痛的一段，就是與女演員安柏．赫德（Amber Heard）的戀情，他因此被捲入絕望的深淵，帶給他難以抹滅的痛苦，一直持續至今。「真的太殘酷了。」他說。

兩人的關係自 2012 年赫德拍攝動作片《殺千刀重出江湖》（*Machete Kills*）之後開始，電影劇情主要是描述一位發明家想要在繞著軌道運行的太空站建立社會。馬斯克同意擔任這部電影的顧問，因為他想要和她見面，但直到一年後兩人才真正見到面。當時她問他，能否參觀 SpaceX。「我猜，對某人來說，我或許就是個怪咖，或者也可以說是辣妹。」她開玩笑說。馬斯克開著特斯拉載她，當下她覺得，以火箭工程師的身分來說，他看起來很有魅力。

2016 年 5 月，兩人在紐約大都會博物館慈善晚宴現場排隊走紅毯時，再次見面。當時 30 歲的赫德與強尼．戴普（Johnny Depp）的婚姻瀕臨破裂，不久後便傳出離婚的爆炸性消息。不論在晚宴或晚宴後的派對，她與馬斯克都聊得非常盡興。與戴普的婚姻讓她深受打擊，因此覺得馬斯克為她的人生帶來了生氣。

幾星期後，她在邁阿密工作，馬斯克去找她。馬斯克在邁阿密海灘的德拉諾酒店（Delano Hotel）租了一棟位於游泳池邊的別墅，兩人就住在別墅裡，馬斯克帶著她和她妹妹搭飛機到卡納維爾角，當時獵鷹九號正準備發射升空。她覺得那是此生最有趣的約會經驗。

同年 6 月，她為了替他慶生，決定從義大利、也就是她工作的地點，飛到佛利蒙的特斯拉工廠，想要給他驚喜。就在她快要抵達工廠時，她特地在路邊停車，摘了一些野花。當時他正和安檢團隊一起工作，赫德躲在一台特斯拉後方，等到他走近時，她捧著花從車子後方跳出來。

2017 年 4 月，兩人的關係開始升溫，當時她正在澳洲拍攝《水行俠》（*Aquaman*），她在電影中扮演一位公主戰士，也是試圖拯救世界的超級英雄的女友，他特地飛去澳洲陪她。兩人在野生動物保護園區牽手散步，還體驗滑索樹頂探險，赫德在他臉頰上留下唇印。他告訴她，她讓他想到了「慈悲」（Mercy），這是電玩遊戲《鬥陣特攻》（*Overwatch*）裡他最愛的角色。她於是花了兩個月時間，設計了從頭到腳的全套服裝，然後請人製作，這樣她就可以在他面前玩角色扮演的遊戲。

她的嬉鬧玩笑，為馬斯克的生活製造了某種紛亂，深深吸引著他。但他的弟弟和友人卻對她痛恨到極點，相較之下，之前他們對潔絲汀的反感，根本不算什麼。金博爾說：「她太惡毒了，簡直就是一場惡夢。」馬斯克的幕僚長提勒總是拿她與漫畫裡的反派角色相比。他說：「她就像是蝙蝠俠裡的小丑，只會製造混亂，沒有目標、沒有目的，靠著破壞一切得利。」她和馬斯克會一整晚不睡覺、不停吵架，然後他會一直睡到下午才起床。

他們在 2017 年 7 月一度分手，後來又復合，繼續度過了吵鬧不休的五個月。最後兩人才終於徹底斷開。事件導火線是同年 12 月，兩人和金博爾夫婦，還有幾個小孩，一起前往里約熱內盧。抵達飯店後，馬斯克和赫德再度鬧翻，氣氛火爆。她把自己鎖在房裡，開始大聲嚷嚷說，她害怕自己被攻擊，指控馬斯克拿走了她的護照。飯店保全和金博爾的太太都試圖說服她，告訴她很安全，護照就在她的背包裡，只要她想，她可以、也應該離開。金博爾說：「她真的是非常優秀的演員。當她開口說話時，你會覺得，『哇，她說的可能是事實』。但她說的根本不是真的。她可以創造自己的現實，這讓我想到我爸。」

赫德承認，當天兩人發生爭執，她的情緒變得很激動。但是她說，當晚兩人就和好了，那天正是跨年夜。他們參加了一場派對，站在可眺望里約市景的陽台上，倒數計時、迎接新年。她穿著一件低胸白色亞麻洋裝，馬斯克則穿著一件白色亞麻襯衫，只扣上部分鈕扣。金博爾夫婦也在場，還有他們的表兄弟羅斯夫婦。為了證明他們兩人真的和好，赫德特地傳給我當晚的照片和影片。在其中一段影片裡，馬斯克祝她新年快樂，熱情地親吻她的脖子，她則是對著攝影機露出會意的表情。

她最後得出結論，是馬斯克刻意營造戲劇性衝突，因為他需要很多刺激，才能持續保有活力。即使他們永遠分手了，餘火依舊持續燃燒。「我很愛他，」她說。她也非常了解他，「伊隆熱愛火，可是有時候火會燒傷他。」

除了赫德之外，馬斯克一再被類似的女性吸引。「他總會愛上惡意對待他的人，真的很悲哀。她們都長得很漂亮，沒人懷疑這點，但她們的內心充滿了黑暗，伊隆也知道她們是有毒的。」

金博爾說。

所以，為什麼他還是愛上了？當我問他時，他放聲大笑。「因為我就是個愛情傻子。很多時候我就是個傻子，尤其是面對愛情的時候。」他說。

惡魔父親

自 2000 年底之後，馬斯克就再也沒見過父親艾洛爾，那時馬斯克剛出生不久的兒子內華達不幸夭折，艾洛爾和他的家人一起來探望馬斯克。那段期間，馬斯克一直無法接受艾洛爾喜歡上當時只有 15 歲的繼女賈娜，不斷逼迫艾洛爾回南非。

但 2016 年，馬斯克和弟弟金博爾打算帶家人去南非旅遊，他們覺得應該要去看看父親。那時候艾洛爾已經離婚，而且有心臟問題。馬斯克和父親之間其實有很多相同之處，恐怕比他自己承認得還要多，包括兩人生日都是 6 月 28 日。他們安排一起吃午餐，希望彼此和解，至少在馬斯克 45 歲生日、艾洛爾 70 歲生日這一天。

當時艾洛爾住在開普敦，他們約在那裡的一家餐廳會面。陪同馬斯克前去的，有金博爾與他的第二任妻子克里斯蒂安娜（Christiana）、偶爾與馬斯克約會的女演員巴賽特，以及馬斯克的好友格拉西亞斯。這次南非行，馬斯克也帶著孩子一起同遊，但因為前妻潔絲汀事前曾要求，不要讓他們的孩子與艾洛爾碰面，所以在艾洛爾抵達餐廳之前，他們就先離開了。好友格拉西亞斯詢問馬斯克，自己是否應該先離開。「伊隆把手放在我的腿上，對我說『請留下』。那是我第一次也是唯一一次看到伊隆的手在發抖。」格拉西亞斯說。當艾洛爾走進餐廳時，他大聲向馬斯克稱讚說巴賽特很漂亮，這讓在場的每個人都覺得很不舒服。「伊隆和金博爾一直緊閉著嘴，保持沉默。」克里斯蒂安娜說。一小時後，他們說時間到了，該走了。

原本馬斯克計劃帶著金博爾、克里斯蒂安娜、巴賽特和他的小孩去普勒托利亞，讓他們看看自己從小生長的地方。但和父親見面後，就完全失去了興致。他突然決定縮短行程，立刻飛回美國，他告訴自己和其他人，要趕回去處理在佛羅里達州發生的駕駛死亡事件，因為這名駕駛出事時可能正使用特斯拉的自動輔助駕駛系統。

這次見面雖然短暫，但原本似乎有可能讓馬斯克與父親的關係和緩，幫助他驅除內心一直揮之不去的惡魔。然而，現實並非如此。2016 年稍晚，就在馬斯克離開南非後不久，艾洛爾讓當時 30 歲的賈娜懷孕了。後來艾洛爾說：「我們都只是孤單失意的人。一環扣一環，你可以說這是上帝的計畫或是大自然的計畫。」

當馬斯克三兄妹得知消息後，憤怒到極點。「我真的在慢慢修復和我爸的關係。然後他和賈娜有了小孩，我說『你完了，你已經出局了。我再也不想和你說話』，從此以後，我再也沒有和他說話。」金博爾說。

2017 年夏季，在馬斯克得知父親讓繼女懷孕的消息之後不久，他依照預訂行程，為《滾石》即將刊出的封面故事，接受尼爾．史特勞斯（Neil Strauss）採訪。一開始史特勞斯提出與特斯拉 Model 3 相關的問題。一如既往，馬斯克不發一語地坐在那裡，心裡仍一直在想著關於赫德和他父親的事情。他沒有做太多解釋，就起身離開。

大約過了 5 分鐘，幕僚長提勒把他找回來。馬斯克重新接受採訪時向史特勞斯解釋：「我剛與女友分手。我真的很愛她，但這段感情傷我很深。」後來，他在採訪中開始吐露關於父親的事情，但並沒有提到爸爸讓賈娜懷孕的事情。

「他真的是非常惡劣的人類，」馬斯克說，忍不住流下了眼淚，「我爸會精心策劃邪惡計畫。他是有計畫的犯罪。幾乎所有你可能想到的罪行，他都做過。幾乎所有你可能想到的邪惡行為，他都做過。」史特勞斯在這篇人物專訪中寫道，馬斯克無法說出具體細節，「馬斯克顯然想要分享一些事，但是他就是沒辦法說出口。」

45

墜入黑暗之中

2017 年，因過度自動化，經歷生產地獄

馬斯克和幕僚阿富夏（最左側）一起檢查電池組。

你有躁鬱症嗎？

與女明星赫德分手，再加上父親與自己撫養長大的繼女有了小孩，這兩件事徹底擊垮了馬斯克。他反覆陷入憂鬱、恍惚、眩暈、焦躁等狀態。時而情緒惡劣，陷入近乎僵直失神與憂鬱麻痺，然後突然間，又像是開關被打開一樣，變得極度亢奮。他會一再重複喜劇表演團體蒙提派森的老把戲，例如可笑的走路姿勢或白目的辯論內容，中間還摻雜陣陣笑聲。不論在工作或情感上，從 2017 年夏季到 2018 年秋季，絕對是馬斯克人生中最慘烈的一段日子，比 2008 年的破產危機還要糟糕。他說：「那段時間，我經歷了這輩子最密集的痛苦煎熬，連續 18 個月精神錯亂，真的是悲慘得無法想像。」

2017 年底某一天，馬斯克計劃與華爾街分析師召開法說會。當時擔任特斯拉總裁的麥克尼爾發現馬斯克躺在會議室角落的地板上，燈也沒開。麥克尼爾走了過去，躺在馬斯克身旁，說道：「嘿，老兄。我們要開法說會了。」

「我沒辦法。」馬斯克說。

「但你一定得參加。」麥克尼爾回答。

麥克尼爾花了半小時才說服馬斯克起身。「原本昏睡沉沉的他慢慢清醒，我們讓他坐在椅子上，然後請其他人進會議室，讓他講完開場白，接下來由我們接手。」法說會結束後，馬斯克說：「我要躺下，我要關燈。我需要一個人靜一靜。」麥克尼爾說，同樣的場景後來重複上演了五、六次。其中有一次，他為了請馬斯克核准新的網站設計，只好走進會議室，躺在他身旁。

大約就在那段時間，有一位用戶在推特上詢問馬斯克是否有躁鬱症。「是的，」馬斯克回答，但又補充說，他並沒有經過醫師診斷，「負面的情緒與負面事件有關，所以或許真正的問題是，我過度投入那些事情了。」

有一天，馬斯克剛結束一段工作，和麥克尼爾一起坐在特斯拉的會議室，麥克尼爾直接問他是不是有躁鬱症。馬斯克說，或許是吧，麥克尼爾將椅子往後退，轉身認真地看著馬斯克的雙眼說：「聽著，我有一位親戚罹患躁鬱症，所以我很清楚這個疾病是怎麼一回事。只要接受良好的治療，再加上適當的藥物控制，就可以恢復正常的生活。這個世界需要你。」麥克尼爾表示，那是一次很正面的談話，馬斯克看來似乎非常希望擺脫混亂的精神狀態。

但馬斯克並未因此走出混亂。當我問他時，他說自己處理心理問題的方式，就只是「承受痛苦，並且確認自己真的在乎手邊正在進行的事。」

2017 年 7 月，Model 3 如奇蹟般趕上馬斯克設定的瘋狂期限，開始量產。特斯拉在佛利蒙工廠舉辦了一場熱鬧非凡的慶祝活動。上台前，公司安排馬斯克在一個小房間內，接受記者聯訪，但事情卻出了差錯。他已經心情鬱悶一整天，為了提起精神，猛灌了幾瓶紅牛，甚至嘗試冥想，這是他以前從未認真做過的事。

特斯拉設計總監范霍茲豪森和技術長史特勞貝爾不斷鼓勵馬斯克，希望他能擺脫恍神狀態。但是馬斯克看起來沒有反應，一臉呆滯、深陷憂鬱。他後來說：「過去幾星期，我一直陷在極端痛苦的情緒裡。真的很嚴重，我用盡所有意志力，才有辦法撐完 Model 3 的慶祝活動，不讓自己看起來像個憂鬱透頂的傢伙。」最後，他強迫自己走進記者會，看起來有些煩躁，不太專心。他對記者說：「抱歉，內容有些枯燥。我現在腦袋裡很混亂。」

接下來，馬斯克還得面對台下200位高聲尖叫的粉絲和員工。他努力想要完成一場精采的表演，至少一開始是如此。他開著新出廠的紅色Model 3進入舞台，接著跳出車外，高舉雙手。他說：「這家公司存在的意義，就是生產出真正性能優異、人人負擔得起的電動車。現在我們終於做到了。」

但演講內容漸漸走調。雖然他極力想要表現得開心，但就連觀眾都聽得出來，他其實深陷在黑暗之中。他並沒有歡喜慶祝，而是警告大家未來將會非常艱難。

他結結巴巴地說：「未來六到九個月，我們最大的挑戰是如何大量生產電動車。老實說，我們即將進入生產地獄。」接著，他開始歇斯底里地咯咯笑。「歡迎！歡迎！歡迎來到生產地獄！我們至少有六個月的時間將待在地獄裡。」

他滿腦子想著地獄情節一般的前景，內心似乎充滿暗黑能量。他對著滿臉驚訝的觀眾說：「我期待和你們一起走過地獄，就如同諺語所說的，如果你正身陷地獄，只管勇往直前。」*

他確實是在地獄裡，而且確實在勇往直前。

內華達超級工廠地獄

每當馬斯克陷入黑暗的情緒，就會瘋狂地投入工作。2017年7月，宣告Model 3即將開始量產之後，他整個人就是呈現這種狀態。

馬斯克最關心的事情是提高產量，希望特斯拉每週可以生產

5,000 輛 Model 3。他計算了公司的成本、經營費用與現金流，發現只要達成這個生產速度，特斯拉就能存活。如果做不到，公司會燒光現金。他不停地向高階主管重複相同的話，就像是宣傳口號一樣，還在工廠裡安裝監視器，即時觀看廠內電動車與零件的生產進度。

每週生產 5,000 輛汽車的目標，是非常大的挑戰。到了 2017 年底，特斯拉的生產速度只達到一半。於是馬斯克決定搬去工廠，親自帶領所有員工全力加速生產。這就是他的管理方式：親自下海，帶領狂熱的追隨者並肩作戰，全年無休地全心投入工作，藉此確認公司員工達到瘋狂的工作強度。

首當其衝的是生產電池的內華達超級工廠。負責設計生產線的人告訴馬斯克，每週生產 5,000 組電池的目標實在太瘋狂了。他們頂多只能生產 1,800 組。馬斯克對他說：「如果你是對的，特斯拉就倒了。我們必須一週生產 5,000 輛車，否則無法負擔成本。」這位高階主管表示，如果要建立更多生產線，需要再花費一年時間。馬斯克二話不說直接開除這位主管，另外聘用布萊恩・道（Brian Dow）擔任新隊長，他正好具備了馬斯克喜歡的積極進取精神。

馬斯克開始接手管理工廠，就像一名瘋狂要求行軍加速的陸軍元帥。「我們簡直是瘋了，」他說，「每天只睡四或五小時，而且常常睡在地板上。我還記得自己當時心想，『我好像快失去理智了』。」他的同事深有同感。

馬斯克開始四處搬救兵，包括他最忠誠的手下大將：在

---

* 這是英國前首相邱吉爾的名言，原文為：If you're going through hell, keep going.

SpaceX 和他一起解決工程問題的好搭檔容克薩，以及負責管理鑽孔公司的戴維斯。他甚至找來堂弟詹姆斯·馬斯克（James Musk）。詹姆斯是艾洛爾弟弟的兒子，剛從加州大學柏克萊分校畢業。馬斯克請他加入特斯拉的自動輔助駕駛團隊，擔任程式設計師。他說：「我接到伊隆的電話，要我在一小時內抵達加州凡奈斯（Van Nuys）機場。我們一起飛到雷諾，最後我在那裡待了四個月。」

「電池廠那裡的問題真是多到數不清，有三分之一的電池出問題，也有三分之一的工作站出狀況，」容克薩說，他們分別到不同生產線，逐一檢查所有工作站，糾出會拖慢生產速度的流程，並且加以改善，「每次累到不行了，我們就去汽車旅館倒頭大睡四小時，然後再趕回工廠。」

下達爆能令，不必要的都刪除

當時特斯拉剛雇用歐米德·阿富夏（Omead Afshar），和提勒一起擔任馬斯克的幕僚。阿富夏是一名生醫工程師，大學時曾輔修詩詞，在洛杉磯長大，小學時總拎著公事包去上學，因為他想和出生於伊朗的工程師父親一樣。他曾花了幾年時間，為一家醫療設備廠商建立設施，加入特斯拉後，很快就和馬斯克建立深厚的交情。兩人同樣說話有點結巴，都具備工程師思維。

阿富夏在特斯拉矽谷總部附近租了一間公寓，第一天報到就碰上馬斯克下達爆能（surge）命令，要求公司全力加速生產，接下來三個月，他都待在內華達電池超級工廠工作，晚上就睡在附近一晚 20 美元的汽車旅館裡。一週工作七天，每天早上五點起床，和製造高手瓦特金斯喝杯咖啡，然後在工廠裡一直工作到晚上十點，再和瓦特金斯一起喝杯酒，接著倒頭大睡。

有一天，馬斯克發現有一個工作站拖慢了生產線的速度。在這個工作站，有一台造價昂貴的機器人負責將玻璃纖維條與電池組黏合，但是進度緩慢，機器人的吸盤經常吸不住玻璃纖維條，而且塗了太多黏膠。「我當下明白，第一個錯誤是讓流程自動化，這是我的錯，因為是我一直要求許多流程要自動化。」馬斯克說。

經歷多次挫敗後，馬斯克最後提出一個基本問題：「這些玻璃纖維條到底是用來做什麼的？」他想要搞清楚，為什麼需要在電池與汽車底板之間加裝玻璃纖維。工程團隊告訴他，這是降噪團隊指定要求的，可以減少震動。於是他打電話給降噪團隊，對方告訴他，這是工程團隊要求的，目的是減少失火風險。「你感覺自己像是身在《呆伯特》（*Dilbert*）漫畫世界裡，」馬斯克說。他要求團隊分別記錄下加裝與不加裝玻璃纖維的車內噪音。「看你們能不能分辨兩者的差異，」他對團隊說。結果他們分不出來。

馬斯克一再強調：「第一步應該是質疑那些要求，減少犯錯和犯蠢的程度，因為所有的要求多多少少都會犯錯和犯蠢，那就直接刪除、刪除、刪除。」

即使最微小的細節也同樣適用這個原則。舉例來說，當電池組在內華達工廠組裝完成後，工作人員會在電池的接頭，也就是電池插入車子的地方，套上小型塑膠蓋。等到電池組送到佛利蒙的汽車組裝工廠，工作人員再把塑膠蓋拆除、丟棄。有時候，內華達工廠內沒有足夠的塑膠蓋，就必須延遲電池組出貨的時間。當馬斯克詢問為何需要加上塑膠蓋，工作人員回答說，有人要求他們這麼做，目的是避免接頭上的針彎曲。「是誰要求的？」他問。工廠團隊趕緊尋找源頭，卻找不到始作甬者。「那就刪掉。」馬斯克說。工廠團隊照做了，結果接頭上的針從未發生彎曲的問題。

馬斯克的核心團隊凝聚力很強，但對於其他人，馬斯克卻可能顯得無情且粗暴。某個週六晚上十點，一個負責為電池組安裝冷卻管的機器手臂惹惱了馬斯克。機器的校準功能失靈，導致整個流程停擺。一位名叫蓋吉．科芬（Gage Coffin）的製造工程師，被馬斯克叫了過去。這位年輕人很高興有機會和馬斯克見面。他已經在特斯拉工作了兩年，前十一個月就靠著一個行李箱過活，一週在工廠工作七天。這是他的第一份全職工作，他非常喜歡。

但當他到現場，馬斯克開始大聲咆哮：「這沒辦法對準，是你做的嗎？」科芬結結巴巴地問馬斯克指的是什麼。是程式？設計？還是模具？馬斯克只是繼續問道：「這該死的東西是你做的嗎？」科芬完全不知所措，整個人嚇傻了，支支吾吾地想要搞清楚馬斯克的問題到底是什麼。但這只是讓馬斯克變得更好鬥。「你這個白痴，」馬斯克說，「給我滾出去，再也不要回來。」幾分鐘後，科芬被專案經理拉到一旁，得知自己被開除了。週一，科芬就收到離職通知，他說：「我的主管在我離開一週後被開除了，而他的主管則再過一週後也被開除了。但至少馬斯克叫得出他們的名字。」

業務行銷總裁麥克尼爾說：「當伊隆覺得心煩時，就會大發雷霆，通常是菜鳥遭殃。科芬的故事就是典型的例子，伊隆沒辦法用比較有效的方法處理他的挫敗感。」和馬斯克共同創業的史特勞貝爾，態度較為親和溫柔。他對於馬斯克的行為實在不敢恭維。他說：「現在回想起來，可能會覺得那是了不起的戰鬥故事。但在當時，真的太可怕了。他要我們開除認識多年的好朋友，真的是超級痛苦。」

馬斯克回應說，史特勞貝爾和麥克尼爾等人都很不願意開除員工。在工廠的問題區域，事情進展一直不太順利。零件堆在工作站裡，生產線完全沒有移動。「如果你對那些人好，代表你沒有真正好好對待其他努力把工作做好的數十名員工。如果我不解決問題區域，就會傷害到那些好員工。」馬斯克說。

當年的感恩節，馬斯克帶了兒子們一起在工廠裡度過，因為他要求員工不休假來工作。電池工廠只要一天不開工，特斯拉的電動車產量就會因此減少。

去自動化

生產線的概念在 1900 年代開始逐漸成形，自此之後多數工廠的設計都包含兩個階段。第一，架設生產線，由員工固定在每個工作站負責特定的工作內容。第二，當生產瓶頸獲得解決，可逐步導入機器人和其他機器接管部分工作。不過，馬斯克的經驗正好相反。他把夢想中的現代化工廠稱為「外星無畏艦」（alien dreadnought），打從一開始就將所有可能的任務自動化。技術長史特勞貝爾說：「我們運用大量的機器人，建立龐大的自動化生產線，但問題是，這根本行不通。」

某天晚上，馬斯克帶著他的核心團隊，包括阿富夏、格拉西亞斯和瓦特金斯，在內華達的電池組工廠裡巡視，他們發現有個工作站進度落後。在這個工作站，機器手臂必須將電池固定在套管內，問題是機器手臂無法穩穩握住材料、精確對準。瓦特金斯和格拉西亞斯走到一張桌子旁，嘗試用手工完成整個作業流程，結果反而更可靠。他們叫馬斯克過去看看，然後計算需要多少人力，才能擺脫那台機器。最後他們決定雇用人力取代機器，生產線的速度因此加快許多。

馬斯克原本是自動化流程的信徒，但現在卻以同樣的狂熱投入新使命：找出生產線上導致流程耽誤的區域，嘗試去自動化，看看能否加快生產速度。

「我們開始將機器人移出生產線，把它們丟到停車場，」史特勞貝爾說，某個週末，他們在工廠裡四處走動，用噴漆在即將丟棄的機器上做標記。最後，「我們在建築物的一側挖了一個洞，用來移除設備。」馬斯克說。

這次經驗提供了重要教訓，也成了馬斯克對生產流程的部分思維。一定要等到流程設計完成，直到質疑過所有要求，並且刪除不必要的部分之後，再開始導入自動化。

到了 2018 年 4 月，內華達工廠的運作效率提高了。此時，天氣變得暖和一些，所以馬斯克決定睡在屋頂上，不再多花時間開車去汽車旅館。他的助理買了幾頂帳篷，他的朋友李和幕僚長提勒跟著他一起露宿。某天晚上，他們檢查完模組和電池組生產線，時間已經將近凌晨一點，他們一起爬上屋頂，點燃小小的攜帶式火爐，開始談論下一個挑戰。馬斯克已經準備好把注意力轉向佛利蒙工廠。

馬斯克在佛利蒙工廠一間名為「木星」的大會議室，
一邊觀看火箭升空，一邊審視特斯拉生產數量。

46

一定要有瘋狂的急迫感

2018 年，破框思考，做到不可能

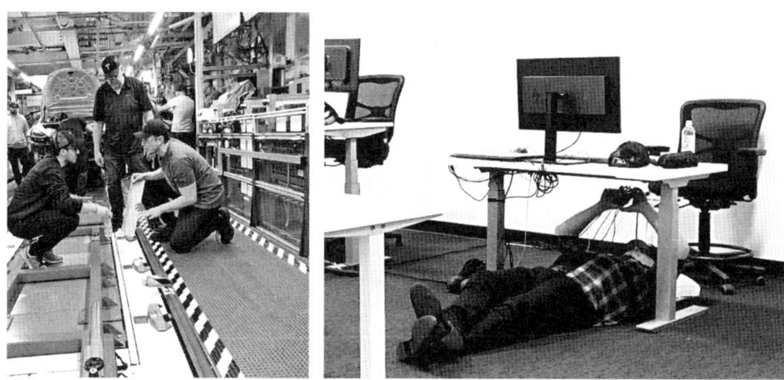

馬斯克在佛利蒙工廠生產線上與大家一起討論（左上跟左下）；抽空躺在辦公桌下休息（右上）；親自執行焊接作業（右下）。

空頭部隊

2018 年春季，內華達電池工廠的生產瓶頸獲得解決之後，馬斯克開始將注意力轉向佛利蒙汽車組裝工廠，這間工廠座落於矽谷邊緣沒落的工業區，隔著舊金山灣與帕羅奧圖遙遙相望。4 月初，特斯拉每週只能生產 2,000 輛 Model 3。按照物理定律，馬斯克似乎無法壓榨生產線達到每週生產 5,000 輛汽車的魔術數字，可是他之前承諾華爾街，要在 6 月底前達成這個目標。

馬斯克的第一步是告訴所有主管，想辦法訂購達成生產目標所需要的零組件與原物料。這些採購都需要先付錢，如果他們無法順利組裝出汽車，特斯拉的現金流就會出問題，陷入死亡螺旋。所以，最後的結果就是採取一連串瘋狂的緊急應變行動，馬斯克稱之為「爆能」（surge）。

2018 年初，特斯拉股價一直在歷史高點附近徘徊，公司市值一舉超越通用汽車，但是通用汽車在前一年銷售了 1,000 萬輛汽車、獲利達 120 億美元；特斯拉只賣了 10 萬輛，而且虧損 22 億美元。除了業績與財報數字之外，外界對於馬斯克提出的每週生產 5,000 輛汽車的承諾也抱持懷疑態度，這也導致特斯拉股票成了空頭目標，只要股價下跌，這群人就能賺到錢。2018 年，特斯拉成為史上最常被做空的股票。

這件事讓馬斯克非常憤怒。他相信，這些空頭不只是對特斯拉沒信心，更是邪惡：「他們就像水蛭一樣榨取企業的錢財。」這些空頭在市場上突襲特斯拉，公然對馬斯克進行人身攻擊。馬斯克會滑手機瀏覽推特的最新推文，只要看到任何不實資訊就會開始生悶氣。但看到正確訊息反而更糟。「他們透過公司內部的消息來源取得最新資料，或是利用無人機在工廠上空盤旋，即時傳送數字，」他說，「他們自行組織了一支空頭地面部隊與空頭空軍，取得大量的內線消息，真的非常驚人。」

但這也是導致他們最終失敗的原因。這些空頭知道佛利蒙工廠兩條生產線能夠製造多少輛汽車，所以他們得出結論，特斯拉在 2018 年中之前不可能達到每週生產 5,000 輛汽車的目標。「我們認為那些謊言是為了拉抬特斯拉的股價，」其中一位放空者大衛·安宏（David Einhorn）說，「馬斯克反覆無常的行為，正好顯示他自己也是這麼想的。」最知名的空頭大將吉姆·查諾斯（Jim Chanos）甚至公開宣稱特斯拉股票基本上沒什麼價值。

差不多就在這個時候，馬斯克下了相反賭注。他和特斯拉董事會談定美國史上最大膽的獎酬方案：如果公司在產量、營收、股價上都達成超高目標，馬斯克就有可能領到高達 1,000 億美元或是更多的獎酬；反之，如果股價沒有大幅上漲，董事會將不會支付馬斯克一毛錢。多數人都懷疑馬斯克能否達標。「馬斯克必須讓公司市值和營運達到難以想像的目標，才能得到獎酬，」安德魯·羅斯·索爾金（Andrew Ross Sorkin）在《紐約時報》寫道，「否則他就拿不到錢。」索爾金繼續寫說，馬斯克若要領取最高金額的獎酬，「就要讓特斯拉的市值成長到 6,500 億美元。不過許多專家認為，這個市值目標實在太荒謬了，根本不可能達到。」

走去紅燈區

在佛利蒙工廠中央有一間名為「木星」（Jupiter）的大會議室，馬斯克把那裡當作辦公室、開會場地、逃離精神折磨的避難所，有時候甚至是睡覺的地方。會議室裡設置了一整排螢幕，就像是股票看板一樣不停地閃爍和更新，即時追蹤工廠與每個工作站的產出數據。

馬斯克發現要設計一座好的工廠，就和設計晶片一樣。每個廠區的密度、動線和流程的設計都必須做對。所以他會特別盯著其中一個螢幕，上面會用綠燈或紅燈顯示生產線上每個工作站是否運作順暢。每個工作站現場也會同步閃著紅燈或綠燈，馬斯克可以直接穿越工廠，走去發生問題的工作站。他的團隊稱之為「走去紅燈區」（walk to the red）。

2018 年 4 月第一週，馬斯克宣布佛利蒙工廠進入「爆能」模式。當週星期一，馬斯克用他像熊一樣的招牌步伐，快步在工廠內四處穿梭，只要看到有紅燈閃爍，就會直接走去查看。「出了什麼問題？」某個零件不見了。「誰負責那個零件？叫他過來。」某一個感測器一直出錯。「誰負責校準？找到能打開儀表板的人。我們可以調整設定嗎？我們為什麼一定得用那個該死的感測器？」

當天下午馬斯克必須暫停巡視工廠，因為 SpaceX 正準備發射火箭，執行運送物資到國際太空站的重要任務。馬斯克回到木星會議室，盯著其中一台螢幕觀看火箭發射過程。但是即便如此，他的眼睛還是不時望向其他螢幕，查看特斯拉生產線的生產數字或是哪些生產流程卡住了。山姆．提勒叫了泰式料理外送，接下來馬斯克又開始巡視工廠，尋找哪些地方閃著紅燈。凌晨兩點半，他和晚班工作人員一起站在軌道上的某輛汽車下方，查看螺栓安裝過程。「為什麼這裡需要四個螺栓？是誰設定這個規格？可以只用兩個嗎？試試看。」

從2018年春季到夏初，馬斯克一直在工廠四處巡視、當場做決定，就和他之前在內華達工廠一樣。「伊隆進入瘋狂狀態，不斷走過一個又一個工作站，」容克薩說。馬斯克自己算過，順利的日子，他巡視工廠時可以做出一百個決策。「大概有20%的決策會是錯的，我們可以之後再調整，」他說，「但如果我不做決定，我們就玩完了。」

某天，馬斯克相當器重的高階主管拉爾斯·莫拉維（Lars Moravy）正在帕羅奧圖的特斯拉高階主管總部工作，與生產工廠只相距幾公里。他突然接到歐米德·阿富夏打來的緊急電話，要他趕去工廠。他到了工廠之後，就看到馬斯克正盤腿坐在用來移動生產線車體的高架輸送機下方。馬斯克看到指定的螺栓數量，又覺得無法理解。「為什麼這裡要用六個？」他指著螺栓問。

「這樣發生碰撞時可以保持穩定。」莫拉維回答。

「不對，主要的碰撞力會通過這個直桿，」馬斯克解釋。他開始在腦中想像所有壓力點位置，然後一口氣說出每個壓力點的耐受度。莫拉維立即將數據傳給工程師，要他們重新設計與測試。

在另一個工作站，機器手臂會使用螺栓將部分裝配完成的車身固定在滑軌上，進入最後的組裝作業。馬斯克覺得機器人栓緊螺栓的速度太慢。「我都可以做得比它快。」他說。他要工作人員去查看螺栓的程式設定，但是沒有人知道要如何打開控制台。「好吧，」他說，「我就站在這裡，一直等到我們找到人打開控制台為止。」最後，工作人員終於找到一位技師，知道如何開啟機器手臂的控制台。馬斯克發現，原先設定的速度只有最高速限的20%，而且根據原先設定，機器手臂必須先將螺栓反轉兩次，再向前旋轉，將螺栓栓緊。「工廠的設定總是很白痴，」他說。他立即重寫程式，刪除反轉設定，然後將速度設定在最高上限，但發現會導致螺紋磨損，所以他又把速度調降至最高速限的70%。效果非常好，安裝螺栓將車身固定在滑軌上的作業時間，縮減到不到原本的一半。

汽車塗裝作業中有一段流程是電泳塗裝（electrocoat bath），會將車殼浸泡在槽中，車身外殼表面有許多毛細孔，可以將腔體的水排出，接下來這些毛細孔會被合成橡膠製成的丁基膠片（butyl patch）封住。「為什麼要用這些？」馬斯克問其中一位生產線經理，那名經理回答，這是汽車結構部門指定的。所以馬斯克立即找到這位部門主管。「這些到底是幹什麼用的？」他問道，「整個生產線的速度都被拖累了。」主管回答，如果淹水時水位高於汽車底板，丁基膠片可以避免底板變得太潮濕。「這太扯了，」馬斯克回答，「這種水災十年才會發生一次。如果真的發生了，汽車地墊濕掉就算了。」他們決定拿掉膠片。

還有一個問題：安全感測器一旦被觸發，整個生產線就會停擺。馬斯克認為感測器太敏感，明明沒有真的發生問題，感測器還是會被觸發。馬斯克針對其中幾個感測器進行了簡單測試，例如：假如一張紙掉落，是否會觸發感測器，導致生產線停擺。結果讓馬斯克決定發動一場生產改革運動，移除特斯拉汽車和SpaceX火箭上的感測器。「除非是啟動引擎或是基於安全理由必須關閉引擎、避免爆炸，所以必須安裝感測器，否則就要拆除，」馬斯克在寄給SpaceX工程師的電子郵件中寫道，「從現在開始，如果有人在引擎上安裝不必要的感測器（或是任何東西），就會被要求離開公司。」

某些主管表示反對。他們認為馬斯克為了加快生產速度，降低了安全與品質標準。負責管控生產品質的資深主管因此離職。幾位現任與前員工告訴 CNBC，他們「被迫抄捷徑，只為了達成高難度的 Model 3 生產目標。」他們還說，他們不得不用東拼西湊的方式解決問題，例如利用電氣膠帶修補破損的塑膠支架。根據《紐約時報》報導，員工覺得每天都有必須工作長達十小時的壓力。「我們不斷被問，『現在生產了多少輛汽車？』生產壓力沒完沒了，」其中一位工作人員對《紐約時報》表示。這些抱怨確實存在幾分真實：特斯拉的工傷率比其他同業高出 30%。

過度自動化反而效率不彰

之前馬斯克在內華達工廠要求工作人員加快生產速度時，他了解到某些任務，有時候甚至是非常簡單的任務，人工的效率會比機器還要高。我們用雙眼環顧房間四周，就能找到需要的工具，然後走去擺放工具的地方，用我們的食指和大拇指拿起工具，接著用眼睛找到需要使用工具的地方，用我們的手臂操作工具。很簡單，對吧？但是對機器人來說，不論它的攝影機有多精密，這都不是簡單的任務。在佛利蒙工廠，每條生產線有 1,200 台機器人裝置，馬斯克再次學到了之前在內華達得到的相同教訓：無止境追求自動化會帶來不少壞處。

到了生產線最後階段，機器人手臂必須努力調整車窗周圍的防水膠條，但是困難重重。某天馬斯克站在動作笨拙的機器人前方，靜靜地觀察了幾分鐘。然後嘗試用自己的雙手完成這個任務。這對人類來說很簡單。於是他下達了和他之前在內華達工廠非常類似的指令：「72 小時內拆除所有不必要的機器。」他大聲宣布。

所有人絕望地開始拆除機器。他們為這些機器投入了龐大心力，可到頭來一切變成了一場遊戲。馬斯克開始沿著輸送線慢慢移動，手中揮舞著一罐橘色噴漆。「丟掉或保留？」他詢問工程副總裁尼克．卡萊吉安（Nick Kalayjian）或是其他人。如果答案是丟棄，他就會在機器人身上噴上橘色的 X，接著工作人員就會把機器人從生產線上移除。「沒多久他就笑了出來，就像孩子一樣，覺得很好玩。」卡萊吉恩說。

馬斯克願意為過度自動化負起責任，他甚至公開承認是自己的錯誤。「特斯拉過度自動化是個錯誤，」他在推特上寫道，「準確來說，這是我的錯。人類被低估了。」

歷經去自動化以及其他改革計畫之後，佛利蒙工廠的生產速度明顯加快許多，到了 2018 年 5 月底，工廠每週可生產 3,500 輛 Model 3 房車。雖然令人印象深刻，但是仍然落後馬斯克先前承諾在 6 月底前每週生產 5,000 輛車的目標。透過間諜和無人機刺探情報的空頭確信，只有兩條生產線的佛利蒙工廠不可能達成馬斯克設定的目標。他們也知道，特斯拉至少一年內不可能興建另一座工廠，也不可能取得建新工廠的核准。「空頭以為他們得到正確資訊，」馬斯克說，「他們在網路上得意洋洋地說，『哈，特斯拉完蛋了。』」

從軍事史找靈感，變出新產線

馬斯克很喜歡軍事史，特別是關於戰鬥機研發的傳奇故事。5 月 22 日，馬斯克在佛利蒙工廠提到了二次世界大戰的一段故事。當時政府為了加速生產轟炸機，決定利用加州的航太公司停車場，建立生產線。他和傑羅姆．吉倫（Jerome Guillen）討論這個想法，兩人最終決定，他們也可以採取類似做法，不久之後吉倫會升任為特斯拉汽車部門總裁。

當初在規劃佛利蒙廠區時，特斯拉特地保留了一個區域，稱為「臨時汽車維修廠」。原本是要讓加油站在此搭建帳篷，協助更換輪胎或是消音器。不過政府並沒有明文規定維修廠的最大範圍。「馬上取得核准，開始搭建大型帳篷，」馬斯克對吉倫說，「之後我們再繳罰款。」

當天下午，特斯拉工作人員開始清除工廠後方停車場上的碎石瓦礫。他們沒有時間整平大片水泥地，所以只整修了其中一塊狹長形區域，然後搭建帳篷。馬斯克手下的建廠高手羅尼．魏斯摩蘭（Rodney Westmoreland）特地飛到現場負責指揮建廠計畫，提勒安排了幾台冰淇淋車，慰勞頂著烈陽工作的團隊成員。兩週內，他們搭建完成長約 305 公尺、寬約 45.7 公尺的帳篷廠房，足以架設臨時生產線。每個工作站只看得到人，沒有機器人。

但是有個問題，帳篷內沒有輸送帶可以移動還未裝配完成的汽車，只有用來輸送零件的老舊系統，而且動力不足，無法移動車身。「所以我們讓系統稍微傾斜，利用地心引力，系統就可以擁有足夠動力，以適當的速度移動車身，」馬斯克說。

6 月 16 日剛過下午四點不久，也就是馬斯克提出搭建臨時帳篷的想法三週後，新生產線開始製造出 Model 3 房車。《紐約時報》記者尼爾．鮑德特（Neal Boudette）為了採訪馬斯克而造訪佛利蒙工廠，他親眼見證了停車場的帳篷從無到有的搭建過程。「如果是傳統思維上不可能的任務，」馬斯克對他說，「就需要用非傳統的思考方式。」

在截止期限前慶生

2018 年 6 月 28 日是馬斯克 47 歲生日，再過兩天就是他先前承諾每週產量達到 5,000 輛的最後期限。他幾乎一整天都待在主工廠的塗裝作業區。「為什麼速度變慢？」每次只要生產速度變慢，他就會質問工作人員，然後走到出現生產瓶頸的地方，站在那裡一直等到工程師解決問題為止。

安柏・赫德打電話祝他生日快樂。他接完電話之後手機不小心掉到地上、裂了，破壞了他的心情。下午兩點過後，提勒要他休息一下，在會議室簡單為他慶生。提勒買來的冰淇淋蛋糕上有一句用糖霜寫的字：「假裝享受人生第 48 年。」現場沒有刀叉，大家直接用手吃蛋糕。

12 小時後，剛過凌晨兩點半不久，馬斯克終於離開工廠生產線，回到會議室。但他在一小時後才真正入睡。他先是盯著其中一台螢幕，觀看 SpaceX 在卡納維爾角執行火箭發射任務。這次火箭載運了一台機器人助理與其他物資，運送給國際太空站的太空人，其中包括六十包超高咖啡因的「死亡願望咖啡」（Death Wish Coffee）。這次發射任務非常完美，是 SpaceX 第十五次成功為 NASA 執行載貨任務。

6 月 30 日正是馬斯克承諾每週生產 5,000 輛汽車目標的最後期限，當天是週六，早上馬斯克在會議室的沙發上醒來，看著螢幕，他知道他們一定會成功。他在塗裝線上工作了幾小時，保護袖套也沒脫就直接從工廠趕去搭乘他的私人飛機，及時趕到西班牙加泰隆尼亞某一座中古世紀村莊，擔任金博爾婚禮的伴郎。

7 月 1 日週日凌晨 1 點 53 分，一輛黑色的 Model 3 被緩緩移到工廠帳篷外，擋風玻璃上貼著一張紙，上面寫著：「第五千輛」。馬斯克在 iPhone 上看到照片後，立刻傳訊息給所有特斯拉員工：「我們做到了！……我們想出了許多人認為不可能成功的新解方。帳篷內的氣氛非常緊繃。但是無論如何，這做法的確有效。我覺得我們是一家真正的汽車公司了。」

馬斯克的演算法

不論是在特斯拉或是 SpaceX，只要召開生產會議，馬斯克通常都會提到他的「演算法」（the algorithm），就像是念口號一樣。這些主要是他在內華達和佛利蒙工廠進入「爆能」生產地獄期間學到的教訓。他的高階主管有時候會張嘴默念這些演算法，就好像跟著牧師吟誦禮拜一樣。「我會像故障的唱片一樣不斷重複這些演算法，」馬斯克說，「但我認為反覆講到讓人覺得很煩的程度，確實很有用。」馬斯克的演算法包含五大戒律：

一、質疑每一項要求。每一項要求都應該附上提出這項要求的人名。任何來自部門單位的要求，例如「法務部門」或是「安全部門」，你們都應該拒絕。你們必須知道提出這項要求的人是誰。不論這個人有多聰明，你們都要提出質疑。聰明的人提出的要求通常是最危險的，因為其他人多半不會去質疑他們。一定要提出質疑，即使是我提出的要求也一樣。然後想辦法把這些要求變聰明。

二、如果可以，刪除任何零組件或流程。之後你可能需要重新把某些刪掉的東西加回去。事實上，如果你後來沒有重新加回去至少 10%，就代表你一開始刪得不夠多。

三、簡化與優化。完成第二步之後，才能開始這一步驟。常見的錯誤是去簡化或優化本來就不應該存在的零組件或流程。

四、縮短週期。所有流程都應該要縮短時間，但前提是必須完成前三個步驟。在特斯拉工廠，我的錯誤是花太多時間加快流程，但後來發現許多流程根本應該要被刪除。

五、自動化。這一點必須放在最後。我在內華達與佛利蒙工廠最大的錯誤，就是從一開始就想盡辦法要把所有步驟自動化。我們應該要等到所有要求都被質疑過、不必要的零件與流程全都被刪除、所有漏洞都被解決之後，再開始自動化。

「演算法」有時還會伴隨著一些補充，例如：

所有技術主管都必須具備實務經驗。例如：軟體團隊的主管至少要花20%的時間自己寫程式。太陽能屋頂安裝團隊的主管必須花時間親自在屋頂上安裝太陽能板。否則他們會變成不會騎馬的騎兵團長，或是不會用劍的將軍。

同事情誼其實很危險。這會讓人很難去挑戰彼此的工作，大家都會覺得不要害到同事。必須避免這種情況發生。

犯錯沒有關係，但是不要犯錯還過度自信。

絕對不要要求部屬去做你自己不願意做的事情。

如果有問題需要解決，不要只找主管討論。要跳過這些主管，直接和他們底下的員工討論。

找人時，一定要尋找具備正確態度的人。工作技能可以之後培養，但是要一個人改變態度，只有換腦手術做得到。

一定要有瘋狂的急迫感，這是我們的營運原則。

受限於物理定律的規則才是真正需要遵守的規則。其他都只是建議。

47

失控邊緣

2018 年，泰國潛艇推特事件與特斯拉下市風波

與泰國總理一同檢查迷你潛艇；
準備進入男孩們受困的洞穴。

泰國洞穴營救事件引爆社群口水戰

2018 年 7 月初，正在度蜜月的金博爾收到伊隆多年好友、也是董事會成員的安東尼奧·格拉西亞斯來信。「抱歉，老兄，我知道你只想待在你太太身邊，但你現在必須立刻趕回來，」格拉西亞斯寫道，「伊隆快要崩潰了。」

生產線成功達標，馬斯克應該感到開心。特斯拉終於達成每週生產 5,000 輛 Model 3 的目標，而且下一季即將轉虧為盈。SpaceX 成功執行 56 次火箭發射任務，只有一次任務失敗，現在他們的助推器能夠安全降落，代表可以重複使用。他們送進軌道的酬載總量比其他任何一家公司或國家都還要多，包括中國與美國。如果馬斯克願意停下腳步，好好享受成功，他就會發現，他把全世界帶進了新時代，電動車、商業太空旅行與可重複使用火箭等理想已經成為現實。每一項都是非常了不起的成就。

但是對馬斯克來說，美好時光總讓他不安。他開始為了一些小事發脾氣，例如內華達電池工廠某位員工對外爆料工廠丟棄了多少剩餘材料。自 2018 年 7 月開始一直到 10 月，馬斯克的心理狀態陷入失控，因為他衝動、渴望風暴的性格而一再受到衝擊。「這又再次證明，他就是很容易招惹戲劇化事件。」金博爾說。

就在特斯拉達成每週生產 5,000 輛車的目標之後不久，發生了新的事件。當時馬斯克正在瀏覽推特的最新動態，突然看到一位不知名、追蹤數很少的推特用戶傳來一則訊息：「嗨，你好，如果可能的話，能不能幫忙營救 12 位泰國男孩和他們的教練離開洞穴？」那名用戶指的是 12 位泰國足球選手，在洞穴內探險時因為大雨淹水而受困在洞穴中。

「我想泰國政府已經掌握情況，但是如果有幫得上忙的地方，我願意出手援助。」馬斯克回覆。

然後他扮演動作片英雄的傾向又開始了。他和 SpaceX 以及鑽孔公司的工程師共同打造了一台外形類似豆莢的迷你潛艇，他認為可以利用這台迷你潛艇進入淹水的洞穴，營救那些男孩。在山姆．提勒的朋友協助下，當週的週末他們在某間學校的游泳池進行測試，馬斯克還在推特上分享了潛艇的照片。

這段英雄事蹟變成了全球矚目的新聞，有些人批評馬斯克譁眾取寵。7 月 8 日週日一大早，馬斯克與泰國救援隊領隊聯繫，確認他建造的潛艇確實能派得上用場。「我擁有全球數一數二頂尖的工程團隊，平常都在設計太空船與太空衣，這些人現在一天 24 小時都投入建造這個潛艇，」他在電子郵件中寫道，「如果你們覺得不需要或是認為幫不上忙，請讓我知道。」救援隊領隊回信：「這絕對值得繼續嘗試。」

當天稍晚，馬斯克和七位工程師帶著迷你潛艇與大批設備，擠進他的私人噴射機。途中在安克拉治短暫降落加油之後，終於在晚上十一點半抵達泰國北部，泰國總理戴了一頂 SpaceX 的帽子親自接機，隨後帶領他們穿越森林，抵達小選手受困的洞穴。凌晨兩點過後不久，馬斯克和他的保鑣、工程師戴著頭燈，踏入水深及腰的漆黑洞穴裡。

馬斯克將迷你潛艇送進洞穴之後就立即飛往上海，準備與當地政府簽約，興建另一座特斯拉超級工廠。就在這時，泰國救援隊雇用了水肺潛水員參與營救，所以不需要用到馬斯克的潛艇了。最後男孩與教練順利獲救。整個故事應該到此結束，但是在現場為救援人員提供指導的 63 歲英國洞穴探險家維農．安斯沃斯（Vernon Unsworth），在接受 CNN 採訪時批評馬斯克提供協助「只是公關表演」，「絕對不可能行得通」。安斯沃斯暗諷：「他可以用他的潛艇戳自己的屁眼。」

每小時都不斷有人故意挑釁或是惡意羞辱馬斯克，偶爾他會被某則訊息徹底激怒。他狂發好幾則推文攻擊安斯沃斯，其中一則推文寫著：「抱歉，你這個戀童癖，這是你自找的。」後來另一名用戶詢問馬斯克，他是不是在指安斯沃斯是戀童癖，他回答：「跟你打賭一美元，這是真的。」

隨後特斯拉股價下跌了 3.5%。

馬斯克的指控缺乏證據。提勒、格拉西亞斯和特斯拉法務長趕緊勸說馬斯克收回他的話，向對方道歉，並暫停使用推特一段時間。提勒寄了一封事先擬好的道歉聲明給馬斯克，卻被馬斯克回絕。「你們建議的方法讓我很不爽……我們不要那麼恐慌。」但是幾小時後，提勒和其他人說服馬斯克發一則推文，對外表示他要收回之前說的話。「我看到安斯沃斯先生發表了一些不實言論，暗指我與迷你潛艇性交，所以說了那些氣話，我開發潛艇是出於好意，而且是根據救援隊領隊提出的規格要求……雖然他惡意攻擊我，但是並不足以作為我攻擊他的合理化藉口。所以基於這個原因，我在此向安斯沃斯先生道歉。」

同樣的，如果這次馬斯克甘願放下，事情或許就能就此落幕。但是 8 月時，一位推特用戶指責馬斯克不應該稱呼安斯沃斯是戀童癖，馬斯克回應：「你不覺得奇怪嗎，他沒有告我？他可以使用免費法律服務啊。」甚至連他最忠實的推特粉絲喬安娜．克萊德（Johnna Crider）都勸他，「嘿，伊隆，不要再製造衝突了，老兄，這正是他們想要的。」

當時安斯沃斯已經雇用了一名律師，名叫林・伍德（Lin Wood，後來因為散布陰謀論，試圖推翻2020總統大選結果而聲名狼藉）。伍德寄了一封信，警告他將代表安斯沃斯控告馬斯克誹謗。《BuzzFeed》的記者萊恩・麥克（Ryan Mac）詢問馬斯克的看法。馬斯克回信開頭就表明信件內容「不希望對外公開」。但是《BuzzFeed》從未同意馬斯克的要求，直接公布馬斯克在信中發表的攻擊言論。「我建議你打電話給你在泰國認識的任何一個人，搞清楚到底發生了什麼事，不要再為兒童性侵犯辯護，他媽的你就是個混蛋，」馬斯克開始猛烈攻擊，「他是來自英國的單身老白男，在泰國旅居了30到40年，大部分時間都待在芭達雅海灘（Pattaya Beach），直到後來他為了娶當時只有12歲的兒童新娘，才搬到清萊。大家跑去芭達雅海灘只有一個原因。你去那裡不會是為了洞穴探險，而是為了別的事情。清萊是出了名的兒童性販賣地點。」信件中關於安斯沃斯妻子的描述並非事實。而馬斯克寫的內容也不利於他說「戀童癖」只是隨口罵人、並非具體指控的主張。*

特斯拉主要股東對於馬斯克的舉動感到相當憂心。「他已經有點失控了。」普徠仕（T. Rowe Price）的喬・費斯（Joe Fath）說。他看到戀童癖推文之後立即打電話馬斯克。「就此打住吧，」他告訴馬斯克，並拿當時也出現一連串脫序行為的女星琳賽・蘿涵（Lindsay Lohan）當比喻，「你會對品牌造成重大傷害。」兩人的談話持續了45分鐘，馬斯克似乎有聽進去。但是

---

* 2019年，這起誹謗訴訟，包括《BuzzFeed》的電子郵件，在洛杉磯接受審理。馬斯克在證詞中表達歉意並表示他不認為洞穴探險家是戀童癖，陪審團認為馬斯克不需負法律責任。

他的破壞行為依舊沒變。

金博爾認為，馬斯克的心理失控有一部分原因是他與安柏·赫德分手後將近一年的時間，他一直很痛苦。「我認為 2018 年的混亂不只是因為特斯拉，」金博爾說，「也是因為安柏的事情讓他很受傷。」

馬斯克的朋友開始將他這次危機視為進入「開放迴路」（open-loop）狀態，這原本是用來形容物體，例如子彈和導彈不同，前者缺乏能夠給予指引的回饋機制。「每當我們有朋友變成開放迴路，就代表他們沒有回饋機制，而且看起來不在乎後果，這時候我們會相互提醒。」金博爾說。所以當戀童癖推文事件愈演愈烈時，金博爾對他哥哥說：「夠了，我要發出開放迴路警告。」四年後，當馬斯克打算收購推特時，金博爾也對他說了同樣的話。

下市風波

7 月底，馬斯克在佛利蒙工廠的木星會議室，與沙烏地阿拉伯政府投資基金的領導團隊會面，他們告訴馬斯克，他們已經悄悄取得特斯拉 5%的股份。如之前的會議一樣，馬斯克和基金領導人亞希爾·魯梅楊（Yasir Al-Rumayyan）在討論讓特斯拉下市的可能性。這個想法很吸引馬斯克。他痛恨公司的價值必須由一群投機份子和空頭決定，對於公司公開上市之後需要遵守的各種規範，他也感到相當不耐煩。魯梅楊讓馬斯克做最後決定，他說他願意「聽取更多意見」，也支持「合理的」公司下市計畫。

兩天後，特斯拉公布第二季財報，成績相當亮眼，包括達成每週 5,000 輛汽車的生產目標，公司股價上漲 16%。馬斯克擔心股價要是持續攀升，就會變得太貴，無法讓公司下市。所以當天晚上他寄了一份備忘錄給所有董事：他想要盡快讓公司下市，他會提供每股 420 美元的價格。原本他的設定是每股 419 元，但是他很喜歡 420 這個數字，因為與大麻有關*。「420 這個數字感覺就是比 419 好，」他說，「但是我要澄清，我沒有抽大麻，大麻對生產力沒有任何幫助，用『石化』（stoned）這個字來形容抽完大麻的狀態是有原因的。」後來他向美國證券交易委員會承認，用大麻的玩笑話設定股價並非明智的決定。

特斯拉董事會並沒有對外宣布他們正在考慮馬斯克的提議。然而 8 月 7 日早上，馬斯克在搭車前往洛杉磯的私人飛機航廈途中，發了一則要命的推文。「我正考慮以每股 420 元的價格讓特斯拉下市。資金已經到位。」

在證券交易所宣布暫停交易之前，特斯拉的股價已經漲了 7%。根據規定，上市公司在發布任何有可能導致市場波動的訊息前 10 分鐘必須通知證券交易所。但是馬斯克根本不甩任何規定，證券交易委員會隨即展開調查。

馬斯克的推文讓特斯拉董事會和高階主管措手不及。公司的投資人關係主管看到馬斯克的推文之後，立即傳訊息給提勒，「那則推文是認真的嗎？」格拉西亞斯打電話給馬斯克，正式向他表明董事會非常擔憂，要求他在董事會討論這件事之前，不要再發文。

對於自己的推文引發軒然大波，馬斯克一點都不在意。他飛

---

* 1971 年，美國加州五名高中生相約在下午四點二十分，在校園內的路易・巴斯德（Louis Pasteur）雕像會合，一起尋找大麻。他們將行動取名為「4：20 路易」，後來又改為「4：20」。這個暗號後來就成為大麻文化的俚語。

到內華達超級工廠，跟現場的主管分享他決定用 420 元是因為大麻的緣故，接下來一整天他都待在電池組裝線。晚上他飛到佛利蒙工廠，一直開會到深夜。

當時沙烏地阿拉伯也感到相當困擾，認為他們還在討論公司下市的可能性階段，卻被馬斯克說成「資金已經到位」。基金領導人魯梅楊告訴《彭博新聞》（*Bloomberg News*），他們與馬斯克「還在商談階段」。馬斯克看到文章後直接傳訊息給魯梅楊，「你的發言太模糊了，完全沒有反映我們之前的對話內容。你說你對特斯拉下市確實很有興趣，而且從 2016 年就很想這麼做。你這是在陷害我。」接著他又提到，如果魯梅楊不願意發表更強烈的聲明，「我們就永遠都不要談了。永遠。」

「一個巴掌拍不響，」魯梅楊回覆，「我們還沒有收到任何東西……如果我們缺乏足夠資訊，就不可能同意。」

馬斯克威脅將停止與沙烏地阿拉伯討論。「很抱歉，我們無法繼續合作。」他對魯梅楊說。

被機構投資人拒絕之後，馬斯克在 8 月 23 日撤回公司下市提案。「根據我得到的回饋意見，多數特斯拉現有股東認為，我們繼續做為上市公司比較妥當。」他在聲明中寫道。

與證券交易委員會槓上

公司下市的提議遭遇了強烈反彈。「這是典型極端躁鬱的人會出現的冒險行為，」CNBC 的吉姆．克拉默（Jim Cramer）在電視節目中說，「我所說的行為顯然經過許多精神科醫生的診斷，他們都認為這種行為是很典型的玩火，不是執行長該有的表現。」此外，專欄作家詹姆斯．史都華（James Stewart）在《紐約時報》寫道，「公司下市」的推文「實在太衝動了，很有可能是不正確的資訊，且用字不當、思慮欠周，有可能為他自己、特斯拉和股東帶來可怕的後果。現在董事會必須提出一個敏感但重要的問題：『馬斯克到底是在什麼樣的心理狀態下發出那則推文？』」

為了避免聯邦政府以誤導投資人為由控告馬斯克，馬斯克的律師開始與證券交易委員會協商，針對可能的指控達成和解。他可以繼續留任特斯拉執行長，但必須辭去董事長職務，並且支付4,000萬美元罰款，董事會必須新增兩名獨立董事。此外，證券交易委員會增加了另一項讓馬斯克相當頭痛的附帶條件：如果未取得公司監督人許可，不得公開發表關於任何重大訊息的評論或是推文。格拉西亞斯和特斯拉財務長迪帕克．阿胡賈（Deepak Ahuja）強烈要求馬斯克接受這些條件，為所有的爭議、還有這幾個月以來的崩潰狀態，劃下句點。沒想到馬斯克斷然拒絕他們提議的條件。9月26日晚上，證券交易委員會正式提起訴訟，請求讓馬斯克終身不得管理特斯拉或是任何一家上市公司。

隔天，馬斯克坐在特斯拉的佛利蒙工廠總部，手裡抓著一瓶礦泉水，雙眼盯著其中一台大螢幕，上面正在播CNBC的節目。「證券交易委員會指控特斯拉創辦人暨執行長伊隆．馬斯克詐欺」電視上的字幕寫著。接著螢幕上又顯示了一張大圖表，配上「特斯拉股價暴跌」的文字。當天特斯拉股價下跌了17%。馬斯克的律師、格拉西亞斯、金博爾和阿胡賈不斷要求他改變心意，接受和解。後來馬斯克很不情願地同意採取務實做法，接受證券交易委員會的和解條件。特斯拉股價再度反彈回升。

馬斯克相信自己沒有做錯事。他說他是被迫接受和解，否則特斯拉就會破產。「就好像有人拿槍指著你小孩的頭一樣。我是被迫向不正當的證券交易委員會讓步。這些王八蛋。」他開始開玩笑說證券交易委員會的 SEC 縮寫分別代表哪些字，中間的字母指的該不會是「伊隆的」（Elon's）吧。

到了 2023 年，事實證明馬斯克不完全是錯的。先前有部分特斯拉股東控告馬斯克的推文導致他們投資虧損，2023 年法院判決馬斯克勝訴。陪審團認為馬斯克不需要為股東的損失承擔法律責任。馬斯克雇用的王牌律師艾力克斯．斯皮羅（Alex Spiro）向陪審團陳述：「伊隆．馬斯克只是一個推特使用習慣很差、性格衝動的小孩。」這是非常有效的辯護策略，誠實表述事實，反而對馬斯克更有利。

48

風波不斷的一年

2018 年，玩具噴火槍，兄弟吵架，戰友離開

馬斯克上《喬羅根秀》；
馬斯克的弟弟金博爾。

「你還好嗎？」

《紐約時報》商業記者大衛・蓋勒斯（David Gelles）是持續追蹤報導馬斯克在 2018 年各種戲劇化事件的記者之一。「他必須和我們聊一聊，」他告訴某位和馬斯克共事的人。8 月 16 日週四接近傍晚時，蓋勒斯接到一通電話。「你想知道什麼？」馬斯克問他。

「你發那則推文的時候有嗑藥嗎？」

「沒有。」馬斯克回答。不過他的確說他有在服用處方安眠藥安必恩（Ambien）。有些董事擔心他用藥過量。

蓋勒斯聽得出來馬斯克已經累垮了。他沒有提出尖銳的問題逼問他，相反的，他決定一步步引導他說出內心的想法。「伊隆，你現在感覺怎麼樣？」他問，「你還好嗎？」

結果兩人的對話持續了一小時。

「老實說，不是很好，」馬斯克說，「有朋友來看我，他們很擔心我。」接著他沉默了很長一段時間，無法控制自己的情緒。「有幾次我連續三、四天待在工廠裡，一步也沒有踏出去，」他說，「犧牲了和小孩相處的時間。」

《紐約時報》得到消息，指出馬斯克曾和惡名昭彰的傑佛瑞・艾普斯坦（Jeffrey Epstein）合作過，艾普斯坦後來被控涉嫌性販運未成年少女。馬斯克否認。他確實和艾普斯坦沒有任何關聯。只是有一次在大都會藝術博物館慈善晚宴上，長期縱容艾普斯坦非法行為的格希萊恩・麥斯威爾（Ghislaine Maxwell）曾經亂入馬斯克的照片，但馬斯克根本不認識她。

蓋勒斯問馬斯克，事情有沒有往好的方向發展。馬斯克說，特斯拉的部分有。「至於我個人的痛苦，最壞的情況還沒出現。」他開始哽咽。他沉默了很長一段時間，努力保持鎮定。後來蓋勒斯寫道，「過去幾年我採訪過非常多企業領導人，直到我和伊隆·馬斯克通電話，我第一次遇到有領導者願意如此暴露自己的脆弱。」

「伊隆·馬斯克坦承，『特斯拉危機讓他個人陷入痛苦深淵。』」文章標題寫著。報導中提到，他在採訪過程中一度哽咽。「馬斯克先生一下放聲大笑，一下又傷心落淚，」蓋勒斯和他的同事寫道，「他說，這陣子他每週工作 120 小時……從 2001 年之後就沒有休息過超過一週，上次他休息超過一週是因為得了瘧疾臥病在床。」其他新聞媒體也接續報導了這篇專訪文章，「古怪的紐時採訪報導引發外界擔憂特斯拉執行長的健康問題」，《彭博社》的新聞標題寫道。

隔天早上，特斯拉股價重挫 9%。

在《喬羅根秀》上抽大麻

那篇揭露馬斯克心理狀態不穩定的文章刊登後不久，馬斯克的公關顧問茱莉安娜·格洛佛建議他接受長篇專訪，化解外界疑慮。「我們必須消除任何關於你心理狀態的臆測，」她寫道。她表示會安排「幾個長篇專訪的選項，向大家證明你依舊在領導公司、掌控一切、愛搞笑但也有自知之明。」接著你又警告：「不要再去想那位侮辱你的泰國探險家有什麼性偏好，不管在哪個宇宙這都對你沒有好處。」

為了破除外界說他精神不穩定的傳言，馬斯克選擇了喬·羅根（Joe Rogan）主持的影音串流播客節目，羅根是博學、犀利的意見領袖與喜劇演員，還是終極格鬥冠軍賽（Ultimate Fighting Champion）的評論員（真的太適合了），他喜歡和來賓一起深入雷區，嘲笑政治正確，刻意挑起爭端。他會讓來賓暢所欲言，那天馬斯克和他聊了超過兩個半小時。馬斯克談到興建隧道時，要如何打造像蛇一樣的外骨骼。他聊到人工智慧的威脅、機器人是否會反撲人類，以及 Neuralink 如何在我們的心智與機器之間建立高頻連結等問題。他們還討論了人類會不會只是某個更高等智慧所設計的電玩模擬情境中，被操控的虛擬化身。

這些反思可能並不足以說服機構投資人相信馬斯克對基本現實有所掌握，但至少看起來不會造成什麼傷害。可是接下來，羅根點了一支大麻菸捲，問馬斯克要不要吸一口。

「你大概不能抽，因為股東的關係，對吧？」羅根說道，試圖幫馬斯克找藉口。

「這是合法的，對吧？」馬斯克回答。當時他們在加州。

「完全合法。」羅根說，接著把菸遞給馬斯克。馬斯克像是惡作劇一般，試探性地抽了一口。

幾分鐘後，正當他們討論天才在推動人類文明所扮演的角色時，馬斯克轉頭看自己的手機。「是哪個辣妹私訊你？」羅根問。

馬斯克搖頭。「是我朋友問我：『你到底在幹嘛，為什麼會抽大麻？』」

隔天《華爾街日報》頭版出現了從未見過的版面編排，刊登了一大張馬斯克的照片，照片裡的他眼神渙散，嘴巴歪斜地傻笑著，左手拿著一支大麻菸捲，煙霧在他的頭周圍飄散。「週五特斯拉股價暴跌，接近年度新低點，持續有更多高階主管出走，而執行長伊隆・馬斯克在網路串流訪談節目上吸大麻，」記者提姆・希金斯（Tim Higgins）寫道。

馬斯克或許沒有違反加州法律，但是他的舉動不僅讓投資人更加擔憂，而且有可能違反了聯邦政府的規範，NASA 決定展開調查。「SpaceX 是 NASA 的契約廠商，而他們很遵守法律，」馬斯克說，「所以接下來幾年我必須接受隨機藥物檢測。幸好，我真的不喜歡服用非法藥物。」

鑽孔公司再次推出熱賣周邊

馬斯克抵達喬・羅根的錄音室時，帶了要送給主持人的禮物：一台印著鑽孔公司標誌的塑膠噴火槍。兩人開始把玩這台噴火槍，噴出丙烷火焰，山姆・提勒和錄音室的工作人員連忙閃開，忍不住放聲大笑。

馬斯克的行事作風就像是噴火槍。他常因為情緒過度亢奮，不經大腦脫口而出令人瞠目結舌的評論。他們之所以想到噴火槍的點子，是因為公司曾販售有鑽孔公司商標的帽子，結果賣出 15,000 頂。

「下一個商品是什麼？」馬斯克問。有人建議賣玩具噴火槍。「天啊，我們就來做這個。」馬斯克回答。他是電影《星際歪傳》（*Spaceballs*）的忠實粉絲，這部由梅爾・布魯克斯（Mel Brooks）製作與執導的電影可說是搞笑版的《星際大戰》（*Star Wars*），其中有一幕是某位類似尤達的角色在低價拍賣電影周邊商品，有一句對白是：「把噴火槍帶回家吧。」馬斯克的小孩超愛這句話。

負責管理鑽孔公司的戴維斯找到了相對安全的原型產品，可以融化雪、讓雜草燒焦，但是熱度不夠高，在規範上不會被視為噴火槍。他們開始推銷這項商品，半開玩笑地標註「這不是噴火槍」，以免觸法。產品的使用條款如下：

> 我不會在家裡使用它
> 我不會拿它對著我的另一半
> 我不會用不安全的方法使用它
> 最好的用法是製作烤布蕾……
> ……我們已經想不出其他押韻的字了

噴火槍售價 500 美元（現在在 eBay 的價格是原價的 2 倍），短短四天就銷售了 2 萬個，銷售額達到 1,000 萬美元。

馬斯克有時會表現出傻氣的一面，與他惡魔的一面正好相反。當他身處於最黑暗的地方，他的情緒時常會在憤怒與開懷大笑之間反覆來回。

他的幽默有許多層次。最低層次是像小孩一樣，很喜歡大便表情符號、特斯拉汽車內建的放屁聲，或是其他與廁所有關的黑色幽默。如果你對著特斯拉汽車的控制面板下達語音指令「打開屁眼」，系統就會開啟汽車後方的充電口。

他的幽默有時候是比較尖銳、諷刺的，他在 SpaceX 的辦公隔間牆上貼的一張海報就是一個例子：一道流星劃過星光閃爍的深藍色夜空。「當你對著流星許願，你的願望就會實現，」海報上寫著，「除非真的是隕石撞地球，毀滅所有生物。那麼不管你許什麼願望都不可能實現了，除非你的願望是因為隕石撞擊而死。」

馬斯克內心最深層的幽默感，是偏形而上、科學宅男特有的無厘頭機智，這是他每次重讀道格拉斯·亞當斯創作的科幻小說《銀河便車指南》所漸漸內化的。2018 年，馬斯克忙著應付生產問題的同時，決定要將特斯拉生產的舊款櫻桃紅 Roadster 送進太空，預計四年後就會開始接近火星。他利用第一次發射的獵鷹重型火箭（Falcon Heavy）載運這輛車，這枚火箭結合了三枚獵鷹九號助推器，裝有 27 具引擎。跑車的置物箱裡放了一本《銀河便車指南》，儀表板上貼了一張貼紙，上面寫著：「不要恐慌！」也是出自這本小說。

與金博爾決裂

不論是在辛苦的童年時代或是後來合夥創辦 Zip2，金博爾和伊隆經常激烈爭吵。但是一路走來，金博爾一直是伊隆最親密的夥伴，他了解伊隆，也總是支持伊隆，即使那代表有時候他會告訴伊隆不中聽的實話。

7 月金博爾在度蜜月時，接到格拉西亞斯的電話，要他趕回洛杉磯，他立刻拋下自己在科羅拉多州開設的「農產到餐桌」（farm-to-table）概念餐廳事業，幾乎成了特斯拉的全職員工。在伊隆與美國證券交易委員會發生衝突時，他力勸伊隆接受和解。當伊隆擔心某些董事有可能密謀趕他下台，金博爾也特地飛到洛杉磯，陪在伊隆身邊。在某個氣氛緊繃的週六，金博爾就像獵鷹火箭在瓜加林島發射失敗時以及其他很多次危機一樣，用美食緩和氣氛，當天他煮了鮭魚豌豆與馬鈴薯洋蔥砂鍋。

但是面對自己的哥哥，金博爾的挫敗感愈來愈強烈，尤其是當他還必須請求外部人士說服馬斯克與證券交易委員會和解。

引爆點就發生在 10 月。金博爾的餐飲集團財務出了問題，需要募集更多資金。「所以我打電話給伊隆，告訴他，『我需要你幫忙資助我的公司。』」那次融資大約需要籌募 4,000 萬美元，金博爾希望伊隆借他 1,000 萬美元。伊隆一開始同意了。「我還記得，」金博爾說，「我在日記本裡寫下：『無條件愛伊隆。』」但是當金博爾請伊隆匯款時，伊隆卻改變心意了。伊隆的私人財務經理賈德・博查爾（Jared Birchall）看過數字之後告訴他，金博爾的事業撐不久。「伊隆投進去的錢等於是丟到水裡，」博查爾對我說。伊隆告訴金博爾這個壞消息：「我的財務經理看過之後認為餐廳情況很不好，我想應該放棄那些餐廳了。」

「你剛剛說什麼？」金博爾大吼，「去死吧，去死吧。不可以這樣。」他提醒伊隆，當初特斯拉財務陷入困境時，他陪著哥哥一起工作，提供伊隆需要的資金。「如果你看過特斯拉的財務數字，你也會覺得它應該倒，」金博爾說，「所以事情不是這樣看的。」

最後伊隆態度軟化。「基本上是我強行要求他拿出 500 萬美元，」金博爾說。最終餐廳順利度過難關。但這次事件卻導致兩人決裂。「我被伊隆氣壞了，拒絕再和他說話，」金博爾說，「我感覺失去了哥哥。在特斯拉的經歷讓他失去了理智。當時我心想，『我受夠你了。』」

經過六週的冷戰，金博爾主動聯繫伊隆，希望和解。「我決定繼續當伊隆的弟弟，因為我不想失去他，」他說，「我很想念我哥哥。」我問金博爾，他主動聯繫時，伊隆有什麼反應。「他就像什麼事也沒發生一樣，」金博爾說，「伊隆就是這樣。」

史特勞貝爾離開

可想而知，在 2018 年的生產地獄期間以及接下來的動盪，特斯拉多位高階主管選擇出走。負責業務與行銷的副總裁麥克尼爾曾多次在馬斯克精神很痛苦時陪在他身邊，包括和他一起躺在會議室地板上。「我覺得太累了，」他說。2018 年 1 月，他跑去找馬斯克，建議他接受心理諮商，他說：「我很愛你，但是我不能再這樣下去了。」

工程資深副總裁道格・費爾德（Doug Field）原本被視為未來有可能接任特斯拉執行長的熱門人選。但在特斯拉進入「爆能」模式之際，馬斯克對他失去了信心，不再讓他管理製造團隊。後來他跳槽到蘋果，之後又去了福特。

但不論是象徵意義上或情緒層面而言，最重大的離職事件自然是史特勞貝爾。自從 2003 年史特勞貝爾和馬斯克一起共進晚餐，史特勞貝爾不斷鼓吹使用鋰離子電池生產電動汽車的可能性，16 年來這位性格開朗的共同創辦人一直全力支持馬斯克。2018 年底他放了長假，這是他在公司 15 年來第一次放長假。「我的快樂程度很低，而且是愈來愈低。」他說。他反而更能從副業中得到快樂，他創辦的紅木材料公司（Redwood Materials）專門回收電動車的鋰離子電池。另一個促使他離職的原因是馬斯克當時的精神狀態。「他當時的情緒比平時還要反覆無常，」史特勞貝爾說，「看他變成那樣，我真的很難過，我是他朋友，我很想幫他，但是真的沒辦法。」

馬斯克對於有人離開，多半不會覺得感傷。他喜歡有新血加入，而且他更擔心出現他所謂的「有錢之後變得敷衍」

（phoning in rich）的現象，意思是員工在同一家公司工作久了，累積足夠財富、買了度假屋，就失去了整晚待在工廠工作的動力。但史特勞貝爾的情況不一樣，馬斯克不僅與他培養了私人情感，在專業上也很信任他。「當我知道伊隆不希望我離開時，其實有點驚訝。」史特勞貝爾說。

2019 年初，他們談了好幾次，史特勞貝爾可以感受到馬斯克的情緒波動。「他可以從非常有感情、很有人性的狀態，毫無預兆地瞬間變成完全相反的樣子，」史特勞貝爾說，「有時候你覺得他出乎意料地很有愛心、很關心別人，你就會心想：『啊，我的天，我們一起度過了那些無法想像的難關，關係這麼密切，我愛你，老兄。』」但是有時候，你又會看到他眼神空洞，感覺他對你視而不見，眼神沒有任何情感。」

他們原本打算在 2019 年 6 月的特斯拉年度大會上對外宣布史特勞貝爾離職的消息，會議地點在帕羅奧圖附近的電腦歷史博物館（Computer History Museum）。他們正好可以趁此機會向大家介紹特斯拉的歷史，16 年前還只是一個夢想，如今已成為一家有獲利能力、引領全球邁入電動車時代的開拓者。接下來他們會向大家介紹史特勞貝爾的繼任者、在公司 12 年的德魯・巴格利諾。史特勞貝爾和巴格利諾同樣身材修長、舉止有些靦腆，兩人之間也有很深厚的情感。

大會開始之前，馬斯克在休息室，他突然不確定是否要宣布史特勞貝爾離職的消息。「我覺得這樣做不好，」他說，「我認為不應該今天宣布。」史特勞貝爾默默地鬆了一口氣。情感上他也很難面對離職這件事。

馬斯克自己上台進行第一部分的簡報。「過去一年真是精彩，」他開口說道。從許多層面來看，他說得沒錯。在豪華車類別，Model 3 的銷量已經超越所有競爭對手的總和（不論是汽油車或電動車），而且和任何車款的營業額相較，它都是全美最暢銷的汽車。「十年前，沒有人相信會發生這種結果，」他說。然後他典型的幽默感又開始發揮了。他邊笑邊解釋如何使用「放屁應用程式」，駕駛只要按下按鍵，有人坐上乘客座位時就會發出放屁聲。「這可能是我最了不起的作品。」他說。

他一如往常地向大家保證，不久之後特斯拉將會推出有自動駕駛功能的汽車。「我們預計今年底就能推出自動駕駛功能。」他說。他已經連續好幾年做出相同承諾，到了 2019 年又再一次承諾。「未來你的車應該可以從你家裡的車庫，自行開到你公司的停車場，完全不需要人為干預。」此時一位觀眾走到麥克風前，挑戰馬斯克之前做出的自動駕駛承諾都沒有實現。馬斯克笑了出來，他明白這位觀眾說得沒錯。「是啊，有時候我對時間期限有些過度樂觀，」他說，「現在你也知道了，對吧。可是如果我不夠樂觀，我怎麼會繼續做這些事？」台下觀眾大聲鼓掌，十分認同他的話。

後來馬斯克邀請史特勞貝爾與巴格利諾上台，台下響起歡呼聲。特斯拉粉絲是真心喜愛這兩位明星員工。史特勞貝爾真情流露地說了一段話。「多年前德魯加入的時候，我們才剛創業不久，是一個只有五到十人的小團隊，他是我的得力助手，幾乎參與了我在這家公司負責的所有專案。」原本史特勞貝爾打算當場宣布離職消息。但史特勞貝爾和馬斯克開始回想過去共事的時光。「我想起 2003 年特斯拉成立時，史特勞貝爾和我一起跟哈洛德・羅森吃午餐，」馬斯克說，「那天我們聊得很開心。」

「我們完全沒有想到會發展成這樣。」史特勞貝爾補充。

「當時我以為我們一定會失敗，」馬斯克說，「2003 年的時候，大家都認為電動車是史上最愚蠢的發明，跟高爾夫球車沒兩樣。」

「但是我們必須嘗試。」史特勞貝爾接著說。

幾週後，馬斯克在法說會上不經意透露史特勞貝爾離職的消息。馬斯克一直非常敬重史特勞貝爾，他在 2023 年邀請史特勞貝爾加入特斯拉董事會。

49

格萊姆斯

2018 年，刺激又令人上癮的支線劇情

穿著表演服裝的格萊姆斯；
馬斯克與格萊姆斯出席紐約大都會博物館慈善晚宴。

EM+CB

偶爾、通常是在情勢最複雜的時候，我們這個模擬世界的造物者（那些創造出我們誤以為是真實世界的無賴）會為故事添加一些新元素，創造出混亂的支線劇情。2018 年春季，馬斯克還深陷與安柏．赫德分手的痛苦時，身材瘦小的音樂藝術家、以藝名格萊姆斯走紅的克萊兒．布歇出現了。格萊姆斯是聰明又迷人的表演藝術家，這個新登場的角色會為馬斯克帶來三個小孩，讓他再度短暫體驗家庭生活，還會跟暴走的饒舌歌手公開開戰。

格萊姆斯在溫哥華出生，她與馬斯克開始約會之前已經發行了四張專輯。她的創作靈感來自科幻主題和網路迷因，迷幻的音樂旋律結合了夢幻流行（dream pop）* 與電子樂。她充滿冒險精神、追求新知的好奇心，讓她特別喜歡接觸各種領域的概念，例如「羅科的蛇怪」（Roko's basilisk）這個思想實驗，這項實驗斷定人工智慧將會失控，並折磨那些沒有幫助人工智慧取得權力的人類。她和馬斯克都是會擔憂這種問題的人。馬斯克想推文分享與這個思想實驗有關的雙關語笑話，他在 Google 上搜尋合適的圖片時，發現格萊姆斯 2015 年推出的音樂錄影帶《無血之軀》（Flesh without Blood）就已經用過這個概念了。她和馬斯克因此開始在推特上聊天，之後更進一步、以現在的說法，開始私訊聊天。

事實上，他們之前曾經見過面，諷刺的是當時馬斯克與安柏．赫德一起搭電梯。「還記得我們在電梯裡見過面嗎？」某天深夜，我和格萊姆斯與馬斯克一起聊天時，她問，「那時候感覺超怪的。」

「偏偏是在那種場合見面，」馬斯克表示同意，「那時候你一直盯著我看。」

「我才沒有，」她糾正他，「是你眼神詭異的盯著我看。」

兩人因為「羅科的蛇怪」思想實驗再度在推特上相遇之後，馬斯克邀請她飛到佛利蒙工廠參觀，他覺得這是很棒的約會。當時正是 2018 年 3 月底，他沒日沒夜地要求團隊達到每週生產 5,000 輛汽車的目標。「我們一整晚就在工廠裡四處走，我看著他試著解決各種問題。」格萊姆斯說。隔天晚上，馬斯克開車載她到餐廳吃飯，途中他向她展示他的汽車加速有多快，然後他雙手離開方向盤，遮住自己的眼睛，讓她體驗自動輔助駕駛系統的性能。「當時我心想，『媽的，這傢伙真是瘋了，』」她說，「汽車會自己打方向燈、轉換車道，就像是漫威電影的場景。」在餐廳吃飯時，他在牆上刻下兩人名字的縮寫 EM+CB。

感情升溫

當她說馬斯克好像擁有和甘道夫（Gandalf）一樣的魔力時，他馬上開始考她與《魔戒》（*Lord of the Rings*）有關的各種冷知識。他想知道她是不是真的粉絲。她通過了考驗。「那對我來說很重要。」馬斯克說。她送給他一盒她收藏的動物骨頭作為禮物。晚上他們會一起聽丹・卡林（Dan Carlin）的《硬派歷史》（*Hardcore History*）或是其他歷史播客節目和有聲書。「我只會和一種人認真交往，那就是如果我約會的對象可以在睡前聽

---

* 這類型音樂主要是利用層層堆疊的音樂來營造特別的迷幻效果，製造朦朧的美感。

一小時的戰爭史。」她說，「伊隆和我一起聽了非常多主題的內容，像是古希臘和拿破崙，或是一次大戰軍事策略。」

這一切就發生在馬斯克被各種心靈上與工作上的難題淹沒的2018年。「你看起來真的狀態不太好，」她對他說，「要不要我把音樂器材搬過來，在你家工作？」他說他希望如此。他不想要一個人。當時她預想在他家住幾週，直到他情緒恢復穩定。「但是風暴從來沒有停止，你就只好一直在船上，跟著一起航行，我就在那裡待下來了。」

馬斯克進入戰鬥模式時，有幾天晚上她會陪他一起去工廠。「他一直想搞清楚汽車出了什麼問題、引擎出了什麼問題、隔熱罩出了什麼問題、液態氧氣閥門出了什麼問題，」她說。某天晚上他們外出吃晚餐，馬斯克突然陷入沉思。大約過了一兩分鐘，他問她身上有沒有帶筆。她從手提包裡拿出一支眼線筆。他接過眼線筆，開始在餐巾紙上描繪如何修改引擎隔熱罩。「我當下明白，即便我和他在一起，有時候他的心思還是會飄到其他地方，通常都與工作有關。」她說。

5月，馬斯克暫時脫離特斯拉工廠的生產地獄，和格萊姆斯一起飛到紐約參加大都會藝術博物館慈善晚宴，所有受邀來賓都會精心打扮，穿上浮誇的服飾，參加這場一年一度的時尚盛會。馬斯克建議她選擇的裝扮，是中世紀龐克風格、黑白色系的服裝，搭配硬玻璃馬甲，還搭配外型如同特斯拉標誌的尖釘項鍊。他特地要求特斯拉的設計團隊幫忙做造型，他自己穿著白色牧師領襯衫、純白禮服西裝外套，上面印著不太明顯的拉丁文：*novus ordo seclorum*，意思是「時代新秩序」。

饒舌戰爭

雖然格萊姆斯很想幫助馬斯克擺脫困境，但是她無法帶給他平靜。她的極端個性使她成為前衛的藝術家，卻也導致她的生活方式很混亂。她幾乎整晚熬夜，然後在白天睡覺。她對馬斯克的家事管理員要求很嚴格，而且不信任他們。她和馬斯克的母親關係也不好。

馬斯克總是沉迷於生活中的戲劇化事件，格萊姆斯也有類似的特質：她時常會吸引戲劇化事件。不論是有意或無心，她就是會招惹麻煩。2018 年 8 月，正值泰國洞穴事件與特斯拉下市計畫開始失控之際，格萊姆斯邀請饒舌歌手阿澤莉亞・班克斯（Azealia Banks）到馬斯克家小住一段時間，一起合作音樂。但是她忘了之前已經和馬斯克約好要一起去波德探望金博爾。格萊姆斯告訴班克斯，週末可以住在馬斯克家的客房。同一週的週五早上，也就是馬斯克發出「公司下市」推文三天後，他起床做運動、打了幾通電話，瞥見班克斯在他家裡。每當他專心處理其他事情的時候，通常不會特別注意周遭發生的事情。他不太確定她是誰，只知道大概是格萊姆斯的朋友。

班克斯因為格萊姆斯想和馬斯克待在一起而放她鴿子，一怒之下在擁有大批粉絲的個人 IG 帳號上發洩不滿：「我等了一個週末，格萊姆斯卻和她男友膩在一起，他蠢到不知道嗑迷幻藥的時候不該發推文嗎？」她寫道。這是不實訊息（馬斯克沒有使用過迷幻藥），但是可想而知，那則貼文吸引了媒體與美國證券交易委員會的注意。班克斯發了更多關於格萊姆斯與馬斯克的貼文，內容愈來愈勁爆：

> 哈哈，伊隆．馬斯克乾脆找伴遊小姐還比較好，至少她不會到處講跟他的事業有關的事情。他竟然找了個愛穿髒球鞋、鄉下來的醜女，愛喝假掰啤酒的女毒蟲，任由她到處告訴所有人他的所有事情。這一切都只是為了找一個一起去大都會藝術博物館晚宴的伴，掩飾他在安柏．赫德面前不舉的事實，哈哈。他應該有唐氏症。這個男的不太對勁。說他是外星人還太抬舉他，他根本是變種人……去他媽的瘋子。這是我最後一次和白人賤貨合作。

後來班克斯接受《商業內幕》（*Business Insider*）電話採訪時，向記者描述當時馬斯克保證會讓特斯拉下市，班克斯的說法又讓一切在法律上更站不住腳。「他發完推文後，我就看到他在廚房低聲下氣地拜託投資人幫忙，」她說，「他看起來壓力很大，滿臉通紅。」

那時候，與馬斯克有關的小道八卦多半很快就會被人遺忘。這次風波大約持續了一週，直到班克斯公開發表道歉信，整件事就此落幕。不過這次風波也成了格萊姆斯的創作靈感來源。她在2021年發表一首名為〈百分之百的悲劇〉（100% Tragedy）的單曲，有段歌詞提到：「阿澤莉亞．班克斯想要毀了我的生活，所以我一定要打敗她。」

默契十足的伴侶

即使引發了許多風波，整體來說格萊姆斯仍是馬斯克的好夥伴。她和安柏．赫德（以及馬斯克本人）一樣，很容易製造混亂，但是她和安柏的差別在於她的混亂都是基於善意，甚至是貼心。「我在《龍與地下城》屬於混亂善良（chaotic good）陣營，」她說，「但是安柏可能是屬於混亂邪惡（chaotic evil）陣營。」她也明白這是馬斯克會喜歡安柏的原因。「他很容易被混亂邪惡吸引。他爸爸就是那樣的人，他從小就是在那樣的環境長大，總是很快又習慣被惡意對待。他把愛跟刻薄、虐待聯想在一起。從艾洛爾到安柏都是一樣。」

她很喜歡馬斯克激烈的作風。某天傍晚，他們一起去看 3D 電影《艾莉塔：戰鬥天使》（*Alita: Battle Angel*），兩人到電影院時 3D 眼鏡已經發完了。馬斯克卻堅持留下來看完電影，從頭到尾他們只能看到模糊的影像。有一次格萊姆斯正在為電玩遊戲《電馭叛客 2077》（*Cyberpunk 2077*）的生化人流行歌手配音。馬斯克也跟著一起進錄音室，手裡揮舞一把兩百年歷史的古董槍，堅持要他們邀請自己客串。「錄音室裡的人全都嚇出一身冷汗，」格萊姆斯說。馬斯克說，「我告訴他們，雖然我手上拿著武器，但是不會有危險。」大家才稍微放心。在這款電玩遊戲中出現的神經機械植入物，就相當於他在 Neuralink 開發的大腦晶片的科幻版。他自己也說「做得很真實。」

不同版本的伊隆

她對馬斯克這個人的觀察是，馬斯克的大腦迴路和其他人很不一樣。「亞斯伯格症會讓你變成難搞的人，」她說，「他不太懂得察言觀色，他對情緒的解讀和一般人很不一樣。」她認為，我們評斷馬斯克時一定要考慮到他的心理特質。「如果某個人得了憂鬱症或是焦慮症，我們會同情他。但如果他們得了亞斯伯格症，我們就會覺得這個人是混蛋。」

她已經學會如何應對他的不同人格。「他有許多不同的思維模式和鮮明的人格，」她說，「他會迅速轉換。你會感覺房間內的氣氛有些不一樣，然後突然間整個情況變了，他又變成另一種狀態。」她注意到，當他轉換不同人格時，品味也會跟著改變，甚至是喜歡的音樂和裝潢風格也會變得不一樣。「我最喜歡的伊隆是他參加火人祭的模樣，會睡在沙發上，喝罐頭湯，很悠哉的伊隆。」她最討厭馬斯克陷入她所謂的惡魔模式。「當他陷入惡魔模式，就會變得非常黑暗，整個人躲進他大腦的風暴裡。」

某天晚上，他們和一群朋友吃晚餐，突然間他的心情瞬間烏雲密布，格萊姆斯只好悄悄走開。「我們在一起時，我必須確認我是和我喜歡的伊隆在一起，」她後來解釋，「他大腦裡的某些人格不喜歡我，我也不喜歡那些人格。」

有時候某種狀態的伊隆會忘了另一種狀態的他做了什麼事。「你對他說了一些話，可是他完全不記得，因為他在大腦某個空間裡，」格萊姆斯說，「如果他正在專心處理某件事，他就不會接收任何來自外界的刺激與訊息。事情就在他眼前發生，他卻視而不見。」就和他就讀小學時發生的情況一樣。

2018 年，他為了特斯拉的生產問題陷入情緒困擾，格萊姆斯曾勸他放鬆。「沒有必要覺得所有事情都爛透了，」有一天晚上她對他說，「你不需要每次對每件事情都反應這麼激烈。」不過她也理解，焦躁不安的情緒是驅使他成功的原因之一，但是其他人無法理解這一點。他的惡魔模式也是一樣，只不過她花了更長時間才能接受。「惡魔模式製造了很多混亂，」她說，「但也因此才能成就許多事情。」

50

前進上海

2015 至 2019 年，中國成為特斯拉生產重心

馬斯克與賓大時期的好友任宇翔在上海合影。

任宇翔在上海出生，曾是國際物理奧林匹克金牌得主，在就讀賓州大學期間是馬斯克的實驗夥伴，那時候他對汽車還不是很了解。他對汽車的理解幾乎全來自於 1995 年畢業時，他和馬斯克一起完成的橫越美國公路旅行。馬斯克教他修理故障的 BMW 汽車、開手排車，但是後來他當上戴爾電腦資料儲存子公司的科技長，不再需要學習這些技能。這也是為什麼二十年後馬斯克邀請他到帕羅奧圖一起吃午飯時，他感到有些意外。

在中國市場銷售汽車是特斯拉擴大全球版圖的重要關鍵，但事情進展並不順利。馬斯克已經連續開除兩位中國主管，業績仍不見起色，在中國一個月只能賣出 120 輛汽車，馬斯克正打算撤換整個中國團隊。「我要怎麼解決特斯拉在中國的銷售問題？」吃午飯時，馬斯克詢問任宇翔。任宇翔回答，他完全不了解汽車產業，只能提供一些在中國做生意的原則性想法。兩人起身離開時，馬斯克說：「我下週要去見中國科技部部長，你能和我一起嗎？」

任宇翔有些猶豫。他才剛從中國出差回來。但是有機會參與馬斯克的使命，這很吸引他，所以隔天早上他寄了一封電子郵件給馬斯克，說他準備好和他一起出發了。後來他們一起和中國科技部部長會面，氣氛相當融洽。接著他們和一位卸任官員與其他幾位顧問會面，那些人告訴他們，特斯拉如果想在中國賣車，就必須在中國生產。根據中國法律規定，他們必須和中國公司成立合資企業。

馬斯克非常痛恨成立合資企業。他不太懂得分享控制權。他再度開啟冷笑話模式，強調特斯拉不想結婚。「特斯拉太年輕了，」他說，「我們還只是個嬰兒，你們就想要結婚？」然後他起身，模仿兩個剛學步的小孩沿著婚禮走道步行，發出他的招牌笑聲。會議室內其他人都跟著笑出聲，中國人一開始有些遲疑，但最後還是笑了。

會面結束後，任宇翔和馬斯克搭乘馬斯克的私人噴射機返回美國，兩人在飛機上一起緬懷大學時光，討論有趣的物理學知識。飛機落地之後，兩人走下階梯，馬斯克開口問任宇翔：「你願意加入特斯拉嗎？」任宇翔答應了。

任宇翔面臨的一個大挑戰，是如何想辦法讓特斯拉在中國生產汽車。他可以設法化解馬斯克的抗拒心理，成立合資企業，就和其他公司一樣；或者，說服中國高層領導人，修改過去三十年促使中國製造業飛速成長的法規。他發現後者反而比較簡單。接下來幾個月，他費盡唇舌試圖說服中國政府。2017 年 4 月，馬斯克親自飛到中國，再度和中國領導人會面。「我們一直解釋，為什麼讓特斯拉興建自己的汽車工廠，即使沒有成立合資企業，一樣對中國有利。」任宇翔說。

正好習近平計劃推動中國成為乾淨能源創新中心，所以在 2018 年初，中國同意讓特斯拉在中國興建工廠，不需要成立合資企業。任宇翔和他的團隊順利與中國政府達成協議，可以使用上海附近超過 80 公頃的土地，並取得優惠貸款。

2018 年 2 月，任宇翔飛回美國，與馬斯克討論協議內容。但是很不幸的，當時正值內華達電池工廠的生產地獄期，馬斯克整天在工廠忙得焦頭爛額，任宇翔根本沒有機會接近他。那天深夜，兩人一起飛到洛杉磯，當飛機落地後，任宇翔終於有機會和馬斯克討論。任宇翔打開簡報投影片一一說明，包含了地圖、財報與協議條款內容。但是馬斯克看都沒看一眼。相反的，他一直望向飛機窗外。將近一分鐘後，他拉回視線，看著任宇翔說：「你覺得這樣做對嗎？」任宇翔沒有預期馬斯克的反應，停頓了幾秒鐘才回答是。「沒問題，就去做吧。」馬斯克說完就直接走下飛機。

2018 年 7 月 10 日，特斯拉與上海人民市政府舉行正式簽約儀式，馬斯克直接從泰國飛到中國，當時他才剛把他打造的迷你潛艇運送到泰國水淹及腰的洞穴中，營救受困的小足球選手。他換上深色正裝，筆直地站在鋪上紅地毯的宴會廳裡，與大家相互敬酒。2019 年 10 月，上海工廠順利生產了第一批特斯拉汽車。兩年內，特斯拉汽車的產量就有超過一半來自中國。

51

賽博皮卡

2018 至 2019 年，要像銀翼殺手裡會出現的車

2018 年，與設計總監范霍茲豪森討論 Cybertruck 設計。

不鏽鋼

馬斯克從 2008 年成立特斯拉設計工作室之後，幾乎每週五下午都會和設計總監法蘭茲・范霍茲豪森開產品審查會議。會議地點通常選在位於 SpaceX 洛杉磯總部後方、鋪著純白色地板的特斯拉設計工作室展示間。馬斯克可以在這裡暫時得到喘息機會，特別是經歷好幾週的動盪混亂之後。馬斯克和范霍茲豪森在類似機棚的展示間裡緩慢移動，用心觸摸他們為特斯拉的未來打造的原型車或是黏土模型。

他們從 2017 年初就開始討論特斯拉皮卡車的構想。范霍茲豪森從傳統設計開始，以雪佛蘭的皮卡索羅德（Silverado）作為參考範本。他們在展示間的中央擺放了一輛索羅德，仔細研究這輛皮卡車的特性與零件。馬斯克表示，他希望打造一輛讓人更熱血沸騰、更意想不到的貨車。所以他們開始參考造型更前衛的老車款設計，其中最知名的就是 1960 年代由雪佛蘭生產、帶有復古未來主義風格的 El Camino 轎跑車（coupé）。後來范霍茲豪森設計了風格類似的皮卡車，但是當兩人繞著模型移動時，都覺得線條太柔和了。「太流線型了，」范霍茲豪森說，「完全沒有皮卡的權威感。」

後來馬斯克又想到了另一個值得參考的設計樣本：蓮花在 1970 年代末期推出的 Esprit，這輛英國跑車線條銳利，使用楔形車身設計。準確來說，他真正愛的是曾在 1977 年上映的龐德系列電影《007：海底城》（*The Spy Who Loved Me*）中亮相的 Esprit。後來馬斯克花了將近 100 萬美元買下電影拍攝時使用的那輛跑車，放在特斯拉設計工作室展示。

腦力激盪的過程充滿樂趣，可是他們一直想不出真正讓大家熱血沸騰的設計概念。為了尋找靈感，他們跑去參觀彼得森汽車博物館（Petersen Automotive Museum），兩人都注意到一件有趣的事情。「我們發現，」范霍茲豪森說，「過去八十年來，皮卡的形式或是製程基本上沒有改變。」

所以，馬斯克將重點轉向更基本的層面：他們應該使用哪種材質打造車身？當你開始思考材質問題，甚至是汽車結構的物理學問題，就能開啟新的可能性，發想出更有創意的設計。

「原本我們想用鋁，」范霍茲豪森說，「我們也有討論鈦，因為耐久性真的很重要。」當時馬斯克已經開始思考是否能用閃閃發亮的不鏽鋼材質建造火箭。後來他發現，或許也可以用不鏽鋼製造皮卡車。不鏽鋼車身不需要烤漆塗裝，而且可以承受部分的汽車結構負重。這真的是跳脫框架的想法，重新想像交通工具可以是什麼樣子。經過幾週討論之後，某個週五下午，馬斯克來到設計工作室，直接宣布：「我們將使用不鏽鋼來製造。」

當時，查爾斯・柯伊曼（Charles Kuehmann）同時擔任特斯拉與 SpaceX 的材料工程副總裁。馬斯克的一個優勢，就是他的公司可以相互分享專業知識。柯伊曼開發出一種超硬不鏽鋼合金，採用冷軋技術，不需要加熱處理，特斯拉也已經取得專利。這種不鏽鋼合金夠堅硬、又便宜，同時適合貨車與火箭使用。

決定使用不鏽鋼生產 Cybertruck，對汽車的工程影響很大。不鏽鋼車身可以承受汽車結構的重量，所以不需要由汽車底盤擔任承重的角色。「我們可以在外部建立支撐力量，讓它成為外骨骼，然後將其他所有零件懸置在外骨骼內部。」馬斯克建議。

決定使用不鏽鋼也讓皮卡車的外型有了新的可能。過去必須使用沖壓機將碳纖維塑形成曲線柔和、形狀各異的車身鈑件，但是不鏽鋼材質比較適合水平直線與銳角。如此一來設計團隊就能（就某種程度來說，也是被迫）嘗試更有未來性、更前衛、讓人意想不到的設計。

「我要讓未來看起來很像未來」

2018 年秋季，馬斯克剛剛擺脫內華達與佛利蒙工廠生產地獄、「戀童癖」與「公司下市」推文風波、以及被他稱為這一生最慘痛的精神折磨。每當面臨挑戰時，他的逃避方法之一就是專心思考未來的專案。10 月 5 日，他躲進設計工作室這個寧靜的避風港，將例行的週五巡視行程改成腦力激盪會議，討論皮卡車的設計。

雪佛蘭索羅德依舊放在展示間，作為參考範本。汽車前方有三個大型展示板，顯示各種不同車款的照片，包括曾經在電玩遊戲和科幻小說裡出現的車款，從復古到未來風、從流線型到尖角型、從曲線優美到線條銳利。范霍茲豪森雙手插在口袋裡，就像衝浪好手正不慌不忙、手腳靈活地尋找對的浪點。馬斯克則是雙手叉腰、身體彎曲，看起來像一隻努力搜尋獵物的熊。過了一段時間，戴夫．莫里斯和其他幾位設計師也走進來。

馬斯克看著展示板上的照片，目光自然被那些非常有未來感、偏向太空風格的汽車設計吸引。當時他們才剛剛確定 Model Y、也就是 Model 3 的跨界休旅版，馬斯克的某些更先進、更偏離傳統風格的設計建議，並沒有被團隊採納。既然 Model Y 的設計已經相對保守，他不希望同樣的結果也發生在皮卡貨車上。「我們要更大膽，」他說，「一定要帶給大家驚喜。」

每當有人指著偏傳統設計的照片，馬斯克就會直接打槍，然後指著在電玩遊戲《最後一戰系列》（*Halo*）裡，或是在即將推出的《電馭叛客 2077》預告片裡，或是在雷利．史考特執導的《銀翼殺手》（*Blade Runner*）電影裡出現的車款。前陣子，馬斯克患有自閉症的兒子薩克遜提出了很另類的問題：「為什麼未來看起來很不像未來？」後來馬斯克時常引述薩克遜的問題，「我要讓未來看起來很像未來。」

不過，團隊中有些人並不認同馬斯克的說法，他們認為太前衛的產品不會賣。這畢竟是一輛皮卡。討論結束後，馬斯克說：「我根本不在乎有沒有人買，我們不是要生產一輛傳統、無聊的皮卡，我們以後想做有的是機會。現在我想要設計真正夠酷的產品。所以，不要反抗我。」

2019 年 7 月，范霍茲豪森和莫里斯完成了一台真實尺寸的模型車，有許多銳角以及如鑽石般的切面，非常具未來感、超乎想像、很科幻。馬斯克還沒看過新的模型車，為了給他驚喜，設計團隊在某個週五把模型車擺放在展示間中央，旁邊則放了之前他們曾考慮過、偏傳統外型的模型車。馬斯克從 SpaceX 工廠出來，一走進展示間馬上就說：「對，就是這樣！」他驚呼，「我很喜歡。我們做到了。沒錯，這就是我們要做的！太棒了，很好，就這樣。」

這就是後來的 Cybertruck。

「設計工作室多數人都很討厭這個設計，」范霍茲豪森說，「他們的反應就像是，『你不是認真的吧。』他們完全不想和這輛車扯上關係，看起來實在太怪了。」有些工程師私下開始設計另一個版本。范霍茲豪森待人溫和，不像馬斯克那樣粗暴無禮，他會花時間聆聽工程師的擔憂。「如果你身邊的人不買單，就很難做事。」他說。但是馬斯克沒那麼有耐性。當有人要求他至少要進行市場測試時，馬斯克立即回嗆：「我不做焦點團體訪談的。」

2019 年 8 月，團隊完成了皮卡貨車的設計，馬斯克告訴大家，他希望當年 11 月對外展示可駕駛的皮卡原型車，換句話說團隊只剩下三個月。但是正常情況下，製作一輛可駕駛的原型車，需要九個月。「我們沒辦法做出可實際駕駛的車。」范霍茲豪森說。馬斯克回答：「可以，我們絕對可以。」馬斯克設定的荒謬期限多半都不可行，但有時候團隊真的做得到。「團隊被迫一起合作，沒日沒夜地工作，努力趕在最後期限前完成。」范霍茲豪森說。

2019 年 11 月 21 日，貨車被開到展示間的舞台上，首度在媒體和受邀來賓面前亮相。現場有人倒抽一口氣。「台下許多觀眾顯然不敢相信這就是他們來看的新車，」CNN 報導說，「Cybertruck 看起來就像是一個有輪子的大型金屬梯形，更像是一件藝術品，不像皮卡車。」范霍茲豪森上台展示貨車的堅固性時，再度讓觀眾大吃一驚。他拿起一支大鎚用力砸向車身，車身完全沒有凹陷。緊接著他拿起一顆金屬球丟向其中一塊「防彈玻璃窗」，證明玻璃不會破。沒想到玻璃竟然裂了。「噢，我的老天，」馬斯克說，「嗯，可能是太用力了。」

整體來說，發表會不是很成功。隔天特斯拉股票下跌 6%。但是馬斯克很滿意。「已經有很長一段時間，大概 100 年吧，貨車的外觀都沒有任何改變，」他對觀眾說，「我們希望嘗試不一樣的設計。」

後來，馬斯克開著原型車載格萊姆斯到 Nobu 餐廳*吃飯，餐廳的代客停車服務員一直盯著原型車，連碰都不敢碰。兩人離開時，狗仔隊緊追不捨，馬斯克開車經過停車場的標示牌，然後直接左轉，完全無視旁邊的「禁止左轉」標誌。

* 由日本享譽全球的名廚松久信幸開設的餐廳。

52

星鏈計畫

2015 至 2018 年，資助火星夢的新金礦

提供網路服務

馬斯克在 2002 年成立 SpaceX 時，他的目標就是要把人類送上火星。每週除了召開與引擎與火箭設計有關的技術會議之外，他還會召開名為「火星殖民者」（Mars Colonizer）的會議，聽起來似乎很天馬行空。開會時，他會想像火星殖民地的情景，以及該如何治理這個殖民地。「我們盡可能不錯過任何一場火星殖民者會議，因為對他來說這是最有趣的會議，每次開會他都很開心。」他的前助理艾莉莎・巴特菲爾德說。

前往火星的花費相當可觀。所以馬斯克依循慣例，為他充滿理想的使命擬定了務實的商業計畫。他發現了不少商機，可以為公司創造營收來源，包括太空旅遊（如同貝佐斯和布蘭森的做法），或是為美國以及其他國家與企業發射衛星。2014 年底，他的注意力轉向另一座更大的金礦：為付費顧客提供網路服務。SpaceX 將建造與發射自己的通訊衛星，實際上就是在外太空重新架設網路。「網路服務的整體營收一年大約是 1 兆美元，」他說，「如果我們可以服務 3%的顧客，就是 300 億美元，已經超過 NASA 的預算。這就是星鏈（Starlink）的靈感來源，為了幫火星任務籌錢。」他停頓了一會，接著強調，「SpaceX 的每個決策，目的都是為了讓我們能夠前往火星。」

為了實現這個使命，馬斯克在 2015 年 1 月宣布在 SpaceX 成立新部門，取名「星鏈」，辦公室地點位在西雅圖附近。他的計畫是發射低軌衛星，這些衛星位在離地表約 547 公里的高空，所以訊號延遲的問題不會像那些依賴地球同步衛星的系統那麼嚴重，地球同步衛星的軌道高度大約是 35,405 公里。但是，位於低軌道的星鏈電波覆蓋範圍相對較小，所以需要發射更多枚衛星。星鏈的最終目標是建造出由四萬枚衛星組成的「巨型星座」（megaconstellation）。

愛冒險的工程天才

在那個悲慘的 2018 年夏季，馬斯克有強烈的預感，星鏈有哪裡出問題了。它的衛星太大、太昂貴，又難建造。要達到獲利規模，他們就必須以十分之一的成本快速生產。但是星鏈的團隊似乎不覺得這是很急迫的事情，對馬斯克來說，這是絕不可饒恕的罪過。

所以 6 月的某天晚上，馬斯克事前沒有提出警告，就直接飛到西雅圖，開除整個星鏈領導團隊。他帶著八位最資深的 SpaceX 火箭工程師進駐星鏈部門。他們沒有人真正懂衛星，但是他們知道如何解決工程問題、如何應用馬斯克的「演算法」。

馬斯克下令由馬克・容克薩接管星鏈，容克薩在 SpaceX 負責帶領結構工程團隊。這項新的人事安排有一大好處：可以整合SpaceX 所有產品的設計與製造，從火箭助推器到衛星，全部由同一位主管負責。交給容克薩負責的另一個好處是，他是熱情又有才華的工程師，和馬斯克很合拍。

容克薩在南加州長大，身材削瘦、擅長衝浪，他很喜歡南加州的天氣、文化和氣氛，但是並沒有因此變得懶散怠惰。他會把iPhone 當成指尖陀螺，在食指和拇指之間迅速轉動，就像馬戲團的轉盤特技一樣神奇。他說話速度飛快，不時發出驚呼聲，老愛把「你知道」、「像是」、「哇，老兄」掛在嘴邊。

後來他進入康乃爾大學就讀，並加入學校的一級方程式賽車團隊。一開始他的工作是組裝車體，正好可以運用他在製作衝浪板時培養的技能，後來他喜歡上工程相關的工作。「我是真的愛上了工程，感覺就像是，哇，老兄，我生來就是要做這份工作。」他說。

馬斯克曾在 2004 年拜訪康乃爾大學，當時他留下了字條給幾位工程系教授，邀請他們帶著最喜愛的一兩位學生，和他吃午飯。「就像是，你知道，問你說，你願不願意和這個有錢的傢伙一起吃一頓免費的午餐？」容克薩說，「好啊，我當然要去啊。」馬斯克向大家解釋他在 SpaceX 正在做的事情，當時容克薩心想，「老兄，這個人也太瘋狂了吧，我覺得他一定會虧錢，不過他看起來超級聰明，又很有衝勁，我喜歡這種人。」當馬斯克提供他工作機會時，他立刻點頭答應。

容克薩願意冒險、勇於打破規則的態度，讓馬斯克印象深刻。他帶領團隊開發用來搭載獵鷹九號進入軌道的天龍號太空船，卻因為沒有完成必要的文件作業，三番兩次被 SpaceX 品保主管責罵。容克薩的團隊白天忙著設計太空船，到了晚上還要自己動手建造。「我告訴那位老兄，我們根本沒有時間填寫工單和品質檢查表，我們要開始建造太空船，最後一定會進行測試。」他說。「那位品保老兄氣炸了，所以最後我們就在伊隆的辦公隔間大吵了一架。」馬斯克覺得很火大，直接向那位品保主管開砲。「氣氛真的很緊張，但是他和我已經下定決心，要不顧一切完成這艘太空船，因為我們快沒錢了。」容克薩說。

改進星鏈

容克薩接手管理星鏈之後，捨棄了原先的設計，重新回到第一原理，根據基本物理定律，開始質疑每一項要求。最終目標是盡可能設計出最簡單的通訊衛星，之後再逐步增加其他配備。「我們開了好幾次馬拉松式會議，任何小細節伊隆都不放過。」容克薩說。

舉例來說，衛星天線原本是安裝在獨立的結構上，與飛行電腦分開。這是工程師指定的，目的是隔熱。容克薩一直問，為什麼？工程師回答天線有可能會過熱，容克薩要求查看測試數據。「當我問了五次為什麼，」容克薩說，「他們開始想，『媽的，或許我們應該把它變成整合元件。』」

設計流程接近尾聲時，容克薩已經把原本一團混亂的複雜線路改造成簡單的平板衛星，可以大幅降低成本。未來獵鷹九號的頭錐就可以容納更多酬載，每次飛行可部署的數量將會是之前的2倍。「我真的很開心，」容克薩說，「我坐在那想著，我怎麼那麼聰明。」

但是，馬斯克仍繼續挑剔所有細節。當衛星搭乘獵鷹九號火箭發射升空時，會有連接器拉住每一枚衛星，所以一次只會有一枚衛星分離，目的是避免不同衛星相互碰撞。「為什麼不能讓所有衛星同時分離？」馬斯克問。一開始，容克薩和其他工程師都覺得那太瘋狂了。他們怕發生碰撞意外。但是馬斯克說，太空船飛行時，衛星會自然而然地彼此分開。如果真的發生碰撞，速度應該會非常緩慢，不會造成傷害。所以他們決定拆除連接器，又降低了一些成本、複雜度與質量。「一切變得更簡單，因為我們拆了那些零組件，」容克薩說，「我太沒種了，不敢提出那些建議，但伊隆要我們試試看。」

2019 年 5 月，簡化版的星鏈設計完成，獵鷹九號開始將星鏈送上軌道。四個月後，星鏈開始運作，馬斯克當時人在德州南部的家中，他發了一則推文。「我是透過星鏈從太空傳送這則推文。」他寫道。現在他可以用自家的網路服務發文了。

53

星艦與星際基地

2018 至 2019 年，史上最大、最強的火箭

馬斯克在博卡奇卡住所的客廳與後院；
負責星艦開發的雷利，與馬斯克的大將容克薩。

大型獵鷹火箭

如果馬斯克的目標是成立一家獲利的火箭公司，那麼當他度過 2018 的危機之後，應該可以收割勝利果實，好好放鬆一下。可重複使用的獵鷹九號後來成為 SpaceX 的發射主力，而且是全球最有效率、最可靠的火箭。此外，他也成功發射通訊衛星，未來將能創造可觀的營收。

但是他的目標不只是成為太空創業家。他的終極目標是把人類送上火星。可是獵鷹九號或是升級版的獵鷹重型火箭，都無法達成他的目標。獵鷹最多只能飛這麼高。「我可以賺很多錢，但是我沒辦法讓人類成為多星球物種。」他說。

這是為什麼他在 2017 年 9 月宣布，SpaceX 將要開發更大型的可重複使用發射載具，這將會是史上最高、動力最強大的火箭。他為這枚大型火箭取了一個代號：BFR*。一年後他發了一則推文：「將 BFR 重新命名為星艦（Starship）。」

星艦系統包含第一節助推器與第二節太空船，總高度約 119 公尺，比獵鷹九號高出 50%，比 NASA 在 1970 年代執行阿波羅任務時使用的農神五號（Saturn V）火箭高約 9 公尺。星艦擁有 33 具助推器引擎，可以發射超過 100 噸的酬載進入軌道，是獵鷹九號的 4 倍以上，未來將可載運 100 名乘客前往火星。當時馬斯克為了特斯拉內華達和佛利蒙工廠的生產問題傷透腦筋，但他還是每週抽空和團隊討論，在前往火星的九個月航行期間，應該要提供乘客哪些設施和住宿設備。

不鏽鋼，又來了

馬斯克小時候常會在父親位於普勒托利亞的工程辦公室溜達，對於建築材料的特性瞭若指掌。每當他在特斯拉和 SpaceX 開會時，都會專心討論電池陰極和陽極、引擎閥門、火箭結構或是皮卡貨車車身可以使用哪些不同材料。他會長篇大論說明鋰、鐵、鈷、英高鎳合金（Inconel）與其他鎳鉻合金、塑膠成分、不同等級的鋁以及鋼合金的特性。2018 年，他開始愛上一種相當常見的合金材料，他發現這個材料很適合用來建造火箭與 Cybertruck。他心中的新歡就是不鏽鋼。「不鏽鋼和我應該去某個地方開房間。」他對自己的團隊開玩笑說。

和他一起開發星艦的工程師名叫比爾・雷利（Bill Riley）。雷利個性爽朗、謙虛有禮，曾經加入傳奇的康乃爾賽車隊，指導過馬克・容克薩，後來容克薩說服他加入 SpaceX。雷利和馬斯克都非常熱愛軍事史，尤其是一次和二次世界大戰的空戰史，兩人也都對材料科學非常感興趣。

2018 年底的某一天，他們一起巡視星艦的生產基地，地點就位在 SpaceX 工廠與總部辦公室南邊、距離約 24 公里的洛杉磯港附近。雷利向馬斯克解釋，他們在使用碳纖維時遇到了難題，碳纖維板會產生皺摺，而且作業流程緩慢、成本昂貴。「如果我們繼續用碳纖維，我們就完了，」馬斯克說，「那就真的死定了，我永遠也去不了火星。」那些簽了成本加成合約的廠商當然不會這樣想。

---

* 代表 Big Falcon Rocket（大獵鷹火箭）。

馬斯克知道，1960年代初期首次載運四名美國人進入軌道的擎天神（Atlas）火箭，就是用不鏽鋼打造的，而且他已經決定用不鏽鋼打造 Cybertruck 的車體。他巡視完生產基地之後，靜靜地盯著正要進港的船隻。「各位，我們要改變做法。」他說，「依照現在的流程，火箭建造的速度不夠快。如果用不鏽鋼呢？」

一開始有人反對，甚至有些懷疑。幾天後，馬斯克在 SpaceX 會議室與高階主管開會，他們認為不鏽鋼火箭會比碳纖維或是獵鷹九號火箭使用的鋁鋰合金還要重。馬斯克的直覺卻不這麼認為。「跑一下數據，」他對團隊說，「跑一下數據。」他們重新計算後發現，事實上依照星艦未來可能面臨的情況來看，使用不鏽鋼反而會讓火箭變得更輕。在極度低溫時，不鏽鋼的強度會提高50%，也就是說，當它攜帶超級冷卻的液態氧氣燃料時，會變得更堅固。

此外，不鏽鋼的熔點高，因此星艦面對太空的那一側不需要加裝隔熱罩，如此可以減少火箭整體重量。最後一項優勢是，不鏽鋼很容易焊接。獵鷹九號使用的鋁鋰合金需要另外經過摩擦攪拌焊接（stir welding）的步驟，而且必須在無污染的環境裡完成。如果是不鏽鋼，就可以在大型帳篷內、甚至是在戶外焊接，團隊可以在德州或佛州的發射基地附近完成焊接。「用不鏽鋼的話，焊接時你還可以在旁邊抽雪茄。」馬斯克說。

改用不鏽鋼之後，SpaceX 就可以雇用不具有製造碳纖維專業能力的廠商。SpaceX 在德州麥葛瑞格的引擎測試基地有一家負責建不鏽鋼水塔的契約廠商。馬斯克要求雷利立即聯繫這家廠商，請對方協助解決問題。其中一個問題是，星艦的壁面應該要多厚？馬斯克不是問高階主管，而是直接詢問實際執行焊接作業的工作人員，該怎麼做比較安全。「伊隆的一個原則就是『收集資訊時盡可能接近源頭。』」雷利說。第一線員工告訴馬斯克，他們認為燃料槽壁面最薄可以到 4.8 公釐。「如果是 4 公釐呢？」馬斯克問。

「這樣我們會很沒把握。」其中一位員工說。

「好，」馬斯克說，「我們就做 4 公釐，試試看吧。」

結果成功了。

短短幾個月內，他們就建造出一枚名為 Starhopper 的原型火箭，準備進行低空試跳測試。它配備了三個可伸縮支架，目的是測試星艦完成飛行後如何安全著陸，未來可以重複使用。2019 年 7 月，Starhopper 開始進行約 24 公尺高的低空試跳測試。

馬斯克非常滿意星艦的設計概念，某天下午在 SpaceX 會議室開會時，他衝動地決定自斷退路，下令取消獵鷹重型火箭。會議室裡的高階主管傳訊息告訴葛溫妮·蕭特威爾。她馬上衝出自己的辦公隔間，一屁股坐在椅子上，直接告訴馬斯克決不能那樣做。獵鷹重型火箭擁有三具助推器核心，是公司履行軍方合約、發射大型軍事情報衛星的關鍵。她在公司份量夠，有辦法應付這種挑戰。「當我告訴伊隆事情的脈絡，他也同意我們不能照他想的去做。」她說。馬斯克的一個問題是，他身邊大多數人都不敢這樣頂撞他。

星際基地

位於德州最南端的博卡奇卡（Boca Chica）就像是一座灌木叢生的樂園。當地的沙丘和海灘雖然不如北邊的帕德雷島

（Padre Island）海岸度假區那般充滿生氣，周圍的野生動物保護區卻讓此地成為發射火箭的安全地點。2014 年，SpaceX 在這裡興建了簡易發射台，作為卡納維爾角與范登堡的備用發射台，但是自此之後就任由它累積灰塵，直到 2018 年，馬斯克決定把這裡當作星艦的專屬發射基地。

星艦的體積非常龐大，不可能先在洛杉磯建造，再運送到博卡奇卡。所以馬斯克決定在博卡奇卡興建火箭生產基地，地點就位在被烈陽曬到乾涸的灌木叢林地與蚊蟲孳生的濕地之間，與發射台相距約 3.2 公里處。SpaceX 搭建了三座類似機棚的巨型帳篷作為生產線；另外運用波浪形金屬板搭建三座「高棚」，讓星艦可以直立安置在棚內。他們將當地一棟舊大樓重新改裝成辦公隔間，有一間會議室與一間餐廳，提供勉強可接受的食物與好喝的咖啡。到了 2020 年初，總計有 500 名工程師與建築工人在此工作，其中有一半來自當地，不分晝夜地輪班工作。

「你一定要來博卡奇卡，想辦法讓這個地方變棒，」他對當時擔任他助理的巴特菲爾德說，「未來人類的太空事業能否進步，就靠它了。」距離最近的幾家汽車旅館都位在內陸的布朗斯維爾（Brownsville），與海岸相距約 37 公里。所以巴特菲爾德設置了好幾台 Airstream 露營車，打造成員工宿舍園區，她還從家得寶（Home Depot）買了幾棵棕櫚樹，搭建了一座提基酒吧（tiki bar），以及有營火坑的露天平台。年輕熱血的設備主管山姆・帕泰爾（Sam Patel）特地租了幾台無人機以及專門用來噴灑殺蟲劑的小型飛機，想解決蚊蟲的問題。「如果我們被這些蟲吃掉了，就沒辦法去火星了。」馬斯克說。

馬斯克全力投入工廠帳篷內的空間與動線設計，思考該如何安排生產線。2019 年底，馬斯克到工廠巡視，發現進度緩慢，感到非常失望。工作人員甚至沒有生產出可以與星艦完美結合的圓頂。他站在其中一座帳篷前，向團隊發出挑戰：天亮之前完成一座圓頂。有人告訴他辦不到，因為他們沒有工具，無法精準校正尺寸。「我們一定要在天亮前建造一座圓頂，否則我們他媽的就死定了。」他堅持。他下令切除火箭桶尾部，當作校準工具。團隊照做了，他和四位工程師與焊接技師一起熬夜，直到圓頂完工。「我們其實沒有在天亮前做出圓頂，」其中一位團隊成員吉姆．武（Jim Vo）承認道，「我們到早上九點才完成。」

距離 SpaceX 生產基地大約 1.6 公里遠處，有一區 1960 年代開發的住宅社區，總計有 31 棟房屋以及兩條荒廢已久的街道，其中有部分是組合式房屋（pre-fab）。SpaceX 買下了大部分房產，雖然 SpaceX 的出價是原本估值的 3 倍，還是有部分屋主不願出售，有些是因為固執，有些則是因為能住在火箭發射台附近，覺得很興奮。

馬斯克自己選了一間兩房的房屋。客廳、餐廳與廚房採開放空間設計，四周全是純白色牆面，地面是有點汙漬的木地板。他把一張小木桌當成辦公桌，桌子下方有一個無線網路裝置，會連到星鏈接收器。廚房櫥櫃用的是白色富美家（Formica）美耐板，唯一顯眼的擺設是工業尺寸的大冰箱，裡面裝滿了無咖啡因健怡可樂。房子內的布置很有早期宿舍寢室風格，例如科幻雜誌《驚奇故事》（*Amazing Stories*）的封面海報。咖啡桌上放著邱吉爾的《第二次世界大戰回憶錄》第三卷、以報導諷刺新聞出名的《洋蔥報》員工撰寫的《我們的愚蠢世紀》（*Our Dumb Century*）、艾西莫夫的《基地》系列小說，以及《週六夜現場》

在 2021 年 5 月為馬斯克上節目所準備的相簿。另一個相鄰的房間裡放了一台跑步機，但是他很少用。

後院長滿了雜草，還有幾棵棕櫚樹，明明是棕櫚樹，卻在 8 月的炙熱高溫下枯萎了。後方的白色磚牆上全是格萊姆斯隨意創作的塗鴉藝術，布滿紅色愛心、雲朵，以及類似表情符號的藍色泡泡。屋頂的太陽能板與兩片 Powerwall 相連。後院有一間小屋，有時被格萊姆斯當作錄音間，有時被梅伊當作臥室。

那裡作為億萬富翁的主要住所，已經無法用簡陋來形容。但馬斯克把那裡當成避風港。在星際基地開完冗長的會議，或是情緒緊繃地查看完火箭生產線之後，他就會開車回到那裡，全身放鬆地在屋內閒晃，和一般郊區老爹一樣吹著口哨。

54

特斯拉自駕日

2019 年 4 月，自駕是不斷後退的海市蜃樓？

一直還沒實現的願望

夜復一夜，馬斯克在格萊姆斯身旁，但他坐在床邊，完全無法入睡。有幾天晚上，他一動也不動地直到天亮。特斯拉已經順利度過 2018 年的「爆能」與風暴，但仍需要啟動新一輪融資，才能繼續營運下去。空頭就像是禿鷹一樣，不停在上空盤旋。2019 年 3 月，馬斯克再度進入危機戲劇化模式。「我們必須募資，否則就死定了。」某天清晨，他對格萊姆斯說。他必須擬定一份偉大的計畫，扭轉風向，說服投資人相信，特斯拉將會成為全球最有價值的汽車公司。

某天晚上，他開著燈，不發一語，眼睛直視前方。「每隔幾小時我就會醒來，看到他坐在那，維持沉思者雕像的姿勢坐在床邊，一句話也不說。」格萊姆斯說。當天早上她醒來時，他對她說，「我想到解決辦法了。」他解釋，解決方案就是由特斯拉舉辦自駕日（Autonomy Day）活動，向投資人展示特斯拉如何打造能自動駕駛的車。

自 2016 年開始，馬斯克一直努力實現自己的願望：生產能完全自動駕駛的汽車，能夠接受指令、自行駕駛，不需要有人坐在方向盤後方。事實上就在那一年，他已經開始思考拆除方向盤的可能性。在他的堅持下，范霍茲豪森和他的設計團隊已經開始建造沒有煞車或踏板或方向盤的 Robotaxi 模型。每週五馬斯克會到設計工作室，拿出他的手機拍下不同模型車的照片。「這就是世界未來的走向，」他在一場會議上說，「我們必須要求自己做到。」每年他都會公開預測，大約一年後就會出現可完全自動駕駛的汽車。

但事實並非如此。完全自動駕駛就像是不斷後退的海市蜃樓，永遠都在「一年左右」的距離之外。

但馬斯克已經決定了，要籌募更多資金，最好的做法就舉辦一場戲劇性的發表會活動，讓投資人相信自駕車將為公司帶來可觀獲利。他相信他的團隊可以證明，甚至是實際展示可靠的原型車，讓大家看見未來的樣貌。

做不到，就準備走人

他給團隊四週時間：2019 年 4 月 22 日，也就是特斯拉第一個自駕日當天，團隊必須展示一輛具部分自駕功能的汽車。「我們必須讓人們覺得這是真的，」雖然事實上並非如此。馬斯克總是一股腦地往前衝，所以結果就是，馬斯克再度下令啟動「爆能」模式：所有人沒日沒夜地瘋狂工作，只為了趕在某個人設定的荒謬期限之前達成目標。

馬斯克的「爆能」命令不僅把他的團隊逼瘋了，也把他自己逼瘋了。「每當他想到災難已近在眼前，就必須讓自己脫離現實，才能擺脫那些煩心事。」馬斯克找來協助開發人工智慧專案的好友席馮・齊莉絲（Shivon Zilis）說，「有一次他說，如果他瘋了，要我告訴他。那是我唯一一次走進房間，看著他，然後說『你瘋了』。那是他第一次看到我哭。」

某天晚上，馬斯克的堂弟、在自駕團隊擔任軟體程式設計師的詹姆斯・馬斯克與團隊主管米蘭・科瓦奇（Milan Kovac）在舊金山某家高級餐廳吃飯，手機突然響了。「我看到是伊隆打來的，當下心想，『噢，糟了。』」他回想。他走去停車場，聽著馬斯克語氣深沉地說，如果做不出真正讓人眼睛一亮的成品，特斯拉就會破產。馬斯克說了一個多小時，不停問詹姆斯，自駕團隊有哪些成員是真正的頂尖人才。每當馬斯克進入危機模式，就會想要清理戰場、大開殺戒，即使是在「爆能」階段也是一樣。

他決定開除自動駕駛團隊的所有高階主管，但是被歐米德・阿富夏阻止，他說服馬斯克至少等到自駕日結束之後再動手。努力在馬斯克與自駕團隊之間扮演緩衝劑的席馮・齊莉絲，同樣在想辦法延緩馬斯克的裁員計畫，山姆・提勒也是一樣。後來馬斯克勉強同意等到自駕日結束之後再行動。但是他很不爽，將齊莉絲調離特斯拉，轉任 Neuralink 的某個職務。提勒也在這段混亂期間離開了公司。

是願景，還是幻想？

後來詹姆斯・馬斯克被指派任務，要讓自駕軟體有能力辨識紅綠燈號誌，原本的系統並不包含這項非常基本的功能。詹姆斯確實做到了，但是整個團隊顯然無法做到馬斯克提出的挑戰：

讓汽車有能力自行在帕羅奧圖市區行駛。隨著自駕日逐漸逼近，馬斯克把原本的要求縮減成他後來形容只是「超級無敵困難」的任務：汽車先在特斯拉總部附近行駛，然後上高速公路，完成七次轉彎，最後回到總部。「我們覺得無法達成他的要求，但是他相信我們可以，」自駕團隊成員阿南德．斯瓦米納坦（Anand Swaminathan）說，「短短幾週，我們就能讓汽車完成七次困難的轉彎了。」

自駕日當天，馬斯克和往常一樣，簡報時將願景與宣傳話術全部混在一起。他的大腦恐怕也分不清哪些是他相信的，哪些是他想要相信的。他再次強調，特斯拉即將在一年內生產全自動駕駛汽車。到時候特斯拉將會提供 100 萬輛 Robotaxi，讓大家呼叫搭乘。

CNBC 在報導中提到，馬斯克「提出了大膽、有願景的承諾，但只有他最忠實的追隨者才會相信他所說的話。」主要投資人也不太相信他的說詞。「後來在進行分析師電話會議時，我們提出了許多尖銳問題，」普徠仕的投資經理喬．費斯說，「但是他一直說，『你們這些傢伙就是聽不懂。』然後直接掛我們電話。」

大家的懷疑並沒有錯。一年後，確切來說是四年後，仍然沒有 100 萬輛特斯拉 Robotaxi，甚至沒有任何一輛電動車可以自行在街上行駛。但在大肆炒作與任性的幻想背後，馬斯克依舊相信自動駕駛的願景和可重複使用的火箭一樣，將會徹底顛覆人類的生活。

55

從玩具車得到靈感

2020 至 2021 年，超級工廠落腳德州

馬斯克的幕僚阿富夏。

就決定在奧斯汀蓋工廠

你特別喜歡哪個城市？2020 年初，馬斯克和特斯拉員工開始玩這個遊戲，這時大家通常會拿出手機，打開地圖應用程式，開始提名。芝加哥或紐約？可以，但如果是為了這個目的，這兩個地方都不合適。洛杉磯或舊金山地區？不行，大家正想辦法要逃離這些地方。現在加州各地鄰避主義（NIMBYism）* 盛行，法規繁瑣，中間商佣金制度讓人厭煩，對新冠疫情大驚小怪。土爾沙（Tulsa）如何？沒有人想過奧克拉荷馬州，不過當地激烈的州長選情也要納入考量。納許維爾（Nashville）呢？歐米德・阿富夏表示，你會想去那裡旅遊，但絕不會想要住在那裡。達拉斯（Dallas）呢？德州很有吸引力，但所有人都同意，達拉斯太德州了。奧斯汀這個大學城如何？那裡有更棒的音樂，而且很自豪能夠包容各種奇特文化。

當時他們在討論的是：要在哪裡興建特斯拉工廠，而且要大到可以稱之為「超級工廠」（Gigafactory）。加州佛利蒙工廠即將成為全美最有生產力的汽車工廠，每週可生產超過 8,000 輛汽車，但是它的產能已達到極限，要再擴廠會有困難。

貝佐斯尋找第二總部的地點時，決定讓各個城市公開競標。馬斯克的做法不同，他決定依照過去慣例，跟隨本能，憑他自己和其他高階主管的直覺做決定。他無法忍受耗費好幾月聽政治人物推銷或是顧問製作的 PowerPoint 簡報。

2020 年 5 月底，大家終於達成共識。馬斯克坐在卡納維爾角控制中心，就在 SpaceX 發射第一枚載人火箭之前 15 分鐘，他傳了一則簡訊給阿富夏，「你比較想要住在土爾沙或是奧斯汀？」

阿富夏認為土爾沙沒有不好，但他回了馬斯克預料中的答案。「好，沒問題。我們就在奧斯汀蓋工廠，交給你管理。」

後來他們也透過類似的程序，決定在柏林興建歐洲超級工廠。不到兩年，柏林與奧斯汀工廠就已興建完成，加入佛利蒙和上海工廠的行列，成為特斯拉汽車的四大生產基地。

2021 年 7 月，也就是動工一年後，奧斯汀超級工廠的基礎結構已經完成。馬斯克和阿富夏站在臨時工地辦公室某一面牆的前方，仔細研究著不同階段的施工現場照片。「雖然我們要應付各種規範，但是每坪的興建速度是上海工廠的 2 倍。」阿富夏說。

德州超級工廠占地達約 28 萬坪，是名副其實的超級工廠，樓面面積是佛利蒙工廠的 2 倍，比五角大廈多出 50%。阿富夏表示，就某種程度來說，假設以樓面面積計算，再加上規劃的夾層，它有可能是全球最大的工廠。不過中國有座購物中心的面積比奧斯汀超級工廠還要大，另外，波音擁有好幾座大型機棚廠房，容積可能更大。「如果我們要說這是全球最大的建築物，還需要增加多少面積？」馬斯克問。雖然他們正在考慮，未來可再增加約 14,000 坪的空間，但阿富夏直接回答：「我們做不到的。」馬斯克點點頭。沉默了一陣子之後，馬斯克就打消這個念頭了。

建築工人將設計圖拿給阿富夏看，上面顯示大型窗戶從地面上方幾英尺處一直延伸到天花板。「為什麼不直接做成落地窗？」他問。後來他們提議使用約 9.7 公尺高的特製窗戶玻璃，阿富夏把照片拿給馬斯克看。如果是對玻璃異常執著的賈伯斯，

* 反對在自家附近興建有利社會大眾、但會損害附近居民利益的公共設施。

一定會不惜成本在展示空間使用大型窗戶玻璃，就像蘋果在紐約第五大道上的旗艦店。但是馬斯克比較謹慎。他質疑是否需要使用他們建議的厚玻璃，接著又問，如果用厚玻璃，會如何改變日照對大樓溫度的影響。「如果從成本角度來看不划算，我們就不能做。」他說。

工廠即將完工時，馬斯克親自到現場巡視，在生產線上的每個工作站前方停下來查看。他走到其中一個工作站，詢問技師要如何冷卻不鏽鋼。「你可以加快冷卻劑流速嗎？」那位技師解釋，冷卻流程的速度有限制。馬斯克立即打槍。那些限制真的符合不鏽鋼物理定律嗎？不鏽鋼能不能像餅乾一樣，外部經過高溫烘烤，但是內部仍保持膠粘狀態。那位技師依舊堅持己見。馬斯克不再繼續質問技師，但是他直覺認為整個過程應該可以在一分鐘內完成。他要求那位技師想辦法達到他要求的目標。「我想要說清楚，」馬斯克說，「週期時間不能超過 59 秒，否則我會親自來這裡中斷作業。」

超級壓鑄機

2018 年底某一天，馬斯克坐在特斯拉帕羅奧圖總部的辦公桌前，把玩迷你版的 Model S 玩具車。這部玩具車看起來就像是真實汽車的縮小版。當他把玩具車拆解開來，看到裡面竟然有懸吊系統。玩具車的底盤是完整壓鑄的金屬板。當天與團隊開會時，馬斯克拿出了這台玩具車，放在白色會議桌上。「為什麼我們不能這樣做？」他問。

其中一位工程師指出了一件顯而易見的事實：真實汽車的底盤比玩具車要大很多。沒有任何壓鑄機可以處理這麼大尺寸的金屬板。這個答案顯然無法讓馬斯克滿意。「去想想該怎麼辦，」他說，「製造更大的壓鑄機，看起來這並不違反物理定律。」

他和高階主管打電話聯絡六家主要的壓鑄機廠商，其中五家直接否決他們的想法，但是專門生產高壓壓鑄機的義大利公司「意德拉壓鑄」（Idra Presse）願意接受挑戰，製造大型機器，未來特斯拉就能為 Model Y 打造一體成型的後半與前半段車身底盤。「我們做出了全球最大的壓鑄機。」阿富夏說，「打造 Model Y 使用的壓鑄機屬於 6,000 噸級，未來我們會使用 9,000 噸級壓鑄機打造 Cybertruck。」

壓鑄機會將熔融鋁注入冷卻的鑄造模型中，只需 80 秒就能打造出一體成型的底盤，如果是以前，還要花時間在底盤上焊接、鉚接和黏合超過 100 個零組件。過去的作業流程會產生縫隙、碰撞聲和滲漏等問題。「原本是可怕的夢魘，但現在變得超級便宜、容易，而且快速。」馬斯克說。

這次的經驗更加深了馬斯克對玩具產業的興趣。「他們必須非常快速、便宜地製造出沒有瑕疵的產品，而且一定要趕在聖誕節前出貨，否則會有很多人很傷心。」他一直要求團隊從玩具尋找靈感，例如機器人和樂高。當他在工廠現場巡視時，他會和一群機械技師分享樂高積木使用的精密成型技術可以達到 10 微米的超高精準度，換句話說，任何零件都可以被替換。汽車零件也應該達到同樣的精準度。

「做到精準並不花錢，」他說，「最重要的是在意。你們是否在意精準這件事？如果是的話，就會做到精準。」

56

家庭生活

2020 年，親愛的 X，意識形態，兄弟和好

馬斯克與他的孩子們。

X 寶寶

2020 年 5 月，馬斯克的兒子、也就是大家熟知的 X 出生後，他的個人生活有了轉變。這是他與格萊姆斯的第一個小孩，之後兩人又生了兩個小孩。X 實在太可愛了，就像是來自另一個世界，總能夠安撫馬斯克的情緒，馬斯克不想離開 X，希望 X 時時刻刻待在他身邊。馬斯克去哪裡都會帶著 X。X 會坐在馬斯克腿上度過漫長的會議，騎在馬斯克肩上一起巡視特斯拉和 SpaceX 工廠，搖搖晃晃地在太陽能屋頂安裝現場四處亂晃，把推特休息區當成他的遊樂場，或是在馬斯克開深夜電話會議時，在一旁嘰嘰喳喳講不停。他和他爸爸一起反覆看火箭發射影片，他先學會了從十開始倒數，後來才學會如何從一開始數。

他們的互動模式非常符合馬斯克的性格。兩人雖然關係緊密，但同時也在情感上有些疏離，他們珍惜彼此的存在，卻也尊重彼此的空間。馬斯克和他的父母一樣，不會過度保護或是管小孩。X 從不黏人、也不過度依賴。他們兩人有非常多互動，但是不常擁抱。

馬斯克和格萊姆斯決定透過人工受孕生小孩時，原本計畫生女孩，但是植入的受精卵是個男孩，當時他們正準備要參加 2019 年的火人祭。兩人早已想好了女生的名字是艾克薩（Exa），源自英文 exaflop，意思是電腦每秒可執行百萬兆次運算。直到 X 出生那天，他們一直沒有決定男生的名字。

最後他們想出的名字，看起來很像是自動生成的德魯伊教（Druid）密碼：X Æ A-12。格萊姆斯說，X 代表「未知數」，Æ 是源自拉丁文與古英文的複合字母，發音如同 ash，是「我對 Ai 的精靈語（elven）拼法（代表愛或人工智慧的意思）。」至於 A-12 是馬斯克想出來的，不過在出生證明上寫成 A-Xii，因為加州法律不允許人名出現數字，A-12 是源自於外型帥氣的「大天使」（Archangel）偵察機型號。「用資訊作戰，而不是武器。」格萊姆斯提到 A-12 時說*。「取第三個名字的時候，我們一直吵不停，伊隆想要直接省略，因為他覺得已經太複雜了。我本來想取五個名字，但最後妥協，只取了三個。」

X 出生時，馬斯克拍了一張格萊姆斯剖腹產的照片，傳給朋友和家人看，包括她的父母和兄弟。可想而知格萊姆斯簡直嚇壞了，大聲叫他刪掉照片。「伊隆的亞斯伯格症性格完全顯現出來，」她說，「他完全無法理解我為什麼不高興。」

青少年

一週後，馬斯克年紀較大的孩子們一起來探望他們的爸爸和 X。其中患有自閉症的薩克遜特別興奮，因為他很喜歡小嬰兒。馬斯克開始記錄薩克遜做了哪些簡單、但聰明的觀察，甚至會與潔絲汀分享自己的紀錄內容。「薩克遜的認知非常有趣，」潔絲汀說，「你會看到他努力想要理解抽象概念，例如時間和生命的意義。他完全是從字面意義去思考，你會不知不覺被他影響，用另一種方式認識這個宇宙。」

薩克遜是試管三胞胎之一，凱和達米安兩兄弟是同卵雙胞胎。一開始兩人的長相簡直就是一模一樣，潔絲汀說連她自己都很難分辨。不過他們是很有趣的研究觀察對象，可以了解遺傳、

* A-12 偵察機沒有配備武器或是反武器裝置，但擁有絕佳的速度。

環境與機率等因素的影響。「他們生活在同一個房子、同一個房間裡，擁有相同的經歷，考試成績差不多，」馬斯克說，「但是達米安自認很聰明，凱卻覺得自己不聰明。真是奇怪。」

他們的性格也很不一樣。達米安內向、吃得很少，8 歲時就宣布從此吃素。當我詢問潔絲汀，為什麼他會做這個決定，她把電話拿給達米安，要他自己回答。「為了減少我的碳足跡。」他解釋。他是古典樂天才，自己編寫許多風格灰暗的奏鳴曲，每次練琴都會練習好幾個小時。馬斯克會與其他人分享他用手機拍達米安彈鋼琴的影片。達米安在數學和物理學領域也非常有天分。「我覺得達米安比你還聰明。」梅伊對自己兒子說，她兒子點頭同意。

凱的身材高䠷、長相帥氣，個性比較外向，喜歡動手解決實際的問題。「他的身材比達米安高大，也比較擅長運動，他很保護達米安。」潔絲汀說。在所有小孩當中，凱對父親工作的技術層面最有興趣，也最有可能陪馬斯克去卡納維爾角觀看火箭發射。這讓他爸爸非常開心，馬斯克說，他最難過的就是如果小孩不願跟他一起出門。

三胞胎的哥哥格里芬，價值觀和他們很像，也同樣貼心。他也很了解爸爸。某天傍晚，特斯拉在德州工廠舉辦一場活動，當時他和幾位朋友在一起，爸爸問格里芬能不能和他一起到後台的等候室。他有些猶豫，他想跟朋友待在一起。接著他看著朋友、聳聳肩，轉身跟著爸爸離開。格里芬在科學與數學領域表現優異，擁有他父親缺乏的溫柔特質，是家族裡最擅長社交的成員，至少在 X 出生之前是如此。

格里芬還有個異卵雙胞胎兄弟賽維爾。賽維爾的名字靈感來源有部分是源自於馬斯克最喜愛的漫威漫畫《X 戰警》（*X-Men*）系列，他個性固執，非常厭惡資本主義和財富。他和馬斯克有過好幾次冗長且激烈的爭辯，包括面對面或是傳簡訊，賽維爾總是說，「我痛恨你，還有你代表的一切。」這也是馬斯克後來決定賣掉房子、不再過著奢華生活的原因之一，但是仍無助於修補兩人的關係。到了 2020 年，兩人之間的裂痕已經到了無法彌補的地步。賽維爾並沒有和其他兄弟一起去探望同父異母的弟弟。

賽維爾 16 歲時決定變性，差不多是 X 出生的時候，當時他和馬斯克之間早已變得非常疏離。「嘿，我是跨性別人士，現在我的名字是珍娜（Jenna），」她傳簡訊給金博爾太太克里斯蒂安娜，「不要告訴我爸。」她也傳了簡訊給格萊姆斯，同樣請求她保密。馬斯克是從他的一位保鑣口中得知此事。

後來馬斯克一直無法好好應對跨性別議題，而且通常是在公開場合。就在賽維爾改名為珍娜幾個月之後（但消息還未對外曝光），馬斯克在推特上發了一幅諷刺漫畫，裡面的士兵表情痛苦，他自己加了一句圖說：「當你把『他』放入你的個人簡介中。」* 馬斯克在那篇推文被批評後就刪文了，並試圖解釋：「我絕對支持跨性別人士，但是這些代名詞實在太不好用了，簡直就是惡夢。」後來馬斯克在談到跨性別議題時愈來愈沒有顧忌，到了 2023 年，他全力支持保守派立場，強烈反對允許未滿

---

* 漫畫中，身穿英國軍服的士兵雙手將鮮血塗在臉上，軍帽上寫著：「我熱愛壓迫。」（I LOVE OPPRESS）的字樣，背景則是美國獨立革命的場景。馬斯克的圖說原文是：when you put he/ him in ur bio. 藉此嘲諷在社群個人簡介加上代名詞這種行為。

18 歲的小孩進行變性手術。

克里斯蒂安娜堅稱，馬斯克對於同性戀或是跨性別人士沒有任何偏見。她說馬斯克與珍娜發生衝突很大一部分原因是珍娜的激進馬克思主義思想，與性別認同沒有太大關聯。克里斯蒂安娜會這樣說，與她的個人經驗有關。她有時也和自己的億萬富翁父親很疏離，與金博爾結婚前也曾與本名為黛博拉．安．戴爾（Deborah Anne Dyer）的黑人搖滾女明星 Skin 有過一段婚姻。「我與前妻還在一起的時候，伊隆一直勸我們生小孩，」她說，「他對同性戀或跨性別或種族沒有任何偏見。」

馬斯克說，他與珍娜之間的分歧「愈來愈嚴重，她後來根本偏離了社會主義，完全變成共產主義者，認為有錢人全都是邪惡的。」他將部分原因歸咎於她在洛杉磯就讀的私校「十字路口」（Crossroads）不斷向學生灌輸那些他所謂的改革、覺醒（woke）思想。小孩還小的時候，馬斯克會讓他們就讀他為家人和朋友創辦的小學 Ad Astra*。「14 歲之前他們會在那裡上學，但是過了 14 歲之後，我覺得他們應該要回到真實世界，去讀普通高中，」他說，「當初我應該把 Ad Astra 的課程延伸到高中的。」

馬斯克形容他與珍娜之間的裂痕，是自從第一個小孩內華達不幸夭折後，讓他最痛苦的一件事。「我好幾次主動向她示好，」他說，「但是她完全不想和我見面。」

不再擁有房產

珍娜的憤怒使得馬斯克對於任何針對億萬富翁的不滿情緒，都會特別敏感。他認為憑著創辦成功、讓大家持續投資的企業來累積財富的行為本身並沒有錯。但是到了 2020 年，他開始覺得把從投資者獲得的財富全都花在個人消費上很沒生產力，也不適當。

在那之前，他一直過著奢華的生活。他的主要住所在洛杉磯貝沙灣區，2012 年他以 1,700 萬美元買下那棟房產，占地約 450 坪，有七間臥室、訪客用套房、十一間浴室、健身房、網球場、游泳池、兩層樓的圖書館、放映室與果園。他的五個小孩覺得那裡就是他們的城堡。他們一週會有四天和他一起住在這裡，定期在家裡上網球課、學習武術或是進行其他活動。

馬斯克住家對面、演員金・懷德（Gene Wilder）持有的房子出售時，馬斯克也先買下來留著。隨後他又買下附近三棟房產，心裡盤算要拆掉部分房子，重新打造自己夢想的住家。他在矽谷也擁有一棟地中海風格的豪宅，價值 3,200 萬美元，占地約 19 公頃，有十三間臥室。

到了 2020 年初，馬斯克決定脫手所有房產。「我幾乎賣掉了所有實際持有的房產，」X 出生前三天他發了一則推文，「以後我不會有任何房產。」當天，他向喬・羅根解釋，他是基於什麼樣的心情做出這個決定。「我覺得擁有那些房產會讓人焦慮，也會讓自己成為別人攻擊的箭靶。」他說，「最近幾年，『億萬富翁』變成了貶義詞，讓人感覺很負面。他們會說，『喂，億萬富翁，你擁有那麼多房子。』好了，現在我一棟房子也沒有，你們還能怎樣？」

---

* Ad Astra 是拉丁文，意為 To the stars（前往星星），位在 SpaceX 總部園區內。學生不以年級區分，而是依照能力和興趣分組學習，課程內容偏重科學、數學、工程學與倫理學。

馬斯克賣掉加州所有房產之後，就搬去德州，格萊姆斯隨後也搬了過去。他在博卡奇卡向 SpaceX 租用的房子成了他的主要住所。不過他大部分時間都待在奧斯汀，借住在他的 PayPal 好友霍威利的房子，霍威利是駐瑞典大使，後來又休假、環遊世界去了。房屋占地約 225 坪，座落在科羅拉多河水形成的湖泊上，許多奧斯汀富豪都居住在此區，門禁管制相當森嚴。原本那裡是馬斯克和小孩一起度假的好去處，直到後來《華爾街日報》報導他就住在那裡。「自從《華爾街日報》擅自洩漏我的個資之後，我就再也不去住霍威利的房子了，」他說，「很多人想來看一眼，甚至有人試圖穿過大門，進入那棟房子，當時我已經不住在那裡。」

馬斯克隨意搜尋了一段時間，最後在附近找到空間夠大的房子，用他的話說，「是一棟算酷的房子，但還不足以登上《建築文摘》（*Architectural Digest*）的那種。」賣方開價 7,000 萬美元，馬斯克還價 6,000 萬美元，正好是他出售加州房產的價錢。但是對賣方來說，交易的對象是全球首富，房市又正熱，他們甚至希望售價能高於原本的出價。最後馬斯克決定放棄。後來他借住在朋友在奧斯汀的公寓，或是跑去格萊姆斯在某一條隱蔽的死巷子裡租的房子，他覺得這樣也很好。

與金博爾和好

2020 年 11 月，馬斯克到斯德哥爾摩參加霍威利的生日派對，後來感染新冠肺炎。他打電話給金博爾，金博爾也差不多在那個時候確診，不過兩人都屬於輕症。他們的關係一直很緊張，尤其是 2018 年發生那場衝突事件之後。但伊隆決定飛到波德和金博爾一起對抗新冠肺炎。

金博爾很相信可使用合法天然迷幻藥物的心靈療法。他打算舉行死藤水（Ayahuasca）儀式，在薩滿巫師的指引下喝迷幻茶。他想說服伊隆一起參加儀式，認為或許有助於消除伊隆內心的惡魔。「死藤水儀式會讓你的自我死去，」金博爾解釋，「你身上所有的包袱都會消失。儀式結束後你將成為另一個人。」

但馬斯克拒絕了。「我的情緒埋在好幾層混凝土之下，我還沒有準備好要掀開。」他說。他只想要和金博爾好好相處。他們在電腦上看 SpaceX 火箭發射，在波德四處閒晃，後來兩人覺得實在太無聊了，搭乘伊隆的私人飛機前往奧斯汀。兩人一起玩伊隆最愛的電玩遊戲《迷你帝國》、在 Netflix 上追《眼鏡蛇道館》（*Cobra Kai*），這是根據《小子難纏》（*Karate Kids*）電影改編的電視劇。

電影裡的人物在電視劇中已經是四十多歲的中年人，就和伊隆與金博爾的年紀差不多，劇中人物的孩子們年紀也和馬斯克的小孩差不多。「這部電視劇正好碰觸到我們的痛處，雷夫・馬奇歐（Ralph Macchio）飾演的角色超級有同理心，另一個角色則比較沒有同理心。」金博爾說，「但他們的挑戰都是不知道要如何面對自己的爸爸，也不知道要如何當小孩的爸爸。」即使沒有參加死藤水儀式，看這部電視劇一樣具有淨化作用。「我們又變成兩個小孩，」金博爾說，「真的很棒，那是最美好的一段日子。我們從沒有想過人生中還能擁有那樣美好的幾週時光。」

馬斯克與格萊姆斯、X 寶寶，以及年紀較長的孩子們。

57

熱血的時刻

2020 年，SpaceX 載人任務成功

馬斯克與卡納維爾角總工程師鄧契夫；
馬斯克在卡納維爾角發射塔。

平民進入軌道

自從太空梭在2011年退役之後，美國在能力、意志力或想像力上都開始逐漸退步，對於一個在兩個世代之前曾經成功完成九次登月任務的國家來說，實在令人難以置信。最後一次太空梭任務結束後，將近十年時間，美國不曾把人類送上太空，甚至不得不倚賴俄國火箭送太空人到國際太空站。直到2020年，SpaceX徹底改變了這一切。

當年5月，獵鷹九號火箭搭載天龍號太空船，準備運送兩位NASA太空人上國際太空站，這是第一次由私人企業發射載人火箭進入軌道。美國總統川普與副總統彭斯（Pence）一起搭機南下到卡納維爾角，坐在靠近39A發射台的觀景台上觀看火箭發射。馬斯克戴著耳機，與他的兒子凱並肩坐在控制中心。有多達1,000萬人在電視機前或是各大串流平台上觀看直播。「我沒有宗教信仰，」馬斯克後來告訴播客節目主持人萊克斯・佛里德曼（Lex Fridman），「但我還是跪下來，祈求任務成功。」

火箭升空之後，控制中心響起一陣歡呼聲。川普和其他政治人物走進控制中心恭喜大家。「這是我們50年來第一則重大太空宣言，你們想想看這意義有多重大，」川普說，「真的很榮幸能夠發出這則訊息。」馬斯克完全聽不懂總統在說什麼，他一直和總統保持距離。後來川普走到馬斯克和他的團隊面前，開口問：「你們準備好再多做四年嗎？」馬斯克整個人放空，直接把臉轉過去。

2014年NASA和SpaceX簽約，由SpaceX建造載人火箭運送太空人到國際太空站；同一天，NASA也和波音簽訂相同的合約，金額卻比 SpaceX 多了 40%。可是到了 2020 年，SpaceX 成功發射火箭，波音卻還沒有進行過與國際太空站對接的無人飛行測試。

為了慶祝 SpaceX 火箭發射成功，馬斯克與金博爾、格萊姆斯、盧克·諾塞克、和幾個朋友一起前往卡納維爾角南方、距離兩小時車程的佛羅里達大沼澤（Everglades）旅遊勝地。諾塞克記得，當時所有人開始意識到自己參與了歷史性的「重大時刻」。大家徹夜跳舞，過程中金博爾還跳起來大喊：「我哥剛剛把太空人送上太空了！」

瘋狂投入工作的文化

SpaceX 從 2020 年 5 月順利把太空人送上國際太空站之後，接下來五個月又陸續成功完成 11 次無人衛星發射任務，算是令人印象深刻的成績。但是馬斯克向來最害怕自滿。他擔心如果沒有繼續維持瘋狂的急迫感，SpaceX 就會和波音一樣變得散漫、遲鈍。

10 月某一次火箭發射成功之後，馬斯克在深夜造訪 39A 發射台，看到現場只有兩個人在工作。每次看到類似的場景，馬斯克就會忍不住發飆。他希望在他創辦的所有公司裡，每個人都能拚盡全力、不眠不休地工作。「我們在卡納維爾角有 783 名員工，」他毫不留情地痛罵副總裁，「為什麼現在只有兩個人在工作？」馬斯克命令他必須在 48 小時內準備好資料，向他簡報每個人原本的工作內容。

馬斯克沒得到他想要的答案，所以他自己去找答案。他又再度進入「爆能」模式，就和之前在特斯拉內華達與佛利蒙工廠、以及後來在推特的情況一樣，他直接搬進大樓，這一次是住在卡納維爾角的機棚裡，不分日夜地工作。他整夜守在工作現場，一方面是做給員工看，另一方面也確實全力投入工作。第二天晚上，馬斯克一直聯絡不上發射副總裁，那位副總裁已婚、有家庭，但是馬斯克認為他這叫擅離職守，所以要求和一位也在機棚一起工作的的工程師談話，這個人就是基可．鄧契夫（Kiko Dontchev）。

鄧契夫在保加利亞出生。他父親是數學家，在鄧契夫很小的時候接下密西根大學教職，帶著鄧契夫移民美國。鄧契夫後來取得航太工程學士與碩士學位，順利得到夢想的機會：在波音公司實習。但是沒多久他的幻想就破滅了，他決定去拜訪在 SpaceX 工作的朋友。「我永遠不會忘記那天走進工廠看到的場景，」他說，「所有年輕工程師都拚了命工作，他們穿著 T 恤、身上有刺青，滿腦子都在想辦法解決問題。我心想，『這些人和我是同類。』完全不像死氣沉沉的波音。」

那年夏天，他告訴波音副總裁 SpaceX 如何鼓勵年輕工程師創新。「如果波音不改變，」他說，「你們就會失去頂尖人才。」但那位副總裁回答，他們不需要顛覆者。「或許我們想要的員工不是最優秀的，但是他們會在公司待得比較久。」鄧契夫決定辭職走人。

後來在猶他州的某場研討會上，鄧契夫走進 SpaceX 舉辦的派對，喝了幾杯酒之後，鼓起勇氣攔住葛溫妮．蕭特威爾，然後從口袋裡拿出皺皺的履歷，讓她看自己正在開發的衛星硬體照片，然後對她說：「我可以做出厲害的成績。」

蕭特威爾覺得很有趣。「敢拿皺巴巴的履歷給我看，這個人或許會是不錯的人選。」她說。她邀請鄧契夫到 SpaceX 接受面試。他被安排在下午三點與馬斯克見面，當時公司所有工程師都還是馬斯克親自面試。馬斯克一如往常行程延誤，鄧契夫被告知另一天再回來公司面試。但是鄧契夫沒有離開，他在馬斯克的辦公隔間外坐了五小時。最後他終於在晚上八點與馬斯克見面，他利用面談機會向馬斯克抱怨，自己瘋狂投入工作的拚勁在波音完全不受重視。

馬斯克決定一個人是否被錄用或是升遷時，會優先看重態度，而不是履歷表上的工作技能。他認為好的態度指的是瘋狂投入工作的渴望。面談結束後，馬斯克當場錄用鄧契夫。

回到 10 月的那個晚上，待在卡納維爾角瘋狂工作的馬斯克要找鄧契夫，當時鄧契夫才剛回到家，還開了一瓶紅酒，他已經連續工作了三天。一開始他沒有理會手機上顯示的陌生號碼，後來有位同事打電話給他太太，要他太太告訴他立刻回到機棚，馬斯克想找他。「我真的是累翻了，而且有點喝醉，我已經好幾天沒睡覺。所以我坐上車，買了一包菸，想辦法讓自己打起精神，回到機棚。」他說，「我擔心自己因為酒駕被臨檢，但不理會伊隆的風險似乎更大。」

鄧契夫抵達機棚之後，馬斯克當場要求他安排跨層級會議，分別和高階主管手下的工程師面談。隨後馬斯克根據面談結果進行改組，將鄧契夫升為卡納維爾角總工程師，他的導師、待人溫和的資深主管瑞奇・墨里斯（Rich Morris）負責營運。當時鄧契夫提出了非常明智的要求，他希望直接向墨里斯報告、而不是馬斯克。最後，一位懂得扮演尤達的導師，加上一位努力達到馬斯克工作強度的工程師，團隊運作非常順暢。

違規起飛

馬斯克不斷要求團隊再加快速度、冒更多險、打破規則、質疑所有要求，這讓他達成了偉大的成就：把人類送上太空、量產銷售電動車、讓屋主可以自己發電。但這也表示他的某些行為，例如無視證券交易委員會的要求或是反抗加州的新冠規定，會讓他惹禍上身。

漢斯・柯尼斯曼是馬斯克在 2002 年第一批雇用的 SpaceX 工程師之一，他和一群鬥志高昂的夥伴曾在瓜加林島上歷經獵鷹一號前三次發射失敗，直到第四次終於發射成功。後來馬斯克升他為副總裁，負責監督飛行可靠度，確認火箭飛行是否安全、符合政府規範。要在馬斯克手下做好這份工作並不容易。

2020 年底，SpaceX 正準備進行超重型助推器無人飛行測試。在美國，所有飛行都必須符合聯邦航空總署（Federal Aviation Administration，FAA）的規範，包括天氣指引。當天早上，遠端監控火箭發射作業的 FAA 檢查員認定高空風（upper-level wind）的狀態不適合發射火箭。如果火箭發射時爆炸，周圍房舍將會受到衝擊。SpaceX 團隊立即展示自家的天氣模型，證明天氣條件符合安全標準，要求 FAA 放行，但是遭到拒絕。

當天沒有任何一位 FAA 的人員實際在控制中心，規範上也有模糊空間（雖然空間不大），發射總監默默把頭轉向馬斯克，似乎在詢問是否要繼續執行發射任務。馬斯克默默點頭。火箭正式升空。「那是很微妙的互動，」柯尼斯曼說，「伊隆一直都是這樣。他點個頭，就表示他決定冒險。」

火箭發射任務非常完美，天氣完全不是問題，只不過在約

9.6 公里外的垂直降落時失敗了。事後 FAA 展開調查，要追究 SpaceX 為何無視他們針對天氣狀況做出的決定，並要求 SpaceX 暫停測試兩個月，但最後並沒有做出重大懲處。

柯尼斯曼的工作也包括撰寫意外事故報告，他並沒有刻意掩蓋 SpaceX 的行為。「FAA 既無能又保守，這真的是很糟糕的組合，但是我還是要取得他們的批准才能起飛，而我們沒有。」他告訴我，「伊隆在 FAA 沒有同意的情況下發射火箭，所以我如實地寫了報告，坦白交代事情經過。」他希望馬斯克和 SpaceX 能夠承擔失誤。

但是馬斯克非常不屑這種態度。「他完全不是那樣想的，他很生氣，非常非常火大。」柯尼斯曼說。

柯尼斯曼在 SpaceX 創業初期就加入公司，馬斯克不想當場開除他。但是他解除了柯尼斯曼的監督職責，幾個月之後便打發他走人。「過去幾年你的表現有目共睹，但是每個人都會面臨該退休的時候，」馬斯克在電子郵件中寫道，「現在正是你退休的時候。」

58

馬斯克與貝佐斯，第二回合

2021 年，勝負逐漸分曉

貝佐斯完成太空旅行；布蘭森在太空旅行之前與馬斯克合影。

互相刺激

貝佐斯和馬斯克自 2013 年就開始纏鬥，看誰能夠租下卡納維爾角名氣響亮的 39A 發射台（最後是馬斯克贏了），誰能率先讓抵達太空邊緣的火箭成功降落（貝佐斯勝），誰能夠發射火箭進入軌道、然後讓火箭安全返回地球（馬斯克勝），誰能載運人類進入軌道（馬斯克勝）。兩人都非常熱衷太空事業，而就像一個世紀以前的鐵路大亨競爭，兩人之間的競爭也會推動太空領域的發展。儘管外界不滿太空旅行變成億萬富翁男孩們的休閒嗜好，但是正因為他們積極推動私人企業執行火箭發射任務，讓原本落後中國、甚至俄國的美國，重新站上了太空探險的前線。

兩人的敵對關係在 2021 年 4 月進一步加深，當時 SpaceX 打敗藍色起源搶下 NASA 的合約，在太空旅行的最後一段航程載運太空人登陸月球。藍色起源有提出申訴，但沒有成功。隨後他們在網站上展示一張圖片批評 SpaceX 的計畫，用斗大的字母形容這項計畫「超級複雜」、「風險太高」。SpaceX 則回應，藍色起源「還沒有建造出可以抵達軌道的火箭或是太空船。」馬斯克的推特粉絲甚至發起嘲笑藍色起源的快閃行動，馬斯克本人也有參加。「無法升起*（進入軌道），哈哈。」他在推文中寫道。

貝佐斯和馬斯克在某些方面其實很像。兩人都是憑藉自身的熱情、創新與意志力，顛覆整個產業。他們對待員工的態度都很粗暴無禮，常不假思索地罵某件事愚蠢，只要有人提出質疑或是和他們唱反調，他們就會當場發飆。他們都專注於預想未來，而不只是追求短期利潤。當被問到知不知道「獲利」（profit）這個字怎麼拼時，貝佐斯直接回答：「P-r-o-p-h-e-t」。

但是面對工程問題，兩人卻是南轅北轍。貝佐斯強調井然有序，他的座右銘是 *gradatim ferociter*，意思是「循序漸進，勇往直前」。馬斯克則是會不斷提出要求、全力猛衝、逼大家努力達成不切實際的最後期限，即使要冒風險也在所不惜。

馬斯克會花費好幾小時參加工程會議，提出技術建議，臨時下達命令，貝佐斯對這種做法抱持懷疑，準確來說是嗤之以鼻。他說，SpaceX 和特斯拉前員工曾告訴過他，馬斯克其實不如他自己所說的知道那麼多事情，他的插手通常沒什麼幫助，有時反而會製造問題。

馬斯克則認為貝佐斯只是個半吊子，沒有把重心放在工程領域，這是導致藍色起源的發展不如 SpaceX 的原因之一。馬斯克在 2021 年底接受採訪時，勉為其難地稱讚貝佐斯擁有「還不錯的工程才能，」可是緊接著又說，「但是他似乎不願意動腦，深入研究工程細節。魔鬼就藏在細節裡。」

現在馬斯克賣掉了所有房子，搬到德州，住在公司出租的宿舍裡。他也開始鄙視貝佐斯擁有眾多豪宅的奢華生活方式。「某種程度上來說，我一直努力刺激他花更多時間投入藍色起源，讓他們進步更多，」馬斯克說，「他應該花更多時間在藍色起源，而不是泡在熱水浴缸裡。」

兩人的另一個競爭領域，是各自的衛星通訊公司。到了 2021 年夏季，SpaceX 已發射了近 2,000 枚星鏈衛星進入軌道，已經在

---

* 原文是 Can't get it up，在口語中暗指男性勃起障礙。

十四個國家提供太空網路服務。貝佐斯曾在2019年宣布，亞馬遜計劃建立類似的衛星星座提供網路服務，名為「柯伊伯計畫」（Project Kuiper），但目前為止還沒有發射任何一枚衛星。

馬斯克相信，要創新就必須建立明確的指標，例如升空進入軌道的每公噸成本，或是在沒有人為干預的情況下自動駕駛的平均里程數。以星鏈為例，他曾經問容克薩，衛星的太陽能陣列可以收集多少光子？會將多少光子有效地回傳到地球。兩者的差距非常大，或許有到萬分之一，而容克薩完全沒想過這個問題。「我從沒想到可以用這個指標，」他說，「這促使我跳脫框架，重新思考如何提升效率。」

後來SpaceX開發出第二版星鏈，向聯邦通訊委員會（Federal Communications Commission）提出申請。一旦通過，就可降低原本規劃的星鏈軌道高度，進一步縮減網路的延遲時間。

但是如此一來，新版星鏈將會更接近競爭對手貝佐斯規劃的柯伊伯星座的軌道高度，因此貝佐斯向法院提出異議。為此馬斯克再度在推特上發動攻擊，他故意拼錯貝佐斯的名字，把Bezos寫成西班牙文Besos（意思是「親吻」）：「看來貝索斯決定退休，全職與SpaceX打官司。」最後聯邦通訊委員會裁定，SpaceX的計畫可繼續執行。

億萬富翁遠足

貝佐斯的一個夢想就是自己上太空。所以在2020年夏季，正當他與馬斯克的競爭白熱化之際，他對外宣布將與他的弟弟馬克（Mark）一起搭乘藍色起源火箭，飛到太空邊緣（但不會進入軌道），整趟旅程歷時11分鐘。如果成功，他將會成為第一位到太空的億萬富翁。

創辦維珍航空（Virgin Airlines）與維珍音樂（Virgin Music）、總是笑臉迎人的英國億萬富翁理查・布蘭森爵士也有太空夢。他創辦了自己的太空飛行公司「維珍銀河」（Virgin Galactic），主要的商業模式是載那些追求體驗的富豪去太空兜風。布蘭森是行銷天才，他把自己當成公司的門面與企業精神象徵。他知道，宣傳他的太空旅遊事業的最好方法，就是親自搭乘自家公司的火箭上太空，他自己也非常樂在其中（他很樂意這麼做）。布蘭森故意等到貝佐斯來不及更改發射日期時，才正式對外宣布自己會在 7 月 11 日上太空，比貝佐斯的火箭發射時間早了九天。布蘭森是天生的表演家，他邀請知名脫口秀主持人史蒂芬・荷伯（Stephen Colbert）主持直播，還找來歌手凱利德（Khalid）在現場演唱新歌。

發射當天將近凌晨一點時，布蘭森醒來走去住所的廚房，看到馬斯克抱著 X 站在那裡。「伊隆帶著剛出生的嬰兒來見證我們這次太空飛行，真的很貼心，」布蘭森說。馬斯克光著腳，穿著一件慶祝月球任務 50 週年的黑色紀念 T 恤，上面印有「阿波羅 50 年」的字樣。他們坐下來聊了好幾個小時。「看起來他睡得很少。」布蘭森說。

這次飛行主要是利用運輸機載運火箭動力飛機，升空至發射高度（launch altitude），整個過程相當順利，最後布蘭森和五位維珍銀河的員工抵達約 86 公里的高空。有人開始爭論那樣的高度到底算不算抵達「太空」？根據 NASA 的定義，距離地球約 80.4 公里以上的高空就屬於太空，但是其他國家的定義是約 99.7 公里以上的高空，也就是所謂的卡門線（Kármán line）。

九天後，貝佐斯的太空任務也成功了。馬斯克當然沒有現身。貝佐斯和弟弟以及其他飛行人員抵達約 106 公里的高空，遠超過卡門線，這也讓貝佐斯有本錢大肆吹噓。降落傘讓他們的太空船緩緩降落在德州的沙漠中，貝佐斯滿臉焦急的母親和神情淡定的父親就在那裡等著他。

馬斯克向布蘭森和貝佐斯簡短道賀，措辭相當平淡，「我覺得他們願意花錢推動太空事業是好事。」他在 9 月舉行的程式碼研討會上對記者凱拉．舒維瑟說。但接著又說，飛到約 96.5 公里的高空只是一小步。「整體來說，進入軌道需要的能量是次軌道飛行的 100 倍，」他解釋，「要從軌道返回地球，又需要燃燒那些能量，所以你需要更耐熱的隔熱罩。往返軌道的難度大約是次軌道飛行的 100 倍。」

馬斯克總是很容易陷入陰謀論的思維，他相信有這麼多關於他個人的負面新聞報導，是因為擁有媒體的大老闆們不可告人的祕密或是貪腐利益。尤其是貝佐斯買下《華盛頓郵報》之後，馬斯克更加確信自己的想法。2021 年，《華盛頓郵報》為了某篇報導聯繫馬斯克，但是他只簡單回覆了一封電子郵件：「代我向你們幕後的傀儡主人問好。」事實上，貝佐斯從未插手《華盛頓郵報》的內容，報社內備受尊敬、專門報導太空相關新聞的戴文波特更是經常報導馬斯克的成功故事，其中也包括他與貝佐斯之間的競爭。「現在，馬斯克幾乎在所有領域領先。」戴文波特寫道，「SpaceX 已經運送三組太空人前往國際太空站，週四將會載運平民太空人進行為期三天的繞地球軌道飛行任務。藍色起源至今只執行一次次軌道飛行任務，而且只持續十多分鐘。」

59

沒有人會逼我們上火星

2021 年 7 月，全員衝刺星艦進度

星際基地基礎建設工程師克瑞伯斯（左上）；SpaceX 財務分析師休斯（左下）；
機械吉拉手臂正在疊放星艦。

機械吉拉

15 個月大的 X 在博卡奇卡星際基地的白色會議桌上搖搖晃晃地走來走去，向外伸出的雙臂不停打開又併攏。他正在模仿螢幕上博卡奇卡發射塔的機械手臂動作。X 最先學會的三個單字分別是「火箭」、「汽車」和「爹地」。現在他正在學另一個新單字：「筷子」。他爸爸不太注意他在做什麼，而當天晚上會議室裡的其他五位工程師已經很熟練於假裝沒有因為他而分心。

關於筷子的故事，要從八個月前的 2020 年底開始說起。當時 SpaceX 團隊正在討論星艦的著陸架。馬斯克的指導原則就是要能快速重複使用，他常說這是「人類建立航太文明的聖杯。」換句話說，火箭應該要像飛機一樣，能夠起飛降落，而且可以盡快再次起飛。

獵鷹九號已經成為全球唯一可以快速重複使用的火箭。在 2020 年，獵鷹火箭的助推器已成功利用著陸架直立降落 23 次。每次看到回傳影片顯示助推器噴出熾熱火焰、緩緩降落地面時，馬斯克都會興奮地從椅子上跳起來。但他對於規劃中的星艦著陸架一直不太滿意。支架會增加火箭重量，減少了可以載運的酬載量。

「為什麼不試試看利用高塔夾住助推器？」他問。他指的是發射台上用來固定火箭的高塔。之前馬斯克就已經想到利用高塔抓住火箭：高塔上有一組機械手臂，可以夾住第一節助推器放到發射架上，再夾住第二節太空船疊放在助推器上方。現在他建議助推器返回地球時，也可以利用這些機械手臂夾住助推器。

這個想法實在太異想天開了，許多參與會議的人都覺得難以置信。「如果助推器降落到高塔上，不小心撞毀了高塔，會有很長一段時間無法發射火箭，」比爾．雷利說，「但我們同意去研究不同的降落方法。」

幾週後，也就是 2020 年聖誕節過後不久，團隊成員聚在一起腦力激盪。多數工程師反對利用高塔抓住助推器的提議，因為機械手臂的構造已經夠複雜了。大家又吵了一個多小時，最終一致同意維持原先做法，在助推器上安裝著陸架。但是航空器工程總監史蒂芬．哈洛（Stephen Harlow）仍認為可以採取更大膽的做法，「我們現在有高塔，為什麼不試試看怎麼用？」

大家又吵成一團，一小時後馬斯克出手介入：「哈洛，既然你參與了這項計畫，不如就由你來負責？」

馬斯克做完決定後，立即開啟冷笑話模式。他想到《小子難纏》電影裡的空手道大師宮城先生用筷子夾蒼蠅的畫面，決定稱呼高塔的機械手臂為「筷子」，將整座高塔取名為「機械吉拉」（Mechazilla）*。他還特地發了一則推文慶祝：「我們正在想辦法用發射塔的機械手臂夾住助推器！」有粉絲問，為什麼不用著陸架，馬斯克回答：「著陸架當然有用，但是最好的零件就是沒有零件。」

2021 年 7 月底某個炎熱的週三下午，團隊將已安裝上移動式筷子手臂的最後一段「機械吉拉」固定在博卡奇卡發射台上。馬斯克看到團隊展示的模擬畫面之後開心地大叫：「太帥了！這個點閱一定會很多。」他找到長兩分鐘的《小子難纏》電影片花，用 iPhone 發了一則推文：「SpaceX 正在想辦法用機器人筷子夾

* 來自哥吉拉系列電影中的「機械哥吉拉」（Mechagodzilla）。

住史上最大的飛行物，」他說，「不保證能成功，但絕對夠刺激。」

啟動「爆能」模式

「我們必須把太空船放到助推器上。」馬斯克在一場臨時會議上說。當時有100位員工聚集在博卡奇卡三座機棚帳篷的其中一座帳篷裡，圍成半圓形聽馬斯克說話。時間是2021年7月，艷陽高照的一天，馬斯克一直在思考如何順利取得FAA核准，讓星艦順利升空。最後他決定最好的辦法就是把助推器和第二節太空船放到發射台上，讓大家知道他們已經準備好了。「這樣就能逼迫政府單位真正動起來，」他說，「輿論壓力會逼他們要盡快核准。」

事實上，這麼做不會有多大用處，但這是馬斯克很典型的舉動。後來一直到2023年4月，星艦才獲准發射，換句話說，那已經是二十一個月之後的事情了。但馬斯克就是要創造出瘋狂的急迫感，逼迫每個人加速行動，包括監管單位、員工、甚至是他自己。

接下來幾小時，他沿著生產線緩慢移動，沒什麼毛髮的雙臂擺動著、彎著脖子，三不五時停下來、不發一語地盯著某個地方看。後來他的臉色愈來愈難看，每次停頓都讓人有不祥的預感。到了晚上9點，一輪滿月自海平線升起，他整個人看起來像是著了魔一樣。

我曾經看過馬斯克進入這種惡魔模式，能感受到眼前即將發生一場風暴。就和往常一樣（每年大概會有二至三次），馬斯克內心的衝動會促使他下令啟動「爆能」模式，要求所有人不分日夜地全心投入某項任務，之前他在內華達電池工廠、佛利蒙汽車組裝廠、自動輔助駕駛團隊辦公室也採取了相同行動，收購推特之後的一個月，他也陷入同樣的瘋狂狀態。他的目標是大刀闊斧進行整頓，如他所說的，「把廢物從系統中清出去。」

某天他和一群高階主管走去發射台，沿途沒有看到任何人在工作，他腦中的烏雲瞬間變成暴風雨。當時是週五深夜，多數人不會在這個時候工作，但是馬斯克氣炸了。他立即找到一位名叫安迪．克瑞伯斯（Andy Krebs）土木工程師，克瑞伯斯身材高大、個性隨和，負責星際基地的基礎建設。「為什麼沒有人在工作？」馬斯克質問他。

克瑞伯斯實在有夠倒霉。過去三週以來，這一天正好是他第一次不用整晚待在高塔和發射台輪夜班。他說話輕聲細語，有一點結巴，回答問題時有些猶豫，反而讓馬斯克更不爽。「他媽的到底是怎麼回事？」馬斯克質問，「我要看到有人在工作。」

於是，馬斯克下令啟動「爆能」模式。他說，十天內星艦的助推器與第二節太空船必須離開製造區，放到發射台上。他要求從卡納維爾角、洛杉磯和西雅圖徵調 500 名 SpaceX 工程師，立刻飛到博卡奇卡，馬上到海邊的發射台。「這裡不是志工組織，」他說，「我們不是在賣女童軍餅乾。現在就把人叫過來這裡。」他打電話給人在洛杉磯、早已上床睡覺的蕭特威爾，要她想想哪些員工和主管可以趕到博卡奇卡，她立即抗議道，卡納維爾角的工程師還要準備獵鷹九號的發射任務。於是馬斯克下令延後發射。全力衝刺星艦任務才是他的第一要務。

凌晨一點剛過不久，馬斯克寄了一封電子郵件給 SpaceX 全體員工，主旨為「星艦爆能」（Starship Surge）。「只要沒有參與 SpaceX 其他關鍵專案的人，立即去支援第一次星艦軌道任務，」他寫道，「請搭機、開車或是用各種可能的方法趕來這裡。」

人在卡納維爾角的基可．鄧契夫，開始召集手下最頂尖的工程師，搭機前往德州。鄧契夫獲得重用，就是因為幾個月前的某個晚上，馬斯克在 39A 發射台同樣看到幾乎沒有人在工作，當場大發雷霆。馬斯克的助理耶恩．巴拉加迪亞（Jehn Balajadia）想辦法在布朗斯維爾附近尋找飯店房間，但是幾乎全被參加邊境管制大會的賓客預定了。她只好緊急安排工作人員睡在充氣床墊上。山姆．帕泰爾整晚都在思考如何建立所有人員的回報與管理架構、如何準備足夠的食物運送到博卡奇卡，餵飽所有人。

當馬斯克從發射台回到星際基地主大樓時，工作人員已經重新設定前門的影片監視器。螢幕上顯示：「太空船與火箭疊放在高塔上，196 小時 44 分 23 秒。」倒數計時包含了秒數。巴拉加迪亞解釋，馬斯克不讓他們只顯示天數或小時數，連秒數都要計算。「我們必須在我死之前上火星，」他說，「沒有任何強制因素會逼我們上火星，除了我們自己，有時候這指的就是我個人。」

那次「爆能」非常成功。十天內，星艦的助推器和太空船就已經疊放在發射台上。但其實沒有太大意義，火箭還不能升空，即使放在發射台上，也無法迫使 FAA 加速核准。不過這次的危機不僅促使團隊繼續維持高強度的工作模式，也提供了馬斯克大腦渴望的戲劇性刺激。「我感覺自己對人類未來又再度充滿了信心。」那天傍晚他說道。所有人再一次順利度過風暴。

檢視效率與成本的「白痴指數」

「爆能」結束後過了幾週，馬斯克開始將注意力轉向星艦使用的引擎：猛禽（Raptor）。這具引擎使用超級冷卻的液態甲烷和液態氧氣作為燃料，產生的推力是獵鷹九號灰背隼引擎的 2 倍以上。換句話說，星艦會是史上推力最強大的火箭。

但光是擁有強大推力，猛禽引擎還是無法把人類送上火星，還必須能以合理的成本大量製造。每一枚星艦火箭大約需要 40 具猛禽引擎，馬斯克的期望是打造一大群的星艦火箭。問題是猛禽太複雜了，無法大量生產。它看起來就像是一坨義大利麵條。所以 2021 年 8 月，馬斯克開除了引擎設計負責人，自己擔任推進系統副總裁。他的目標是讓每具引擎的成本降至 20 萬美元左右，大約只有原本的十分之一。

某天下午，葛溫妮・蕭特威爾和 SpaceX 財務長布雷特・詹森（Bret Johnsen）與財務部門負責控管猛禽成本的同事召開一場小型會議。這位年紀輕輕、看起來很認真的財務分析師名叫盧卡斯・休斯（Lucas Hughes），穿著打扮有點貴族學院風，但因為頭髮紮成馬尾，讓人感覺沒那麼有距離。他從來沒有跟馬斯克直接互動過，甚至不確定馬斯克是否知道他的名字，所以開會時特別緊張。

馬斯克一開場就再次強調他對於同事情誼的看法：「我必須說得很清楚，你不是工程師的朋友，你是法官。如果你跟工程師很要好，那就不對了。如果你沒有得罪人，我就會開除你。聽清楚了嗎？」休斯有些結巴地回答。

馬斯克從俄羅斯飛回美國後就仔細計算自己建造火箭需要

多少成本，他開始推動所謂的「白痴指數」（idiot index），也就是計算「某個零件的總成本」與「該零件的材料成本」的比值。如果某樣東西的白痴指數偏高，例如某個零件的成本是1,000美元，但是製造該零件使用的鋁成本只要100美元，就代表這個零件的設計太複雜，或是製造流程太沒效率。馬斯克說，「如果比值太高，你就是白痴。」

「根據白痴指數來判斷，指數最低的猛禽零件是什麼？」馬斯克問。

「我不確定，」休斯回答，「我會再去查。」這下完了。馬斯克的表情開始變得僵硬，蕭特威爾給了我一個擔憂的眼神。

「以後你最好他媽的能夠馬上回答這些問題。」馬斯克說。「如果你來開會，卻不知道哪些是白痴零件，我會立刻收下你的辭呈。」他的語氣沒有起伏，也沒有任何情緒。「你他媽的怎麼會不知道哪些零件的指數最低、哪些最高？」

「我知道零件成本，包括最小的零件，」休斯小聲說，「我只是不知道這些零件的材料成本。」

「指數最高的五個零件是哪些？」馬斯克繼續質問。休斯盯著他的電腦，想當場計算答案。「不行！不准看電腦，」馬斯克說，「直接講一個零件。你應該知道哪些零件有問題。」

「半罩噴嘴套，」休斯有些猶豫地回答，「我想成本是13,000美元。」

「它是用一片不鏽鋼板做的，」馬斯克說，接著開始考他：「原物料成本是多少？」

「我想大概是幾千美元？」休斯回答。

馬斯克知道答案。「不對，它只用了不鏽鋼，大概只要200

塊。你錯得離譜。如果你不馬上改進，我會接受你的辭呈。會議到此結束，不用再講了。」

隔天，休斯走進會議室，提出追蹤報告，馬斯克看起來已不記得自己前一天把休斯臭罵了一頓。「現在我們看到的是『白痴指數』最高的 20 個零件，」休斯邊滑動投影片邊說道，「我們歸納了一些重點。」除了緊握著筆的手之外，沒人看得出來他很緊張。馬斯克安靜地聽他的報告，並點頭示意。「主要都是一些需要精密加工的零件，例如幫浦與整流罩，」休斯繼續說，「我們必須盡可能減少機械加工。」馬斯克露出了微笑。這是他的重點之一。他提出了一些具體問題，例如：改用銅會怎樣？沖壓與打洞的最佳做法是什麼？但是他的目的已經不是在考驗或質問休斯。馬斯克的目標是找出答案。

「我們正在研究車廠使用的某些技術，看能否降低零件的成本。」休斯繼續說。他還展示了一張投影片，說明他們如何運用馬斯克的「演算法」評估每個零件。其中一欄顯示哪些要求受到質疑、哪些零件被刪除，以及每個零件的負責人是誰。

「我們應該問每個人，能不能讓零件成本減少 80%。」馬斯克建議，「如果做不到，而且有別的人可能做到，我們就應該考慮叫他們閃一邊去。」

會議結束時，他們已經擬定好時間表，要在十二個月內將每具引擎的成本從 200 萬美元降至 20 萬美元。

會後，我把蕭特威爾拉到一旁，詢問她如何看待馬斯克對待休斯的方式。她通常會特別關注馬斯克忽略的人性面。她壓低音量告訴我，「我聽說休斯大約在七週前失去了他的第一個寶寶，他們的孩子出生時發生了問題，沒能離開醫院。」蕭特威爾認為休斯當時看起來有些慌張，不像平時那樣準備充分，可能是這個原因。馬斯克也有類似經歷，第一個小孩過世時，他連續好幾個月被悲傷情緒淹沒，所以我暗示蕭特威爾，馬斯克應該能夠理解休斯的情況。「我還是應該要告訴他。」她說。

當天稍晚我和馬斯克聊天時，並沒有提到這件事，因為蕭特威爾告訴我要保密，但是我的確問了馬斯克，他是否覺得自己對休斯過度嚴厲。馬斯克愣住了，好像聽不懂我在指哪件事。一陣沉默之後，他給出了很抽象的答案：「我會給嚴格的回饋，大多數都是精確的回饋，我盡可能對事不對人。」他說，「我會批評行為、而不是個人。每個人都會犯錯，重要的是這個人是否有好的回饋迴路，可以聽取別人的批評，不斷改進。物理學不在乎你心裡有沒有受傷，物理學只在乎你是否用正確方法建造火箭。」

休斯的故事

一年後，我決定去確認在 2021 年夏季被馬斯克斥責的休斯和克瑞伯斯後來怎麼樣了。

休斯清楚記得當時的場景。「他一直質問我半罩噴嘴套的成本，」他說，「關於材料成本，他是對的，當時我不知道如何用有效的方式解釋零件成本。」每當馬斯克打斷他，他就會想起以前當體操選手時的訓練過程。

休斯在科羅拉多州的戈爾登（Golden）長大，非常熱愛體操。從他 8 歲開始，每週訓練 30 小時。練體操也幫助他在學業上取得優異成績。「我很重視細節，完全是 A 型人格，總是全心投入，而且很自律。」他說。就讀史丹佛大學時，他參加了男子體操六個項目的比賽，一整年都需要訓練，還同時主修工程和金融，他最喜歡的一堂課是「運用工程材料創造未來」。他 2010 年畢業之後進入高盛工作，但他很想從事更接近實際工程的工作。「我從小就是個太空迷。」他說。所以當他看到 SpaceX 開出財務分析師職缺就立刻應徵。2013 年 12 月，他正式入職。

「伊隆在教訓我的時候，我盡可能保持鎮定，」他說，「體操讓我學會在高壓下保持平靜。我努力撐住自己，不要崩潰。」

第二次開會時，他已經取得「白痴指數」的所有資料，從此他和馬斯克之間的溝通完全沒有問題。在後續的猛禽會議上，只要是與成本有關的問題，馬斯克都會詢問休斯的意見，而且直呼他的名字。馬斯克是否承認自己曾經痛罵過休斯？「這是個好問題，」休斯說，「我不知道。我不曉得他是不是有把這些會議放在心上或記得會議的內容。我只知道至少從此之後，他知道了我的名字。」

我問他，第一次開會時，他是否因為剛出生的女兒去世，有受到影響？他停頓了一下，大概是沒有想到我知道這件事，他要求我不要在書中提到這件事。但是一週後，他寄了一封電子郵件給我：「我和太太討論之後，我們很樂意讓你分享這個故事。」雖然馬斯克相信他提出的回饋都是對事不對人，但實際上，有時候確實是針對個人。蕭特威爾也明白這一點。「葛溫妮真的關心每個人，我覺得她在公司扮演非常重要的角色。」休斯說，「伊隆很關心人類，但是他關心的是人類整體。」

休斯練體操長達十多年，所以他很欣賞馬斯克那種破釜沉舟的決心。「他願意為使命投入全部，所以他也期望其他人跟他一樣，」休斯說，「這樣有好有壞。你會發現自己只是他用來實現遠大目標的工具，能夠這樣就很不錯了。但是有時候工具會損耗，他覺得直接換新的工具就好了。」確實是如此，馬斯克買下推特之後，也證明他的確是這樣想的。他認為追求舒適和休閒生活的員工就該離開公司。

2022 年 5 月，休斯真的這麼做了。「在伊隆底下工作是人生中令人興奮的一件事，但是你沒有太多時間經營其他生活，」他說，「有時候那樣的妥協是值得的。如果猛禽真的成為史上價格最合理、把我們帶上火星的引擎，那這些附帶傷害或許就是值得的。過去八年多我都是那麼想。但現在，尤其是我們的寶寶離開之後，我覺得應該要開始把重心放在人生的其他領域。」

克瑞伯斯的故事

安迪．克瑞伯斯則是學到了另一種教訓，至少一開始是如此。他和休斯一樣，輕聲細語，性格溫和，臉上有酒窩，總是帶著微笑。如果被馬斯克斥責，他無法像容克薩和鄧契夫那樣保持淡定。在某次會前會上，團隊正在討論該由誰報告甲烷外洩的資料，那絕不是好消息。克瑞伯斯說他不會去開會，容克薩開始擺動手肘，發出雞叫聲。不過，容克薩和星際基地的同事們都很喜歡他，他們覺得引發那次「爆能」的發射台事件發生時，克瑞伯斯一個人承受馬斯克的砲火，還處理得當。

開會時，馬斯克會一直重複某些話。部分目的是為了強調，一部分也是藉由不斷複述口號，像是一種催眠。克瑞伯斯後來才知道，要讓馬斯克安心，就要像鸚鵡一樣重複他說過的話。「他想要知道你有在聽，」他說，「所以我學會重複他的回饋。如果他說，『牆面應該是黃色的，』我就會說，『我了解，這樣行不通，我們會把牆壁漆成黃色。』」

發射台意外事故的當晚，這個方法確實奏效了。有時候馬斯克看起來好像沒在注意別人如何反應，但是他很清楚誰有能力應付棘手局面。「我其實覺得克瑞伯斯搞砸事情時，他會很有自覺，」馬斯克說，「他有很好的回饋迴路。如果這個人能從批判性回饋中學習，我就能和這個人一起工作。」

「爆能」之後過了幾週的某個週五半夜，馬斯克打電話給克瑞伯斯，要他在博卡奇卡接下更多新任務，其中包括將推進劑注入引擎的重要任務。「他會直接向我報告，」馬斯克在寄給團隊成員的電子郵件中寫道，「請大家全力支援他。」

幾個月後某個週日，團隊在發射台上疊放星艦火箭，此時風速開始加快，有些員工不願意爬上高塔頂端，但還是要有人爬上去刮除塗層，確保連接器運作正常，所以克瑞伯斯自己爬上去完成工作。「我必須確保所有員工都能持續保持動力。」他說。我問他，他之所以這樣做，是因為受到馬斯克啟發，因為馬斯克總是扮演前線作戰指揮官的角色，還是因為害怕？「就像馬基維利所說的，」克瑞伯斯回答，「你必須害怕和熱愛你的領導人。所以兩者都有。」

這種態度讓克瑞伯斯繼續撐過接下來的兩年。但是在 2023 年 4 月，他也成了另一位逃離馬斯克硬派高強度工作模式的難民。克瑞伯斯結婚、有小孩之後，決定離開公司，尋找更能兼顧生活的工作。

60

站上屋頂

2021 年夏，特斯拉太陽能事業遇瓶頸

與布萊恩・道（右一）一起查看太陽能屋頂安裝進度。

馬斯克的「爆能」命令一個接一個，從未停過。2021 年夏季，就在「星艦爆能」之後，他將砲火對準太陽能屋頂團隊。

馬斯克 2006 年時曾協助他的表兄弟彼得和林登·禮夫創辦太陽城公司，十年後，為了化解太陽城的財務危機，特斯拉以 26 億美元收購了太陽城。某些特斯拉股東因此發動集體訴訟，迫使馬斯克不得不想辦法改善太陽城的營運，才能在法庭上為收購辯護。他開除了自己的表兄弟，之前他們把重心放在挨家挨戶推銷產品，而不是專心開發出好的產品。「我真是他媽的痛恨我的表兄弟，」他對庫納爾·吉羅特拉說（Kunal Girotra），「我想我再也不會和他們說話。」馬斯克在五年內陸續雇用與開除了四位執行長，吉羅特拉是其中一位。

馬斯克不斷撤換執行長，因為他要求屋頂安裝業務必須達到驚人的成長目標，他還為團隊設定了不切實際的最後期限，執行長做不到就會立刻被趕下台。「每個人都怕死他了。」吉羅特拉說。他形容有一次開會，馬斯克氣瘋了，當場拍桌怒罵他「就是他媽的失敗者。」

後來馬斯克雇用個性剛強的前美國陸軍上尉 RJ·強森（RJ Johnson）取代吉羅特拉，強森延攬了幾位務實認真的主管，管理屋頂安裝團隊。2021 年初，因為安裝量增加的不夠快，馬斯克把強森叫進辦公室，和往常一樣對他下達最後通牒。「你只有兩週解決問題，我開除了我的表兄弟，如果你無法讓安裝速度增加 10 倍，我一樣會開除你。」最終強森沒有達成目標。

下一任執行長是充滿自信與熱情的快樂戰士布萊恩·道，2017 年內華達電池工廠「爆能」期間，他曾在馬斯克身邊工作。一開始一切都非常順利。馬斯克坐在博卡奇卡住所的客廳小桌前，打電話給人在加州的道，說明他想要做的事。「不要去煩惱銷售手法的問題，這是我的表兄弟犯下的錯誤，」他說，「只要產品夠好，自然會口耳相傳。」最重要的目標是生產出安裝容易、品質好的太陽能屋頂。

馬斯克一如既往，催促道參考他的「演算法」，將那些原則運用到太陽能屋頂的安裝流程。「質疑每一項要求。」具體來說，之前的流程要求安裝人員必須避開通風口以及從屋內向外延伸的煙囪，但是他們應該質疑這項要求是否有必要。馬斯克建議，拆除烘乾機與風扇通風管，將太陽能屋頂瓦片安裝在上方，空氣還是可以從瓦片下方排出。「刪除。」屋頂系統有 240 個不同零組件，從螺絲釘到螺絲鉗到軌道，其中一半以上應該被刪除。「簡化。」網站應該只提供三種太陽能屋頂：小型、中型與大型。完成上述步驟之後，他們的目標是「加速」。每週盡可能安裝最多的太陽能屋頂。

馬斯克決定，他必須直接和第一線的安裝人員溝通，才能知道要如何加快速度。所以，2021 年 8 月某一天，馬斯克要求道帶著團隊前往博卡奇卡，在星際基地旁、他居住的住宅區的其中一棟房屋上方，安裝太陽能屋頂。

道的團隊立即趕到現場，確認是否能在一天之內完成安裝，整個下午馬斯克都在星際基地的會議室開會，討論未來的火箭和引擎設計。一如既往，會議超時，馬斯克不斷提出新想法，任由討論內容偏離主題。道希望馬斯克能在太陽下山前趕到現場，但是直到將近晚上九點，馬斯克才終於坐上他的特斯拉汽車，到家裡去接 X，然後讓 X 騎在他肩上，沿著街區走到屋頂安裝團隊工作的現場。

即使是接近晚上九點，室外空氣還是非常悶熱，溫度高達約攝氏 34.4 度。八名工作人員汗流浹背地用力拍打蚊子，同時還要想辦法在屋頂上保持身體平衡，屋頂被探照燈照得十分明亮。馬斯克把 X 留在樓下，任由他在電線與安裝設備之間走動，他自己則踩著梯子爬到屋頂最上方，有些不穩地站著。他看起來不太高興。他說扣件太多了，如果每個扣件都要栓緊，就會增加安裝時間，他堅持要刪除一半的扣件。「不需要每英尺（約 30.48 公分）就用兩個釘子，試試看只用一個釘子，」他下令，「如果房子遇到颶風，整個社區都會完蛋，誰還會在乎屋頂？一個釘子就夠了。」有人表示抗議，認為這樣會導致漏水。「不要煩惱屋頂能不能像潛艇一樣防水，」他說，「我在加州的房子就常常漏水，只要介於篩網和潛艇之間就可以了。」他笑了出來，但沒多久又回到黑暗的緊迫盯人模式。

再微小的細節，馬斯克都不放過。原本瓦片和軌道都是用硬紙板包裝，再運送到安裝現場。但是這樣太浪費時間了，包裝和拆除包裝都要花時間。馬斯克下令禁止使用硬紙板，就連在倉庫也一樣。工廠、倉庫和安裝現場每週都要傳照片給馬斯克，證明他們沒有繼續使用硬紙板。

馬斯克的臉色愈來愈難看、陰沉，就像是變天前的天空，預示著來自海灣的暴風雨正在逼近。「我們必須讓設計這套系統的工程師來這裡看看到底有多難安裝。」他氣沖沖地說。然後他就爆發了：「我要看著工程師在這裡親自安裝這些屋頂。不是只做五分鐘，我要他們在屋頂上連續待好幾天，是他媽的好幾天！」他下令，未來安裝團隊的每個人都必須花時間和其他工作人員一起鑽孔、敲打、流汗，包括工程師和主管在內。

後來我們終於爬下屋頂回到地面，布萊恩·道和他的副手馬可斯·穆勒（Marcus Mueller）召集十幾位工程師與安裝人員，一起到旁邊的庭院，聽馬斯克的想法。他的想法當然不是好聽的話。馬斯克問，為什麼太陽能瓦片的安裝時間是普通瓦片的8倍？一位名叫湯尼（Tony）的工程師向馬斯克展示所有電線和零組件。馬斯克早就知道每個零件的功用，湯尼犯的錯誤就是他表現出十足把握、居高臨下的姿態。「你安裝了多少個屋頂？」馬斯克問。

「我在屋頂業界累積了二十年經驗。」湯尼回答。

「但是你裝過多少個太陽能屋頂？」

湯尼解釋自己是工程師，沒有實際安裝過。「所以你他媽的不知道自己在說什麼鬼話。」馬斯克回應，「這就是為什麼你的屋頂根本就是垃圾，要花那麼長時間安裝。」

接下來一個多小時，馬斯克的憤怒情緒起起落落，不過大多數時候都是帶著怒氣。如果他們無法找到方法加速安裝太陽能屋頂，特斯拉能源部門就會虧損，馬斯克就必須收掉整個部門。他說，這不僅對特斯拉來說是重大挫敗，對地球來說更是如此。「如果我們失敗了，」他說，「就無法實現永續能源的未來。」

道一心想要討好馬斯克，所以完全同意馬斯克所有決定。上週他們已經打破紀錄，在全國安裝了74個屋頂。「這還不夠，」馬斯克回答，「我們必須成長10倍。」他大步走回自己的小屋，看起來怒氣未消。走到前門時，他突然轉身說，「太陽能屋頂會議就像是我眼裡的刺。」

隔天正午，陰涼處的氣溫就高達攝氏約36度，而且那裡四處都沒有遮蔭。道和他底下的安裝人員全都站在屋頂上，前一天他們才在隔壁房屋的屋頂上安裝太陽能瓦片。其中兩位安裝人員受不了高溫，開始嘔吐，道讓他們回家了。剩下的安裝人員把手持風扇繫在安全背心上。他們依照馬斯克指示，每英尺瓦片只使用一個釘子，但效果不是很好。瓦片會彈出來、會旋轉。所以團隊又開始使用兩個釘子。我問他們，馬斯克是否會因此生氣，他們告訴我，馬斯克看到具體證據後就會改變心意了。

事實證明他們是對的。晚上九點馬斯克抵達現場時，施作團隊告訴他為什麼需要用第二個釘子，他點頭同意了。這就是「演算法」的原則之一：如果最後沒有把 10％被刪除的零件加回來，就代表刪得還不夠多。第二天晚上，馬斯克的心情明顯好了許多，部分原因是安裝流程改進不少，部分原因是他的心情本來就起伏不定。暴風雨過後，就是一片寧靜。「大家表現不錯，」他說，「你們應該用碼表計算每個步驟花費的時間，那樣會很有趣，就和玩遊戲一樣。」

我問他前一天傍晚發飆的事情。「我不是特別喜歡用那種方式解決問題，但的確有用。」他說，「從昨天到今天，真的改善了非常多。很大的差別是，今天工程師是真正站在屋頂上動手安裝，不是坐在鍵盤前。」

布萊恩．道一直對這份工作保有高度熱忱。「如果掃地對公司有幫助，我就會去掃地，我就是這樣的人。」他對馬斯克說。但是現在他必須完成一項不可能的任務。安裝太陽能屋頂屬於勞力密集型事業，無法達到規模經濟。馬斯克很懂得如何設計工廠，藉由逐步提高產量，降低產品的成本。但不論你是一個月安裝 10 個或是 100 個屋頂，成本都是一樣的，馬斯克對這種事業通常沒什麼耐性。

就在馬斯克任命道掌管特斯拉太陽能屋頂業務三個月後，他把道叫回到博卡奇卡。當天正好是道的生日，原本他計劃和家人一起過，不過他還是出發趕去博卡奇卡。他在休士頓錯過轉機，租車開了六小時，終於抵達德州海邊，時間已經是晚上十一點。一組工作人員正在屋頂上重新安裝太陽能瓦片，就是 8 月時我們一起爬上去過的那棟房子。這一次他們用了更流暢的新方法與零件。道開車趕到現場時，馬斯克正站在屋頂上，一切進展得相當順利。「工作人員用我們設計的新方法，」道說，「只花一天就完成安裝。」

但是當道爬上屋頂和馬斯克會合時，馬斯克開始質問他關於費用的問題。道的身材很魁梧，甚至比馬斯克還要高大，兩人很難在屋頂上站穩腳步，當時海霧瀰漫，屋頂有些溼滑。所以兩人直接坐在屋頂上，道用 iPhone 查看財務數字。馬斯克看到每個屋頂的安裝成本之後就開始變臉了。「你一定要降低成本，」他說，「下禮拜你要交出一份計畫，說明如何減少一半的成本。」道和往常一樣展現出高度熱忱。「好的，就這麼辦。」他說，「我們一定能減少成本。」

整個週末道都在撰寫成本削減計畫，週一他把計畫交給馬斯克。但是會議一開始，馬斯克就改變主題，問道他們上週安裝了多少太陽能屋頂，以及人力重新調度的細節問題。有些問題道不知道怎麼回答，他當場抗議，說自己從生日那天就開始忙成本削減的計畫，而不是馬斯克現在提出的細節問題。「謝謝你的努力，」馬斯克最後說道，「但這不是我要的。」

過了一段時間，道才明白馬斯克要開除他。「這是你能想像得到最不尋常、最莫名其妙的開除方式。」道後來描述，「我和他一起經歷了那麼多事情，伊隆明知道我有特別的能力。他知道我能力很強，因為以前我們在內華達電池工廠就一起做到過。但他覺得我已經失去了我的優勢，即使我錯過了與家人一起過生日的機會，和他一起爬上屋頂工作。」

道離開後，馬斯克還是無法搞定那些數字。一年後，特斯拉能源每週只能安裝大約 30 個屋頂，遠遠落後之前馬斯克要求的 1,000 個屋頂。到了 2022 年 4 月，馬斯克解決這個問題的熱情徹底消退，因為德拉瓦法院裁定，馬斯克在特斯拉收購太陽城的交易中並沒有任何違法行為。既然威脅解除了，他就不需要拚命證明這項收購案在財務方面是有意義的。

61

狂歡夜

2021年夏，週六夜現場，名氣的高峰

和梅伊一起站上《週六夜現場》舞台；和格萊姆斯一起參加派對。

《週六夜現場》

「對於那些被我冒犯的人，我只想說，我顛覆了電動車的定義，現在還要用火箭太空船把人類送上火星。所以你們覺得我會是一個好相處的正常人嗎？」馬斯克在擔任《週六夜現場》（*Saturday Night Live*）客座主持人時，有些不好意思地笑著說出這段開場白。他把身體重心從一隻腳換到另一隻腳，試圖讓自己的尷尬看起來像一種魅力。

那就是他的重點：展現出他對於自己的情緒缺陷很有自知之明。2021 年 5 月，在很擅長美化來賓形象的製作人洛恩．麥可斯（Lorne Michaels）協助下，馬斯克充分利用這次主持機會，軟化自己的形象。「事實上，今晚我正在創造歷史，因為我是第一個主持《週六夜現場》的亞斯伯格症患者，或者至少是第一個承認有這個疾病的人，」他說，「今晚我不會和演員們有太多眼神接觸，不過別擔心，我很擅長用仿真模式扮演『人類』。」

當天正好是母親節，所以梅伊也被安排上台。週五排練時，她看了提詞卡，然後說：「這樣一點也不好玩。」後來她取得同意，有些段落可以即興發揮，她也真的那麼做了。「我們讓節目更真實、更有趣了。」她說。格萊姆斯也有上節目，參與了以超級瑪利歐兄弟為主題的短劇。彩排時他們還排練了一個橋段，嘲笑馬斯克的反覺醒推文，由馬斯克扮演徹底覺醒的詹姆斯．龐德（James Bond），但因為主題不夠明確，播出時被剪掉了。

節目結束後，他們在被譽為精品飯店之父的伊恩．施拉格（Ian Schrager）打造的公眾飯店（Public Hotel）舉辦派對。那家飯店是市區的熱門景點，但因為疫情關係，原本沒有對外營業，當天特地為了這場派對重新開門營業。克里斯．洛克（Chris Rock）、亞歷山大．史柯斯嘉（Alexander Skarsgård）與科林．約斯特（Colin Jost）等演員與格萊姆斯、金博爾、托絲卡和梅伊都參加了派對。伊隆大約在清晨六點離開，與金博爾和其他幾個人一起前往網路作家提姆．厄本（Tim Urban）的住家，馬斯克在他家聊天聊了好幾個小時。「他就是個宅男，小時候完全不知道怎麼玩樂，」梅伊說，「但是現在他很懂得玩樂。」

50 歲生日

每年，馬斯克都會參加其他人為他精心策劃的夢幻慶生派對，最為人知的就是妲露拉．萊莉為他籌備的生日派對。但 2021 年 6 月 28 日，馬斯克的 50 歲生日時，他才剛完成第三次頸部手術，原因是他在 42 歲生日派對上因為試圖扳倒一位相撲選手傷到頸部，不時會疼痛發作。所以他決定在博卡奇卡與幾位親密好友安靜地過生日。

金博爾從布朗斯維爾機場開車到博卡奇卡，在路邊一家商店停下，幾乎買光了店裡所有的煙火，然後和馬斯克年紀較長的兒子格里芬、凱、達米安與薩克遜一起放煙火。那些全都是真正的煙火，不是火花微弱的沖天炮，金博爾說，因為「在德州，你可以做任何你想做的。」

除了頸部疼痛，馬斯克也因為工作累垮了。白天他在博卡奇卡的生產帳篷裡巡視時，發現連結星艦助推器與第二節太空船的部位，設計過度複雜，當場暴跳如雷。「表面有那麼多洞口，看起來就像是瑞士起司！」他在寄給馬克．容克薩的電子郵件中抱怨，「天線的洞口應該要非常小，只要能讓電線穿過就好。所有負重或是其他設計要求，都要附上個別負責人的名字。絕不允許集體設計。」

馬斯克 50 歲生日的那個週末，多數時候大家都選擇不去打擾他，讓他能好好睡一覺。他醒來後，邀請所有人在 SpaceX 員工餐廳「襟翼」（Flaps）吃飯，地點就位在發射台附近。接著所有人前往他住的小房子，一起擠在後院更狹小的小木屋工作室裡，就是格萊姆斯平時工作的地方，裡面只有幾個大靠枕，馬斯克平躺在地上，脖子靠著枕頭，大家就在那裡聊到太陽升起。

2021 年火人祭

從 1990 年代末開始，火人祭對於伊隆與金博爾兩兄弟來說一直是重要的心靈儀式，也是難得的機會，能夠和格拉西亞斯、容克薩以及其他朋友在一起跳舞狂歡。火人祭是每年在內華達州沙漠地區舉辦的盛大藝術活動，所有人都可以盡情展現自我。2020 年因為新冠疫情爆發，活動被迫取消，金博爾接下募款任務，確保 2021 年夏末能夠恢復舉辦。伊隆同意出資 500 萬美元，條件是金博爾必須加入董事會。

2021 年 4 月，金博爾第一次參加會議，沒想到其他董事已經決定取消 2021 年夏季的火人祭。「你們在開玩笑嗎？」他不斷地問。後來他和其他支持舉辦火人祭的人，在同一個沙漠地點舉辦非官方授權的「叛徒祭」（Renegade Man）。大約有 2 萬人參加，人數遠遠不如以往的 8 萬人規模，卻也因此讓活動更有魔力，讓人盡情展現叛逆精神，就像早期的火人祭。因為活動沒有取得官方允許，無法像往常那樣舉行巨型木頭人像焚燒儀式，這也是火人祭名稱的由來。所以金博爾和一位朋友決定使用照明無人機，重現巨型人像的外型。「對於這個忠實的社群來說，這是難得的宗教體驗，」金博爾說，「人像一定要燒掉！最後也真的燒了。」

伊隆在週六晚上才抵達現場，然後一直待在金博爾的營地，四周帳篷排列成蓮花形，中間的營地可以容納 40 人跳舞或是玩樂。但是就和往常一樣，總會突然出現危機，這次伊隆得忙著開會解決特斯拉的供應鏈問題，所以他有充分理由，不能花太多時間休息。

格萊姆斯和伊隆一起參加火人祭，但是兩人的關係已出現裂痕。每次伊隆談戀愛，時常會落入相互惡意對待的負面互動模式。他和格萊姆斯的關係也不例外。有時候，關係陷入緊張反而讓他更有衝勁，所以他會要求格萊姆斯做某些事情，例如說他很胖。他們抵達火人祭現場後，就直接走進他們的露營車，在裡面待了好幾小時。「我愛你，但是我也不愛你。」他對她說。格萊姆斯回答，她也有相同感覺。他們已經決定透過代理孕母在年底迎接另一個小孩誕生。兩人都同意，如果不牽涉到愛情，只是共同撫養小孩會容易許多，所以他們分手了。

後來，格萊姆斯在她創作的單曲中透露了內心的感受，歌名為〈遊戲玩家〉（Player of Games），對於這位終極策略玩家來說，歌名真是再貼切不過了。

如果我少愛他一些
或許就能讓他留下
但是他必須成為最頂尖的
遊戲玩家……

我愛上了最偉大的遊戲高手
但是他永遠更愛遊戲
比他愛我還要多
放手讓你飛向
冰冷無垠的太空
即便是愛情
也無法把你留在你的地方

大都會博物館慈善晚宴

馬斯克與格萊姆斯並非就此永遠分手，至少不完全是。相反的，兩人的關係就像是坐雲霄飛車，有陪伴、共同養育、排解孤單、劃清界限、疏遠、封鎖、人間蒸發、重修舊好等各種階段。

火人祭結束後幾週，兩人從德州飛到紐約，參加大都會博物館慈善晚宴（Met Gala），那是格萊姆斯很愛的時尚盛宴。他們借住在梅伊位於格林威治村的小公寓。馬斯克用他的私人飛機去接他剛買的一隻柴犬，名叫佛洛基（Floki），也就是加密貨幣狗狗幣（Dogecoin）圖標上的犬種。他還帶了另一隻狗來紐約，名叫馬文（Marvin），但是和佛洛基完全合不來。兩隻狗都還沒有受過上廁所訓練，梅伊的兩房公寓瞬間變成了馬戲團。

格萊姆斯在大都會博物館慈善晚宴上的裝扮，是向科幻小說和電影《沙丘》（*Dune*）致敬：一襲薄紗禮服配上灰黑色披肩，臉上帶著銀色面具，手裡拿著一把劍。馬斯克對於是否參加晚宴態度有些模稜兩可，最後他用工作當藉口，沒有準時抵達。當天晚上獵鷹九號正準備發射升空，卻因為官僚作業混亂，拖延了一段時間才順利取得許可，允許太空船飛越印度領空。不過那個問題很容易解決，或許根本不需要驚動他，可是他就是喜歡投入工作相關的各種突發事件，不論規模大小。

慈善晚宴結束後，他和格萊姆斯在曼哈頓諾荷區（NoHo）的熱門夜店 Zero Bond 舉辦派對。李奧納多．狄卡皮歐、克里斯．洛克和其他名人都參加了派對。不過多數時候，馬斯克都待在後方的包廂裡，津津有味地看著魔術師表演魔術。「我走進去叫他，要他到前面和賓客打招呼，但是他寧願繼續待在房間裡看魔術表演。」梅伊說。

馬斯克的名氣在 2021 年夏季達到高點，他覺得開心，又有些不適應。隔天，他們前往布魯克林觀賞格萊姆斯的裝置藝術作品，這是她為某項前衛視聽展覽創作的作品，她在動畫片中扮演一位戰爭女神，致力於建立反烏托邦未來。後來他們搭乘馬斯克的私人飛機，直接從紐約飛到卡納維爾角，SpaceX 即將創造歷史，成為第一家將平民送上太空的私人企業。現實可以超越幻想。

62

平民上太空

2021 年 9 月，靈感四號任務成功

靈感四號任務飛行指揮官艾薩克曼；
馬斯克與 SpaceX 資深老將柯尼斯曼。

2021 年 7 月，布蘭森和貝佐斯完成太空飛行之後，大家都在問：馬斯克是否會追隨兩人的腳步，成為第三位把自己送上太空的億萬富翁？雖然他很樂於成為眾人矚目的焦點，也非常熱衷高風險活動，但是他從沒考慮過要這麼做。他堅稱，他的使命是為了人類、不是為了他自己，雖然聽起來有些浮誇，卻也有幾分真實。把火箭當成是億萬富豪的玩具，很有可能讓外界對於平民太空旅遊留下不好印象。

這是 SpaceX 首次執行平民太空飛行任務，馬斯克選擇了行事低調的科技創業家與飛行員賈里德．艾薩克曼（Jared Isaacman），這位探險家話少、謙虛，在許多領域都證明了自己能力卓越。艾薩克曼在 16 歲時自高中輟學，在一家提供支付服務的公司任職，之後創辦了自己的公司「Shift4 支付」（Shift4 Payment），每年為連鎖餐廳和飯店處理高達 2,000 億美元的交易。後來他成為一位技術高超的飛行員，參加航空展表演，還締造了世界紀錄：駕駛輕型噴射機，花 62 小時繞世界一周。之後他和其他人合夥創辦了另一家公司，擁有 150 架噴射機，專門為軍隊和國防承包商提供飛行訓練。

艾薩克曼出錢向 SpaceX 買下執行三天太空飛行任務的權利，任務代號為「靈感四號」（Inspiraiton4），這將是史上第一次私人軌道飛行任務。艾薩克曼的目的是為曼非斯（Memphis）的聖裘德兒童研究醫院（St Jude Children's Research Hospital）募款，他邀請了 29 歲的骨癌倖存者海莉．阿賽諾（Hayley Arceneaux）和其他兩位民眾同行。

在預定發射日之前一週，馬斯克和 SpaceX 團隊召開了兩小時的行前電話會議。和往常執行載人任務一樣，馬斯克都會發表一段關於安全問題的制式演說。「如果有任何人有疑慮或是建議，請直接告訴我。」他說。

但是馬斯克知道，任何偉大的冒險必定存在風險，他跟艾薩克曼都明白，探險家要能敢於冒險，這很重要。電話會議一開始，他們提到了還未對外曝光的一個問題。「這次任務會面臨一項風險，我們要向你報告，」飛行管理員告訴馬斯克，「我們計劃的飛行高度會比國際太空站的繞行軌道以及其他多數的人類太空飛行體驗還要高。」確實，SpaceX 天龍號會在 585 公里的高空繞地球軌道飛行，這是自 1999 年為了維修哈伯太空望遠鏡（Hubble Space Telescope）、人類組員搭乘太空梭執行任務以來最高的軌道飛行高度。「這次的風險非常高，有可能會遇到軌道碎片。」

軌道碎片指的是漂浮在太空中，源自廢棄的太空船、衛星或是其他人造物體的殘骸。截至靈感四號發射當時，太空中有 1.29 億個碎片，因為體積太小無法追蹤。過去已經有一些太空船被碎片破壞。而這次任務的超高飛行高度，又讓風險更高：在這種高度的漂浮殘骸或廢棄物存續時間會更久，因為太空的摩擦力較小，碎片不容易燃燒或是掉落至地面。「我們擔心有碎片穿透太空船艙或是破壞隔熱罩，未來返回地球時可能會發生危險。」報告的人說。

漢斯・柯尼斯曼被馬斯克暗示退休後，由脾氣火爆的前 NASA 官員比爾・格斯登梅爾接任飛行可靠度副總裁，大家都叫他格斯登。他向馬斯克說明可靠度團隊建議的降低風險做法：他們可以改變天龍號太空船繞行地球軌道飛行時的指向，這樣就能降低接觸碎片的機率。但如果更動幅度太大，會導致散熱器溫度過低，不過他們已經達成共識，知道該如何平衡這兩種風險。如果維持原本的指向，與碎片碰撞的機率是大約是七百分之一；如果改成新的指向，可以將風險降至兩千分之一。但隨後他展示了一張投影片，明確提出警告：「預測的風險存在高度的不確定性。」最後馬斯克同意了他們的計畫。

格斯登梅爾接著表示，或許有更安全的做法：降低飛行高度。「可以在較低的軌道飛行，」他說，「例如降到 190 公里的高度。」他們已經找到方法，知道如何在較低的軌道飛行，然後安全降落至預定的地點。

「那為什麼不直接降低高度？」馬斯克問說。

「客戶希望這次飛行高度能夠超越國際太空站，」格斯登梅爾解釋，他指的是艾薩克曼，「他想要盡可能達到最高高度。我們有跟他簡單說明碎片問題。他和其他組員都已經了解會有風險，也願意承受。」

「好，很好。」馬斯克尊敬願意承擔風險的人，「我覺得這樣很合理，只要他有得到充分資訊就沒問題。」

後來我問艾薩克曼，為什麼不降低飛行高度，他告訴我，「如果我們要再一次登月，還要去火星，我們就必須稍微脫離原本的舒適圈。」

最後一次平民被送入軌道是 1986 年的太空梭挑戰者號（Challenger）任務，當時登上太空梭的平民太空人是擔任教師的麥考里夫，太空梭在起飛一分鐘之後就爆炸墜毀。格萊姆斯認為那次爆炸事件帶給美國人很大的心理創傷，靈感四號正好可以治療這個傷口。所以她決定扮演「大魔法師」，在發射前對火箭念咒語，希望能帶來好運。

馬斯克每次面對類似的緊張時刻，就會開始思考未來，分散自己的注意力。當天他待在控制中心，坐在基可・鄧契夫旁邊，鄧契夫很想要專心倒數計時，可是馬斯克不停詢問他在博卡奇卡建造的星艦系統以及如何說服工程師從佛羅里達州搬到博卡奇卡等問題。

這是柯尼斯曼最後一次參與火箭發射任務。他在 SpaceX 工作了二十年，從一開始就是在瓜加林島上執行獵鷹一號第一次發射任務的核心團隊。但是就在他如實撰寫 SpaceX 違反天氣指令的那份報告後，馬斯克決定要他走人。靈感四號火箭升空之後，他走了過去，有些尷尬地擁抱馬斯克，跟他道別。「我很擔心自己會顯露出不滿或是情緒化，」柯尼斯曼說，「我在公司的時間比任何人都還要長。」他們聊了幾分鐘，談到這次平民太空飛行任務對於太空探險歷史有多麼重要。當柯尼斯曼準備離開時，馬斯克盯著自己的 iPhone，查看他的推特，格萊姆斯提醒他，「這是他最後一次任務。」她說。

「我知道。」馬斯克說完抬頭看柯尼斯曼，對他點點頭。

「我並沒有覺得被冒犯，」柯尼斯曼說，「伊隆其實在乎，只是情感表達還不夠成熟。」

「恭喜 @elonmusk 和 @SpaceX 昨晚成功發射靈感四號，」貝佐斯推文寫道，「再度向全民上太空的目標往前邁進了一大步。」馬斯克客氣但簡短地回了：「謝謝。」

艾薩克曼實在太興奮了，決定出資 5 億美元買下未來三次飛行任務，目標是進入更高的軌道，然後穿著 SpaceX 設計的新服裝太空漫步。他還要求保留另一項權利：當星艦建造完成時，他要當第一個搭乘星艦的私人顧客。

其他潛在顧客也想要保留太空飛行的權利，其中一位顧客致力於推廣綜合格鬥，希望在太空舉辦無重力比賽。某天晚上，馬斯克在博卡奇卡邊喝酒邊笑著考慮這個可能性。「我們不會想接。」比爾·雷利說。

「為什麼？」馬斯克問，「葛溫妮說對方會付5億美元。」

「但我們會輸掉名聲。」負責建造星艦的工程師山姆·帕泰爾說。

「是啊，短期內我們不應該接。」馬斯克同意，「或許等到進入軌道變成稀鬆平常的事再說。」

靈感四號是由私人企業為一般平民執行的太空任務，這次任務成功預示著新的軌道經濟即將來臨，未來將會吸引更多創業家投入，發射更多商業衛星，完成更多偉大的太空探險。「SpaceX和馬斯克寫下了不起的成功故事。」隔天早上NASA署長比爾·尼爾森（Bill Nelson）對我說，「公部門與私部門之間已經形成綜效，這對人類來說絕對有好處。」

馬斯克思索這次發射成功所代表的意義時，說出了非常有哲理的話，他以特有的《銀河便車指南》風格，反思人類扮演的角色。「開發可大規模銷售的電動車是必然的，」他說，「即使沒有我這件事一樣會發生。但是建立航太文明，卻不是必然的。」五十年前，美國就已經把人送上月球。但是從此之後就沒有任何進展，反而還倒退。太空梭只能在低軌道飛行，太空梭退役之後，美國甚至連執行低軌道飛行都不行。「科技無法自動進步，」馬斯克說，「太空飛行就是一個例子，證明科技進步需要人類的投入。」

63

改造猛禽引擎

2021 年，設計與製造絕不分開

負責帶領猛禽團隊的麥肯齊；
博卡奇卡基地的高棚興建工程。

工程模式

「我的神經網絡整個活了起來，就像國慶日的煙火一樣，」馬斯克興致勃勃地說，「這是我最愛的事情，和頂尖工程師一起反覆討論。」2021 年 9 月初，馬斯克坐在博卡奇卡的星艦會議室裡，頂著一頭漸層髮型（fade haircut），看起來像即將被處決的北韓領導人專用理髮師剪的。「這是我自己剪的，」馬斯克對工程師說，「我讓另一個人幫我剪後腦勺。」

前幾週，馬斯克的情緒很明顯受到星艦的猛禽引擎影響，有時絕望，有時暴怒。這具引擎變得愈來愈複雜、昂貴，而且很難製造。「當我看到某個導管的成本居然要 2 萬美元，我真的很想拿叉子戳我的眼睛。」他說。後來他宣布，未來每天晚上八點，他要在他的 SpaceX 會議室與猛禽團隊一起開會，包括週末。

馬斯克特別在意材料的質量。他指出，引擎汽缸的厚度和圓頂一樣，但是兩者承受的壓力卻是不同的。「這他媽的到底是什麼邏輯？」他問，「有一堆不知道為什麼要用的金屬。」每增加 1 盎司（約 31 公克）質量，就會減少火箭的酬載量。

某場會議剛好碰到靈感四號太空人要返回地球降落，一直到午夜才開始，開會時馬斯克做了一個重大決定，盡可能讓更多引擎零件使用他偏愛的材質：不鏽鋼。團隊展示了幾張投影片，說明可以運用哪些方法，盡可能減少使用昂貴的合金材質，馬斯克直接打斷他們。「夠了，別再說了，」他語氣堅定地說，「你們開始陷入分析癱瘓（analysis paralysis）了。我們要把所有可以換的零件都換成便宜的不鏽鋼。」

一開始，他唯一允許的例外是有可能接觸高溫富氧氣體燃燒的零組件。有些工程師反駁，認為面板應該使用銅，因為銅的導熱性較佳。但是馬斯克也提出銅的熔點較低。「我認為你們可以做出不鏽鋼面板，」他說，「請去執行。我想我已經說得很清楚：用不鏽鋼。」他承認，有一定的機率最後發現不鏽鋼行不通。但是嘗試過後失敗，總好過花好幾個月時間不停分析。「如果你能快速製造，就能快速發現問題，然後快速解決問題。」最後他成功將絕大多數零件換成不鏽鋼。

另一種類型的天才

每天晚上馬斯克在他的會議室裡開會，都在尋找能負責猛禽設計的主管人選。「有看到適合的人嗎？」某次跨層級會議結束後，蕭特威爾問馬斯克。

「我的神經網絡可以很精準地判斷一個人的工程能力，但如果他們戴著面具，就很難看出來。」馬斯克抱怨道。所以他開始進行一對一面談，不斷提出各種問題，考驗中階工程師。

幾週後，一位名叫雅各．麥肯齊（Jacob McKenzie，大家都叫他傑克〔Jake〕）的年輕工程師漸漸脫穎而出。他的臉上總帶著天使般微笑，頂著齊肩的雷鬼頭，看起來酷的很低調。馬斯克偏愛兩種類型的主管：一種是紅牛型（Red Bulls），例如馬克．容克薩，攝取大量咖啡因，思考時常會長篇大論地說個不停。另一種類型是《星際爭霸戰》裡的史巴克（Spock），他們是嚴謹、說話不帶情緒的瓦肯人（Vulcan）。麥肯齊屬於第二種。

麥肯齊在牙買加長大，後來搬到北加州，開始對汽車、火箭或是「任何需要大量運用重工程的領域」產生興趣。他的家境貧困，所以高中時在一家批發店打工賺錢。後來他存夠了錢，進入聖塔羅莎初級學院（Santa Rosa Junior College）就讀，主修工程，後來因為成績優異，成功轉學到柏克萊，最後到麻省理工學院讀研究所，取得機械工程博士學位。

他在 2015 年加入 SpaceX，負責帶領猛禽引擎的閥門製造團隊。這是非常重要的角色。每次倒數計時停止，多半是因為閥門出現外洩。麥肯齊和馬斯克只互動過幾次，所以當馬斯克開始和他討論由他負責帶領猛禽專案時，他很意外。「我以為他不知道我的名字。」麥肯齊說。有可能真的是如此，但是馬斯克知道他的工作表現相當出色。麥肯齊的團隊成功改善了星艦的襟翼致動器的性能，這是馬斯克親自參與的多項專案之一。

2021 年 9 月的某個晚上剛過午夜，馬斯克傳簡訊給麥肯齊：「你還醒著嗎？」毫無意外地，麥肯齊立即回覆：「是啊，我還沒睡。我至少還會在公司待幾個小時。」馬斯克打電話告訴他升職的消息。凌晨四點半，馬斯克寄出一封電子郵件：「傑克・麥肯齊未來會直接向我報告。」他寫道。馬斯克說，他的目標之一是移除大多數的法蘭（flange）* 與英高鎳合金零組件，改用容易焊接的不鏽鋼合金，此外還要刪除任何「**有可能**」非必要的零件。如果我們後來沒有把部分零組件重新裝回去，就代表我們一開始刪得不夠多。

麥肯齊開始採行汽車業常見的解決方法，在某些情況下零組件成本可大幅縮減 90%。他邀請馬斯克底下的特斯拉高階主管拉爾斯・莫拉維一起巡視 SpaceX 生產線，請他建議可以採取哪些自動化方法簡化流程。莫拉維發現火箭引擎生產線有太多不必要的複雜流程，他很驚訝，不時用雙手遮住眼睛。「好了啦，你可不可以不要把臉埋在手裡？」麥肯齊問，「因為這真的、真的讓我覺得很受傷。」

馬斯克推動的最大改變，就是讓設計工程師負責生產流程，之前有段時間他也在特斯拉推動類似的改革。「很早以前我把設計與生產團隊分開，這真的是該死的錯誤。」在某次麥肯齊主持的會議上，馬斯克對大家說，「現在你們要負責監督生產流程，不能交給另一個人。如果你們的設計導致生產成本增加，就要修改設計。」隨後麥肯齊和他的工程團隊，將 75 張辦公桌全數搬到生產線旁。

1337 引擎

當問題變得複雜難解時，馬斯克的解決方法就是轉移注意力，設計新版的產品。所以麥肯齊接手後幾週，馬斯克開始思考新引擎的設計。他宣布，他們要將重心轉向設計全新的引擎。他希望新引擎和過去的引擎有很大的差異，所以他完全不想沿用獵鷹系列的引擎名稱，例如灰背隼或紅隼。最後他決定借用密碼世界的數字，將新引擎取名為 1337，發音如同 LEET（這四個數字和那四個字母看起來很像。）他說他的目標是做出每公噸推力成本低於 1,000 美元的引擎，「如果人類要能在不同星球生活，就必須突破這個重大關卡。」

馬斯克直接跳去開發全新引擎，目的是為了讓每個人都能突破框架、大膽思考。「我們的目標是建造能夠完成太空冒險的偉大引擎，」馬斯克向團隊精神喊話，「成功機率有可能大於零嗎？如果是的話，就放手去做吧！如果我們的改變太冒險，再收

* 一種圓盤狀零件，用於管道之間的連接。

手就好。」他的最高指導原則就是打造更精簡的引擎。「解決問題可以有很多種方法，」他說，「但是很重要的一點，你要知道改變後會變成什麼樣子。你的答案必須足夠震撼人心、足夠有挑戰性。」

當天深夜，馬斯克又匆匆寄了幾封訊息強調他是非常嚴肅地看待這個新要求。「我們不是要登陸月球，」他寫道，「我們是要登陸火星，我們的營運原則就是創造瘋狂的急迫感。」接著他又寫了一封信給麥肯齊，他在信中提到，「SpaceX 的 1337 引擎是人類成功登陸火星之前，最後一項必須突破的任務！！！任何文字都不足以強調這對人類文明的未來發展有多麼重要。」

馬斯克自己提出了一些極端的建議，例如拆除整個高溫燃氣管線分配器，將燃料渦輪泵與主燃燒室噴射器整合在一起。「這樣可能會影響燃氣分配，也可能不會。我們試試看吧！」他幾乎每天發信，不斷強調這場聖戰的重要性。「我們現在正處於『**瘋狂**』刪除的階段！！」他在其中一封電子郵件中寫道，「沒有東西是絕對不能刪的。任何稍微有點問題的管線、感測器、分配器，今天都要全部刪除。請抱持超級強硬的態度，全力刪除與簡化。」

2021 年 10 月，每天晚上的開會時間愈來愈晚，多數時候差不多晚上十一點才開始，但會議室裡通常會有十多個人，還有超過五十人透過視訊方式參加會議。每次開會都會激盪出新的簡化或是刪除方法。舉例來說，某天晚上馬斯克一直想辦法要拆除助推器的裙部，也就是位於助推器最底部、未高壓加工的開放零件。「若要保留大部分推進劑，它其實沒有太大作用，」他說，「就像在游泳池尿尿。對游泳池不會有太大影響。」

一個月後，馬斯克又突然要求團隊把注意力重新拉回到猛禽引擎，改良出更精簡、成本更低的猛禽二號引擎，就和他之前突然強迫團隊把工作重心放在未來的1337引擎一樣。「我要求SpaceX推進團隊將工作重心移回到猛禽引擎，」他在凌晨兩點傳簡訊宣布，「我們必須每天生產一具引擎，才能維持適當的發射步調。現在是每三天生產一具引擎。」我問他，這樣是否會減緩1337的開發進度。「是的，」他回答說，「猛禽引擎無法讓我們變成多星球物種，因為成本太貴了。但是在1337開發完成之前，我們需要猛禽幫助我們度過難關。」

馬斯克先是命令團隊全力開發1337引擎，接著又要求全體撤退，這究竟是他經過深思熟慮的策略，為了讓團隊更大膽思考；或者只是他一時興起、衝動做出的決策，後來又決定收手？就和往常一樣，兩者皆是。這麼做的確刺激了團隊產生新想法，成功開發出改良版猛禽引擎，包括刪除各種防護罩和裙部。「這次的經驗能夠幫助我們重新定義何謂理想的引擎設計，」麥肯齊說道，「但是對於推動星艦的進度，並沒有立即的進展。」隔年，麥肯齊和他的團隊終於能夠大量生產猛禽引擎，幾乎和汽車生產線一樣順暢。到了2022年感恩節，他們已經做到一天生產一具以上的引擎，為未來的星艦發射任務準備好充足的庫存。

64

安全友善的人工智慧

2021年8月，特斯拉人形機器人計畫

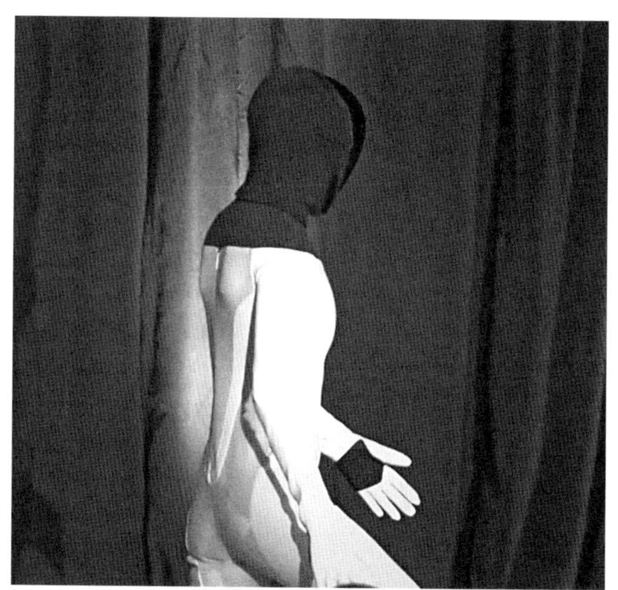

人工智慧日當天，演員扮成開發中的 Optimus 機器人登台。

友善的機器人

馬斯克一直很希望開發人形機器人，一方面是他對人工智慧相當著迷，另一方面是他擔心人工智慧可能帶來危險。有人可能會蓄意或不經意地創造出傷害人類的人工智慧，這樣的擔憂促使他在 2014 年決定創辦 OpenAI。同時他也努力推動其他相關計畫，包括自駕車、用來訓練超級電腦的神經網路 Dojo，以及可植入大腦、讓人類與機器建立緊密共生關係的 Neuralink 晶片。

對一個從小就大量閱讀科幻小說的人來說，要創造百分之百安全的人工智慧，就必須開發人形機器人，能夠處理視覺訊息，學會執行任務，而且不會違反艾西莫夫定律：機器人不應該傷害全人類或是任何單一個人。當 OpenAI 和 Google 專注於開發文字機器人，馬斯克決定要開發能在實體世界運作的人工智慧系統，例如機器人和汽車。「如果你可以做出自駕車，也就是有輪子的機器人，那你也可以製造出有腳的機器人。」馬斯克說。

2021 年初，馬斯克開始在高階主管會議上提到特斯拉應該要認真考慮開發機器人。某天他在會議上播放了一段影片，展示波士頓動力公司（Boston Dynamics）正在設計的機器人，確實令人刮目相看。「不論你喜不喜歡，人形機器人一定會出現。」他說，「我們應該要自己開發機器人，才能讓它朝向好的方向發展。」他愈說愈亢奮，「這有可能是我們最偉大的產品，比自駕車還要厲害。」他對設計總監范霍茲豪森說。

「當我們聽到伊隆一再重複相同主題時，就會開始投入研究。」范霍茲豪森說。他們在位於洛杉磯的特斯拉設計工作室開會，那裡展示著 Cybertruck 與 Robotaxi 的各種模型。馬斯克開出了規格要求：機器人身高約 173 公分，看起來要像沒有明顯性別特徵的小精靈，「要讓人覺得它不會、也不想傷害你。」於是，由特斯拉自駕車團隊設計的 Optimus 人形機器人誕生了。馬斯克決定在人工智慧日（AI Day）當天宣布這個好消息，時間就定在 2021 年 8 月 19 日，地點選在特斯拉帕羅奧圖總部。

人工智慧日

人工智慧日舉行前兩天，馬斯克在博卡奇卡透過視訊方式向特斯拉團隊精神喊話。當天馬斯克的行程還包括：與德州魚類與野生動物保護辦公室（Texas Fish and Wildlife Conservation Office）開會，爭取對方支持星艦發射任務；召開特斯拉財務會議；討論太陽能屋頂業務的財務問題；討論未來的平民太空任務；巡視組裝星艦的帳篷；接受 Netflix 紀錄片的採訪；第二次深夜造訪博卡奇卡的住宅區，查看布萊恩．道團隊安裝太陽能屋頂的進度。過了午夜，他登上自己的飛機，前往帕羅奧圖。

「要在這麼多不同議題之間轉換，真的是累翻了，」終於可以在飛機上暫時放鬆時，馬斯克說道，「但是還有很多問題要解決。」所以，為什麼他還要投入人工智慧與機器人領域？「因為我很擔心賴瑞．佩吉，」他說，「我花了很長時間和他討論關於人工智慧可能帶來的危險，但是他一直無法理解。現在我們兩人幾乎不說話了。」

飛機在凌晨四點降落，馬斯克直接去朋友家睡了幾小時，就趕去特斯拉的帕羅奧圖總部與團隊會合，準備公布機器人的消息。他們打算邀請女演員打扮成機器人的模樣，走上舞台。馬斯克很興奮。「她應該要做特技表演！」他大聲宣布，他希望能穿插類似蒙提派森的搞笑橋段。「我們可以讓她做一些看起來不可能做到的有趣表演嗎？例如戴著帽子、拿著手杖跳踢踏舞。」

馬斯克是認真的：他希望機器人看起來有趣，不會讓人覺得害怕。說著說著，X 開始在會議桌上跳舞。「小孩真的是有用不完的精力，」X 的父親說，「他在四處走動、觀察和聆聽的時候就在更新軟體。」這就是馬斯克的目標：機器人可以透過觀看和模仿人類行為，學會執行任務。

馬斯克又開了幾個關於戴帽子拿手杖跳踢踏舞的玩笑，然後就開始專心討論最後的規格設定。「我們應該要讓機器人每小時可以行走約 8 公里、而不是只有約 6.4 公里，而且要讓他能舉起更重的物品，」他說，「我們有點做過頭了，他看起來太溫和了。」後來工程師說，他們原本規劃電池沒電時就直接更換電池，但是馬斯克反對。「許多蠢貨只想到換電池，那是因為他們用的電池續航力太差，」他說，「一開始特斯拉也是那樣做。不要用可更換的電池組。直接加大電池組，讓電池續航力延長到 16 小時。」

會議結束後，馬斯克繼續留在會議室。他的頸部因為之前與相撲選手摔角受傷，又開始疼痛發作，所以他只能平躺在地上，頭部下方墊著一個冰袋。「如果我們能製造出通用機器人，可以觀察你的一舉一動、學習如何執行任務，未來勢必會創造驚人的經濟成長。」他說，「到了那時候，我們或許會想要實施無條件基本收入（universal basic income）。工作會變成一種選擇。」沒錯，但有些人還是會選擇瘋狂工作。

然而，到了隔天開始彩排人工智慧日的簡報流程時，馬斯克的情緒再度陷入低潮。正式簡報時除了要對外公布 Optimus 機器人之外，還要分享特斯拉在自動駕駛汽車的進展。「這樣太無聊了，」馬斯克抱怨，他覺得個性敏感的保加利亞工程師米蘭·科瓦奇製作的投影片太技術導向，「很多內容聽起來一點也不有趣，這是徵才活動，看完這些投影片根本沒有人想要來我們公司。」

科瓦奇還沒有掌握到應對馬斯克責罵的訣竅，他直接走回自己的辦公室，決定辭職，徹底打亂了當天晚上的簡報計畫。就在科瓦奇準備離開大樓時，資歷更深、身經百戰的主管拉爾斯·莫拉維與皮特·巴能（Pete Bannon）趕緊攔住他。「讓我看一下你的投影片，我們來想想可以怎麼修改。」莫拉維說。科瓦奇說他需要威士忌，巴能發現自動駕駛工作坊的某個人有威士忌。他們乾了兩杯之後，科瓦奇終於冷靜下來了。「我會努力撐過這次活動，」他向兩人保證，「我不會讓我的團隊失望。」

在莫拉維與巴能協助下，科瓦奇把投影片數量刪減到原來的一半，重新排練新的演講內容。「我吞下怒氣，把新投影片拿給伊隆看，」他說，「好，沒問題。就這樣吧。」科瓦奇感覺馬斯克根本不知道自己剛剛才痛罵他一頓。

這段插曲導致當天晚上的簡報延遲了一小時。那次的活動沒什麼亮點，十六位上台報告的人全都是男性，唯一的女性是打扮成機器人的女演員，但是她並沒有戴帽子、拿手杖跳踢踏舞，也沒有任何特技表演。但馬斯克還是用有些結巴的單調語氣說明了 Optimus 如何與特斯拉自駕汽車計畫以及 Dojo 超級電腦計畫連結。他說，Optimus 不需要逐行指示，就可以學會執行任務。就和人類一樣可以透過觀察自行學習。這不僅會改變經濟，更會改變我們的生活方式。

65

大腦晶片

2017 至 2020 年，最終極的人機介面

獼猴靠意念操控，玩《乓》遊戲。

讓人類與電腦心靈相通

數位時代最重要的幾個科技進展，目的是為了改進人類與機器溝通的方式，也就是所謂的人機介面（human-computer interface）。心理學家暨工程師約瑟夫·利克萊德（J. C. R. Licklider）曾參與開發防空系統，可以讓人們在監視器上追蹤飛機航行路線。他在 1960 年代發表了一篇非常具開創性的論文，標題為「人機共生」（Man-Computer Symbiosis），他在文章中證明影片顯示器如何促使「電腦和人類一起思考。」他繼續寫道，「希望在不久的未來，人類大腦與計算機器可以緊密合作。」

麻省理工學院的駭客利用這些影片顯示器開發了一款名為《太空戰爭》（*Spacewar*）的電玩遊戲，這是第一款商業電玩遊戲，為了讓遊戲簡單到連神智恍惚的大學生也能玩，介面設計必須符合直覺反應，幾乎不需要任何指示。（雅達利開發的第一款遊戲《星際爭霸戰》只有兩點指示：一、投入 25 美分硬幣；二、避開克林貢人〔Klingon〕。）被稱為「滑鼠之父」的美國發明家道格·恩格爾巴特（Doug Engelbart）首度將這種影片顯示器與滑鼠結合，從此以後使用者可以透過指向與點擊等動作，與電腦互動。在全錄帕羅奧圖研究中心（Xerox PARC）任職的艾倫·凱（Alan Kay）進一步開發出容易使用、模仿實體桌面的圖像化操作介面。賈伯斯為蘋果麥金塔電腦開發的作業系統便是參考了凱的設計原型；賈伯斯在 2011 年過世前參加的最後一場董事會議上，親自測試了人機介面的另一次大躍進，也就是被稱為 Siri 的應用程式，讓使用者可利用語音與電腦互動。

儘管人機互動技術已經有那麼多進步，從輸入到產出的過程卻緩慢到讓人抓狂。在 2016 年某次出差途中，馬斯克用拇指在 iPhone 上打字，他抱怨花太長時間了。我們透過打字將訊息從大腦傳送到裝置上，每秒大約可傳送 100 位元。「想像一下，如果你的想法能同步傳送給機器，」他說，「就好比你的大腦與機器之間直接建立了高速連結。」接著他靠向與他一同搭車的山姆・提勒，開口問他：「你可以找到能幫助我了解電腦與大腦互動的神經科學家嗎？」

馬斯克後來終於明白，最終極的人機介面將會是某種能讓電腦與我們大腦直接連線的裝置，例如在我們顱骨內植入晶片，然後透過晶片將大腦的訊號傳遞給電腦以及接收電腦回傳的訊號，如此一來資訊往返傳遞的速度就能加快 100 萬倍。「這樣你就能真正達成人機共生的目標。」他說。換句話說，它可以確保人類與機器能夠像夥伴一樣合作。為了達成這個目標，他在 2016 年底創辦新公司 Neuralink，專門開發能植入大腦的小型晶片，讓人類與電腦心靈相通。

和 Optimus 一樣，Neuralink 這個名字的靈感也來自科幻小說，其中最著名的是伊恩・班克斯（Iain Banks）的宇宙科幻小說《文明》（*The Culture*），書中有一個名為「神經織網」（neural lace）的人機介面技術，植入人體之後就能將人類的所有想法與電腦連結。「我第一次讀班克斯的小說時突然想到，」他說，「這個想法可以保護我們不會被人工智慧傷害。」

馬斯克對於這種很遠大的目標通常會擬定務實的商業模式。舉例來說，他發展星鏈衛星是為 SpaceX 的火星任務籌措資金。同樣的，他也計畫運用 Neuralink 大腦晶片來幫助神經疾病患者與電腦互動，例如肌萎縮側索硬化症（ALS）患者。「如果我們能找到好的商業應用，就可以取得 Neuralink 需要的資金。」他說，「那麼幾十年內，我們就能達成終極目標，讓人類世界與數位機械緊密結合，保護人類不被邪惡的人工智慧傷害。」

新公司的共同創辦人還包括六位頂尖神經科學家與工程師，由腦機介面研究學者麥克斯・霍達克（Max Hodak）擔任領導人。創始團隊在經歷過與馬斯克共事的壓力與混亂之後，只有一位留了下來，他就是 4 歲時從韓國移民到路易斯安那州的 DJ・徐（DJ Seo，姓氏為音譯）。小時候他的英文很差，對於無法清楚表達自己的想法感到很挫折。「我要如何盡可能流利地表達我的想法？」他開始問自己，「或許可以將某個小裝置放進我的大腦裡。」他先是進入加州理工學院，後來轉學到加州大學柏克萊分校，開發出他稱為「神經塵」（neural dust）的迷你裝置，可以植入人類大腦中，輸出訊號。

馬斯克也雇用了眼神明亮、思考敏銳的科技投資人席馮・齊莉絲。學生時期她住在多倫多附近，曾是曲棍球好手，自從讀了雷・庫茲威爾（Ray Kurzweil）在 1999 年出版的《心靈機器時代》（*The Age of Spiritual Machines*）之後，就變成了科技迷。自耶魯大學畢業後，她曾在幾家新創育成中心工作，協助人工智慧相關的新創，後來成為 OpneAI 的兼職顧問。

馬斯克成立 Neuralink 時，帶齊莉絲出去喝咖啡，邀請她加入。「Neuralink 不只是做研究，」他向她保證，「我們要開發真正的裝置。」她很快就確定，加入新公司比繼續做創投有趣，也更有用。「我發現，每分鐘我能從伊隆身上學到的東西，比我認識的其他人都還要多，」她說，「如果這輩子不投入一段時間和這種人一起工作，就太蠢了。」齊莉絲一開始參與了馬斯克三家公司的所有人工智慧專案，包括 Neuralink、特斯拉與 SpaceX，後來她成為 Neuralink 的高階主管，更成了馬斯克的親密伴侶（稍後會提到更多）。

植入腦中的晶片

Neuralink 的晶片技術主要是參考猶他陣列（Utah Array），這是猶他大學在 1992 年發明的晶片，每個晶片含有 100 根探針，可以植入人類大腦中。每根探針可以偵測單一神經元的活動，然後透過導線將資料傳送到固定在頭骨上的小盒子。我們的大腦大約有 860 億個神經元，所以這只是腦機介面發展上非常小的一步。

2019 年 8 月，馬斯克發表了一篇科學論文，說明 Neuralink 將如何改良猶他陣列，開發出他所稱的「擁有數千個頻道的整合式腦機介面平台」。Neuralink 的晶片有 96 條線路，上面有超過 3,000 個電極。一如往常，馬斯克不只關注產品本身，也很重視產品的製造與安裝流程。高速運轉的機器人會在人的顱骨上鑽一個小洞，置入晶片，然後將線路推入大腦中。

2020 年 8 月，馬斯克在 Neuralink 舉行的公開發表會上展示了一隻名為葛楚（Gertrude）的小豬，大腦內植入了晶片。觀眾可以從影片中看到這隻小豬在跑步機上行走，晶片會偵測她的大腦訊號，然後傳送到電腦中。馬斯克拿起晶片，只有 25 美分硬幣大小。晶片會被固定在顱骨下方，透過無線方式傳送資料，使用者看起來不會像恐怖電影裡的生化人。「我現在可能就有植入 Neuralink 晶片，你們也看不出來，」馬斯克說，「或許我真的有植入晶片。」

幾個月後，馬斯克來到位在特斯拉佛利蒙工廠附近的Neuralink 實驗室，工程師向他展示最新版本的晶片。它整合了四個獨立的晶片，每個晶片包含有大約 1,000 條線路。這些晶片可以植入顱骨的不同區域，再透過傳導線與內嵌在耳朵後方的路由器連結。接下來將近兩分鐘，馬斯克不發一語，齊莉絲和她的同事看著他。然後他終於給出判決：他很討厭這個設計。太複雜了，太多傳導線和接線。

當時他正努力要刪除 SpaceX 猛禽引擎的接線，每條接線都有可能是導致發射失敗的原因。「它必須是單一裝置，」他告訴滿臉挫敗的 Neuralink 工程師，「外型簡潔的單一裝置，沒有傳導線，沒有接線，沒有路由器。」沒有任何物理定律或是基本原理有規定不能將所有功能整合在單一裝置裡。有工程師解釋為何需要路由器，馬斯克的表情開始變得僵硬。「刪掉，」他說，「刪掉，刪掉，刪掉。」

開完會後，工程師就和以往一樣，開始出現「後馬斯克創傷壓力症候群」：先是感到挫敗，然後憤怒，最後是焦慮。但是短短一週內，他們又開始變得躍躍欲試，因為他們發現新方法或許有效。

幾週後，馬斯克回到實驗室，工程師向他展示新的晶片，單一晶片可以處理所有線路傳送的資料，然後透過藍牙傳送到電腦。沒有接線，沒有路由器，沒有傳導線。「我們原本覺得這是不可能的任務，」一位工程師說，「但現在我們覺得很興奮。」

他們遇到的一個問題是：晶片的尺寸必須縮到很小，如此一來電池壽命也會變短，無法支援那麼多線路。「為什麼要縮到這麼小？」馬斯克問。結果某個人犯了個錯誤，當場回答這是他們接收到的要求。馬斯克聽完之後，再次鄭重重申他的「演算法」原則：質疑每一項要求。接著他開始和工程師討論晶片尺寸的基本科學原理。人類的顱骨是圓的，晶片不能有弧度嗎？直徑不能再大一點嗎？最後他們的結論是，人類顱骨可以適應尺寸更大的晶片。

他們完成新版的晶片之後，將晶片植入實驗室裡名叫佩奇（Pager）的獼猴大腦中。他們教會佩奇玩電玩遊戲《乓》（*Pong*），如果取得好成績就能得到一杯水果冰沙作為獎勵。每當佩奇移動搖桿，Neuralink 的裝置就會記錄哪些神經元被活化。接下來搖桿會停止運作，改由獼猴的大腦訊號掌控遊戲。這個重要成果，使馬斯克離腦機連結的目標又更近了一步。Neuralink 將影片上傳至 YouTube，一年內就有 600 萬次觀看。

66

決策風格

2021 年 1 月，特斯拉雷達系統，刪或留？

Merge near South Congress and Riverside

Problem:

- Vector Lanes NN incorrectly predicts that the captive rightmost lane can go straight, and we incorrectly lane change into it
- Bollard detection is late (1.2 sec before the intervention, but ego is moving fast).

Solution:

- Feed in **higher resolution map features** into the vector lanes net (in-progress)
- Train on improved **occupancy** (we're improve the panoptic network for thin / small road debris)

投影片顯示自動駕駛汽車技術的進步。

刪除雷達

自駕車的自動輔助駕駛系統是否要使用雷達、不單純依賴攝影機回傳的視覺資料，這個問題持續在特斯拉內部引發爭論。這件事也是了解馬斯克決策風格的經典案例：遵循物理學第一原理，時而大膽、時而固執、時而不顧後果、時而很有遠見，有時又出乎意料地非常有彈性。

一開始，他對這個問題抱持開放態度。2016 年，特斯拉 Model S 升級時，他勉強同意自動駕駛團隊在既有的八台攝影之外，另外在汽車上安裝前向雷達。接著他授權工程師啟動另一項計畫，開發自家的雷達系統「鳳凰」（Phoenix）。

但是到了 2021 年初，雷達出現了問題。新冠疫情導致晶片缺貨，特斯拉供應商無法提供足夠的晶片。不只如此，特斯拉自行研發的鳳凰系統也無法順利運作。1 月初，馬斯克在一場決定生死的會議上宣告，「我們可以選擇，停止汽車生產，或是馬上讓讓鳳凰順利運作，或是我們可以拆除整個雷達系統。」

所有人都知道他偏愛哪個選項。「我們可以只靠視覺系統解決問題，」他說，「不需要同時依靠雷達和視覺系統辨識相同的物體，這將會徹底改變遊戲規則。」

但是幾位高階主管表示反對，尤其是汽車部門總裁傑羅姆．吉倫。他認為刪除雷達系統並不安全，雷達可以偵測到攝影機或肉眼不容易看見的物體。後來大家決定開會辯論這個問題，再做決定。所有人表達完想法之後，馬斯克沉默了約 40 秒。「現在我要做出最後決定，」他說，「刪除雷達。」吉倫依然表示反對，馬斯克發火了，他語氣冷酷地說：「如果你不刪掉，我就找別人來做。」

2021 年 1 月 22 日，馬斯克寄了一封電子郵件。「從現在開始，關閉雷達。」他寫道，「這是沒有必要的存在，我不是在開玩笑。只靠攝影機顯然沒有問題。」吉倫不久後就離開了公司。

決策引爭議

馬斯克決定刪除雷達，引發大眾議論。《紐約時報》刊登了由凱德．梅茲（Cade Metz）與尼爾．鮑德特製作的深入調查報導，文章中揭露許多特斯拉工程師強烈質疑馬斯克的決定。「馬斯克堅持，只需要透過攝影機的視覺資料就可以執行自動駕駛，跟其他公司負責開發自駕車的技師想法很不一樣，」兩人寫道，「很多特斯拉工程師質疑，少了其他感測裝置，只靠攝影機是否足夠安全。馬斯克是否向駕駛們過度誇大了自駕系統的性能。」

曾出版《荒唐：特斯拉汽車的真實故事》（*Ludicrous*）一書批評特斯拉的愛德華．尼德邁爾（Edward Niedermeyer）發了一連串推文：「一般駕駛輔助系統的不斷改良，使汽車業更加倚賴雷達系統，甚至是更先進的技術，例如光學雷達或是熱成像，」他寫道，「特斯拉卻選擇反其道而行。」軟體安全領域的創業家丹．歐道德（Dan O'Dowd）在《紐約時報》刊登全版廣告，批評馬斯克的自動駕駛系統是「財星五百大企業有史以來賣過最爛的軟體。」

長期以來，特斯拉一直是美國國家公路交通安全管理局的調查對象，2021 年馬斯克決定拆除雷達系統之後，公路交通安全管理局更是加強調查。一項調查記錄了 273 件特斯拉駕駛使用不同等級的駕駛輔助系統引發的意外事故，其中有 5 件事故導致死亡。此外，管理局也針對 11 起特斯拉汽車與救護車相撞的事故展開調查。

馬斯克相信多數事故發生的原因是駕駛操作不當，並非軟體設計不良。在某次會議上，他建議用汽車攝影機蒐集的資料，證明哪些事故是因為駕駛疏失，有一台攝影機安裝在車內，鏡頭正好對準駕駛座。會議上一名女性員工表示反對。「我們和隱私團隊來回討論過好幾次，」她說，「我們不能把某段駕駛影像與特定某輛車關聯在一起，即使發生車禍也一樣，至少這是我們律師提出的原則。」

馬斯克聽了有些不高興，「隱私團隊」的概念惹怒了他。「我才是這家公司的決策者，不是隱私團隊，」他說，「我甚至不知道他們是誰。他們這麼隱密，你永遠不知道他們是誰。」會議室裡傳出了不安的笑聲。馬斯克建議：「或許我們可以設計彈出式視窗，告訴駕駛，在使用全自動輔助駕駛功能時，如果發生車禍，我們會蒐集資料，這樣可以嗎？」

那位員工想了一下，點點頭，「只要我們有做到和顧客溝通，我想就不會有問題。」

鳳凰展翅

馬斯克雖然固執，只要看到實際證據還是會改變想法。2021 年，他非常堅持要刪除雷達，因為當時的技術品質不良、解析度不足以提供有意義的資訊給視覺系統。但是他仍然同意讓工程師繼續投入鳳凰專案，看能否開發出更好的雷達技術。

馬斯克手下的汽車工程主管莫拉維指派一位丹麥出生的工程師皮特．休佐（Pete Scheutzow）負責這項專案。「伊隆並不反對雷達，」莫拉維說，「他只是反對品質不好的雷達。」休佐的團隊後來開發的雷達系統，只會針對人類駕駛肉眼有可能看不到的情況進行偵測。「你們或許是對的。」馬斯克說。他悄悄批准在價格較昂貴的 Model S 和 Model Y 上安裝新系統，進行測試。

「這套雷達系統比一般的汽車雷達還要精密，」馬斯克說，「是跟武器系統裡類似的雷達，會顯示實際情況，而不只是回傳訊號。」他真的打算在特斯拉的高階車款上安裝這套系統嗎？「值得實驗看看，我一向對物理實驗提供的證據抱持開放態度。」

67

全球首富

2021 至 2022 年，該開心的時刻，卻感到不安

成為全球首富，繳出史上最高額稅金

2020 年初新冠疫情剛爆發時，特斯拉股價曾跌至 25 美元，到了 2021 年初時已反彈上漲了 10 倍。1 月 7 日，股價達到 260 美元。當天馬斯克成為全球首富，身價高達 1,900 億美元，超越了貝佐斯。

在特斯拉面臨最嚴重生產困境的 2018 年，馬斯克與特斯拉董事會談定讓人意想不到的獎酬方案。他沒有保證薪資，但如果公司在營收、獲利和市值上達到非常有企圖心的超高目標，他就能領取獎酬，其中包括特斯拉市值成長 10 倍，達到 6,500 億美元。當時的新聞報導紛紛預測，那是不可能達成的目標。但是到了 2021 年 10 月，特斯拉成為美國史上第六家市值破 1 兆美元的公司，市值甚至超越豐田、福斯、戴姆勒、福特與通用汽車這五家最大競爭對手的總和。2022 年 4 月，特斯拉獲利達到 50 億美元，營收達 190 億美元，比前一年成長了 81%。根據 2018 年的協議，董事會必須支付馬斯克約 560 億美元的獎金，2022 年初，馬斯克的資產淨值達到 3,040 億美元。

馬斯克一向很不滿大眾攻擊他是億萬富翁這件事，而自從他剛變性、反資本主義的女兒珍娜和他斷絕往來之後，他對這件事又更加敏感。他賣掉所有房子，認為把財富投資自己的公司、而不是投資自己的生活方式，就沒有理由被攻擊。但是他還是不斷遭受外界批評，原因是他沒有領薪水，而且把資金都投入公司，沒有任何資本利得，因此也幾乎不需要繳稅。

2021 年 11 月，他在推特上舉辦投票活動，詢問大家是否要賣掉部分特斯拉股票，實現部分資本利得，然後繳稅。總計有

350 萬人投票，58%的人表示同意。他本來就打算出售股票，於是他將 2012 年公司授予、即將到期的股票選擇權出售，繳了史上金額最高的單筆稅金：110 億美元，足以支付他的對手、也就是證券交易委員會整整五年的預算。

「我們應該要修改稅法漏洞，讓年度風雲人物真正有在繳稅，不再繼續占其他人便宜，」參議員伊莉莎白．華倫（Elizabeth Warren）在 2021 年底推文寫道。馬斯克立即回嗆，「如果你有張開眼睛 2 秒鐘，你就會知道，今年我繳的稅比史上任何一位美國人還要多。不要一次就花光喔……但等等，你們已經花掉了耶。」

錢買不到的東西

如果金錢買不到快樂這句話是真的，馬斯克成為全球首富時的心情變化，就是一個參考值。2021 年秋季那段時間，馬斯克並不快樂。

當年 10 月，他飛到墨西哥卡波聖盧卡斯（Cabo San Lucas）參加金博爾為太太克里斯蒂安娜舉辦的生日派對，當天格萊姆斯擔任現場 DJ，但他大部分時間都關在房間裡玩《迷你帝國》。「我們在這件藝術作品底下欣賞互動燈光，隨著克萊兒（格萊姆斯）帶來的音樂起舞，」克里斯蒂安娜說，「我想著，我們有多麼幸運，這一切都要感謝伊隆，但是他就是沒辦法享受這個時刻。」

馬斯克和往常一樣，心情總是起伏不定，憂鬱時就會胃痛。他會嘔吐，有嚴重的胃灼熱感。「你有好的醫生可以推薦嗎？」他決定縮短卡波的行程時，傳簡訊問我。「不一定要很有名氣，或是很高級的診所。」我問他還好嗎？「老實說，非常不好，」他回答，「我已經很長一段時間蠟燭兩頭燒，而且是用噴火槍在燒。身體被搞壞了，我這個週末很不舒服。」幾週後，他和我分享了更多心事。我們聊了超過兩小時，大部分時間都在談他在2021年時仍未被治癒的心理與身體傷痕。

> 從2007年一直到大概去年，痛苦一直沒停過。有人拿槍指著你的頭，要你搞定特斯拉，要你從帽子裡變出一隻兔子，然後再變出一隻。一堆兔子滿天飛。如果沒有變出下一隻兔子，你就死定了。你不可能一直處於戰鬥模式，一直分泌腎上腺素，然後不受到任何傷害。
>
> 但是今年我發現了另一件事。你可以靠戰鬥模式撐好一段時間。但是當你不再面臨生死關頭，就很難每天保有動力。

這是馬斯克對自己性格提出的精闢剖析。事情很危急時，他整個人就會充滿鬥志。這是他小時候在南非生活時形成的受困心態（siege mentality）*。但沒有面臨生死關頭時，他又會變得心神不寧。原本應該感到開心的時候，他卻感到不安。所以他下令「爆能」，引發戲劇化事件，讓自己陷入原本可以避開的戰鬥之中，抹殺新的成就。

當年感恩節，馬斯克的媽媽和妹妹飛到奧斯汀，和他四個較年長的兒子、X和格萊姆斯一起幫他慶生。他的兩個表兄弟以及他爸爸在第二段婚姻生下的兩個同父異母妹妹也去了奧斯汀。「我們必須陪在他身邊，因為他會孤單，」梅伊說，「他喜歡家人陪在身邊，所以我們應該要陪他，因為，你知道，他壓力太大了。」

隔天，達米安為每個人做了義大利麵，還在鋼琴上彈奏古典樂。但是馬斯克決定專心處理猛禽引擎的問題。他在飯廳閒晃了一下，看起來非常焦慮，接下來大部分時間都在開視訊會議。然後，他突然宣布要飛回洛杉磯，解決猛禽的危機。也只有他自己覺得是危機。當時是感恩節週末，而猛禽引擎還要至少一年才有可能建造完成。

「上週過得不錯，」馬斯克傳簡訊告訴我，「雖然週五和週六晚上我都待在火箭工廠處理猛禽的問題，但我還是覺得那是很棒的一週。非常痛苦，但我們必須咬牙把猛禽做出來，即使需要全部重新設計。」

---

* 心理上覺得自己被包圍，總是疑神疑鬼，因此步步為營，處處防範別人。

68

年度父親

2021 年，祕密雙胞胎與 Y 寶寶

馬斯克與齊莉絲和雙胞胎斯特萊德與艾舒兒；
與 X 在特斯拉。

齊莉絲的雙胞胎

2021年，馬斯克無法好好享受感恩節假期、選擇飛回洛杉磯忙猛禽引擎的噴嘴與閥門問題，他刻意讓自己分散注意力的原因之一，是一週前他又多了一對龍鳳胎小孩。孩子的母親是席馮·齊莉絲，也就是馬斯克在2021年延攬加入OpenAI、那位眼神明亮的人工智慧投資人，後來成為Neuralink的營運高階主管。她成為馬斯克的好友、知識伴侶，有時候也是一起打電動的玩伴。「這是目前為止我人生中最有意義的一段友誼，」她說，「遇見他之後不久，我就說，『我希望我們是一輩子的朋友。』」

齊莉絲一直住在矽谷，在佛利蒙的Neuralink辦公室上班，但馬斯克搬去奧斯汀後不久，她也跟著搬過去，進入馬斯克的核心社交圈。格萊姆斯把她當成朋友，偶爾會幫她介紹約會對象，其中包括馬斯克在SpaceX的得力助手、總是精力充沛的容克薩。2020年，馬斯克和格萊姆斯舉辦了一場小型萬聖夜派對（他們最愛的節日），齊莉絲就和容克薩一起參加。

格萊姆斯和齊莉絲分別與馬斯克性格的兩個極端面向很契合。格萊姆斯性格好強，跟她相處很有趣、也很激烈，兩人吵架是家常便飯，而且她和馬斯克一樣，很容易被混亂吸引。齊莉絲正好相反。「六年來，伊隆和我從來沒有吵過架，也從來沒有爭執。」很少人能這麼說。他們兩人交談時，始終保持節制與理智。

齊莉絲選擇不結婚，但是她有「超級強烈的母性。」她自己形容。加上馬斯克不斷向她鼓吹生更多小孩的重要性，又更進一步強化她想當母親的衝動。馬斯克擔心出生率持續下降，長期而言會威脅人類意識的存續。「人類應該重新把生小孩視為一種社會責任，」他在 2014 年接受採訪時說道，「否則人類文明將會滅亡。」馬斯克的妹妹、總是全力支持他的托絲卡，當時已經是成功的愛情電影製片，她住在亞特蘭大，一直沒有結婚。馬斯克鼓勵她生小孩，後來她同意後，馬斯克幫她找到診所、選了一名匿名捐贈者的精子，而且幫她支付所有費用。

「他很希望聰明的人多生小孩，一直鼓勵我生，」齊莉絲說。當她準備好想要小孩時，馬斯克提議由他當捐精者，這樣小孩就能遺傳他的基因。這個想法很吸引她。「如果要在匿名捐精者或是你在世界上最崇拜的人之間做選擇，對我來說，這個決定太簡單了，」她說，「我想不到我會更希望小孩遺傳到誰的基因。」這樣做還有另一個好處：「這件事似乎會讓他非常開心。」

兩人透過人工受孕方式生下雙胞胎。因為 Neuralink 是未上市公司，所以這件事會牽涉到哪些與職場關係相關的規定，並不清楚。當時沒有人提出問題，是因為齊莉絲沒有告訴任何人小孩的生父是誰。

當年 10 月某一天，她帶馬斯克與 Neuralink 高階主管參觀公司在奧斯汀新蓋好的辦公區。地點就在特斯拉德州超級工廠附近的帶狀商業區，包含一間辦公室與實驗室，公司還在附近興建了幾間穀倉，飼養用來進行晶片植入實驗的豬與羊。當時她的身材明顯看得出來懷了雙胞胎，但是沒有人知道肚子裡的小孩也是馬斯克的孩子。後來我問她這樣會不會讓她覺得尷尬。「不會，」她回答，「我很開心自己當了媽媽。」

懷孕晚期，齊莉絲因為併發症住院。雙胞胎提早七週出生，但是非常健康。出生證明的父親欄位寫著馬斯克的名字，但是兩個小孩從母姓，男孩取名為斯特萊德．賽爾登．夏克哈（Strider Seldon Sekhar），女孩取名為艾舒兒．阿斯特拉．愛麗絲（Azure Astra Alice）。齊莉絲以為馬斯克不會花太多心思在這兩個小孩身上。「我原本以為他會扮演教父的角色，」她說，「因為這位老兄要做的事情很多。」

但是情況正好相反。馬斯克花很多時間和雙胞胎相處，和他們建立關係，只不過是以他特有的情感疏離的方式。他每週至少有一天會待在齊莉絲家裡，餵小孩吃飯，和小孩一起坐在地板上，開深夜視訊會議，討論猛禽、星艦和特斯拉自動駕駛系統等問題。他天生就不是那種很常擁抱小孩的爸爸。「有些事情他就是做不到，因為他的情感連結天生就和一般人不太一樣，」齊莉絲說，「但是他一走進來，孩子們就很興奮，眼裡只有他，這也會讓他很開心。」

Y 寶寶

格萊姆斯和馬斯克的關係雖然出現裂痕，但兩人都很享受共同撫養 X 的時光，所以他們決定再生一個小孩。「我真的很希望他能有個女兒。」她說。但是她第一次懷孕時吃盡苦頭，而且她身材太削瘦，容易引發併發症，因此他們決定透過代理孕母。

於是就發生了難以想像、很可能極度尷尬的情況，就像一齣新世紀法國鬧劇。齊莉絲因為懷孕引發併發症，躺在奧斯汀的醫院裡，同一時間代理孕母也在住院，她懷著馬斯克和格萊姆斯透過體外受精孕育的女嬰。因為代理孕母情況不穩定，格萊姆斯一直陪在她身邊，但格萊姆斯不知道齊莉絲就住在附近的病房，或者說她根本不知道齊莉絲也正懷著馬斯克的孩子。或許這就是為什麼那個感恩節週末，馬斯克決定飛到西部處理好像還比較簡單的火箭問題。

12 月，馬斯克與格萊姆斯的女兒出生了，比同父異母的雙胞胎兄姐晚了幾週，馬斯克和格萊姆斯再度開始漫長的取名過程。一開始他們叫她火星仙子，那是《美少女戰士》這部漫畫裡的角色，故事描述一群女戰士如何對抗惡勢力、守護太陽系。對於未來可能注定要前往火星的小孩來說，這似乎是很合適、又跳脫傳統的名字。到了 4 月，他們決定取一個「沒那麼嚴肅的」名字（沒錯），因為「這個小嬰兒看起來閃亮亮、傻呼呼的，」格萊姆斯說。他們決定將她取名為艾克薩・黑暗・恆星（Exa Dark Sideræl）。到了 2023 年，他們又想要把寶寶的名字改成安朵美達・合成・故事・馬斯克（Andromeda Synthesis Story Musk）。為了方便，他們通常直接叫她 Y，有時候也叫她「為什麼？」（Why?），問號也是名字的一部分。「伊隆總是說，我們要先知道問題是什麼，才能了解宇宙的答案。」格萊姆斯說，這是馬斯克從《銀河便車指南》得到的啟發。

馬斯克和格萊姆斯帶著 Y 離開醫院返家，把她介紹給 X。克里斯蒂安娜和其他親戚也在場，所有人坐在地板上玩耍，就和傳統家庭一樣。馬斯克從未透露齊莉絲生下雙胞胎的事情。他和小孩玩了一小時、匆忙吃完晚餐，就抱起 X 搭上他的私人噴射機前往紐約，參加《時代》雜誌頒給他年度風雲人物的典禮，還在學步的 X 就坐在他腿上。

雜誌的肯定讓馬斯克的名氣攀上巔峰。2021 年他成為全球首富，SpaceX 成為第一家載運平民組員進入軌道的私人企業，特斯拉市值突破 1 兆美元，引領全球汽車業邁入電動車時代。「很少有人對地球上生命的影響力能超越馬斯克，他的影響甚至有可能擴及地球以外的生命。」《時代》雜誌總編輯艾德·費爾森塔爾（Ed Felsenthal）寫道。《金融時報》也將馬斯克評選為年度風雲人物，文章中提到，「馬斯克正向世人宣告，他是他這個世代真正最有創新精神的創業家。」馬斯克接受《金融時報》採訪時，特別強調他創業的使命。「我努力要把人類送上火星，星鏈計畫是為了讓資訊自由傳播，創辦特斯拉是為了加速永續科技的開發，讓人們擺脫單調無聊的駕駛苦差事，」他說，「的確，通往地獄的道路某些時候是由善意鋪成的，但絕大多數都是由惡意鋪成的。」

69
政治立場

2020 至 2022 年，新冠、拜登、迷你帝國

「吞下紅色藥丸」

「新冠恐慌實在太可笑。」馬斯克推文表示。2020 年 3 月 6 日，他在上海的新工廠產能受到疫情嚴重影響，美國本土疫情開始升溫，特斯拉股價慘跌。除了財務受創，馬斯克個人也開始感到不滿。先是中國，接著是加州，兩地政府的強制規定再度點燃馬斯克的反權威性格。

3 月底，加州政府宣布實施居家隔離，當時佛利蒙工廠正要開始生產 Model Y，馬斯克決定不甩政府命令，讓工廠繼續運作。他在寄給全體員工的電子郵件中寫道：「我要很清楚地告訴大家，如果你們覺得有點生病，或是不舒服，不用覺得一定要來上班，」他接著寫道，「我自己是會來上班。老實說，我還是認為新冠恐慌造成的傷害，遠遠超過病毒本身。」

後來政府威脅要強制關閉工廠，馬斯克直接告上法庭。「如果有人想要待在家裡，那很好，」馬斯克說，「但是規定不能離開家，否則就會被逮捕，這根本是法西斯主義。這不是民主。這不是自由。把該死的自由還給人民。」他要求工廠繼續運作，挑戰警察是否真的會抓人。「我會和每個人站在一起，」他在推文寫道，「要抓就只抓我就好。」

結果馬斯克贏了。地方政府和特斯拉達成協議，只要佛利蒙工廠遵循戴口罩與其他安全措施，就能繼續運作。這些措施就是用來被打破的，但至少衝突就此落幕，生產線開始生產汽車，工廠也沒有爆發嚴重疫情。

那次爭議讓馬斯克的政治立場有了改變。原本他是歐巴馬的粉絲，還曾為歐巴馬募款，但後來他開始痛批進步派民主黨員。5 月某個週日下午，他與地方政府之間的爭議還未獲得解決，他發了一則謎樣的推文：「吞下紅色藥丸。」這是借用 1999 年的電影《駭客任務》（*The Matrix*）的劇情，電影中的駭客發現自己生活在電腦模擬情境裡（這個概念一直很吸引馬斯克），他可以選擇吞下藍色藥丸，忘掉一切，開心地回到原本的生活；或是吞下紅色藥丸，看見母體的真相。許多人都曾借用「吞下紅色藥丸」這句話，包括某些男權運動份子和陰謀論者，希望藉此表達他們已經準備好面對幕後祕密菁英組織的真相。伊凡卡・川普（Ivanka Trump）也抓到機會表態，轉推回覆：「已吞！」

覺醒心智病毒

「路由追蹤覺醒_心智_病毒」（traceroute woke_mind_virus）

2021 年 12 月，馬斯克發了一則讓人看了一頭霧水的推文，反映出他的政治立場正在改變。「路由追蹤」（traceroute）是一種網路指令，決定某些資訊的來源伺服器路徑。馬斯克真正要對抗的是過度政治正確以及進步派社會正義運動份子擁護的覺醒文化。我問他理由時，他回答：「覺醒文化基本上是反科學、反價值、反人性的，除非徹底根除這個病毒，否則人類文明永遠無法成為多星球文明。」

馬斯克的這種反應有部分是因為女兒珍娜變性、支持激進社會主義的政治理念，甚至與他斷絕關係。「他感覺失去了一個兒子，小孩因為染上覺醒心智病毒，決定改掉名字，甚至再也不和他說話。」馬斯克的個人財務經理博查爾表示，「他親眼見證了身邊非常親近的人被灌輸覺醒信仰之後，受到了什麼樣的傷害。」

就世俗層面來說，馬斯克愈來愈相信覺醒文化正在毀掉大家的幽默感。他喜歡開的玩笑內容多半會扯到六九、其他性行為、體液、便便、放屁、吸大麻，或是會讓大學宿舍裡神智不清的新生發笑的話題。他曾經是諷刺新聞網站《洋蔥報》的粉絲，後來變成基督教保守派新聞網站《巴比倫蜜蜂》（*Babylon Bee*）的忠實讀者，還在 2021 年底接受了他們的採訪。「覺醒文化想讓喜劇變成違法行為，這一點都不好玩，」他聲稱，「居然想讓戴夫・查普爾（David Chappelle）閉嘴，拜託，老兄，這太扯了。我們真的希望建立一個沒有幽默感，充滿指責與仇恨，缺乏寬恕的社會嗎？覺醒文化的核心就是分化、排他、與仇視。他讓刻薄的人有了一道可以隨意表達惡意與殘忍的保護牆，讓他們用錯誤的美德武裝自己。」

2022 年 5 月，馬斯克接到《商業內幕》的電話，告知他們要刊登一篇報導，提到他在私人飛機上對著一名空服員裸露身體，還要求對方幫他手淫。他說會送她一匹小馬，因為她很愛馬。馬斯克否認這個指控，他說他的飛機上沒有空服員，但是文件顯示，特斯拉在 2018 年有支付那名女性 25 萬美元的資遣費。報導刊出後，特斯拉股價重挫 10%，從此馬斯克的政治怨念又更深了。他相信這個故事是由那位女性的朋友洩露給媒體的，按他的說法，那位友人是「社運份子、覺醒者、極左派民主黨人。」

當他得知報導即將刊登時，他發了一則推文，想從政治打壓的角度來打預防針。「以前我投票給民主黨，因為他們（通常）是良善的政黨，」他寫道，「但現在他們已經變成分化與仇恨的政黨，所以我決定不再支持他們，未來我會投票給共和黨。現在就來看看他們會如何潑我髒水。」當時他正要飛往巴西，與右翼民粹主義總統雅伊爾．波索納洛（Jair Bolsonaro）會面，再度證明馬斯克的政治立場轉向。當他的私人飛機起飛時，他又發了一則推文：「那些針對我的攻擊都是因為政治因素，這是他們標準的（卑鄙的）操作手法，但是沒有任何事情能阻礙我為了美好的未來、為了你們的自由言論權利奮戰。」

隔天，報導並沒有如他原先擔心的變成大新聞，他又瞬間回復到樂觀開朗的狀態。「我們終於可以用伊隆門（Elongate）來稱呼醜聞了，聽起來很讚。」他推文。後來 YouTube 共同創辦人查德．賀利（Chad Hurley）開玩笑說馬斯克根本是在鬧（horse around），馬斯克回敬他：「嗨，查德……好吧，如果你碰我的雞雞，就可以得到一匹馬。」

拜登

隨著馬斯克愈來愈擔心覺醒文化，他的政黨傾向也開始轉變。「這種覺醒病毒主要寄居在民主黨人身上，即使多數民主黨人不會承認，」他說。他的轉變也是在回應部分民主黨人對他的攻擊。「伊莉莎白．華倫直接說我是不繳稅、占人便宜的大騙子，但事實上我是史上繳稅最多的人。」他說。他對於加州進步派女性眾議員洛蕾娜．岡薩雷斯（Lorena Gonzalez）的攻擊特別感到憤怒，「去你的伊隆．馬斯克。」她曾在推特上寫道。這也更加深他對加州的失望。「我來加州的時候，這裡充滿了機會，」他說，「可是現在，這裡充滿了各種法律訴訟、規範和稅。」

以前馬斯克打從心底看不起川普，覺得他是個騙子，但他對拜登的印象也不怎麼好。「他還是副總統時，我和他在舊金山一起吃午飯，他喋喋不休地說了大概一小時，無聊死了，就很像背後有人操縱的玩偶，一直重複說著相同的蠢話……」不過，他有說過 2020 年他會投票給拜登。但後來他決定，在加州投票是浪費時間（當時他還是加州的登記選民），因為加州的選情不算激烈。

馬斯克對拜登的鄙視到 2021 年 8 月時變得更加明顯，當時拜登在白宮舉辦慶祝電動車的活動。通用汽車、福特和克萊斯勒的領導人以及聯合汽車工會（United Auto Workers）領導人，都受邀參加，獨漏馬斯克，而特斯拉在美國本土銷售的電動車數量比這些其他車廠的總和還要多。拜登的發言人珍．莎琪（Jen Psaki）直截了當說出了背後原因：「這三家車廠是聯合汽車工會的前三大雇主，」她說，「所以我讓你們自己做結論。」聯合汽車工會一直無法讓特斯拉佛利蒙工廠的員工組成工會，部分原因是特斯拉採取了被國家勞動關係委員會（National Labor Relations Board）視為違法的反工會行動，另外有部分原因是特斯拉的員工（和路西德〔Lucid〕、Rivian 等新興電動汽車公司一樣）擁有股票選擇權，工會合約通常不包含這一部分。

同年 11 月，拜登再次惹惱馬斯克，他與通用汽車執行長瑪麗・芭拉（Mary Barra）及聯合汽車工會的領導階層一同參觀通用汽車在底特律的工廠。「底特律帶領著全球的電動車領域，」拜登說，「瑪麗，我記得在 1 月時和你談到美國必須在電動車領域取得領先。你改變了整個局面，瑪麗。你讓整個汽車產業電動化了。我是說真的。你們取得領先地位，這很重要。」

通用汽車的電動汽車發展在 1990 年代確實有取得領先地位，但後來開發喊停了。當拜登說出那段話的時候，通用汽車僅有一款電動汽車「雪佛蘭閃電」（Chevy Bolt），而且已經被召回、停產了。2021 年第四季，通用汽車在美國本土只賣出 26 輛電動車，同年特斯拉在美國本土賣了大約 30 萬輛電動車。「拜登就是人形襪子玩偶，」馬斯克回應。連向來直言批評馬斯克的《彭博社》記者達娜・胡爾（Dana Hull，馬斯克在推特上封鎖了她）也寫道，「拜登應該要盡量符合事實，跟市場一樣承認特斯拉在電動車革命所扮演的角色。」

拜登的幕僚團隊有很多人都開特斯拉的車，他們也擔心拜登與馬斯克之間的裂痕會愈來愈深，所以在 2022 年 2 月初，拜登的幕僚長羅恩・克萊恩（Ron Klain）與首席經濟顧問布萊恩・狄斯（Brian Deese）主動聯繫馬斯克。馬斯克發現這兩個人意外地還算講道理。為了盡快平息馬斯克的怒火，他們承諾拜登會公開讚揚特斯拉，隔天他們在拜登的演講稿中加了一句話。「許多企業已經宣布投資超過 2,000 億美元投入美國本土製造業，其中包括生產全新電動車的通用汽車與福特等指標性企業，以及全美規模最大的電動車製造商特斯拉。」這並不算是大肆吹捧，但成功安撫了馬斯克的情緒，至少暫時是如此。

拜登政府與馬斯克之間的緊張關係雖然得到緩和，卻沒能持續太久。後來馬斯克寄了一封電子郵件給特斯拉高階主管，表示自己對於經濟「感到超級悲觀，」要求他們為經濟衰退擬定好計畫。不料郵件內容外洩，有人因此詢問拜登的看法。拜登不假思索、語帶諷刺地說：「所以祝他月球之旅好運囉。」好像以為馬斯克就是個一直想飛去月球的怪咖。事實上，特斯拉就在為NASA 做月球著陸器。拜登發言後幾分鐘，馬斯克發了一則推文，嘲笑拜登完全搞不清楚狀況。「謝謝總統先生，」然後附上NASA 的新聞稿連結，裡面提到 SpaceX 拿下了載運美國太空人登陸月球的合約。

4 月時，拜登的顧問打電話給馬斯克，向他說明等待通過的降低通膨法案中關於電動車的獎勵措施。馬斯克相當開心，沒想到他們設想如此周到。但是他反對政府計劃未來三年花費 50 億美元興建電動車充電站網路。雖然這個計畫對特斯拉有益，但馬斯克認為不應該由政府架設充電站，就好比不應該由政府興建加油站一樣。最好是由私人企業負責，包括大企業與家庭式小型企業。企業界會找到方法，在餐廳、路邊景點、便利商店和其他地點架設充電站，藉此吸引顧客。如果是由政府架設充電站，就會澆熄這些創業衝勁。他承諾特斯拉的充電站會開放給其他電動車使用。「我希望你們知道，我們的汽車和充電站的充電機制能夠適用於不同廠牌的電動車。」他在電話裡提出保證。

但要做到這個目標，比聽起來要複雜得多。特斯拉的超級充電器需要有轉接頭，才能連上其他電動車的連接器，此外還必須擬定財務協議。白宮基礎設施協調官員米奇・蘭德里烏（Mitch Landrieu）前往特斯拉的內華達電池工廠，聽取特斯拉人員簡報技術細節。接著他偕同拜登的乾淨能源創新顧問約翰・波德斯達（John Podesta）與馬斯克在華盛頓召開一場小型會議，針對細節問題達成共識。隨後雙方罕見地在推特上相互支持對方。「伊隆・馬斯克將會開放一大部分的特斯拉網路給所有駕駛，」替拜登擬文的顧問寫道，「這是一項會改變一切的重大協議。」馬斯克回覆：「謝謝你們。特斯拉很高興能透過我們的超級充電網路支援其他電動車。」

自由至上主義朋友圈

2022 年初某一天，馬斯克決定在幾乎完工的特斯拉德州超級工廠臨時舉辦一場派對。他的得力助手阿富夏把一輛 Cybertruck 原型車吊起，放在工廠二樓的開放空間。他還設置了吧台，用還未裝配完成的汽車內部座椅當作椅子，布置成酒吧空間，四周還擺放了生產線機器人，增添樂趣。

馬斯克邀請他的朋友、PayPal 共同創辦人與 SpaceX 投資人諾塞克參加派對，諾塞克建議也邀喬・羅根參加，也就是那位以自己的政治不正確為傲、住在奧斯汀的播客節目主持人，馬斯克忙著應付 2018 年危機期間，曾上過他的節目。諾塞克也邀請了正巧來參訪的喬丹・彼得森（Jordan Peterson），他是加拿大心理學家，時不時會表達反覺醒文化的立場。當天彼得森穿著灰色天鵝絨有領外套，搭配剪裁合身的同款背心。派對結束後，馬斯克、羅根、彼得森與格萊姆斯一行人到諾塞克家中，一直聊到凌晨三點。

諾塞克在波蘭出生，還在讀伊利諾大學時就是死忠的自由至上主義者，大學時他和麥克斯．列夫欽時常會相互討論。後來他們和馬斯克以及更狂熱的自由至上主義份子彼得．提爾共同創辦 PayPal。2016 年川普勝選時，諾塞克也一起在提爾家中慶祝。

馬斯克在奧斯汀的朋友圈還包括 PayPal 共同創辦人之一、川普任命的駐瑞典大使肯．霍威利，以及另一位提爾的徒弟、年輕的科技創業家喬．朗斯戴爾（Joe Lonsdale）。還有一位是馬斯克在 PayPal 時期的朋友，舊金山的創業家與創投家大衛．薩克斯。薩克斯沒有特定的政治立場，他同時支持米特．羅姆尼（Mitt Romney）和希拉蕊．柯林頓。但他從學生時代就非常憂心政治正確問題，1995 年他和提爾合寫了一本書《多元化迷思》（*The Diversity Myth: Multiculturalism and Political Intolerance on Campus*），以他們的母校史丹佛為例，抨擊「政治正確的『多元文化主義』逐漸削弱高等教育與學術自由。」

這群朋友中沒有人能左右馬斯克的政治觀點，也沒有理由把他們視為影響他的幕後勢力。馬斯克只會根據自己的本性和直覺決定他的看法。但是他的本性和直覺更強化了他的反覺醒觀點。

2022 年，馬斯克的政治立場轉向右派，這讓他的進步派朋友焦慮不安，包括他的第一任妻子潔絲汀和他的現任女友格萊姆斯。「所謂的對抗覺醒主義戰爭，是最愚蠢的事，」潔絲汀在那年推文寫道。每當馬斯克傳右翼迷因和陰謀論的內容給格萊姆斯時，她就會回答：「這是從 4chan* 網站或是其他地方看到的？你看起來愈來愈像極右派。」

---

* 成立於 2003 年的次文化匿名討論版。

馬斯克開始陷入反覺醒狂熱，甚至偶爾為右翼陰謀論背書，的確有點奇怪。但他的狂熱就像他會切換成惡魔模式性格一樣，如海浪般有起有落，不是他的天生性格設定。多數時候，他宣稱自己是立場溫和的中間派，只不過他本性就有自由至上主義傾向，反抗一切規範與規則。他曾捐錢給歐巴馬競選團隊，甚至在某個場合中排隊站了六小時，只為了與歐巴馬握手。「我正在考慮籌組『超級溫和超級政治行動委員會』（Super Moderate Super PAC），支持所有政黨的中間派候選人。」他在 2022 年推文表示。當年夏季，他搭機參加了為共和黨眾議院領導人凱文・麥卡錫（Kevin McCarthy）的政治行動委員會募款的活動。他特地發了一則澄清推文，讓那些以為他全力支持「讓美國再次偉大」（MAGA）的人消除疑慮：「我要在此澄清，我支持左派共和黨員與右派民主黨員。」

但是他的政治看法就和他的心情一樣反覆無常。2022 年，有時他會愉快地大方稱讚溫和派，有時又會變得憤怒，擔憂覺醒文化以及媒體菁英發動的言論審查將會威脅人類的生存。

《迷你帝國》的人生大啟示

要了解馬斯克的高強度工作模式、專注力、競爭心態、強勢態度與熱愛策略等性格，其中一個關鍵就是觀察他對電玩遊戲的熱愛。他會連續好幾個小時沉浸在電玩遊戲中，發洩（或是累積）怒氣，磨練自己的戰術技能與策略思考。

13 歲的馬斯克在南非靠自學學會寫程式之後，開發了一款名為《太空大戰》的電玩遊戲。他學會駭入系統，免費玩大型電玩遊戲機台，後來他開始考慮自己開發遊戲機台，進入一家遊戲開發公司實習。大學時代他開始專攻策略遊戲，從《文明帝國》與《魔獸爭霸：人類與獸人》開始，在這類型遊戲中，玩家會輪流移動，運用聰明的策略、資源管理與決策樹戰略思考方法，打贏軍事或經濟戰役。

他從 2021 年開始迷 iPhone 手機多人策略遊戲《迷你帝國》。這款遊戲中共有十六個角色，稱為種族，玩家可以選擇自己的種族，與其他玩家競爭，包括開發科技、壟斷資源、發動戰爭，最終建立自己的王國。馬斯克實在太強了，最後甚至打敗了這款遊戲的瑞典開發者菲利斯．埃肯斯坦（Felix Ekenstam）。他如此熱愛這款策略遊戲，反映了什麼樣的性格？「我大概天生就對戰爭很感興趣。」他回答。

齊莉絲也在手機上下載了這款遊戲，兩人就能一起玩。「我從此掉進了無底洞，你能從遊戲中得到非常多人生啟發，還有關於你自己和對手的許多怪事。」她說。某天在博卡奇卡，馬斯克與工程師為了「移動星艦助推器時是否有必要用安全鏈」這個議題展開激烈爭論。結束後他坐在停車場邊的機器設備上，用手機與當時人在奧斯汀的齊莉絲對戰兩回合《迷你帝國》。「兩回合我都慘敗。」她說。

他也說服格萊姆斯下載遊戲。「除了電玩遊戲，他沒有其他嗜好或是放鬆方法，」她說，「但是他非常認真看待電玩遊戲，到很激烈的地步。」有一次兩人已經約好要聯合戰線，共同對抗其他種族，沒想到她突然丟火球攻擊他。「那次是我們數一數二嚴重的大吵，」她回想，「他覺得那是很嚴重的背叛。」格萊姆斯抗議說這只不過是遊戲，沒那麼嚴重。「這他媽的就是很嚴重。」他說。接下來一整天他都沒有和她說話。

有一次馬斯克造訪特斯拉的柏林工廠，為了完整打完一回合的《迷你帝國》而延遲與當地主管的會議。他母親和他同行，忍不住罵了他一頓。「是啊，我錯了，」他承認，「但這真的是最棒的遊戲。」他在返家的飛機上也一整晚都在玩。

幾個月之後，他去卡波聖盧卡斯參加金博爾的妻子克里斯蒂安娜的生日派對，有好幾個小時都待在房間或是在角落裡打電動。「快點，你得出去和其他人打招呼。」她懇求，但是他拒絕了。金博爾為了跟哥哥拉近距離，也學會這款遊戲。「他說這款遊戲能教導我成為像他一樣的執行長，」金博爾說，「我們稱之為《迷你帝國》人生啟示。」其中包括：

同理心不是一種資產。「他知道我天生就比較有同理心，和他不一樣，所以容易在商場上受傷，」金博爾說，「《迷你帝國》讓我知道，當沒有了同理心，他會如何思考。玩遊戲時，你不會有同理心，對吧？」

像玩遊戲一樣遊玩人生。「我有種感覺，」有一次齊莉絲對馬斯克說，「在你還小的時候，你就開始在玩一款策略遊戲，然後你媽媽不讓你玩了，但是你沒有發現，你繼續把人生當作是那款遊戲。」

不要怕輸。「你會輸，」馬斯克說，「前面五十次你都會感覺很受傷。但是當你習慣了輸，每次玩就不會那麼情緒化。」你會更大膽，冒更多險。

積極主動。「我的性格有點像加拿人，愛好和平、比較被動，」齊莉絲說，「我在玩遊戲的時候，都只是根據其他人的行動，被動回應，我不會去思考我的最佳策略是什麼。」她發現，可能和許多女性一樣，這也反映了她在工作上的行為。馬斯克和容克薩都曾告訴過她，除非她主動定策略，否則她不可能贏。

每一回合都要優化。在《迷你帝國》中，你只能玩三十回合，所以每一次都要優化。「人生就和《迷你帝國》一樣，你的機會有限，」馬斯克說，「如果其中有幾次鬆懈，我們就永遠去不了火星。」

加倍下注。「伊隆每次玩遊戲都會挑戰極限，」齊莉絲說，「他會加倍下注，然後再把所有資源重新投入遊戲中，不斷壯大自己的實力。他也是用這種方式對待自己的人生。」

選擇戰場。在《迷你帝國》中，你可能會發現自己被六個或更多種族包圍，被他們狂攻擊，如果你要一一反擊，就會輸掉遊戲。但是馬斯克從沒有真正學會這個教訓，齊莉絲得時常提醒他這一點。「老兄，現在每個人都在打你，如果你要打那麼多人，你會耗盡所有資源。」她對他說。她把這個方法稱為「前線最小化」（front minimization）。她一直希望他能學會這一點，但是在推特的使用上，齊莉絲並沒有成功讓馬斯克改變行為。

偶爾要關機。「我必須停止玩遊戲，因為它正在毀掉我的婚姻。」金博爾說。齊莉絲也刪除了手機裡的《迷你帝國》，格萊姆斯也是。過了一段時間，馬斯克也刪除了遊戲。「我必須刪除手機裡的《迷你帝國》，因為消耗太多腦力了，」他說，「我開始會夢到《迷你帝國》。」但是馬斯克從來沒學會關機這件事。幾個月後，他又重新下載了這款遊戲，又開始玩了。

70
星鏈支援烏克蘭

2022 年，當人道救援差點被用於攻擊行動

星鏈上前線

2022 年 2 月 24 日，就在俄羅斯入侵烏克蘭前一個小時，他們發動惡意軟體攻擊，癱瘓為烏克蘭提供通訊與網路服務的美國衛星公司 Viasat 的路由器。烏克蘭軍隊的指揮系統陷入停擺，無法進行防守。烏克蘭官員慌忙請求馬斯克提供協助，副總理米哈伊洛・費多羅夫（Mykhailo Fedorov）在推特上呼籲馬斯克提供網路連線。「我們請求你提供星鏈衛星站給烏克蘭。」他在推文中懇求。

馬斯克同意了。兩天後，500 台終端機抵達烏克蘭。「美國軍方會協助我們運送，政府會提供人道包機和一些補助，」葛溫妮・蕭特威爾在寄給馬斯克的電子郵件中寫道，「大家一定會好好合作。」

「酷，聽起來很不錯。」馬斯克回覆。他和烏克蘭總統佛拉基米爾・澤倫斯基（Volodymyr Zelensky）透過 Zoom 視訊會議，討論更大規模運送的物流問題，他還承諾戰事一結束，一定會造訪烏克蘭。

SpaceX 星鏈的商業營運總監蘿倫．德雷爾（Lauren Dreyer）每天兩次向馬斯克報告最新進度。「今天俄羅斯大量破壞烏克蘭的通訊基礎設施，烏克蘭陸軍利用星鏈終端機，讓戰區指揮中心持續運作，」她在 3 月 1 日寫道，「這些衛星站攸關生死，因為敵軍將攻擊重點放在通訊基礎設施。他們要求提供更多終端機。」

隔天，SpaceX 另外運送了 2,000 台終端機，經由波蘭抵達烏克蘭。但是德雷爾表示某些地區由於電力中斷，許多終端機無法運作。「我們可以提供幾套太陽能板與電池，」馬斯克回覆，「也可以運送特斯拉 Powerwalls 和 Megapack 電池給他們。」不久之後，太陽能板與電池已經在運送途中。

那一週馬斯克每天都會和星鏈工程師開會。他們和其他公司或是美國軍方某些單位很不一樣，總是能找到方法破解俄羅斯的干擾。週日，SpaceX 為烏克蘭某個特種作戰部隊提供語音通話服務。烏克蘭軍隊可以透過星鏈終端機，與美國聯合特種作戰司令部連線，同時讓電視廣播恢復正常。短短幾天內，SpaceX 又運送了 6,000 台終端機與接收器給烏克蘭，到了 7 月，已經有 15,000 台星鏈終端機在烏克蘭境內運作。

不久之後星鏈獲得媒體大篇幅報導。「烏克蘭衝突讓馬斯克和 SpaceX 新開發的衛星網路通過嚴苛考驗，引起多個西方國家軍隊的興趣。」《政客》（*Politico*）的報導描述烏克蘭士兵在前線使用這項服務。「指揮官對這家公司的能力留下深刻印象，短短幾天就把數千台背包大小的衛星站，運送到飽受戰爭折磨的國家，面對俄羅斯駭客愈來愈精密的網路攻擊，這些衛星站依舊能順利運作。」《華爾街日報》也刊登專題報導。「如果沒有星鏈，我們將會輸掉這場戰爭。」一位烏克蘭排長告訴《華爾街日報》。

星鏈負擔了衛星接受器與服務的一半成本。「到目前為止我們捐了多少？」3 月 12 日馬斯克在信中詢問德雷爾。德雷爾回覆：「2,000 台免費星鏈終端機，不收取月費。另外我們以非常優惠的折扣，賣了 300 台給利沃夫（Lviv）的資訊科技協會，取消大約 5,500 台終端機的月費。」不久之後，SpaceX 又捐贈了 1,600 台終端機，馬斯克預估總捐贈金額大約是 8,000 萬美元。

其他政府單位也有提供援助，包括美國、英國、波蘭和捷克。此外還有來自私人的贊助。歷史學家尼爾·佛格森（Niall Ferguson）寫了一封電子郵件給朋友，希望能募集 500 萬美元，額外購買與運送 5,000 台星鏈終端機。「如果你願意捐款，請盡快讓我知道，」他寫道，「星鏈扮演了非常重要的角色，有了星鏈就能夠讓烏克蘭政府的通訊維持正常運作，不會被俄羅斯破壞。」三小時後，他收到 Salesforce 共同創辦人、億萬富翁馬克·貝尼奧夫（Marc Benioff）的回信。「我捐 100 萬，」他寫道，「伊隆實在太帥了。」

好心沒好報

「有可能會引發大災難，」馬斯克傳了簡訊給我。2022 年 9 月某天週五傍晚，馬斯克再度陷入危機戲劇化模式，但這次是有理由的。因為發生了一件極度危險、複雜難解的問題，他相信有「很大可能性」，烏克蘭戰爭會引發核戰，而星鏈要負起部分責任。當時烏克蘭軍隊試圖運送六艘裝有爆裂物的無人潛艇，突襲駐守在克里米亞半島塞凡堡（Sevastopol）的俄羅斯海軍艦隊，烏克蘭軍方將會利用星鏈網路引導無人潛艇朝向目標航行。

雖然馬斯克很樂意支援烏克蘭，但是在外交政策上，他的直覺思考偏向務實主義，而且他非常熟悉歐洲的軍事歷史。他認為烏克蘭攻擊在 2014 年被俄羅斯併吞的克里米亞，這樣的行動太過魯莽。幾週前，俄國大使曾和馬斯克通話，並警告馬斯克，攻擊克里米亞就是踩到紅線，有可能引發核戰。馬斯克向我解釋俄國的法律和政治原則，強調他們真的有可能動用核武。

從傍晚直到深夜，他親自上火線應對眼前的局勢。他的結論是，如果允許烏克蘭使用星鏈發動攻擊，將會導致全球陷入災難。所以他再度重申要貫徹之前的一項祕密政策（烏克蘭人並不知情）：關閉克里米亞海岸 100 公里內的網路連線。後來，烏克蘭的無人潛艇接近塞凡堡的俄國艦隊時就失去網路連線，被海浪沖上岸，沒有造成傷害。

烏克蘭軍方在執行任務時發現克里米亞境內和周圍地區的星鏈網路斷線，馬斯克不斷接到電話和簡訊轟炸，要求他恢復網路連線。戰爭開打時成功爭取到馬斯克協助的副總理費多羅夫有偷偷告訴馬斯克無人潛艇的相關細節，說明這些無人潛艇對於烏克蘭爭取自由至關重要。「我們自己建造了這些水下無人機，可以摧毀任何一艘巡洋艦或潛艇，」他用加密應用程式傳訊給馬斯克，「我沒有向任何人透露這些資訊。你用科技改變了世界，我希望你能知道。」

馬斯克回覆，無人潛艇的設計讓人印象深刻，但是他拒絕恢復克里米亞地區的網路連線，他認為「烏克蘭做得太過火，會導致策略失敗。」他和拜登的國安顧問傑克．蘇利文（Jake Sullivan）及參謀長聯席會議主席馬克．米利上將（General Mark Milley）商討當下的情況，並解釋 SpaceX 不希望星鏈被用來發動軍事攻擊。他也打電話給俄國大使，向他保證星鏈只會被用於防守目的。「我想如果烏克蘭的攻擊行動成功擊沉俄國艦隊，就有可能成為迷你版的珍珠港，導致戰事升溫，」馬斯克說，「我們不想要牽涉其中。」

馬斯克的受困心態，讓他時常有末日啟示。不論是在政治或商業領域，他都會看到即將出現的嚴重威脅，這也成為推動他的動力。2022 年，他警覺到全球即將發生多項災難性危險。他開始相信，一年內全球很有可能為了台灣問題與中國對抗，重創全球經濟。他也認為，如果烏克蘭戰爭繼續拖延下去，將會引發軍事和經濟災難。

他主動想尋求結束烏克蘭戰爭的方法，提出了一項和平計畫，包括在頓巴斯（Donbas）與其他俄國控制地區舉行公投；承認克里米亞屬於俄國領土；確保烏克蘭維持「中立」立場，不加入北約組織。結果引發軒然大波。「滾開，這就是我對你的外交禮貌回應。」烏克蘭駐德國大使在推特上寫道。總統澤倫斯基則謹慎許多。他在推特上發起投票：「你們比較喜歡哪個馬斯克？支持烏克蘭的馬斯克，或是支持俄羅斯的馬斯克？」

隨後馬斯克又發了一則推文，稍微讓步。「到目前為止，SpaceX 運送和支援烏克蘭使用星鏈，已經花了 8,000 萬美元，」馬斯克回覆澤倫斯基，「我們支援俄羅斯的金額是零。所以我們顯然是支持烏克蘭的。」但是接下來他又說，「如果要試圖奪回克里米亞，將會造成大規模死亡，而且很可能會失敗，甚至引發核武戰爭。這對烏克蘭和地球來說，都非常可怕。」

10 月初，馬斯克擴大禁止星鏈使用於攻擊行動的區域，關閉了俄羅斯控制的烏克蘭南部與東部地區的星鏈網路連線。他因此再度接到一大堆電話，此事也凸顯了星鏈扮演極為重要的角色。不論是烏克蘭或美國，都沒辦法找到能夠與星鏈匹敵、或是有能力阻擋俄國駭客攻擊的衛星服務供應商或通訊系統。他覺得自己的付出沒被當一回事，表示不願繼續承擔部分財務費用。

蕭特威爾也強烈認為 SpaceX 應該停止資助烏克蘭的軍事行動。提供人道協助沒問題，但是私人企業不應該資助外國戰爭。這應該是政府要做的事，這也是為什麼美國有國外軍事銷售（Foreign Military Sales）計畫，目的就是在私人企業與國外政府之間設下一道保護牆。其他公司，包括獲利的大型國防承包商提供武器給烏克蘭時，都收取了數十億美元的費用，要求還未獲利的星鏈免費提供服務，似乎太不公平了。「一開始我們是為了人道與防衛目的，例如維持醫院和銀行系統運作，提供免費服務給烏克蘭，」她說，「但是他們開始把星鏈放在該死的無人潛艇上，想要摧毀俄國艦隊。我很樂意免費捐贈星鏈給救護車、醫院和母親使用。任何企業和個人都應該這麼做。但是不應該利用星鏈引導無人機發動攻擊。」

蕭特威爾開始與五角大廈協商立合約。SpaceX 可以繼續提供六個月的免費服務，但這些終端機只能用於人道目的，公司不再為軍事目的提供免費服務，這部分的費用應該由五角大廈負擔。最後雙方達成協議，五角大廈將會支付 1.45 億美元的星鏈服務使用費用給 SpaceX。

但是消息不幸外洩，媒體和推特湧現大量批評聲浪，抨擊馬斯克。所以他決定不拿政府補助。SpaceX 將會無限期為烏克蘭境內的終端機提供免費服務。「就算了吧，」他推文寫道，「SpaceX 還在虧錢，其他企業卻爽拿納稅人數十億美元的錢，不過我們會免費資助烏克蘭。」

蕭特威爾覺得這太荒謬了。「五角大廈已經準備要給我 1.45 億美元，都談好了。可是伊隆竟然屈服於推特上那些狗屎批評，還有五角大廈內部洩露消息的那些壞人。」

「好心總是沒好報。」他的朋友大衛・薩克斯在推文寫道。

「即使如此，我們還是應該要做好事。」馬斯克回覆。

烏克蘭副總理費多羅夫傳了加密簡訊給馬斯克，大力感謝他，試圖化解雙方的不愉快。「不是每個人都了解你對烏克蘭的貢獻。但我可以確定，如果沒有星鏈，我們就無法順利運作。再次謝謝你。」

費多羅夫表示，他了解馬斯克的立場，知道他為何反對利用星鏈服務攻擊克里米亞。但是他要求馬斯克允許他們在俄羅斯控制的南部與東部地區，使用星鏈服務對抗俄軍。下面是兩人格外坦誠的加密溝通過程：

費多羅夫：把這些地區排除在外非常不公平。我來自札波羅熱（Zaporizhzhia）地區的瓦斯利夫卡（Vasylivka）小鎮，我的父母和朋友就住在那裡。現在俄軍占領了這座小鎮，無法無天、民不聊生，當地居民焦急地等待自由的到來……9 月底我們發現，星鏈在重獲自由的村莊沒有服務，這樣就無法讓這些領土上的重要基礎建設恢復正常運作。對我們來說，這是攸關生死的事情。

馬斯克：一旦俄羅斯全體動員，就會摧毀烏克蘭境內所有基礎建設，占領遠比現在還要廣大的領土。北約一定會出手干預，避免所有烏克蘭領土落入俄國手中。到時候，引發第三次世界大戰的風險會變得非常高。

費多羅夫：動員並不會影響戰爭的進程，但是科技會。這是一場科技戰⋯⋯俄國一旦動員，就可能讓普丁垮台。這不是俄國人民的戰爭，他們並不想去烏克蘭。

馬斯克：俄國會不惜一切手段保住克里米亞。這將會導致全世界面臨可怕的風險⋯⋯你們應該在仍占有優勢時尋求和平。我們可以一起討論。（馬斯克提供了他的私人電話號碼。）我會全力支持任何有利於全人類共同福祉、邁向和平的務實做法。

費多羅夫：我了解。我們是從烏克蘭人的眼光看待這件事，你是從想要拯救全人類的角度。而且你不只是想想而已，為了這個目標，你做的比任何人都還要多。

與費多羅夫聊完之後，馬斯克感到非常挫折。「我在這場戰爭中到底是什麼角色？」某天深夜我們講電話時他問我，「星鏈不應該與戰爭有任何牽扯。它只是為了讓大家可以看 Netflix 放鬆，上學有網路可用，去做有助於和平的事情，而不是用來發動無人機攻擊。」

最後，在蕭特威爾協助下，SpaceX 與多國政府簽訂協議，支付星鏈在烏克蘭逐漸增加的服務費用，另外也與軍方擬定了服務條款。2023 年初，SpaceX 又運送了 10 萬台新接收器給烏克蘭。此外，星鏈推出了「星盾」（Starshield），這是專門為軍事用途設計的服務。SpaceX 透過銷售或是授權方式，讓美國軍方或其他政府單位使用星盾衛星與服務，由政府單位決定，在烏克蘭或其他地方該如何使用星盾衛星與服務。

71

馬斯克與蓋茲

2022 年，兩位首富的價值觀衝突

馬斯克在 2015 年的博鰲亞洲論壇上與蓋茲合影。

蓋茲參訪

「嘿，我想去找你聊聊慈善事業與氣候變遷。」比爾·蓋茲在 2022 年初和馬斯克出席同場會議時對馬斯克說道。為了節稅，馬斯克賣股票後將 57 億美元現金投入他所成立的慈善基金會。當時蓋茲大部分時間都在忙慈善事業，他有許多建議想和馬斯克分享。

過去他們有過幾次友善的交流，包括有一次蓋茲帶兒子羅里（Rory）參觀 SpaceX。跟其他科技宅男不同，馬斯克比較喜歡微軟的作業系統。他認同這位同樣認真工作、堅持到底的創業家。兩人同意安排會面時間，蓋茲有自己專屬的排程與助理團隊，他說會再請他的辦公室打電話給馬斯克的助理。

「我沒有安排會議的助理。」馬斯克回答。他很早就決定不請個人助理或是安排會議的人，因為他想要全權掌控自己的行程。「就請你的祕書直接打給我吧。」蓋茲覺得馬斯克沒有助理很「不尋常」，他覺得由他的助理打電話給馬斯克本人似乎不太妥當，所以他親自打給馬斯克，敲定在奧斯汀會面的時間。

「剛降落。」2022 年 3 月 9 日下午，蓋茲傳簡訊給馬斯克。

「太好了。」馬斯克回覆，然後請歐米德·阿富夏到超級工廠的入口迎接蓋茲。

在這世上少數獲得全球首富頭銜的人當中，馬斯克和蓋茲有許多相似之處。兩人都擅長分析，都能夠保持高度專注力，對自己的智商非常有自信到接近自負的程度。兩個人都無法忍受蠢貨。正因為兩人的這些共通點，衝突似乎很難避免。果然，馬斯克帶蓋茲參觀工廠時，就發生了爭執。

蓋茲認為電池永遠無法提供大型半聯結卡車需要的動力，太陽能也不是解決氣候變遷的關鍵。「我給他看數字，」蓋茲說，「在這個領域，我顯然知道一些他不知道的事情。」蓋茲也不理解馬斯克的移民火星計畫。「我不迷火星，」蓋茲後來告訴我，「他過度熱衷於火星計畫。我要他解釋給我聽，為何要移民火星，我覺得這個想法太莫名其妙了。他的想法很瘋狂，他認為地球會發生核武戰爭，到時候已經逃到火星的人類就可以返回地球，在地球上的人類都互相殘殺死光之後，繼續存活。」

不過，蓋茲對於馬斯克興建的這座工廠，以及他對所有機器、零組件瞭若指掌的程度，感到印象深刻。蓋茲也很敬佩 SpaceX 有能力發射大量星鏈衛星，從太空提供網路服務。「星鏈計畫做到了二十年前我想透過特萊迪斯克公司（Teledesic）達成的成就。」他說。

參觀結束後，兩人的話題轉向慈善事業。馬斯克發表了自己的看法，他認為多數慈善事業都是「狗屁」。他預估每捐贈 1 美元，大概只能發揮 20 美分的影響力。他投資特斯拉，反而能為氣候變遷做出更多貢獻。

「嘿，我給你看一下五個專案，每個案子的規模都是一億美元。」蓋茲回答。他列出了五個專案的資金規模，分別是難民問題、美國學校系統、愛滋病療法、透過基因工程消滅特定蚊蟲，以及運用基因改造提高種子對氣候變遷的適應力。蓋茲對慈善事業非常投入，他承諾會寄給馬斯克一份「超級長文」，闡述他的理念。

但是兩人必須先解決某個問題。蓋茲曾經放空特斯拉股票，大力押注特斯拉股價下跌。事實證明他錯了。在抵達奧斯汀時，蓋茲已經因此損失了15億美元。馬斯克聽說這件事非常不滿。空頭部隊一直在馬斯克內心最底層的地獄盤旋。蓋茲說他很抱歉，但這不足以安撫馬斯克。「我跟他道歉了，」蓋茲說，「當他知道我放空股票，就對我超級刻薄，不過他對很多人都超級刻薄，所以不用覺得那是針對自己。」

兩人的爭執其實是反映了兩種思維。當我問蓋茲為何要放空特斯拉股票，他解釋道，他計算過，電動車的供給會超越需求，導致價格下跌。我點頭同意。但是接著我又問了一遍相同的問題：為什麼要放空股票？蓋茲看著我，以為我沒有聽懂他剛才說的話，他的回答就好像這個答案很明顯：他認為放空特斯拉股票能賺錢。

馬斯克完全無法認同這種思考方式。馬斯克的使命就是要帶領全球轉向電動車，他一直對這個使命深信不疑，即使這是看起來很危險的投資，他還是投入手邊所有資金要達成目標。「怎麼會有人說自己要對抗氣候變遷，卻減碼投資最用心對抗氣候變遷的公司？」蓋茲拜訪幾天之後，馬斯克問我，「這根本就是偽善。為什麼打賭使用永續能源的汽車公司會失敗，然後趁機賺錢？」

格萊姆斯補充她的看法，「我感覺這有點像是在較勁誰的老二比較大。」

4月中，蓋茲依承諾親自寫了一篇長文，說明各項慈善方案。馬斯克回覆訊息時只提出了一個簡單的問題：「你是不是還持有5億美元的特斯拉空頭部位？」

當時蓋茲和他的兒子羅里一起坐在華盛頓特區的四季飯店餐廳裡，羅里正要開始讀研究所。蓋茲看到訊息後大笑，他把簡訊拿給羅里看，問兒子建議該如何回覆馬斯克的訊息。

「你就說沒錯，然後迅速轉移話題。」羅里建議。

蓋茲照做了。「很抱歉，我還沒有了結空頭部位，」他回覆，「我想和你談談慈善事業的可能性。」

但是這招完全沒用。「對不起，」馬斯克立刻回嗆，「我沒辦法和你討論慈善事業，現在你還持有大量的特斯拉空頭部位，但是特斯拉在對抗氣候變遷方面付出了最多努力。」

馬斯克生氣時，態度就會變得很刻薄，尤其是在推特上。他發了一張照片，照片中蓋茲穿著高爾夫球衫，腹部凸出，看起來就像懷孕一樣。「如果你想讓自己的性慾快速熄火，」馬斯克還為這張照片加上這句評論。

蓋茲無法理解馬斯克對於他放空特斯拉股票幹嘛這麼生氣。馬斯克也無法理解，為何蓋茲不知道他為何生氣。「到這個地步，我覺得他就是瘋子（骨子裡就是個混蛋），」馬斯克結束與蓋茲的對話之後傳簡訊給我，「我本來真的希望自己會喜歡他（嘆氣）。」

蓋茲的回應有禮貌多了。那一年，蓋茲參加在華盛頓特區舉行的晚宴，現場有來賓在批評馬斯克。「你可以對馬斯克的行為有不同感受，」蓋茲說，「但是在我們這個時代，沒有人在推動科學與創新上做得比他還多。」

慈善事業

過去幾年，馬斯克一直對慈善事業沒有太大興趣。他認為自己對人類要有貢獻，最好的辦法就是持續把錢投入他創辦的企業，包括追求能源永續、太空探險與安全的人工智慧。

蓋茲拜訪並提供慈善建議之後過了幾天，馬斯克坐在夾層樓面上的開放辦公桌前，從那裡可以俯瞰特斯拉新完工的德州超級工廠生產線，在座的還有馬斯克的個人財務經理博查爾及四位房地產規劃顧問。他並沒有接受蓋茲的建議投入慈善事業，他想找到比傳統基金會更能進行商業操作的資金運用模式。

博查爾提議成立非營利控股公司，專門指導與金援接受公司保護的非營利企業。博查爾解釋，控股公司的架構很類似霍華德休斯醫學研究所（Howard Hughes Medical Institute）。「我們要一步一步慢慢來，」博查爾告訴我，「但最終它會變成規模龐大的事業，有可能成為真正的高等學習機構。」

馬斯克很喜歡這個概念，但是他還沒有準備好投入。「我現在有其他太多事情需要思考。」他離開辦公桌時說道。

確實是如此。2022 年 4 月 6 日，他正在為德州超級工廠開幕做準備，當天早上，他仔細查看 Model Y 的組裝線，核准了團隊規劃的超級牛仔競技派對的細節。此外，他還要與白宮官員視訊會議，討論貿易、中國與電池補助等議題。當天還有另一件事占據了他的心思：他已經答應加入某家公司的董事會。他從 1 月就開始祕密收購這家公司的股票，可是現在他的想法有些動搖。

72

下一個戰場

2022 年 1 至 4 月，民主、言論自由、終極遊樂場

推特共同創辦人多西。

暴風雨前夕

2022 年 4 月對馬斯克來說，一切都出乎意料地順利。特斯拉的銷售在過去十二個月大幅成長 71%，而且沒有花任何錢做廣告。特斯拉股價來到五年前的 15 倍，市值比後面九家車廠的總和還要高。馬斯克不斷威脅恫嚇晶片供應商，讓特斯拉比其他製造商幸運，順利撐過疫情導致的供應鏈短缺危機，2022 年第一季的交車量更創新高。

至於 SpaceX，2022 年第一季發射進入軌道的總質量是其他企業和國家總和的 2 倍。4 月又成功執行第四次載人任務，運送三名 NASA（當時還無法靠自己能力發射火箭）太空人以及一位歐洲太空總署（European Space Agency）太空人到國際太空站。同月，SpaceX 又發射另一批星鏈通訊衛星進入軌道，SpaceX 星座的衛星總數達到 2,100 枚，在四十個國家為五十萬名訂戶提供網路服務，包括烏克蘭在內。沒有任何其他企業或是國家有能力成功讓軌道火箭安全降落、而且能重複使用。「這麼多年之後，獵鷹九號仍是唯一成功降落地球、可重複飛行的軌道助推器，這真的太奇怪了！」馬斯克在推文中寫道。

以下是由他出資創辦的四家公司的市值：

特斯拉：1 兆美元

SpaceX：1,000 億美元

鑽孔公司：56 億美元

Neuralink：10 億美元

如果他願意就此打住，這一年絕對是風光輝煌的一年，但是馬斯克天性就是不懂得適可而止。

席馮．齊莉絲在 4 月初就已經注意到，馬斯克又開始出現電玩沉迷者的症狀，明明贏了卻停不下來。「你不需要一直保持在戰爭狀態，」她對他說，「還是你在戰爭期間反而覺得比較自在？」

「這是我天生的設定。」他回答。

「感覺很像他已經在模擬情境中打贏了，他不知道接下來要做什麼，」她說，「和平時期持續太久，他就會覺得坐立難安。」

同一個月的某天，我和他討論他創辦的公司達成了哪些里程碑，他向我解釋，為什麼他認為特斯拉會成為全球最有價值的企業，每年將能創造 1 兆美元的獲利。可是從他說話的聲音完全聽不出一絲慶祝或是滿足的感覺。「我想我是那種會一直把所有籌碼再次投入賭局，或是一定要再進階到遊戲下一關的人，」他說，「我無法什麼都不做。」

每當他因為成功而坐立難安時，就會自己製造戲劇性事件。他會下令「爆能」，搭乘他的私人噴射機四處飛行，設定不切實際且沒有必要的最後期限。自駕日、星艦、太陽能屋頂、汽車生產地獄等等，他會猛拉警報，強迫所有人進行演習。「他通常會從其中一家公司裡面找個問題，然後把它變成危機。」金博爾說。可是這一次，馬斯克沒有這麼做。相反的，他還沒有全盤想清楚，就決定要收購推特。

拇指族的噴火槍

2022 年初令馬斯克感到焦躁的和平時期，剛好他口袋裡突然多了一大筆現金。他賣股票之後手上多了 100 億美元現金。「我不想把錢放在銀行，」他說，「所以我問我自己，我喜歡什麼產品，答案很簡單，就是推特。」1 月時，他悄悄要他的私人財務經理博查爾開始收購推特股票。

對馬斯克而言，推特是理想、幾乎是太理想的遊樂場。在推特平台，衝動、無禮、口無遮攔的玩家是最大受益者，推特就像是拇指族的噴火槍。推特和校園有很多相似之處，充斥各種挑釁與霸凌。不過在推特上，聰明的孩子會吸引其他人追隨，而不會被人推下水泥階梯。而且和你的童年不一樣的是，如果你是最有錢、最聰明的人，你甚至可以成為校園之王。

馬斯克在推特 2006 年推出後不久就開始用，後來因為「受夠了不停看到有人在星巴克點了哪種拿鐵的無聊推文，」決定取消帳號。他的朋友比爾．李說服他重新恢復帳號，作為能直接和大眾溝通、不會被過濾的管道。2011 年 12 月，馬斯克再度開啟帳號。一開始他的推文包括一張他在某個聖誕節派對上的照片，當時他戴著嚇人的假髮，模仿亞特．葛芬柯（Art Garfunkel）的裝扮；另一張照片開啟了一段糾結的友誼。「今天突然接到肯伊．威斯特（Kanye West）的電話，聽他談到對許多事情的看法，從鞋子到摩西，」馬斯克寫道，「他態度很客氣，但是讓人摸不透。」

接下來十年，馬斯克總共發了 19,000 則推文。「我的推文有時候就像尼加拉瀑布，速度非常快，」他說，「我只是玩一下，盡可能避免碰到討厭鬼。」但是 2018 年發生了「戀童癖」和「資金已經到位」風波，證明了任由馬斯克焦躁的手指隨意發文，是很危險的事，尤其是當他在深夜喝了紅牛或是服用安眠藥之後。被問到為什麼無法自我節制時，他開心地承認自己太常「砸自己的腳」或是「自掘墳墓」。但是他說，生活總是要保有某些樂趣與緊張感，接著他引述了 2000 年上映的電影《神鬼戰士》（*Gladiator*）中他最喜愛的一句台詞：「你們不覺得很有趣嗎？這不就是你們來這裡的原因嗎？」

到了 2022 年初，原本易燃的大鍋裡又多了新的素材。馬斯克愈來愈擔心「覺醒心智病毒」會造成危險，他相信這種病毒正在感染美國人。他雖然看不起川普，但是他認為永久禁止前總統帳號的舉動太荒謬了，對於許多極右派抱怨被推特打壓，馬斯克也覺得愈來愈火大。「他看到推特逐漸朝某個方向發展，只要你在光譜上站錯邊，就會被審查。」博查爾說。

他身邊那些自由至上主義的科技圈好友也不斷鼓勵他。馬斯克在 3 月時建議推特應該公開演算法，讓外界知道它是依據哪些條件提高或降低內容觸及率，他的年輕朋友喬．朗斯戴爾就對這個提議表示支持。「我們的公共廣場不需要有武斷且粗糙的審查機制，」他在簡訊中寫道，「事實上我明天要在共和黨政策閉門會議上，面對一百多位國會議員演講，這正是我想要推動的想法之一。」

「你說得沒錯，」馬斯克回答，「我們現在面臨的是被掩蓋的腐敗！」

他們在奧斯汀的朋友喬．羅根也加入支持的行列。「你要從支持審查的快樂暴民手中，解放推特嗎？」他傳簡訊問馬斯克。

「我會提出建議，他們或許會也或許不會採納。」馬斯克回答。

關於言論自由，馬斯克的看法是：言論愈自由，對民主愈有利。3 月某一天，他在推特上舉辦投票活動。「言論自由是維持民主正常運作的關鍵。你相信推特有嚴格遵守這項原則嗎？」結果有超過 70% 的人回答否。接著馬斯克又問：「我們是否需要一個新的平台？」

推特的共同創辦人傑克．多西（Jack Dorsey）當時仍是公司董事，他私下傳訊息回答馬斯克：「需要。」

馬斯克回覆：「如果在我能力範圍內，我願意幫忙。」

董事會席位

當時，馬斯克正在考慮是否要成立新平台。3 月底，他私下和幾位推特董事見面，他們力勸他更深入參與公司營運。某天晚上，馬斯克與特斯拉自動輔助駕駛團隊的九點會議結束後不久，他打電話給帕拉格．阿格拉瓦（Parag Agrawal），也就是從多西手中接下推特執行長的軟體工程師。兩人決定在 3 月 31 日祕密會面、共進晚餐，董事長布雷特．泰勒（Bret Taylor）也會一起參加。

推特的員工為他們預訂了一間 Airbnb 農舍，地點在聖荷西機場附近。泰勒第一個抵達現場，他傳簡訊給馬斯克，事先警告他：「這是我最見過最詭異的開會地點，」他寫道，「竟然有拖拉機和驢子。」

馬斯克回覆：「或許 Airbnb 的演算法認為你會喜歡拖拉機和驢子（誰不喜歡）。」

開會時，馬斯克發現阿格拉瓦很好相處。「他人真的很好。」他說。但這就是問題所在。如果你問馬斯克，執行長應該具備哪些特質，他的條件裡面絕不會有「當個好人」。他的座右銘之一就是主管的目標不是被人喜愛。「推特需要的是噴火龍，」那天開完會後他說，「而阿格拉瓦不是那種人。」

噴火龍。用這幾個字形容馬斯克，倒是非常簡潔有力。但那時候他還沒有想要收購推特。會議結束後，阿格拉瓦告訴馬斯克，多西之前曾提議邀他加入董事會。阿格拉瓦也一直慫恿他加入。

兩天後，馬斯克前往德國，推特董事會正式發函邀請他加入董事會。但是馬斯克沒有想到還有附帶一份不友善的協議。內容主要依據兩年前擬定的協議，當時董事會同意讓兩位有敵意的行動派投資人（activist investors）加入董事會。整份協議總共有七頁，其中包括禁止他發表對公司至關重要的公開聲明（想必包括推特在內）。從推特董事會的角度而言，這完全可以理解。根據過往經驗，未來也會再次證明，如果沒有強迫馬斯克把噴火槍收進槍套，必定會造成破壞。不過，從馬斯克與證券交易委員會之間的衝突也可以看得出來，要將這些限制強加在他身上會有多困難。

馬斯克要博查爾回絕這份協議。這實在「非常諷刺，」他說，這家公司理應是『公眾廣場』，現在卻要限制他的言論自由。幾小時之後，推特董事會讓步了。他們又寄了內容友善許多的修改版本，新協議只有三段文字。唯一的重大限制只有他不能收購超過 14.9％的推特股票。「好吧，如果他們鋪紅地毯歡迎我，我就答應他們。」他對博查爾說。

馬斯克拖了一下才向證券交易委員會揭露自己持有9%的推特股票，在那之後，他和阿格拉瓦在推特上互相道賀。「我很高興宣布，我們將邀請 @elonmusk 加入董事會！」阿格拉瓦在4月5日一大早發了這則推文，「他是真心相信這個平台，卻也是批評最嚴厲的人，這正是我們需要的。」

馬斯克在七分鐘後回覆阿格拉瓦的推文，字字斟酌：「期待與帕拉格以及推特董事會一起合作，在未來幾個月推動實質的改進。」

接下來幾天，感覺矽谷充滿一片祥和之氣。馬斯克很高興阿格拉瓦是工程師出身，而不是典型的執行長。「我比較懂得如何和工程師互動，他們是能夠埋頭寫程式的人，至於專案經理或是MBA之類的人，我就沒辦法了，」他傳簡訊說道，「我很喜歡我們的對話。」

「以後我們交談時，請把我當成工程師看待，而不是執行長，看看我們可以有什麼樣的交流。」阿格拉瓦回覆。

腦力激盪

4月6日下午，馬斯克的好友、共同創辦 PayPal 的夥伴盧克．諾塞克以及肯．霍威利在德州超級工廠的夾層空間來回踱步，等待馬斯克與博查爾討論完慈善事業、再與拜登的政府官員在電話上討論完中國議題。當時馬斯克就住在霍威利的房子，偶爾也會借住在諾塞克家中。「我的兩位房東！」當他終於有空閒晃的時候，對兩人說。

那是他同意加入推特董事會的隔天，諾塞克和霍威利對於他的決定有些質疑。「這可能會招惹很多麻煩，」馬斯克開心地說，他在會議桌前坐下，俯瞰特斯拉的組裝線，「我現在手邊有一堆現金！」霍威利和諾塞克笑了，等著他繼續說下去。「我認為建立一個值得信任的公共論壇是很重要的，或者至少不是太不值得信任，」馬斯克補充。他抱怨推特董事自己根本不太投入這個平台，不論是成為股東或是成為用戶。「阿格拉瓦是技術人員，對於眼前發生的事情大概能掌握中等程度。但是很顯然，現在的情況就是精神病患在管理精神病院。」

他再度重申他對於民主的看法，唯有推特不再試圖限制用戶言論，才能真正有利於民主發展。「推特應該要往言論自由的方向走，至少是符合法律定義的言論自由，」他說，「現在推特壓制言論的行為，已經遠遠超出法律範圍。」

霍威利認同馬斯克的自由至上主義想法，但他態度溫和地、用輕巧的問題來表達更深層的顧慮：「所以應該要像電話系統一樣，話語從其中一端輸入，然後一字不差地從另一端輸出？」他問，「或者你認為這比較像是某個管制全球話語內容的系統，或許必須讓演算法具備某種程度的智慧，有能力判斷哪些需要優先處理，哪些可以延後？」

「是啊，這的確是很棘手的問題，」馬斯克回答，「用戶能夠表達意見是一回事，另一個議題是這些意見該如何被推廣、被降級、或是被散布。」或許，推廣推文的演算法必須更公開。「可以是開源演算法，放在 GitHub 平台上，其他人可以仔細檢查。」這是保守派也買單的想法，他們認為演算法潛藏許多自由派偏見。但是這無法真正解決一個問題，那就是推特是否應該試圖阻止危險、錯誤或是有害內容被散布。

馬斯克丟出了幾個想法。「如果讓人們支付小額費用，才能取得認證呢？例如一個月 2 美元？」他問。這個想法後來成為馬斯克經營推特的核心概念之一：讓用戶綁定信用卡和手機號碼，這樣就能驗證與核實用戶身分。演算法可以設計成對這些用戶較有利，這些用戶也比較不會參與垃圾資訊、霸凌言論或是散播他們知道是不實資訊的內容，如此就可以避免討論迅速升溫成「說對方是納粹*」的負面結果。

馬斯克說，取得用戶信用卡還有另一個好處：未來會更容易推動推特轉型成為支付平台，用戶可以利用這個平台匯款、付小費，以及付費購買故事、音樂和影片。霍威利和諾塞克都曾在 PayPal 與馬斯克共事過，他們很喜歡這個概念。「這可以實現我原先為 X.com 和 PayPal 設定的願景。」馬斯克開心地說。從一開始，他就看到推特有潛力成為一個可支援金融交易服務的社交網路，他曾經希望 X.com 能成為這樣的平台。

他們的討論延續到去奧斯汀的普辛（Pershing）吃晚餐，這是一家裝潢典雅、風格低調的俱樂部，諾塞克事先預訂了樓上的包廂。在座的還有馬斯克的兒子格里芬和薩克遜；TED 創辦人克里斯．安德森當時正好到奧斯汀，為即將舉行的研討會錄製一段專訪；梅伊也在場，她剛結束《時尚》（*Vogue*）雜誌的行程，從布拉格飛回來；格萊姆斯後來也來了。

格里芬和薩克遜承認他們幾乎不用推特，但是梅伊說她很常用，對於平台的使用者人口結構而言，這或許是個警訊。「我可能花太多時間在推特上，」馬斯克說，「這是自掘墳墓的好地方，你會一直投入，一直挖下去。」

超級牛仔競技派對

4 月 7 日，也就是隔天晚上，特斯拉將舉辦盛大的德州超級工廠開幕活動。歐米德·阿富夏規劃了他所謂的超級牛仔競技派對，將會有 15,000 名貴賓參加。馬斯克沒有監督事前準備工作，也沒有排練他的個人表演節目，他飛到科羅拉多泉的美國空軍學院（U. S. Air Force Academy），花三小時參訪，並同意在現場發表演講。他喜歡這個行程，能讓他暫時喘口氣。他需要轉移注意力去忙其他的事情，讓自己可以後退一步，重新梳理關於推特的想法。

他呼籲台下的軍校生不要落入過度小心謹慎的官僚心態，這種心態阻礙了政府計畫的推動。「如果我們沒有把引擎炸掉過，就表示我們不夠努力，」他告訴學生們。雖然還有很多事情需要處理，但是他看起來不慌不忙。演講結束後，他和一小群學生討論他們的人工智慧研究以及自動無人機開發。

當天接近傍晚，馬斯克回到奧斯汀，此時德州超級工廠早已改頭換面。停車場擺放了在火人祭現場才會看到的裝置藝術作品、遊戲機台、樂團演奏舞台、一台機械公牛、一隻大型橡皮鴨、與兩台直立的特斯拉線圈（Tesla coil）。室內的部分區域經過精心布置，看起來就像是在夜店裡。金博爾負責規劃無人機燈光秀，分別在夜空中展示尼古拉·特斯拉肖像、狗狗幣吉祥物與 Cybertruck。受邀的貴賓包括哈里遜·福特（Harrison

* 即所謂的「高德溫法則」（Godwin's Law），當網路上的討論愈來愈多，人們就會更容易把自己不喜歡的人比做希特勒。

Ford）、史派克・李（Spike Lee）以及創作裝置藝術作品的藝術家 Beeple。

馬斯克開著一輛黑色特斯拉 Roadster 上台，那是特斯拉生產的第一輛電動車，車上大聲播放德瑞博士（Dr. Dre）的歌曲。他用大量的數據來凸顯這座占地約 28.1 萬坪的工廠究竟有多大。最後他換另一種方式描述，說這座工廠可以容納 1,940 億隻倉鼠。列舉完特斯拉達成的各項里程碑之後，他強調接下來特斯拉的終極目標：「全自動輔助駕駛，」他保證，「將會顛覆世界。」

德州超級工廠開幕應該是馬斯克的勝利時刻。他帶領全球汽車業進入了電動車新時代，現在他又證明了製造業可以在美國本土蓬勃發展。但不論是在開幕慶祝活動或是派對現場，話題的焦點都不是製造業奇蹟。特別是馬斯克的好友和家人，包括金博爾、格拉西亞斯、諾塞克、甚至是梅伊，所有對話內容都圍繞著推特。他為什麼要自己跳進充滿蛇的沼澤？這會成為他個人的莽原之役（Wilderness Campaign）嗎 * ？我們是不是應該說服他放棄？

---

* 美國內戰期間的知名戰役之一，發生於 1864 年 5 月。

73

決定出價

2022 年 4 月，推特需要從零開始

當時擔任推特執行長的阿格拉瓦。

先喊暫停

2022 年 4 月 8 日週五，超級牛仔競技派對結束後隔天，馬斯克與金博爾碰面吃早午餐。與推特董事成員談過之後，馬斯克覺得很挫折。「他們人很好，但是沒有一個人在用推特，」他說，「我不覺得會有任何改變。」

金博爾潑了他一盆冷水。「老兄，你從沒有加入過董事會，你不知道這件事有多讓人厭煩，」他說，「你告訴大家你的想法，他們只會微笑點頭，然後完全無視你的存在。」

金博爾認為哥哥應該要自己成立一個以區塊鏈為基礎的社交平台。這個平台或許可以提供狗狗幣支付系統，伊隆也開始發想。吃完早午餐，他傳了幾封訊息給金博爾，現在他的想法更具體了：成立「同時具有支付功能以及像推特一樣可以傳訊溝通的區塊鏈社交平台。」這個平台不會有中央伺服器，「所以不會有鎖喉點，大家可以自由表達意見。」

除了加入推特董事會，馬斯克說另一個選擇就是收購它。「我開始覺得，推特快要墜落懸崖了，只是加入董事會根本救不了它，」他說，「所以我在想，我應該買下它，讓它下市，然後大力整頓。」

他已經透過私訊和公開推文表示接受充滿善意的協議，同意加入推特董事會。但是和金博爾吃完早午餐後，他打電話給博查爾，告訴他先不要敲定任何事。他還需要思考一些事情。

夏威夷

當天晚上，馬斯克飛到賴瑞・艾利森買下的夏威夷小島：拉奈島（Lanai）。這位甲骨文創辦人在小島中央的山丘上建了一座很寧靜的宅邸，他讓馬斯克使用海邊比較舊的房子。馬斯克打算在那裡和他偶爾約會的其中一位女性、澳洲女演員娜塔莎．巴賽特約會。原本是可以好好放鬆的四天迷你假期，馬斯克多數時候卻都在思考要如何處理推特的事情。

第一天晚上大部分時間，他都一直在想推特的問題。他看著追蹤人數最多的帳號，包括歐巴馬、小賈斯汀（Justin Bieber）和凱蒂．佩芮（Katy Perry），他發現這些帳號沒有以前那樣高度活躍。所以在夏威夷時間凌晨 3 點 32 分，他發了一則推文：「這些追蹤人數『最多』的帳號，現在幾乎很少發文，內容也非常少。推特快死了嗎？」

在舊金山，推特執行長阿格拉瓦那裡的時間是早上六點半。大約過了 90 分鐘，阿格拉瓦傳了一則簡訊給馬斯克：「你可以隨意推文說：『推特快死了嗎？』或是其他任何想法，但是我有責任告訴你，在目前的情況下，這無法幫助我讓推特變得更好。」這則簡訊語氣非常克制、措辭謹慎，避免讓人以為他是在指責馬斯克已無權貶損推特。接著他又傳簡訊提議兩人應該要盡快討論，如何避開那些「讓我們無法好好做事的分心事」。

馬斯克收到簡訊時，夏威夷時間是凌晨五點多，但是他依舊精神奕奕，就這個時間點和當時的情況來說，他的精神實在太好了。一分鐘後，他措辭嚴厲地回訊：「那這週你做了什麼？」這是馬斯克最終極的羞辱。

接著他一口氣回了三句話，告知他的重大決定：「我不會加入董事會。這是在浪費時間。我會出價讓推特下市。」

阿格拉瓦感到非常震驚。他們已經宣布他會加入董事會，而且事前完全沒有任何警訊顯示他要發動敵意購併。「我們可以談一談嗎？」他哀怨地詢問。

過了不到三分鐘，推特董事長泰勒也傳簡訊給馬斯克，同樣要求和他談一談。這實在是個不好過的週六早晨。

馬斯克在與泰勒、阿格拉瓦對話的過程中，他收到金博爾回傳的訊息，回應那天稍早他們討論成立以區塊鏈為主的新社交平台可能性。「我想了解更多，」金博爾說，「我已經深入研究過web3（這些資訊也沒有多加密），投票機制很厲害、而且經過驗證。區塊鏈可以避免人們刪除推文。有好有壞，但我們就來玩看看吧。」

「我想有必要成立以區塊鏈為主，同時提供支付功能的社群媒體公司。」伊隆回答。

儘管他正與金博爾討論成立新社群網路的可能性，他還是反覆向阿格拉瓦和泰勒重申，他想要收購推特。「等著收到下市報價吧。」他傳訊息給他們。

「可以給我五分鐘嗎？讓我知道現在是什麼情況？」泰勒問他。

「和阿格拉瓦討論無法解決推特的問題，」馬斯克回答，「必須採取激烈手段。」

「你加入董事會才過24小時，」泰勒回答，「我懂你的意思。我只是想要知道你為何突然改變想法。」

馬斯克等了將近兩小時才回覆訊息。當他回傳訊息時，已經是夏威夷早上七點以後，但是他還沒有上床睡覺。「我要離開了，但是明天我們可以談一談。」他寫道。

馬斯克說，他到了夏威夷之後就明白，加入董事會無法解決推特的問題。「基本上我就是被晾在一旁，」他說，「他們會聽你說話、點頭，然後什麼事也不做。我決定我不要被拉攏，變成像是董事會的叛徒。」現在看來，這段話似乎是經過深思熟慮之後得出的結論。不過在當時，馬斯克之所以這麼做還有另一個原因。當時他的情緒再度陷入狂躁模式，行事變得魯莽衝動，就和往常一樣。

當天、4月9日週六下午，馬斯克傳簡訊給博查爾，說他決定收購推特。「這是認真的，」他向博查爾保證，「只持有9%的股份不可能解決推特的問題，而且公開市場通常不會去想下一季的事情。推特必須清除機器人程式和假帳號，這會導致每日活躍使用者人數大幅下降。」

博查爾傳簡訊給摩根士丹利的某位銀行家，「有空的時候打給我。」當天晚上，他們開始計算收購推特的合理價格，以及馬斯克要如何取得足夠資金。

同時間，馬斯克繼續猛轟推特。他在推特發起關於推特舊金山辦公室的投票活動。「不如把推特的舊金山總部改建成遊民收容中心？反正也沒人進公司。」他在推特上寫道。結果一天之內有150萬人投票，超過91%的人表示同意。

「嘿，今天晚上可以談一談嗎？」泰勒傳簡訊給馬斯克，「我看到你的推文，覺得更有必要盡快了解你的立場。」馬斯克沒有回他。

到了週日，泰勒決定放棄。他告訴馬斯克，推特會對外宣布他已經改變態度，決定不加入董事會。「聽起來很好，」馬斯克回覆，「在我看來，比較好的做法是讓推特下市，進行重組，然後再重新上市。」

當天深夜，阿格拉瓦發了一則推文，正式對外宣布。「伊隆加入董事會的人事案原定在 4 月 9 日生效。但是當天早上，伊隆表示他不會加入董事會。我相信這是最好的結果。我們一直非常重視股東的意見，不論股東是否有加入董事會，未來也將會如此。」

夏威夷時間週一下午，馬斯克和博查爾以及摩根士丹利的銀行家一起召開視訊會議。他們提議的出價是每股 54.20 美元。馬斯克和博查爾笑了出來，因為這個數字又會讓人聯想到與大麻有關的網路俚語，就和當初馬斯克提議特斯拉的「下市」價格為每股 420 美元的一樣。「這大概是最過分的玩笑。」馬斯克說。他對於有可能收購推特感到非常興奮，開始把成立區塊鏈社交平台的想法當成「備案」。

溫哥華

格萊姆斯一直催促馬斯克和她一起回去她在溫哥華的老家，她才可以帶 X 去見她的父母和年邁的祖父母。「我祖父是工程師，他想要曾孫很久了，」格萊姆斯說，「而且我祖母也非常老了，現在只是勉強撐著。」

後來他們決定，4 月 14 日週四會是好日子，當天克里斯．安德森正好在溫哥華主持 TED 年度研討會。一週前，安德森在德州超級工廠錄製馬斯克的專訪，但是他很希望在研討會現場再次採訪馬斯克，特別是在推特事件出現急轉彎之後。

4 月 13 日週三，他們抵達溫哥華，格萊姆斯從奧斯汀出發，馬斯克從夏威夷出發。馬斯克去諾德斯特龍百貨（Nordstrom）買了一套黑色西裝，因為他去夏威夷時沒有帶西裝。那天下午，格萊姆斯帶著 X 前往約 120 公里遠的阿加西（Agassiz）小鎮拜訪她的祖父母，馬斯克則是留在飯店裡。「我看得出來他壓力很大，還要處理推特的事情。」她說。

確實是如此。當天下午稍後，馬斯克在溫哥華的飯店房間傳簡訊給布雷特．泰勒，告知他的正式決定。「這件事很重要，需要被嚴肅看待，所以經過幾天深思熟慮，我決定要繼續推動推特下市，」他寫道，「今天晚上我會寄報價信給你。」信中寫著：

> 我投資推特，是因為我相信它有潛力成為全球的自由言論平台，我認為言論自由是重要的社會責任，有助於民主順利運作。
>
> 但是自從我投資推特之後，以目前情況而言，這家公司無法繼續發展，也不可能達成這個社會責任。推特必須轉為非上市公司。
>
> 因此我提議以每股 54.20 美元的價格，用現金收購推特全部股權，這個價格比起我開始投資推特前一天的股價多出了 54%，比我正式對外宣布投資推特的前一天股價高出 38%。這是我最好的出價，也是最後一次出價。如果不被接受，我需要重新考慮身為股東的立場。
>
> 推特擁有非常好的潛力。我會讓它徹底發揮潛力。

當天晚上，馬斯克參加了 TED 在當地餐廳為講者舉辦的小型晚宴。他沒有談論推特的問題，反而問其他賓客，他們對於生命的意義有什麼看法。格萊姆斯和他一起回到飯店之後，他開始玩《艾爾登法環》，讓自己放鬆一下，這是他迷上的新電玩遊戲，他把遊戲下載到筆電裡。

遊戲玩家置身一個奇幻世界，裡面有各種想要消滅你的奇異怪獸。遊戲過程隱藏了大量隱密線索、意想不到的劇情轉折，所以玩家必須非常專注，仔細留意各種細節，尤其要精心計算何時該出手攻擊。「我玩了好幾個小時，然後回了一些訊息和電子郵件，接著又繼續玩了幾個小時。」馬斯克說。他在遊戲裡最危險的地區、遍地腥紅的惡魔地獄「蓋利德」（Caelid）停留了非常多時間。「他根本沒有睡覺，」格萊姆斯說，「一直玩到早上五點半。」

遊戲結束後沒多久，他發了一則推文。「我出價了。」

自從他依彼得·提爾的要求，把油門踩到底，撞毀他的麥拉倫跑車之後，就再也沒有做出代價如此高昂的衝動行為。

納維德來訪

當馬斯克回到奧斯汀之後，他在女王大學認識的朋友、現居倫敦的納維德·法魯克來探望他。這兩個不擅社交的科學宅，從三十多年前成了好兄弟，一起玩策略遊戲、看科幻小說。法魯克是少數能與馬斯克交心的好友，他可以問馬斯克私人的問題，討論他的父親和家庭，聊聊他三不五時出現的寂寞感。週六他們搭機前往博卡奇卡，一起巡視星際基地時，法魯克問了馬斯克許多朋友也問過、關於推特的問題：「你為什麼要這麼做？」

現在馬斯克思考的已經不只是言論自由的議題。回答法魯克的問題時他提到，他希望推特能夠成為很棒的使用者生成內容平台，包含音樂、影片和故事。名人、專業記者和一般人都可以分享自己的創作，就如同他們在 Substack* 和微信平台做的事情一樣，他們可以自行設定成付費訂閱，賺取收入。

他們抵達星際基地時，馬斯克走進星艦組裝帳篷。和以往一樣，看到有任何作業流程花費太長時間，他就會變得煩躁。週日復活節當天，他們回到奧斯汀，法魯克趁機問了另一個困擾他許多朋友的問題。「那你的時間呢？你的精神怎麼辦？」他問，「特斯拉和 SpaceX 還需要你幫忙。整頓推特要花多久時間？」

「至少五年，」馬斯克回答，「我會裁掉大部分人力。他們根本沒有認真工作，甚至不進辦公室。」

「你想要再一次經歷這種痛苦嗎？」法魯克問他，「你為了特斯拉睡在工廠，為了 SpaceX 加倍投入。你真的想要再一次經歷這些嗎？」

馬斯克沉默了很長一段時間。「沒錯，我真的願意，」最後他開口說，「我不在乎。」

一個願景

馬斯克已經想好了可以解釋他為何想收購推特的商業願景。他相信到了 2028 年，他可以讓推特的營收成長 5 倍，達到 260 億美元，同時減少對廣告的依賴，讓廣告的營收占比從原本的 90％降至 45％。新的營收來源包括用戶訂閱與資料授權。他也預期，鼓勵用戶付費將可創造新的收入，包括用戶透過推特平台支付小額費用，閱讀新聞文章與其他內容，微信就有推出類似功能。

---

* 2017 年成立的內容創作平台，總部位於美國加州，創作者可以在平台上分享自己的作品，利用電子報與讀者溝通，創作者可以將內容設定成付費訂閱，賺取收入。

「我們必須提供與微信相似的功能，」4 月的某一天，馬斯克與銀行家結束電話會議後，這麼對我說，「最重要的就是讓創作內容的人能夠在推特平台上收費。」線上支付系統還可提供另一個好處，那就是驗證使用者身分。推特可以要求用戶每月支付小額費用，取得信用卡資料，藉此驗證哪些用戶是真有其人。如果成功了，將會對網路整體帶來實質影響。推特可以成為身分驗證平台，所有內容創作者，從大型媒體公司到個人，都可以透過新方法為他們創作的內容收取費用。

他也解釋了為何他想要「打開光圈」，讓大家可以在推特上暢所欲言，不再永久封鎖用戶，甚至包括那些傳遞偏激想法的帳號。在談話性電台節目或是有線電視節目，都會參考包含進步派與保守派在內的不同資訊來源。他相信，推特有超過 90% 的內容審核人員是民主黨進步派，這些內容審查員極力封鎖「極右派」，有可能導致社群媒體「巴爾幹化」（Balkanization）。「我們要避免讓人們在社群媒體上分裂成各自的同溫層，例如加入帕勒（Parler）*或是真相社交平台（Truth Social）†，」他說，「我們希望有個地方能讓不同觀點的人相互交流，這對人類文明來說是一件好事。」這的確是非常高尚的情懷，但後來他自己破壞了這個重要使命，因為他的發言和推文內容，促使許多主流進步派和主流媒體轉向其他社群媒體。

後來我又問了法魯克和其他朋友曾經問過的問題：這件事超級困難，又很耗費時間，而且充滿爭議，難道不會影響他在特斯拉和 SpaceX 的使命嗎？「從認知層面來說，我認為不會像 SpaceX 或是特斯拉那樣困難，」他說，「這和登陸火星不一樣，也不會像改變地球產業基礎、轉向永續能源那樣困難。」

但為什麼？

馬斯克很喜歡說，他成立 SpaceX 的目的是希望人類能成為多星球物種，提高人類意識的生存機率。特斯拉和太陽城的成立也是基於偉大的使命：引領全球建立永續能源的未來。創辦 Optimus 和 Neuralink 的目的則是為了開發人機介面，保護人類不受邪惡的人工智慧傷害。

那麼推特呢？「一開始我不認為它符合我最重要的幾個主要使命，」4 月時他對我說，「但後來我明白，它可以協助達成保存人類文明的使命，為人類爭取更多時間，成為多星球物種。」怎麼做？有部分與言論自由有關。「媒體存在愈來愈多群體迷思，你必須乖乖遵守規矩，如果你選擇逆風，就會被排擠，你的意見就會被封鎖。」他認為，民主要持續發展，很重要的一點是清除推特上的覺醒文化、根絕偏見，讓人們清楚認知到這是一個可以容納所有意見的開放空間。

但是我認為，馬斯克想收購推特還有另外兩個原因。第一個原因可想而知。推特很好玩，就像是遊樂園。你可以看到政治對立、知識角力、搞笑的迷因、重大公告、有價值的行銷活動、難笑的雙關語、沒被過濾的各種意見。就如那句電影台詞，「你們不覺得很有趣嗎？」

至於第二個原因，我相信與個人的心理渴望有關。推特就是

---

* 2018 年成立的小眾社群平台，主要用戶族群多為右翼份子、保守派、陰謀論者。

† 前美國總統川普成立的社群平台。

終極的遊樂場。他小時候在遊樂場被打、被霸凌，一直不具備在那個困難之地生存所需要的情緒控制能力。那些經驗在他的內心深處留下傷痛，使他有時候會對很小的事有過度情緒化的反應，卻也為他裝備了能夠面對世界、奮力迎戰每一場戰役的能力。每當他受傷、陷入絕境、被霸凌，不論是在網路世界或是面對面，都會把他帶回到極度痛苦的地方，回到曾被父親粗暴對待、被同學霸凌的地方。但是現在，他可以擁有這座遊樂場。

74

忽冷忽熱

2022 年 4 至 6 月，馬斯克難得舉棋不定

馬斯克的王牌律師斯皮羅。

交易

4月24日週日，推特董事會與馬斯克的律師敲定了收購計畫的所有細節。早上十點他傳簡訊給我，他說他整夜沒睡。我問他是因為在確定最後的交易內容，還是在擔心收購推特的事情。「不是，」他回答，「是因為我和朋友參加一場派對，喝了太多紅牛。」

或許他應該少喝一點紅牛？

「可是它給我一對翅膀耶？」

那天他都在找外部投資人，協助他取得收購推特需要的資金。他問金博爾，但是金博爾拒絕了。不過賴瑞·艾利森很支持他。「好啊，當然沒問題，」艾利森說。那一週稍早，馬斯克曾經問艾利森是否有興趣投資推特收購案。

「你大概會出多少？」馬斯克問，「你不需要遵守什麼承諾，只是這次交易已經超額認購，我必須減少或是踢出某些參與者。」

「10億，」艾利森說，「或是你建議的任何金額。」

艾利森已經有十年沒有發推文。事實上，他完全不記得自己的推特密碼，馬斯克得親自幫他重新設定。但是艾利森認為推特很重要。「這是一個即時新聞服務平台，沒有其他平台能夠提供類似服務，」他對我說，「如果你同意這個平台對民主很重要，我認為就值得投資這家公司。」

還有另一個人也很想參與投資，這個人就是加密貨幣交易所FTX創辦人、後來跌落神壇的山姆·班克曼－佛里德（Sam Bankman-Fried）。班克曼－佛里德認為可以在區塊鏈上重建推特。他宣稱自己是有效利他主義（cffective altruism）的支持者，這項運動的發起人威廉·麥卡斯基（William MacAskill）傳訊息給馬斯克，希望能安排雙方見面。協助馬斯克處理融資問題的摩根士丹利首席銀行家邁可·格蘭米斯（Michael Grimes），也想要安排他們見面。「我有一堆重要事情要處理，」馬斯克傳簡訊給格蘭米斯，「這件事很急嗎？」

格蘭米斯說班克曼－佛里德「願意負責社群媒體區塊鏈的整合工程，」而且他可以投資 50 億美元。如果馬斯克願意和他見面，他隔天就能飛到奧斯汀。

之前馬斯克曾和金博爾及其他人討論過，用區塊鏈作為推特基礎的可能性。雖然狗狗幣和其他加密貨幣帶給他很多樂趣，但是他並不是區塊鏈的愛好者。他覺得區塊鏈速度遲緩，無法支援推特快速發文，所以他一點也不想和班克曼－佛里德碰面，但是格蘭米斯不想放棄，又傳了簡訊給馬斯克，「如果雙方的願景一致，班克曼－佛里德可以投資 50 億美元。」馬斯克只回了一個「倒讚」（dislike）。「區塊鏈推特完全不可行，因為 P2P 網路架構無法支援頻寬和延遲的需求，」他說未來可能可以和班克曼－佛里德碰面，「等到我不需要費力辯論區塊鏈話題的時候。」

後來班克曼－佛里德直接傳簡訊給馬斯克：「聽到你要收購推特的消息，真的覺得很開心。」他說他手中有 1 億美元的推特股票，他願意「轉換」這些股票，意思是一旦馬斯克讓推特下市，他願意將這些股票轉變成新公司的股權。「不好意思，請問是誰傳訊息給我？」馬斯克回傳訊息。班克曼－佛里德向他道歉，接著自我介紹，馬斯克只簡短回覆：「歡迎你轉換。」

5月，班克曼－佛里德直接打電話給馬斯克。「我的屁話偵測器一直響，就像蓋格計數器（Geiger counter）* 發出紅色警戒一樣。」馬斯克說。班克曼－佛里德飛快地說著，大部分都在談論他自己。「他說話的速度聽起來就像吸了安非他命或是阿德拉一樣，一分鐘衝一英里，」馬斯克形容，「我以為他是要問我關於這次收購案的問題，但是他一直告訴我他正在做的事情。我心想，『老兄，冷靜點。』」那種感受是互相的：班克曼－佛里德覺得馬斯克就是個瘋子。那通電話持續了半小時，後來班克曼－佛里沒有投資，也沒有轉換推特股票。

馬斯克找到的最重要投資人名單包括艾利森、莫瑞茲的紅杉資本、加密貨幣交易所幣安（Binance）、安德里森・霍羅維茲創投（Andreessen Horowitz）、杜拜的創投基金以及卡達的創投基金。（卡達的投資協議內容包含承諾要出席卡達舉辦的世界盃足球賽決賽。）沙烏地阿拉伯的阿瓦里德・本・塔拉爾王子（Alwaleed bin Talal）同意將原有的推特投資轉換成新公司股權。

4月25日週一下午，推特董事會接受收購計畫。如果獲得股東同意，就可以在秋季完成收購。「這是正確的選擇，」推特共同創辦人傑克・多西傳簡訊給馬斯克，「我會繼續盡我所能，讓收購計畫成功。」

馬斯克並沒有大肆慶祝，他從奧斯汀搭機南下到德州南部的星際基地，召開定期的夜間會議，討論如何重新設計猛禽引擎，他們為了解決原因不明的甲烷外洩，討論了超過一小時。與推特有關的新聞成了網路世界與全球的發燒話題，但是不包括猛禽會議現場。工程師都知道，馬斯克喜歡專注於手邊的工作，所以沒有人提到推特的事情。會後，馬斯克和金博爾約在布朗斯維爾的路邊咖啡店碰面，有當地音樂家在現場表演。兩人一直待到凌晨兩點，就坐在舞台正前方的桌子，純粹欣賞音樂。

自找麻煩？

推特接受馬斯克收購計畫之後的那個週五，馬斯克飛到洛杉磯，在位於西好萊塢的蘇活俱樂部（Soho Club）屋頂餐廳，和四位年紀較長的兒子一起吃晚餐。他們不常用推特，也對馬斯克的決定有些不解。為什麼他要收購推特？從他們的提問中可以明顯感受到，他們不認為這是好主意。

「我認為，有一個具包容性、值得信任的數位公共廣場很重要，」他回答。他停頓了一下又說：「不然我們要怎麼讓川普在2024年當選總統呢？」

這是玩笑話。但是面對馬斯克，有時候你很難分辨他是不是在開玩笑，甚至是他的小孩也分不太出來。或許連他自己也分不清楚。他們都嚇傻了。但是馬斯克向他們保證，他只是在開玩笑。

晚餐結束時，孩子們接受了馬斯克收購推特的多數理由，但還是覺得不安。「他們覺得我在自找麻煩，」他說。他們當然說得沒錯。孩子們也知道，他們的父親就是喜歡自找麻煩。

一週後，麻煩就來了。5月6日，馬斯克大步走進推特舊金山總部，與管理階層會面。即使他曾發文譴責遠距工作，他進入

* 用來探測游離輻射的裝置。

裝飾藝術風（Art Deco）的豪華總部時，辦公室依舊空蕩蕩。連執行長阿格拉瓦也不在辦公室，他因為確診新冠肺炎所以遠距參與會議。

會議由推特財務長奈德·西格爾（Ned Segal）主持，結果惹毛了馬斯克。在公開揭露的資訊中，推特預估大約有5%的用戶是機器人程式或是假帳號。但是馬斯克根據自身經驗，認為這數字被嚴重低估。推特允許，事實上是鼓勵用戶以不同名字或是化名成立帳號。有些酸民工廠就製造了數百個身分。假帳號不僅破壞了平台服務，還無法獲利。

他要求西格爾解釋公司計算假帳號的方法。推特高層懷疑馬斯克是為了重新修改或是撤回收購案，所以回答的小心翼翼。「他們說，他們不知道確切的答案，」會議結束後馬斯克立刻說，「我就問，『什麼意思？你們不知道？』整個對話內容非常荒謬，就算是發生在《矽谷群瞎傳》（Silicon Valley）的劇情中，你也會覺得很可笑。我的下巴掉到地板上太多次了，實在很痛。」

每次被激怒，馬斯克就會提出非常具體的問題。他不斷提問，轟炸推特高階主管。他們的軟體程式設計師每天平均寫幾行程式？特斯拉的自動輔助駕駛團隊只有200名軟體工程師，為什麼推特有2,500名工程師？推特每年支付的伺服器費用高達10億美元。哪些功能占用最多運算時間與儲存空間，排序為何？他發現很難直接得到答案。在特斯拉，如果員工不知道這些細節，就會被他開除。「這是我這輩子見過最糟糕的盡職審查會議，」他說，「我沒有完成盡職調查就決定收購，但是我相信他們能為自己揭露的資訊提出合理解釋。否則就是詐欺。」

重新考慮

馬斯克對推特高層的那些犀利提問及挑戰，都顯示了他不太確定是否要繼續完成收購。多數時候，他的答案是肯定的，至少就某種程度而言。但是他的喜好變來變去，情緒也時常起伏不定。

他強烈地感覺自己出價太高，這的確是事實。由於經濟前景不明，2022 年夏季的廣告支出萎縮，社群媒體公司的股價紛紛重挫。當時臉書股價下跌 40%，Snap 暴跌 70%，推特的股價比馬斯克提議的 54.20 美元還要低 30%，這意謂著華爾街也不確定收購案能否成真。馬斯克小時候和父親一起去佛州的遊樂園玩的時候，父親曾告訴他，太貴的可樂喝起來就不好喝了。所以他去推特開會時，內心深處的想法其實是要不撤回收購計畫，要不就是重新出價。

「聽完他們的回答之後，我覺得無法繼續下去，」他在推特總部開完會後告訴我，「440 億美元的價格需要大量舉債，包括公司和我個人。我覺得推特的情況已經失控。或許還是可以收購，但是要用便宜許多的價格，半價或是差不多的價格。」

對於是否要接下如此麻煩的挑戰，馬斯克的疑慮也愈來愈深。「我有個壞習慣，就是常常不自量力，」他承認，「我想我不要再花那麼多時間思考推特的問題，即使是現在這段對話，也是在浪費時間。」

到了下週，也就是 5 月 13 日北美中部時間大約凌晨四點，馬斯克發了一則推文：「推特收購計畫暫時擱置，不到 5%的用戶是垃圾／假帳號的計算結果缺乏詳細資訊。」當天推特股票的盤前交易價格大跌 20%。馬斯克的財務經理博查爾以及他的律師斯皮羅分別催促他刪除那則推文。他們告訴他，他或許可以成功擺脫這次收購案，但如果是他自行公開表態想這麼做，在法律上可能會有問題。兩小時後馬斯克發了一則推文補充說明，內容只有短短一句：「我還是打算收購推特。」

我很少看見馬斯克對自己缺乏信心，這就是其中一次。接下來五個月，包括 10 月完成收購案，有時候他的情緒會變得極度亢奮，覺得終於有機會把推特打造成「無所不包的超級應用程式」，除了提供金融服務與優質內容，還能拯救民主。但有時候他又會變得冷酷、憤怒，威脅要控告推特董事會與管理團隊，而且不斷表示想要撤回收購計畫。

全社大會

6 月 16 日，馬斯克沒有事先諮詢他的律師，就同意透過視訊方式參加推特全社大會。「這就是伊隆的作風，有好幾次事前沒有通知我們任何一個人、讓我們做好準備，就答應邀請。」博查爾說。馬斯克就坐在奧斯汀住處的客廳，一開始他無法加入視訊會議，因為會議使用 Google Meet，可是馬斯克的筆電沒有設定 Google 帳號。最後他終於透過 iPhone 成功加入會議。就在我們所有人等待他上線的過程中，其中一位會議召集人問：「有人知道誰是賈德．博查爾嗎？」他進不了線上會議室。

我懷疑，馬斯克的心裡是不是正在醞釀某個計畫。或許他想要丟下一顆小炸彈，刺激推特員工起身反抗。或許他很想要告訴他們自己真正的想法，不論是出於精心計算，或只是一時衝動、不留情面地說出事實：他們封鎖川普是不對的；他們的內容審核政策已經越線，變成是不合理的審查；他們員工已經感染了覺醒心智病毒；大家應該要進公司上班；公司有太多冗員。即將發生的爆炸或許不會摧毀收購計畫，卻可能攪亂整盤棋局。

但是馬斯克並沒有那麼做。對於這些敏感議題，馬斯克選擇採取安撫的態度。推特行銷長萊斯莉．伯蘭德（Leslie Berland）開始說明內容審核政策。馬斯克沒有開始大談言論自由的美德，他更進一步釐清，用戶該被允許表達哪些內容、以及推特該如何決定哪些內容要被廣傳，這完全是兩回事。「我認為，言論自由與觸及自由是不一樣的，」他說，「任何人都可以跑去時代廣場表達任何意見，甚至否定大屠殺真的發生過。但是那並不代表這個意見需要被推廣，讓數百萬人知道。」

他也解釋了為什麼應該要限制仇恨言論。「你希望盡可能讓更多人使用推特，」他說，「要達到這個目的，就必須讓大家喜歡這個平台。如果用戶在推特上被騷擾或是覺得不舒服，就不會繼續使用。我們必須保持平衡，一方面讓大家暢所欲言，另一方面要讓人們覺得舒服自在。」

當被問到多元、平等與包容的議題時，馬斯克的意見有些不同：「我認為一定要用人唯才，」他說，「工作表現出色的人，就會接下更多責任。事情就是如此。」但是他堅稱，在意識形態上，他並沒有變成保守派。「我想我的政治觀點屬於溫和派，接近中間立場。」在視訊會議上，他並沒有刻意討好多數人，但是他確實有努力避免爆炸場面。

75

混亂的父親節

2022 年 6 月，家庭問題連環爆

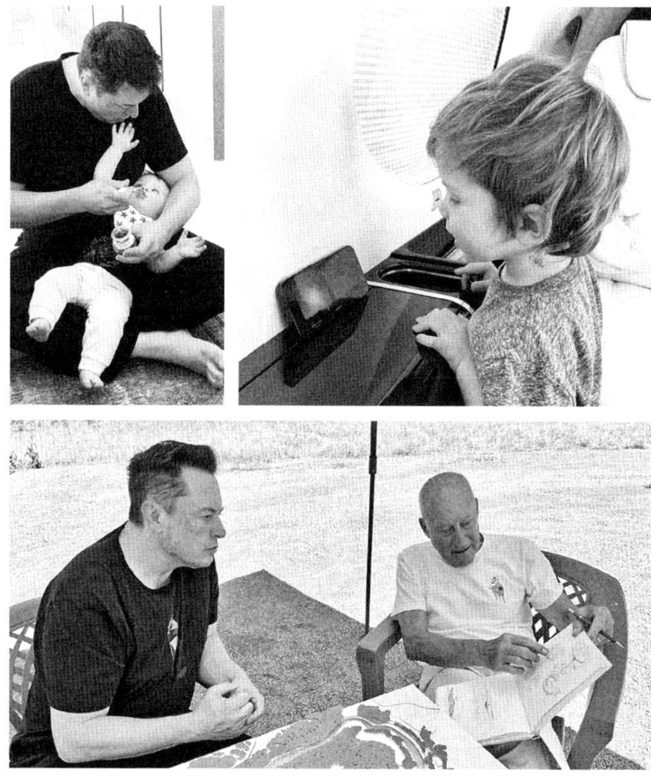

馬斯克親手餵塔烏；X 在馬斯克的私人分機上觀看火箭發射影片；
馬斯克在奧斯汀與知名建築師福斯特討論夢想中的房子。

我所有的孩子

「父親節快樂。我很愛我所有的孩子。」

馬斯克在 2022 年 6 月 19 日父親節凌晨兩點發出這則推文，表面上看起來完全無害，甚至讓人覺得溫暖。但是「所有的」這個詞的表象之下卻是暗潮洶湧。他變性的女兒珍娜剛滿 18 歲，與媽媽住在洛杉磯，她決定到當地法院正式將自己的名字從賽維爾・馬斯克改成薇薇安・珍娜・威爾森（Vivian Jenna Wilson）。她稱呼自己「珍娜」，很接近她母親潔絲汀在認識馬斯克、與他結婚之前使用的名字珍妮佛・威爾森（Jennifer Wilson）。「我已經沒有和我的生父住在一起，也不想和他有任何關聯，不論是外形或形式上。」她向法院宣告。

馬斯克對珍娜變性的事實已經釋懷，但他還是無法認同標明自己的代名詞的慣例。他相信珍娜排斥他只是因為政治意識形態。「那是狂熱的共產主義，還有一種大眾認知，好像有錢就是邪惡的。」他說。

這一切都讓馬斯克非常惱火。「我們被告知性別差異不存在，同時又被告知性別差異明顯到唯一的選擇就是進行不可逆的外科手術，」同一週他又發了另一則推文，「或許有人比我聰明，可以向我解釋這種矛盾。」接著他補充了一句話，好像是給自己的提醒，也是一種宣告：「如果我們都不要那麼輕易評斷他人，世界或許會變得更美好。」

珍娜拒絕見面，讓馬斯克的父親節很不好過。「他很愛珍娜，也真正接受了她，」格萊姆斯說，她一直和珍娜保持友好關係。「我從沒有看過他那麼傷心。我知道他願意做任何事情，只要可以再和她見面或是讓她再度接受他。」

另一個讓他頭痛的問題，是他與齊莉絲生下雙胞胎的事情曝光了。雙胞胎出生時是冠母姓。但是馬斯克因為與女兒關係疏離而想要改變。「珍娜捨棄『馬斯克』姓氏，讓他非常難過，」齊莉絲說，「他問我，『嘿，你願意讓雙胞胎改成跟我姓嗎？』」過沒多久，法院文件外流了。

直到這時候格萊姆斯才發現，她視為朋友的齊莉絲和馬斯克生了雙胞胎。她質問馬斯克這件事，他只說齊莉絲有權做任何她想做的事情。格萊姆斯氣瘋了。父親節之前，他們都在討論齊莉絲和她的雙胞胎能否和格萊姆斯的小孩 X 與 Y 見面。場面非常混亂。

馬斯克和齊莉絲依然每週參加 Neuralink 會議，兩人絕口不提他們有小孩的事情。他認為化解尷尬處境的方法就是在推特上開玩笑。「盡我最大努力化解人口不足危機，」他在推特上寫道，「到目前為止，出生率暴跌是人類文明面臨的最大危機。」

塔烏寶寶

2022 年的父親節就像是多人電玩遊戲，還有另一條支線劇情。同一週，馬斯克和格萊姆斯又悄悄地有了第三個孩子，他們為孩子取名為鐵克諾・莫坎尼庫斯・馬斯克（Techno Mechanicus Musk）。他們透過代理孕母生下這名男孩，他們暱稱他為 Tau（塔烏），取自希臘字母，代表一個數值約等於 6.28 的無理數，相當於圓周率 2 倍，馬斯克的生日正好是 6 月 28 日。

他們一直沒有公開第三個小孩的消息。但是馬斯克很快就和塔烏建立了緊密關係。塔烏兩個月大時，馬斯克到格萊姆斯家，他坐在地板上餵塔烏吃嬰兒食品，塔烏一直伸手玩爸爸下巴的鬍渣。「塔烏真的太神奇了，」格萊姆斯說，「他出生時，一雙眼睛就像能看到你的靈魂深處，充滿智慧。他就像是個小史巴克。他絕對是瓦肯人。」

幾週後，馬斯克在德州超級工廠，趁開會的空檔安靜地坐著滑 iPhone 看新聞，突然看到路西德汽車的季銷售數字疲軟。他笑了出來，隨手發了一則推文。「我在第二季生的孩子，比他們製造的汽車還多。」然後他對自己的推文笑個不停，「我很喜歡自己的玩笑，即使其他人不愛，」他說，「我每次都戳到自己的笑點。」

差不多在那個時候，《華爾街日報》正在調查一則報導，有人爆料幾個月前，馬斯克與 Google 共同創辦人布林的妻子發生了一夜情，當時布林與妻子的婚姻已經出現問題。報導的邏輯是這件事傷害了兩個男人之間的關係。報導刊出之後，兩人在某場派對碰到面，馬斯克刻意製造和布林自拍的機會，布林則是試圖迴避。馬斯克把照片傳給《紐約郵報》（*New York Post*），反駁他們鬧翻的傳言。「外界對我的關注真的是多到爆炸，超煩的，」他在推文裡寫道，「很不幸的，即使是關於我個人瑣事的報導，還是有一堆人點閱 :(我會盡量保持低調，專心做對人類文明真正有用的事情。」

但是，保持低調從來就不是他的本性。

父親的陰影從未遠離

2022 年的父親節最詭異的插曲，與馬斯克關係疏離的父親艾洛爾有關。艾洛爾在一封寄給伊隆、標明「父親節」的電子郵件中寫道，「我坐在這裡，身上裹著毛毯和報紙，冷得要死，餓到生氣。這裡沒有電。既然我可以花時間寫這封信，你也應該花時間讀信。」接下來是雜亂無章的冗長文字，他說拜登是「舉止反常、有罪的戀童癖總統。」他會摧毀美國所代表的一切，「包括你在內。」接著他又說，南非的黑人領袖正在進行反白人的種族主義運動，「如果沒有白人，黑人根本只能回樹林裡。」普丁是「唯一講話有道理的世界領導人。」下一封信他還附上一張照片，體育館的計分板上顯示：「川普勝選。去死吧，拜登。」他還加上自己的評語：「不用懷疑。」

艾洛爾的信件內容在很多層面上都很駭人，但最恐怖的是他的種族主義傾向。還有另一個令人不安的傾向，在當年稍晚會引發不少共鳴：他變得極端陰謀論。他已經掉進極右派的兔子洞裡，將拜登貼上戀童癖的標籤，大力稱讚普丁。他在其他貼文和電子郵件中堅稱新冠肺炎是「謊言」，猛烈攻擊新冠疫情專家安東尼・佛奇（Anthony Fauci），甚至宣稱疫苗會致命，後來馬斯克也認同這些觀點。

艾洛爾描述自己的居住環境寒冷、生活貧困，目的是斥責兒子不再提供補貼。直到前陣子，艾洛爾每個月都會收到金額不等的生活補貼，只不過偶爾會中斷。從 2010 年開始，馬斯克每個月會給他 2,000 美元，好讓他在結束第二段婚姻之後，有能力撫養年幼的小孩。過去幾年，馬斯克有時候會提高補貼金額，但是只要艾洛爾接受採訪，誇大自己在兒子事業成功所扮演的角色，他就會減少補貼。2015 年艾洛爾接受心臟手術，馬斯克暫時將每個月的費用增加到 5,000 美元。但是當他知道艾洛爾讓賈娜懷孕後，就切斷金援。艾洛爾從賈娜 4 歲時就開始撫養她，伊隆和金博爾都把她當成妹妹看待。

2022 年 3 月底，艾洛爾寫信要求恢復補貼。「我已經 76 歲了，很難自己賺錢，」他寫道，「對我來說，我的選擇就是挨餓、承受羞辱或是自殺。我不擔心自殺，但是你可能要擔心。大家都知道真相是什麼。你會被摧毀，不要懷疑，大家會知道你是什麼樣的人，或是你變成了什麼樣的人。」他指責伊隆承襲了「母親家族的國家社會主義傾向、殘酷、自私又膽小的性格，」還說，「所以最終還是邪惡的郝德曼家族贏了嗎？」

伊隆大約在父親節前後再度開始支付每月 2,000 美元給艾洛爾。但是他的財務經理博查爾要求艾洛爾停止製作《天才的老爹》（*Dad of a Genius*）YouTube 影片，這是艾洛爾與一位臨床心理醫師共同製作的系列影片。艾洛爾憤怒地回應：「如果要我保持沉默，繼續姑息那些邪惡的事，2,000 美元怎麼夠，」他回嗆，「你們不該叫我閉嘴，我可以教大家很多東西。」

就像是照著某個荒唐的劇本在演戲，2022 年的父親節當天還發生另一件事。艾洛爾說，他和賈娜有了第二個小孩，是一個女兒。「我們在地球上唯一要做的就是繁衍後代，」他說，「如果我還能生小孩，我就會生。我找不到任何不生小孩的理由。」

與妲露拉重逢

在馬斯克喧囂混亂的個人生活中，仍有一段美好穩定的關係。那就是英國女演員妲露拉・萊莉，她在 2010 年與他結婚，而後離婚、後來又復合再婚，最終在 2015 年離開他，回到英國寧靜的鄉村。她對馬斯克仍有溫暖的情感，他對她也有同樣感受，只不過他在關係裡總是偏愛極端的冷與熱、而不是溫暖。

2021 年，萊莉的一位好友過世，馬斯克飛到英國，在她家待了一天。「我們就看著白痴的電視節目，一起打發時間，他會逗我笑，讓我不再哭了。」她說。2022 年夏初，馬斯克忙著應付個人生活的混亂與推特難題時，萊莉飛到洛杉磯，在比佛利山莊飯店和他一起晚餐。

她與新男友、年輕男演員湯瑪士．布洛迪－桑格斯特（Thomas Brodie-Sangster）一起飛到洛杉磯，為兩人共同參與演出的《叛逆之聲》（*Pistol*）電影宣傳，那是關於前衛龐克樂團「性手槍」（The Sex Pistol）的傳記電影。布洛迪－桑格斯特沒有加入他們用餐，馬斯克帶了四個年紀較長的兒子一起去，萊莉和男孩們已經有多年的深厚感情。「我很開心他們都長成那麼棒的人，」她傳簡訊給我，「格里芬長得很英俊、活潑開朗，依舊那麼討人喜歡；達米安擁有複雜又美麗的靈魂；凱依舊是親切的大男孩，現在也是帥氣的科技迷；薩克遜的語言發展比我期望的還要好，我們聊得很盡興、很深入。只是某個時刻他說，『關於你和伊隆有一件事很有趣，你們年齡差很多……但是你看起來都沒變。』😂😂」

那是一次感人的相聚。有一部分的她依舊愛著馬斯克。當天晚上她回到飯店房間後忍不住大哭，布洛迪－桑格斯特還要負責安慰她。

碰到 2022 年夏季的接連問題，馬斯克的做法就是再度啟動「爆能」模式，這次的主題是當爸爸。他帶著四個年紀較大的兒子、格萊姆斯和 X 到西班牙，和詹姆斯與伊莉莎白．梅鐸（James and Elisabeth Murdoch）以及他們的孩子們一起度假。詹姆斯是特斯拉董事，在梅鐸家族中屬於自由派，伊莉莎白的立場更是偏向自由派。在個人層面，他們帶給馬斯克平靜的力量；在政治觀點上則是一股制衡的力量。

幾週後，馬斯克和兒子們一起前往羅馬，他們獲准與教宗方濟各（Pope Francis）見面。後來馬斯克在推特上分享了與教宗的合照，照片中看得出來馬斯克的西裝明顯不合身，薩克遜看起來彆扭又緊張，其他兒子穿著黑色襯衫，表情嚴肅。「我的西裝簡直是悲劇。」馬斯克承認。第二天男孩們醒來後發現爸爸發了那張照片，都覺得很生氣，其中一個人甚至哭了。即使在旅行中，他們還是會透過群組聊天室與父親溝通，其中一個兒子要求馬斯克以後必須事先取得他們的同意，才能在推特上分享他們的照片。馬斯克覺得很難過，他退出群組。幾分鐘後，他派人傳話說，他們要立刻回美國。

一棟房子，不等於一個家

馬斯克明白，如果沒有和家人同住在一間房子，就很難維持穩定的家庭生活。所以 2022 年夏季，他一方面忙著應付各種家庭衝突，另一方面開始夢想在奧斯汀擁有自己的房子。他看了幾間出售的房子，但是都覺得太貴了。所以他決定在之前買下的大型馬場裡建自己的房子，這座馬場位在靜謐的湖泊邊，跨越科羅拉多河之後就可到達德州超級工廠。他心想，馬場的其他空間可以提供 Neuralink 和他其他公司使用。

某個週六晚上，他和格萊姆斯以及歐米德·阿富夏一起在馬場散步，當時阿富夏負責監督德州超級工廠的興建工程，他們提出了非常多想法，包括鑽孔公司可以在河川下方挖掘隧道，作為連結馬斯克住家與工廠的通道。幾天後他和齊莉絲再一次來到馬場散步。「我一直煩他，當然是出自好意，希望他找一個可以稱之為家的地方，」她說，「他需要一個可以讓靈魂歇息的地方，這就是那座馬場對他的意義。」

2022 年夏季一個炎熱的下午，馬斯克和諾曼・福斯特爵士（Lord Norman Foster）一起坐在馬場的彈出式遮棚下方，福斯特是建築師，作品眾多，包括他為賈伯斯設計、太空風格的蘋果圓形總部辦公室。福斯特帶著繪圖板從倫敦飛來，和馬斯克一起腦力激盪。馬斯克坐在牌桌前，看著福斯特的部分草圖，然後開始自由聯想其他創意。「應該要看起來像是從太空掉下來的東西，像來自另一個銀河系的結構，降落在湖面上。」馬斯克說。

馬斯克的財務經理博查爾也在現場，他開始上 Google 搜尋未來建築的照片，福斯特則是在筆記本上繪製其他草圖。馬斯克建議或許可以在湖中興建一座玻璃屋？部分地板沒入水中，可以利用隧道從岸邊的另一棟建築物進入玻璃屋。

後來我說，這看起來一點都不像是和家人一起住的房子。馬斯克同意。「這比較像是藝術作品，不像一個家。」他解釋。他決定延後興建自己的房子。

76

領先也絕不安逸

2022 年，主帥在的戰場，表現最好

馬斯克在星艦助推器下方檢查猛禽引擎。

展示星艦

馬斯克總是時時刻刻保持警惕，不讓自己太安逸，所以 2022 年初，他決定在博卡奇卡再度下令「爆能」。他要求安迪・克瑞伯斯以及在德州南部的團隊全力趕工、在發射台上疊放星艦之後，已經過了六個月。現在他想要公開展示火箭。這次他要用機械吉拉筷子手臂，疊放兩節火箭。

比爾・雷利表示很難在 2 月底前達到要求，所以馬斯克決定用推特施壓。他發了一則推文，宣告 2022 年 2 月 10 日週四晚上八點，將要對外展示星艦。

公開展示當天晚上，他在設計新潮、休閒風的 SpaceX 員工餐廳「襟翼」吃晚餐，在座還有三位來自 NASA 的最高主管，全都是女性：卡納維爾角甘迺迪太空中心的珍妮特・佩特羅（Janet Petro）、人類登陸系統計畫（Human Landing System Program）的負責人麗莎・華森－摩根（Lisa Watson-Morgan），以及休士頓詹森太空中心（Johnson Space Center）的凡妮莎・魏契（Vanessa Wyche）。

X 搖搖晃晃地走到桌前，開始用叉子吃藍起司沙拉沾醬。馬斯克開玩笑說，X 是他「最可愛的靠山。」佩特羅小聲對我說，「我一直在壓抑我的母性衝動，」但最後她投降了，拿走 X 手中的叉子，遞給他一支湯匙。

「他完全不會害怕，」馬斯克說，「他或許該有更多恐懼的本能。這是遺傳。」是遺傳沒錯，但也是因為馬斯克採取自由放任教養造成的結果。馬斯克的個性就是不會溺愛小孩。

「獵鷹九號。」X 手指著遠方說。

「不是，」他爸爸糾正他，「是星艦。」

「十、九、八，」X 說。

「大家都說他很聰明，會倒數，」馬斯克說，「但我不確定他能不能從前面開始數。」

馬斯克詢問 NASA 的主管們是否有小孩，聽了她們的回答之後，馬斯克又開始發表自己的看法，他認為生育率下降會威脅人類的未來。「我的朋友平均每個人只有一個小孩，」他說，「有些人沒有小孩。我想要做良好示範。」他並沒有提到不久前他又多了三個小孩。

後來他們的交談內容轉向中國，中國是唯一執行軌道任務次數和 SpaceX 一樣多的單位。NASA 根本還沒有能力加入戰局。「如果在我們再次登陸月球之前，中國搶先一步，那將會是我們的史普尼克危機（Sputnik moment）*，」他告訴 NASA 主管，「哪天我們發現他們登陸月球了，我們卻還在這裡互打官司，一定會很驚嚇。」他說他去中國參訪時，時常被問到要如何更創新？「我的回答是，挑戰權威。」

當天晚上稍後，有數百名工作人員、記者、政府官員和地方人士聚集在已經疊放完成的星艦前方，有探照燈打在星艦上。「一定有某些事情會刺激你的靈感、撼動你的心，」馬斯克在演講中說道，「成為有能力在宇宙航行的文明，讓科幻小說變成真實，就是這樣的一件事。」馬斯克演講時，我坐在克瑞伯斯旁邊，他當時還沒有決定要離開 SpaceX。我們聊到七個月前，就

---

* 蘇聯在 1957 年 10 月 4 日搶先美國發射史普尼克一號衛星，引發西方民主國家的恐慌。

在同一個地點，他如何忍受馬斯克一連串的砲火。我問他覺得這一切是否值得，他望著機械吉拉，然後點點頭，「每次看到那座高塔，我的心就會飛揚。」他說。

發表會結束後，馬斯克閒晃到星際基地主建物後方的提基酒吧，加入一群人的對話。幾分鐘後，靈感四號太空人艾薩克曼也到了，他駕駛自己的高性能噴射機來參加發表會。

艾薩克曼有一種沉穩、自信的謙虛，能讓馬斯克放鬆下來。他說，馬斯克決定不跟隨布蘭森和貝佐斯的腳步自己上太空，是一件好事。「不然就會被三振出局，」他說。那會看起來像億萬男孩滿足自我的行為。「我們只要再犯一次錯，美國人就會厭煩地說『去他媽的太空』。」

「沒錯，」馬斯克露出有點遺憾的微笑說，「遴選四個人上太空，也比我自己上太空要好。」

團隊震盪

2022 年 7 月，在西雅圖建造的星鏈衛星開始愈堆愈多。SpaceX 每週至少會從卡納維爾角發射獵鷹九號一次，每次大約會搭載 50 枚衛星進入軌道。但是馬斯克一直期望能定期從博卡奇卡發射台發射龐大的星艦火箭。就和往常一樣，他又設定了不切實際的排程。

「需要我派一些人去博卡奇卡嗎？」容克薩問，當時他已經搬去西雅圖，負責監督星鏈的生產作業。

「需要，」馬斯克回答，「你也過去好了。」該是重新整頓管理階層的時候了。8 月初開始，容克薩如旋風般在博卡奇卡的組裝線帳篷裡大力整頓，激起一陣風沙。

容克薩在許多方面就和馬斯克一樣瘋狂，永遠頂著一頭散亂的頭髮，眼神更加狂野。他來回穿梭、旋轉著他的手機，在周圍創造出高能量場域。「他有一種傻氣又不妥協的魅力，」馬斯克說，「他會直接告訴大家，他們搞砸了、他們的想法爛透了，但是他的處理方式又不會激怒對方。他是我的馬克．安東尼（Marc Antony）*。」

馬斯克和容克薩都很喜歡博卡奇卡的團隊，尤其是比爾．雷利和山姆．帕泰爾，但是他們都覺得這個團隊不夠強悍。「比爾是很棒的人，但是他不知道要如何給負面回饋，也沒辦法開除任何人。」馬斯克對我說。SpaceX 總裁葛溫妮．蕭特威爾對於負責監督工廠興建的帕泰爾，也有相同看法。「山姆工作超拚命，」她說，「但是他不知道怎麼向伊隆報告壞消息。山姆和比爾都太膽小了。」

8 月 4 日，馬斯克在德州超級工廠的會議室，與星際基地的團隊開視訊會議，他還要準備那天下午的特斯拉年度股東大會。星艦團隊開始展示投影片，他愈看愈火大。「你們設定的時間表太扯了，超級失敗，」他解釋，「這些事情他媽的不可能要花那麼長時間。」他下令，接下來一週七天、每天晚上都要開星艦會議。「每天晚上我們都要重新從第一原理開始，質疑所有要求，然後刪除，」他說，「就像之前我們解決猛禽的問題一樣。」

接著他問，把助推器架設在發射台上、測試引擎要花多少時間？十天，有人說。「太久了，」他回答，「這對全人類的命運非常重要。改變命運是很困難的事。如果你們只是朝九晚五地工

---

* 古羅馬政治家和軍事家，是凱撒大帝身邊最重要的軍事家。

作，根本不可能做到。」

然後他很快地結束會議。「我們今天晚上見，」他對博卡奇卡的團隊說，「今天下午我要參加特斯拉股東大會，我都還沒有看過投影片。」

闖入酒吧辦派對

當天的特斯拉股東會議就像是粉絲後援會，會議結束後，馬斯克在深夜時從奧斯汀抵達博卡奇卡，立刻趕到星際基地會議室，大家都到齊了，看起來很像《星際大戰》裡的場景。馬斯克帶著 X 一起開會，雖然已經是深夜，X 依舊活力充沛，在會議桌旁跑來跑去，不停大喊：「火箭！」格萊姆斯也在，她把頭髮染成粉紅和綠色。容克薩的鬍鬚又更雜亂了。蕭特威爾從洛杉磯飛過來，協助處理管理階層改組的事情。她是不折不扣的晨型人，她說這已經超過她的睡覺時間。會議桌上的十幾個人當中，還有另一位女性：來自麻省理工學院的航太工程師夏娜．迪亞茲（Shana Diez），她在 SpaceX 工作了十四年，現在擔任星艦工程總監，馬斯克對於她直言不諱的特質印象深刻。參加會議的其他團隊成員包括比爾．雷利、喬．彼得澤爾卡、安迪．克瑞伯斯、傑克．麥肯齊，所有人都穿牛仔褲和黑色 T 恤制服。

馬斯克再度要求盡快將助推器放到發射台上，開始測試引擎。十天太長了。他特別想知道引擎周圍的隔熱罩究竟有多重要。他一直想辦法刪除零組件，尤其是那些會增加助推器質量的零組件。「看起來我們不需要在這些地方都加上隔熱罩，」他說，「我拿手電筒走過去，結果被隔熱罩擋住，什麼也看不到。」

會議內容逐漸偏離主題，他很常這樣，就在所有人針對測試時間取得共識之前，大夥開始討論昆汀·塔倫提諾（Quentin Tarantino）的電影《絕命大煞星》（*True Romance*）。又過了一個多小時，蕭特威爾試圖做出結論。「所以我們決定了哪些事？」她問。

答案還不夠明確。馬斯克凝視著遠方，一直在思考。大家對他這種放空狀態早已習以為常。等他消化完所有資訊後，就會再告訴大家。但現在已經過了凌晨一點，工程師陸續離開，只剩下馬斯克一個人還在思考。

大家紛紛離開會議室、往停車場走去，所有人都圍在容克薩身邊，他不停旋轉著自己的手機，顯然還不打算回去他的Airstream露營車。除了他自己精神很好之外，他也知道大家對於正在醞釀的改組計畫感到不安，需要鼓舞團隊士氣。所以他建議大家闖入附近員工專屬的提基酒吧，直接在那裡開派對，他就像是高中球隊隊長，總是知道什麼程度的搗蛋行為無傷大雅。他用一張信用卡撬開門鎖，帶著十幾個人進入酒吧，然後指派其中一個人為大家倒啤酒、麥卡倫蘇格蘭威士忌（Macallan Scotch）以及錢櫃小批次波本威士忌（Elijah Craig Small Batch Bourbon）。「傑克，如果我們惹上麻煩，就全部賴到你頭上。」他指著麥肯齊說，麥肯齊是團隊中年紀最輕、最害羞、最不可能闖入酒吧的人。

馬斯克不在，容克薩就有辦法讓每個人放鬆，同時趁機傳授一些工作眉角。容克薩開了其中一個人的玩笑，說他不知道怎麼告訴馬斯克測試設備無法準時到位，然後在這個人身邊跳來跳去，擺動手肘、發出雞叫聲。接著有位工程師聊到自己參加極限滑雪的經驗，希望容克薩對自己刮目相看，容克薩聽了之後拿出手機，播放他在阿拉斯加滑雪的影片，後面就在雪崩，但他的速度更快。

「這真的是你嗎？」工程師滿臉驚訝地問。

「沒錯，」容克薩回答，「你要冒險。要熱愛冒險。」

差不多這時，精確來說是凌晨 3 點 24 分，我的手機振動了一下，馬斯克傳了一則簡訊給我，他就在約 1.6 公里遠的小屋裡，還沒有入睡。「助推器最重要的進度是在十天內架設在發射台上，」他寫道，「但是我 90% 肯定，我們會發現別的問題，打斷開發進度，所以沒必要等到 B7 完成。」

我把簡訊拿給麥肯齊看，請他解釋馬斯克的意思，他把簡訊拿給容克薩看。他們沉默了一會。意思是馬斯克消化完在會議上取得的資訊後，決定不需要等到十天後，再將 B7 助推器移到發射台。他們要在安裝完 33 具引擎之前，就先把助推器架設在發射台上。過了一會，馬斯克又傳來其他細節。「無論如何，今天午夜或是更早，就要把助推器移到發射台上。」換句話說，他們要在一天之內完成、而不是十天。「爆能」再度開始。

主帥

那天早上，只睡了幾小時的馬斯克走進其中一座組裝線高棚，準備看著團隊將猛禽引擎安裝在 B7 助推器，他穿著一件印有「占領火星」的黑色 T 恤，爬上陡峭的工業階梯，登上助推器下方的平台。上面布滿了接線、引擎零組件、工具、擺動的鏈條，至少有 40 個人肩挨著肩地忙著安裝引擎，焊接護罩。馬斯克是唯一沒有戴安全帽的人。

「為什麼需要這個零件？」他問其中一位資深工程師凱爾·奧德納（Kale Odhner），看到馬斯克出現，奧德納顯得相當淡定，一邊據實回答，一邊繼續手邊的工作。馬斯克很常跑來組裝線查看，所以工作人員很少會去注意他，除非他下指令或是提問。「為什麼不能再快一點？」這是他最愛問的問題之一。有時候他就只是不發一語地站在那裡四、五分鐘。

過了一個多小時，他從平台上下來，腳步笨重地跑了大約180公尺，穿越停車場進入員工餐廳。「我想他這麼做是要讓所有人看到他有多忙。」克瑞伯斯說。後來我問馬斯克，這是他的理由嗎？「不是，」他笑了出來，「我跑掉是因為我忘了擦防曬乳，我不想曬傷。」但接著他又說：「的確，如果他們看到將帥親自上戰場，整個部隊都會受到激勵。拿破崙在的戰場，他的軍隊一定表現得最好。我光是出現，就算什麼也不做，他們看著我也會想，至少他不是整晚都在開派對。」顯然他已經知道闖入提基酒吧的事。

午夜過後不久，剛過馬斯克設定的最後期限，一輛貨車載著直立的助推器已經離開博卡奇卡的組裝線高棚大約800公尺，正在前往發射台的路上。格萊姆斯也開車載著X從他們的小屋前往發射現場，親眼目睹壯觀的場面，X在緩緩移動的火箭旁邊手舞足蹈。助推器抵達發射區後，豎立在發射台上，在接近滿月的月光照耀下閃閃發亮，就像是電影場景一樣。

一切進展得相當順利，直到某條接線鬆脫，開始噴出混合油與水的液壓油。所有人都被噴到了，包括格萊姆斯和X。格萊姆斯很害怕是某種有毒化學物質，但是馬斯克告訴她不要擔心。「我就喜歡清晨空氣中充滿液壓油的味道。」他說，這句話是呼應電影《現代啟示錄》（*Apocalypse Now*）的台詞[*]。X 也是一樣完全不害怕，但格萊姆斯馬上把他帶回家洗澡了。「我感覺他現在對危險的容忍度比一般人還高，」馬斯克說，看起來好像隱約想到自己，接著他繼續說：「他對危險的容忍度這麼高，恐怕會出問題。」

* 來自描寫越戰的電影《現代啟示錄》中，某位軍官說了一句經典台詞：「我就愛清晨空氣中充滿汽油彈的味道。」（I love the smell of napalm in the morning.）

77

Optimus的一小步

2021至2022年，機器人重要里程碑

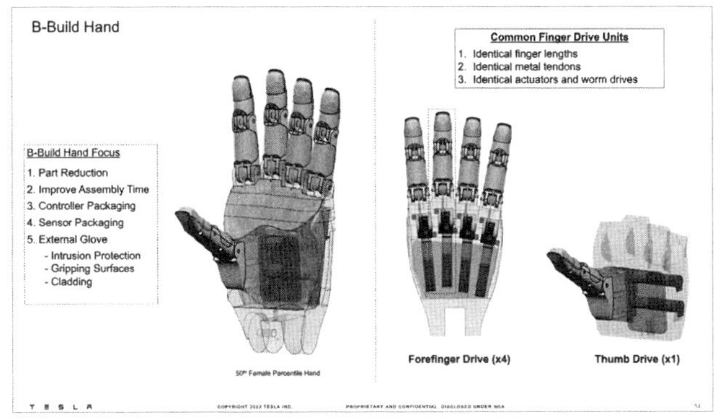

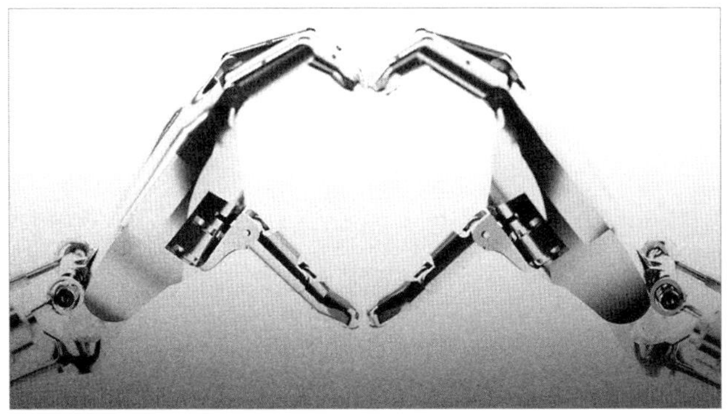

Optimus 手部構造示意圖；
第二個人工智慧日的活動標誌是 Optimus 雙手比愛心。

長得跟人很像

馬斯克在2021年8月對外宣布Optimus開發計畫時，由一位女演員穿著白色連身衣模仿機器人搖搖晃晃地走上舞台。幾天之後，特斯拉設計總監范霍茲豪森就召集一群人，開始打造有能力模仿人類行為的機器人。

馬斯克下了指令，必須是「人形」機器人。換句話說，它必須看起來像一個人，而不是像波士頓動力或是其他公司開發那種有輪子或四隻腳的機器。大多數的工作空間與工具設計，都是為了配合人類做事的方式，所以馬斯克認為機器人也應該要接近人類的形體，才能自然地運作。「我們希望盡可能接近人類，」范霍茲豪森告訴會議上的十位工程師與設計師，「但是我們也可以改進人類的能力。」

他們先從手部開始。范霍茲豪森拿起一把電鑽，開始研究手指和手掌根如何掌握電鑽。一開始大家很自然地以為，手只需要四根手指頭，看起來不需要有小指。但是除了外觀看起來很怪異之外，沒有小指也不太能運作。後來他們決定把小指加長，讓手部更有用處。他們也做了簡化：每根手指只有兩個關節，而不是三個。

另一個改進是加長手掌底部，讓手掌能夠完全包覆電動工具，減輕拇指要負擔的力量。如此一來，Optimus手部的功能就會比人類的手更強大。他們甚至考慮更創新的仿生技術，在每個指尖加裝磁鐵。但後來這個想法被否決了：有太多裝置會被磁鐵干擾。

或許Optimus的手指可以向外翻，而不只能朝著手掌心方向呢？或許手腕向後彎曲的幅度可以與向前一樣。每個人都開始擺動自己的手和手腕，嘗試不同動作。「如果機器人要用力推牆，這會很有用，」范霍茲豪森說，「不需要對手指施加壓力就能做到。」有人建議增加手部靈活度，讓手指可以碰觸到手臂，這樣手臂就能直接對著某樣東西施加壓力，不需要用到手。「哇，」范霍茲豪森說，「但是大家應該會被嚇死，我們不需要做到那種地步。」

「現在真正困難的部分，」兩小時會議即將結束時，范霍茲豪森說，「我們要如何讓這個香腸手指變好看？」他開始分派任務，說明在週會上必須向馬斯克展示哪些成果。「先想想手指會是什麼樣子，要如何逐漸變細，尤其是我們加上小指之後。伊隆希望手指變細的線條要比較柔美一點。」

新科學怪人

馬斯克和他的工程師發現，人類的身體非常不可思議。舉例來說，在某次週會上，他們提到人類的手指不僅能夠在物體上施加壓力，還能感知到壓力。如何最有效率地讓 Optimus 的手指能判斷壓力？「我們可以觀察手指關節致動器的電流，電流會跟施加在指尖上的壓力相關。」一位工程師建議。另一位工程師想到，可以將電容器放在指尖，就和觸控螢幕的電容器一樣，或是將生物識別壓力感測器或晶片嵌入橡膠中，甚至是在指尖植入迷你攝影機。「成本上有什麼差別？」范霍茲豪森問。最後他們決定，測量手指關節致動器的電流，會是最有效益的做法，因為不需要額外增加其他零組件。

不論行程有多忙碌，馬斯克都會想辦法參加 Optimus 的設計週會。2 月的某次開會，他人在邁阿密馬林魚隊球場的貴賓包廂裡，參加已改名為 Ye 的肯伊・威斯特為新專輯《東妲二》（*Donda 2*）舉辦的試聽派對。馬斯克和饒舌歌手佛倫奇・蒙塔納（French Montana）以及里克・羅斯（Rick Ross）站在一起，一邊吃著塔可，一邊討論加密貨幣。就在這時，他收到幕僚阿富夏的簡訊，提醒他晚上九點要開 Optimus 會議。馬斯克撥電話加入會議，並打開攝影鏡頭，無意中讓 Optimus 團隊從背景中看到派對的實況。Ye 的貴賓們好奇地看著馬斯克在房間裡來回踱步，不停擺動雙手，討論需要安裝多少致動器，才能讓 Optimus 的雙手有足夠的靈活度。「它要能從任何角度拿起一枝鉛筆。」馬斯克說。團隊成員可以看到背景裡有位饒舌歌手點點頭，也開始擺動自己的雙手。

有時候 Optimus 會議會偏離主題，導致開會時間超過兩小時，因為馬斯克總會有各種大大小小的想法。「或許可以讓機器人的手臂交替用不同的工具。」某個人建議，結果被馬斯克否決。在另一次會議上，他問機器人臉部是否要加上螢幕。「只需要具備顯示功能，」馬斯克說，「不需要是觸控螢幕，但是你們應該要在遠端知道它正在做什麼。」所有人一致認同這是個好點子，但是不需要第一代 Optimus 就具備這項功能。

會議上的討論常常會激發馬斯克對未來的幻想。團隊準備了一段模擬影片，顯示 Optimus 在火星殖民地工作的情形，結果開啟了冗長的討論：火星上的機器人是要自行運作，還是會有人類監督？范霍茲豪森想辦法把討論拉回地球。「我認為火星模擬影片很有趣，」他插話說，「但是我們應該製作一支影片，模擬機器人在我們的其中一座工廠工作的情形，也許是執行我們不想做的重複性任務。」在另一場會議上，大家開始討論是否可以把 Optimus 放在 Robotaxi 的駕駛座上，這樣就能符合車上必須有一位駕駛的法律要求。「你們還記得原版的《銀翼殺手》電影有做過類似的事情嗎？」馬斯克說，「最近推出的電玩遊戲《電馭叛客》也是。」他很喜歡將科幻小說中的虛構場景變成真實。

至於其他想法，似乎更多是受到馬斯克大腦的邊緣系統中搞笑的一面所影響。「或許我們應該把充電線插進屁股，」開會時，他開玩笑地說。大笑幾聲之後，他自己否決了這個提議。「這個玩笑因素（giggle factor）* 太多了，」他說，「對人類來說，身體上的洞是很重要的。」

「這讓我想到《新科學怪人》（*Young Frankenstein*），」他在某次會議上說，他指的是梅爾・布魯克斯執導的諷刺電影，「史詩級的作品。」這讓大家開始更認真地討論如何避免機器人變成怪物，這正是馬斯克投入人工智慧與機器人領域的初心。在某次會議上，他開始仔細檢查「停止命令路徑」（stop command path），這個設定讓人類握有控制機器人的最終權力。「絕不能發生某個人可以進入母體，惡意控制機器人的情形。」他說，所以這台機器人不會使用任何電子訊號，以免被駭客入侵。他也引述艾西莫夫的機器人定律，開始擬定能讓人類戰勝「致命機器人大軍」的行動策略。

馬斯克一方面想像未來，他的重點仍是讓 Optimus 變成一門好生意。2022 年 6 月，團隊完成了一項模擬任務：機器人拿著箱

* 如果某個科學理論看起來太荒謬，不值得認真看待，就可以說這個理論的「玩笑因素」太高。

子在工廠內走動。馬斯克很滿意，他的說法是：「我們的機器人會比人類更努力工作。」他開始相信 Optimus 會成為特斯拉的主要獲利來源。他告訴分析師，「Optimus 人形機器人未來有可能比汽車業務還重要。」

考慮到未來的獲利潛力，馬斯克開始要求 Optimus 團隊製作詳細的報表，列出他們希望機器人具備的功能，以及量產所需的成本。舉例來說，其中一張試算表列出了人類手腕可以做出三種動作：讓手部上下揮動、左右移動或是轉動。根據工程師計算，如果要達到其中兩種「自由度」，每一隻機器人手腕的造價是 712 美元。如果要達到三種自由度，就必須額外增加致動器，每隻手腕的成本會提高到 1,103 美元。馬斯克開始仔細研究自己的手腕如何動作、使用到哪些肌肉，他覺得很神奇。他決定機器人應該擁有和人類一樣的能力。「我們需要三種自由度，所以我們必須思考如何更有效率地做到這個目標，」他說，「這個設計很糟，看起來太嚇人了。就用我們在汽車安裝的升降式車門致動器，我們已經知道怎麼用更低的成本製造這個東西了。」

每週他都會查看最新的時間表，一再表達強烈的不滿。「假裝我們是一家快要燒光資金的新創公司，」他在某次會議上說，「快一點，再快一點！只要錯過任何一個日期，就要特別標明。所有壞消息都要大聲說出來，而且要常常說。好消息只需要小聲說，而且說一次就好。」

學走路

團隊面臨最大的難題之一，是如何讓 Optimus 走路。當時 X 快要滿 2 歲，也正在學走路，馬斯克開始比較人類和機器如何學走路。「一開始小孩會使用平足走路，之後才開始學習用腳趾走路，但是看起來還是很像猴子，」他說，「還要再過一段時間，他們才能像大人一樣走路。人類走路的步伐其實非常複雜。」

3 月某次週會一開始，團隊播放了一段影片，慶祝他們達成重要里程碑：「在地面的第一步！」到了 4 月，他們成功征服了下一個階段任務：讓 Optimus 拿著箱子走路。「但我們還不知道要如何協調手臂和腿部的動作，才能讓機器人保持平衡。」某位工程師說。其中一個問題是，機器人必須轉動頭部才能看到周遭環境。「如果我們安裝好幾個攝影機，」馬斯克建議，「就不需要轉動頭部。」

7 月中某次設計會議上，馬斯克帶了一些玩具，其中一台機器人的眼睛會跟隨人類移動，另一台機器人會跳霹靂舞。他相信我們可以從玩具學到很多事。過去，玩具模型車就讓他想到可以用大型壓鑄機製造汽車；樂高積木也讓他明白精密製造的重要性。現在 Optimus 就站在工作坊的中央，由龍門吊架支撐著。Optimus 緩緩繞過他身邊，放下手中的箱子。隨後馬斯克拿著搖桿控制器，引導 Optimus 拿起箱子、交給范霍茲豪森。Optimus 完成任務之後，馬斯克輕推它的胸部，看它會不會跌倒。穩定器發揮了作用，它還穩穩地站著。馬斯克點頭表示讚賞，然後錄了幾段 Optimus 的影片。「伊隆拿出手機拍影片時，你就知道，你讓他刮目相看了。」特斯拉高階主管莫拉維說。

後來馬斯克宣布，他們要舉辦公開發表會，對外展示 Optimus、全自動輔助駕駛系統和 Dojo。「這些努力，」他說，「都是為了完成開發通用人工智慧的重大任務。」發表會時間定在 2022 年 9 月 30 日，地點在特斯拉帕羅奧圖總部，取名為「第二個人工智慧日」（AI Day 2）。設計團隊設計了一款活動標誌：Optimus 將纖細漂亮的手指碰觸在一起，比出一個愛心。

78

充滿不確定

2022 年 7 至 9 月，收購出現新變數

好萊塢超級經紀人伊曼紐邀請馬斯克到米克諾斯島度假。

終結者

2022年6月，馬斯克還沒決定要如何處理推特問題，他提出了三個選項。A計畫是達成協議，以440億美元的價格收購推特。B和C計畫分別是重新議價或是完全撤回收購計畫。他請鮑伯．斯旺（Bob Swan）協助他擬定每個選項的財務模型，斯旺曾擔任eBay和英特爾執行長，也是安德里森．霍羅維茲創投的合夥人，這家創投也在推特收購案的投資名單內。

性格耿直的斯旺支持A計畫，他認為沒有必須撤回收購案的理由。他依據推特委託聲明書（proxy statement）提供的大部分數據，打了一些折扣之後，提出了稍許美化的財務模型。馬斯克認為全球正要進入不景氣，而且推特低估了機器人程式的問題，所以他生氣地質疑斯旺。「如果你能面無表情地把這個拿給我看，就代表你或許不適合這份工作。」他說。

以斯旺的資歷，從來沒有人這樣對待他。「我是面無表情地把這個拿給你看，所以你說得沒錯，」他回答，「或許我不是這份工作的適當人選。」他決定退出。

馬斯克再度打電話給他的好友、特斯拉的早期投資人安東尼奧．格拉西亞斯，他帶領的特種部隊在2007年找出了特斯拉的營運問題。馬斯克打給格拉西亞斯時，他正帶著幾個小孩在歐洲度假。「你離開特斯拉董事會的時候說過，如果我需要幫忙可以找你，」馬斯克說。格拉西亞斯同意組一個團隊，深入挖掘推特的財務問題。

格拉西亞斯認為有必要找獨立的投資銀行，協助設定適當的估價與資本結構。他聯繫了在溫伯格合夥公司（Perella Weinberg

Partners）任職的朋友羅伯特・斯蒂爾（Robert Steel），斯蒂爾直接問馬斯克，他的目標是什麼：是要撤回收購計畫，或者用更低的價格收購。馬斯克說他希望是後者。確實是如此，而且多數時候他都是這麼想的，但是因為法律和心理因素，他不能更坦白地說出內心的想法。但是某些早晨或夜晚，馬斯克會感覺自己好像在做白工，希望這件事從來沒發生。斯蒂爾在馬斯克身上觀察到一項有趣的特質。他們通常會提供客戶三到四個選項，多數客戶都會問銀行家哪個選項比較好。但是馬斯克不一樣，他會仔細詢問關於每個選項的問題，卻不會要求銀行家建議。他喜歡自己做決定。

僵持不下

馬斯克要求推特提出原始數據以及實際用戶數的計算方式，推特提供了一堆數據，但是那些資料在馬斯克的團隊看來根本無法參考。馬斯克以此為由，想要撤回收購計畫。「將近兩個月的時間，馬斯克先生一直要求推特提供必要的數據和資訊，以便針對假帳號或垃圾帳號的嚴重程度進行獨立評估，」他的律師寫道，「推特的行為表示馬斯克將會行使他的終止併購協議權利。」

推特管理階層決定反擊，他們向德拉瓦州衡平法院提起訴訟，控告馬斯克「拒絕履行對推特與股東的職責，只因他簽訂的協議不再符合他的個人利益。」凱瑟琳・麥柯米克（Kathaleen McCormick）法官決定在 10 月進行審理。

馬斯克的財務經理博查爾和律師斯皮羅試圖阻止馬斯克傳送訊息或是發文，他們怕馬斯克會說想撤回收購案是因為廣告市場崩盤及經濟衰退，因此影響官司。「我現在就打電話給他，叫他不要再發文。」某天，斯皮羅告訴博查爾。但斯皮羅根本不是馬斯克的對手。不到十分鐘，馬斯克發了一連串推文，好像是故意要惹怒他的法律團隊。「虧我們還想找他談推文這件事。」博查爾對斯皮羅說。

連馬斯克跟推特無關的無厘頭推文，也會惹麻煩。「我要買曼聯（Manchester United），不客氣。」8 月 4 日馬斯克發了這則推文。博查爾打電話問斯皮羅，證券交易委員會是否會認為這是不當揭露。「他有真的要買嗎？」斯皮羅問。結果馬斯克只是在回應一則網路迷因，說曼聯球迷一直希望有人能買下球隊。斯皮羅要求馬斯克再推文澄清，「這是流傳很久的笑話，我沒有要買任何球隊。」

伊曼紐的婚禮

阿里．伊曼紐（Ari Emanuel）很常被稱為好萊塢的超級經紀人，到了 2022 年，他的身分更不只如此。他是大型娛樂企業「奮進公司」（Endeavor）的執行長，非常熱衷自己的事業，好像永遠不會累。他的聲音高亢、語速飛快，很擅長交朋友，也很愛罵髒話，他的兄弟拉姆（Rahm）和澤克（Zeke）在這方面個性也很像。只要看到覺得有趣的事情，伊曼紐就會想參一腳。

2001 年九一一恐攻事件之後，他決定不要再讓沙烏地阿拉伯賺走更多石油收入，於是他賣掉法拉利跑車，換了一輛豐田 Prius。但是他非常討厭 Prius，覺得那輛車很遜。他開始尋找真正能生產性能優異的電動車的人，碰巧看到了關於馬斯克的消息。「我只是做我平常會做的事，創造機緣，」伊曼紐說，「我打電話給他，我說：『我想和你見面。』那時候我們就是兩個還在努力摸索的年輕小子，後來就變成了朋友。」伊曼紐訂了一輛特斯拉 Roadster，「因為我他媽的想要甩掉那輛該死的 Prius。」2008 年他拿到第十一輛出廠的 Roadster，直到現在都沒有賣掉。

2022 年 5 月，馬斯克飛到法國的聖特羅佩（Saint-Tropez）參加伊曼紐與時尚設計師莎拉・施陶丁格（Sarah Staudinger）的婚禮，現場眾星雲集，包括「吹牛老爹」尚恩・庫姆斯（Sean "Diddy" Combs）、艾蜜莉・瑞特考斯基（Emily Ratajkowski）和泰勒・派瑞（Tyler Perry）。當時正逢坎城影展，里維耶拉地區（Riviera）擠滿了人潮。馬斯克和澳洲女演員娜塔莎・巴塞特相約一起午餐，兩人一個月前曾到夏威夷度假，馬斯克就是在那時候決定要敵意購併推特。

那場婚禮的主持人是主演情境喜劇《人生如戲》（*Curb Your Enthusiasm*）的拉里・大衛（Larry David），他和馬斯克同桌，就坐後，大衛看起來滿臉怒氣地問馬斯克：「你是想謀殺學校裡的孩子嗎？」

「不，不是，」馬斯克結巴地回答，「我反對謀殺小孩。」

「那你怎麼能投票給共和黨？」大衛質問。

大衛承認自己曾當面質問馬斯克，「他的推文提到他支持共和黨，因為他說民主黨是一個分化、充滿仇恨的政黨，我覺得很生氣，」他說，「就算尤瓦爾迪槍擊案（Uvalde）* 沒有發生，我也會問他這個問題，因為我實在氣不過，而且覺得被冒犯。」

---

* 2022 年 5 月德州尤瓦爾迪市的小學發生大規模槍擊案，十九名學生和兩位老師不幸喪生。

同桌的還有 MSNBC 主播喬·斯卡伯勒（Joe Scarborough），大衛向他描述自己與馬斯克的對話。斯卡伯勒覺得很好笑。「我之前就告訴過伊曼紐，我不是伊隆的粉絲，結果他還是安排我和伊隆同桌，」他笑著說，「伊隆話很少。」至於伊曼紐本人，他說他沒有想要引起麻煩。「我覺得那一桌的座位安排很棒。」那一桌的互動就像是推特的縮影。

伊曼紐開始居中協調

婚禮現場還發生了另一段插曲。參加婚禮的賓客包括創投家艾岡·德班（Egon Durban），他是推特的大股東與董事。馬斯克對德班很不爽，他說德班在摩根士丹利執行長詹姆斯·戈爾曼（James Gorman）面前說他壞話。伊曼紐想趁婚禮修補這兩人的裂痕。「你這樣太不聰明了，」他告訴德班，「快過去和他聊聊。」兩人聊了二十分鐘，據馬斯克的說法，「他一直想討好我，」但是兩人之間的緊張關係並沒有緩和。

伊曼紐是天生的交易員，他提議由他充當馬斯克和推特董事會之間的祕密溝通管道。他問馬斯克願意出多少錢收購推特，也許他可以協商出較低的價格，低於推特先前同意的 440 億美元。馬斯克提議或許是原來出價的一半。然而，不論是德班或是其他推特董事，都認為這個價格根本不值得回應。

到了 7 月，伊曼紐試圖再次重啟協商，他邀請馬斯克到他在希臘米克諾斯島（Mykonos）上的私人度假別墅。馬斯克從奧斯汀飛過去，在島上待了兩天，那次度假實在讓人難忘，有人拍下他在遊艇上的照片：他看起來皮膚蒼白、身材臃腫，身旁的伊曼紐則曬得黝黑、身材精實。

馬斯克告訴伊曼紐，他或許願意和推特達成交易，不希望等到 10 月德拉瓦衡平法院審理。伊曼紐再次打電話給德班，德班不願協商更低的價格，但是部分董事希望能避免後續的法律戰，所以他們答應開始進行非正式商談。

難達共識

馬斯克與推特協商，希望降低收購價格，但是效果不彰。推特提了一些方案，可是價格只比原先的 440 億美元低 4%。馬斯克堅持降幅必須達到 10%以上，他才會考慮。雙方的立場幾度有機會拉近，但又出現了新的問題。如果重新調整收購條件或是重新定價，之前承諾提供貸款的銀行就可重新協商貸款條件。當初銀行承諾提供貸款時利率正處於低點，所以一旦銀行採行新利率，最終的財務負擔可能更大。

另一個阻礙與情感因素有關。推特的高階主管和董事堅持，任何新協商的交易必須保護他們未來不會被馬斯克告上法庭。「我們絕不讓他們有機會擺脫法律責任，」馬斯克說，「我會緊咬他們每一個人，直到他們死的那一天。」

整個 9 月，馬斯克每天都要和他的律師斯皮羅與邁克・林格勒（Mike Ringler）通三、四次電話。有時候他顯得咄咄逼人，堅稱他們可以在德拉瓦法院打贏官司。吹哨者和其他人揭露的真相更讓他堅信，推特說謊，沒有據實告知機器人帳號的數據。「他們發現自己的處境有多糟時都嚇壞了，」馬斯克說的是推特董事會，「我不相信法官會強行審過這個案子，一般民眾絕對無法接受。」但在某些時刻，他又覺得他們應該要繼續完成收購，然後再控告推特董事會和管理階層詐欺。或許之後可以從他們手中拿回一些錢，彌補一些他支付的收購金額。「問題是，」他氣憤地說，「董事會成員持有的股份太少，想從他們身上拿到錢會很困難。」

同意收購

9 月底，他的律師終於說服他相信，如果法院開始審理，他會輸掉官司。所以最好是維持原本的條件，也就是以每股 54.20 美元、總計 440 億美元的價格收購。那時候，馬斯克也再度燃起了收購推特的一部分熱情。「或許我應該付全價，經營推特的那群人全都是笨蛋和白痴，」他在 9 月底時告訴我，「去年這群蠢貨在經營的時候股價是 70 美元。可見它還有非常大的潛力，有太多的問題是我能解決的。」他同意在 10 月底完成收購。

確定收購案會繼續進行之後，伊曼紐再度聯繫馬斯克，他用加密通訊軟體 Signal 傳了三段的文字訊息。伊曼紐提議由他和奮進公司接手經營推特。支付他 1 億美元的費用，他會負責削減成本，建立更好的文化，和廣告主和行銷公司打好關係。伊曼紐表示：「我們會負責營運，他（伊隆）來告訴我們他想要什麼，工程與技術問題也由他負責。我們和非常多廣告主合作過，這些事情我們以前都做過。」

博查爾認為這實在是「最侮辱人、最看不起人、最荒謬的訊息。」馬斯克則顯得比較樂觀，而且態度客氣。他很重視與伊曼紐的友誼。「謝謝你的提議，」他說，「但是推特是一家科技公司，是一家程式設計公司。」伊曼紐反駁說，他們只需要雇用科技人員就好，但是馬斯克堅定回絕了。他的核心信仰是工程與產品設計不該分離。事實上，應該要由工程師推動產品設計。推特的各個層面都應該由工程主導，就和特斯拉和 SpaceX 一樣。

還有另一件事，伊曼紐一直沒有搞懂。馬斯克其實想要自己經營推特，就和他自己管理特斯拉、SpaceX、鑽孔公司和 Neuralink 一樣。

79

Optimus向你揮揮手

2022年9月，第二個人工智慧日

X和Optimus握手，機器人團隊的工程師科瓦奇與斯瓦米納坦在一旁觀看。

火燒頭髮味香水

「我的心理健康狀態時好時壞，」馬斯克說。9月27日週二，他從奧斯汀飛到矽谷，為第二個人工智慧日做準備，他先前承諾要在這場大型發表會上公開展示特斯拉的人工智慧成果、自駕車，以及推出機器人 Optimus。「承受極度高壓的時候我狀態不好，但如果事情開始進行順利，我的心理狀態也不會好。」

那週他必須同時應付很多難題：德拉瓦法院即將審理強制要求他完成收購推特的訴訟案，他要提供證詞；接受證券交易委員會調查；應付另一件質疑他在特斯拉領取的薪酬的官司。此外，他還要擔心在烏克蘭境內的星鏈衛星引發的爭議；在嘗試降低特斯拉供應鏈對中國的依賴時，也碰到許多困難；獵鷹九號將載送四名太空人（包括一名俄羅斯女性太空人）前往國際太空站；同一天在西岸，獵鷹九號將發射52枚星鏈衛星；另外還有與小孩、女友和前妻有關的各種麻煩事。

馬斯克會用許多方法轉化壓力，其中一種方法就是搞笑耍笨。在飛往西岸的飛機上，他興奮地想到他們可以賣另一個周邊商品：人類頭髮燒焦味的香水。飛機降落之後，他立即聯絡鑽孔公司執行長戴維斯，他就是之前成功做出玩具噴火槍的人。「火燒頭髮香水！」馬斯克說著，一邊開始想行銷文案，「你喜歡用噴火槍之後聞到的味道嗎？我們為你重現！」戴維斯總是會想辦法滿足馬斯克的各種願望。他向多家香氛實驗室提出要求，第一個製作出那種味道的實驗室將會拿到合約。鑽孔公司在網站上開始販售這款香水之後，馬斯克發了一則推文：「請來買我的香水，這樣我才能買推特。」結果，每瓶售價100美元的香水，在短短一週內就賣了 3 萬瓶。

馬斯克抵達特斯拉總部之後，直接走去寬敞的展示間裡為了週五第二個人工智慧日搭建的臨時舞台。幾乎組裝完成的 Optimus 吊掛在龍門吊架上，準備執行任務。一位工程師大喊：「啟動！」另一位工程師按下紅色按鈕，Optimus 開始走動。Optimus 走到舞台前方，停下來揮手，揮手的動作看起來就像尊貴的君王。接下來一小時，團隊又讓 Optimus 執行走動任務二十次。看著 Optimus 走到舞台邊緣，停下，環顧四周，然後揮手，整個過程令人著迷。Optimus 完成當天最後一回合的動作之後，X 走到 Optimus 面前，觸碰它的手指。

負責指揮 Optimus 執行任務的是工程師米蘭・科瓦奇。「我想我有創傷後壓力症候群，」他說，「自從上次那件事之後，我就很難保持鎮定。」我想起他就是一年前的人工智慧日彩排時，馬斯克砲轟的對象，馬斯克認為他的投影片內容太無聊了。經歷上次的事件之後，他連續幾週都在思考是否要辭職。「後來我覺得這個任務太重要了。」他說。

2022 年 9 月，隨著第二個人工智慧日逐漸逼近，科瓦奇鼓起勇氣和馬斯克談一年前的衝突事件。馬斯克眼神茫然地看著他。「你還記得嗎？那時候你很討厭我做的簡報，你說內容爛透了？」科瓦奇問，「那時候大家都很擔心我會辭職？」馬斯克依舊眼神茫然地看著他。他真的完全不記得了。

人工智慧日彩排

自從與伊曼紐在希臘時被拍下身材臃腫的照片之後，馬斯克就開始使用減肥藥「胰妥讚」（Ozempic），並開始間歇性斷食，每天只吃一餐，他選擇的時間是早午餐，而且按照他的版本，這一餐他可以盡情地吃。週三早上十一點，他到裝潢復古的潮店「帕羅奧圖乳品店」（Palo Alto Creamery）點了一份培根起司 BBQ 漢堡、番薯條、Oreo 餅乾加餅乾麵團冰淇淋奶昔。X 幫忙消化了一點薯條。

接著他去視察位在佛利蒙商業區的 Neuralink 實驗室，這次的重點是看與走路動作有關的力學原理與訊號。他穿上實驗室白袍與鞋套，跟著席馮．齊莉絲、DJ．徐、與傑瑞米．巴倫霍茲（Jeremy Barenholtz）走進一間無窗的房間，一隻名叫薄荷的豬正在跑步機上走路，工作人員會餵牠吃沾了蜂蜜的蘋果片作為獎勵。每隔一段時間，薄荷會接收到刺激，使牠的肌肉抽動。研究人員想知道牠走路時會牽動哪些致動器。

馬斯克稍後抵達特斯拉總部時，工程師也在研究走路的動作。為了準備隔天晚上對外展示 Optimus，他們重新設定程式，縮小 Optimus 的步伐距離，因為發表會的舞台地板比他們工作坊的水泥地面還要平滑。但是馬斯克喜歡大的步伐，他開始模仿約翰．克里斯在蒙提派森短劇《愚蠢行走部》（*The Ministry of Silly Walks*）中故意抬高腳步走路的姿勢。「引人注目的走路姿勢看起來比較酷。」馬斯克說。工程師馬上開始調整。

隨後，三十位工程師聚集在馬斯克身邊，聽他精神喊話。「人形機器人將會消除經濟發展的障礙，達到近似於無限的程度。」他說。

「機器人員工可以解決人口不足的問題。」德魯．巴格利諾補充說道。

「沒錯，但是人還是應該要生小孩，」馬斯克回應，「我們希望人類意識能延續下去。」

當天晚上，我們到帕羅奧圖市中心邊緣一棟三層樓建築，進行了一趟懷舊之旅，那裡曾是 Zip2 辦公室，二十七年前馬斯克和金博爾就在那裡創辦了公司。他吹著口哨，陷入沉思，他繞著大樓走了一圈，想要進入大樓。但是所有門都被鎖住，窗上貼著「出租」招牌。接著他走去兩個街區外的速食連鎖店「盒子裡的傑克」，以前他和金博爾每天都會來這裡吃飯。「我現在應該在斷食中，但我一定要在這裡吃點東西。」他說。接著他對得來速對講機說：「現在還有在賣照燒飯嗎？」還有。他點了一份照燒飯，為 X 點了一份漢堡。「不知道二十五年後這家店還在不在，或許到時候 X 可以帶著自己的孩子來吃飯？」他若有所思地說。

第二個人工智慧日

隔天下午，馬斯克抵達現場，準備在第二個人工智慧日對外展示 Optimus，數十名工程師滿臉憂心地在大廳間匆忙奔走。Optimus 胸部的某個連接器鬆脫，完全無法運作。「我不敢相信竟然發生這種事，」科瓦奇說，他回想起一年前人工智慧日當天的心靈創傷。最後，一些工程師終於重新想辦法接上連接器，他們希望不會再脫落了。他們決定冒險。馬斯克就在現場盯著，他們別無選擇。

被指派參與展示的二十位工程師，聚集在後台分享各自的經驗。自動輔助駕駛團隊的機器學習專家菲爾・段（Phil Duan），在中國武漢的家鄉學的是光學資訊科學，後來在俄亥俄大學取得博士學位。他在 2017 年加入特斯拉，正好經歷了馬斯克要求團隊在 2019 年的自駕日當天展示自動輔助駕駛汽車。「我連續工作好幾個月沒有休息，實在太累了，所以自駕日結束後我立刻辭職，」他說，「我累翻了。可是過了九個月，我又覺得很無聊，所以我打電話給我老闆，求他讓我回去。我決定寧可累死，也不要無聊。」

負責帶領人工智慧基礎建設團隊的提姆．札曼（Tim Zaman）也有類似的經歷。他來自北荷蘭，2019 年加入特斯拉。「你在特斯拉工作過，恐怕很難去其他地方，因為你會覺得很無聊。」他剛有了第一個小孩，是個女兒，他很清楚在特斯拉絕不可能達到工作與生活平衡，但他還是打算留下來。「接下來我會休假幾天，和我太太和小孩待在一起，」他說，「但如果休假一整週，我反而會精神疲勞。」

一年前的人工智慧日，二十人的工程團隊裡完全沒有女性。這次，其中一位活動主持人是充滿個人魅力的機械設計工程師麗茲．米斯科維茲（Lizzie Miskovetz）。震耳欲聾的音樂聲逐漸變弱，Optimus 準備進場，米斯科維茲向觀眾宣布：「這是我們第一次在沒有任何後勤支援、起重機、機械設備，沒有電線，什麼都沒有的情況下，測試這台機器人。」全場觀眾情緒沸騰。

印有 Optimus 手比愛心標誌的布幕拉開，沒有任何支架與接線的 Optimus 自信地站在舞台上，把手舉了起來。「它動了，成功了。」段在後台說。接著它開始擺動手部，轉動前臂，彎曲手腕。當它的右腳開始向前移動，所有工程師屏住呼吸。它一步步走向舞台前方，動作僵硬卻充滿自信。他像王者一般向觀眾揮手，接著右手握拳向上舉起，擺出勝利者姿態，然後跳了一小段舞，最後轉身走回到布幕後方。

連馬斯克自己都感覺鬆了一口氣。「我們的目標是盡快開發實用的人形機器人，」他告訴台下觀眾。最後他承諾，會生產數百萬台機器人。「這代表我們將會擁有富足的未來，沒有貧窮的未來。從此我們有能力推動無條件基本收入，讓人們領取一定的收入。這將會徹底改變文明發展。」

負責指揮 Optimus 執行任務的工程師科瓦奇

80

重新想像交通運輸

2022 年，特斯拉 Robotaxi 計畫

馬斯克與他的五位大將，阿富夏、范霍茲豪森、巴格利諾、莫拉維與柯寇恩；Robotaxi 概念圖。

全力開發自動駕駛

馬斯克相信，自動駕駛汽車不只是能讓大家擺脫枯燥煩悶的駕駛任務，而是以後人們大部分都不需要再擁有汽車。未來將是 Robotaxi 的時代：當你叫車，就會有一輛無人駕駛車載你前往目的地，然後再去載下一位乘客。部分 Robotaxi 可能是個人所有，但是大部分將屬於車隊公司或是特斯拉所有。

當年 11 月，馬斯克在奧斯汀召集手下五位大將，共同思考未來，大家在馬斯克的幕僚阿富夏還未完工的家一起吃飯，阿富夏特地邀請私廚為大家烹調超厚熟成肋眼牛排。參加的高階主管包括法蘭茲・范霍茲豪森、德魯・巴格利諾、拉爾斯・莫拉維和札克・柯寇恩（Zach Kirkhorn）。他們決定，Robotaxi 的規格會是更小、更便宜、速度不用那麼快的 Model 3。「我們的重點是數量，」馬斯克說，「生產再多的車輛都不夠。未來某一天，我們希望一年可以生產 2,000 萬輛。」

關鍵挑戰之一是如何生產一台沒有方向盤或是踏板，又符合政府安全標準、能夠應付特殊情況的汽車。每一週，馬斯克都會提出各種細節問題。「如果有人離開 Robotaxi，忘了關門怎麼辦？」他問，「我們必須確保 Robotaxi 可以自動關門。」Robotaxi 要如何進入有門禁管制的社區或是停車場？「或許需要一支手臂，可以按按鈕或是取票。」他說。但是這聽起來就是個惡夢。「或許我們要避開不容易開車進入的地方。」他決定。有時候，大家的對話非常嚴肅認真、深入各項細節，完全忘了這個概念有多麼天馬行空。

到了 2022 年夏末，馬斯克和他的團隊明白，他們苦思一年的問題，必須做出最後決定。他們該打安全牌，做出有方向盤、踏板、側後視鏡，以及有其他監管機關要求配備的車？還是應該生產真正能自動駕駛的車？

多數工程師偏向打安全牌。他們對開發全自動輔助駕駛需要多長時間，看法比較務實。在 8 月 18 日那個戲劇化的決策會議上，所有人要一起做出最後決定。

「我們想要讓你知道所有可能的風險，」范霍茲豪森對馬斯克說，「如果我們選擇生產沒有方向盤的車，但是全自動輔助駕駛系統還沒有完成，產品就沒辦法上路。」他建議生產有方向盤和踏板的車，但是方向盤跟踏板都可以輕易拆除。「基本上，我們的提議就是現在先保留那些配備，等到未來情況允許時，再全部拆除。」

馬斯克搖頭。除非他們強行推動，否則自動駕駛的未來就無法快速實現。

「這只是小調整，」范霍茲豪森，「我們可以輕易拆除那些配備，依據調整設計。」

「不要，」馬斯克說，「不要，不要。」接著一陣沉默。「不要鏡子、不要踏板、不要方向盤。我會為這個決策負責。」

主管們都有些遲疑。「呃，我們回去研究一下再跟你報告。」其中一位主管說。

馬斯克再度表現出極度冷漠的態度。「我要說得很清楚，」他緩緩開口，「這輛車必須是真正的 Robotaxi。我們必須冒這個風險。如果搞砸了，就是我搞砸。但是我們不能設計一輛像兩棲類的半吊子汽車。我們要全力開發自動駕駛汽車。」

幾週後，馬斯克依舊對自己的決定感到興奮。某天他搭機送兒子格里芬去讀大學，他在飛機上透過手機參與 Robotaxi 週會。和以往一樣，他試圖製造一種急迫感。「這將是劃時代、革命性的產品，」他說，「它將會改變一切。這個產品將會讓特斯拉的市值衝上 10 兆美元。100 年後人們都會討論這個重要時刻。」

親民款新車

Robotaxi 的討論，顯示出馬斯克的固執。他擁有能夠扭曲現實的強大意志力，能夠完全無視唱反調的人。這種頑固性格或許是使他成功的一項超能力，卻也是導致他失敗的原因之一。

但他還有一項較少為人知的特質：他會改變心意。即使是他一開始拒絕的論點，他也會聽進去，然後在腦中重新計算風險。方向盤的問題就是如此。

2022 年夏末，就在馬斯克宣布全力開發無方向盤的 Robotaxi 之後，范霍茲豪森和莫拉維開始說服他改變決定。他們知道如何用比較委婉的方式說服他。「我們給他看新的資訊，夏天時他可能沒有完全消化這些資訊。」莫拉維說。他告訴馬斯克，即使美國監管機關核准自動駕駛汽車，要等其他國家也核准，也要好幾年之後，所以先開始做有方向盤和踏板的車，比較合理。

過去幾年，他們曾討論過次世代特斯拉汽車的定位：一輛價格實惠、面向大眾市場的小車，售價大約在 25,000 美元左右。馬斯克自己在 2020 年有提出過這個可能性，但後來他又決定暫緩計畫，接下來兩年，他一再否決這個想法，他說有了 Robotaxi 之後，就沒有必要生產另一款汽車。但是范霍茲豪森沒有丟掉這個計畫，仍在設計工作室祕密開發。

2022 年 9 月，馬斯克飛到西岸為 Optimus 發表會做準備。某個週三深夜，他窩在以前經常出沒、沒有窗戶的佛利蒙工廠木星會議室。莫拉維和范霍茲豪森帶著幾位特斯拉高階主管進入會議室，召開祕密會議。他們攤開數據表示，如果特斯拉一年要成長50%，就必須推出較親民的小型車款。全球對這種車款的需求相當龐大，到了2030年預估會有7億輛的需求，大約是Model 3與Y系列的2倍。接著他們又表示，這種小車可以和Robotaxi使用相同的平台和組裝線。「我們說服他，如果建這些工廠，擁有這個平台，就可以同時生產Robotaxi和25,000美元的小車，都用相同的汽車架構。」范霍茲豪森說。

會議結束後，只剩馬斯克和我在會議室裡，他顯然對於25,000美元的汽車一點也不感興趣。「這個產品不令人興奮。」他說。他真正想做的是透過Robotaxi顛覆交通運輸的模式。但是接下來幾個月，他愈來愈熱衷。2023年2月一天下午，他們召開設計會議，范霍茲豪森將Robotaxi和25,000美元新車的模型，並排放在設計工作室。兩輛車都具有Cybertruck的未來感。馬斯克非常喜歡新車的設計。「當人們在路上看到這輛車，」他說，「會覺得看到了來自未來的車。」

新的量產車款，包括配備方向盤的Robotaxi，後來統稱為次世代平台。一開始馬斯克想在距離奧斯汀約640公里的墨西哥北部興建一座工廠，從頭開始生產新車，新工廠將會採用高度自動化的全新製程。

但是他馬上想到一個問題：他一直認為，特斯拉設計工程師的工作地點必須接近組裝線，所以不應該在某個偏遠地點生產汽車。工程師在組裝線附近工作，才能立即得到回饋，才能同時優化汽車的性能與製程。尤其是在生產全新車款、建立全新的製造流程時，更應該如此。但是他也明白，要特斯拉的高階工程師轉調到新工廠會很困難。「特斯拉工程師必須待在生產線上，生產流程才會順暢，但是我不可能說服每個人搬去墨西哥。」他對我說。

所以 2023 年 5 月，他決定將次世代汽車和 Robotaxi 的生產地點改在奧斯汀，就在他自己的工作地點，他的高階工程師將會在這裡的全新自動化高速生產線工作。2023 年夏季，他每週會花好幾個小時和團隊一起設計生產線的每個工作站，想辦法盡可能縮減每個步驟和流程花費的時間，即使只是縮短幾毫秒的差別。

81

就像牛仔走進星巴克

2022 年 10 月 26 至 27 日，推特總部相見歡

馬斯克扛著水槽走進推特總部；
參觀推特總部十樓的咖啡吧。

文化衝突

2022 年 10 月底，馬斯克正式收購推特的前幾天，他的心情起伏很大。「我很興奮終於可以開始執行 X.com 計畫，原本早該完成了，現在正好可以利用推特當催化劑，」某天凌晨三點半，他突然傳簡訊告訴我，「我希望能促進民主和公民對話。」推特將會結合金融平台與社群網絡，就如他在二十四年前為 X.com 設定的藍圖。他也決定把推特改成他喜歡的名字。* 但是過了幾天，他又變得悶悶不樂。「我必須住在推特總部了。情況非常棘手，我很失望 :(很難入睡。」

他在 10 月 26 日週三造訪推特舊金山總部，為當週的正式收購做準備、了解情況。性格溫和的推特執行長阿格拉瓦站在二樓的會議大廳，準備迎接他。「我非常樂觀，」他在等待馬斯克到訪時說，「伊隆有能力激勵其他人做到突破自我的事情。」阿格拉瓦當時說話採取謹慎態度，但我認為他是真心的。5 月開會時惹毛馬斯克的財務長奈德．西格爾就站在阿格拉瓦身邊，他的眼神充滿懷疑。

馬斯克扛著一個水槽，笑著走進大樓。他常常被類似的視覺雙關語戳中笑點，這就是其中之一。「讓水槽進來吧。†」他大聲說道。「來開派對吧！」阿格拉瓦和西格爾露出微笑。

馬斯克在推特總部四處巡視，看起來似乎覺得很不可思議。裝飾藝術風的大樓建於 1937 年，原本是一棟十層展場大樓，如今已改成充滿科技感的新潮裝潢風格，有咖啡吧、瑜伽教室、健身室和遊戲機台。九樓是空間寬敞的餐廳，露台可以遠眺舊金山市政大樓，餐廳裡提供免費餐點，從手工漢堡到純素沙拉都有。

洗手間的標示寫著：「歡迎多元性別。」馬斯克經過擺滿推特品牌周邊商品的櫥櫃時，看到印著「保持覺醒」的 T 恤，他拿起那件 T 恤揮舞，他認為由此可證這種心態已經傳染了整家公司。馬斯克決定把二樓的會議空間作為自己的辦公基地，裡面有幾張木製長桌，上面放了標榜自然健康的零食，還有五種礦泉水，包括來自挪威的瓶裝水以及「死亡之水」（Liquid Death）罐裝水。「我喝自來水。」有人拿礦泉水給他時，他直接回答。

這真是不祥的開場，感覺文化衝突遲早會爆發，那個場景就好像是一個為生活奔走的牛仔突然走進一家星巴克。

問題不只是辦公空間。推特樂園與馬斯克宇宙的差別之大，背後反映了兩種完全不同的美國職場觀點。推特向來以友善的工作環境自豪，寵愛員工被視為一種美德。「我們絕對是一家擁有高度同理心的公司，我們很在乎包容與多元性：在這裡每個人都應該感覺自己是安全的。」行銷與人事主管萊斯莉．伯蘭德說，後來她被馬斯克開除了。推特員工可以選擇長期在家工作，每個月有一天「精神休息日」。公司最常掛在嘴邊的關鍵字是「心理安全感」。公司會小心翼翼照顧好員工，不讓大家感到不舒服。

馬斯克聽到「心理安全感」這個詞就發出輕蔑的笑聲，他很厭惡這種想法。他認為心理安全感是急迫感、進步與軌道速度的大敵。他比較喜歡「硬派」這個關鍵字。他說，不舒服是好事，

---

* 馬斯克在 2023 年正式將推特公司更名為 X 公司（X Corp.），推特也在 2023 年 7 月正式更名為 X，推特藍色小鳥商標正式走入歷史。

† Let that sink in. 意思是「好好思考、慢慢理解這件事吧。」，sink 一字同時也是水槽，這句慣用語搭配上各種水槽進門的圖片，已變成網路迷因。

是對抗自滿的武器。度假、聞花香、生活與工作平衡、精神休息日，這些都不在他的字典裡。大家以後就會漸漸理解這件事。

咖啡要超級燙

週三下午，馬斯克還沒有完成收購，就召開了產品審查會議。英國籍的湯尼．海利（Tony Haile）是產品總監，他曾共同成立一家新創公司，主要銷售訂閱服務給線上新聞搭售平台。海利提出了如何讓用戶付費閱讀新聞的問題。馬斯克說，他喜歡這個概念，讓用戶能夠小額付費觀看影片或是閱讀文章。「我們希望建立一種機制，讓媒體能夠為內容收費。」他說。他心裡認為推特最大的競爭對手將會是 Substack，新聞記者和其他使用者已經在用這個線上平台發布內容並收費。

馬斯克決定利用開會空檔，在大樓內四處走動，與員工見面。他的推特嚮導看起來非常緊張，他說可能看不到什麼人，因為員工比較喜歡在家工作。當時是週三下午，但是辦公室幾乎沒人。最後他來到十樓的義式咖啡吧，現場有二十多人，大家看起來有些遲疑，而且刻意保持距離，經過嚮導一番鼓勵後才開始聚集到馬斯克身邊。

「你能不能把它放到微波爐裡，加熱到超級燙？」馬斯克拿到自己的咖啡後說，「如果沒有超燙，我會喝太快。」

負責初期產品開發部門的艾絲特．克勞佛（Esther Crawford）急切地向馬斯克說明，她想在推特平台上推出錢包功能，可進行小額支付。馬斯克建議，錢包裡的錢可以存放在高利息帳戶。「我們必須讓推特成為全球第一的支付系統，類似我在 X.com 想要做的事，」他說，「如果你有可以與貨幣市場帳戶連結的錢包，這會是成功的關鍵。」

另一位年輕中階工程師也開口說話，他態度比較謹慎，這位來自法國的工程師名叫班．桑蘇西（Ben San Souci）。「我可以花 19 秒向你說明一個想法嗎？」他問。他分享的是如何運用群眾力量審核仇恨言論。馬斯克打斷他，提出自己的想法：可以設計一個滑標讓用戶能控制顯示推文的強度。「有些人只想看泰迪熊和小狗，有些人喜歡在平台上戰鬥，這種人就會說：『放馬過來吧。』」那跟桑蘇西要說的重點不太一樣，正當桑蘇西想接著說下去時，另一位女性試圖發問，結果馬斯克做了一件科技圈男生不常做的事：他讓這位女士先說。她提出了所有人都很關心的問題：「你會開除 75％的員工嗎？」馬斯克笑了，接著停頓了一下。「不是，這個數字不是我說的，」他回答，「我們應該要杜絕這種匿名的狗屁消息來源。但是我們確實面臨了挑戰。景氣正進入衰退，營收低於成本，所以我們一定要找方法賺更多錢或是降低成本。」

馬斯克的回答並沒有完全否認裁員的消息。不到三週後，75％的預估將會成為確切數字。

馬斯克離開咖啡吧、回到二樓時，其中三間會議室已經擠滿了來自特斯拉和 SpaceX 的團隊，這群為馬斯克效力的忠心工程師，在馬斯克指示下，在白板上統整推特的程式架構，繪製組織圖，決定哪些員工值得留下。另外兩間會議室則是被銀行家和律師占據，他們看起來已經準備好要打仗了。

「你和傑克談過嗎？」格拉西亞斯問馬斯克。推特共同創辦人、前執行長傑克．多西一開始很支持馬斯克收購推特，但是過去幾週爆發的爭議以及戲劇化進展，讓他有些不安。他擔心自己一手創造的孩子會被馬斯克毀掉，而他不確定自己是否能夠讓這一切發生。更重要的是，他還在猶豫是否要讓手中的股票轉成馬斯克控制的非上市公司股權。如果多西不轉股權，就會對馬斯克的融資計畫不利。過去一週，馬斯克幾乎每天都會打電話給多西，再三保證自己是真的熱愛推特，更不會傷害推特。最後他和多西達成協議：如果多西將手中股票轉成新公司股權，將來他需要用錢時，馬斯克保證會支付全價。「他同意轉換所有股票，」馬斯克說，「我們還是朋友。他很擔心未來的流動性，所以我承諾他會以 54.20 美元的價格回購股票。」

當天下午稍晚，阿格拉瓦悄悄走進二樓休息區，發現馬斯克也在。再過一天晚上，兩人就會像競技場鬥士一樣對打，但是此刻，他們仍維持表面上的融洽。

「嗨，」阿格拉瓦溫和地打招呼，「今天還好嗎？」

「我的腦袋已經滿了，」馬斯克回答，「我要睡一晚，才能消化今天接收到的資料。」

82

收購奇襲

2022 年 10 月 27 日，抓準時機發動攻擊

馬斯克與格拉西亞斯等同事一起開瓶慶祝；
大衛·薩克斯與格拉西亞斯在推特戰情室。

收盤敲鐘

推特正式收購日訂在 10 月 28 日週五。推特管理階層是這樣想的，一般大眾與華爾街也這麼認為。當天早上開市，就會依照事先仔細擬定好的計畫，有秩序地完成轉讓。匯款，簽署文件，股票退市，馬斯克取得控制權。股票退市以及控制權轉移這兩件事會同時發生，所以阿格拉瓦和其他推特高階主管不僅能領到遣散費，還能實現股票選擇權。

但是馬斯克不想要這樣，所以他和團隊祕密擬定計畫，想破壞推特高層的如意算盤。週四下午，他反覆進出擁擠的會議室，格拉西亞斯、斯皮羅、博查爾和其他人有條理地擬定計畫、進行作戰演練：他們會在週四晚上快速完成收購。如果一切照他們的計畫進行，馬斯克就能在阿格拉瓦和其他推特高階主管實現股票選擇權之前，「基於正當理由」解雇他們。

這項行動極為大膽，甚至是粗暴。但是馬斯克認為有充分理由這麼做，一方面是因為他的收購金額，一方面是他堅信推特管理階層誤導了他。「今天晚上收購或是明天早上收購，餅乾罐裡*的金額會相差到 2 億美元。」週四接近傍晚時計畫正式展開，他在戰情室裡對我說。

除了報復和可以省一筆錢之外，馬斯克這麼做還有一個策略理由，那就是出奇制勝。出人意料的結尾將充滿戲劇性，就像在《迷你帝國》遊戲中抓準時機發動攻擊一樣。

負責在週四晚上發動突襲的陸軍元帥正是長期擔任馬斯克律師的斯皮羅。他是個性急躁、風趣的法律神槍手，總是迫不及待要投入戰鬥。他在 2018 年風暴期間成為馬斯克信任的顧問之一，幫助馬斯克抵擋「戀童癖」與「公司下市」推文引發的法律攻擊。馬斯克有一條規則，那就是永遠要小心提防自信超過其能力的人。斯皮羅的自信和能力都很強，馬斯克很看重他，但有時候也會保持警惕。

「我們要等到阿格拉瓦簽署憑證之後才能開除他，對吧？」馬斯克問。

「我寧可在這件事情完成之前開除他們，」斯皮羅回答。他和其他同事一起仔細檢查、擬定可能的方案，同時等待聯邦儲備銀行提供已完成匯款的參考編號。

太平洋時間下午 4 點 12 分，他們一確認已經完成匯款、需要的文件也簽署完畢之後，馬斯克和他的團隊立即扣下扳機，完成收購。曾擔任馬斯克助理多年的耶恩．巴拉加迪亞再度被徵召回來協助處理推特收購作業，她準確地在這個時間點發送解雇信給阿格拉瓦、奈德．西格爾、維賈亞．蓋德（Vijaya Gadde）與法務長尚恩．埃吉特（Sean Edgett）。六分鐘後，馬斯克的安全長走進來，告訴他所有人都已經被「請出」大樓，公司電子郵件也已經停用。

立即停掉公司電子郵件帳號也是計畫的一部分。阿格拉瓦原本已經寫好辭職信，宣布控制權轉移，也已設定寄送。當他發現無法登入推特電子郵件帳號之後，又花了幾分鐘才成功改用 Gmail 即時通訊送出辭職信。但是這時候他已經被開除了。

---

* 「餅乾罐」是一種會計作帳手法，在營運良好的年度，儲備部分資金、降低盈餘，等到營運不佳時，再動用這些儲備資金彌補虧損，讓外界產生公司財務穩定的印象。

「他想要辭職。」馬斯克說。

「但是我們搶先他一步。」斯皮羅回答。

同一時間，推特總部大樓連結兩側建築的區域，正在舉辦萬聖夜派對，他們把派對稱為「不推文就搗蛋」（Trick or Tweet），大家都在相互擁抱道別。博查爾在戰情室裡開玩笑說，「奈德．西格爾的萬聖節裝扮是財務長。」在旁邊的會議室，幾位 SpaceX 工程師正緊盯著自己電腦上的影片直播。時間剛過晚上六點，搭載 52 枚星鏈衛星的獵鷹九號火箭正從范登堡發射升空。

摩根士丹利的首席銀行家格蘭米斯從洛杉磯飛來，帶了禮物走進戰情室。第一份禮物是一幅蒙太奇拼貼作品，顯示歷史上的言論自由防衛戰，從 1644 年的英國思想家約翰米爾頓（John Milton）開始，直到馬斯克走進推特總部大樓、說出「讓水槽進來吧！」他還帶了一瓶老爹凡溫克（Pappy van Winkle），那是全球最頂級的波本威士忌品牌，是他太太生日時收到的禮物。大家淺嚐幾口之後，馬斯克在剩下半瓶酒的酒瓶上為格蘭米斯的太太簽名。

幾分鐘後，馬斯克就開始調整產品了。原本大家進入推特網站後，最先看到的頁面是登入指示。馬斯克認為大家應該直接進入「探索」（Explore）頁面，這個頁面會顯示當下熱門或流行的動態訊息。負責探索頁面的年輕工程師特賈斯．達蘭西（Tejas Dharamsi）收到要調整的訊息，當時他才剛結束探親，正搭機從印度飛回美國。他回覆說，等他週一進公司就會開始修改頁面。結果他又收到訊息，要他立刻開始修改。當天晚上他就在聯合航空的班機上用無線網路完成修改。「我們在過去幾年開發了許多可能的新功能，但是沒有人做決定，」後來他說，「結果突然間，公司裡來了個做決定超快的人。」

當時馬斯克借住在他的朋友薩克斯家裡。他晚上九點回去時，當地的民主黨眾議員羅．康納（Ro Khanna）正好也在。康納是科技通，也是言論自由支持者，但是兩人並沒有談到與推特有關的話題。他們討論了特斯拉在製造業回流美國所扮演的角色，以及如果無法透過外交途徑解決烏克蘭戰爭，可能會面臨哪些危險。兩人的討論十分熱烈，持續了將近兩小時。「他才剛剛收購推特，但我們竟然沒有談到這件事，」康納說，「他似乎想要討論其他事情。」

83

大軍進駐

2022 年 10 月 26 至 30 日，三劍客與親信部隊

馬斯克與詹姆斯、什羅夫、安德魯一起檢查推特的程式碼；
諾迪恩在研究推特的程式架構；馬斯克的堂弟詹姆斯與安德魯。

三劍客

那個週四，在二樓帶領技術部隊的是長相像極了馬斯克的 29 歲年輕人。詹姆斯．馬斯克是艾洛爾弟弟的兒子。他和堂哥留著相同的髮型，咧嘴微笑的模樣如出一轍，同樣習慣把手放在脖子上，說話語調也是比較平的南非口音。他的心思和眼神都很敏銳犀利，但他時常掛著大大的微笑、擅長察覺他人情緒、會努力討好別人，這些特質軟化了他的犀利，也是他跟伊隆完全不像的地方。詹姆斯在特斯拉的自動輔助駕駛團隊擔任軟體工程師，工作非常認真，後來他成為馬斯克忠心耿耿的親信部隊核心人物，率領三十多位特斯拉和 SpaceX 工程師空降到推特總部大樓。

詹姆斯從 12 歲開始，就很積極地追隨伊隆冒險的腳步，他會定期寫信給他。他和伊隆一樣，18 歲時獨自離開南非，花了一年時間在地中海度假勝地里維耶拉遊歷，在遊艇上工作，住在青年旅館。後來他進入柏克萊就讀，之後加入特斯拉，正好趕上 2017 年內華達電池工廠的衝刺期。後來他加入自動輔助駕駛團隊，負責開發神經網路規劃路徑，分析人類駕駛的影片資料，了解自駕車應該表現出哪些行為。

10 月底伊隆打電話給他，「強迫他自願」協助即將底定的推特收購案。一開始詹姆斯有些不情願。他女友的生日就在那週，而且他們正要出發參加他女友最要好朋友的婚禮。但詹姆斯的女友理解他必須幫忙堂哥。「你應該要去。」她對他說。

與他一起參與任務的還有他的弟弟安德魯，安德魯紅髮、個性比較害羞，在 Neuralink 當軟體工程師。他們從小在南非長大，都是國家級板球選手，也是工程學系的明星學生。他們的年齡比伊隆和金博爾小了大約半個世代，所以與伊隆的表兄弟們、也就是禮夫兄弟沒有玩在一起。安德魯與詹姆斯離開南非後，伊隆就一直負責照顧他們，支付他們的大學學費和生活開銷。安德魯就讀加州大學洛杉磯分校，跟隨網路封包交換理論先驅倫納德．克連洛克（Len Kleinrock）研究區塊鏈技術。詹姆斯和安德魯彷彿遺傳了家族基因（或許真的是如此），都同樣沉迷《迷你帝國》這款策略遊戲。「我的前女友很討厭我這樣，」安德魯說，「或許這就是她變成前女友的原因吧。」

詹姆斯在里維耶拉遊歷期間，曾住在熱那亞（Genoa）的青年旅館，某天有個年輕人看到他用兩根手指從罐子裡直接挖花生醬來吃。「老兄，太噁心了啦！」那個年輕人笑著說。那是詹姆斯與羅斯．諾迪恩（Ross Nordeen）第一次見面。諾迪恩身材削瘦、頭髮微塌，是來自威斯康辛州的電腦天才。他從密西根理工大學畢業後，就成了浪跡天涯的程式設計師，透過遠端工作維持自己的流浪生活。「每次碰到人，我就會問：『下一站我應該去哪？』所以我來到了熱那亞。」

旅行途中總會遇到各種機緣，特別是在遠離塵囂的地方。諾迪恩告訴詹姆斯，自己正在應徵 SpaceX 的工作。「喔，那是我堂哥的公司。」詹姆斯回答。諾迪恩已經把錢花光了，所以詹姆斯邀請諾迪恩到他和朋友在法國南部濱海小鎮昂蒂布（Antibes）附近一起合租的房子，諾迪恩就睡在外面的墊子上。

有一天晚上，他們到新潮的朱安雷賓（Juan-les-Pins）街區的夜店。詹姆斯和一名年輕女子聊天時，一名男子走過來說那是他女朋友。他們走到外面，接著就開始打架。後來詹姆斯、諾迪恩和他們的朋友一起逃跑，卻忘了拿外套，大家指派諾迪恩回去拿外套。「他們叫我回去，因為我年紀最小，看起來最弱。」他說。回家途中，他們遭遇埋伏，對方拿著破酒瓶威脅他們，他們一路逃跑，最後跳過一道柵欄，躲進灌木叢裡。

這次經驗跟其他幾次冒險之後，詹姆斯和諾迪恩建立了深厚情感。一年後，在某場研討會上，諾迪恩遇到之前錄取他進入帕蘭泰爾（Palantir）工作的高階主管，那是彼得・提爾共同創辦的神祕資料分析與情報公司。諾迪恩幫忙牽線，讓詹姆斯到那裡實習。後來諾迪恩加入特斯拉自動輔助駕駛團隊，與詹姆斯一起工作。

詹姆斯、安德魯和諾迪恩成為協助馬斯克處理推特收購案的三劍客，率領由三十多位 SpaceX 和特斯拉工程師組成的部隊進駐推特總部二樓的會議空間，在那一週負責執行轉換作業。三劍客的第一個任務就是建立分析團隊，評估超過 2,000 名推特工程師的程式撰寫技能、生產力、甚至是工作態度，然後決定誰應該留下來（如果有任何人留得下來的話）。這項任務其實有些大膽、尷尬，因為他們都才二十幾歲。

名單

詹姆斯和安德魯帶著筆電坐在二樓開放空間的小圓桌前，旁邊就是被馬斯克拿來當作戰地指揮基地的會議室。X 在一旁的地板上玩四個大型魔術方塊。（他還沒辦法解開魔術方塊，他才 2 歲半。）那天是 10 月 27 日週四，馬斯克正忙著準備發動快閃奇襲、迅速完成收購，但他從緊湊的會議中抽出一小時，和兩位堂弟討論如何篩選推特工程師團隊。還有一位來自自動輔助駕駛團隊的年輕工程師達瓦爾・什羅夫一起加入，他也是第二個人工智慧日的其中一位報告者。

詹姆斯、安德魯和什羅夫可以在他們的筆電上查看推特工程師過去一年撰寫的程式。「找找看誰在上個月寫了 100 行或超過 100 行程式，」馬斯克說，「我要你們瀏覽一遍，看誰有在認真寫程式。」

馬斯克的計畫是裁掉多數工程師，只留下真正優秀的人才。「先找出哪些人寫了大量的程式，再從中篩選出程式寫得最優秀的人。」他說。這是很龐大的工程，而且受限於推特工程師使用的程式格式，很難確切知道新增或是刪除程式的是誰，讓整個任務變得更加困難。

詹姆斯想到了一個辦法。幾天前，他和什羅夫在舊金山的研討會上遇見一位年輕推特軟體工程師，名叫班（Ben）。詹姆斯打電話給他並打開擴音，開始用一連串問題轟炸他。

「我有每個人新增和刪除程式的紀錄清單。」班說。

「你可以寄給我們嗎？」詹姆斯問。他們花了一些時間，還想出如何用 Python 指令與修剪技巧加速轉檔。

然後馬斯克突然說，「嘿，謝謝幫忙。」

大家沉默了一下。「是伊隆嗎？」班問。他聽起來有些意外，沒想到未來的老闆竟然在收購當天，親自花時間整理原始碼。

我聽見他的法國口音，想起來他就是班．桑蘇西，馬斯克之前參觀咖啡吧時，他曾當面詢問馬斯克關於內容審核的問題。他是典型的工程師性格，不擅交際，但是突然間就被帶進核心團隊。這件事證明了機緣的力量，以及實際出席的重要性。

隔天早上，推特正式成為馬斯克的公司，四劍客走到九樓餐廳，那裡正在供應免費早餐。桑蘇西和其他幾位特斯拉的工程師也在。他們走去可以眺望市政大樓的露台。露台上有十多張圓桌，四周還擺放了一些有趣的家具。但是除了這群工程師，沒有其他推特員工進公司。

詹姆斯、安德魯和諾迪恩談到他們如何決定裁員名單時，桑蘇西勇敢表達自己的看法。「根據我的經驗，個人很重要，但團隊也很重要，」他說，「不該只挑出能力優秀的程式設計師，我認為也要找出真正能合作的團隊。」

什羅夫想了一下，也表示認同。「我和詹姆斯還有自動輔助駕駛團隊的人每天都坐在一起，大家可以非常快速地溝通彼此的想法，團隊合作的成效比我們任何一個人獨力工作更好。」他說。安德魯也提到這是為什麼馬斯克偏好進辦公室上班，而不是遠距工作。

桑蘇西又再次表示不同意見。「我相信進公司有好處，我自己也樂意進公司，」他說，「但我是程式設計師，如果每小時都被打斷，根本沒辦法好好寫程式。所以有時候我不會進公司。或許採取混合模式會比較好。」

自己主導

在推特公司內部、特斯拉、SpaceX 和華爾街，都不斷有耳語傳說馬斯克會指定某個人協助他管理推特。成為推特老闆的第一天，他就跟其中一位可能的人選祕密會面，就是共同創辦直播應用程式公司 Periscope 的凱馮．貝克普爾（Kayvon Beykpour）。Periscope 被推特收購之後就被消滅了*，貝克普爾後來在推特擔任產品開發總裁，但是在 2022 年初被阿格拉瓦開除，沒有任何解釋。

他們在馬斯克的會議室裡面談，在場還有科技投資人史考特・貝爾斯基（Scott Belsky），從對話內容聽得出來兩人意氣相投。「關於廣告我有個想法，」貝克普爾建議，「詢問有訂閱的用戶，他們的興趣是什麼，然後提供個人化體驗。你可以把這個服務當作是訂閱的福利。」

「是啊，廣告主會喜歡這個想法。」馬斯克說。

「還要增加對推文表達不滿的按鈕，」貝克普爾說，「因為你需要累積一些負面的使用者訊號，納入演算排名。」

「只有付費和經過驗證的用戶才能使用不滿按鈕，」馬斯克說，「不然你會成為機器人程式的攻擊對象。」

談話結束時，馬斯克隨口向貝克普爾發出工作邀請。「你要回來這裡工作嗎？」他問，「你似乎很喜歡這裡。」接著馬斯克說明自己的整體願景，他希望把推特打造成金融與內容平台，可以提供以前他為 X.com 預想的所有功能。

「嗯，我心裡很矛盾，」貝克普爾回答，「我很敬重你。我買了所有你推出的產品。我晚點再回覆你。」

馬斯克很明顯不想讓出太多控制權，他在其他公司也同樣是全權掌控。一個月後，我詢問貝克普爾他的結論是什麼。「我沒有看到我的位置，」他說，「伊隆非常熱衷自己直接指揮工程和產品開發。」

馬斯克不急著找人管理推特，儘管他曾做過線上投票，而多數人認為他應該要找別人負責管理推特。他甚至不要財務長。他

---

*　2015 年被推特收購，2021 年 3 月正式停止服務。

希望這裡是他的遊樂場。在 SpaceX，至少有 15 個人直接向他報告，在特斯拉大約有 20 人。至於在推特，他告訴團隊，他能接受超過 20 人直接向他報告。他下令他的團隊以及最認真的工程師們要在十樓寬敞的開放空間工作，這樣他每天早上和晚上都可以直接和他們溝通。

第一波裁員

馬斯克交辦年輕的四劍客擬定策略，大幅縮減過度膨脹的工程團隊，他們認真清查代碼庫，評估哪些工程師能力優秀又認真工作。10 月 28 日週五傍晚六點，也就是正式收購推特二十四小時之後，馬斯克召集四劍客和其他三十多位特斯拉與 SpaceX 的可靠傭兵們，開始執行他的計畫。

「現在推特有 2,500 位軟體工程師，」馬斯克說，「就算每個人每天只寫三行程式，這已經是超低門檻了，一年應該也會有 300 萬行，足夠完成一個作業系統。但是事實並非如此，這中間一定有嚴重的漏洞。我感覺自己好像在搞笑節目裡。」

「產品經理不懂程式，卻一直要求開發他們自己也不知道要如何創造的功能，」詹姆斯說，「就像騎兵隊長卻不會騎馬。」這是馬斯克自己也常常說的一句話。

「我要設定規則，」馬斯克說，「我們只有 150 位工程師負責開發自動輔助駕駛系統，我想把推特工程師人數降到這個數字。」

雖然大家認同馬斯克對推特生產力低落的看法，聽到他要裁撤超過 90% 的工程師，大家還是感到卻步。特斯拉工程主管科瓦奇向他解釋，為什麼需要留下更多人，現在的他已經不像剛加入 Optimus 時那麼怕馬斯克了。律師斯皮羅也勸馬斯克要謹慎。他認為推特的某些工作並不需要具備高超的電腦技能。「我不理解為什麼在社群媒體公司工作的每個人都需要智商 160，每天工作二十小時。」他說。有些人應該要擅長銷售，有些人具備成為優秀主管的情緒技能，有些人的工作只是負責上傳影片，根本不需要是明星員工。此外，大幅度裁員之後，如果有人生病或是覺得受夠了想離開，系統就會有癱瘓的風險。

但是馬斯克並不這麼認為。他想要大幅裁員除了財務因素考量，另一個理由是他希望建立硬派、狂熱投入的工作文化。他很願意、甚至是急切地想要冒險，不想選擇安全的路。

詹姆斯、安德魯、諾迪恩和什羅夫開始與推特主管面談，要求他們達成馬斯克設定的裁員 90% 的目標。「他們非常不高興，」什羅夫說，「他們說這樣做公司會垮掉。」他和其他三劍客的標準回答是：「這是伊隆的要求，這就是他的做事方式，所以我們必須擬定行動計畫。」

10 月 30 日週日晚上，詹姆斯和其他三劍客列出了所有值得留下的最優秀工程師人選，並將正式名單寄給馬斯克。不在名單上的人就可以讓他們離開。馬斯克已經準備好立即扣下扳機。如果在 11 月 1 日之前完成裁員，就不需要支付到期的獎金以及授予選擇權。但是推特的人資主管反擊，他們希望檢查那份名單的多元性。馬斯克根本不理會這項提議。但他們提出的另一個警告，讓馬斯克不得不再考慮一下。如果太草率地裁員，公司會因為違約以及不符合加州勞工法規定而被罰款，罰金將會上看數百萬美元，比依約支付獎金之後再裁員代價更高。

馬斯克不情願地答應等到 11 月 3 日再裁員。裁員公告是一封未署名的電子郵件：「為了努力讓推特走上健全的道路，我們必須經歷裁減全球人力的艱難過程。」全球有近一半的員工、某些基礎建設團隊則有超過 90% 的人被裁員。消息一公布，那些人的公司電腦與電子郵件立即被停用。馬斯克也開除了多數的人資主管。

這只是第一回合，推特總計會經歷三回合的血洗。

84

言論可以多自由？

2022年10月27至30日，內容審查風暴

馬斯克與 Ye 在 SpaceX 合照（左上）；推特工程師洛斯（右上）；
馬斯克的朋友薩克斯（左下）與卡拉卡尼斯（右下）。

一人委員會

音樂家與時尚設計師 Ye（舊名為肯伊・威斯特）是馬斯克的朋友，但是這個朋友的定義比較像是名人之間的派對夥伴，共享關注與鎂光燈，但私下並不親近。2011 年，馬斯克帶 Ye 參觀 SpaceX 在洛杉磯的工廠。十年後，Ye 拜訪位於德州南部的星際基地，而馬斯克也去參加了 Ye 在邁阿密舉辦的《東妞二》派對。他們擁有某些相同特質，例如說話口無遮攔，而且都被認為已經在半瘋狂狀態，不過以 Ye 的情況來說，這個說法後來證明只對了一半。「肯伊很相信自己，而且有過人的堅持，才能走到今天。」馬斯克 2015 年接受《時代》雜誌採訪時說，「他堅定地努力在文化的萬神殿取得一席之地，不害怕在過程中被批評、被嘲笑。」聽起來馬斯克好像在說他自己。

10 月初，就在馬斯克正式收購推特之前幾週，Ye 和他的模特兒們穿著印有「白人的命也是命」的 T 恤出席時裝秀，在社群上引爆戰火，最後 Ye 發了一則推文：「當我醒來時，就要對猶太人發動三級死亡狀態（death con 3）*。」隨後他被推特停權。幾天後馬斯克發了一則推文，「今天和 Ye 聊了一下，我告訴他，我很擔心他最近的推文，我想他非常介意。」但是這位音樂家仍持續被停權。

Ye 的推文事件讓馬斯克學到許多教訓，包括言論自由這個議題的複雜性，以及衝動制定決策的不良後果。除了裁員之外，收購推特後的第一週，馬斯克最關心的就是內容審核問題。

過去他總是大力揮舞言論自由的大旗，後來他漸漸發現自己想得太簡單了。在社群媒體上，真相還在穿鞋子時，謊言就已經旅行了大半個地球。不實資訊是個問題，加密貨幣騙局、詐欺和仇恨言論也是問題。另外還有財務問題：焦慮不安的廣告主不希望他們的品牌出現在充滿有毒言論的汙水池中。

10月初，馬斯克正式收購推特的幾週前，他在我們聊天時提到想成立內容審核委員會的想法，由委員會決定這些問題的處理方式。他希望能夠聽取各方不同意見，他還描述了他想像中的委員類型。「直到委員會成立、開始運作之前，我不會決定誰的帳號可以恢復。」他說。

10月28日週五，完成收購的隔天，馬斯克公開推文保證：「直到委員會召開會議之前，我不會做出關於內容或是恢復帳號的重大決定。」但是他的本性就是不會把控制權交出去。他的想法已經開始改變了。委員會的意見只是「建議性質，」他對我說，「最後必須由我拍板定案。」那天下午，隨著他不停往返不同會議室，討論裁員計畫和產品功能，已經明顯看得出他對於成立委員會已經失去興趣。當我問他，他是否已經決定誰有可能加入委員會，他說：「還沒有，這不是現在要優先處理的事情。」

確保沒人搞破壞

馬斯克開除推特法務長維賈亞・蓋德之後，處理內容審核以及應付馬斯克的棘手任務，就落到看起來學院派但很好相處、35歲的尤爾・洛斯（Yoel Roth）頭上。這個安排實在有些奇怪。洛斯是立場偏左的民主黨員，曾發過許多反共和黨的推文。「我從

---

* 應為誤用美軍的「防禦戒備狀態」（defense readiness condition, DEFCON）用語。美軍將防禦警戒狀態分為五個等級，三級相當於黃色警戒，軍隊戰備狀況提升到平常水準之上。

來沒捐錢給總統競選團隊過，但為了美國，我捐了 100 美元給希拉蕊。」2016 年他的一則推文寫道，那年他已經加入推特的信任與安全團隊。「我們不能再繼續胡鬧下去了。」2016 年選舉日當天，他發了一則推文嘲笑川普支持者：「不得不說，大家都不想去那些投票給種族歧視橘子*的『飛越之州』†，是有原因的。」川普當選後，他又發文表示：「真正的納粹入主白宮！」他甚至形容米奇・麥康諾（Mitch McConnell）是「沒個性的放屁袋。」

不過，洛斯天性樂觀、有企圖心，他很期待能和馬斯克一起工作。他們第一次見面就是在那個瘋狂的週四，當天馬斯克正要迅速完成收購。下午五點，洛斯的手機響了。「嗨，我是約尼，」電話另一頭說，「能不能請你到二樓？我們需要談一談。」洛斯不知道約尼是誰，他穿越氣氛有些絕望的萬聖夜派對，走去寬敞的開放會議空間，馬斯克和他的銀行家以及四劍客正在那裡忙進忙出。

迎接洛斯的是約尼・雷蒙（Yoni Ramon），他是特斯拉的資訊安全工程師，個頭矮小、充滿活力，留著一頭長髮，來自以色列。「我是以色列人，所以一眼就看出來他也是以色列人，」洛斯說，「但除此之外，我完全不知道他是誰。」

馬斯克交給雷蒙一項任務：避免有任何心生不滿的推特員工破壞推特的服務。「伊隆非常偏執，他有理由相信一定會有憤怒的員工搞破壞，」在洛斯抵達之前，雷蒙對我說，「他說我的工作就是阻止這種事發生。」

兩人坐在開放空間的某張桌子前，就在各種品牌的礦泉水旁邊。雷蒙劈頭就問洛斯：「我要如何取得推特的工具？」

洛斯還是不知道這個人是誰。「誰可以取得推特的工具，公司有非常多限制，」他回答，「必須考量很多隱私問題。」

「嗯，因為公司已經換老闆了，」雷蒙說，「我為伊隆工作，我們需要確保所有面向，至少讓我知道有哪些工具。」

洛斯覺得這個要求很合理。他拿出自己的筆電，向雷蒙展示推特使用的內容審核工具，並建議他們可以採取哪些措施，防止內部威脅。

「我們可以信任你嗎？」雷蒙突然看著洛斯的眼睛說。洛斯被雷蒙認真的態度嚇了一跳，接著回答：「可以」。

「好，我去叫伊隆過來。」雷蒙說。

一分鐘後，剛完成收購的馬斯克走出戰情室，坐在休息區的某張桌子前，要洛斯展示安全工具給他看。洛斯用馬斯克的推特帳號來展示推特有哪些工具，可用來處理安全問題。

「現在應該只有一個人可以取用這些工具。」馬斯克說。

「我昨天已經這麼做了，」洛斯回答，「那個人就是我。」馬斯克靜靜地點頭。他看來很滿意洛斯處理事情的方式。

接著他要求洛斯列出「你可以託付性命」的十個名字，這些人才可以使用最高層級的工具。洛斯說他會列出清單。馬斯克雙眼直視他的眼睛。「我的意思是，你可以託付性命，」他說，「如果他們做錯事，他們會被開除，你也會被開除，整個團隊都會被開除。」洛斯心想，他很了解要如何應付這種老闆。他向馬斯克點頭，然後走回自己的辦公室。

---

* 這裡指的是川普。

† flyover country，是對美國中西部地區帶有貶義的說法。

要恢復帳號，還是改規則？

隔天、週五早上，洛斯就遇到了第一個麻煩。他收到約尼·雷蒙的訊息，馬斯克想要恢復《巴比倫蜜蜂》的帳號，馬斯克很喜歡這個保守派諷刺新聞網站，他們因為違反了推特的「性別錯稱」（misgendering）*政策而被停權，起因是該網站諷刺地將拜登政府的跨性別女性官員瑞秋·萊文（Rachel Levine）封為「年度風雲男士」。

洛斯知道馬斯克反覆無常的個性，他有心理準備馬斯克會在某個時間點衝動做出某些決定。他以為會與川普有關，不過馬斯克要求恢復《巴比倫蜜蜂》帳號，碰到的問題是一樣的。洛斯的目標是避免馬斯克單方面武斷地恢復帳號。換句話說，他希望阻止馬斯克做出馬斯克會做的事。

當天早上，洛斯和馬斯克的律師斯皮羅碰過面，斯皮羅現在負責管理政策議題。「如果你需要什麼或是發生任何瘋狂的事情，請直接打給我。」斯皮羅對他說。所以洛斯就打電話給他了。

洛斯向他解釋推特的性別錯稱政策，也提到《巴比倫蜜蜂》拒絕刪除那則引發爭議的推文，最後洛斯提出三個選項：繼續封殺《巴比倫蜜蜂》；移除反對性別錯稱的規則；或是武斷地恢復《巴比倫蜜蜂》帳號，不管政策和先例的問題。斯皮羅很了解馬斯克的行事作風，所以選了第三個選項。「為什麼他不能那樣做？」他問。

「他可以，」洛斯說，「他買了這家公司，可以做任何他想要的決定。」但是這樣會有問題。「如果另一個用戶也做了同樣的事，而我們的規則沒改，到時候該怎麼辦？你會碰到一致性的問題。」

「好吧，那我們應該修改政策？」斯皮羅問。

「你可以那樣做，」洛斯回答，「但是你應該知道，這是很重大的文化戰爭議題。」有很多廣告主非常關注馬斯克會如何處理內容審核的問題。「如果他在推特做的第一件事，就是刪除與性別錯稱有關的仇恨行為對應政策，我不認為這是好事。」

斯皮羅想了一下，然後說：「我們需要和伊隆討論這個問題。」他們離開會議室時，洛斯又收到另一則訊息。「伊隆想要恢復喬丹・彼得森的帳號。」彼得森是加拿大心理學家與作家，當年稍早因為堅持稱呼某位跨性別男性名人為女性，被推特停權。

一小時後，馬斯克走出會議室，與洛斯和斯皮羅碰面。他們站在開放零食區，旁邊有人四處走動，這讓洛斯不太自在，不過他直接提出任意恢復帳號的問題。「嗯，那如果想成是類似總統特赦的概念呢？」馬斯克問，「這就符合憲法，對吧？」

洛斯分不清楚馬斯克是不是在開玩笑，他承認馬斯克有權任意恢復帳號，但是他接著問：「如果另一個人也做了同樣的事，該怎麼辦？」

「我們沒有改變規則，我們只是赦免他們。」馬斯克回答。

「但是在社群媒體上不是這樣運作的，」洛斯說，「人們會測試規則，特別是關於這個議題，他們會想知道推特的政策是不是變了。」

---

* 指使用不符合對方認同的性別化稱謂描述對方。

馬斯克停頓了一下，決定讓步。他對這個議題不陌生，他自己的小孩就是變性人。「我要澄清，我不認為性別錯稱是對的，但這不是棍棒和石頭*，不像是你威脅要殺人一樣。」

洛斯再次對馬斯克感到意外。「事實上，我同意他的說法，」他說，「雖然大家都說我是審查派，但是我一直覺得推特刪除太多言論，其實可以採取其他沒那麼具侵略性的做法。」洛斯把筆電放在櫃檯上，向馬斯克展示他正在開發的工具，也就是在推文上顯示警告訊息，而不是刪除推文或是封鎖用戶。

馬斯克興奮地點頭。「這聽起來就是我們該做的，」他說，「這些有問題的推文不該出現在搜尋結果，也不會出現在你的動態牆，但是如果你瀏覽某個人的檔案，就可能看到這些推文。」

洛斯花了一年多時間研究如何降低特定推文和使用者的觸及率。他認為有了這個工具之後，就不需要封鎖所有有爭議的用戶。「非移除的政策干預，例如停止互動以及降低擴散／能見度的過濾機制，是我非常熱衷的一個研究領域。」2021 年初，他在傳給推特團隊的 Slack 訊息中寫道。諷刺的是，2022 年 12 月，馬斯克在名為「推特文件」（Twitter Files）的資料透明化行動中，發現了這則訊息，正好是證明推特自由派「祕密屏蔽」（shadow banning）保守派的確證。

馬斯克同意洛斯提出的做法，利用「能見度過濾機制」降低有問題的推文和用戶的觸及率，藉此取代永久停權。他也同意暫緩恢復《巴比倫蜜蜂》或是喬丹·彼得森的帳號。洛斯建議：「我們何不花幾天時間試著開發防止擴散系統，看看可以做到什麼程度？」馬斯克點頭。「我週一前就可以完成。」洛斯承諾。

「聽起來不錯。」馬斯克說。

薩克斯與卡拉卡尼斯

隔天是週六，洛斯和他先生一起吃午餐時，他接到電話，要他進辦公室，馬斯克的朋友大衛・薩克斯和傑森・卡拉卡尼斯（Jason Calacanis）想問他一些問題。「你應該過去。」在推特工作的一位朋友知道這兩個人是重要人物，這麼建議洛斯。所以洛斯從柏克萊的住處開車跨越舊金山灣，趕去推特總部。

那一週馬斯克借住在薩克斯位於舊金山太平洋高地（Pacific Heights）的五層樓住家。他們從創辦 PayPal 時就認識了，那時候薩克斯就是自由至上主義者，全力擁護言論自由。覺醒文化又使他的政治立場逐漸右傾，而且偏向民粹民族主義，質疑美國干預主義。

2021 年，創業家、也是自由至上主義者的斯凱・戴頓（Sky Dayton）在托斯卡尼（Tuscany）舉辦 50 歲生日晚宴，馬斯克與薩克斯在現場討論大型科技公司如何共謀限制網路言論自由。薩克斯的看法偏向民粹主義，他認為企業菁英組成了「言論壟斷同盟」（speech cartel），他們把審查當成壓制異見的武器。格萊姆斯反駁，但是馬斯克的想法大致上站在薩克斯這一邊。當時他還不是特別關注言論和審查議題，但隨著他的反覺醒情緒日益高漲，他也愈來愈重視這些議題。馬斯克收購推特之後，薩克斯成了推特的常客，幫忙協調會議、提供建議。

---

* 來自諺語：Sticks and stones may break my bones, but words will never hurt me. 意思是：棍棒和石頭也許會打斷我的骨頭，但是言語永遠無法傷害我。

薩克斯和他的朋友兼撲克牌好搭擋傑森・卡拉卡尼斯共同製作一個每週更新的播客節目。卡拉卡尼斯在布魯克林出生，熟悉網路新創公司，工作很賣力，一直很想成為馬斯克的左右手。

卡拉卡尼斯孩子氣的熱情，和薩克斯陰鬱寡言的形象形成強烈對比，他的政治立場也比較中立。4 月時，馬斯克開始對推特採取行動，卡拉卡尼斯傳簡訊給馬斯克，興奮地表示想幫忙。「董事、顧問或任何角色……我什麼都可以做，」他寫道，「教練，讓我加入！推特執行長一直是我夢想中的工作。」有時候他會太過熱情，馬斯克必須嚇阻他。例如，他成立了特殊目的公司（special purpose vehicle，SPV）想幫馬斯克的推特收購案取得資金。「你幹嘛弄了一個特殊目的公司，還隨便跟人推銷？」馬斯克在簡訊裡寫道，「你不能做這種事。」卡拉卡尼斯立刻道歉、收手。「這是大家都想不到、刺激所有人想像的收購案。太瘋狂了……我隨時效忠！我可以為你擋手榴彈。」

洛斯抵達推特總部與薩克斯和卡拉卡尼斯會面時，公司正面臨重大危機。推特平台上充滿種族歧視及反猶太的推文。馬斯克公開宣稱自己反內容審查之後，大批酸民和煽動者就開始測試公司底線。馬斯克接手推特之後十二個小時內，帶有嚴重歧視性的「N」開頭詞彙的出現頻率飆升了 500%。團隊很快就發現，不受限制的言論自由會產生不良後果。

洛斯知道薩克斯讀過自己立場左傾的發文，所以他沒想到薩克斯的態度竟然很客氣殷勤。他們討論與仇恨攻擊有關的資料，以及要使用哪些工具解決問題。洛斯解釋，多數言論並非來自於只想表達個人意見的個體用戶，大部分是來自有組織的煽動行為和機器人程式攻擊。「很明顯是有計畫過的行動，」洛斯說，

「不是真實用戶愈來愈會種族歧視。」

大約一小時後，馬斯克慢慢走進會議室。「所以種族歧視言論現在處理得怎樣？」他問說。

「這是網軍有組織的活動。」洛斯說。

「立刻燒毀這些言論攻擊，」馬斯克說，「用核武炸毀它們。」洛斯很高興，他原本以為馬斯克會反對任何管制行動。「仇恨言論在推特不會有容身之地，」馬斯克說，好像在鄭重宣告：「絕對不容許。」

卡拉卡尼斯告訴洛斯，他把情況解釋得很清楚。「你要不要發文說明現在的情況？」他問洛斯。所以洛斯發了一連串推文。「我們持續在專注處理推特上暴增的仇恨言論，」他寫道，「有超過5萬則推文，重複使用特定誹謗言論，他們來自300個帳號，幾乎全是假帳號。我們已經採取行動，封鎖那些參與散布煽動言論的使用者。」

馬斯克轉推了那則推文，加上自己的評論，希望消除廣告主的疑慮，已經有廣告主陸續撤離推特平台。「我要鄭重澄清，」馬斯克寫道，「我們還沒有變更推特的內容審核政策。」

馬斯克開始定期傳訊息給洛斯，向他提問或是提出建議，當他將對方視為圈內人的時候都會這麼做。即使洛斯五年前寫的立場左傾推文在平台上被重新翻出來，馬斯克在公開場合或私底下還是挺他。「他告訴我，他覺得我以前的推文有些內容很有趣，在一堆保守派份子撻伐我時，他還是支持我。」洛斯說。馬斯克甚至在推特上回應一位保守派人士，為洛斯辯護。「我們都發過有爭議的推文，我發的比大部分的人都還要多，但是我要說，我支持尤爾，」他寫道，「我認為他是正直的人，我們都有權選擇自已的政治理念。」

雖然馬斯克還是不知道他的名字怎麼唸（Yo-EL），但這或許是一段美好友誼的開始。

85

萬聖節換裝

2022 年 10 月，重新定位推特

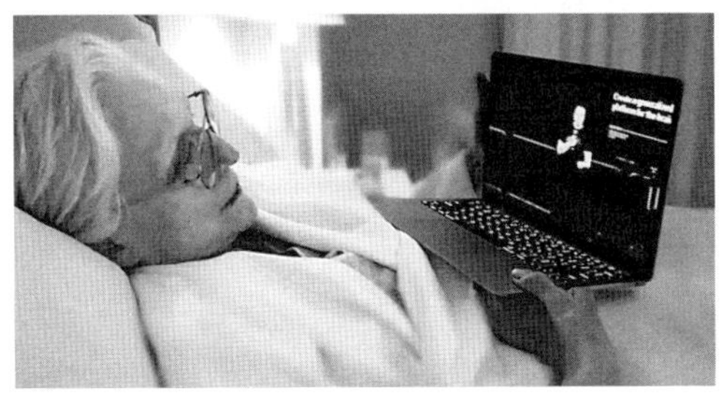

與母親梅伊盛裝出席萬聖夜派對；
梅伊看著兒子的簡報。

另一個社交平台 vs. 不一樣的科技公司

負責推特信任與安全部門的洛斯，與馬斯克相處意外融洽。2022 年 10 月 30 日週日，接近中午時分，洛斯的先生看著他問說：「這是怎麼回事？」之前川普執政，洛斯每天早上醒來都要做好心理準備，因為不知道川普又發了哪些推文，當時他也經常這樣驚呼。但這次是馬斯克發的一則推文，內容是關於高齡 82 歲、眾議院議長的先生保羅・裴洛西（Paul Pelosi），被一名入侵者用鐵鎚攻擊的事件。在此之前，希拉蕊已先發了一則推文，指責「散布仇恨和瘋狂陰謀論」的人，要為這種暴力事件負起責任。為了回應希拉蕊的推文，馬斯克轉發了某個右翼網站的連結，但該網站無憑無據就指稱裴洛西很可能是因為「與男妓發生爭執」才受傷的。馬斯克寫下自己的看法：「發生這種事的可能性很小，事情或許沒有表面上那麼簡單。」

從馬斯克的推文可以看出，他愈來愈常造訪這些大量散播陰謀論、充斥不實新聞的奇怪網站（就和他父親一樣），推特也明顯面臨這個問題。過沒多久，馬斯克立即刪除推文、道歉。後來他私底下說，這是他犯過最愚蠢的錯誤之一，而且為此付出高昂代價。「這絕對會對廣告主造成困擾。」洛斯在傳給馬斯克的王牌律師斯皮羅的簡訊中寫道。

馬斯克已經開始明白，為廣告主建立良好的平台，與他原本的計畫有所牴觸，他一直希望讓用戶有更多空間，可以自由發表更尖銳的言論。前幾天，馬斯克才剛寫了一封信，給「親愛的推特廣告主」，承諾「推特絕不會變成人人都可為所欲為的地獄，也絕不會發生所有人都能發表任何言論，卻不需要承擔後果的情形！」但當他發出關於裴洛西遇襲的那則推文之後，就完全破功了，也更加坐實廣告主厭惡推特的原因：推特平台上充斥著各種錯誤訊息，以及被用來當作攻擊武器的不實資訊，而且用戶（包括馬斯克自己）經常衝動魯莽地散播這些內容。

推特的營收有 90% 來自廣告。因為廣告業務衰退，公司營收已出現下滑。自從馬斯克收購推特之後，下滑速度就更快了。接下來的六個月，廣告收入減幅超過一半。

那個週日深夜，馬斯克飛到紐約，打算與推特的廣告業務團隊會面，並消除廣告主和代理商的疑慮。他帶 X 寶寶一起出差，約在凌晨三點抵達梅伊位在格林威治村的公寓。他不喜歡住在飯店，也不喜歡只有自己一個人。週一早上稍晚，梅伊和 X 跟著馬斯克一起前往推特的曼哈頓總部，接下來的會議注定是劍拔弩張，陪同的家人可以做為避風港，給予情感支持。

只要是與工程相關的問題，馬斯克都能憑直覺判斷，但如果是面對人的感受，他的神經網絡就會出現短路，這也是為何收購推特變成不易攻克的難關。馬斯克認為，推特是一家科技公司，但實際上推特是一個仰賴人類情感與關係建立的廣告媒體。他知道，此次紐約行，他必須表現出十分關切的樣子，但他心裡其實非常不爽。他說：「自從 2022 年 4 月宣布收購推特之後，就一直有人積極運作，刻意針對我。行動主義團體想盡辦法阻止廣告主和我們簽約。」

週一的會議完全無法消除廣告主的疑慮。馬斯克先是語氣低沉、平靜地向業務團隊談話，接著與廣告主召開電話會議。他的母親就在一旁看著，X 則是自顧自地玩耍。他在會議中說道：「我希望有一大群人認為推特是個有趣的地方，有一天或許會有

10 億人這麼認為。但這裡也必須是個安全的地方，如果你看到大量的仇恨言論散布或是遭到攻擊，就會離開。」

每一場會議，馬斯克都被問到關於裴洛西的那則推文。他回答：「我就是我。」但這個說法完全無法讓人放心。他說：「我的推特帳號是我個人的延伸，我會發出有些愚蠢的推文，也會犯錯。」他說這些話，並不是覺得有些不好意思而刻意表現謙虛，相反地，他是因為缺乏自信而表現冷漠。在一場透過 Zoom 召開的視訊會議上，可以看到有些廣告主雙臂交叉或是根本拒絕加入對話。「搞什麼鬼，」一位廣告主低聲抱怨說，推特應該是一家 10 億美元的企業，不是讓馬斯克犯錯和展現怪癖的地方。

到了隔天，許多備受廣告主信任的推特高階主管，紛紛辭職或是遭到開除，重要人士包括行銷長伯蘭德、全球客戶解決方案副總裁尚菲利普・馬胡（Jean-Philippe Maheu）、客戶長莎拉・帕森奈特（Sarah Personette）等。更多主流品牌和廣告代理商宣布，要暫停推特廣告或是悄悄退出推特。當月推特的廣告收入暴跌 80%。馬斯克的說詞，逐漸從消除疑慮，轉變成勸誘，最後變成了威脅。會議結束後，他發了推文說：「推特營收大幅下滑，是因為行動主義團體對廣告主施壓。我們完全沒有改變內容審核政策，也已盡所能討好廣告主。他們這麼做實際上是在破壞美國的言論自由。」

太空指揮官，助攻美國居領先地位

萬聖夜是馬斯克最喜歡的節日之一，可以趁機認真地玩角色扮演遊戲。這次紐約行，除了安撫廣告主之外，另一個原因是他承諾要陪母親參加超模海蒂・克隆（Heidi Klum）舉辦的萬聖夜派對，所有來賓都要穿上誇張的服飾走紅毯，取悅狗仔。

晚上九點，廣告會議結束，馬斯克沒時間回去母親的公寓換裝。梅伊和一位朋友幫他穿上一套紅黑色皮製護身盔甲，這是她前陣子想辦法弄到的「惡魔冠軍」*服裝。他們被安排在貴賓區，但他們並不喜歡這場派對。梅伊覺得太吵了，而馬斯克則是覺得很煩，每個人都想和他拍照。所以，才到場十分鐘，他們就離開了。不過馬斯克的確將推特個人大頭貼，換成穿著惡魔冠軍護身盔甲的照片。他覺得這身裝扮很適合自己當下的處境。

隔天早上，他很早就起床，和母親、兒子一起觀看獵鷹重型火箭升空的直播影片，這是 SpaceX 自三年前開始建造配備 27 具引擎的火箭以來，第一次升空。

接著，他飛去華盛頓，參加在美國太空司令部舉行的高階將領交接典禮。儘管馬斯克與拜登政府關係緊張，但依舊受到五角大廈熱烈歡迎，尤其 SpaceX 是唯一一家有能力把重要軍事衛星和組員送進軌道的美國機構。陸軍上將、參謀長聯席會議主席馬克．麥利（Mark Milley）在典禮上特別提到馬斯克。「他象徵了民間與軍方的合作與團結，讓美國成為太空領域最強大的國家。」麥利語帶支持的說。

---

* 1974 年播映的美國電視影集《惡魔冠軍》（*The Devil's Champion*）的主角。

86

付費藍勾勾

2022 年 11 月 2 日至 10 日，推出新訂閱服務

在會議室裡聆聽簡報（上）；
四劍客成員詹姆斯、安德魯、什羅夫正在評估工程師的技能（下）。

熱核

洛斯和多數內容審核團隊成員，順利躲過了第一波裁員與解雇潮。沒立即大幅削減這個團隊的人力，是明智的做法，因現在推特必須解決網軍煽動種族歧視言論，以及廣告主抵制的問題。「沒有人強迫我開除員工，我僅解雇少數幾位我認為不重要的角色，」洛斯說。那天他發了一則推文，想安撫廣告主，他寫道：「核心的內容審核機制，依舊繼續運作。」

洛斯依照先前對馬斯克的承諾，完成新版解決性別錯稱問題的政策。他計畫在任何有攻擊性的推文上顯示警告訊息，降低該則推文的能見度，並取消轉推功能。馬斯克同意他的計畫。

接著，馬斯克又提出了與內容審核有關的想法。推特有一項鮮為人知的功能，名叫「賞鳥」（Bird Watch），用戶可以針對他們認為錯誤的推文，寫下更正的內容或情境陳述。馬斯克很喜歡這個概念，但很討厭它的名稱。「從現在起，我們稱它為社群筆記（Community Notes），」他說，他很認同這種做法，這樣就不需要審核內容。就如同他所說的：「讓全體人類開啟對話，共同協商內容是真實或錯誤的。」

廣告主出走潮已經持續一週，但到了 11 月 4 日週五，出走速度開始加快。部分原因是行動主義人士在網路上發動抵制行動，要求企業，例如奧利奧餅乾等，移除推特廣告。馬斯克威脅，將會追究屈服於壓力的廣告主。「如果情況持續下去，我們必定會採取熱核等級的公開譴責行動。」他發文說。

那天傍晚，馬斯克進入惡魔模式。包括洛斯在內的推特多數員工，偶爾會看到他變得武斷、漠然，但是他們從沒見過他變得冷酷、暴怒、神情恍惚，這是他性格中最黑暗的一面，他們完全不知道要如何度過這場風暴。馬斯克打電話給洛斯，命令他阻止用戶繼續要求廣告主抵制推特。當然，這個命令完全牴觸他之前公開宣稱百分之百支持言論自由的說詞。不過，馬斯克的憤怒在道德上有其正當性，不代表他言行不一。他對洛斯說：「推特是很好的平台，從道德上來說，它的存在是正確的，是這些人做了違反道德的事。」他說，那些施壓廣告主抵制推特的用戶，利用黑函發動攻擊，應該被停權。

洛斯聽了之後覺得不可思議。在推特平台上，沒有任何規則阻止用戶發動抵制行動。事實上，這種事情一直在發生。洛斯覺得，這類型的倡議活動，正好凸顯推特的重要性。此外，洛斯擔心會發生所謂的芭芭拉．史翠珊（Barbra Streisand）效應，這位歌手曾控告某位攝影師貼出她住家的照片，卻反而讓這張照片得到千倍的關注度。所以，禁止那些要求廣告主抵制的推文，只會讓大眾更加關注抵制行動。「我想今天晚上，我一定要辭職。」洛斯對他的先生說，開始萌生退意。

洛斯與馬斯克互傳幾則簡訊之後，馬斯克直接打電話給他。「這不公平，這是黑函。」他說。

洛斯回應：「這些推文並沒有違反我們的規則，如果你刪除他們，反而會產生反效果。」兩人的對話持續了 15 分鐘，氣氛變得很緊繃。洛斯努力解釋完理由之後，馬斯克開始加快說話速度，很明顯不允許任何人反抗他。他沒有提高音量，卻讓他的憤怒情緒顯得更具威脅性。馬斯克性格中獨裁的那一面，讓洛斯感到非常不安。

「我現在就要修改推特的政策，從現在開始禁止黑函攻擊。

禁止黑函，封鎖他們。」他宣告。

「讓我想想可以怎麼做，」洛斯說，藉此為自己爭取一些時間思考。「我只是覺得，必須趕快結束這通電話。」洛斯回想當時的情景說。

洛斯打電話給羅賓・惠勒（Robin Wheeler），原本她已辭去推特廣告業務主管的職務，後來又被馬斯克和他的私人財務經理博查爾找回來復職。洛斯對她說：「你知道這種處理方式，會有什麼結果，如果我們禁止行動主義者的抵制活動，只會吸引更多人關注他們的活動。」

惠勒同意洛斯的看法，她說：「什麼事也別做，我會傳訊息給伊隆，這樣他就會從不同人那裡聽到同樣的說法。」

接下來，洛斯又收到馬斯克提出的另一個問題，而且是完全不相關的主題：巴西選舉發生了什麼事？「突然間，他和我回復到正常的互動。他問我問題，然後我回答。」洛斯說。馬斯克已脫離惡魔模式，繼續工作。他的心思早已經轉向其他事情，後來他再也沒有提到廣告主抵制的事情，也沒有繼續追蹤洛斯是否有執行他的命令。

前美國國務卿亨利・季辛吉（Henry Kissinger）曾引述某位助理的話說，水門案醜聞之所以發生，是因為「某些該死的蠢貨走進橢圓形辦公室，直接按照尼克森所說的去做。」馬斯克身邊的人都知道，要如何安然度過他陷入惡魔模式的時期。後來洛斯和博查爾聊天時，提到了這次與馬斯克互動的經歷。「沒錯、沒錯、沒錯，」博查爾對他說，「和伊隆工作就是會發生這種事。你只需要忽略它，不要按照他說的去做。等他消化完所有資訊之後，你再回頭去找他。」

藍勾勾訂閱新制，可達成多重目的

馬斯克為推特擬定的一系列改革中，訂閱是很重要的一環。他將這項付費服務稱為「推特藍勾勾」（Twitter Blue）。在過去，名人及官方帳號只要通過特定流程（或是走後門），讓推特認為他們夠有名氣，就能取得藍勾勾認證。但馬斯克的想法是創造全新的認證標章，只要每月支付一筆費用，任何人都可取得這個標章。馬斯克的創業家好友卡拉卡尼斯和其他人則建議，要是讓公認的「名人」和付費用戶享有不同的標章，會被認為是精英主義。所以最後馬斯克決定，這兩類用戶都會得到相同的藍勾勾標章。

推出付費藍勾勾，可達成多重目的。首先，大幅減少網路水軍和機器人程式的數量，因為任何一張信用卡及手機，只能連結一個經過驗證的帳號；第二，將可創造新的營收來源，還可以將用戶的信用卡資訊納入系統中，未來推特將會成為規模更大的金融服務與支付平台，這一直是馬斯克的期望。此外，付費藍勾勾也能解決仇恨言論及詐騙問題。

他要求在 11 月 7 日週一之前完成。團隊成功搞定了工程的部分，但在推出前，一直無法解決人的問題：數千名惡作劇的人、詐騙高手和煽動者總會找到方法，操弄驗證系統，取得藍勾勾，然後再將檔案資料換成另一個假冒人頭。洛斯向馬斯克簡報了整整 7 頁的內容，說明可能面臨的危險，並要求延後推出新功能，至少等到 11 月 8 日美國期中選舉過後。

馬斯克理解這個考量，同意延後兩天。11 月 7 日正午，他召集產品經理克勞佛和 20 位工程師，圍坐在他的會議桌前，然後向他們強調避免用戶搞砸付費藍勾勾的重要性。他提出警告：「可能會出現大規模攻擊，會有大批惡劣份子測試我們的防禦機制。他們會假冒我和其他人，引發媒體報導，他們只想要摧毀我們。這將是針對藍勾勾引發的第三次世界大戰。我們要盡一切可能，不要演變成雞蛋在臉上炸開的局面。」此時，有位工程師試著提出另一個問題，但馬斯克要他閉嘴。「先不要想其他事情，現在唯一的優先事項，就是全力阻止即將發生的大規模假帳號攻擊。」他說。

仿冒者製造混亂，新服務被迫暫停

然而，眼前有個問題：要阻止攻擊，就需借助人力與程式。馬斯克已經削減 50% 的員工，以及 80% 負責驗證用戶的外部合作夥伴。協助緊縮預算的格拉西亞斯，前陣子才命令洛斯大幅削減內容審核費用。

11 月 9 日週三早上，藍勾勾計畫正式上路。如同馬斯克和洛斯先前擔憂的，假帳號氾濫。不僅是假冒知名政治人物的假帳號暴增，更糟的是，有許多是假冒大型廣告主的帳號。

有個假冒禮來藥廠（Eli Lilly）的帳號，發了一則推文：「我們很高興宣布，胰島素現在免費供應。」短短一個小時內，該公司股價下跌超過 4%。還有個假冒可口可樂的帳號發文說：「如果這則推文累積 1,000 個轉推，我們就會在可口可樂裡，重新加入古柯鹼。」（這則推文確實累積了 1,000 個轉推，但可口可樂公司並沒有在可樂中加入古柯鹼。）

一個任天堂假冒帳號顯示瑪利歐比中指的圖片，甚至連特斯拉也無法倖免。一個取得藍勾勾的特斯拉假冒帳號發文說：「我們的汽車不會遵守校區速限規定，去他媽的孩子。」還有一則推文寫道：「突發新聞：第二輛特斯拉撞上世貿中心。」

接下來幾個小時，馬斯克不斷公布新規則，威脅那些假冒帳號的用戶。但隔天，他決定接下來幾週暫停付費藍勾勾實驗。

正當推特付費藍勾勾計畫變成興登堡（Hindenburg）等級的重大失敗，* 馬斯克個人也進入危機模式。有時候，危機會讓他變得精神百倍，情緒亢奮。但這次情況不同。週三和週四這兩天，他整個人變得陰沉、充滿憤怒及怨恨、態度粗暴。

部分原因是推特的財務日益吃緊。2022 年 4 月，當他提出收購計畫時，推特是零現金。現在，除了廣告收入萎縮，還必須為超過 120 億美元的貸款支付利息。「這是我見過最糟的財務情況，我想明年我們或許會看到超過 20 億美元的現金缺口。」他說。為了幫助推特度過難關，他又拋售了價值 40 億美元的特斯拉股票。

週三晚上，他寄了一封電子郵件給全體推特員工。「我不可能美化我要傳遞的訊息，老實說，經濟前景糟透了，」他一開頭就直言。就和他之前在特斯拉和 SpaceX，甚至是 Neuralink 的做法一樣，他威脅說，如果他們無法扭轉局面，他就會收掉這家公司，甚至宣告公司破產；想要成功，就必須徹底改變公司原本輕鬆愉快、寬容溫和、照顧員工的文化，「前方道路充滿阻礙，我們需要高強度工作。」

最重要的是，這代表他們必須推翻推特過去的政策。在疫情

---

* 1937 年 5 月，德國興登堡號飛船從法蘭克福飛往美國紐澤西州的雷克霍斯特海軍航空站，即將著陸時突然著火，短短 34 秒內便全部燒毀，飛船上 97 位乘客當中有 35 人死亡。

爆發初期，推特共同創辦人多西曾經宣布，員工可以永遠在家工作。2022 年阿格拉瓦接任執行長之後，依舊延續這項政策。但是馬斯克宣布：「未來禁止遠距工作，從明天開始，每個人每週必須在公司至少待滿 40 個小時。」

推出新政策的部分原因是，他認為大家一起在辦公室工作，更能加速想法交流、提振精神。他在九樓咖啡廳臨時召開員工大會時說道：「如果能面對面工作，會更有生產力，因為溝通更有效率。」不過，新政策也非常符合他個人的工作倫理。開會時，有位員工問他，如果他們聯繫的多數人都在其他地方工作，為什麼還需要進公司。馬斯克聽了之後非常火大。他開始語氣冷淡、緩慢地說道：「我今天就把話說清楚。如果你可以回到辦公室，卻選擇不進辦公室，就不應該繼續留在公司。我說完了。如果你可以進辦公室，卻沒有出現，我會收下你的辭呈。我的話就說到這裡。」

除了假帳號問題，洛斯明白，若要推動推特付費藍勾勾，還要解決另一個問題：蘋果。馬斯克原本計畫用戶可以在 iPhone 上透過推特應用程式註冊。推特不僅可收取 8 美元費用，還能從蘋果那裡取得用戶驗證資料與其他資訊，馬斯克以為用戶的信用卡號碼也包括在內。「問題是，根本沒人想到需先確認蘋果是否會分享資訊。」洛斯說。

蘋果的應用程式政策規定嚴格。任何支付應用程式的費用或是在應用程式內購買所產生的費用，蘋果一律抽成 30%。更麻煩的是，蘋果不會分享用戶資料。任何服務如果試圖違反這些規定，就會被迫從蘋果的 App Store 下架。蘋果的政策規定是基於隱私和安全理由。如果你在 iPhone 上購買東西，蘋果會保護你的資料和信用卡資訊。

「這樣根本行不通。如果是 iPhone，推特付費藍勾勾的基本前提，就會出現問題。」洛斯和馬斯克通電話時說。

馬斯克氣炸了。雖然他理解蘋果的政策，但他以為推特可以解決這個問題。「你有聯絡蘋果的人嗎？」他問，「打電話給蘋果，告訴他們給你需要的資料。」

洛斯嚇壞了。他說，像他這樣的中階員工打電話給蘋果，然後要求對方改變資訊隱私政策，他們一定會「告訴我，你自己想辦法吧」。

但馬斯克堅持，這個問題是可以解決的。「如果我需要打電話給蘋果，我就會打給他們。如有必要，我會打給提姆·庫克。」他說。

負責安全、隱私的關鍵人物離職

對洛斯而言，這次對話是壓垮駱駝的最後一根稻草。推特付費藍勾勾的商業模式陷入危機，不僅受限於蘋果的政策，而且由於馬斯克解雇了大多數的內容審核人員，推特無法立即掌控取得藍勾勾的假冒帳號。馬斯克再度變得獨斷獨行，讓所有人都非常不安。他要求開除更多人。

洛斯曾告訴自己，要撐到 11 月 8 日期中選舉之後，如今已撐過去了。與馬斯克結束通話之後，他決定該是離開的時候了。當馬斯克在九樓咖啡廳召開全社大會時，洛斯在十樓寫辭呈。

他和某些團隊成員召開了簡短的電話會議，告知他們自己辭職的消息，接著按下送出鍵，然後立即離開辦公室，因為他不希望被保全人員護送離開。馬斯克得知消息之後，真心覺得大失所望。「我以為他會和我們一起解決問題。」他說。

當洛斯跨越海灣大橋回到柏克萊時，他的手機發出震動。消息已經曝光。「我開車的時候不會接電話，因為即使是在狀況最好的時候，我也會很緊張。」他說。當他回到家查看手機時，發現從特斯拉調派來的資訊安全工程師雷蒙，傳來一則訊息問他：「我們可以談談嗎？」馬斯克的王牌律師斯皮羅和私人財務經理博查爾也傳來類似訊息。

他打電話給博查爾，博查爾說馬斯克非常失望，希望他能重新考慮。「我們可以做些什麼，說服你回來？」博查爾問。他們談了半小時，博查爾向他解釋，要如何安然度過馬斯克的惡魔期。洛斯說，他已經下定決心，但願意和馬斯克談談，就當作是友好的離職面談。他很晚才吃完午餐，然後列出他想要說的話，下午五點半，他傳簡訊給馬斯克：「我現在可以談。」

馬斯克立即打電話給他。兩人的談話有大部分的時間，洛斯都是依據之前列出的大綱，逐一說明他認為推特目前面臨的最迫切挑戰。最後，馬斯克直接問他：「你會考慮回來嗎？」

「不會，對我來說，這不是正確的決定。」洛斯回答。

洛斯對馬斯克的情感相當複雜。多數時候，他們的互動非常融洽。「他會講道理、風趣、認真投入，談到自己的願景時，雖然會說些誇大的話，但你真的會被他的願景打動，」洛斯說，可是有時候，馬斯克會突然變得獨裁、刻薄、陰沉，「他變成了壞伊隆，我沒辦法忍受那樣的他。」

「大家希望我說出我恨他，但實際情況複雜很多。我想，這也是他讓人覺得有趣的地方。他有點理想主義，對吧？他有一些偉大的願景，不論是多星球人類或再生能源，甚至是言論自由。

他為自己建構一個道德與倫理宇宙，並一一實現那些偉大目標。我覺得很難說他是壞人。」

洛斯沒有想要拿遣散費，「我只想要在自己的名聲還沒有被破壞，其他公司還願意雇用我的時候離開。」他感傷地說。此外，他想要保護自己的人身安全。《紐約郵報》和其他新聞媒體曾經報導他發文支持民主黨、譴責川普，後來他因此接到反猶太與反同志人士的恐怖死亡威脅。「我非常擔心，如果伊隆和我的關係鬧僵，他會發文批評我，痛罵我是自由派蠢貨，然後他的數億名粉絲會跑來攻擊我和我的家人，有些人真的非常暴力。」當洛斯談到他的擔憂時，表情變得十分憂慮。我們結束對話時，他說：「伊隆不明白，我們其他人不像他身邊有保鑣。」

美好願景背後的痛苦

洛斯辭職、推特付費藍勾勾訂閱服務暫停之後，某天深夜，馬斯克與特斯拉的設計總監范霍茲豪森及 Robotaxi 設計團隊的其他成員，召開視訊會議。就在團隊開始展示電動車合成圖之前，馬斯克開始發洩他在推特遭遇的挫折。「我不知道為什麼要收購推特，」他說，整個人看起來疲累、沮喪。

馬斯克自從收購推特，這兩週以來，在推特總部不眠不休地工作，同時要分心處理特斯拉、SpaceX 和 Neuralink 的問題。他的名聲嚴重受損，收購推特的戲劇性事件帶給他的興奮情緒，如今變成了痛苦。「我希望有一天能夠擺脫推特地獄，」他說。他承諾，會想辦法回去洛杉磯，親自參與 Robotaxi 會議。

范霍茲豪森想要改變話題，把討論焦點拉回正在開發、非常具有未來感的 Robotaxi 設計，但是馬斯克又開始談論推特的情況，「不論你們認為推特的文化有多糟，還必須乘上 10，這裡的懶散程度和福利真是超乎想像。」

後來，他為一場在印尼舉辦的商業高峰會接受視訊採訪時，主持人問他，如果有人想要成為下一個伊隆·馬斯克，他會提供什麼建議。「我會說小心許願。我不確定有多少人會想成為我，但老實說，我帶給自己的折磨簡直多到難以想像。」他回答。

87

全力投入

2022 年 11 月 10 日至 18 日，用人三原則

黑客松結束後，和安全工程總監史丹利（最右）及一群工程師自拍（上）；
三劍客成員諾迪恩與詹姆斯（下）。

住在推特總部，開始第二回合裁員

馬斯克原本認為，推特付費藍勾勾會是萬靈丹，能夠成功拯救這家公司。但如今這項計畫被迫暫緩，廣告營收崩盤也沒有緩和跡象。他開始計畫新一波的裁員，削減更多人力。留下的人必須能和特斯拉及 SpaceX 工程師一樣，瘋狂投入工作。「我絕對相信，一小群保有高度工作動力的頂尖人才，會做得比一大群非常優秀、但工作動力不夠強的人。」他這樣對我說，當時他正要結束在推特痛苦的第二週。

如果他希望留下來的推特員工變得硬派，就必須讓他們親眼看到他自己到底有多硬派。1995 年，他直接睡在他的第一個辦公室 Zip2 的地板上；2017 年，睡在特斯拉內華達電池工廠的屋頂；2018 年，睡在佛利蒙組裝工廠的辦公桌底下。他說，並不是因為真的有必要睡在那些地方，而是他很喜歡創造戲劇性事件與急迫感，讓人感受到他是一名戰時將領，能夠召集他的部隊進入戰鬥模式。現在，該是他睡在推特總部的時候了。

那個週末，他在奧斯汀短暫停留，然後在 11 月 13 日週日深夜，回到舊金山，接著立即趕去推特辦公室，占用七樓圖書室的沙發。總是能幫他解決各種難題的戴維斯，也已經從鑽孔公司來到推特，負責監督削減成本。戴維斯帶著妻子妮可·荷蘭德（Nicole Hollander）和兩個月大的嬰兒，一起搬進了旁邊的會議室。推特總部設備完善，有衛浴間、廚房和遊戲間。他們開玩笑說，這裡非常豪華。

馬斯克在週日晚上飛去舊金山的途中，打電話給堂弟詹姆斯，要他和他的弟弟安德魯，在他抵達推特辦公室時，兩人必須到推特報到，一起和他開會。當天正是安德魯的生日，他們正和朋友外出吃飯。但他們還是趕到推特辦公室。「這家公司的員工不停貼出與伊隆有關的廢文，他說他需要我們幾個人待在那裡，他只能信任我們。」詹姆斯說。

諾迪恩也被徵召進駐推特辦公室，他與詹姆斯兄弟組成三劍客。整個週末他都待在公司，檢查推特工程師的程式碼，了解誰的能力好、誰的能力差。他已連續兩週只靠餅乾填飽肚子，原本削瘦的身材已瘦成皮包骨。那個週日，他在五樓的遊戲間睡著了。週一早上醒來，當他聽到馬斯克要再裁掉更多人力時，他的胃開始劇烈翻攪。「我只是覺得，媽的，我們又要裁掉 80% 的人。」他走去浴室，開始嘔吐。「我才剛醒來就吐了，」他說，「我以前從沒經歷過這樣的事。」

他走回自己的公寓，洗澡並思考這一切。「我走出推特總部，心裡只有個念頭，就是此時此刻我不想再待在那裡，」他說。但到了中午，他決定不能拋棄團隊夥伴，所以又回來了，「我不想讓詹姆斯失望。」

特斯拉自動輔助駕駛團隊重要成員什羅夫，偶爾也加入推特三劍客行列，組成四劍客。他們與一群忠心耿耿的年輕人，在推特總部十樓一間悶熱無窗的房間，設立了戰情室，並將它取名為「大麻室」（hot box），靠近馬斯克使用的大會議室。他們可以感覺到，許多推特員工對他們充滿怨恨，甚至稱呼他們是「打手小隊」。但也有幾位工作認真的推特工程師，例如桑蘇西，則希望成為新作戰序列的一份子，因此加入他們，在十樓開放空間一起工作。

當天午後，馬斯克和他的三劍客開會。他對他們說：「這裡的情況糟透了。如果能夠在這家公司找到 300 名優秀的工程師，我一定會很驚訝。」他們必須縮減人力讓公司變精實，也就是要裁掉將近 80% 的人力。

有些人表示反對。世界盃就要開打，感恩節等重要的購物季即將來臨。從特斯拉調派來的資訊安全工程師雷蒙說：「屆時我們恐怕沒辦法用這麼少的人力來應付所有情況。」詹姆斯很認同雷蒙的擔憂，跟著附和說：「我覺得這樣做，結果會很糟。」馬斯克聽了相當火大。他心意已決，一定要大幅裁減人力。

必須能力優秀、值得信任、有工作動力

馬斯克說，留下的工程師必須符合三項條件：能力優秀、值得信任、有工作動力。上週執行的第一波裁員，目的是開除那些不夠優秀的員工。他們達成共識，下一波裁員計畫的優先要務就是找出不值得信任，或者具體來說，看起來無法百分之百對馬斯克忠誠的員工，然後開除他們。

三劍客開始瀏覽推特員工的 Slack 訊息，以及社群媒體貼文，鎖定那些擁有高層權限、可以更動軟體架構的員工。「他告訴我們，要找出可能感到不滿或是造成威脅的員工。」從特斯拉調派來的軟體工程師達瓦爾說。他們在公開的 Slack 頻道搜尋關鍵字，例如「伊隆」。馬斯克也會跟他們待在「大麻室」裡，對他們正在查看的內容開玩笑。

有時候，「大麻室」的氣氛充滿歡樂。他們在偶然間發現了一份單字清單，系統會自動阻止這些單字出現在推特的流行趨勢中。當他們看到「大便漢堡」（turdburger）時，馬斯克狂笑不已，甚至倒在地上喘氣。但有些時候，他們看到的某些訊息，

包括報復威脅，會刺激馬斯克的偏執性格。「某個傢伙寫了一條指令，可以讓整個資料中心運作停擺，這傢伙挑釁的說『我很好奇，如果你們執行這個指令，會發生什麼事』，」詹姆斯說，「然後，他貼出了指令。」他們立即取消這名員工的權限，並開除他。

他們主要查看 Slack 公開頻道裡的訊息，但諾迪恩還是覺得這麼做讓他感到很不舒服，他才剛擺脫早晨的反胃症狀。「感覺我們正在違反隱私、自由言論等規則。他們的文化就是喜歡嘲笑自己的老闆。」後來他說。安德魯和哥哥詹姆斯一樣，也很關注隱私問題，但他說他們並沒有查看私人訊息。「一家公司必須取得平衡，了解能容忍不同意見到什麼程度。」他說。

馬斯克和他們不一樣，完全不會感到良心不安。不受限的言論自由不包括職場。他告訴他們，找出那些言論尖酸刻薄的人，他要將這些態度消極的員工全部踢出去。他們一直工作到午夜過後，最終列出了一份 30 多位不滿份子名單。詹姆斯問他：「想不想和這些人談談，聽聽他們的說法？」馬斯克說不用了，他們應該被開除，也真的被開除了。

除了能力優秀與值得信任，馬斯克下一個想要篩選的特質是：工作動力。他一直都相信全力投入的硬派工作模式，這是他的榮譽勳章。他看不起那些熱愛度假的成功人士。

週二，詹姆斯和諾迪恩一整天都在思考要如何決定哪些員工真正有工作動力。後來他們看到某個人在 Slack 發了一則訊息：「讓我拿遣散費走吧，我會離開公司。」他們靈機一動，或許可以透過自我篩選的方式。有些人可能很喜歡在深夜和週末工作，但想必也有些人不喜歡這種生活，而且會大方說出來。

詹姆斯和諾迪恩恍然明白，大家一定會願意，事實上是很驕傲地對外宣告自己的立場。他們建議馬斯克，讓大家有機會主動選擇退出推特的新硬派文化。馬斯克很喜歡這個想法。諾迪恩設計了簡單表格，上面有個按鈕，員工可以選擇與公司和平分手，領取三個月的遣散費。「我們太開心了，再也不需要開除更多人。」詹姆斯說。

幾個小時過後，馬斯克結束會議，笑著走進戰情室。他說：「我有一個很棒的想法，我們要倒過來。不應該讓他們選擇退出。相反的，應該改成選擇加入。我們要讓整件事聽起來像是沙克爾頓遠征*，我們要的是那些宣稱自己是硬派的人。」

當天深夜，馬斯克飛去德拉瓦，為訴訟案出庭作證，有股東質疑他在特斯拉領取高額薪酬，因此提起訴訟。北美東部時間接近凌晨四點時，他在飛機上親自測試選擇加入的按鈕，成為第一位支持推特新願景的人。接著他寄了一封電子郵件給全體員工：

> 寄件人：伊隆・馬斯克
>
> 主旨：分岔路口
>
> 日期：2022 年 11 月 16 日
>
> 為了繼續向前，建立劃時代的推特 2.0，在競爭日益激烈的世界取得成功，我們必須採取極端硬派的工作模式，意思是長時間高強度地工作……
>
> 如果你確定，你想要成為新推特的一份子，請在以下連結點擊「加入」的按鈕。東部時間明天（週四）下午五點前沒有點擊的人，將會收到三個月的遣散費。

詹姆斯和諾迪恩整夜沒睡，等著看最後的結果。他們相互打賭，會有多少人按下「加入」的按鈕？詹姆斯認為，現有的3,600名員工當中，會有2,000人願意留下，諾迪恩打賭會有2,150人。馬斯克也加入賭局，預估留下的人數更少，只有1,800人。最後，總共有2,492人按下「加入」的按鈕，大約是69%的人力，出乎大家意料。隨後馬斯克的助理巴拉加迪亞發伏特加紅牛給大家，好好慶祝一番。

程式碼審查，與工程師一起簡化流程

那個週四晚上，推特員工收到一則帶有警告意味的訊息。訊息寫著，隔天，也就是11月18日週五，推特辦公室將會關閉，門禁卡將停用，直到週一為止。之所以發出這則公告，是基於安全考量，公司擔心被解雇或是選擇離開的人，有可能造成破壞。但馬斯克並沒有理會這封電子郵件。他一直工作到凌晨一點。週五早上，他發出一則相互矛盾的訊息：「實際撰寫軟體的人，請在今天下午兩點到十樓報到。」稍後又補充說：「請準備好隨時接受簡短的程式碼審查，我會在辦公室裡四處走動。」

大家都覺得很困惑。一位在波士頓工作的工程師，是負責快取重要資料的團隊唯一留下來的成員。他很擔心，如果在他搭機時，系統出狀況，就無法及時修復。但他也擔心，不進公司，可能會被開除。所以還是飛到了舊金山。

到了下午兩點，約300位工程師帶著手提行李箱進入辦公

* 英國名探險家沙克爾頓爵士（Sir Ernest Henry Shackleton）於1914年進行南極探險時，因海象惡劣被困在孤島，苦撐700多天後全員獲救。

室，沒人知道公司是否會補貼差旅費用。一整個下午，馬斯克都在開會，直接把他們晾在一邊。公司沒提供食物，到了下午六點，大家愈來愈火大，肚子又很餓，安德魯和安全工程總監克里斯多夫．史丹利（Christopher Stanley）拿了幾盒披薩過來給大家充飢。「他們的情緒開始變暴躁，我想馬斯克是故意讓他們等。披薩多少可安撫他們的情緒。」安德魯說。

到了晚上八點，馬斯克終於現身，開始進行他所謂的「桌邊審查」（desk-siding），也就是站在年輕工程師的工作桌旁邊，審查他們的程式碼。後來這些工程師說，馬斯克提供的建議，有些很好，有些很膚淺。多數時候，他們是在討論如何簡化某個流程。馬斯克也會和他們一起站在白板前，由工程師直接在白板上畫出推特系統的架構。馬斯克不斷向工程師提出各種問題，為什麼搜尋功能這麼爛？為什麼廣告內容不是用戶感興趣的？當他抱起 X 寶寶離開時，已經過了凌晨一點。

88

硬派作風

2022 年 11 月 18 至 30 日，重大企業文化轉型

馬斯克堂弟詹姆斯與推特軟體工程師桑蘇西。

恢復帳號

11 月 18 日週五下午，馬斯克在推特發文：「凱西・格莉芬（Kathy Griffin）、彼得森、《巴比倫蜜蜂》的帳號已經恢復。至於川普的帳號，還沒有做決定。」在推特信任與安全部門主管洛斯和其他心有疑慮的人離開之後，馬斯克不僅自行決定恢復保守派諷刺新聞網站《巴比倫蜜蜂》和加拿大心理學家彼得森的帳號，甚至包括激進的喜劇演員格莉芬的帳號，她曾假冒馬斯克，搞笑模仿他用推特發出聲明。

在恢復帳號的同時，馬斯克宣布和洛斯共同擬定的能見度過濾政策（visibility-filtering policy）：「新的推特政策是為了保護言論自由，而不是觸及他人的自由。負面／仇恨言論將會被大幅降低觸及率與傳播範圍，所以不會有相關廣告或其他收入流向推特。除非你特別搜尋，否則不會看到這些推文。」

但恢復帳號的名單中不包括陰謀論者艾力克斯・瓊斯（Alex Jones），這個人曾宣稱，2012 年的桑迪胡克小學（Sandy Hook Elementary School）槍擊案*，是「一場大騙局」。馬斯克說，瓊斯的帳號仍將繼續被停權。他在推文中寫道：「我的第一個小孩在我懷中死去，我能感受到他最後的心跳。任何利用小孩的死亡來得利的人，不論是獲得政治利益或是拉抬知名度，我絕不會手下留情。」

至於 Ye，也就是饒舌歌手威斯特，則是讓馬斯克學到更多教訓，明白言論自由的議題究竟有多複雜。威斯特曾參加瓊斯的節目，表明「我愛希特勒」。接著，在推特上分享了一張馬斯克的照片：馬斯克穿著泳衣，好萊塢經紀人伊曼紐拿著水管往馬斯克身上灑水，照片隱約透露出被猶太控制的反猶太訊息。「永遠記住這是我最後一則推文。」Ye 寫道，然後貼出一張猶太教識別象徵大衛之星的圖片，中間出現納粹符號。

「我盡力了，儘管如此，Ye 還是違反了我們禁止煽動暴力的規則。他的帳號將會被停權。」馬斯克說。

接下來的問題是，川普的帳號是否要恢復。「我一直想要避開關於川普的狗屁問題，」幾週前馬斯克對我說。他強調，他的原則一直都是允許言論自由，但必須合乎法律。「如果他有參與犯罪活動就不行，我愈來愈覺得他有參與其中，」馬斯克說，「破壞民主並不是言論自由。」

但是到了 11 月 18 日週五，也就是他召集工程師審查程式碼當天，他的心情變得亢奮，準備推翻自己的想法。雖然突然間有數百位工程師離職，大量湧入的世界盃影片讓人力更加吃緊，但馬斯克的三劍客依舊拚盡全力，讓推特正常運作。他們最不想看到的，就是發生另一場意外，干擾系統運作。這時候，馬斯克剛開完會，與推特廣告業務總監惠勒從他的玻璃會議室走出來，他把 iPhone 拿給堂弟詹姆斯和諾迪恩看。「看看我剛才發了什麼推文。」他露出惡作劇般的笑容說著。

他剛剛發起了線上投票活動，詢問大家：「是否要恢復前總統川普的帳號？要還是不要？」撇開是否恢復川普帳號，以及透過人人都可參與的線上投票做決定是否恰當等問題不談，還有工程問題需要解決。一旦進行線上投票，就必須立即表列、即時

---

* 2012 年 12 月 14 日，桑迪胡克小學發生槍擊案，造成 28 人死亡，槍手亞當．蘭薩（Adam Lanza）行兇之後自殺。

計算數百萬人的投票結果，這樣會導致原本就缺乏足夠人力維護的推特伺服器當機。然而，馬斯克就是熱愛冒險。他想要看看一台車究竟可以跑多快？當你把油門踩到底，會發生什麼事情？當你飛行時，可以多靠近太陽？詹姆斯和諾迪恩說，他們當下簡直「驚呆了」。但馬斯克看起來心情很好。

隔天投票結束，總共有超過1,500萬名用戶投票。結果相當接近：51.8%的人支持恢復川普帳號，48.2%的人表示反對。馬斯克宣稱：「民眾已經表達他們的意見，我們將會恢復川普的帳號。人民的聲音就是上帝的聲音。」

我立刻問他，是不是事前已經有預感，會出現這樣的投票結果。他說，不是。如果投票結果相反，他是不是會繼續封鎖川普帳號？是的，「我不是川普的粉絲。他只會搞破壞，是世界屁話大王。」

第三回合汰弱留強，公司交由工程師主導

週五下午，廣告業務總監惠勒與馬斯克開會時，向他口頭請辭。一週前，她就想要辭職了，也就是洛斯辭職的那一週。但馬斯克和他的個人財務經理博查爾勸她留下來。

包括諾迪恩和詹姆斯在內，多數人都認為惠勒辭職的原因，是馬斯克自行決定恢復帳號，以及為了恢復川普帳號舉行線上投票。但事實上，更讓惠勒感到困擾的是馬斯克不顧一切決定再度裁員，他要求她列出裁員名單。就在那一週稍早之前，她站在業務團隊面前，告訴他們為什麼應該按下「加入」按鈕，成為工作要求嚴格的新推特一份子。但現在她卻要對之前認同她的建議，選擇加入的員工說，他們被解雇了。

馬斯克的裁員與解雇對象一直在變，完全看他的心情而定。有時候，他會告訴三劍客，要讓軟體設計團隊的人數減少到50人。但不到一週，他又說不需要擔心絕對數字，「只要列出真正優秀的工程師名單，然後淘汰其他人。」

為了加快流程，馬斯克命令所有推特工程師，將他們最近撰寫的程式碼寄給他。整個週末，諾迪恩都在忙著將馬斯克信箱裡的程式碼，轉寄到自己信箱，這樣他和詹姆斯，以及從特斯拉調派來的軟體工程師達瓦爾，就可以一起評估這些程式碼。到了週日晚上，疲憊不堪的他說：「我的電子信箱裡有500封郵件是工程師寄來的程式碼。我們得在今晚看完，決定誰該留下來。」

為什麼馬斯克要做這件事？諾迪恩說：「他相信，一小群真正頂尖的全才工程師，工作表現會比規模大100倍的普通工程師團隊還要好。就好比一群真正密切合作的海軍陸戰小隊，可以完成難以想像的任務。我想他是覺得長痛不如短痛，不想再拖延下去了。」

週一早上，諾迪恩、安德魯及詹姆斯與馬斯克開會，將他們評估程式碼的標準拿給他看。馬斯克同意他們的計畫，然後與他的律師斯皮羅一起走樓梯到樓下的咖啡廳，他又臨時要求在這裡召開全體員工大會。當兩人走下樓時，馬斯克問說，如果有人問他公司可能要再度裁員的問題，應該怎麼回答。斯皮羅建議他轉移話題，但馬斯克決定，他想要告訴大家：「沒有新的裁員計畫。」他的理由是，即將執行的新一波裁員是「基於正當理由」，因為這些員工表現不佳，並不是為了精簡人力。如果是為了精簡人力，員工可以領取優渥的遣散費。他點出了多數人沒有注意到的差異。會議一開始時，他說：「不會再有人力精簡計畫。」員工立即報以熱烈鼓掌。

會議結束後，他與十多位能力頂尖、被詹姆斯及諾迪恩挑選出的年輕工程師會面。討論工程問題能夠讓他放鬆心情，他和他們深入研究許多問題，例如：如何讓影片上傳的流程更簡單。他告訴他們，未來推特的團隊將會交由像他們一樣的工程師負責帶領，而不是由設計師或產品經理主導。

這是非常微妙的轉變。這反映了馬斯克的信念，他認為推特的核心本質是一家軟體工程公司，而不是一家媒體和消費者產品公司，應該交由一群具備程式設計天分的人負責帶領，而不是由一群洞悉人際關係與人性慾望的團隊主導。

為何要求如此嚴格？

最後一批解雇通知在感恩節前一天寄出：「嗨，基於最近完成的程式審查，確定你的程式不符合要求，我們很遺憾必須通知你，你與推特的雇傭關係將立即終止。」50 位工程師被解雇，他們的密碼和登入權限立即失效。

歷經三回合的裁員與解雇計畫，就像亂槍打鳥一樣，一開始很難計算總人數。當一切塵埃落定後，大約削減了 75% 的推特人力。馬斯克在 10 月 27 日收購推特時，公司有將近 8,000 名員工。到了 12 月中旬，只剩下 2,000 多人。

馬斯克完成了最重大的企業文化轉型之一。原本推特是一家最照顧員工的工作場所，提供免費的手工餐點、瑜伽教室、帶薪休息日、考量員工的心理安全感，可是現在卻轉向另一個極端。然而，馬斯克這麼做，不只是為了削減成本。他偏愛好鬥、要求嚴厲的工作環境，也就是讓狂熱投入的戰士們心理感受到威脅，而不是感覺舒適的工作場所。

有時候，這意味著他會選擇砍掉重練，看來他對推特就是這麼做。「推特死亡觀測」（#twitterdeathwatch）的主題標籤，開始成為流行趨勢。科技和媒體權威紛紛發文向推特告別，彷彿推特隨時會消失一般。就連馬斯克也笑著承認，他覺得推特很可能會崩解。他給我看一張圖，顯示著火的大型垃圾桶沿路翻滾，他承認說：「某幾天我醒來，就會馬上確認推特是否還在運作。」但每當他早上醒來檢查時，推特都依舊正常運作。在世界盃開打期間，推特流量創新高。不僅如此，自從交由工程師主導之後，推特創新與推出新功能的速度，比以前快許多。

科技新聞網站《邊緣》（*The Verge*）和《紐約雜誌》的佐伊・西佛（Zoë Schiffer）、凱西・牛頓（Casey Newton）以及艾力克斯・希斯（Alex Heath），都寫出了不少驚人的內幕報導，精采描述這段期間推特經歷的動盪混亂。他們揭露了馬斯克如何打破「推特原有的企業文化，這個文化曾經讓推特成為全球最具有影響力的網路社群之一。」但他們也提到，許多媒體同業提出的悲觀預測並沒有發生。他們寫道：「就某些方面來說，馬斯克是無辜的。現在推特雖然不太穩定，但這個平台終究存活下來，即使多數員工離職，大致上依舊運作正常。他曾經承諾，將人力過度膨脹的公司，縮減至適當的規模，現在這家公司正以最精簡的人力在運作。」

事情不一定都是美好的。自開發獵鷹一號火箭開始，馬斯克的做事方法就是快速嘗試、冒險、要求嚴苛、接受失敗，然後繼續嘗試。「我們在飛機失控時，換上新引擎，」他形容推特的情況時說道，「我們存活下來了，真的是奇蹟。」

拜訪蘋果

11 月底時馬斯克發文說：「蘋果已經停止在推特的多數廣告。他們是不是痛恨美國的言論自由？」

當天晚上，馬斯克與甲骨文創辦人艾利森，也是他的導師、投資人，講了很久的電話。自從買下夏威夷群島的拉奈島，艾利森多數時候就住在私人小島上。馬斯克會定期和他通電話，每次都聊很久。艾利森也曾是賈伯斯的導師，他給了馬斯克一個建議：不應該與蘋果對抗。蘋果是重要的廣告主，推特沒本錢與蘋果疏遠。更重要的，推特必須繼續留在 iPhone 的 App Store 裡，否則無法生存。

就某些方面來說，馬斯克和賈伯斯很像，兩個人都是絕頂聰明，但態度粗暴的將領，同樣擁有現實扭曲力場，總會把員工逼瘋，但也能激發他們的潛能，做到他們自己原本認為不可能做到的事情。不論是面對同事或是競爭者，馬斯克都會採取對抗的態度。2011 年接下蘋果執行長的庫克，則是完全不同的類型，他的個性沉著、冷靜自持、態度親和有禮。當然必要時他也會變得強硬，但他會避免不必要的對抗。賈伯斯和馬斯克似乎總是被戲劇性事件吸引，庫克則是天生的拆彈高手，擁有穩定的道德羅盤。

一位他們的共同朋友告訴馬斯克：「提姆不想要製造任何敵意。」不過，這種訊息通常無法說服馬斯克解除戰士模式。但他也明白，與蘋果開戰不是一個好主意。「我想，嗯，我也不想要有任何敵意。所以我就想，太好了，我會去蘋果總部拜訪他。」馬斯克說。

決定拜訪庫克，還有另一個誘因。他說：「我一直想找藉口參觀蘋果總部，因為我聽說那個地方很了不起。」整棟建築物是由客製化圓弧玻璃建成，中間圍繞一座寧靜的水池，這是由英國建築師福斯特設計，賈伯斯全程嚴密監督。福斯特曾前往奧斯汀與馬斯克會面，討論如何打造他的個人住家。

馬斯克直接寄了一封電子郵件給庫克，兩人同意當週的週三會面。當馬斯克抵達位於庫比蒂諾（Cupertino）的蘋果總部時，蘋果員工的第一印象是，他看起來像是已經有好幾週沒有睡好的樣子。他們走進庫克的會議室，進行一對一會談，整個過程只持續了一個小時。一開始，兩人相互交換曾經歷過的供應鏈恐怖故事。自從 Roadster 生產流程變成一場災難之後，馬斯克對於供應鏈管理難題就非常感興趣，他合理地認為，庫克是這方面的大師。「我不認為有很多人會做得比庫克還要好。」馬斯克說。

談到廣告議題時，兩人達成了某種程度的共識。庫克解釋，保護外界對於蘋果品牌的信任，是他的最優先要務。蘋果不希望自己的廣告出現在充滿仇恨、不實資訊與不安全內容的有毒沼澤中。但是他承諾，蘋果不會終止在推特刊登廣告，也沒有任何計畫要將推特從 App Store 中移除。後來，馬斯克提到蘋果從 App Store 銷售抽取 30% 的費用問題，庫克向他解釋未來會如何逐步將抽成比例降至 15%。

馬斯克的情緒稍許得到平復，至少在當下是如此，但洛斯之前警告的問題，還是沒有獲得解決：蘋果不願意分享用戶及購買資訊。這樣馬斯克就更難實現自己的願景，也就是在推特平台上提供類似 X.com 的金融服務。不論是美國法院或歐洲監管機關，都在爭論這個議題。但馬斯克決定，和庫克會面時，不要強行提出這個問題。「這是未來我們必須對抗的戰爭，或者至少是提姆和我未來必須共同討論的。」他說。

當會面結束，庫克陪著馬斯克走到賈伯斯生前設想的圓形園區中央的杏樹與寧靜水池旁。馬斯克拿出他的 iPhone 拍了一段影片。當他回到自己的車上時，立即發了這則推文：「謝謝 @tim_cook 帶我參觀美麗的蘋果總部。關於推特有可能從 App Store 下架這件事，我們已經化解了誤會。提姆清楚表明，蘋果從未考慮這麼做。」

89

奇蹟

2022 年 11 月，腦機介面新創 Neuralink

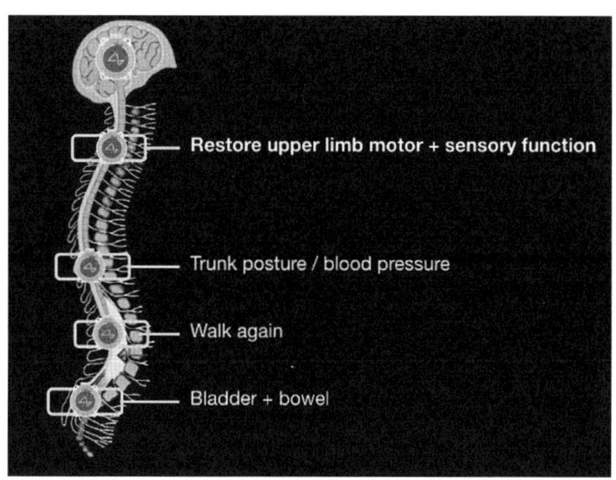

Neuralink 總工程師巴倫霍茲，用投影片展示公司開發目標。

讓失能者重獲新生

馬斯克搬到德州之後，Neuralink 的高階主管齊莉絲也跟著搬了過去。他決定除了加州佛利蒙，還要在奧斯汀成立一個 Neuralink 辦公基地。奧斯汀的辦公室和實驗室位在商店街的一棟建築裡，門上招牌寫著「斧頭場」（Hatchet Alley）。這裡曾是擲斧遊樂場與保齡球館，齊莉絲將它重新改裝，現在裡面有開放工作空間、實驗室，以及四周全是玻璃牆面的會議室，中央區域還有一座長型的咖啡吧檯。與辦公室相隔幾公里之外有幾座畜棚，是用來飼養實驗用的豬與羊。

2021 年底，馬斯克在參觀豬舍時，對於 Neuralink 的開發進度感到不耐煩。當時團隊已經將晶片植入猴子腦中，並教導猴子利用腦波操控電玩《乒》（*Pong*），但這項工作的主要成果，卻只是讓 Neuralink 贏得大量的 YouTube 瀏覽次數，無助於改變人類。馬斯克在豬舍閒逛時表示：「各位，要找到可以吸引人的解釋方式，確實有點難。癱瘓的人將來或許可以利用心智，在電腦上移動游標，這的確很酷，尤其是對那些和史蒂芬·霍金（Stephen Hawking）一樣的人來說。但這還不夠，這種說法很難讓多數人感到興奮。」

也就是在這時候，馬斯克開始積極推動他的理念，亦即透過 Neuralink，讓癱瘓的人能夠真正重新操控自己的四肢。植入大腦的晶片，可以繞過被阻斷的脊髓或神經功能異常的區域，直接將訊號傳遞給相關肌肉。馬斯克從豬舍回到「斧頭場」之後，立刻召集奧斯汀的高階主管，宣布新任務，佛利蒙的同事也透過電話聆聽。「讓坐在輪椅上的人能夠重新站起來走路，這樣大家馬上就能聽懂。這個想法絕對是一記重拳，很大膽，而且是好事。」他說。

馬斯克每週都會前往 Neuralink 實驗室，參加審查會議。2022 年 8 月某一天，總工程師巴倫霍茲正在咖啡吧檯等待會議開始。他在一年前剛從史丹佛大學畢業，取得資訊工程系統碩士學位，不過頭上一撮翹起的銹紅色頭髮，以及臉上纖細的鬍鬚，讓他看起來就像是參加中學科展競賽的學生。「伊隆覺得，用心智控制電腦的說法雖然不錯，但是讓癱瘓的人能夠重新走路，更能引發情緒上的共鳴，」巴倫霍茲說，「所以我們已經投入相關的研究計畫。」他向我展示各種肌肉刺激方法，然後突然開始認真討論，為什麼他相信大腦訊號的傳遞，是透過帶電分子的化學擴散作用，而不是透過傳統理論說的電磁波。

馬斯克在手機上發送完電子郵件與推文之後，十幾位年輕工程師進入會議室，所有人都穿著黑色 T 恤，包括齊莉絲在內，就和馬斯克平時的穿著一樣。巴倫霍茲帶了一個由水凝膠製成、模擬大腦皮質軟組織的樣本，傳給大家輪流看，同時播放了一段影片。片中有兩隻實驗豬，分別名叫船長（Captain）與塔妮爾（Tennille）*，只見牠們在電子訊號的刺激下開始移動腿部。「我們必須能夠區分疼痛反應和肌肉驅動反應，否則就只是『能夠重新走路，但很痛苦』而已。不過這也的確顯示，讓人們能夠重新走路這件事，沒有違反物理定律。這絕對會令人驚奇不已，可說是神級的事。」馬斯克說。

他問大家打算要創造哪些奇蹟，巴倫霍茲建議聽覺和視覺刺

* 名字的靈感來自於 1970 年代美國知名的重唱團體「船長與塔妮爾」。

激，也就是讓耳聾的人聽得見，讓眼盲的人看得見。「最簡單的方法是透過人工電子耳的刺激，解決聽障問題。至於視覺，更是超級有趣。如果想要擁有真正高傳真的視覺，需要大量的訊號頻道，」他說。

「我們可以讓人的視力變得超級厲害，你知道嗎？」馬斯克補充說，「想看到紅外線嗎？還是紫外線？無線電波或雷達呢？怎樣都行，真的太酷了，視力可以不斷強化。」

接著他忍不住捧腹大笑說：「我正在重看《布萊恩的一生》（*Life of Brian*）。」指的是由英國喜劇團體蒙提派森編劇及演出的電影。馬斯克描述其中一幕場景，有個乞丐抱怨耶穌治好自己的痲瘋病，讓他更難靠著乞討過活：「我正沿路走著做我自己的事，突然間他出現了，治好我的病！前一分鐘我是痲瘋病人，還可以做點生意，下一秒我的生計就沒了。他自作主張說『老兄，你已經好了』。真是該死的幫倒忙。」

發明腦機互動裝置

到了 9 月底，馬斯克再度失去耐心，一直催促齊莉絲和巴倫霍茲舉辦公開活動，展示最新成果，但他們說還沒準備好。某次召開每週審查會議時，馬斯克沉下了臉。「如果不能加快速度，我們這輩子都不會有什麼成就，」他提出警告，接著直接指定發表會的時間：11 月 30 日週三。那一天，他正好要去蘋果，拜訪提姆．庫克。

發表會當天晚上，馬斯克抵達現場時，已經有 200 張椅子擺放在 Neuralink 位於佛利蒙的辦公空間。馬斯克最喜愛的播客主持人之一佛里德曼已經來到活動現場，參與電視動畫《瑞克和莫蒂》(*Rick and Morty*)製作的賈斯汀・羅蘭德(Justin Roiland)也來了。進駐推特的三劍客詹姆斯、安德魯和諾迪恩,雖然並未受邀,但可以走後門參加。

馬斯克希望這場發表會能夠展現他的終極企圖與短期目標。「我成立 Neuralink 的最主要動機,是創造一個一般的輸入與輸出裝置,讓它能與大腦的每個面向互動,」他對觀眾說,換句話說,這將是人類與機械最終的深度結合,因此可以預防人工智慧機器失控,「即使人工智慧充滿善意,但仍須確保我們能夠與人工智慧和平相處。」

接著,他宣布為 Neuralink 設定的短期任務。「第一是恢復視力,」他說,「即使某個人天生眼盲,我們相信能夠讓他重見光明。」接下來他談到癱瘓問題,「或許聽起來很不可思議,但我們有信心讓脊髓受損嚴重的人,全身恢復正常功能。」這場發表會持續了三小時,他一直待到凌晨一點,和工程師團隊狂歡。後來他說,他很開心可以暫時擺脫推特徹底失控的惡劣情況。

90

推特文件

2022 年 12 月，揭露審查制度內幕

兩位揭密記者泰比（上）與維斯（下）。

揭發推特箝制言論黑幕

「你想要我成為你公司的吹哨者？」記者馬特・泰比（Matt Taibbi）有些不敢置信地詢問馬斯克。

「放手去做，這不是北韓團體旅遊。你可以去任何你想去的地方。」馬斯克回答。

過去幾年，推特的內容審核人員愈來愈強勢封鎖他們認為有害的言論。我們可以從三種不同角度看待這件事，就看你是採取什麼樣的立場：一、這做法值得稱讚，因為可以預防那些宣傳危險醫療行為、破壞民主、刺激暴力、引發仇恨或是詐騙行為的不實資訊大量散播；二、這做法原本是出於好意，最後卻執行過當，過度壓制不同於醫學和政治正統的言論，而冒犯到極度敏感的推特進步派與覺醒派員工的言論，也可能遭到封鎖；三、「深層政府」（Deep State）成員*與大型科技公司共謀，和主流媒體串通，意圖保障自己的權力。

多數時候，馬斯克偏向第二個看法，但他的懷疑日益加深，促使他愈來愈傾向第三個觀點。「似乎有很多事情被掩蓋，有非常多見不得人的事情。」某天他對反覺醒好友薩克斯說。

薩克斯建議馬斯克可以和泰比談談，泰比曾是《滾石》等雜誌的作者，很難歸類他的意識形態，向來願意、甚至迫切地想要挑戰思想根深柢固的精英階層。馬斯克不認識泰比，於是邀請他在 11 月底來推特總部。「他這個人似乎不怕冒犯別人，」馬斯克說，他認為這是真正的讚美，但對多數人來說並非如此。他請泰比花點時間在推特總部，仔細搜尋負責處理內容審核議題的推特員工的舊文件、電子郵件和 Slack 訊息。

這就是後來大家熟知的「推特文件」（Twitter Files）。原本這是（也應該是）相當正面，有助於揭露真相的資訊透明行動，可趁此機會仔細思考關於媒體偏見、內容審核的複雜性等問題，但後來卻陷入了一場漩渦，所有人只能在脫口秀節目和社群媒體上尋找同溫層、抱團取暖。馬斯克自己更是不斷火上加油，他欣喜若狂地發了一連串推文，還加上了爆米花和煙火表情符號。他推文說：「這是為了文明的未來奮戰，如果連美國也喪失言論自由，未來就只有暴政。」

12 月 2 日，正當泰比準備要刊登第一篇報導時，馬斯克趕去紐奧良，與法國總統艾曼紐・馬克宏（Emmanuel Macron）祕密會面。諷刺的是，兩人討論的主題正是關於推特需要遵守歐洲的仇恨言論規範。最後，他們談到泰比即將刊登的報導內容，可能會牽涉法律問題，因此發表時間必須延後，等馬斯克與馬克宏的會面結束，再採取行動，這樣才能反制律師。

一開始，泰比發了 37 則推文串，披露推特如何為政治人物、聯邦調查局和情報單位設置特殊系統，建議哪些推文應該考慮刪除。泰比蒐集了自 2020 年以來的通訊訊息，其中最值得注意的是，洛斯和推特其他員工曾經爭論，是否要封鎖《紐約郵報》某篇文章的連結，這篇文章宣稱他們發現被拜登的兒子杭特（Hunter）丟棄的筆記型電腦（後來事實證明確實是）。這些通訊訊息顯示，當時有許多員工爭搶著找出禁止提到這篇文章的正當理由，例如：有人宣稱這篇文章違反了不得使用駭客資料的政策，或者這是俄國的不實資訊陰謀。但利用這些理由審查一篇報

* 指非經民選的，由軍隊、警察或政治團體等組成的在幕後操控政府的力量。

導根本站不住腳，洛斯和多西後來也承認，這樣做不對。

許多大型媒體，包括福斯新聞紛紛報導泰比揭露的訊息。但多數傳統媒體卻認為這個報導不重要，他們認為這個報導就如推特主題標籤形容的，只不過是「空心漢堡」（#nothingburger）。筆電事件曝光時，拜登並沒有擔任政府職務，所以他提出的請求並無法證明政府有直接審查或是公然違反第一修正案。當時拜登團隊透過既有的推特管道，提出的許多請求，都是可以理解的，例如要求刪除曾是演員的詹姆斯·伍茲（James Woods）在推特貼出杭特筆電上的淫穢自拍照。「不，你沒有憲法權利在推特上貼出杭特·拜登的老二照片。」反川普的中間偏右新聞網站《堡壘》（*The Bulwark*）的標題寫道。

不過，在泰比的推文串中，還有其他更重要的發現：實際上推特已經變成聯邦調查局及其他政府機構的合作夥伴，讓他們有權大量標記有問題的內容，並建議移除。「大批政府執法單位無意間成了委外廠商，介入推特的運作。」泰比寫道。

但事實上，我認為還是有一些差異。多數時候是推特自願扮演合作廠商的角色。當他們感覺政府過度施壓時，推特主管並沒有選擇揭發，反而是急著想要達成政府的要求。泰比披露的資訊揭發了一項非常有問題、但不令人意外的事實：推特的內容審核人員存在偏見，壓制有利於川普的報導。推特員工的捐款，有超過 98% 是流向民主黨。其中一個案例，是有人指控聯邦調查局祕密監視川普競選團隊。主流媒體報導說，這些指控是受到俄國機器人程式網軍煽動。洛斯一直在幕後扮演推特內部誠實的聲音，他在內部的備忘錄中寫道：「我檢查過那些帳號，沒有任何跡象顯示這些帳號與俄國有關聯。」然而，推特高階主管依舊不願挑戰普遍被大家接受的「通俄門」（Russiagate）說法。

關於社群媒體如何變得兩極化的問題，我順帶補充說明一點：泰比在政治上不屬於任何黨派，而且反對偶像崇拜。但當我追蹤他的推特帳號時，我發現推特的演算法會加深意識形態的分化，自動將人歸類為極左或是極右同溫層。在我的推特帳號「你可能會喜歡」區塊，立即建議我追蹤羅傑．史東（Roger Stone）、演員伍茲和羅倫．波伯特（Lauren Boebert）的帳號。*

擺脫包袱、重新出發，讓推特更安全

12 月 2 日傍晚，巴里．維斯（Bari Weiss）與妻子奈莉．鮑爾斯（Nellie Bowles）在洛杉磯家中，看著泰比揭露的推特文件，覺得很羨慕。她記得當時心裡想著：「這真是適合我們報導的完美故事。」就在這個時候，她意外收到馬斯克傳來的訊息，詢問她當天晚上是否願意搭機北上到舊金山。

維斯和泰比一樣，都是獨立記者，在意識形態上同樣無法被歸類。他們也和馬斯克一樣，堅定支持言論自由，反對進步派覺醒文化，以及因此產生趕盡殺絕式的取消文化，尤其是建制派媒體與精英教育機構。維斯宣稱自己是「理性自由派，擔憂極左派的批評扼殺言論自由」。她曾經負責《華爾街日報》與《紐約時報》的社論版，後來號召一群獨立記者，成立《自由新聞》（*The Free Press*），在 Substack 平台上提供電子報訂閱服務。

* 史東是美國政治顧問，2019 年 1 月底因為向眾議院做偽證、騷擾證人、阻礙國會調查等罪名 ，遭到逮捕，2020 年底獲得川普赦免。波伯特是美國共和黨眾議員，支持一般人擁有槍枝。

幾個月前，馬斯克曾在太陽谷舉辦的艾倫公司（Allen & Company）研討會上，與維斯短暫會面。當時馬斯克剛接受OpenAI 共同創辦人奧特曼的採訪。維斯到後台對他說，她很高興他想要收購推特，兩人曾交談了幾分鐘。當泰比正為 12 月初將發表的報導做準備時，馬斯克很清楚，資料量非常龐大，一個記者很難獨力消化。他的投資人、同樣支持言論自由的科技友人馬克．安德里森（Marc Andreessen）建議他聯絡維斯。當他結束與法國總統馬克宏的簡短會面、從紐奧良飛回舊金山時，直接在飛機上發出訊息給她。

兩小時後，維斯夫婦就帶著三個月大的嬰兒，趕去搭機，飛到舊金山。他們在週五晚上十一點，抵達推特總部十樓。此時，馬斯克穿著藍色的星艦外套，站在一台咖啡機旁，心情有些興奮。他帶他們參觀整棟大樓，並向他們展示「保持覺醒」T 恤的庫存，以及舊推特的其他殘留痕跡。「野蠻人衝破大門，掠奪物品！」他大聲宣告。維斯覺得很不可思議，馬斯克就像個孩子一樣，剛買下一家糖果店，但直到現在還不敢相信自己真的擁有一間糖果店。諾迪恩和詹姆斯向他們展示，搜尋 Slack 訊息需用到的電腦工具。他們一直待到凌晨兩點。然後，詹姆斯開車載他們到住宿地點。

隔天，也就是週六早上，他們回到推特總部，又看到馬斯克站在咖啡機旁，正用紙杯吃麥片，前一晚他就睡在推特圖書室的沙發。他們在他的會議室裡待了兩小時，討論他為推特設定的願景。他為什麼要做這件事？他們問。一開始，他回答說，自從他重新考慮 4 月提出的收購案之後，就一直被要求必須買下這家公司。「真的，我不確定我是否還想做這件事，但律師告訴我，必須吞下這個毛球，所以我就買了。」他說。

但接下來，馬斯克又開始認真談論他希望打造一個致力於維護言論自由的公共論壇。「文明的未來正處於危急關頭，」他說，「生育率大幅下滑，思想警察逐漸掌控權力。」他相信，這個國家有一半的人不相信推特，因為它壓制了特定觀點。若要扭轉局面，就必須完全保持透明，「我們在這裡有個目標，那就是徹底清除先前的違法行為，擺脫過往包袱，重新出發。我睡在推特總部，只為了一個理由。現在是紅色警戒狀態。」

「你幾乎要相信他說的話，」維斯後來告訴我，這是出自真心的評論，不是嘲諷。

雖然她覺得感動，但仍有些懷疑，這正是她成為獨立記者應具備的特質。在兩小時交談過程中，她詢問特斯拉在中國的商業利益，會如何影響他管理推特的方式。馬斯克覺得火大。這並不是他們要討論的話題。但維斯堅持。馬斯克說，在談到關於中國的問題時，推特確實要小心用語，因為特斯拉在中國的業務會受到威脅。他說，中國鎮壓維吾爾族這件事有好有壞。維斯覺得有些不安。最後，鮑爾斯說了幾個玩笑話，緩和緊張氣氛。接下來，他們繼續討論其他話題。

不過讓大家感到意外，或者至少覺得有些不解的是，馬斯克必須結束對話，搭機前往華盛頓。他和政府高層已經排定開會時間，討論與 SpaceX 衛星發射有關的高度機密話題。

週五那個晚上，維斯和鮑爾斯一直忙著閱讀推特文件，但到了週末他們感到非常挫折，因為他們還沒有取得推特的工具，無法搜尋 Slack 訊息和電子郵件。法務部門擔心隱私問題，因此禁止他們直接取得訊息。週六當天，總是無所不在的諾迪恩，利用他的個人筆電幫他們搜尋。但到了隔天，他覺得又累又餓，還要洗衣服，所以決定不進公司。畢竟這一天是週日。他邀請維斯和鮑爾斯到他的公寓，利用他的筆電搜尋推特的公開 Slack 頻道，從他的公寓可俯瞰舊金山卡斯楚區。

維斯一直要求法務部幫她處理更多搜尋工作。後來，她接到推特副法務長的電話，對方說他叫吉姆（Jim）。她詢問他姓什麼，他說「貝克」（Baker）。維斯瞬間想起來他是誰。「我下巴都要掉下來了。」貝克曾擔任聯邦調查局總法律顧問，因為牽涉多項爭議，所以某些保守派分子不信任他。「搞什麼鬼？」她傳訊息給馬斯克。「所以你是請這個傢伙搜尋跟自己有關的訊息？這他媽的完全沒有道理。」

馬斯克當場暴怒。「這就像是讓艾爾・卡彭（Al Capone）*查自己的稅一樣。」他說。他要求和貝克開會，討論先前推特和聯邦貿易委員會針對隱私保證達成的協議裁決時，雙方意見出現分歧。「你能告訴我協議裁決的主要原則是什麼？」馬斯克質問他，「這份文件現在就在我面前。你可以舉出文件提到的任何原則嗎？」這次討論注定不會有快樂的結果。儘管貝克對這個議題瞭若指掌，但他的回答無法讓馬斯克滿意。馬斯克立即開除他。

能見度過濾

泰比和維斯找來幾位同事一起幫忙，他們在無窗的「大麻室」裡工作，整個空間充滿沒洗澡的三劍客汗臭味，還有外送的泰國料理味。詹姆斯和諾迪恩每天工作 20 小時，眼珠子似乎就快要掉出來了。他們協助泰比和維斯使用數位搜尋工具。有幾天晚上，馬斯克走進來，吃掉剩下的食物，然後開始冗長的對話。

維斯搜尋推特員工的電子郵件與 Slack 留言時，不斷在想，如果有人也這樣閱讀她的個人通訊訊息，自己做何感想。她覺得很卑鄙，諾迪恩也對此感到反胃，他說：「老實說，我想要盡可能遠離他們正在做的事。我想要幫忙，但我不想介入太深。我對政治沒什麼興趣，但看來裡面充滿各種垃圾話。」

維斯和她的團隊根據推特文件撰寫的其中一篇報導，提到了所謂的「能見度過濾」，也就是降低特定推文或用戶的觸及率，用戶搜尋時不會出現在最前面位置，也不會出現在流行趨勢中。在極端情況，推特會採取「祕密屏蔽」做法，用戶依舊可以發文，也能看到自己的推文，但他們不知道，其他用戶看不到他們的推文。

就技術層面來說，推特並沒有全面執行祕密屏蔽，但確實有使用能見度過濾。馬斯克與洛斯討論時，曾非常支持這個做法，這樣就不需要全面封鎖用戶，而且幾週前他已經公開宣傳這項政策。他發文：「我們會大幅降低負面／仇恨言論的觸及與傳播，所以不會有相關廣告或其他收入流向推特。除非你特別搜尋，否則不會看到這些推文。」

但是如果帶有政治偏見，在執行能見度過濾時就會出問題。維斯最後得出結論，她認為推特的內容審核人員更積極的壓制右派推文。「他們建立了一份祕密黑名單，大批員工努力壓低他們認為不受歡迎的帳號或主題的能見度，」維斯和她的團隊寫道，此外，推特和許多媒體及教育機構一樣，限縮了哪些是可接受言

* 美國黑幫份子和商人，1931 年因為逃稅遭到聯邦政府起訴，被判處 11 年徒刑。

論的定義，「負責設計這些制度的員工採取新規範，擴大對『暴力』、『傷害』和『安全』等字眼的定義。」

新冠肺炎就是非常有意思的案例。一個極端情況是，明顯有害的不實醫療資訊大量出現，例如推銷江湖療法或是有可能致命的醫療手法。但維斯發現，推特過度壓制了不符合官方公告的推文，包括許多值得辯論的合法話題，像是 mRNA 疫苗是否會引發心臟問題、口罩規定是否有效，以及病毒是否源自於中國的實驗室外洩等。

舉例來說，推特將史丹佛大學教授傑伊．巴塔查里亞（Jay Bhattacharya）列入「流行趨勢」的黑名單，意味著他的推文能見度會被屏蔽。先前他曾邀請幾位科學家共同發表一份宣言，認為封城和關閉學校造成的傷害大於助益，這個觀點雖然有些爭議，但具有一定的可信度。就在維斯發現巴塔查里亞的推文被壓制後，巴塔查里亞收到馬斯克傳來的訊息：「嗨，你可以在這週來推特總部嗎？我們可以讓你看看，推特 1.0 到底做了什麼事。」關於疫情期間封城的議題，馬斯克和巴塔查里亞抱持類似的觀點，兩人談了將近一小時。

難解的言論自由議題

推特文件凸顯了過去五十年主流媒體的演變。在水門案和越戰期間，新聞記者通常會抱持懷疑態度面對美國中央情報局、軍方和政府官員，或者至少是帶著正面的懷疑態度。許多記者因為受到大衛．哈伯斯坦（David Halberstam）和尼爾．希恩（Neil Sheehan）的越戰報導，以及巴柏．伍華德（Bob Woodward）和卡爾．伯恩斯坦（Carl Bernstein）的水門案報導的啟發，決定投入記者的行業。

但是自 1990 年代開始，主流媒體記者愈來愈不介意和政府或情治單位高官分享訊息及合作，九一一恐怖攻擊之後更是如此。社群媒體公司也抱持同樣的心態，從推特和其他公司收到的簡報指示就可以看出。「這些公司似乎沒有太多選擇，只能成為全球監視與資訊控制組織的重要參與者，」泰比寫道，「雖然證據顯示，那些傀儡高階主管很高興自己被吸收。」我認為，這段話的後半部比前半部要真實得多。

推特文件揭露了部分事實，讓外界得知推特如何執行內容審核，但也同時反映了這個工作有多困難。例如，聯邦調查局示意推特，某些貼出關於疫苗及烏克蘭負面評論的帳號，是由俄國情報機構祕密經營。如果真是如此，推特壓制這些帳號是否合理？就如同泰比所寫的，「這是非常難解的言論難題。」

91
兔子洞

2022 年 12 月，掉進令人困惑的世界

追求真相 vs. 固守道德底線

沒有任何事情比得上馬斯克的兩歲兒子 X 遭受威脅，更能讓他暴跳如雷，X 出生後就一直陪在他身邊，總能讓他心情愉快、精神百倍。推特文件曝光後，12 月某個週二晚上，馬斯克得知兒子受到威脅，這件事帶給他極大震撼，先前他宣稱為言論自由奮戰所憑藉的信念基礎，也開始出現動搖。

一名男子長期跟蹤格萊姆斯，有天在她與馬斯克的洛杉磯住所附近埋伏。據說，當馬斯克的保安人員開車載著 X 和保母前往附近的飯店時，這名跟蹤狂也尾隨在後。保安人員把車開進加油站，對著那位跟蹤狂駕駛拍下一段影片，那人打扮成忍者模樣，戴著手套與口罩。保安人員把他逼到角落，他可能有跳到汽車引擎蓋上或是試圖爬到引擎蓋上（細節仍有待釐清），但當警察抵達後，並沒有當場逮捕這個人。後來《華盛頓郵報》利用馬斯克貼出的影片段落，找到了這名跟蹤者。他告訴記者，他相信

格萊姆斯利用她的 IG 貼文，傳送代碼訊息給他。馬斯克發了一則推文寫說：「昨晚，在洛杉磯，載著小 X 的汽車被一名跟蹤狂一路尾隨（對方以為是我），後來這名跟蹤狂還攔下汽車，爬到引擎蓋上。」

馬斯克相信，這名跟蹤狂之所以能夠找到他和格萊姆斯的住處，是透過一個名為 @elonjet 的推特帳號，這個帳號是由一位名叫傑克・斯威尼（Jack Sweeney）的學生經營，他會依據公開航班資訊，即時分享馬斯克私人噴射機的起飛與降落訊息。不過，跟蹤事件與這個帳號之間，並沒有明確關聯：馬斯克的噴射機在前一天就降落洛杉磯，可是格萊姆斯說，她是在那天開始發現跟蹤狂的汽車在他們住所外面埋伏。

長期以來，馬斯克對 @elonjet 帳號就非常不滿，他認為這個帳號未經同意，擅自外洩他的個資，危及他的人身安全。4 月時，他第一次有了收購推特的念頭，在奧斯汀與朋友及家人吃晚飯時，談到有意收購推特，當時格萊姆斯和他的母親都強烈主張，應該封鎖這個帳號。馬斯克也表示同意，但是當他收購推特之後，決定不封鎖。11 月初，他發文表示：「我對言論自由的承諾，也應該包含不去封鎖追蹤我個人飛機的帳號，雖然這會直接威脅到我的個人安全。」

這則推文讓維斯印象深刻。但是當她整理完第一批推特文件之後，她發現馬斯克對 @elonjet 做的事情，就和之前推特對某些極右派帳號做的事情一樣：@elonjet 的能見度被嚴重過濾，所以用戶搜尋時根本看不到這個帳號。她覺得很失望，感覺這樣的作為很偽善。發生 X 被跟蹤的意外事件之後，馬斯克自行決定讓 @elonjet 帳號停權。他辯稱說，推特現在推出新政策，禁止擅自洩露個人位置。

更糟糕的是，馬斯克武斷地決定將多名記者的帳號停權，這些記者都曾報導他停權 @elonjet 的新聞。從言論自由的制高點來看，這個舉動只是火上加油。表面上，他的理由是因為他們的報導文章有附上 @elonjet 帳號的連結，等於是擅自洩露他的個資。但事實上，@elonjet 帳號早已被停權，點擊文章裡的連結之後，只會看到「帳號已被停權」的頁面。所以看起來，馬斯克的決定有部分是出於憤怒，只為了報復這些記者寫文章批評他。這次被停權的記者，包括《紐約時報》的萊恩．麥克（Ryan Mac）、《華盛頓郵報》的德魯．哈威爾（Drew Harwell）、特勒．羅倫茲（Taylor Lorenz），以及其他至少八位記者。

維斯繼續在「大麻室」裡奮戰，搜尋一批又一批的推特文件，發現自己的處境陷入了兩難。她說：「他看不起推特前高層的作為，可是現在他正在做同樣的事情。他踢除的某些記者在推特上最常霸凌我，我一點也不喜歡那些人。純粹從策略的角度來看，他是在迫害一群混蛋。但我覺得，他背叛了自己之前宣稱推特要達成的目標，也就是成為不偏袒任何一方的公共論壇。」

維斯私下利用加密通訊軟體 Signal，傳了訊息給馬斯克：「嘿，現在到底是怎樣？」

「他們擅自洩露我的飛航資訊，還攻擊我兒子。」他回答。

維斯在「大麻室」裡和其他幾位記者討論這件事，但到最後，她是唯一願意大聲說出來的記者。「身為記者，你不能看著其他記者被踢出推特，然後什麼話也不說。對我來說，原則還是很重要。」她說。她心裡明白，這或許意味她將會喪失權限，再也無法報導推特文件。她對另一半鮑爾斯開玩笑說：「我猜，現在伊隆不會捐精給我們了。」

12 月 16 日早上，就在一群記者被推特停權的隔天，維斯發文說：「推特前任管理階層受制於奇怪的念頭和偏見，看來新的管理階層顯然也有相同的問題。兩種情況我都反對。」

馬斯克在推特上回應：「這並不是嚴謹的追求真相，你只是在釋放道德訊號，顯示在媒體精英眼中，你是個『好人』，好讓自己能腳踏兩條船。」隨後他限制維斯取得推特文件的權限。

上推特語音聊天室，愈辯護愈混亂

「這太扯了，」馬斯克友人卡拉卡尼斯傳簡訊給另一名友人薩克斯，談到馬斯克將記者帳號停權的事情，「這樣會轉移大家對推特文件的關注，我們必須扭轉局面。」他們一起傳簡訊給馬斯克：「你必須恢復這些人的帳號。」但馬斯克不置可否。

就在他們互傳訊息的過程中，卡拉卡尼斯發現，在推特音訊空間（Twitter Space），也就是讓用戶可自行開關語音聊天室的功能，有個群組正在談論記者帳號被停權的問題，參與人數相當龐大，其中包括兩位被停權的記者：《華盛頓郵報》的哈威爾與《馬沙布爾》（*Mashable*）的麥特．賓德（Matt Binder）。雖然他們被禁止發文，但推特軟體並沒有禁止他們使用語音聊天室。卡拉卡尼斯告訴馬斯克後，馬斯克進入音訊空間，加入語音聊天室，所有參與者都大吃一驚，他的說話語氣聽起來帶著戒心、充滿怒氣。消息很快就傳開來，短短幾分鐘內，就有 3 萬名用戶加入語音聊天室。活動主持人、《BuzzFeed News》的記者凱蒂．諾托普洛斯（Katie Notopoulos）邀請馬斯克解釋，為何記者帳號被停權。他說因為他們分享了會洩露他個資的相關連結。哈威爾說：「你的意思是說，我們分享了你的住址，這不是真的。我從沒有貼出你的住址。」

「你有附上洩露我家地址的連結。」馬斯克回嗆說。

「我們有附上 @elonjet 的帳號連結，但現在這個帳號已經不存在，」哈威爾回答，並指控馬斯克「使用連結封鎖技術，這是你之前曾批評的，推特用來封鎖《紐約郵報》關於杭特·拜登報導的技術。」

馬斯克氣得直跳腳，直接退出語音聊天室。幾分鐘後，推特突然關閉該聊天室。事實上，推特暫時關閉所有聊天室一整天，目的是為了禁止被停權的用戶使用音訊空間。馬斯克發文說明關閉音訊空間的原因：「我們正在修復存在已久的漏洞，明天應該能恢復正常。」

過沒多久，馬斯克覺得自己做得有點過火，因此想辦法推翻自己的決定。他舉行了線上投票，詢問是否要重新恢復被停權的記者帳號。總計有 360 萬名用戶投票，有超過 58%的人表示支持，這些記者的帳號因此全部恢復使用。

在記者帳號停權爭議延燒期間，馬斯克有時會氣到火冒三丈，有時又變得很愛開玩笑。某天晚上，他坐在「大麻室」裡，在場的有獨立記者維斯、她的幾位同事和堂弟詹姆斯，他開始嘲笑人們公告自己偏好的代名詞做法。然後某個人開玩笑說，馬斯克的代名詞應該是「起訴／佛奇」。有些人有些緊張地笑了出來。維斯承認說，當時她並不想挑戰馬斯克。馬斯克自己則是嘎嘎大笑，把這個玩笑話重複說了三次。然後，凌晨三點左右，他衝動地發了一則推文：「我的代名詞是起訴／佛奇（My pronouns are Prosecute/Fauci.）。」這則推文不僅毫無意義，而且一點也不幽默。他用了五個英文單字嘲笑跨性別人士，刻意挑起與高齡 81 歲的公衛官員佛奇有關的陰謀論，結果導致更多廣告主退出推特，甚至製造了新一批敵人，從現在起這些人再也不會購買特斯拉電動車了。

馬斯克的舉動激怒了許多人，包括他的弟弟。「老兄，你到底在講什麼鬼話？疫情爆發的時候，這位老先生一直努力解決問題，」金博爾對他說，「你這麼做很不好。」就連史丹佛大學教授巴塔查里亞也批評馬斯克的推文不當，雖然先前他因為批評佛奇的政策，推文曾被過濾。他說：「我認為佛奇犯了非常多錯誤，但我覺得，正確的糾正做法不是起訴他，而是讓歷史記住他曾犯下的過錯。」

佛奇推文事件反映了馬斯克反覺醒或右傾的觀點。有時候，他會掠過陰謀論的兔子洞邊緣，認為精英階層陰險、邪惡。不過這只是他其中一面，另一面的他，會頑皮地猜想，或許人類實際上生活在某個模擬情境裡。當他心情陷入陰鬱時，他會憂心忡忡地陷入沉思，認為在現實表象下，隱藏著一股神祕、黑暗的陰謀力量，就如同《駭客任務》的劇情。例如，他曾經轉推反疫苗狂熱份子小羅伯特・甘迺迪（Robert Kennedy Jr.）的評論，後者指控中情局殺害他的叔叔甘迺迪總統。就在馬斯克發出取笑佛奇的推文之後，甘迺迪發了一則推文：「佛奇花費 370 億美元提供整年度研究經費補助，收買全球病毒學家，目的是要他們封口。當背後金主下台，主流論述也將瓦解。」

「說得好。」馬斯克回應。後來，甘迺迪宣布參選總統，與拜登競爭，馬斯克與他在推特音訊空間共同主持一場活動。

馬斯克的許多說法和他父親如出一轍，這點令人憂心。兩年多前，艾洛爾開始滔滔不絕地談論關於新冠肺炎的陰謀論。2020年4月，他在臉書上提到佛奇時說道：「這個人應該被開除！」當年稍後，他指控蓋茲在新冠肺炎爆發前六個月就已經知道這個傳染病，並簽訂了1,000億美元的合約追蹤疫情。2021年，艾洛爾大力否認新冠疫苗、川普落選，以及九一一恐怖攻擊事件。他說：「從目前揭露的資訊來看，九一一恐攻顯然是事先排練好的劇情，證據隨處可見。」就在馬斯克執行推特文件計畫前一週，艾洛爾在臉書怒吼說，新冠疫情是個「謊言」，提到疫苗時他說：「如果你笨到去打疫苗，尤其是『加強劑』，過不了多久，你就會死。」

當推特文件的報導文章刊登之後，艾洛爾又主動傳了一則訊息給兒子。「必須阻止左派（或是流氓集團），」他寫道，「文明正面臨危急關頭。」選舉被偷走，導致川普落選，讓他重新回到推特「很重要」，「他是我們僅有的一束光芒」。接著，他建議馬斯克，要記取小時候在南非遊樂場學到的教訓：「安撫流氓完全沒用。你愈是嘗試安撫，他們愈不怕你、愈不尊重你。你要用力打他們，或是用力打任何人，他們才會尊重你。」

馬斯克從沒看過這些訊息。為了徹底遠離父親的邪惡，他更改了電子郵件地址，卻沒告訴父親新郵址。

總是不按牌理出牌，傷害特斯拉品牌價值

洛斯在11月離開推特時，最擔心的是，馬斯克會刺激推特暴民攻擊他，威脅他的人身安全。一開始，洛斯似乎安全倖免。但是到了12月，他的電子郵件與Slack訊息在推特文件中曝光。馬斯克開始將他手中的噴火器對準洛斯。

推特文件顯示，洛斯曾和其他人討論該如何處理類似杭特．拜登筆電的新聞。他的多數評論都經過深思熟慮，但依舊在推特上引爆怒火。某天有位用戶發出一則推文：「我想我可能發現了問題所在。」這位用戶指出，2010 年洛斯發了一則推文，但沒有寫下任何評論，只有一篇日報文章連結，內容主要探討一位老師與 18 歲學生發生性行為是否有錯。「這說明了很多事。」馬斯克留言回應。接下來，馬斯克自己舉起棍棒。他貼出一張截圖，顯示洛斯的賓州大學博士論文的某個段落，這篇論文標題為「同志資料」（Gay Data），截圖的段落是在探討類似 Grindr 的同志交友網站，可以採取哪些方法應對 18 歲以下未成年用戶。馬斯克留言說：「看起來洛斯認為兒童可以登入成年網路服務。」

洛斯與戀童癖一點關係也沒有，但馬斯克的影射評論挑起了在推特深處潛水、行為和狗仔沒兩樣的陰謀論者的情緒，他們開始利用恐同和反猶太言論發動攻擊。後來某個八卦小報甚至公開洛斯的住家地址，迫使他不得不躲藏起來。「馬斯克決定分享不實指控，說我支持和容忍戀童癖，中傷我的名譽，」洛斯說，「我被迫離開原本的住家，把房子賣掉。這都是這種網路騷擾與言論造成的結果。」

就在馬斯克取笑佛奇的推文引發眾怒的週日，他順道來到推特的「大麻室」，將當天傍晚戴夫．查普爾（Dave Chappelle）的喜劇表演票券，送給三劍客和其他人。這是由知名的反覺醒喜劇演員演出的舞台劇，但顯然馬斯克的推文已經對他的名聲帶來新的傷害。「各位女士、先生，讓我們以熱烈掌聲，歡迎全球首富，」當查普爾邀請馬斯克上台時，雖然有觀眾鼓掌，但也有不少噓聲。查普爾說：「看來有些被你開除的人就坐在台下。」他開玩笑地向馬斯克保證，那些噓聲主要來自「座位視野不好」的觀眾。

馬斯克不按牌理出牌隨意發文的舉動，進一步傷害了推特，導致更多廣告主退出。他要求與華納兄弟探索公司（Warner Bros. Discovery）執行長大衛・札斯拉夫（David Zaslav）通話，兩人談了超過一個小時。札斯拉夫告訴他，他的行為是在自我毀滅，未來將更難吸引到有抱負理想的品牌。他應該專注於改善產品，提供長影片服務，提升廣告效益。

就連特斯拉也被拖累。特斯拉股票跌至156美元，當馬斯克首度表示有意收購推特，特斯拉的股價是340美元。12月14日他在奧斯汀開會時，向來順從的特斯拉董事會告訴馬斯克，推特的爭議已經傷害了特斯拉品牌。馬斯克反擊說，全球的銷售數字都很差，甚至包括對這些爭議漠不關心的地區，他認為主要是整體經濟因素造成。但金博爾和董事長羅賓・德諾姆（Robyn Denholm）都不斷向他施壓，他們說他的行為表現才是主因。「他的行為舉止就像是他媽的白痴，這才是房間裡的巨象。」金博爾說。

92

聖誕節鬧劇

2022 年 12 月，再度啟動開放迴路

三劍客與搬家工人在沙加緬度合影（上）；
馬斯克堂弟詹姆斯正在推一台伺服器機櫃（下）。

把事情簡化到最單純的本質

「這樣的時間規劃，我有可能接受嗎？」馬斯克問，「絕對不可能。如果要花那麼長時間，就是不對的。」

當時已是 12 月 22 日深夜，馬斯克正在十樓推特會議室開會，現場氣氛變得緊繃。他正和兩位負責推特基礎設施的主管說話，這兩人之前不常和他接觸，沒看過他心情極度惡劣的時候。

其中一位主管想要解釋問題出在哪裡。存放推特伺服器的一家資料服務公司位在沙加緬度，對方原本已同意延長租約一段時間，好讓他們可以在 2023 年分批搬遷伺服器。「但是今天早上，他們告訴我們原訂計畫已失效，他們的說法是因為我們的財務有問題。」這位主管語氣緊張地告訴馬斯克。

推特每年支付超過 1 億美元給這家資料服務公司。馬斯克想要將伺服器移到推特位在奧勒岡州波特蘭的資料中心，這樣就能省下這筆費用。現場另一位主管說，沒辦法立即搬遷。「要等到六到九個月之後，我們才能安全遷出，」她用就事論事的口吻說，「沙加緬度還需要負擔部分的網路流量。」

一邊是馬斯克認為必要做的事，另一邊是其他人告訴他有可能做到的事，這麼多年來，有好幾次馬斯克必須在兩者之間做出選擇。最後的結果幾乎都是一樣。他不發一語地思考了幾分鐘，然後開口說：「給你 90 天時間去完成。如果做不到，我會收下你的辭呈。」

那位主管開始詳細解釋，將伺服器遷移到波特蘭，可能會遇到哪些阻礙。「機櫃密度不一樣，功率密度也不一樣，」她說，「所以環境必須升級。」她開始說明更多細節，一分鐘後馬斯克打斷她。

「這讓我的頭很痛。」馬斯克說。

「很抱歉，這不是我的本意。」她語氣謹慎、平靜地回答。

「你知道爆頭表情符號嗎？」他問她，「這就是現在我腦袋的感覺。全都是他媽的廢話。我的老天，真是他媽的見鬼了。波特蘭一定有一堆廠房。把伺服器從一個地方搬到另一個地方，根本就是小事一件。」

兩位推特主管試圖解釋各種限制。馬斯克打斷他們。「可以叫人到我們的伺服器中心拍下裡面的影片，然後傳給我看嗎？」他詢問。再過三天就是聖誕節，主管答應一週內傳給他。「不，明天就要，」馬斯克下令，「我自己蓋過伺服器中心，我可以告訴你能不能在那裡存放更多伺服器。所以我才會問，你們有沒有實際到那些地方看過。如果你們沒去過，就是在說廢話。」

SpaceX 和特斯拉之所以成功，是因為馬斯克不斷要求他的團隊，要更拚命、更懂得隨機應變，為了生存，隨時啟動「爆能」模式，排除各種阻礙。他們就是透過這種工作模式，在佛利蒙帳篷內建造電動車生產線，在沙漠興建特斯拉測試廠房，在卡納維爾角利用二手零件興建發射台。「你們要做的就是把伺服器搬到波特蘭，」他說，「如果要超過 90 天，就太令人震驚了。」他停頓了一會，重新計算時間之後說，「去找一家搬家公司，花一週的時間搬電腦，然後再花一週的時間安裝電腦。只需兩週的時間，就這麼辦。」所有人都陷入沉默。

但馬斯克繼續施壓：「如果你能找到搬運卡車，或許可以自己搬。」兩位推特主管想知道，馬斯克到底是不是認真的。從鑽孔公司來到推特，負責監督削減成本的戴維斯和馬斯克的幕僚阿富夏也在這場會議，馬斯克今天發火的樣子，他們早已見識過好幾次，所以他們知道，他很有可能是認真的。

沙加緬度突襲

「為什麼我們不現在就搬？」三劍客之一的詹姆斯問。

12 月 23 日週五傍晚，他和弟弟安德魯跟著馬斯克一起搭機從舊金山飛往奧斯汀。就在前一天，馬斯克和推特基礎設施主管開會討論，將伺服器遷出沙加緬度的資料中心需要花多久時間。詹姆斯和安德魯都熱愛滑雪，原本計劃前往太浩湖（Lake Tahoe）過聖誕節，但是 23 日那天，馬斯克邀請他們到奧斯汀。詹姆斯原本不願意。他早已筋疲力盡，只想要放鬆，但安德魯說服了他。他們和格萊姆斯、X，還有戴維斯一家人一起搭機前往，在飛機上一路聽著馬斯克抱怨伺服器搬遷的事情。

當詹姆斯建議現在就搬時，飛機剛飛越拉斯維加斯。馬斯克就愛這種一時衝動、不切實際、不顧一切往前衝的想法。當時已入夜，但他要機長掉頭，於是飛機轉向，朝沙加緬度飛去。

當他們抵達時，只能租到一台豐田 Corolla。馬斯克的安全長負責開車，馬斯克坐在前座，格萊姆斯坐在他腿上，其他人全擠在後座。他們還不知道晚上要如何進入資料中心，但一位名叫艾力克斯（Alex）的烏茲別克籍推特員工還在那裡值班，看到他們一群人來訪時，大吃一驚。他開心地讓他們進來，然後帶他們參觀資料中心。

資料中心有非常多房間，存放了其他許多公司的伺服器。這地方非常安全，因為進去每個儲存庫，都必須通過視網膜辨識系統。艾力克斯讓他們進入推特的儲存庫，裡面總共存放了 5,200

台大約冰箱大小的伺服器機櫃，每個機櫃有 30 台電腦。「這些設備看起來不難搬運。」馬斯克宣稱。這種說法根本是扭曲現實，裡面每個機櫃都重達約 1,200 公斤、高約 2.5 公尺。

「必須找一家廠商用吸盤掀開地板，」艾力克斯說，然後由另一組廠商從地板下方，拆除電線和防震拉桿。

馬斯克轉向他的保全人員，向他借了一把口袋小刀。他利用小刀掀開地板上的一個通風口，這樣就能撬開地板。然後他自己爬到伺服器地板下方，使用小刀撬開其中一個電箱，拔掉伺服器插頭，等等看會發生什麼事。結果，沒有東西爆炸，可以準備搬運伺服器了。「嗯，看起來沒有特別難。」他說，艾力克斯和其他人都看著他。這時候的馬斯克簡直樂翻了。他大笑說，這就好比是重新改編的沙加緬度版《不可能的任務》。

隔天就是聖誕夜，馬斯克召集更多人手前來支援。三劍客成員諾迪恩從舊金山開車過來，先在聯合廣場的蘋果門市，花了 2,000 美元買下店內的 AirTag 所有庫存，這樣在搬運過程中就可以追蹤所有伺服器的位置。接著，他又去家得寶，花了 2,500 美元採購扳手、斷線鉗、頭燈以及取下防震拉桿需要的工具。戴維斯請一位鑽孔公司員工弄來一台貨櫃車，以及幾台搬運卡車。另有一組人，則從 SpaceX 趕過來。

伺服器機櫃有輪子，團隊拔除其中四台機櫃的接線，然後滾動到在一旁等待的貨車。所以，或許只需要幾天的時間，就能把大約 5,200 台伺服器機櫃搬完。「這些傢伙真的太強了。」馬斯克欣喜若狂地說。

資料中心的其他工作人員震驚地看著他們，覺得實在不可思議。馬斯克和他的叛逆團隊不是將伺服器放在板條箱裡或是用保護材料包裝好，而是直接用輪子滾動，然後利用在商店購買的皮帶，將機櫃固定在卡車上。「我以前從沒自己搬東西到貨櫃車上。」詹姆斯承認。諾迪恩說，這整個過程實在「太可怕了」，就好像清空櫥櫃一樣，「但是裡面的東西很重要」。

下午三點，他們已經將四台伺服器機櫃搬上貨車，關於這場鬧劇的消息傳到了 NTT 高層的耳裡，這家公司擁有並負責管理這家資料中心。他們下令馬斯克團隊，立即停止行動。馬斯克既興奮又生氣，每當他瘋狂下達爆能命令時，就會同時出現這兩種情緒。他打電話給儲存部門的執行長，對方告訴他，如果沒有專家幫忙，不可能搬動伺服器。馬斯克解釋說：「我們已經把四台伺服器搬到貨櫃車上。」接著這位執行長告訴他，有部分地面無法承受超過 225 公斤的壓力，所以超過 900 公斤的伺服器滾動時會破壞地板。馬斯克回說，伺服器有四個輪子，所以每個點的壓力只有約 225 公斤。「這位老兄的數學不太好。」馬斯克對他的三劍客說。

馬斯克不僅毀了 NTT 高層的聖誕夜，更讓他們大受打擊，因為隔年他們可能會損失超過 1 億美元的營收。馬斯克出於同情對他們說，接下來兩天他們會暫停搬運，但他警告，聖誕節過後，他們會繼續進行。

家庭聖誕節

聖誕夜深夜，沙加緬度資料中心的鬧劇暫時平息，詹姆斯和安德魯的滑雪計畫已泡湯，馬斯克邀請他們到波德，和金博爾一家人一起過聖誕節。金博爾的太太克里斯蒂安娜沒有想到詹姆斯和安德魯也會一起來，於是趕緊補買禮物、裝進聖誕襪中。金博爾做了烤牛肉，以及 30 公分高的約克夏布丁。馬斯克的兒子達米安也很熱愛下廚，那天他做了一道番薯料理。X 把玩著充氣火箭，口中不停倒數，然後用力踩著釋放按鈕，發射火箭。詹姆斯和安德魯泡在熱水浴缸裡，紓解壓力。

這次家庭聚會讓金博爾有機會和哥哥深談，自從收購推特之後，馬斯克就逐漸失控。一年前，他獲選為《時代》年度風雲人物，登上全球首富寶座，現在這兩個頭銜已不屬於他。如今的情況和 2018 年非常相似，是時候該再度對他發出開放迴路警告了。金博爾對他說，你用非常可怕的速度製造敵人，已經到了危險的地步：「就很像回到高中時期，你不停痛打對手。」

金博爾甚至提到馬斯克是否要繼續擔任特斯拉執行長的問題。特斯拉面臨了難題，但馬斯克無法專心解決那裡的問題。「為什麼你就是不願放棄當執行長？」金博爾問。但馬斯克還沒準備好回答這個問題。

另一個問題是深夜發文。金博爾早已取消追蹤馬斯克的推特帳號，因為看了就會陷入焦慮。馬斯克承認，關於裴洛西的推文是個錯誤。他那時候不知道，在網路上看到的男妓文章來自不值得信任的網站。「你就是個笨蛋，」金博爾對哥哥說，「別再對那些莫名其妙的垃圾訊息信以為真了。」取笑佛奇的推文也是一樣，「這樣很糟，一點也不好笑。你不能再幹那些蠢事。」金博爾也責備詹姆斯和安德魯在一旁慫恿他，「這樣不行，這樣真的不行。」

但他們兩人並沒有討論推特這家公司。當馬斯克提起這個話題時，金博爾拒絕談論，「我對推特一點興趣也沒有，它只是屁股上的一顆青春痘，真正重要的是，你應該對這世界產生什麼樣的影響力。」馬斯克不同意他的說法，但兩人並未繼續爭辯這個話題。

金博爾夫婦每年都會延續一項聖誕節傳統，那就是請每個人思考一個問題。今年的問題是：「你對哪些事感到後悔？」馬斯克說：「我最大的後悔，就是我太常用叉子戳自己的大腿，砸自己的腳，戳自己的眼睛。」

聖誕節假期讓馬斯克有機會與兒子格里芬、達米安和凱重新建立關係，自從收購推特，以及馬斯克的推文引發紛亂之後，這幾個兒子就開始疏遠他。他們和詹姆斯及安德魯一樣，在數學及科學領域都擁有超高天分，但又沒有他們的父親與祖父的惡魔及嚴厲性格。身為伊隆・馬斯克的兒子並不容易，不過他們是個性堅忍又能克制情緒的「斯多葛派」（stoics），馬斯克都這麼稱呼他們。

他和 16 歲的凱討論離開高中、到推特上班的可能性。「他是非常優秀的程式設計師，可以一邊寫軟體，一邊在線上讀高中，達米安之前就曾經這麼做了，」馬斯克說，「我不會強迫他，因為我知道校園可以提供社交功能，但他太聰明了，已經超過高中程度。」凱說他會認真考慮。

凱的同卵雙胞胎兄弟達米安，同樣擁有超高智商，但是興趣不同。一年多前，他開始在一位粒子物理學家的學術研究室，研究量子運算與密碼學。在線上讀完高中之後，他被一所頂尖的研究型大學錄取，但馬斯克認為進入大學就讀，對他的智力缺乏挑戰。「他在數學和物理學領域已經達到研究所程度。」

格里芬是馬斯克家庭中個性最隨和外向的人。目前他是長春藤名校的大一新生，得要面對外界對他父親的敵意。談論到他個人時，他的態度顯得謙虛有禮，不過他的確略帶抱歉地說：「不好意思，這聽起來或許有點像是在自誇，但是在我班上 450 位學生當中，我的資訊工程成績排名第一。」他花很多時間撰寫電玩遊戲的程式，就和他父親青少年時期一樣。他最喜愛的電玩遊戲是《艾爾登法環》。

原名為賽維爾的珍娜當然沒有跟著一起來。但克里斯蒂安娜傳了簡訊告訴她，全家人都很想念她，還親手製作了聖誕襪寄給她。珍娜回覆：「謝謝你，這對我很重要。」

至於有自閉症的薩克遜，再度展現了他的智慧。曾有一度大家開始討論去餐廳用餐，是否需要使用假名。「哦，需要，」他說，「如果有任何人發現我是伊隆·馬斯克的兒子，他們一定會對我發飆，因為他搞砸了推特。」

野蠻遊戲繼續上演

聖誕節過後，安德魯和詹姆斯再度回到沙加緬度，看看他們還可以搬運多少台伺服器。但是他們沒有帶足夠的衣服，只好跑去沃爾瑪（Walmart）買了牛仔褲和 T 恤。

負責管理資料中心的 NTT 監督人員依舊搬出各種理由阻撓他們。其中有些理由可以理解，例如，監督人員不准他們讓推特伺服器儲存庫的大門保持敞開，他們要求三劍客每次都要通過視網膜辨識系統才能進入。有位管理人員隨時隨地緊盯著他們。「她是我合作過最讓人無法忍受的人，」詹姆斯說，「但是公平來說，我可以理解她為什麼這樣做，因為我們毀了她的假期，對吧？」

NTT 希望他們雇用的搬運公司，一小時要收費 200 美元。

所以詹姆斯直接上 Yelp 網站搜尋，找到一家名叫「超安心搬家」（Extra Care Mover）的公司，能夠提供相同服務，卻只需要十分之一的費用。這家公司的員工背景各異，而且把敢拚敢衝的精神發揮到極致。公司老闆曾在街上生活了一段時間，後來有了孩子後，才開始扭轉自己的人生。這位老闆沒有銀行帳號，詹姆斯用 PayPal 支付費用。第二天，搬運工人想要收現金，詹姆斯跑去銀行，從他個人帳戶中提領 13,000 美元。其中兩位工作人員沒有身分證，所以登入資料中心的流程變得很麻煩。但他們用小費來彌補。「每多搬運一台伺服器，就可以多得到 1 美元小費。」詹姆斯這樣對他們說。從那時開始，每當他們搬運一台伺服器到卡車上，就會詢問總共搬了幾台。

伺服器裡儲存了用戶的資料，為了隱私安全，他們必須先將資料清除乾淨，才能開始搬運，但一開始詹姆斯並不知道要這樣做。「當我們知道的時候，伺服器已經被拔掉插頭，推出去了。所以不可能推回來，插上插頭，然後清除資料，」他說，更何況，資料清除軟體無法正常運作。「現在我們該怎麼辦？」他問。馬斯克建議將卡車貨櫃上鎖，然後追蹤它們的位置。於是詹姆斯指派一個人趕去家得寶，採買大型掛鎖，然後將組合程式碼表格傳到波特蘭，當卡車抵達波特蘭之後，那裡的工作人員就可以打開卡車貨櫃。詹姆斯說：「真不敢相信，這方法竟然行得通。最後，伺服器全都安全抵達波特蘭。」

週末結束時，他們已經動用了沙加緬度所有能用的卡車。雖然當地下著滂沱大雨，但他們在三天內搬運了 700 多台伺服器機櫃。根據資料中心的數據，之前的紀錄是一個月內搬運 30 台。雖然還有大量的伺服器留在資料中心，但三劍客已經向大家證明，他們有能力快速搬運。剩下的伺服器將交由推特基礎設施團隊在 1 月時搬運完畢。

馬斯克曾承諾，如果詹姆斯能在年底前搬運伺服器，就會發給他豐厚的獎金，最高上限是 100 萬美元。雖然沒有白紙黑字寫下來，但是詹姆斯信任堂哥。只不過結束搬運後，他從馬斯克的個人財務經理博查爾那裡得知，獎金的計算是根據已在波特蘭安裝完成，並且正常運作的伺服器數量而定。因為他們還需要採購新的電子連接器，所以目前數量是零。詹姆斯傳訊息給馬斯克，最後馬斯克回覆他，每台伺服器只要安全抵達波特蘭，不論是否安裝完成，詹姆斯都可以得到 1,000 美元的獎金，總金額約 70 多萬美元。馬斯克另外提供他選擇權方案，讓他加入推特。詹姆斯欣然接受。

詹姆斯很愛南非的家人。之前沒能和他們一起過聖誕節，所以他打算使用部分獎金，幫家人買機票，邀請他們春天時到美國玩。他還存了一筆錢，幫父母在加州買了一棟房子。「我爸喜歡做木工，但前陣子不小心割掉部分手指，現在不方便做了，」詹姆斯說，「我和我爸很親近。」

這聽起來非常令人振奮，對吧？這次事件再度展現馬斯克大膽、敢衝的行事作風。但就和所有事情一樣，馬斯克的性格絕非如此簡單。這次事件反映出馬斯克性格魯莽的一面，對於反對意見缺乏耐心，總是用脅迫的方式要求別人。在一週前的「爆頭表情符號」會議上，推特的基礎設施工程師曾試圖向他解釋，為什麼迅速終止沙加緬度資料中心伺服器的運作會有問題，但他依舊一意孤行。他向來知道什麼時候要忽略反對意見，但偶爾也有失算的時候。接下來兩個月，推特的運作相當不穩定。因為伺服器數量不足，導致系統當機，包括馬斯克在音訊空間為總統參選人羅恩．德桑提斯（Ron DeSantis）主持的活動。「回頭去看，關閉沙加緬度是個錯誤，」馬斯克在 2023 年 3 月時承認，「他們告訴我，我們的資料中心太多。卻沒有告訴我，有 7 萬個寫死的檔案路徑連結到沙加緬度資料中心伺服器。正是這個原因，所以系統會當機。」

他在特斯拉和 SpaceX 最重要的手下大將早已學會如何擋下他的爛主意，然後一步步告訴他不愛聽的資訊。但推特的資深員工不知道要如何應付他。不過，推特終究撐過來了。沙加緬度的鬧劇向推特員工證明了，當馬斯克說需要創造瘋狂的急迫感時，他是認真的。

跨年夜

馬斯克非常需要紓解壓力。他不太愛度假，但每年會有幾次花兩、三天時間，待在夏威夷拉奈島上，這是他的導師艾利森的私人小島。4 月，他在這個小島度假時，也是住在艾利森的家，他就是在這個時候決定收購推特。12 月底，他和格萊姆斯與 X 再次前往拉奈島度假。

就在不久之前，艾利森在島上興建了一座圓頂天文台，擁有一台直徑超過 1 公尺、重達 1,360 公斤的鏡面望遠鏡。馬斯克要求將望遠鏡指向火星。他安靜地透過目鏡觀看了一段時間之後，把 X 叫到他身邊，接著抱起他，讓他看著目鏡。「你看這裡，以後有一天你要在這裡生活。」他說。

然後，他和格萊姆斯及 X，飛到墨西哥的卡波聖盧卡斯，和金博爾一家人一起慶祝紛亂的 2022 年走向終點。他的四個年紀較長的兒子也一起加入。「大家能聚在一起，對我們的神經系統是好的，」金博爾說，「我們是非常複雜的家庭，要讓每個人同時覺得開心，真的很不容易。」

自從收購推特之後，馬斯克就一直處於戰爭模式，呈現在兒時形成的圍攻心態，這種心態長期存在於他內心深處，很容易引發怨恨的情緒。他的腳步顯得沉重、肢體動作劇烈、姿勢緊繃，隨時準備好戰鬥。但是家庭聚會能夠偶爾讓他獲得短暫的平靜。

在卡波的第一個傍晚，他與金博爾、凱和好友格拉西亞斯在一家環境幽靜的餐廳裡吃晚飯。隔天他們一起玩桌遊、看電影。馬斯克選了 1993 年上映的動作片《超級戰警》（*Demolition Man*），席維斯．史特龍（Sylvester Stallone）在電影中扮演一位熱愛冒險的警察，總是運用極端手法完成工作任務，但也因此造成了重大傷害。馬斯克覺得這部電影很有趣。

社區舉辦了派對，慶祝跨年夜，最後的高潮是延續傳統，開始午夜倒數。所有人相互擁抱、施放煙火，結束後馬斯克表情呆滯，眼神茫然地望向遠方。他的朋友都知道，當他處於這種恍神狀態時，就別去打擾他，但最後克里斯蒂安娜把她的手放在他背上，問他還好嗎？他又沉默了一分鐘。「要讓星艦進入軌道，」他說，「我們必須讓星艦進入軌道。」

93

車用人工智慧

2022 至 2023 年，實現新里程碑

在特斯拉辦公區，自動輔助駕駛團隊成員什羅夫正在座位工作。

讓自動駕駛汽車像人一樣思考

「它就和 ChatGPT 一樣，只不過是給汽車使用，」自動輔助駕駛團隊成員什羅夫對馬斯克說。他將自己在特斯拉的專案，拿來與 OpenAI 新推出的人工智慧聊天機器人做比較。OpenAI 是馬斯克和奧特曼在 2015 年共同創立的實驗室。馬斯克花費將近十年的時間，開發各種不同形式的人工智慧，包括自動駕駛車、機器人 Optimus、腦機介面 Neuralink 等。什羅夫的專案主要是開發最先進的機器學習技術，也就是設計能夠學習人類行為的自動駕駛系統，他說：「我們處理了大量資料，都是關於真實人類如何應對複雜的駕駛情境，然後訓練電腦神經網路模仿人類的行為。」

什羅夫偶爾會加入三劍客詹姆斯、安德魯及諾迪恩的行列，組成四劍客。馬斯克要求和什羅夫見面，想說服他離開特斯拉自動輔助駕駛團隊，去推特工作。但什羅夫想留在特斯拉，他希望說服馬斯克相信，自己負責的專案對特斯拉甚至整個世界來說，都非常重要。他將提出的新技術稱為「神經網路路徑規劃器」（neural network path planner），將賦予特斯拉的自動駕駛軟體「向人類學習」的能力。

他們兩人預定在 2022 年 12 月 2 日週五會面，實際上馬斯克當天的行程早已爆滿，只能硬塞進去。那一天，也是獨立記者泰比預計發表第一批推特文件的日子。當天早上，什羅夫依馬斯克的要求抵達推特總部，馬斯克剛參加完電動皮卡 Cybertruck 發表會，從內華達趕回來。他向什羅夫道歉，表示自己忘記要飛到紐奧良和法國總統馬克宏見面，討論歐洲的內容審核規範。他請什羅夫當天傍晚再回來。當馬斯克等待與馬克宏會面時，傳簡訊給什羅夫，再度要求延後會面時間。他在某個時間點寫道：「我會遲到四個小時，你願意等我嗎？」但就在同一個時間，他又突如其來地傳簡訊給獨立記者維斯夫婦，請他們當晚飛到舊金山與他會面，協助處理推特文件。

當天深夜，馬斯克回到舊金山，終於有機會坐下來與什羅夫談一談。什羅夫解釋，他正在開發的神經網路路徑規劃器專案細節。「我認為，讓我繼續進行目前的工作，真的超重要。」什羅夫說。馬斯克聽了他的說明之後，再度燃起對這個專案的熱情，也認同什羅夫的說法。他明白，未來特斯拉不只是一家汽車公司，也不只是一家乾淨能源公司。如果能整合全自動輔助駕駛、Optimus 機器人與 Dojo 機器學習超級電腦，它將會成為一家人工智慧公司，不僅能透過聊天機器人在虛擬世界運作，也能在實體工廠與道路上運作。他早已在考慮雇用一批人工智慧專家，與 OpenAI 正面對決，特斯拉的神經網路路徑規劃團隊將能補足他們的工作。

多年來，特斯拉的自動輔助駕駛系統一向採取規則基準法（rule-based approach）。系統由攝影機取得視覺資料，辨識車道標線、行人、車輛、交通號誌等各種標的，以及八台攝影機可拍到的任何物件。接著，軟體會依據一套規則運作，例如：紅燈亮時要停車，綠燈亮時要開車；保持在車道標線中間；不能跨越雙黃線駛進對向車道；只在任何車輛的速度都不足以撞到你時，才通過路口等等。特斯拉工程師手動撰寫和更新數十萬行 C++ 程式碼，將這些規則應用在各種複雜情境中。

什羅夫正在開發的神經網路路徑規劃器專案，可為軟體增加新能力。「汽車不再只是根據規則決定適合的路徑，」什羅夫說，「還會倚賴神經網路，而神經網路是根據數百萬個人類行為的案例進行學習。」換句話說，神經網路會模仿人類。每當面對某個情境，神經網路會依據人類在成千上萬種類似情境中的行為，選擇其中一條路徑。就和人類學習說話、開車、下棋、吃義大利麵和幾乎其他所有事情一樣，我們或許會遵循某套既定規則，但多數時候，我們都是觀察其他人怎麼做才漸漸學會技能。這是電腦科學之父圖靈在 1950 年發表的〈計算機與智慧〉論文中，設想的機器學習方法。

特斯拉擁有全球名列前茅的強大超級電腦，用來訓練神經網路，裡面採用的是晶片大廠輝達（Nvidia）設計的圖形處理器（GPU）。馬斯克的目標是在 2023 年改用 Dojo，也就是特斯拉從零打造的超級電腦，以視覺資料訓練人工智慧系統。Dojo 用的晶片與基礎設備全都是特斯拉人工智慧團隊自行設計，運算效能高達約 8 exaflops（一個 exaflops 為每秒百萬兆次浮點運算），是全球性能最強大的人工智慧超級電腦之一。這台超級電腦將可用來訓練自動駕駛軟體及 Optimus 機器人。「能夠同時訓練它們真的很有趣，就好像它們正在努力探索世界。」馬斯克說。

到了 2023 年初，神經網路路徑規劃器專案已經分析了從特斯拉顧客車上取得的 1,000 萬幅影片畫面。這是不是表示系統的表現只能達到一般人類駕駛的平均水準？「不是，因為我們只用了人類成功應對某個情境的資料。」什羅夫解釋。人類標記員會評估所有影像畫面，然後給予評分；許多標記員的工作地點在紐約水牛城。馬斯克告訴他們，找出「Uber 五星駕駛會採取的行動」，然後利用這些影片訓練電腦。

馬斯克會定期巡視特斯拉位在帕羅奧圖的辦公大樓，自動輔助駕駛團隊就在其中一個開放空間工作。他會蹲跪在一旁，即興地討論。有一天，什羅夫向馬斯克展示他們最新的開發進度。馬斯克覺得很不錯，但有個問題：真的需要採用這個新方法嗎？會不會有點過頭？他有個座右銘：絕不用巡弋飛彈宰殺蒼蠅，用蒼蠅拍就夠了。使用神經網路規劃路徑，只為了應付少數不太可能發生的極端情況，是否過度複雜而沒有必要？

什羅夫向馬斯克展示，在哪些情況下，神經網路的表現會優於規則基準法。在一個模擬情境中，道路上散布著垃圾箱、掉落的交通錐，以及任意丟棄的垃圾。由神經網路路徑規劃器引導的汽車，在必要時會打破某些規則，跨越車道線，藉此避開障礙物。「當我們從規則轉為神經網路時，就能做到這一點，」什羅夫對馬斯克說，「如果使用神經網路，汽車永遠不會撞到任何東西，即使是在混亂的情境下。」

每次看到類似的技術大躍進，馬斯克就會變得異常的興奮。「我們應該舉辦一場詹姆斯．龐德風格的展示會。四周炸彈全部爆炸，幽浮從天而降，然後我們的汽車疾駛而過，完全沒撞到任何東西。」他說。

機器學習系統在自行訓練時，通常需要有目標或指標做為引導。馬斯克偏愛的管理方法，正好是直接指定哪些指標最重要。他告訴團隊的指標是：使用特斯拉全自動輔助駕駛的汽車，在沒有人為干預下的行駛里程。「我希望每次開會時，第一張投影片能夠顯示最新的無人為干預里程數，」他下令，「當我們訓練人工智慧時，要優化的目標是什麼？答案是提高兩次人為干預之間的里程數。」他告訴他們，要和電玩遊戲一樣，讓玩家每天都可以看到分數，「看不到分數的電玩遊戲很無聊。如果每天都能看到無人為干預的里程數持續增加，會讓大家更有動力。」

於是團隊成員在工作空間安裝了幾台巨大的 85 吋電視螢幕，即時顯示全自動輔助駕駛汽車在不受人為干預的情況下，平均可行駛多少里程數。每當他們看到某種類型的干預行為反覆發生，例如駕駛在變換車道、車道合併或轉進複雜路口時，握住了方向盤，他們就會同時啟用規則及神經網路路徑規劃器，試著解決問題。他們在辦公區擺了一面銅鑼，每當成功解決人為干預的問題時，就敲鑼慶祝。

人工智慧的應變反應比真人更好

2023 年 4 月中，馬斯克決定測試新的神經網路路徑規劃器，讓電動車在帕羅奧圖市區繞行。什羅夫和自動輔助駕駛團隊已經裝配好一台車，其中的自動駕駛軟體接受過神經網路訓練，有能力模仿人類駕駛的行為。在這個軟體裡，遵循規則基準法的傳統程式碼占比非常低。

馬斯克坐在駕駛座，旁邊坐著的是自動輔助駕駛軟體總監亞索克・艾魯斯瓦米（Ashok Elluswamy）。什羅夫與其他兩位團隊成員麥特・鮑赫（Matt Bauch）及克里斯・佩恩（Chris Payne）坐在後座，他們三人已在特斯拉工作了八年，辦公桌彼此相鄰，都住在舊金山，住所僅相隔幾個街區。多數人的辦公桌都會放上家人相片，他們三人的辦公桌卻放著同一張照片：三人在萬聖夜派對上的合影。詹姆斯在馬斯克收購推特、徵調他去那裡工作之前，曾是這個團隊的第四名成員，什羅夫一直避免自己落入和詹姆斯相同的命運。

在他們離開特斯拉帕羅奧圖辦公園區的停車場時，馬斯克在地圖上選定了電動車行駛的目的地、點擊全自動輔助駕駛，然後雙手離開方向盤。當電動車駛入主要幹道時，立即面臨第一個可怕的挑戰：一台單車正朝向他們而來。「我們所有人屏住呼吸，因為騎單車的人會怎麼反應很難預料，」什羅夫說。但是馬斯克一點也不在意，也沒有把手放回方向盤。結果這台車自動禮讓單車先行。「完全是真人駕駛會採取的做法，」什羅夫說。

什羅夫和他的兩位團隊成員開始詳細解說，他們如何從顧客車上的攝影機蒐集數百萬支影片片段，才訓練出車上的全自動輔助駕駛軟體。相較於以人工撰寫程式、設定數千條規則的傳統軟體，新軟體的架構簡單許多。「它的運作速度快了 10 倍，而且最後可刪除 30 萬行程式碼。」什羅夫說。鮑赫表示，這就好比人工智慧機器人在玩某種極其無聊的電玩遊戲。馬斯克聽了，撲哧笑了出來。電動車繼續在車流中自行向前行駛，馬斯克拿出他的手機，開始發送推文。

電動車行駛了 25 分鐘，經過大街小巷，完成複雜的轉彎，成功避開單車、行人和寵物。行駛過程中，馬斯克完全沒有碰觸方向盤，只有幾次去踩油門，因為他覺得這台車過度謹慎，例如：在四向停車號誌前過度遵守規則。* 電動車一度採取的應變行動，甚至讓馬斯克覺得比自己可能做出的反應更好。他說：「哇，太棒了，即使是我的人類神經網絡，都可能反應不過來，但是這台車做對了。」他實在太開心了，開始用口哨吹著莫札特的 G 大調〈小夜曲〉。

---

* 所有車輛在通過交叉口時，必須先停車，確認安全後再開車。

擁有兩大即時資料庫

馬斯克對在場的所有人說：「各位做得太棒了，真的非常了不起。」接著，所有人一起參加自動輔助駕駛團隊的週會，20名成員幾乎全穿著黑色T恤，圍著會議桌而坐，聆聽最後的裁決。許多人原本不相信神經網路專案能成功。馬斯克宣布，現在他相信了，他們應該投入大量資源，繼續推動這項專案。

討論過程中，馬斯克抓住了團隊發現的一個關鍵要點：神經網路必須接受至少100萬支影片片段的訓練，才能運作順暢，如果超過150萬支，則會表現得非常優異。這意味著相較於其他車廠與人工智慧企業，特斯拉擁有極大的競爭優勢。因為特斯拉每天可從全球將近200萬台的電動車上，蒐集到數十億幅影片畫面。「在這點上，我們占有獨一無二的地位。」自動輔助駕駛軟體總監艾魯斯瓦米在會議上說。

不論是開發哪種形式的人工智慧，從自動駕駛汽車到Optimus機器人，以及類似ChatGPT的機器人程式，都必須具備蒐集與分析大量即時資料的能力。現在，馬斯克已擁有兩個強大的即時資料庫：自動駕駛車的影片，以及推特平台上每週高達數十億則的推文。會中他告訴自動輔助駕駛團隊，剛完成一筆重要採購案，是為推特添購了上萬個GPU晶片。他同時宣布未來將增加開會頻率，討論特斯拉正在設計中的Dojo晶片，Dojo晶片可望展現更強大的效能。他也懊悔地承認，不該在聖誕節期間，衝動地關閉推特位於沙加緬度的資料中心。

當天在會議中參與旁聽的，有位人工智慧領域的超級明星工程師。馬斯克當週才把他挖角過來，參與即將推出的祕密專案。

94

為人類所用的人工智慧

2023年，成立 xAI

馬斯克與齊莉絲，以及他們的雙胞胎斯特萊德和艾舒兒，在奧斯汀。

偉大的競賽

任何科技革命一開始多半是靜悄悄的。沒有人在 1760 年的某天早上醒來，大叫說：「我的老天，工業革命要開始了！」即使是數位革命，一開始也只是默默地緩步進行，只有愛好者會自行組裝個人電腦，然後拿到科技迷聚集的場合展示，像是「自製電腦俱樂部」（Homebrew Computer Club）；直到多年後，普羅大眾才發現整個世界已經徹底改頭換面。

然而，人工智慧革命卻完全不同。在 2023 年春天，先是關注科技的人士，接著是一般大眾，在短短幾週內，就有數百萬人注意到一場重要的轉變正在迅速發生，並將改變我們的工作、學習、創意及日常事務的本質。

過去十年來，馬斯克一直擔心未來有一天人工智慧會失控，例如擁有心智，進而威脅人類的生存。但是 Google 共同創辦人佩吉卻絲毫不在意他的擔憂，反而說他是「物種歧視者」，偏袒人類勝過其他智慧形式。兩人的友誼也因此破裂。

馬斯克一直想阻止佩吉和 Google 收購 DeepMind，這是人工智慧先驅哈薩比斯所創辦的公司。但終究還是沒能阻止。馬斯克因而在 2015 年和奧特曼共同成立非營利實驗室 OpenAI。

可是人類比機器更難處理，最後馬斯克和奧特曼分道揚鑣，退出 OpenAI 董事會，並將實驗室裡知名工程師卡帕斯，挖角到特斯拉，帶領自動輔助駕駛團隊。奧特曼後來在 OpenAI 成立了營利事業單位，並從微軟取得 130 億美元的資金，還成功說服了卡帕斯回鍋。

OpenAI 開發的其中一項產品，正是名為 ChatGPT 的機器人程式。他們利用大量網路資料，訓練機器人程式回答用戶提出的問題。2022 年 6 月，奧特曼和他的團隊向蓋茲展示 ChatGPT 的初期版本，蓋茲當場表示，除非 ChatGPT 能夠通過大學生物學先修課程考試之類的測試，否則他一概沒興趣。「我心想，他們大概過兩、三年後才會再來找我，」蓋茲說，沒想到三個月後，他們又來了。

奧特曼、微軟執行長納德拉和其他人一起到蓋茲家吃晚飯，向他展示了一個新版本稱為 ChatGPT-4。蓋茲不斷提出各種生物學問題轟炸它。「這真的太神奇了，」蓋茲驚嘆道。然後，他問 ChatGPT，如果有個父親的孩子生病了，它會對他說什麼？「它給了我一個體貼的絕佳答案，可能比這房間裡任何一個人能給出的答案都更好。」

2023 年 3 月，OpenAI 向大眾推出 ChatGPT-4。接著 Google 推出 Bard 機器人程式，與 ChatGPT 抗衡。至此形成了兩大陣營的競爭，一邊是 OpenAI 與微軟，另一邊是 DeepMind 與 Google。雙方都推出能夠與人類自然對話的產品，可一再執行以文字為主的智能任務。

馬斯克擔心這些聊天機器人和人工智慧系統，有可能被灌輸特定的政治思想，甚至可能感染他所謂的「覺醒心智病毒」，尤其是它們被微軟和 Google 所掌控。他也擔憂，可自我學習的人工智慧系統有可能對人類產生敵意。更立即的影響是，他擔心有人訓練聊天機器人洗版推特，讓推特充滿大量不實的資訊、偏見的報導及金融詐欺等內容。當然，真實的人類早已在做這些事。但一旦有人布署數千個機器人程式當作武器發動攻擊，所引發的問題可能遠比以往嚴重百倍、千倍。

他心裡激起了想要拯救世界的衝動。他認為，OpenAI 和 Google 之間的競爭，應該要有第三位戰士加入。這位戰士關注的是人工智慧安全、維護人類生存。他覺得憤慨的是，自己出資成立了 OpenAI，卻因與另一人鬧翻而退出。人工智慧風暴正在形成，它將是史上規模最大的風暴。沒有任何人比馬斯克更受風暴吸引了。

2023 年 2 月，他邀請，或者更精確的說是「命令」奧特曼，帶著 OpenAI 的創業相關文件，到推特總部與他見面。馬斯克質問他怎麼可以將其他人捐款成立的非營利組織，改為可賺進數百萬收入的營利事業，這在法律上站得住腳嗎？奧特曼試圖證明這是合法的，並堅稱自己不是股東，也沒有從中獲利。他願意提供馬斯克新公司股份，但馬斯克拒絕了。

相反的，馬斯克開始針對奧特曼和 OpenAI 發動一連串攻擊。他說：「OpenAI 成立之初，是一家開源的非營利公司（所以我才把公司取名為「Open」AI），目的是為了制衡 Google，但現在它卻變成被微軟實質掌控、追求最大獲利的『閉源公司』。我不明白，自己捐款 1 億美元成立的非營利組織，怎麼會變成市值 300 億美元的營利公司。如果這是合法的，為什麼其他人不這麼做？」他宣稱，「人工智慧是人類創造的最強大工具」，接著痛惜地說，但它「現在正被一家無情的獨占公司所掌控」。

奧特曼覺得很難過。他的個性敏感，不喜歡衝突，和馬斯克很不一樣。他並沒有利用 OpenAI 賺錢，而且認為馬斯克沒有深入理解人工智慧安全問題的複雜性。不過，他的確覺得馬斯克的批評是出於真心的擔憂。他對記者舒維瑟說：「他是個混蛋，他的做事風格我一點都不想要。但我認為，他是真的在意。對於人類未來的前景，他確實感到非常擔憂。」

馬斯克的資料串流

推動人工智慧發展的關鍵要素是資料。新的聊天機器人透過大量資料進行訓練，例如數十億的網頁和文件。Google 和微軟可以利用自家的搜尋引擎、雲端服務和電子郵件服務，取得龐大資料訓練這些系統。

馬斯克擁有哪些資產？其中一項資產是推特貼文。過去多年來，推特累積了上兆則推文，每天還可再新增 5 億則。這些推文反映了人類的群體思維，是全世界最即時的資料集，內容包括人類對話、新聞、興趣、趨勢、爭論、專業術語等資訊。此外，推特平台也是非常理想的人工智慧機器人程式訓練基地，可用來測試真實人類如何回應機器人程式。當馬斯克收購推特時，並沒有想到推文資料具有這樣的價值。「這是附帶效益，事實上我收購之後才明白這點。」他說。

以前推特的規定相當寬鬆，允許其他公司使用它的資料串流。但 1 月時，馬斯克在他的推特會議室召開一連串深夜會議，希望找到收費方法。「這是變現的機會，」他對工程師說。另一方面，也可限制 Google 和微軟利用推特資料，改進他們的人工智慧聊天機器人。

馬斯克還擁有另一個資料寶庫：特斯拉每天從電動車攝影機蒐集、處理的 1,600 億個影片畫面。這些資料與訓練聊天機器人的文字文件不同，是人類應付真實世界情境的影片資料，不僅能用來訓練文字生成的聊天機器人，還有助於打造實體機器人的人工智慧。

通用人工智慧的終極目標，是打造能像人類一樣的機器，在工廠、辦公室、火星地表等實體世界運作，而不只是藉由不具形體的聊天，贏得人類的驚嘆。推特加上特斯拉提供的資料集與資料處理能力，將可同時教導機器在實體世界裡運作，並運用自然語言回答問題。

3月15日

「要怎麼做，才能確保人工智慧是安全的？」馬斯克問，「我一直想解決這個問題。我們可以採取哪些行動，讓人工智慧造成的危險降到最低，確保人類意識繼續生存？」

在齊莉絲位於奧斯汀的住處，馬斯克赤腳盤腿坐在泳池邊的露台上。齊莉絲是 Neuralink 的高階主管，和馬斯克育有一對雙胞胎，自從八年前 OpenAI 創立後，她一直是馬斯克在人工智慧領域的知識夥伴。他們的雙胞胎斯特萊德和艾舒兒已 16 個月大，就坐在兩人腿上。馬斯克仍舊在間歇性斷食中，當天早午餐是甜甜圈，這是他這陣子開始固定吃的食物。齊莉絲煮了咖啡，然後把他的咖啡放進微波爐裡加熱到極高溫，免得他喝太快。

一週前，馬斯克傳簡訊給我：「有些重要的事情想要和你談談，但要見面才能說。」我問他想約在哪裡、何時碰面，他回答說：「3 月 15 日，在奧斯汀。」

我覺得有些不解，而且老實說，有點擔心。我應該要小心提防嗎？後來我才知道，他想談的是未來即將面對的議題，其中他最在意的就是人工智慧。我們坐在戶外，把手機留在室內，因為他說其他人有可能利用手機監聽我們的對話。但後來他同意，我可以把他說過與人工智慧有關的內容寫進書中。

他說話語氣低沉、單調，偶爾發出陣陣爆笑。他注意到人類智慧的總量已經趨於平穩，因為新出生的小孩不夠多。另一方面，電腦智慧卻呈現指數型成長，就如同添加了類固醇的摩爾定律（Moore's Law）*。到了未來的某個時間點，生物腦力將完全比不上數位腦力。

此外，新的人工智慧機器學習系統可以自行消化資訊，自行學習如何生成結果，甚至自動更新程式與性能。數學家約翰．馮紐曼（John von Neumann）及科幻作家弗諾．文奇（Vernor Vinge）曾經使用「奇點」（singularity）一詞，描述人工智慧發展的關鍵時刻：屆時人工智慧將以無法控制的速度自行成長，將我們這些平凡的人類遠遠拋在後面。「這件事可能比我們預期的更快發生。」馬斯克說話語氣平淡，透露著不祥預兆。

有那麼一剎那，我感覺眼前的景象非常奇妙。這是個陽光普照的春日，我們坐在郊區某個寧靜後院的泳池邊露台上，兩個天真爛漫的雙胞胎在一旁學走路，而馬斯克悶悶不樂地思考，如何在人工智慧徹底毀滅地球文明之前，找到機會在火星上建立可永續發展的人類殖民地。我突然想到馬斯克的幕僚長提勒在上班的第二天參加了 SpaceX 董事會後，所說的話：「他們圍坐成一圈，認真討論火星建城計畫，以及人類在火星上的穿著問題，每個人看起來就像是在討論尋常話題一樣。」

馬斯克陷入長時間的沉默。如同齊莉絲所說的，他正在「批

---

* 英特爾創辦人之一高登．摩爾（Gordon Moore）提出的概念：積體電路上可容納的電晶體數目，約每隔兩年便增加 1 倍。

次處理」，就像老式電腦那樣累積一定數量的任務，等電腦有足夠的運算能力時再依序處理。「我沒辦法只是坐在那裡，什麼事也不做，」最後，他語氣和緩地說，「隨著人工智慧來臨，我有點懷疑，花那麼多時間思考推特的問題是否值得。當然，我有可能讓它成為全球最大的金融機構。但我只有這麼大的腦容量，一天只有那麼多時間。我的意思是，這並不像是我必須變得更有錢就能解決的事。」

我正要開口說話，但他知道我要問什麼。「所以，我應該把時間花在哪裡？」他說：「讓星艦發射，移民火星的任務現在變得更急迫了。」他又停頓了一會，然後補充說：「我會持續關注人工智慧安全問題，這是我成立人工智慧公司的原因。」

xAI 的三個目標

馬斯克將新人工智慧公司取名為 xAI，並且親自挖角 Google 的 DeepMind 首席人工智慧研究員伊格爾・巴柏許金（Igor Babuschkin），擔任新公司的總工程師。一開始，xAI 的部分新員工會在推特總部工作。但馬斯克表示，它之後必須成為獨立的事業單位，就和 Neuralink 一樣。招募人工智慧科學家的過程並不順利，因為人工智慧如今成了熱門領域，擁有相關經驗的人都會要求百萬美元、甚至更高的簽約獎金。「如果讓他們成為新公司的創辦人，並給予股權，或許會比較容易。」他解釋說。

我算了一下，這表示未來他要管理六家公司：特斯拉、SpaceX 與星鏈、推特、鑽孔公司、Neuralink、xAI。這是賈伯斯巔峰時期管理公司數量（蘋果與皮克斯）的 3 倍。

馬斯克承認，如果是要開發有能力運用自然語言回應問題的聊天機器人，他確實已經遙遙落後 OpenAI。但如果是要開發有能力應付真實世界情境的人工智慧，特斯拉的自動駕駛車及機器人 Optimus，必定能幫助新公司取得領先地位。也就是說，如果是開發全面性的通用人工智慧，他的工程師其實領先 OpenAI，因為上述兩種能力缺一不可。「特斯拉可應付真實世界的人工智慧被低估了。想像一下，如果特斯拉與 OpenAI 必須交換任務，他們要開發自動輔助駕駛系統，我們要開發大型的語言模型聊天機器人。誰會贏？我們會贏。」他說。

4 月時，馬斯克要求巴柏許金和他的團隊必須達成三個目標。第一，開發能夠撰寫電腦程式的人工智慧機器人。程式設計師可先輸入任何程式語言，xAI 機器人將能找出他們最可能採取的行動，並且自動完成任務。第二，開發出可與 OpenAI 的 GPT 系列抗衡的聊天機器人，而且使用的演算法及訓練用的資料集，必須能確保聊天機器人保持政治中立。

馬斯克給予團隊的第三個目標更加遠大。他的終極目標一直是，確保人工智慧的發展能夠保障人類意識永久存續。他認為要達到這個使命，最好的做法是開發某種形式的通用人工智慧，讓它能夠「推理」與「思考」，並將追求「真相」視為指導原則；還有應該要能交付它重大任務，例如「建造更強大的火箭引擎」。

馬斯克希望未來某一天，人工智慧將能夠應付更偉大、更關乎生存的問題，它將「盡其所能追求真相，認為了解宇宙很重要，這可能促使它想要保護人類，因為我們是宇宙中很有趣的一部分。」這些話聽起來有些似曾相識，後來我終於明白原因何在。他即將投入的使命，就好像那本陪伴他度過童年歲月的經典著作《銀河便車指南》裡描述的任務。那本書影響了他的性格養成（或許影響太深？），幫助他擺脫青少年的生存憂鬱。書中提到一台超級電腦，它的任務正是尋找「有關生命、宇宙和萬物終極問題的答案」。

95

SpaceX 星艦發射

2023 年 4 月，旗下每個事業都在改寫歷史

馬斯克、容克薩與麥肯齊在博卡奇卡的高棚平台上（左上）和控制中心（右上）觀看星艦發射；馬克斯與格里芬和 X 在控制中心（左下），與格萊姆斯和塔烏在控制中心外（右下）。

當不再冒險，文明終將衰落

「我的胃在抽筋，」馬斯克對容克薩說。他們正站在星際基地、高約 80 公尺的組裝高棚平台上。「每次執行重大發射任務前，我的身體就會有這種反應。自從在瓜加林島發射失敗之後，我一直有創傷後壓力症候群。」

時間正值 2023 年 4 月，是執行星艦實驗性發射的日子。馬斯克抵達南德州後，又像往常一樣：撤退到對未來的想像之中。打從十多年前第一次執行火箭發射任務開始，他在發射之前都會這麼做。

他不斷向容克薩提出各種想法，命令他興建寬敞的工廠，取代原本四個足球場大的組裝帳篷，以便至少每週建造一枚火箭。他還說，他們應該立刻興建這座工廠，同時為員工打造配有太陽能屋頂的住宅園區。建造星艦這樣的火箭很難，但他心裡明白，更重要的是擁有足夠的生產規模。他們必須打造出具有千枚火箭的艦隊，才足以支援人類在火星建立殖民地。「我最關心的是我們的發展軌跡。我們所處的軌跡，是否能讓我們在文明毀滅之前，成功移民火星？」

當其他工程師進入高棚上的會議室，和他們一起進行長達三小時的發射前檢查時，馬斯克開始精神喊話：「你們在經歷磨難時一定要記住，你們正在做的事情，是地球上最酷的一件事。真的很酷。第二酷是什麼？不論第二酷是什麼，現在這件事絕對要酷得多。」

接著，他開始談論風險問題，其他十多個負責核准飛行測試的監管機構，並不像馬斯克這樣熱愛冒險。「取得飛行核准的過程，真的讓人想死。」容克薩說。工程師向馬斯克簡報飛行測試必須完成的安全檢查與要求，星艦工程總監迪亞茲和資深工程總監麥肯齊在一旁補充細節。「我的頭該死的痛，」馬斯克雙手抱頭說，「我得想辦法應付這些鳥事，才能讓人類成功登上火星。」

他不發一語思考了兩分鐘。當他從恍神狀態中恢復清醒時，突然變成一位哲學家。「這就是文明衰落的原因。他們不再冒險。當他們不再冒險，就好比動脈硬化。每年都有更多裁判，而做事的人變得更少。」正因為如此，美國再也無法興建高速鐵路，也不打造登陸月球的火箭。「當你保有成功太久，就會喪失冒險的欲望。」

那個週一，當發射倒數到最後 40 秒時，突然喊停，因為閥門出了問題。發射日期改為三天後，也就是 4 月 20 日。是否刻意選在 4 月 20 日？這是另一個與吸食大麻有關的迷因嗎？馬斯克曾提出以每股 420 美元的價格讓特斯拉下市，又以每股 54.20 美元收購推特，難道現在也是基於相同的原由？

事實上，這個決定主要是依據天氣預測與準備狀態，不過這個日期倒是讓馬斯克開心極了。發射日過後，一連好幾週，他一直說 4 月 20 日這個日期是「命定的」。正在拍攝記錄這次發射任務的電影人強納森．諾蘭（Jonathon Nolan）有句座右銘：最諷刺的結果，最有可能發生。馬斯克添加了自己的推斷：「最有趣的結果，最有可能發生。」

第一次倒數中途喊停之後，馬斯克飛到邁阿密，前往一場廣告業務研討會演講，希望消除廣告主對他的推特計畫的疑慮。4 月 20 日，他在午夜剛過時回到博卡奇卡，睡了三小時，醒來後喝了一點紅牛，在清晨四點半趕到控制中心，再過四小時就是火箭預定升空的時間。40 名工程師與飛行操作員已在這棟隔熱建築的控制台前排排坐定待命，大多數人身上穿著「占領火星！」T 恤。這棟建築物可以遠眺前方的溼地，以及幾公里外的發射台。天剛亮，格萊姆斯帶著 X、Y 和他們暱稱塔烏的男寶寶來到控制中心。

預計發射前半小時，容克薩走到平台，向馬斯克簡報其中一個感測器偵測到問題。馬斯克想了幾秒鐘，然後宣布：「我覺得那不會造成實質的風險。」容克薩雀躍地說：「太好了！」接著迅速衝回控制中心。不久後，馬斯克也走進控制中心，坐在前排的控制台前，口中吹著貝多芬的〈快樂頌〉。

團隊倒數計時到 40 秒時暫停了一會，進行最後評估，最後馬斯克點頭，團隊繼續倒數計時。火箭點火時，從控制中心的窗外和十幾台監視器螢幕上，可以看到助推器配備的 33 具猛禽引擎冒出火焰，火箭緩緩升空。

「天啊，它真的升空了！」馬斯克大叫，接著從椅子上跳起來，跑到戶外的平台上，聆聽火箭發射時發出的低沉轟隆聲響。過了 3 分多鐘，火箭已經飛至高空，再也看不見。

但當馬斯克回到控制中心，從監視器畫面上可以明顯看出火箭正在晃動。在發射前幾秒鐘，有兩具引擎的啟動出現問題，於是團隊傳送指令關閉引擎。助推器只剩下 31 具引擎可用，但已經足夠完成任務。只不過升空 30 秒後，助推器邊緣的兩具引擎又爆炸，因為有燃料自開放閥門流出，讓火勢蔓延到鄰近的引擎。火箭持續爬升，但已經可以確定它無法進入軌道。根據火箭發射協定，團隊必須趁火箭在水面上空時引爆，才不會造成危險。馬斯克向發射總監點頭示意，在火箭飛行了 3 分又 10 秒時，發射總監傳送了「自毀訊號」給火箭。40 秒後，火箭回傳的影片畫面陷入一片漆黑，就如同在瓜加林島上前三次發射失敗時一樣。這次團隊再度使用聽起來有些自嘲又不服輸的說詞：發生「不在排程內的快速解體」，向外界說明狀況。

「了不起的一天」

團隊重新觀看發射影片，明顯看到猛禽引擎燃燒時，衝擊力道粉碎發射台底座並激起大塊水泥，有些引擎可能因此被擊中。

馬斯克向來願意冒險。大多數發射台都有導焰槽，可以將引擎的衝擊力道引導至其他地方。但 2020 年興建發射台時，馬斯克決定不在發射平台下方挖掘導焰槽。「這可能會是個錯誤。」他當時曾說。此外，在 2023 年初，發射台團隊原本要打造大片鋼板，鋪設在發射台底座上方，並利用噴水方式進行冷卻，但來不及在這次發射前打造好。馬斯克根據靜態點火測試取得的資料進行計算後，認為高密度的混凝土就足以支撐，因此進行發射。

就如同早期版本的獵鷹一號火箭沒加裝晃動擋板一樣，這些冒險最後都造成了錯誤。如果是重視安全的 NASA 或波音公司，絕不可能做出這種決策。但馬斯克相信，應該以「快速失敗」的方法建造火箭，也就是承擔風險、炸毀東西、學到教訓、進行修正，然後重新再來一次。「我們不希望在設計時只想著排除風險。如果是這樣，我們不會有任何進步，」他說。

之前他曾宣布，如果火箭能離開發射台、升空到看不見的高空，而且提供大量有用的新資料和數據，這次實驗性的發射就可視為成功。這次發射確實達成了這些目標，但最後火箭爆炸了，大多數民眾都會認為是徹底失敗。馬斯克一度盯著監視器螢幕，看起來不太開心。

但控制中心的其他人開始鼓掌，他們對自己達成的成果以及學到的經驗，感到歡欣鼓舞。最後馬斯克站起來，雙手高舉在頭上，轉身面向整個房間。「大家幹得好，」他說，「成功了。我們的目標是讓火箭離開發射台，直到進入看不見的高空中才爆炸，我們做到了。第一次嘗試進入軌道，本來就有太多事情可能出錯。這是非常了不起的一天。」

當天傍晚，大約有百名的 SpaceX 工程師和他們的朋友，聚集在星際基地的提基酒吧，參加半慶功派對，現場有慢烤乳豬，還能跳舞。舞台後方坐落著之前建造的星艦，不鏽鋼材質反射著派對現場的燈光。火紅明亮的火星似乎也受到召喚，在他們頭頂夜空中冉冉升起。

在草地的另一邊，SpaceX 總裁蕭特威爾正和前發射中心總工程師柯尼斯曼敘舊。柯尼斯曼是 SpaceX 的第四位員工，二十多年前就是他帶著蕭特威爾去見馬斯克的。身為瓜加林島發射任務的資深元老，他當天是自己飛去南德州，以觀眾的身分見證這次發射任務。自從 2021 年執行完靈感四號發射任務之後，他就再也沒見過馬斯克，也是在那個時候，他被打發離開公司。他原本想走過去和馬斯克打個招呼，但後來還是決定放棄。「伊隆不是會向後看的人，也不喜歡多愁善感。他不善於表現那種同理心，」他語氣平淡的說。

馬斯克和格萊姆斯，以及他的母親梅伊，一起坐在其中一張野餐桌前。梅伊剛在紐約慶祝 75 歲生日，前一天深夜才趕過來。她回想起小時候，她的父母每年都會帶著全家人，飛到南非的喀拉哈里沙漠探險。她說馬斯克和他們很像，遺傳了她父母熱愛冒險的特質。

X 寶寶閒晃到一座火坑旁，馬斯克溫柔地拉他離開，他卻開始扭動身體、發出尖叫，不高興被限制，馬斯克只好放開他。「我還小的時候，有一天父母警告我不要玩火。所以我就躲在一棵樹後方，拿出一盒火柴開始點火。」他回想說。

星艦爆炸，象徵馬斯克的烈焰人生，反映出他的強迫性格，總是設定過高的標準、衝動行事、瘋狂冒險，然後達成驚人的成果，但也炸毀了很多東西。在他身後，殘骸餘燼悶燒，劈哩啪啦地響個不停。他已經達成許多足以改變歷史的成就，但也歷經了多次意外潰敗、承諾跳票，而且自大衝動。他的成就與失敗都如同史詩一般，因此受到粉絲熱烈崇拜，也遭到批評者唾棄辱罵。不論是支持或者批評，都展現出推特時代特有的過度極化狂熱和激情。

自兒時開始，他就受到內在惡魔和英雄欲望的驅使，因此經常發表煽動性的政治聲明，引發爭議，甚至挑起不必要的爭端。有時他會走火入魔，經常讓自己逼近「卡門線」，陷入瘋狂的邊緣，願景與妄想的模糊地帶。這樣的烈焰人生，實在需要多幾個導焰裝置。

馬斯克典型的一週行程

星艦發射那週的行程，正是馬斯克典型的一週。任何成熟的產業或成熟的執行長，幾乎都不可能像馬斯克那樣，願意承擔那麼巨大的風險。

- 星艦發射那一週，在特斯拉法說會上，馬斯克為了拉抬銷售量，宣布要加倍降價，而且再度預告，將在一年內推出全自動輔助駕駛，這是他自 2016 年開始，每年都會提出的預告。
- 同一週，馬斯克前往邁阿密，參加廣告業務研討會，在台上訪問他的 NBC 環球（NBC Universal）廣告業務總監琳達·雅克里諾（Linda Yaccarino），突然私下建議說，她或許是他一直在尋找的推特管理人選。他們從未碰過面，自從馬斯克收購推特後，她就不斷透過簡訊和電話，說服他參加研討會。「對於推特未來的發展，我們的願景相近。我想幫助他，所以不斷追蹤他，說服他到邁阿密接受我的採訪。」她說。當天晚上，雅克里諾安排了一場晚宴，邀請十多位重要的廣告主參加，馬斯克在現場待了四小時。他明白雅克里諾可能是理想人選，因為她圓滑又聰明，非常渴望得到這份工作，也了解廣告與訂閱業務，個性務實果敢，足以緩和關係，就和蕭特威爾在 SpaceX 扮演的角色一樣。但他不想讓出太多控制權。「我還是會在推特工作。」他說。等於委婉地表示，他會繼續握有主導權。她告訴他，不妨把它想成接力賽跑，「你開發產品，然後交棒給我，由我負責執行、銷售產品。」最後，他讓她擔任推特執行長，自己繼續擔任執行董事長與科技長。
- 星艦發射當天早上，馬斯克在推特迅速執行他的計畫：移除名人、記者和其他知名人士原本擁有的身分認證藍勾勾。只有註冊並支付訂閱費的用戶才能繼續保留藍勾勾，然而，付費的人並不多。他之所以這麼做，是基於過度的正義感，認為必須保有道德上的公平，而不是為了提供最好的服務給推特用戶，結果引發大批推特達人的怒火與憤慨，關於哪些人想要或是否值得擁有藍勾勾，大家一直爭論不休。

- 同一週，在 Neuralink，最後一輪的動物研究已經完成，公司開始向美國食品藥物管理局提出申請，希望能進行人體測試，將晶片植入受試者的大腦內。公司將在四週後取得核准。馬斯克催促 Neuralink 公開展示最新的進展。「我們希望公布正在做的每件事，這樣才能得到支持。正因為如此，我們直播了星艦發射任務，即使我們知道火箭可能在某個時刻爆炸。」他對團隊說。
- 馬斯克在特斯拉完成另一回合的測試駕駛後宣布，他相信他們應該使用什羅夫團隊開發的神經網路路徑規劃器，全力發展人工智慧。什羅夫的路徑規劃器可利用影片片段，學習如何模仿優秀的人類駕駛。他告訴他們，要為全自動輔助駕駛軟體開發整合性神經網路。就和 ChatGPT 可以預測對話中會出現哪些字一樣，全自動輔助駕駛的人工智慧系統，應該要能讀入汽車攝影機的影像資料，然後預測方向盤和踏板接下來的行動。
- SpaceX 天龍號太空船離開國際太空站，安全降落在佛羅里達州沿岸海面上。它依舊是全美國唯一能飛上太空站並成功返航的太空船。一個月前，天龍號搭載了四名太空人升空，其中一位來自俄國、一位來自日本。它在四週後將再度搭載太空人升空。

「從錯誤中鍛造而成的」

馬斯克大膽無畏、驕傲自大，促使他努力嘗試壯舉，但這些成就能合理化他的惡劣行徑、冷酷無情與魯莽躁進，以及他變成混蛋的時刻嗎？答案是否定的，當然不能。我們可以景仰一個人的正向特質，同時譴責他的負面特質。但同樣重要的是，我們必須理解這些線是如何交織在一起，甚至緊緊糾結。要從布料中剔除黑色的線，卻不損及布料本身，是很困難的事。就如同莎士比亞曾經告訴我們的，所有英雄都有缺陷，有些落入悲劇、有些可以克服，而我們視為反派的角色，也可能具有複雜的性格。他寫道，即使最優秀的人，也是「從錯誤中鍛造而成的」。

火箭發射的那一週，格拉西亞斯和其他幾位朋友，勸馬斯克必須克制他魯莽、具毀滅性的本能。他們說，如果他要領導新的太空探險時代，就必須自我提升，超越政治紛擾。他們回想起有一次，格拉西亞斯要馬斯克把手機放在飯店保險箱裡過夜，並由格拉西亞斯設定密碼，這樣馬斯克半夜醒來時才無法拿出手機發推文；結果馬斯克在凌晨三點醒來，直接叫飯店保全人員打開保險箱。發射任務結束後，馬斯克似乎有自省的跡象。「我太常拿槍射自己的腳。我應該去買幾雙克維拉纖維靴*。」他開玩笑說。他反思，或許推特應該增加一個「衝動控制延遲按鈕」。

這個想法很不錯：一個可控制衝動的按鈕，可以減少他的發文，還可以避免他做出負面的衝動行為或惡魔式爆發，就不會清醒後滿目瘡痍。但受克制的馬斯克，是否還能像不羈的馬斯克那樣，達成如此輝煌的成就？口無遮攔、不受拘束，是否正是他之所以為他的原因？如果不接受他的全部，包括沉穩及瘋狂，是否就看不到火箭進入軌道、全世界邁入電動車時代了呢？有時候，偉大的創新者就只是熱愛冒險、長不大的男人，拒絕被約束訓練。他們可能非常魯莽、總是讓人難堪、有時甚至有毒，但他們也可能無比瘋狂，瘋狂到相信自己可以改變這個世界。

星艦發射後，與格萊姆斯及梅伊合影。

* 克維拉纖維 (Kevlar)，耐高溫，強硬度比鋼鐵高 5 倍，而質量比玻璃纖維還輕的合成纖維。

致謝

伊隆・馬斯克讓我跟在他身邊長達兩年時間，邀請我旁聽他的會議，參與多次面談與深夜對話，提供電子郵件與訊息內容，鼓勵他的朋友、同事、家庭成員、廣告主以及前妻和我談話。他沒有要求在出版前閱讀這本書，他確實做到了，他也沒有掌控這本書的內容走向。

我很感謝所有受訪者。我要特別提到其中幾位給予特殊協助、提供照片與指引的人：梅伊・馬斯克、艾洛爾・馬斯克、金博爾・馬斯克、潔絲汀・馬斯克、克萊兒・布歇（格萊姆斯）、妲露拉・萊莉、席馮・齊莉絲、山姆・提勒、歐米德・阿富夏、詹姆斯・馬斯克、安德魯・馬斯克、羅斯・諾迪恩、達瓦爾・什羅夫、比爾・雷利、馬克・容克薩、基可・鄧契夫、耶恩・巴拉加迪亞、拉爾斯・莫拉維、法蘭茲・范霍茲豪森、賈德・博查爾與安東尼奧・格拉西亞斯。

克拉瑞・普蘭（Crary Pullen）是這本書的圖片編輯，就如同她為我之前的著作一起合作一樣地大膽無畏。我的著作都是由 Simon & Schuster 出版，未來的著作也會繼續交給他們，因為我認同他們的價值，而且他們擁有相當優秀的團隊，以這本書為例，包括：普里西拉・佩頓（Priscilla Painton）、喬納森・卡普（Jonathan Karp）、哈娜・帕克（Hana Park）、史蒂芬・貝德福（Stephen Bedford）、茱莉亞・普拉瑟（Julia Prosser）、瑪麗・福洛（Marie Florio）、賈姬・蕭（Jackie Seow）、麗莎・里夫林（Lisa Rivlin）、克里斯・道爾（Kris Doyle）、喬納森・艾文斯（Jonathan Evans）、亞曼達・穆荷蘭（Amanda Mulholland）、艾琳・凱拉迪（Irene Kheradi）、保羅・迪波利托（Paul Dippolito）、貝絲・馬利奧內（Beth Maglione），以及精神永遠與我們同在的愛麗絲・梅修（Alice Mayhew）。茱蒂絲・胡佛（Judith Hoover）退休後，在我的請求下再度重出江湖擔任文案編輯。我也要謝謝我的經紀人亞曼達・厄本（Amanda Urban），以及他的國際部同事海倫・曼德斯（Helen Manders）和佩帕・米戈農（Peppa Mignone），還有我在杜蘭大學的助理琳賽・畢拉普斯（Lindsey Billips）。

還有凱西和貝琪，永遠愛你們。

受訪名單

Omead Afshar, Parag Agrawal, Deepak Ahuja, Sam Altman, Drew Baglino, Jehn Balajadia, Jeremy Barenholtz, Melissa Barnes, Leslie Berland, Kayvon Beykpour, Jeff Bezos, Jared Birchall, Roelof Botha, Claire Boucher (Grimes), Nellie Bowles, Richard Branson, Elissa Butterfield, Tim Buzza, Jason Calacanis, Gage Coffin, Esther Crawford, Larry David, Steve Davis, Tejas Dharamsi, Thomas Dmytryk, John Doerr, Kiko Dontchev, Brian Dow, Mickey Drexler, Phil Duan, Martin Eberhard, Blair Effron, Ira Ehrenpreis, Larry Ellison, Ashok Elluswamy, Ari Emanuel, Navaid Farooq, Nyame Farooq, Joe Fath, Lori Garver, Bill Gates, Rory Gates, David Gelles, Bill Gerstenmaier, Kunal Girotra, Juleanna Glover, Antonio Gracias, Michael Grimes, Trip Harriss, Demis Hassabis, Amber Heard, Reid Hoffman, Ken Howery, Lucas Hughes, Jared Isaacman, RJ Johnson, Mark Juncosa, Steve Jurvetson, Nick Kalayjian, Ro Khanna, Hans Koenigsmann, Milan Kovac, Andy Krebs, Joe Kuhn, Bill Lee, Max Levchin, Jacob McKenzie, Jon McNeill, Lars Moravy, Michael Moritz, Dave Morris, Rich Morris, Marcus Mueller, Tom Mueller, Andrew Musk, Christiana Musk, Elon Musk, Errol Musk, Griffin Musk, James Musk, Justine Musk, Kimbal Musk, Maye Musk, Tosca Musk, Bill Nelson, Peter Nicholson, Ross Nordeen, Luke Nosek, Sam Patel, Chris Payne, Janet Petro, Joe Petrzelka, Henrik Fisker, Yoni Ramon, Robin Ren, Adeo Ressi, Bill Riley, Talulah Riley, Peter Rive, Ben Rosen, Yoel Roth, David Sacks, Alan Salzman, Ben San Souci, Joe Scarborough, DJ Seo, Brad Sheftel, Gwynne Shotwell, Dhaval Shroff, Mark Soltys, Alex Spiro, Christopher Stanley, Robert Steel, JB Straubel, Anand Swaminathan, Jessica Switzer, Felix Sygulla, Marc Tarpenning, Sam Teller, Peter Thiel, Jim Vo, Franz von Holzhausen, Tim Watkins, Bari Weiss, Rodney Westmoreland, Linda Yaccarino, Tim Zaman, David Zaslav, Shivon Zilis.

參考書籍

艾瑞克・伯格（Eric Berger），《SpaceX升空記》（*Liftoff*）（William Morrow, 2021）

馬克斯・查夫金（Max Chafkin），《彼得・提爾》（*The Contrarian*）（Penguin, 2021）

克里斯第安・戴文波特（Christian Davenport），《太空大亨》（*The Space Barons*）（Public Affairs, 2018）

提姆・費恩霍茲（Tim Fernholz），《火箭億萬富翁》（*Rocket Billionaires*）（Houghton Mifflin Harcourt, 2018）

洛瑞・加弗（Lori Garver），《太空海盜》（*Space Pirates*）（Diversion, 2022）

提姆・希金斯（Tim Higgins），《權力遊戲》（*Power Play*）（Doubleday, 2012）

哈米希・麥肯齊（Hamish McKenzie），《瘋狂模式》（*Insane Mode*）（Dutton, 2018）

梅伊・馬斯克（Maye Musk），《女人的計畫》（*A Woman Makes A Plan*）（Penguin, 2019）

愛德華・尼德邁爾（Edward Niedermeyer），《荒唐》（*Ludicrous*）（BenBella, 2019）

吉米・索尼（Jimmy Soni），《創辦人》（*The Founders*）（Simon & Schuster, 2022）

艾胥黎・范思（Ashlee Vance），《鋼鐵人馬斯克》（*Elon Musk*）（Ecco, 2015）

艾胥黎・范思（Ashlee Vance），《當太空開賣時》（*When the Heavens Went on Sale*）（Ecco, 2023）

資料來源

前言 繆斯之火：Author's interviews with Elon Musk, Kimbal Musk, Errol Musk, Maye Musk, Tosca Musk, Justine Musk, Talulah Riley, Claire Boucher (Grimes), Peter Thiel. Tom Junod, "Triumph of His Will," Esquire, Dec. 2012 (includes the quip about having no navel).

01 冒險基因：Author's interviews with Elon Musk, Maye Musk, Kimbal Musk, Tosca Musk, Errol Musk, Jared Birchall. Joseph Keating and Scott Haldeman, "Joshua N. Haldeman, DC: The Canadian Years," Journal of the Canadian Chiropractic Association, 1995; "Before Elon Musk Was Thinking about Mars," Regina Leader-Post, May 15, 2017; Joseph Keating, "Flying Chiros," Dynamic Chiropractic, Dec. 15, 2003; Nick Murray, "Elon Musk's Fascinating History with Moose Jaw," Moose Jaw Independent, Sept. 15, 2018; Joshua Haldeman, "We Fly Three Continents," ICA International Review of Chiropractic, Dec. 1954; Phillip de Wet, "Elon Musk's Family Once Owned an Emerald Mine in Zambia," Business Insider, Feb. 28, 2018; Phillip de Wet, "A Teenage Elon Musk Once Casually Sold His Father's Emeralds to Tiffany & Co.," Business Insider, Feb. 22, 2018; Jeremy Arnold, "Journalism and the Blood Emeralds Story," Save Journalism, Substack, Mar. 9, 2021; Vance, Elon Musk; Maye Musk, A Woman.

02 活在自己的心靈世界：Author's interviews with Maye Musk, Errol Musk, Elon Musk, Tosca Musk, Kimbal Musk. Neil Strauss, "The Architect of Tomorrow," Rolling Stone, Nov. 15, 2017; Elon Musk, TED Talk with Chris Anderson, Apr. 14, 2022; "Intergalactic Family Feud," Mail on Sunday, Mar. 17, 2018, Vance, Elon Musk, Maye Musk, A Woman.

03 火箭男孩：Author's interviews with Maye Musk, Errol Musk, Elon Musk, Tosca Musk, Kimbal Musk, Peter Rive. Elon Musk report cards from Waterkloof House Preparatory School, Glenashley Senior Primary School, Bryanston High School, and Pretoria Boys High School; Neil Strauss, "The Architect of Tomorrow"; Emily Lane Fox, "How Elon Musk's Mom (and Her Twin Sister) Raised the First Family of Tech," Vanity Fair, Oct. 21, 2015; Andrew Smith, "Emissary of the Future," The Telegraph (London), Jan. 8, 2014.

04 追尋者： Author's interviews with Elon Musk, Kimbal Musk, Maye Musk, Errol Musk, Peter Rive. Elon Musk, The Babylon Bee podcast, Dec. 21, 2021; Tad Friend, "Plugged In," The New Yorker, Aug. 17, 2009; Maureen Dowd, "Blasting Off in Domestic Bliss," New York Times, July 25, 2020; Neil Strauss, "The Architect of Tomorrow"; Elon Musk, interview at the National Academies of Science, Engineering, and Medicine, Nov. 15, 2021.

05 大膽走出去： Author's interviews with Elon Musk, Errol Musk, Kimbal Musk, Tosca Musk, Peter Rive.

06 世界走進來： Author's interviews with Elon Musk, Maye Musk, Tosca Musk. Postmedia News, "Before Elon Musk Was Thinking About Mars, He Was Doing Chores on a Saskatchewan Farm," Regina Leader-Post, May 15, 2017; Haley Steinberg, "The Education of Elon Musk," Toronto Life, Jan, 2023, Raffaele Panizza, "Interview with Maye Musk," Vogue, Oct. 12, 2017; Vance, Elon Musk.

07 鍛鍊策略腦： Author's interviews with Maye Musk, Tosca Musk, Kimbal Musk, Elon Musk, Navaid Farooq, Peter Nicholson. Robin Keats, "Rocket Man," Queen's Alumni Review, Vol. 1, 2013; Soni, The Founders, Vance, Elon Musk. Soni provided me his notes and other material.

08 像來自外星球的人： Author's interview with Elon Musk, Adeo Ressi, Robin Ren, Kimbal Musk, Maye Musk. Alaina Levine, "Entrepreneur Elon Musk Talks about His Background in Physics," APS News, Oct. 2013; Soni, The Founders, Vance, Elon Musk

09 不做華爾街金童： Author's interviews with Elon Musk, Kimbal Musk, Robin Ren, Peter Nicholson. Phil Leggiere, "From Zip to X," University of Pennsylvania Gazette, Nov. 1999; Jennifer Gwynne, notes for auction items, rrauction.com, Aug. 2022.

10 第一次創業： Author's interviews with Elon Musk, Kimbal Musk, Navaid Farooq, Nyame Farooq, Maye Musk, Errol Musk. Amit Katwala, "What's Driving Elon Musk?," Wired UK, Sept. 8, 2018; Elon Musk and Maurice J. Fitzgerald, "Interactive Network Directory Service with Integrated Maps and Directions," Patent US6148260A, filed on June 29, 1999; Max Chafkin, "Entrepreneur of the Year," Inc., Dec. 1, 2007; Elon Musk, Stanford talk, Oct. 8 2003; Heidi Anderson, "Newspaperdom's New Super-hero: Zip2," Editor & Publisher, Jan. 1996; Michael Gross, "Elon Musk 1.0," Air Mail, June 11, 2022; Maye Musk, A Woman, Vance, Elon Musk, Soni, The Founders.

11 愛情龍捲風： Author's interviews with Justine Musk, Elon Musk, Maye Musk, Kimbal Musk, Navaid Farooq. Justine Musk, "I Was a Starter Wife," Marie Claire, Sept. 10, 2010.

12 發動網路金融革命：Author's interviews with Elon Musk, Mike Moritz, Peter Thiel, Roelof Botha, Max Levchin, Reid Hoffman, Luke Nosek. Mark Gimein, "Elon Musk Is Poised to Become Silicon Valley's Next Big Thing," Salon, Aug. 17, 1999; Sarah Lacy, "Interview with Elon Musk," Pando, Apr. 15, 2009; Eric Jackson, The PayPal Wars (World Ahead, 2003); Chafkin, The Contrarian.

13 一場政變扭轉人生：Author's interviews with Elon Musk, Mike Moritz, Peter Thiel, Roelof Botha, Max Levchin, Reid Hoffman, Justine Musk, Kimbal Musk, Luke Nosek. Soni, The Founders, Vance, Elon Musk; Chafkin, The Contrarian.

14 火星任務：Author's interviews with Elon Musk, Adeo Ressi, Navaid Farooq, Reid Hoffman. Dave Mosher, "Elon Musk Used to Fly a Russian Fighter Jet," Business Insider, Aug. 19, 2018; Elon Musk, "My Idea of Fun," Fortune, Oct. 6, 2003; M. G. Lord, "Rocket Man," Los Angeles Magazine, Oct. 1, 2007; Tom Junod, "Triumph of His Will," Esquire, Nov. 15, 2012; Richard Feloni, "Former SpaceX Exec Explains How Elon Musk Taught Himself Rocket Science," Business Insider, Oct. 23, 2014; Chris Anderson, "Elon Musk's Mission to Mars," Wired, Oct. 21, 2012; Elon Musk speech, Mars Society, Aug. 3, 2012; Elon Musk, "Risky Business," IEEEE Spectrum, May 30, 2009; Max Chafkin, "Entrepreneur of the Year," Inc., Dec. 2007; Elon Musk, TED Talk, Apr. 2017; Davenport, Space Barons, Berger, Liftoff.

15 顛覆航太產業：Author's interviews with Elon Musk, Adeo Ressi. Amit Katwala, "What's Driving Elon Musk?," Wired, Sept. 8, 2018; Anderson, "Elon Musk's Mission to Mars"; Levine, "Entrepreneur Elon Musk Talks about His Background in Physics"; Junod, "Triumph of His Will."

16 父與子：Author's interviews with Elon Musk, Kimbal Musk, Justine Musk, Maye Musk. Justine Musk, "I Was a Starter Wife"; Junod, "Triumph of His Will"; Strauss, "The Architect of Tomorrow."

17 熱血工程師的改造魔法：Author's interviews with Tom Mueller, Elon Musk, Tim Buzza, Mark Juncosa. Jeremy Rosenberg, interview with Tom Mueller, KCET Public Radio, May 3, 2012; Michael Belfiore, "Behind the Scenes with the World's Most Ambitious Rocket Makers," Popular Mechanics, Sept. 1, 2009; Doug McInnis, "Rocket Man," Loyola Marymount Alumni Magazine, Aug. 31, 2011; Katwala, "What's Driving Elon Musk?"; Junod, "Triumph of His Will"; Davenport, Space Barons, Berger, Liftoff; Vance, Elon Musk.

18 建造火箭的新規則：Author's interviews with Tim Buzza, Tom Mueller, Elon Musk, Davenport, Space Barons, Berger, Liftoff, Vance, Elon Musk.

19 小蝦米對上大鯨魚：Author's interviews with Gwynne Shotwell, Elon Musk, Tom Mueller, Hans Koenigsmann. Gwynne Shotwell, Graduation speech at Northwestern University, June 14, 2021; Chad Anderson, "Rethinking Public-Private Space Travel," Space Policy, Nov. 2013.

20 特斯拉共同創辦人：Author's interviews with Martin Eberhard, Marc Tarpenning, Elon Musk, JB Straubel, Ben Rosen. Michael Copeland, "Tesla's Wild Ride," Fortune, July 9, 2008; Drake Baer, "The Making of Tesla," Business Insider, Nov. 12, 2014; Higgins, Power Play; Vance, Elon Musk.

21 第一輛電動跑車Roadster：Author's interviews with Elon Musk, Martin Eberhard, Marc Tarpenning, JB Straubel, Kimbal Musk, Michael Moritz, John Doerr, Alan Salzman, Jessica Switzer, Mickey Drexler. Baer, "The Making of Tesla"; Joshua Davis, "Batteries Included," Wired, Aug. 1, 2006; Matthew Wald, "Zero to 60 in 4 Seconds," New York Times July 19, 2006; Copeland, "Tesla's Wild Ride"; Elon Musk, "The Secret Tesla Motors Master Plan," Tesla blog, Aug. 2, 2006; interview with Martin Eberhard, Watt It Takes podcast, Sept. 2021; Higgins, Power Play, Vance, Elon Musk; Niedermeyer, Ludicrous.

22 熱帶小島上發射火箭：Author's interviews with Elon Musk, Gwynne Shotwell, Hans Koenigsmann, Tim Buzza. Berger, Liftoff. Berger reported the scramble to replace the faulty capacitors.

23 兩次打擊：Author's interviews with Elon Musk, Kimbal Musk, Hans Koenigsmann, Tom Mueller, Tim Buzza. Kimbal Musk, "Kwajalein Atoll and Rockets," blog posts for Mar. 2006, http://kwajrockets.blogspot.com/; Carl Hoffman, "Elon Musk Is Betting His Fortune on a Mission beyond Earth's Orbit," Wired, May 22, 2007; Brian Berger, "Pad Processing Error Doomed Falcon 1," SpaceNews, Apr. 10, 2006; Berger, Liftoff

24 徵召工程特種部隊：Author's interviews with Elon Musk, Martin Eberhard, JB Straubel, Antonio Gracias, Tim Watkins, Deepak Ahuja. Zak Edson, "Tesla Motors Case Study: Sotira Carbon Fiber Body Panel Ramp, May Oct 2008," Valor Capital archives; Steven N. Kaplan et al., "Valor and Tesla Motors," Chicago Booth School of Business case study, 2017; Copeland, "Tesla's Wild Ride"; Baer, "The Making of Tesla"; Elon Musk interview, Financial Times, May 10, 2022; Higgins, Power Play.

25 全權掌控：Author's interviews with Elon Musk, Antonio Gracias, Tim Watkins, Martin Eberhard, Mare Tarpenning, Michael Marks, Ira Ehrenpreis. Copeland, "Tesla's Wild Ride"; Gene Bylinksy, "Heroes of U.S. Manufacturing: Michael Marks," Fortune,

Mar. 20, 2000; Higgins, Power Play.

26 最慘的一年：Author's interviews with Justine Musk, Elon Musk, Maye Musk, Kimbal Musk, Antonio Gracias. Justine Musk, "I Was a Starter Wife"; Justine Musk, TEDx Talk, Jan. 26, 2016; Justine Musk, "From the Head of Justine Musk," blog, justinemusk.com; Junod, "Triumph of His Will."

27 一見鍾情：Author's interviews with Talulah Riley, Elon Musk, Bill Lee.

28 第三次打擊：Author's interviews with Tim Buzza, Hans Koenigsmann, Elon Musk, Tom Mueller. Berger, Liftoff; "SpaceX Stories," Elonx.net, Apr. 30, 2019; Elon Musk press phone call, Aug. 6, 2008; Carl Hoffman, "Now 0-for-3," Wired, Aug. 5, 2008. The launch took place August 3, 2008, Kwaj time, which was August 2 California time.

29 破產邊緣：Author's interviews with Elon Musk, Kimbal Musk, Maye Musk, Antonio Gracias, Tim Watkins, Talulah Riley, Bill Lee, Mark Juncosa, Jason Calacanis. "P1 Arriving Now!," Tesla blog, Feb. 6, 2008; Scott Pelley, Elon Musk interview, 60 Minutes, CBS, May 22, 2012.

30 第四次發射：Author's interviews with Peter Thiel, Luke Nosek, David Sacks, Elon Musk, Tim Buzza, Tom Mueller, Kimbal Musk, Trip Harriss, Gwynne Shorwell. Ashlee Vance, When the Heavens Went on Sale (Ecco, 2023); Berger, Liftoff; Davenport, Space Barons.

31 拯救特斯拉：Author's interviews with Elon Musk, Alan Salzman, Kimbal Musk, Ira Ehrenpreis, Deepak Ahuja, Ari Emanuel.

32 首部電動房車Model S：Author's interviews with Henrik Pfister, Elon Musk, JB Straubel, Martin Eberhard, Nick Kalayjian, Franz von Holzhausen, Dave Morris, Lars Moravy, Drew Baglino. John Markoff, "Tesla Motors Files Suit against Competitor over Design Ideas," New York Times, Apr. 15, 2008; Chris Anderson, "The Shared Genius of Elon Musk and Steve Jobs," Fortune, Nov. 27, 2013; Charles Duhigg, "Dr. Elon & Mr. Musk," Wired, Dec. 13, 2018; Chuck Squatriglia, "First Look at Tesla's Stunning Model S," Wired, Mar. 26, 2009; Dan Neil, "Tesla S: A Model Citizen," Los Angeles Times, Apr. 29, 2009; Dan Neil, "To Elon Musk and the Model S: Congratulations," Wall Street Journal, June 29, 2012; Higgins, Power Play.

33 揭開太空商業序幕：Author's interviews with Elon Musk, Tom Mueller, Gwynne Shotwell, Tim Buzza, Lori Garver, Bill Nelson. Brian Mosdell, "Untold Stories from the Rocket Ranch," Kennedy Space Center archives, Mar. 5, 2015; Brian Mosdell, "SpaceX Stories: How SpaceX Built SLC-40 on a Shoestring Budget," ElonX, Apr. 15, 2019; Irene

Klotz, "SpaceX Secret? Bash Bureaucracy, Simplify Technology," Aviation Week & Space Technology, June 15, 2009, Garver, Space Pirates, Berger, Liftoff; Davenport, Space Barons.

34 獵鷹九號升空：Author's interviews with Tim Buzza, Elon Musk, Lori Garver. Brian Vastag, "SpaceX's Dragon Capsule Docks with International Space Station," Washington Post, May 25, 2012; Garver, Space Pirates, Berger, Liftoff; Davenport, Space Barons.

35 男人心底的小男孩：Author's interviews with Talulah Riley, Elon Musk, Kimbal Musk, Bill Lee, Navaid Farooq. Hermione Eyre, "How to Marry a Billionaire," The Evening Standard (London), Apr. 10, 2012.

36 關鍵優勢：Author's interviews with Elon Musk, Larry Ellison, Franz von Holzhausen, Dave Morris, JB Straubel. Angus MacKenzie, "Shocking Winner: Proof Positive That America Can Still Make (Great) Things," Motor Trend, Dec. 10, 2012; Peter Elkind, "Panasonic's Power Play," Fortune, Mar. 6, 2015; Vance, Elon Musk; Higgins, Power Play.

37 馬斯克與貝佐斯：Author's interviews with Jeff Bezos, Elon Musk, Bill Nelson, Tim Buzza. Dan Leone, "Musk Calls Out Blue Origin," SpaceNews, Sept. 25, 2013; Walter Isaacson, "In This Space Race, Elon Musk and Jeff Bezos Are Eager to Take You There," New York Times, Apr. 24, 2018; Jeff Bezos, Invent and Wander (Public Affairs/ Harvard Business Review, 2021); Explorers Club 2014 dinner video, https:// vimeo. com/119342003; Amanda Gordon, "Scene Last Night: Jeff Bezos Eats Gator, Elon Musk Space," Bloomberg, Mar. 17, 2014; Jeffrey P. Bezos, Gary Lai, and Sean R. Findlay, "Sea Landing of Space Launch Vehicles," Patent application US8678321B2, June 14, 2010; Trung Phan, Twitter thread, July 17, 2021; Davenport, Space Barons, Berger, Liftoff; Fernholz, Rocket Billionaires.

38 獵鷹聽見馴鷹師：Author's interviews with Elon Musk, Sam Teller, Steve Jurvetson, Antonio Gracias, Mark Juncosa, Jeff Bezos, Kiko Dontchev. Calia Cofield, "Blue Origin Makes Historic Reusable Rocket Landing in Epic Test Flight," Space.com, Nov. 24, 2015; Davenport, Space Barons.

39 妲露拉雲霄飛車：Author's interviews with Talulah Riley, Elon Musk, Maye Musk, Kimbal Musk, Navaid Farooq, Bill Lee. Junod, "Force of His Will."

40 探索人工智慧：Author's interviews with Sam Altman, Demis Hassabis, Elon Musk, Reid Hoffman, Luke Nosek, Shivon Zilis. Steven Levy, "How Elon Musk and

Y Combinator Plan to Stop Computers from Taking Over," Backchannel, Dec. 11, 2015; Cade Metz, "Inside OpenAI, Elon Musk's Wild Plan to Set Artificial Intelligence Free," Wired, Apr. 27, 2016; Maureen Dowd, "Elon Musk's Billion-Dollar Crusade to Stop the A.I. Apocalypse," Vanity Fair, Apr. 2017; Elon Musk talk, MIT Aeronautics and Astronautics Department's Centennial Symposium, Oct. 24, 2014; Chris Anderson interview with Elon Musk, TED Conference, Apr. 14, 2022.

41 推出自動輔助駕駛：Author's interviews with Drew Baglino, Elon Musk, Omead Afshar, Sam Altman, Sam Teller. Alan Ohnsman, "Tesla CEO Talking with Google about 'Autopilot' Systems," Bloomberg, May 7, 2013; Joseph B. White, "Tesla Aims to Leapfrog Rivals," Wall Street Journal, Oct. 10, 2014; Jordan Golson and Dieter Bohn, "All New Tesla Cars Now Have Hardware for 'Full Self-Driving Capabilities' but Some Safety Features Will Be Disabled Initially," The Verge, Oct. 19, 2016; National Transportation Safety Board, "Collision between a Car Operating with Automated Vehicle Control Systems and a Tractor-Semitrailer Truck Near Williston, Florida on May 7, 2017," Sept. 12, 2017; Jack Stewart, "Elon Musk Says Every New Tesla Can Drive Itself," Wired, Oct. 19, 2016; Peter Valdes-Dapena, "You'll Be Able to Summon Your Driverless Tesla from Cross-country," CNN, Oct. 20, 2016; Niedermeyer, Ludicrous.

42 能源整合的未來：Author's interviews with Peter Rive, Elon Musk, Maye Musk, Errol Musk, Kimbal Musk, Drew Baglino, Sam Teller. Emily Jane Fox, "How Elon Musk's Mom (and Her Twin Sister) Raised the First Family of Tech," Vanity Fair, Oct. 21, 2015; Burt Helm, "Elon Musk, Lyndon Rive, and the Plan to Put Solar Panels on Every Roof in America," Men's Journal, July 2016; Eric Johnson, "From Santa Cruz to Solar City," Hilltromper, Nov. 20, 2015; Ronald D. White, "SolarCity CEO Lyndon Rive Built on a Bright Idea," Los Angeles Times, Sept. 13, 2013; Max Chafkin, "Entrepreneur of the Year"; Delaware Chancery Court, "Memorandum of opinion in re Tesla Motors stockholder litigation," C.A. No. 12711-VCS, Apr. 27, 2022; Austin Carr, "The Real Story behind Elon Musk's $2.6 Billion Acquisition of SolarCity," Fast Company, June 7, 2017; Austin Carr, "Inside Steel Pulse," Fast Company, June 9, 2017; Josh Dzicza, "Why Tesla's Battery for Your Home Should Terrify Utilities," The Verge, Feb. 13. 2015; Ivan Penn and Russ Mitchell, "Elon Musk Wants to Sell People Solar Roofs That Look Great," Los Angeles Times, Oct. 28, 2016.

43 成立鑽孔公司：Author's interviews with Sam Teller, Steve Davis, Jon McNeil, Elon Musk, Joe Kuhn, Elissa Butterfield. Elon Musk, "Hyperloop Alpha," Tesla Blog, 2013; Max Chafkin, "Tunnel Vision," Bloomberg, Feb. 20, 2017.

44 三段關係：Author's interviews with Elon Musk, Juleanna Glover, Sam Teller, Peter

Thiel, Amber Heard, Kimbal Musk, Tosca Musk, Maye Musk, Antonio Gracias, Jared Birchall. Joe Kernen, Donald Trump interview, CNBC, Jan. 22, 2020; Barbara Jones, "Inter-galactic Family Feud," Mail on Sunday, Mar. 17, 2018; Rob Crilly, "Elon Musk's Estranged Father, 72, Calls His Newborn Baby with Stepdaughter 'God's Plan," The National Post (Canada), Mar. 25, 2018; Strauss, "The Architect of Tomorrow."

45 墜入黑暗之中： Author's interviews with Jon McNeill, Elon Musk, Kimbal Musk, Omead Afshar, Tim Watkins, Antonio Gracias, JB Straubel, Sam Teller, James Musk, Mark Juncosa, Jon McNeill, Gage Coffin. Duhigg, "Dr. Elon & Mr. Musk."

46 一定要有瘋狂的急迫感： Author's interviews with Elon Musk, Sam Teller, Omead Afshar, Nick Kalayjian, Tim Watkins, Antonio Gracias, JB Straubel, Mark Juncosa, JonMcNeill, Sam Teller, Lars Moravy, Kimbal Musk, Rodney Westmoreland. Musk email to SpaceX employees, Sept. 18, 2021; Neal Boudette, "Inside Tesla's Audacious Push to Reinvent the Way Cars Are Made," New York Times, June 30, 2018; Austin Carr, "The Real Story," Fast Company, June 7, 2017; Strauss, "The Architect of Tomorrow"; Lora Kolodny, "Tesla Employees Say They Took Shortcuts, CNBC, July 15, 2019; Andrew Ross Sorkin, "Tesla's Elon Musk May Have Boldest Pay Plan in Corporate History," New York Times, Jan. 23, 2018; Tesla Schedule 14A, SEC filing, Jan. 21, 2018; Alex Adams, "Why Elon Musk's Compensation Plan Wouldn't Work for Most Executives," Harvard Business Review, Jan. 24, 2018; Ryan Kottenstette, "Elon Musk Wasn't Wrong about Automating the Model 3 Assembly Line, He Was Just Ahead of His Time," TechCrunch, Mar. 5, 2019; Elon Musk, TED Talk, Apr. 14, 2022; Alex Davies, "How Tesla Is Building Cars in Its Parking Lot," Wired, June 22, 2018; Boudette, "Inside Tesla's Audacious Push"; Higgins, Power Play. For a video of Musk explaining his algorithm, see Tim Dodd, "Starbase Tour," Everyday Astronaut, Aug. 2021.

47 失控邊緣： Author's interviews with Kimbal Musk, Deepak Ahuja, Antonio Gracias, Elon Musk, Sam Teller, Joe Fath. Matt Robinson and Zeke Faux, "When Elon Musk Tried to Destroy a Tesla Whistleblower," Bloomberg, Mar. 13, 2019; Elon Musk email to Richard Stanton and reply, July 8, 2018; Vernon Unsworth v. Elon Musk, U.S. District Court, Central District of California, case 2:18 cv 8048, Sept. 17, 2018; Ryan Mac et al., "In a New Email, Elon Musk Accused a Cave Rescuer of Being a 'Child Rapist," BuzzFeed, Sept. 4, 2018; documents in support of summary judgment, In re Tesla Inc. Securities Litigation, U.S. District Court, Northern District California, motion filed Apr. 22, 2022; David Gelles, James B. Stewart, Jessica Silver-Greenberg, and Kate Kelly, "Elon Musk Details 'Excruciating' Personal Toll of Tesla," New York Times, Aug. 16, 2018; Dana Hull, "Weak Sauce," Bloomberg, Apr. 24, 2022; Jim Cramer, Squawk on the Street,

CNBC, Aug. 8, 2018; James B. Stewart, "A Question for Tesla's Board: What Was Elon Musk's Mental State?," New York Times, Aug. 15, 2018; Elon Musk interview with Chris Anderson, TED, Apr. 14, 2022; Higgins, Power Play, McKenzie, Insane Mode.

48 風波不斷的一年：Author's interviews with Elon Musk, David Gelles, Juleanna Glover, Sam Teller, Gwynne Shotwell, Talulah Riley, JB Straubel, Jon McNeill, Kimbal Musk, Jared Birchall. The Joe Rogan Experience podcast, Sept. 7, 2018, David Gelles, "Interviewing Elon Musk," New York Times, Aug. 19, 2018.

49 格萊姆斯：Author's interviews with Claire Boucher (Grimes), Elon Musk, Kimbal Musk, Maye Musk, Sam Teller. Azealia Banks, letter to Elon Musk, Aug. 19, 2018; Kate Taylor, "Azealia Banks Claims to Be at Elon Musk's House," Business Insider, Aug. 13, 2018; Maureen Dowd, "Elon Musk, Blasting Off in Domestic Bliss," New York Times, July 25, 2020.

50 前進上海：Author's interviews with Robin Ren, Elon Musk.

51 賽博皮卡：Author's interviews with Franz von Holzhausen, Elon Musk, Dave Morris. Stephanie Mlot, "Elon Musk Wants to Make Bond's Lotus Submarine Car a Reality," PC Magazine, Oct. 18, 2013.

52 星鏈計畫：Author's interviews with Elon Musk, Mark Juncosa, Bill Riley, Sam Teller, Elissa Butterfield, Bill Gates.

53 星艦與星際基地：Author's interviews with Elon Musk, Bill Riley, Sam Patel, Joe Petrzelka, Peter Nicholson, Elissa Butterfield, Jim Vo. Ryan d'Agostino, "Elon Musk: Why I'm Building the Starship out of Stainless Steel," Popular Mechanics, Jan. 22, 2019.

54 特斯拉自駕日：Author's interviews with Elon Musk, James Musk, Sam Teller, Franz von Holzhausen, Claire Boucher (Grimes), Omead Afshar, Shivon Zilis, Anand Swaminathan, Joe Fath.

55 從玩具車得到靈感：Author's interviews with Elon Musk, Omead Afshar, Lars Moravy.

56 家庭生活：Author's interviews with Elon Musk, Claire Boucher (Grimes), Christiana Musk, Maye Musk, Kimbal Musk, Justine Musk, Ken Howery, Luke Nosek. Joe Rogan interview with Elon Musk, May 7, 2020; Rob Copeland, "Elon Musk Says He Lives in a $50,000 House," Wall Street Journal, Dec. 22, 2021.

57 熱血的時刻：Author's interviews with Elon Musk, Kiko Dontchev, Kimbal Musk, Luke Nosek, Bill Riley, Rich Morris, Hans Koenigsmann, Gwynne Shotwell. Lex Fridman, podcast interview with Elon Musk, Dec 28, 2021; Joey Roulette, "SpaceX

Ignored Last Minute Warnings from the FAA before December Launch," The Verge, June 15, 2021.

58 馬斯克與貝佐斯，第二回合：Author's interviews with Jeff Bezos, Elon Musk, Richard Branson. Christian Davenport, "Elon Musk Is Dominating the Space Race," Washington Post, Sept. 10, 2021; Richard Waters, "Interview with FT's Person of the Year," Financial Times, Dec. 15, 2021; Kara Swisher interview with Elon Musk, Code Conference, Sept. 28, 2021.

59 沒有人會逼我們上火星：Author's interviews with Bill Riley, Kiko Dontchev, Elon Musk, Sam Patel, Joe Petrzelka, Mark Juncosa, Gwynne Shotwell, Lucas Hughes, Sam Patel, Andy Krebs. Tim Dodd, "Starbase Tour," Everyday Astronaut, July 30, 2021.

60 站上屋頂：Author's interviews with Kunal Girotra, RJ Johnson, Brian Dow, Marcus Mueller, Elon Musk, Omead Afshar.

61 狂歡夜：Author's interviews with Elon Musk, Maye Musk, Kimbal Musk, Tosca Musk, Claire Boucher (Grimes), Bill Lee, Antonio Gracias. Arden Fanning Andrews, "The Making of Grimes's 'Dune-esque' 2021 Met Gala Look," Vogue, Sept. 16, 2021.

62 平民上太空：Author's interviews with Jared Isaacman, Elon Musk, Jehn Balajadia, Kiko Dontchev, Claire Boucher (Grimes), Bill Gerstenmaier, Hans Koenigsmann, Bill Nelson, Sam Patel.

63 改造猛禽引擎：Author's interviews with Elon Musk, Jacob McKenzie, Bill Riley, Joe Petrzelka, Lars Moravy, Jehn Balajadia.

64 安全友善的人工智慧：Author's interviews with Elon Musk, Franz von Holzhausen, Lars Moravy, Drew Baglino, Omead Afshar, Milan Kovac. Chris Anderson interview with Elon Musk, TED, Apr. 14, 2022.

65 大腦晶片：Author's interviews with Elon Musk, Jon McNeill, Shivon Zilis, Sam Teller. Elon Musk, "An Integrated Brain-Machine Interface Platform with Thousands of Channels," bioRxiv, Aug. 2, 2019; Jeremy Kahn and Jonathan Vanian, "Inside Neuralink," Fortune, Jan. 29, 2022.

66 決策風格：Author's interviews with Elon Musk, Lars Moravy, Omead Afshar, Franz von Holzhausen, Drew Baglino, Phil Duan, Dhaval Shroff. Cade Metz and Neal Boudette, "Inside Tesla as Elon Musk Pushed an Unflinching Vision for Self-Driving Cars," New York Times, Dec. 6, 2021; Emma Schwartz, Cade Metz, and Neal Boudette, "Elon Musk's Crash Course," FX/New York Times documentary, May 16, 2022; Niedermeyer, Ludicrous.

67 全球首富：Author's interviews with Elon Musk, Jared Birchall, Kimbal Musk, Christiana Musk, Claire Boucher (Grimes). Tesla Schedule 14A filing, Securities and Exchange Commission, Feb. 7, 2018; Kenrick Cai and Sergei Klebnikov, "Elon Musk Is Now the Richest Person in the World, Officially Surpassing Jeff Bezos," Forbes, Jan. 8, 2021. I use split-adjusted prices for the stock.

68 年度父親：Author's interviews with Shivon Zilis, Claire Boucher (Grimes), Tosca Musk, Elon Musk, Kimbal Musk, Maye Musk, Christiana Musk. Elon Musk interview with NPQ, Winter 2014; Devin Gordon, "Infamy Is Kind of Fun, Vanity Fair, Mar. 10, 2022; Ed Felsenthal, Molly Ball, Jeff Kluger, Alejandro de la Garza, and Walter Isaacson, "Person of the Year," Time, Dec. 13, 2021; Richard Waters, "Person of the Year," Financial Times, Dec. 15, 2021.

69 政治立場：Author's interviews with Elon Musk, Kimbal Musk, Sam Teller, Jared Birchall, Claire Boucher (Grimes), Omead Afshar, Ken Howery, Luke Nosek, David Sacks. Dowd, "Elon Musk, Blasting Off in Domestic Bliss"; Strauss, "The Architect of Tomorrow"; Elon Musk interview with the Babylon Bee, Dec. 21, 2021; Rich McHugh, "A SpaceX Flight Attendant Said Elon Musk Exposed Himself and Propositioned Her for Sex," Business Insider, May 19, 2022; Dana Hull, "Biden's Praise for GM Overlooks Tesla's Actual EV Leadership," Bloomberg, Nov. 24, 2021; Dana Hull and Jennifer Jacobs, "Tesla, Who? Biden Can't Bring Himself to Say It," Bloomberg, Feb. 2, 2022; Ari Natter, Gabrielle Coppola, and Keith Laing, "Biden Snubs Tesla," Bloomberg, Aug. 5, 2021; Elon Musk interview with Kara Swisher, Code Conference, Sept. 28, 2021.

70 星鏈支援烏克蘭：Author's interviews with Elon Musk, Gwynne Shotwell, Jared Birchall. Emails by Lauren Dreyer and text messages by Mykhailo Fedorov provided by Elon Musk. Christopher Miller, Mark Scott, and Bryan Bender, "UkraineX: How Elon Musk's Space Satellites Changed the War on the Ground," Politico, June 8, 2022; Cristiano Lima, "U.S. Quietly Paying Millions to Send Starlink Terminals to Ukraine," Washington Post, Apr. 8, 2022; Yaroslav Trofimov, Micah Maidenberg, and Drew FitzGerald, "Ukraine Leans on Elon Musk's Starlink in Fight against Russia," Wall Street Journal, July 16, 2022; Mehul Srivastava et al., "Ukrainian Forces Report Starlink Outages During Push against Russia," Financial Times, Oct. 7, 2022; Volodymyr Verbyany and Daryna Krasnolutska, "Ukraine to Get Thousands More Starlink Antennas," Bloomberg, Dec. 20, 2022; Adam Satariano, "Elon Musk Doesn't Want His Satellites to Run Ukraine's Drones," New York Times, Feb. 9, 2023; Joey Roulette, "SpaceX Curbed Ukraine's Use of Starlink," Reuters, Feb. 9, 2023.

71 馬斯克與蓋茲：Author's interviews with Bill Gates, Rory Gates, Elon Musk, Omead Afshar, Jared Birchall, Claire Boucher (Grimes), Kimbal Musk. Rob Copeland, "Elon Musk's Inner Circle Rocked by Fight over His $230 Billion Fortune," Wall Street Journal, July 16, 2022; Sophie Alexander, "Elon Musk Enlisted Poker Star before Making $5.7 Billion Mystery Gift," Bloomberg, Feb. 15, 2022; Nicholas Kulish, "How a Scottish Moral Philosopher Got Elon Musk's Number," New York Times, Oct. 8, 2022; Melody Y. Guan, "Elon Musk, Superintelligence, and Maximizing Social Good," Huffington Post, Aug. 3, 2015.

72 下一個戰場：Author's interviews with Elon Musk, Antonio Gracias, Omead Afshar, Kimbal Musk, Shivon Zilis, Bill Lee, Griffin Musk, Jared Birchall, Ken Howery, Luke Nosek. Tesla carnings call, Apr. 20, 2022; Matthew A. Winkler, "In Defense of Elon Musk's Managerial Excellence," Bloomberg, Apr. 18, 2022; text messages, https://www.documentcloud.org/documents/23112929-elon-musk-text -exhibits-twitter-v-musk; Lane Brown, "What Is Elon Musk?," New York Magazine, Aug. 8, 2022; Devin Gordon, "A Close Read of @elonmusk," New York Magazine, Aug. 12, 2022.

73 決定出價：Author's interviews with Elon Musk, Kimbal Musk, Larry Ellison, Navaid Farooq, Jared Birchall, Claire Boucher (Grimes), Chris Anderson.

Text messages, https://www.documentcloud.org/documents/23112929-elon-musk -text-exhibits-twitter-v-musk; Rob Copeland, Georgia Wells, Rebecca Elliott, and Liz Hoffman, "The Shadow Crew Who Encouraged Elon Musk's Twitter Take-over," Wall Street Journal, Apr. 29, 2022; Mike Isaac, Lauren Hirsch, and Anupreeta Das, "Inside Elon Musk's Big Plans for Twitter," New York Times, May 6, 2022.

74 忽冷忽熱：Author's interviews with Elon Musk, Larry Ellison, Kimbal Musk, Robert Steel, Leslie Berland, Jared Birchall. Liz Hoffman, "Sam Bankman-Fried, Elon Musk, and a Secret Text," Semafor, Nov. 23, 2022; Twitter town hall, June 16, 2022.

75 混亂的父親節：Author's interviews with Elon Musk, Maye Musk, Justine Musk, Kimbal Musk, Errol Musk, Jared Birchall, Talulah Riley, Griffin Musk, Christiana Musk, Claire Boucher (Grimes), Omead Afshar, Shivon Zilis. Roula Khalaf, "Aren't You Entertained?," Financial Times, Oct. 7, 2022; Julia Black, "Elon Musk Had Secret Twins in 2022," Business Insider, July 6, 2022; Emily Smith and Lee Brown, "Elon Musk Laughs Off Affair Rumors, Insists He Hasn't 'Had Sex in Ages,'" New York Post, July 25, 2022; Alex Diaz, "Musk Be Kidding," The Sun, July 13, 2022; Errol Musk, "Dad of a Genius," YouTube, 2022; Kirsten Grind and Emily Glazer, "Elon Musk's Friendship with Sergey Brin Ruptured by Alleged Affair," Wall Street Journal, July 24, 2022. Errol Musk often copied me on his emails to his son.

76 領先也絕不安逸：Author's interviews with Elon Musk, Sam Patel, Bill Riley, Andy Krebs, Jonah Nolan, Mark Juncosa, Omead Afshar, Jake McKenzie, Kiko Dontchev, Jared Isaacman, Sam Patel, Andy Krebs, Claire Boucher (Grimes), Gwynne Shotwell. Dinner with Janet Petro, Lisa Watson-Morgan, Vanessa Wyche.

77 Optimus的一小步：Author's interviews with Elon Musk, Franz von Holzhausen, Lars Moravy.

78 充滿不確定：Author's interviews with Elon Musk, Jared Birchall, Alex Spiro, Antonio Gracias, Robert Steel, Blair Effron, Ari Emanuel, Larry David, Joe Scarborough.

79 Optimus 向你揮揮手：Author's interviews with Franz von Holzhausen, Elon Musk, Steve Davis, Lars Moravy, Anand Swaminathan, Milan Kovac, Phil Duan, Tim Zaman, Felix Sygulla, Anand Swaminathan, Ira Ehrenpreis, Jason Calacanis.

80 重新想像交通運輸：Author's interviews with Elon Musk, Omead Afshar, Franz von Holzhausen, Lars Moravy, Drew Baglino.

81 就像牛仔走進星巴克：Author's interviews with Elon Musk, Parag Agrawal, David Sacks, Ben San Souci, Yoni Ramon, Esther Crawford, Leslie Berland.

82 收購奇襲：Author's interviews with Elon Musk, Jared Birchall, Alex Spiro, Michael Grimes, Antonio Gracias, Brad Sheftel, David Sacks, Parag Agrawal, Tejas Dharamsi, Ro Khanna.

83 大軍進駐：Author's interviews with Elon Musk, James Musk, Andrew Musk, Dhaval Shroff, Ben San Souci, Chris Payne, Thomas Dmytryk, Yoni Ramon, Ross Nordeen, Kayvon Beykpour, Ben San Souci, Alex Spiro, Milan Kovac, Ashok Elluswamy, Tim Zaman, Phil Duan. Kate Conger, Mike Isaac, Ryan Mac, and Tiffany Hsu, "Two Weeks of Chaos," New York Times, Nov. 11, 2022.

84 言論可以多自由？：Author's interviews with Yoel Roth, David Sacks, Jason Calacanis, Elon Musk, Jared Birchall, Yoni Ramon. Cat Zakrzewski, Faiz Siddiqui, and Joseph Menn, "Musk's 'Free Speech' Agenda Dismantles Safety Work at Twitter," Washington Post, Nov. 22, 2022; Elon Musk, "Time 100: Kanye West," Time, Apr. 15, 2015; Steven Nelson and Natalie Musumeci, "Twitter Fact Checker Has History of Politically Charged Posts," New York Post, May 27, 2020, Bari Weiss, "The Twitter Files Part Two," Twitter thread, Dec. 8, 2022.

85 萬聖節換裝：Author's interviews with Elon Musk, Maye Musk, Leslie Berland, Jason Calacanis, Yoel Roth.

86 付費藍勾勾：Author's interviews with Elon Musk, Yoel Roth, Alex Spiro, David Sacks, Jason Calacanis, Jared Birchall. Conger, Isaac, Mac, and Hsu, "Two Weeks of Chaos"; Zoe Schiffer, Casey Newton, and Alex Heath, "Extremely Hardcore," The Verge and New York Magazine, Jan. 17, 2023; Casey Newton and Zoë Schiffer, "Inside the Twitter Meltdown," Platformer, Nov. 10, 2022.

87 全力投入：Author's interviews with Elon Musk, Jared Birchall, Larry Ellison, Alex Spiro, James Musk, Andrew Musk, Ross Nordeen, Dhaval Shroff, David Sacks, Yoni Ramon. Gergely Orosz, "Twitter's Ongoing Cruel Treatment of Software Engineers," Pragmatic Engineer, Nov. 20, 2022; Alex Heath, "Elon Musk Says Twitter Is Done with Layoffs and Ready to Hire Again," The Verge, Nov. 21, 2022; Casey Newton and Zoë Schiffer, "The Only Constant at Elon Musk's Twitter Is Chaos," The Verge, Nov. 22, 2022; Schiffer, Newton, and Heath, "Extremely Hardcore.

88 硬派作風：Author's interviews with Elon Musk, Jared Birchall, Alex Spiro, James Musk, Andrew Musk, Ross Nordeen, Dhaval Shroff, David Sacks, Yoni Ramon Larry Ellison, employees at Apple. Schiffer, Newton, and Heath, "Extremely Hardcore."

89 奇蹟：Author's interviews with Shivon Zilis, Jeremy Barenholtz, Elon Musk, DJ Seo, Ross Nordeen. Ashlee Vance, "Musk's Neuralink Hopes to Implant Computer in Human Brain in Six Months," Bloomberg, Nov. 30, 2022.

90 推特文件：Author's interviews with Elon Musk, Bari Weiss, Nellie Bowles, Alex Spiro, Ross Nordeen. Matt Taibbi, "Note from San Francisco," TK News, Substack, Dec. 29, 2022; Marr Taibbi, Twitter File threads, TK News, Matt Taibbi, "America Needs Truth and Reconciliation on Russiagate," TK News, Jan. 12, 2023; Matt Taibbi, Twitter threads, Dec. 2022-Jan. 2023; Cathy Young, "Are the Twitter Files a Nothingburger?," The Bulwark, Dec. 14, 2022; Tim Miller, "No, You Do Not Have a Constitutional Right to Post Hunter Biden's Dick Pic on Twitter," The Bulwark, Dec. 3, 2022; Bari Weiss, "Our Reporting at Twitter," The Free Press, Dec. 15, 2022; Bari Weiss, Abigail Shrier, Michael Shellenberger, and Nellie Bowles, "Twitter's Secret Blacklists," The Free Press, Dec. 15, 2022; David Zweig, "How Twit ter Rigged the COVID Debate," The Free Press, Dec 26, 2022; Freddie Sayers and Jay Bhattacharya, "What I Discovered at Twitter HQ,"unHerd.com, Dec. 26, 2022.

91 兔子洞：Author's interviews with Elon Musk, Claire Boucher (Grimes), Kimbal Musk, James Musk, Ross Nordeen, Bari Weiss, Nellie Bowle, Yoel Roth, David Zaslav. Drew Harwell and Taylor Lorenz, "Musk Blamed a Twitter Account for an Alleged Stalker," Washington Post, Dec. 18, 2022; Drew Harwell, "QAnon, Adrift after Trump's

Defeat, Finds New Life in Elon Musk's Twitter," Washington Post, Dec. 14, 2022; Yoel Roth, "Gay Data, University of Pennsylvania PhD dissertation, Nov. 30, 2016.

92 聖誕節鬧劇：Author's interviews with Elon Musk, James Musk, Ross Nordeen, Kimbal Musk, Christiana Musk, Griffin Musk, David Agus.

93 車用人工智慧：Author's interviews with Dhaval Shroff, James Musk, Elon Musk, Milan Kovac.

94 為人類所用的人工智慧：Author's interviews with Elon Musk, Shivon Zilis, Bill Gates, Jared Birchall, Sam Altman, Demis Hassabis. Reed Albergotti, "The Secret History of Elon Musk, Sam Altman, and OpenAI," Semafor, Mar. 24, 2023; Kara Swisher, "Sam Altman on What Makes Him 'Super Nervous' about AI," New York, Mar. 23, 2023; Matt Taibbi, "Meet the Censored: Me?," Racket, Apr. 12, 2023; Tucker Carlson, interview with Elon Musk, Fox News, Apr. 17 and 18, 2023,

95 SpaceX 星艦發射：Author's interviews with Elon Musk, Maye Musk, Claire Boucher (Grimes), Mark Juncosa, Bill Riley, Shana Diez, Mark Soltys, Antonio Gracias, Jason Calacanis, Gwynne Shotwell, Hans Koenigsmann, Linda Yaccarino. Tim Higgins, "In 24 Hours, Elon Musk Reignited His Reputation for Risk," Wall Street Journal, Apr. 22, 2023; Damon Beres, "Elon Musk's Disastrous Week," The Atlantic, Apr. 20, 2023; George Packer, Our Man (Knopf, 2019). From Shakespeare's Measure for Measure: "They say best men are molded out of faults / And, for the most, become much more the better / For being a little bad."

腳注：本書各章的頁末注釋，皆為譯注或編注。

圖片來源

前扉頁：SpaceX提供

P15　Maye Musk提供
P25　左上與左下：Maye Musk提供；右：Elon Musk提供
P33　Maye Musk提供
P40　Maye Musk提供
P41　左上：Maye Musk提供；右上：Peter Rive提供；下：Kimbal Musk提供
P48　Maye Musk提供
P49　Maye Musk提供
P57　Maye Musk提供
P63　Maye Musk提供
P67　Maye Musk提供
P69　Maye Musk提供
P75　上：任宇翔提供；下：Maye Musk提供
P81　Maye Musk提供
P87　Maye Musk提供
P89　上：Maye Musk提供；下：CNN/YouTube.com
P99　Maye Musk提供
P104　Maye Musk提供
P105　Paul Sakuma/AP
P117　上：Robyn Twomey/Redux；左下：David Paul Morris/Bloomberg via Getty Images；右下：Simon Dawson/Bloomberg via Getty Images
P127　Adeo Ressi提供
P135　Adeo Ressi提供
P141　Kimbal Musk提供
P147　Gregg Segal
P153　SpaceX提供
P161　Gwynne Shotwell提供

P169　上：Steve Jurvetson/Wikimedia Commons；下：Erin Lubin
P177　Tesla提供
P195　Hans Koenigsmann提供
P203　Hans Koenigsmann提供
P211　Tim Watson提供
P219　Nicki Dugan Pogue/Wikimedia Commons
P227　Lauren Greenfield/Institute
P233　Nick Harvey/WireImage/Getty Images
P237　Hans Koenigsmann提供
P241　Hans Koenigsmann提供
P245　Hans Koenigsmann提供
P255　Navaid Farooq提供
P261　Steve Jurvetson/Wikipedia
P271　Commons Official White House Photo by Chuck Kennedy
P279　Christopher Stanley提供
P285　Talulah Riley提供
P291　上：YouTube.com提供；下：Sam Teller提供
P299　Trung Phan/Twitter提供
P307　Jehn Balajadia提供
P315　Navaid Farooq提供
P321　YouTube.com
P349　左上與右上：Amber Heard提供；左下：Gianluigi Guercia/AFP via Getty Images；右下：Brendan Smialowski /AFP via Getty Images
P359　Omead Afshar提供
P369　Sam Teller提供
P371　左上：Omead Afshar提供；右上與左下：Sam Teller提供；右下：Jehn Balajadia提供
P385　Sam Teller提供
P395　上：YouTube.com；下：Ryan David Brown/The New York Times/Redux
P407　左：Grimes提供；右：Amy Sussman/WWD/Penske Media/Getty Images
P415　任宇翔提供
P419　Sam Teller提供
P433　右：Bill Riley提供
P451　Martin Schoeller/August

P460　左：Maye Musk提供
P461　上：SpaceX提供；下：Jehn Balajadia提供
P469　左：Blue Origin提供；右：Elon Musk提供
P475　左上：Andy Krebs提供；左下：Lucas Hughes提供；右：Nic Ansuini
P497　左：Will Heath/NBC/NBCU Photo Bank via Getty Images；右：Grimes提供
P505　上：SpaceX提供；下：Kim Shiflett /NASA提供
P511　下：Nic Ansuini
P519　Tesla提供
P525　Neuralink提供
P539　Omead Afshar提供
P575　Imagine China/AP
P581　Andrew Harrer/Bloomberg via Getty Images
P593　Kevin Dietsch/Getty Images
P605　Marlena Sloss/Bloomberg via Getty Images
P615　下：Jared Birchall提供
P635　Tesla提供
P643　The PhotOne/BACKGRID
P659　Milan Kovac提供
P661　上：Omead Afshar提供
P667　上：Elon Musk/Twitter提供；下：Jehn Balajadia提供
P673　右：Jehn Balajadia
P689　左上：Elon Musk/Twitter提供；右上：Twitter；左下：David Paul Morris/Bloomberg via Getty Images；右下：Duffy-Marie Arnoult/WireImage/Getty Images
P701　上：Elon Musk/Twitter提供；下：Maye Musk提供
P719　上：Christopher Stanley提供
P737　上：Neuralink提供；下：Jeremy Barenholtz
P743　上：Wikimedia Commons；下：Samantha Bloom提供
P765　James Musk 提供
P779　Dhaval Shroff提供

後扉頁：Tesla, Inc.提供

國家圖書館出版品預行編目（CIP）資料

馬斯克傳／華特・艾薩克森（Walter Isaacson）著；吳凱琳譯. -- 第一版. -- 臺北市：天下雜誌股份有限公司，2023.09
832面；15×21公分
譯自：Elon Musk.
ISBN 978-986-398-920-2（精裝）

1.CST: 馬斯克（Musk, Elon）　2.CST: 企業家
3.CST: 傳記　4.CST: 美國

785.28　　112012756

天下財經

馬斯克傳
Elon Musk

作　　者／華特・艾薩克森 Walter Isaacson
譯　　者／吳凱琳
封面設計／Javick工作室
內頁排版／邱介惠
責任編輯／張奕芬、許湘、張齊方
協力校對／吳瑞淑

天下雜誌群創辦人／殷允芃
天下雜誌董事長／吳迎春
出版部總編輯／吳韻儀
出 版 者／天下雜誌股份有限公司
地　　址／台北市 104 南京東路二段 139 號 11 樓
讀者服務／（02）2662-0332　傳真／（02）2662-6048
天下雜誌GROUP網址／ http://www.cw.com.tw
劃撥帳號／01895001天下雜誌股份有限公司
法律顧問／台英國際商務法律事務所・羅明通律師
製版印刷／中原造像股份有限公司
總 經 銷／大和圖書有限公司　電話／（02）8990-2588
出版日期／2023年 9 月27日 第一版第一次印行
　　　　　2023年10月 2 日 第一版第二次印行
定　　價／1080 元

書 號：BCCF0510P
ISBN：978-986-398-920-2（軟精裝）

直營門市書香花園　地址／台北市建國北路二段6巷11號　電話／（02）2506-1635
天下網路書店　shop.cwbook.com.tw
天下雜誌我讀網　http://books.cw.com.tw/
天下讀者俱樂部 Facebook　http://www.facebook.com/cwbookclub

本書如有缺頁、破損、裝訂錯誤，請寄回本公司調換